应用行为分析

[美] 保罗·阿尔贝托（Paul A. Alberto）
[美] 安妮·特劳特曼（Anne C. Troutman）
[美] 朱达·阿克斯（Judah Axe）
著

给教师的书
（第十版）

杨福义 等
译

Applied Behavior Analysis for Teachers

10th Edition

华东师范大学出版社
·上海·

图书在版编目(CIP)数据

应用行为分析:给教师的书(第十版)/(美)保罗·阿尔贝托,(美)安妮·特劳特曼,(美)朱达·阿克斯著;杨福义等译. —上海:华东师范大学出版社,2023.12
ISBN 978-7-5760-4234-4

Ⅰ.①应… Ⅱ.①保…②安…③朱…④杨… Ⅲ.①教师-行为分析-研究 Ⅳ.①G451.6

中国国家版本馆CIP数据核字(2023)第202768号

应用行为分析:给教师的书(第十版)

著　者　保罗·阿尔贝托　安妮·特劳特曼　朱达·阿克斯
译　者　杨福义等
责任编辑　张艺捷
责任校对　宋红广　时东明
装帧设计　卢晓红

出版发行　华东师范大学出版社
社　　址　上海市中山北路3663号　邮编 200062
网　　址　www.ecnupress.com.cn
电　　话　021-60821666　行政传真 021-62572105
客服电话　021-62865537　门市(邮购)电话 021-62869887
地　　址　上海市中山北路3663号华东师范大学校内先锋路口
网　　店　http://hdsdcbs.tmall.com

印 刷 者　上海颛辉印刷厂有限公司
开　　本　787毫米×1092毫米　1/16
印　　张　36.75
字　　数　685千字
版　　次　2025年3月第1版
印　　次　2025年3月第1次
书　　号　ISBN 978-7-5760-4234-4
定　　价　158.00元

出 版 人　王焰

(如发现本版图书有印订质量问题,请寄回本社客服中心调换或电话021-62865537联系)

Authorized translation from the English language edition, entitled Applied Behavior Analysis for Teachers 10e by Paul A. Alberto/Anne C Troutman/Judah B. Axe, published by Pearson Education, Inc, Copyright © 2022

本书译自 Pearson Education, Inc 2022 年出版的 Applied Behavior Analysis for Teachers 10e by Paul A. Alberto/Anne C Troutman/Judah B. Axe。

All rights reserved. No part of this book may be reproduced or transmitted in any form or by any means, electronic or mechanical, including photocopying, recording or by any information storage retrieval system, without permission from Pearson Education, Inc. This edition is authorized for sale and distribution in the People's Republic of China (excluding Hong Kong SAR, Macao SAR and Taiwan).

版权所有。未经 Pearson Education, Inc 许可，不得通过任何途径以任何形式复制、传播本书的任何部分。本书经授权在中华人民共和国境内(不包括香港特别行政区、澳门特别行政区和台湾地区)销售和发行。

CHINESE SIMPLIFIED language edition published by EAST CHINA NORMAL UNIVERSITY PRESS LTD., Copyright © 2025

简体中文版©华东师范大学出版社有限公司,2025

上海市版权局著作权合同登记 图字:09 - 2021 - 1062 号

本书翻译获上海市浦江人才计划(13PJC037)资助

译者前言

行为主义理论从提出至今已历经百余年发展，其生命力经久不衰。如今，应用行为分析（Applied Behavior Analysis，ABA）正在教育和干预领域得到越来越广泛的应用，应用行为分析是理论也是实务，是身为教师或父母所需要的重要技能，更是教导幼儿或特殊儿童必备的专业素养，但从业人员对其原理和实质的把握却存在较大的差异。我在美国访学期间，比较深入地接触了美国大学有关应用行为分析的课堂，继而了解到此书作为经典的教材被广泛采用，我也对其进行了仔细的研读，发现国内缺少如此系统而专业的书籍，于是萌发了将它译为中文版的想法。

本书作为应用行为分析领域的经典著作，启发了应用行为分析在课堂上的使用有四十余年。本书以循序渐进的方式，系统阐述了应用行为分析的原理和具体应用，并通过生动的实例贯穿始终，使读者懂得如何确定目标行为，收集和绘制数据图表，选择实验设计，开展功能分析，安排行为后果，设置先行刺激，促进行为泛化，以及采用单一被试设计进行实证研究，等等。

本书根据原书第十版译出，包括13章内容。第一章、第六章、辅文等由我翻译，词汇表由我和普露溪翻译。其他章的初译稿分工如下：王君月（第二章）、张悦（第三章、第四章）、谈苏欣（第五章、第十章）、普露溪（第七章、第十三章）、洪军军（第八章、第九章）、雷梦（第十一章、第十二章）。我最终对各章翻译初稿进行了修改和统稿。因本书体量较大，囿于水平有限，不当之处在所难免，恳请读者予以批评指正。

本书中译本是本人主持的上海市"浦江人才"计划项目"基于功能性行为分析（FBA）的儿童问题行为矫正策略研究"（项目编号：13PJC037）的研究成果。本书中译本得以出版，要感谢华东师范大学出版社彭呈军编审和张艺捷编辑给予的专业支持和帮助。

本书作为跨越四十余年的经典力作，具有很强的指导性，无论是教育理论工作者，教育实践工作者，还是教育研究者，都能从中得到启发和借鉴。本书也能为广大家长提供有益指导。相信本书的出版，将造福众多的儿童及其家庭。

华东师范大学　教育学部
教授　博士生导师
2023年12月于丽娃河畔

献词

本书献给比尔·海沃德博士,他是一位老师、导师、同事和朋友。

关于作者

朱达·阿克斯(Judah B. Axe)，博士，美国俄亥俄州立大学特殊教育与应用行为分析专业硕士和博士。他目前是马萨诸塞州波士顿的西蒙斯大学的行为分析教授和前特殊教育副教授。他发表了 30 多篇文章和章节，主要是关于他对自闭症儿童和相关残疾的研究，涉及语言行为、社交技能和挑战行为等领域。他曾担任五家行为分析期刊的编辑委员会成员，并在国际行为分析协会、伯克希尔行为分析和治疗协会以及剑桥行为研究中心担任领导职务。

保罗·阿尔贝托(Paul A. Alberto)，在纽约亨特学院获得本科学位后，在南布朗克斯教智力残疾的小学生。在教学期间，他在福特汉姆大学完成了智力迟滞方向的特殊教育硕士学位。后来，他搬到了亚特兰大，并在佐治亚州立大学完成了重度残疾方向的特殊教育博士学位。他的高等教育职业生涯一直在佐治亚州立大学的教育心理学和特殊教育系。他是教育与人类发展学院的院长和智障方向的董事教授。他是佐治亚州立大学多重和重度残疾学生局的主任，也是多重和重度残疾教师教育项目的协调员。

安妮·特劳特曼(Anne C. Troutman)，1964 年在佐治亚大学获得小学教育本科学位后，教了 5 年小学。她在佐治亚州立大学完成了她的特殊教育硕士学位，并在独立班和资源教室中教授行为障碍学生，并担任危机干预专家和特殊教育主管。1977 年在佐治亚州立大学获得博士学位后，她在孟菲斯大学教授普通教育和特殊教育的研究生和本科生，直到 2009 年退休。

前言

我们编写《应用行为分析：给教师的书》，最初是因为我们想要一个技术上合理的、系统组织的、可读的，甚至是我们学生喜欢的教材。我们希望学生理解应用行为分析的概念，并知道如何将这些概念应用到课堂和其他情境中。我们相信，我们的信念得到了研究的支持，应用行为分析是最强大的教学工具。

我们并没有提供一本循序渐进的"食谱"来解决教育工作者可能遇到的每一个问题。那是不可能的。与儿童和年轻人一起工作之所以如此有趣，是因为每个人都是不同的，没有一种方法对所有人都有效。我们希望我们的读者能够使用这些原则来创造他们自己的成功秘诀。这些原则的成功应用需要创造性教育者充分和积极的参与。因为我们相信应用行为分析是如此强大，所以我们强调学习如何恰当地、合乎伦理地使用它。本书组织的方式，允许教师分配学生的行为改变项目与课堂讨论和阅读同时进行。本书从确定目标行为到收集和绘制数据，选择实验设计，进行功能分析，安排后果，安排前因，以及促进行为改变的泛化。我们试图为学生提供基本的教学技术，作为其他方法课程的坚实基础。

本版新内容

在这本书启发了应用行为分析在课堂上的使用超过40年之后，更新这本书的第十版实在令人振奋。在这个版本中，我们继续努力使教材具有可读性和用户友好性，并包括许多我们希望学生喜欢阅读的例子。我们的例子描述了从学龄前到成年早期的学生在不同能力水平上的表现。我们既描述优秀的教师，也描述差的教师。我们的许多例子描述了我们认为自己是那种老师，并希望你的学生能成为从不可避免的错误中吸取教训的好老师。虽然行为的基本原则在过去的40年里没有改变，但应用行为分析为有残疾和没有残疾的学生的生活提供有意义的改善的应用的稳健性已经飙升。这些进步体现在本版本的更新中。

- **新的参考资料、图表和表格。** 此版包含850多条新的参考文献，第四、七、八、九和十章均包含超过100条新的参考文献。有21个新图表。其中许多(8个)是第六章中单一被试设计图的新例子。在第十二章中，许多(6个)是用于自我监控的数据收集表和应用程序的例子。有8个新表格。其中许多(3个)是第八章中正强化的应用，包括表扬和群体偶然性。

- **技术进步**。在这一版中,我们用智能板、互联网搜索、数字文件、智能手机和应用程序取代了投影仪、字典、文件柜和数码相机。在技术方面,大约有 24 个这样的变化。其中许多(12 个)是用于数据收集(第四章)和自我监控(第十二章)的设备和应用程序的示例。

- **积极和敏感的语言**。以前版本中的一些语言和例子反映了前几十年的文化,当时使用的语言我们现在认为是负面的和有偏见的。一些消极因素与他人如何看待行为主义和应用行为分析有关。尽管这些负面观点仍然存在,但我们相信,与过去几十年相比,现在的文化更能接受行为教育方法和其他社会努力。我们将"有行为问题的学生"改为"表现出具有挑战性行为的学生"。我们删除了"不知情的人"和"无用的程序"。我们删除了老师"扯掉头发"和一个人用辣酱喷狗脸的例子。我们删除了对一个总是迟到或从不上课的学生的提及。在这个版本中,大约有 30 个这样的更新,反映了更多的积极性,以及对多样性、公平和包容性的敏感。其中大多数(19 个)是在第二章和第十三章,因为这两章讨论了应用行为分析中的伦理考虑。

- **伦理准则**。在使用应用行为分析时,对伦理考量进行了一些扩展和更新。讨论了两个主要文件:行为分析认证委员会的伦理准则(第二章)和国际行为分析协会关于约束和隔离的立场声明(第九章)。还讨论了单一被试设计方面的伦理考量(第六章)以及进行功能分析(第七章)和管理约束(第九章)的培训需求。

- **新术语**。为了反映应用行为分析文献的更新,大约有 20 个新术语或修改的术语定义。新术语包括激励操作(第一章和第七章)、全间隔 DRO 和瞬时 DRO(第九章)、FCT 复苏(第九章)、行为动量理论(第九章)、视频提示(第十章)和自绘(第十二章)。对术语的修改包括将"行为矫正"更改为"应用行为分析"(第二章和第十三章),将"受控演示"更改为"逐项试验记录"(第四章),将"改变条件设计"更改为"多重处理设计"(第六章),将"行为"更改为"挑战行为"(适当时;第七章),"强化抽样"到"偏好评估"(第八章),"多刺激呈现"到"多刺激无替代(MSWO)偏好评估"(第八章),"减少辅助"到"最多到最少提示"(第十章),"增加辅助"到"最少到最多提示"(第十章),以及"自我记录"到"自我监控"(第十二章)。最后,对正强化(第一章)、负强化(第一章)、社会效度(第二章和第六章)、消退(第九章)、区别刺激(第十章)和泛化(第十一章)的定义和描述进行了澄清和修正。

- **小插图**。在整个文本中,涉及格伦迪教授,他的学生和同事的小插图已经更新,以反映该领域的变化。

此外,第八章和第九章包含 7 个实例,使概念的解释和插图之间的联系更强。这有助于举例说明小插图中的概念,并澄清小插图的目的。

主要内容按章节更新

- 第三章：将行为目标的组成部分以更行为的语言表达出来，并提供了"在任务行为"的最新定义。
- 第四章：测量系统和测量观察者间一致性的方法之间的更新比较。
- 第五章和第六章：强调"x 轴"和"y 轴"而不是"横坐标"和"纵坐标"，并更新了术语和指南，以确定交替处理设计的实验控制。
- 第七章：扩展了散点图的描述，增加了 ABC 数据收集的指南，更新了功能行为评估和挑战性行为的功能分析的比较，扩展了功能分析中的条件描述，引入了基于功能的干预措施的"多种功能"类别，增加了积极行为支持（PBS）的"签到/离开"和"每日报告卡"程序，并更新了学校范围内 PBS 的示例。
- 第八章：讨论了简单应用随变而不是首先陈述随变的方法，增加了偏好评估方法（图片，视频，活动，自由操作），更新了使用代币强化的指南，扩展了良好行为游戏，并介绍了"指导级别"与"挫折级别"的教学。
- 第九章：减少使用惩罚的例子，增加描述不同强化程序的图表，增加关于身体约束的立法信息，增加关于如何在具有挑战性行为的不同功能下实施消退的表格，并警告不要单独实施消退。
- 第十一章：更新了"训练和希望"的概念，强调了条件反射注意力作为强化物的重要性，介绍了言语行为里程碑评估和安置项目（VB-MAPP），并扩展了滞后强化时间表的例子和应用。
- 第十二章：增加了实施自我监控的步骤流程图，并强调了教学生如何自我管理的必要性。

这些变化为应用行为分析提供了最新的、前沿的定义和例子，以最大限度地提高教师在课堂上的效率。

教学特点

为了便于学习，此版在每章末尾都包含了讨论问题，阐明要点或建立文本间联系的解释性旁白，以及提供机会了解实际概念的小插图。

讨论问题：1. 给你今年要一起工作的学生的父母或监护人写一封简短的家信。描述你的程序（基于第一章中描述的应用行为分析的原则），不要使用任何可能使父母不安的术语。

2. 放学后，你的一个同事把你堵在教室里。她听说你对学生使用"行为矫正"，认为你不人道、强迫、不道德。你会对她说什么？

第九章将提供使用厌恶和排除程序的指南。

相信行为是合法的并不意味着人类不能自由选择他们要做的事情。

看"Em 像一个……"

霍克先生是一名短期康复班的老师，为 10—13 岁有严重行为问题的学生上课。他的工作是让他的学生的学术技能和他们的行为达到标准，并很快将他们重新融入普通教育课堂。他为任课教师提供行为咨询，并在必要时继续在学业上提供帮助。他的一些学生和他一起待了几个月，而其他一些学生在一周内开始参加一些通识教育课程。霍克先生使用了一个象征性的强化系统，并为自己发现了不寻常的，但有效的活动强化而感到自豪，仅仅通过倾听学生，询问他们想做什么，或者观察他们在空闲时间选择做什么。

例如，他的一些学生用他们的积分在霍克先生的摩托车上坐了 10 分钟，这辆摩托车安全地停在了学院的停车场上，而点火钥匙就在霍克先生的口袋里。一些学生帮助建筑工程师倒垃圾，而另外一些学生在教室里玩游戏或玩具。一个表现出自闭症特征的男孩，喜欢整理各种教具和教材。正是因为这样，失去理查德，霍克先生会很难过的。

一天，霍克先生来了一个新学生。为了让艾丹在学业上取得立竿见影的成绩，也为了给他一个强化的机会，霍克先生在电脑上给艾丹布置了一项数学作业。比赛形式丰富多彩，互动性强，娱乐性强。霍克先生选择了一个他知道对男孩来说相当容易的关卡。几分钟后，艾丹脱口而出："哇，这太糟糕了！"隔壁电脑旁的年轻人凑过来轻声说："小心点，伙计，如果你让他发现你喜欢什么，接下来，你就会靠做你不喜欢的事情来赚钱了。"

伯勒斯给教授上课

格伦迪教授正坐在沙发上看报纸。伯勒斯蹑手蹑脚地走进房间，笨拙地走到格伦迪跟前，把他那硕大的脑袋埋在教授胳膊底下，挡在教授和试卷之间。"听着，米勒娃，"教授搔着伯勒斯的头说，"他喜欢我。好孩子。好孩子。你不是个好孩子吗？"他继续抓，伯勒斯一直靠近教授，偶尔把头伸过去，受到教授的爱抚和称赞。那天晚些时候，教授从杂货店回来了。伯勒斯笨拙地走过去,把头伸到教授和购物袋之间,把购物袋摔在地上。"他不是故意的,"教授说。"他只是很高兴见到我。你不是吗,孩子?"他低吟着,跨过格伦迪太太正在清理的碎鸡蛋。"想去追你的球吗?"晚饭后,格伦迪回到书房去完成一份重要手稿。伯勒斯陪着他,在教授脚边的一个地方坐了下来。一切都很顺利,直到伯勒斯站起来,把头埋在教授和电脑屏幕之间,口水流到键盘上,弄脏了屏幕。格伦迪跳起来喊道:"米勒娃,叫这条狗走开!他快把我逼疯了!他得学会在我工作的时候不打扰我。"

"奥利弗,"格伦迪太太尖刻地说,"你整天都在关注他,因为他在缠你。现在你又开始抱怨了。你想让他知道你在工作吗?今天早上我和奥蒂斯小姐谈过了。她下周开始教狗狗服从课。我觉得你们两个现在都该走了。"

致谢

我们要感谢所有在《应用行为分析:给教师的书》编写过程中给予我们帮助的人,包括与我们合作过的培生集团的所有专业人士。感谢丽贝卡·福克斯-吉格、柯蒂斯·维克斯、珍妮尔·罗杰斯、卡西克·奥鲁凯马尼和凯文·戴维斯。感谢莎拉·弗兰普顿准备在线学习材料。感谢艾莉、玛伦和诺拉·阿克斯的爱和支持。我们也感谢审稿人提出的建议。

我们继续感谢本教材的使用者。我们经常听到一些人说,他们第一次读这本书是在大学时代,现在他们在自己的大学课堂上把这本书发给学生。我们很荣幸能成为教师发展的合作伙伴。

简 目

第一章　应用行为分析的根源　｜　1

第二章　应用行为分析程序的正确使用　｜　25

第三章　准备行为目标　｜　48

第四章　收集数据的程序　｜　79

第五章　绘制数据图　｜　124

第六章　单一被试设计　｜　142

第七章　确定行为的功能　｜　200

第八章　增加行为的结果安排　｜　240

第九章　减少行为的结果安排　｜　297

第十章　区别强化：先行控制与塑造　｜　343

第十一章　行为改变的泛化　｜　385

第十二章　教导学生进行行为自我管理　｜　412

第十三章　综合分析　｜　435

词汇表（Glossary）　｜　460

参考文献　｜　466

目录

第一章　应用行为分析的根源

学习成果 | 1
本章概要 | 1
解释的效用 | 2
生物物理学解释 | 3
生物化学解释 | 4
生物物理和生物化学解释的效用 | 5
发展解释 | 7
精神分析学说 | 7
认知发展阶段理论 | 8
发展解释的效用 | 8
认知解释 | 10
认知解释的效用 | 11
行为学解释 | 13
正强化 | 13
负强化 | 14
惩罚 | 14
消退 | 14
前因控制 | 15
其他学习原则 | 16
行为主义者的任务 | 17
行为学解释的效用 | 17
行为主义的历史发展 | 19
历史先例 | 19
心理学先驱 | 20

小结 | 24

第二章　应用行为分析程序的正确使用

学习成果 | 25
本章概要 | 25
对应用行为分析的担忧 | 26
　与其他程序的混淆 | 27
　对有争议的程序的反应 | 28
　对强制使用的担忧 | 29
合乎伦理地应用行为分析 | 30
　由有能力的行为分析师治疗（Van Houten et al., 1988）| 33
　以人为本的服务（Van Houten et al., 1988）| 34
　行为评估和持续性评估（Van Houten et al., 1988）| 36
　治疗环境（Van Houten et al., 1988）| 37
　教授功能性技能的程序（Van Houten et al., 1988）| 39
　最有效的治疗程序（Van Houten et al., 1988）| 40
问责制 | 41
理论或方法？ | 46
小结 | 47

第三章　准备行为目标

学习成果 | 48
本章概要 | 48
定义和目标 | 49
精确定位行为 | 51
教育目标 | 53
建立目标 | 53

行为目标的成分 | 56

确定学习者 | 56

确定目标行为 | 56

确定干预的条件 | 59

确定可接受表现的标准 | 62

行为目标的格式 | 64

扩大基本行为目标的范围 | 66

响应能力的层次结构 | 68

学习水平的层次结构 | 71

学习限制者的学习水平 | 75

行为目标和 IEP | 75

小结 | 78

| 第四章 | 收集数据的程序 |

学习成果 | 79

本章概要 | 79

理由 | 80

选择系统 | 81

轶事记录法 | 85

写轶事记录的指导 | 86

构建轶事记录 | 86

永久成果记录法 | 89

永久成果记录的应用 | 89

观察记录系统 | 91

事件记录 | 91

间隔记录和时间采样 | 99

持续时间和延迟时间记录法 | 111

持续时间记录 | 111

延迟记录 | 113

这一切怎么能实现呢？ | 114
数据采集技术 | 115
数据收集系统总结 | 117
可靠性 | 118
可能影响数据收集和观察者间一致性的因素 | 119
小结 | 121

第五章　绘制数据图

学习成果 | 124
本章概要 | 124
简单的折线图 | 125
折线图的基本元素 | 125
将数据转化为图表 | 128
其他类型图表的制图规范 | 137
累积图 | 138
条形图 | 139
小结 | 141

第六章　单一被试设计

学习成果 | 142
本章概要 | 142
变量和功能关系 | 143
基本设计类型 | 144
单一被试设计 | 145
基线测量 | 146
干预测量 | 148
实验控制 | 149

AB 设计　|　149
　　实施　|　150
　　图示　|　150
　　应用　|　151
　　优势和劣势　|　152
倒返设计　|　153
　　实施　|　153
　　图示　|　156
　　设计变式　|　156
　　应用　|　156
　　优势和劣势　|　160
变动标准设计　|　160
　　实施　|　161
　　图示　|　162
　　应用　|　162
　　优势和劣势　|　166
多基线设计　|　166
　　实施　|　167
　　图示　|　168
　　应用　|　168
　　优势和劣势　|　174
交替处理设计　|　175
　　实施　|　175
　　图示　|　176
　　应用　|　178
　　优势和劣势　|　180
多重处理设计　|　180
　　实施　|　180
　　图示　|　183
　　应用　|　183
　　优势和劣势　|　186

单一被试设计的评价 | 188
结果分析 | 188
图形的视觉分析 | 189
单一被试设计的伦理考量 | 193
行动研究和单一被试设计工具 | 194
行动研究的要素 | 194
单一被试设计的相似之处和贡献 | 195
行动研究的例子 | 195
小结 | 196

第七章　确定行为的功能

学习成果 | 200
本章概要 | 200
行为及其功能 | 202
行为支持计划(The behavior support plan, BSP) | 208
功能性行为评估和行为支持计划 | 211
进行功能分析的情境 | 225
简要功能分析(Brief Functional Analysis) | 226
积极行为支持 | 234
小结 | 238

第八章　增加行为的结果安排

学习成果 | 240
本章概要 | 240
正强化 | 242
选择有效强化物 | 243
强化一致性 | 248

即时强化 | 249

强化物的类别 | 249

行为契约 | 270

实施强化的变式 | 273

群体一致性和同伴协调 | 278

强化程序 | 281

负强化 | 287

无意的使用 | 288

适当的逃避行为 | 290

使用负强化教学 | 292

自然强化 | 293

小结 | 294

第九章　减少行为的结果安排

学习成果 | 297

本章概要 | 297

行为减少的程序选择 | 299

第一级：基于强化的策略 | 300

低频率行为的区别强化 | 300

其他行为的区别强化 | 303

替代行为和不相容行为的区别强化 | 307

非条件强化/非后效性强化 | 311

第二级：消退 | 313

延迟反应 | 314

增加行为发生频率 | 315

控制注意力 | 315

消退诱发的攻击性 | 317

自发恢复 | 318

他人的模仿或强化 | 318

泛化的局限性 | 319

感觉消退 | 319

惩罚 | 321

第三级：移除期望刺激 | 322

反应代价程序 | 322

强化暂停程序 | 325

第四级：厌恶刺激的呈现 | 329

厌恶刺激的类型 | 331

厌恶刺激的弊端 | 335

过度矫正 | 336

补偿性过度矫正 | 337

正向练习过度矫正 | 338

小结 | 340

第十章　区别强化：先行控制与塑造

学习成果 | 343

本章概要 | 343

先行刺激对行为的影响 | 344

刺激控制的区别强化 | 346

区别的原则 | 346

区别练习 | 347

提示 | 349

言语提示的规则 | 350

言语提示的说明 | 350

言语提示的提示 | 351

言语提示的自我操作 | 351

视觉提示 | 352

示范 | 355

肢体提示 | 358

其他触觉提示 | 359

消退 | 359

减少辅助 | 360

分级指导 | 362

延时 | 363

增加辅助 | 365

有效的消退提示方法 | 366

有效的提示 | 367

教授复杂行为 | 368

任务分析 | 368

链锁 | 372

如何管理教学链 | 377

塑造区别强化 | 380

小结 | 384

第十一章　行为改变的泛化

学习成果 | 385

本章概要 | 385

泛化 | 387

刺激泛化 | 388

维持 | 389

反应泛化 | 389

泛化训练 | 390

训练和希望 | 391

顺序修改 | 393

引入自然情境下的行为维持 | 394

培养足量范例 | 397

灵活训练 | 402

利用突发事件 | 403

程序共同刺激 | 406

中介泛化和训练泛化 | 409
小结 | 411

第十二章　教导学生进行行为自我管理

学习成果 | 412
本章概要 | 412
共同经历 | 414
培养学生自我管理能力 | 416
目标设定 | 416
自我监控 | 418
自我评估 | 423
自我强化 | 424
自我惩罚 | 426
自我指导 | 427
特殊人群的自我管理 | 430
对重度残疾的学生进行自我管理 | 430
对轻度残疾的学生进行自我管理 | 432
对有潜在风险的学生进行自我管理 | 434
小结 | 434

第十三章　综合分析

学习重点 | 435
本章概要 | 435
刺激控制 | 436
物理布局 | 436
时间结构（Time Structure） | 438
教学结构 | 439

言语结构 | 440

具体化 | 440

经济性 | 441

后果 | 442

规则和程序 | 442

教师特点 | 443

学习环境研究（了解学习环境） | 443

还记得哈珀女士吗 | 443

米切尔老师的独立课堂 | 445

华盛顿女士的资源教室 | 448

谁需要应用行为分析？ | 450

全校积极行为支持系统 | 452

博伊德（Boyd）先生的数学课 | 453

迈克尔斯女士把它放在包里了 | 456

小结 | 459

词汇表（Glossary）

参考文献

第一章 应用行为分析的根源

学习成果

1.1 描述生物物理和生物化学解释的局限性和潜在用途
1.2 说明从发展解释中可以学到什么
1.3 说明行为的认知解释的局限性
1.4 描述行为学解释的效用,并阐明正强化、负强化、惩罚、消退和前因控制
1.5 描述行为的行为学解释起源

本章概要

解释的效用
生物物理学解释
生物化学解释
生物物理和生物化学解释的效用
发展解释
精神分析学说
认知发展阶段理论
发展解释的效用
认知解释
认知解释的效用
行为学解释
正强化
负强化
惩罚
消退
前因控制
其他学习原则
行为主义者的任务
行为学解释的效用
行为主义的历史发展
历史先例
心理学先驱
小结

为什么人们会有某种行为？为什么有些人的行为被社会认可，而有些人的行为被社会谴责或鄙视？有可能预测人们可能产生什么行为吗？怎样做才能改变对个人有害或对社会有害的行为？

为了努力回答这些问题，人类提供了各种解释，从被恶魔附身到大脑中异常数量的化学物质。几个世纪以来，人们一直在辩论、写作、攻击和捍卫这些问题的答案，直到今天，人们还在继续提供这些问题的答案。继续研究人类行为是有充分理由的。关于人类某些行为发展的信息可以帮助父母和教师找到最好的育儿或教学方式。如果我们知道人们在特定条件下可能会如何行动，我们就能决定是提供还是避免这种条件。我们这些教师尤其关注行为的改变；事实上，这就是我们的工作。我们想教我们的学生做一些事情，停止做另一些事情。

要理解、预测和改变人类行为，我们首先必须了解人类行为是如何运作的。我们必须尽可能完整地回答上面提出的"为什么"问题。因此，亚历山大·波普（Alexander Pope）的格言"人类（mankind）本身的研究是人（man）的研究"（可能会被改写为"人文学科（humanity）本身的研究是人（people）的研究"）不需要其他修改，在21世纪和18世纪都是如此。

在本章中，我们将探讨对人类行为作出有意义和有用解释的条件。然后，我们描述对人类行为的几种解释，这些解释影响了包括教师在内的大量从业者。该讨论追溯了一种理解和预测人类行为的方法的历史发展，称为应用行为分析。

解释的效用

学习成果1.1 描述生物物理和生物化学解释的局限性和潜在用途

一个有用的理论具有包容性、可验证性、预测效用和简约性。

如果一种解释行为的方法对实践者有用，它必须满足四个条件。第一，要有包容性。它必须能解释大量的行为。如果一种解释不能解释大部分人类行为，从而使预测和系统改变行为成为不可能，那么这种解释的用处就有限。第二，必须是可证实的。也就是说，我们应该能够以某种方式检验它是否能解释行为。第三，应该具有预测效用。它应该提供关于人们在特定情况下可能会做什么的可靠答案，从而给从业者通过改变条件来改变行为的机会。第四，应该具备简约性。简约的解释是对所观察到的现象的最简单的解释。简约并不能保证正确性（Mahoney，1974），因为最简单的解释可能并不总是正确的，但它可以防止我们过于富有想象力而与观察到的数据的现实情况脱节。凌晨3点，如果浴室的灯不亮,应该先检查灯泡,然后打电话给电力公司报告停电。可能是停电了,但最朴素的解释是灯泡烧坏了。在研究一些用来解释人类行为的理论时,我们将评估每种解释的包容性、可验证性、预测效用和简约性。

生物物理学解释

一些理论家认为人类行为是受物理影响控制的。

古希腊的医生首先提出,人类的行为是四种体液相互作用的结果,分别是血液、黏液、黄胆汁(易怒)、黑胆汁(忧郁)。理论家们一直在身体的物理结构中寻找人类行为的解释。这些理论包括那些基于遗传或遗传因素的理论,那些强调生化影响的理论,以及那些认为异常行为是由大脑受损引起的理论。下面的轶事表明了遗传影响行为的信念。

格伦迪(Grundy)教授追溯原因

格伦迪教授观察了一个本科生的行为一段时间后,注意到这个学生总是低头看笔记本,乱涂乱画。格伦迪不知道德韦恩(DeWayne)是否能集中注意力,他变得非常担心。因为教授确信他那充满活力、意义深远的讲座与这种行为显然无关,所以他决定深入了解一下。他参观了那个学生就读的高中,找到了他的母校十年级英语老师马南(Marner)女士。马南说:"是的,德韦恩在高中时总是乱涂乱画。""他一定是在中学的时候学会的。"

然后,格伦迪教授去了那所中学。"你知道,"辅导员说,"我们很多孩子都这样。他们的小学没有及时遏制这种行为。"在小学,格伦迪教授和校长谈话。"德韦恩从第一天开始就这样。我很确定他妈妈是个艺术家——他可能是从观察她开始的。"

格伦迪教授确信他最终会找到答案,于是去找德韦恩的母亲谈话。"我告诉你吧,"德韦恩的母亲说,"他随他父亲那边的家族。他们都是一群涂鸦者。"

基因和遗传效应 德韦恩的母亲用遗传因素来解释他的涂鸦行为。她是对的吗?遗传对人类行为的影响,包括典型的和非典型的,已被广泛研究。毫无疑问,智力障碍会导致广泛的行为缺陷,有时与染色体异常或隐性基因遗传有关。证据表明,其他行为特征也有一些基因或遗传基础。人们普遍认为,自闭症患者在大脑发育和神经化学方面存在异常,可能存在与这种疾病有关的遗传因素(Malik et al., 2019; Woodbury-Smith & Scherer, 2018)。许多情绪和行为障碍,如焦虑症、抑郁症、精神分裂症、对立违抗性障碍和品行障碍,似乎都有一些遗传原因(Burke & Romano-Verthelyi, 2018; Salvatore & Dick, 2018)。注意缺陷障碍和注意缺陷多动障碍似乎也与遗传有关(Faraone & Larsson, 2019),某些学习障碍也是如此(Mazzocco et al., 2016; Petrill, 2014)。

当德韦恩的母亲向格伦迪教授解释她儿子的行为时,她声称德韦恩像他父亲的家族的说法可能在一定程度上是真实的。某些遗传特征可能会增加某些行为特征的概率。

生物化学解释

一些残疾儿童表现出生化异常。

一些研究人员认为,某些行为可能是由体内各种物质的过量或缺乏造成的。这些化学物质的标签与古希腊人假设的不同,但通常被认为是导致类似行为紊乱的原因。

在一些有严重行为障碍的儿童中发现生化异常。然而,对这些因素的调查仅仅证实了这一点,即生化异常是存在的,但并不是它们导致了疾病。其他以多动症、学习障碍或智力障碍为特征的行为障碍与低血糖、营养不良和过敏反应等生物物理因素有关。通常认为,生化或其他生理因素,以及其他影响因素,可能导致大脑或中枢神经系统损伤。

格伦迪教授学会了绕圈思考

格伦迪教授,作为他的教学职责之一,拜访了实习教师。在他第一次去初级资源室评估哈珀(Harper)时,他注意到一个叫拉尔夫(Ralph)的学生一直在房间里走来走去。格伦迪教授对这种行为感到好奇,因为其他学生都坐着,他问道:"拉尔夫为什么在房间里走来走去?他为什么不像其他人一样坐下来呢?"哈珀女士对一位教授的这种无知感到震惊。

"为什么,拉尔夫多动,格伦迪教授。这就是他从不在座位上待着的原因。"

"啊,"教授回答。"这很有趣。你怎么知道他多动?"

哈珀带着毫不掩饰的不屑,小声说:"教授,我知道他多动,因为他不肯待在座位上。"

在观察了几分钟之后,他注意到哈珀女士和指导教师在窃窃私语,并朝他的方

> 向投来一瞥。格伦迪教授再次引起了哈珀的注意。"是什么,"他礼貌地问道,"引起拉尔夫多动的?"
> "教授,"哈珀女士不再掩饰自己的轻蔑,回答说,"多动症是由脑损伤引起的。"
> "的确,"教授回答说,"而且你知道他有脑损伤,因为……"
> "我当然知道他有脑损伤,教授。他太活跃了,不是吗?"

多动症不一定是由大脑功能障碍引起的。

脑损伤 不幸的是,哈珀女士所阐述的循环推理并不少见。许多专业人士用类似的方式解释大量学生的不当行为。大脑损伤导致某些行为的观点源于戈德斯坦(Goldstein,1939)的研究,他研究了第一次世界大战期间头部受伤的士兵。他确定了某些行为特征,包括注意力分散、知觉混乱和多动症。在一些认知障碍儿童身上观察到类似的特征,一些专业人士得出结论,这些儿童肯定也受到了脑损伤,而脑损伤是行为的原因。这导致了一种多动行为综合征(Strauss & Lehtinen, 1947)的确定,被认为是没有脑损伤史的人的轻微脑功能障碍的结果。该综合征包括多动、易分心、冲动、注意力短暂、情绪不稳定(易变)、感知问题和笨拙等特征。大量具有这些特征的儿童目前被诊断为注意力缺陷障碍(ADD)或注意缺陷多动障碍(ADHD)(美国精神病学家协会,2013),但几乎没有经验支持使用脑损伤的可能性来解释所有表现出这种行为特征的儿童的问题行为。

由于出生前的影响(如父母营养不良或药物滥用)和环境因素的影响,许多儿童目前被定义为"有可能"出现学业和社交问题。近年来,胎儿酒精综合征、孕妇吸烟、孕妇非法吸毒以及儿科艾滋病明显导致了儿童学习和行为问题的增加(Chasnoff, Wells, Telford, Schmidt, & Messer, 2010; Scott-Goodwin et al., 2016; Phillips et al., 2016; Whittington et al., 2018)。虽然有明确的迹象表明,这些因素导致生化、中枢神经系统和其他生理异常,但没有具体的行为缺陷或过度直接归因于任何特定的因素。

生物物理和生物化学解释的效用

基于生理因素对人类行为进行解释的研究具有重要意义。基于这些研究的结果,预防或减少一些严重问题的技术已经发展起来。也许这种技术最著名的例子是对所有婴儿进行苯丙酮尿症(PKU)的常规检测,这是一种遗传性代谢障碍。让患有PKU的婴儿采用特殊饮食可以预防先前与这种疾病相关的智力障碍(Berry, 1969)。未来的研究有可能从生物学或遗传的角度解释更多的人类行为。然而,目前在大量的人类行为中,只有一小部分可以用这种方式来解释。

有些生物物理学的解释是可检验的,满足我们对有效性的四个要求中的第二个。例如,科学家可以通过观察染色体来确定唐氏综合征的存在。一些代谢或生化疾病也可以得到科学证实。然而,验证这些假定的行为原因,如最小的大脑功能障碍,是不可靠的(Werry, 1986)。

即使有证据表明存在某种生理障碍,也不能由此得出任何特定的行为都是这种障碍的必然结果。对于教师来说,基于假定生理障碍的解释几乎没有预测效用。说瑞秋(Rachel)不能走路,不能说话,不能自己吃饭,是因为她由于染色体失调而发育迟缓,这并没有告诉我们瑞秋可能在什么条件下学会这些行为。哈珀女士将拉尔夫无法坐下的原因解释为脑损伤引起的多动症,但她并没有提供任何有用的信息,说明是什么可能帮助拉尔夫学会坐在座位上。说哈罗德(Harold)不能阅读是因为他是一个有风险的孩子,这是把哈罗德置于更大的风险中,因为我们对他的期望低了。即使是明显的性格差异也很容易受到环境的影响(Chess & Thomas, 1984),以至于它们只能提供有限的信息,说明孩子在特定条件下倾向于如何表现。

当假定学生行为的物理原因时,最后一个标准,简约性,也经常被忽视。寻找这些原因往往会分散教师对更简单、更直接的因素的注意,而这些因素可能会操控课堂上的行为。也许这种解释的最大危险是,某些教师可能会把它们作为不教导的借口:瑞秋不能自己吃饭是因为她发育迟缓,而不是因为我没有教过她。拉尔夫不肯坐下是因为他脑损伤了,而不是因为我不善管理课堂。欧文(Irving)不能阅读是因为他有阅读障碍,不是因为我没有找到教他的方法。生物物理解释也可能导致教师对一些学生的期望较低。当这种情况发生时,教师甚至可能不会教学生有能力学习的东西。下框总结了生物物理理论的效用。

生物物理理论的效用			
	好	尚可	差
包容性			✓
可验证性		✓	
预测效用			✓
简约性			✓

垃圾桶边的弗洛伊德

在观察完实习教师后,格伦迪教授一回到大学,就准备回去写他的教科书手稿,现在已经比原计划晚了至少7个月。令他惊恐的是,他精心整理的资料、笔记、草稿和修订本不再"摆放"在他办公室的地板上。更糟糕的是,他精心整理的便签纸已经从墙上、门上、窗户上和电脑上被清理了。格伦迪教授疯狂地跑过大厅,大声地斥责管理员,因为管理员趁他不在的时候把他认为是"垃圾"的东西从房间里拿走了,好让他用吸尘器吸尘。

当格伦迪在外面的垃圾桶里翻找时,一位同事表示同情。"当肛门排斥型人格与肛门保留型人格发生冲突时,就会发生这种情况。"令人遗憾的是,格伦迪对这一观察的大声而污秽的反应引起了额外的评论,"有明显的迹象表明他已经退化到口腔攻击阶段了,格伦迪。"

发展解释

学习成果 1.2 说明从发展解释中可以学到什么

对人类的观察证实,有许多可预测的发展模式。身体发育以相当稳定的方式进行。大多数孩子开始走路、说话,并以相当可预测的顺序和通常在可预测的年龄进行一些社会行为,如微笑(Gesell & Ilg, 1943)。一些理论家试图根据固定的、先天的发展顺序来解释人类行为的许多方面——认知的、社会的、情感的和道德的。他们提出的解释是为了解释正常的和"异常的"(除了被接受的或通常的)人类行为。下面将回顾众多发展理论中的两种,并从包容性、可验证性、预测效用和简约性方面检验它们的效用。

精神分析学说

尽管对人类行为的许多不同解释都被描述为精神分析,但它们都起源于西格蒙德·弗洛伊德(Sigmund Freud)的理论,他断言,正常和异常的人类行为可以通过某些关键阶段的进展来理解和解释,这可能是他的理论中最被普遍接受和传播最广泛的。假设的阶段包括口腔期(依赖和攻击)、肛门期(排出和保持)和性器期(当性别意识出现时)。口腔期和肛门期阶段被认为发生在6岁之前,如果都顺利完成了,就会进入潜伏期,这代表着一种静息阶段，直到青春期，最后一个阶段，即性器期出现。

这一理论认为，成功经过这些阶段的人会成为相对正常的成年人。当一个人固着（或被卡住）在某个阶段，或者由于焦虑导致退行到前面的阶段，问题就产生了。固着或退行到口腔依赖阶段的人可能只是极度依赖，或者寻求通过口腔手段解决问题，如暴饮暴食、吸烟、酗酒或滥用药物。固着于言语攻击阶段的人可能是讽刺或言语辱骂。在肛门排出阶段的固着导致混乱和无序，而固着于肛门保持阶段会导致强迫性的有序。

认知发展阶段理论

让·皮亚杰（Jean Piaget）是提出人类发展阶段理论的生物学家和心理学家。皮亚杰关于儿童认知和道德发展的描述对教育者产生了广泛的影响。与弗洛伊德类似，皮亚杰的理论指出，某些生物学因素决定的力量促进人的发展（Piaget & Inhelder, 1969）。但是，皮亚杰所假定的这些力量是促进有机体适应环境的力量——具体而言，是同化（assimilation）和顺应（accommodation），前者指个体适应环境以增强自身功能的倾向，后者指改变行为以适应环境的倾向。而个体控制这两股力量的均衡的过程称之为平衡（equilibration）。平衡促进发展，同时促进发展的因素还有机体成熟、经验和社会互动等。皮亚杰提出的发展阶段包括感知—运动阶段（出生—1岁半）、前运算阶段（1岁半—7岁）、具体运算阶段（7—11岁）和形式运算阶段（12岁到成年）。

发展解释的效用

我们讨论的两种发展理论都是包容性的，它们显然解释了大量的人类行为，认知的和情感的、正常的和异常的。然而，可验证性却存在问题。尽管皮亚杰学派的理论家一再证明，在许多儿童中存在着似乎与年龄有关的学术和学术前行为，但验证精神分析解释的尝试并没有成功（Achenbach & Lewis, 1971）。那些接受人类行为的精神分析解释的人对验证理论结构存在相当大的阻抗（Schultz, 1969）。虽然可以证实许多人在特定年龄以特定方式行事，但这并不能证明这种行为的原因是潜在的发展阶段，也不能证明未能达到或通过这一阶段会导致不适当或适应不良的行为。几乎没有证据证明这些阶段的顺序是不变的，或者达到或通过较早的阶段对于更高层次的功能是必要的。

下框总结了发展理论的效用。

发展理论的效用			
	好	尚可	差
包容性	✓		
可验证性			✓
预测效用		✓	
简约性			✓

一些发展理论可以预测某些人在特定年龄会做什么。就其性质而言,这些理论提供了关于普通人的一般信息。然而,"预测一般人会做什么在与特定的人打交道时是没有价值的"(Skinner,1953,p.19)。发展理论提供了有限的信息,什么条件可以预测一个人在特定环境中的行为。那些希望通过改变环境来改变行为的实践者,很难从发展理论中得到什么帮助。如果用简约性的标准来判断,行为的发展解释同样是不充分的。说孩子发脾气是因为他固着于口腔发育阶段,这至少是可用的最简洁的解释。由于缺乏简约性,发展解释可能会导致教师找借口,就像生物物理解释那样徒劳无益。教师,特别是残疾学生的教师,不能等待学生为每一项学习任务作好发展准备。一种鼓励教师将学生从当前水平提升到后续水平的解释是显而易见的,至少从实际的角度来看,这比发展解释更有用。例如,我们可能期望格伦迪教授的持发展理论的同事们在他的基础上解释格伦迪在多动概念上的困难,无法达到处理假设性结构所需的形式化操作思维水平。对于他的行为,是否有一种更简约、更有用的解释?格伦迪教授在接下来的部分将继续收集行为理论。

格伦迪教授获得了洞察力

与实习老师的互动让格伦迪教授彻底丧失了斗志,他决定当天下午再来一次突然拜访。他决心不再使自己受到进一步的嘲笑。他没有提到拉尔夫的多动症,而是集中精力观察哈珀女士的教学。她的教案显示她教的是数学,但格伦迪教授对她的小组玩的是大小不一的小木块感到困惑。哈珀与学生们坐在一起,但没有与学生们互动。

这节课快结束时,格伦迪教授走近哈珀女士,问她为什么不按照计划教授基本的加减法知识。

> "教授,"哈珀女士说,"我完全按照我的计划上课。学生们用积木来深入了解数字之间的关系。也许你不熟悉建构主义的方法,但每个人都知道真正的洞察力对学习过程至关重要,而这是不可能教给孩子的;我们只能促进学生自己内在的知识建构。"

认知解释

学习成果 1.3　说明行为的认知解释的局限性

哈珀(当然,以一种有点夸张的形式)所拥护的教育理论的基础是对人类行为和学习的解释,它结合了发展理论的元素,尤其是皮亚杰的理论和 20 世纪初在德国首次提出的理论。这一解释的第一个主要支持者是马克斯·韦特海默(Max Wertheimer)(Hill, 1963),他对人们对现实的感知很感兴趣。

支持格式塔理论的教育者鼓励"发现学习"。

韦特海默认为,重要的是感知事物之间的关系,而不是事物本身。他认为,人们倾向于以一种有组织的方式来感知事物,因此所看到或听到的东西与组成它的部分是不同的。他将这种类型的有组织的感知称为格式塔(gestalt),使用了一个德语单词,这个单词在英语中没有确切的对等词,但可以翻译为"形式(form)""模式(pattern)"或"配置(configuration)"。这种观点的英语支持者保留了格式塔这个词,我们把这种解释称为格式塔心理学。将这一解释应用于教育的人认为,学习是促使他人接受自己处理信息的有意义的模式和见解,而死记硬背即使能找到正确的解决问题的方法,也没有多大用处。

格式塔心理学对教育产生了相当大的影响。支持这种理解行为的方法的最著名的教育家是杰罗姆·布鲁纳(Jerome Bruner, 1960)。所谓的教育认知理论强调重新安排思维模式和获得洞察力,作为学习新的学术和社会行为的基础。由此产生的教学实践被称为发现学习。学习是基于洞察力、模式重排和直觉跳跃来解释的。老师不传授知识;他们只是为了便于学生发现规律而安排合适的环境。动机被认为是先天需求的结果,当组织被强加于安排中的对象或事件时,这种需求得到满足。因此,动机是内在的,不需要老师提供。认知理论应用于教育的最新表现形式被称为建构主义。这种方法认为教师不能向学生提供知识,学生必须在自己的头脑中构建自己的知识(Fosnot & Perry, 2005; Taber, 2019)。"教学的目标不是行为或技能,而是概念的发展和深刻的理解"(Fosnot, 1996,

p. 10)。

认知解释的效用

认知理论解释了大量的人类行为。理论家可以解释智力行为和社会行为。几乎所有的行为都可以被解释为将结构强加于非结构环境事件或感知到此类事件的相对重要性的结果。因此,认知理论符合包容性的标准。

然而,该理论缺乏可验证性。因为所有的过程都应该在内部发生,所以没有办法确认它们的存在。只有结果是可验证的——过程是假定的。

认知理论的预测效用也是有限的。在学术领域,使用发现或建构主义方法的教师几乎无法控制学生将发现或建构什么。这种方法的大多数拥护者会坚持说,他们不想预测学习的结果。不幸的是,这种不愿意控制教与学过程的结果导致了相当糟糕的后果。基于认知方法的教育实践不如强调直接教学的教育实践成功(Engelmann & Carnine, 1982)。

谈到我们的最后一个标准,我们不得不得出这样的结论:认知理论并不简约。无论是在认知领域还是在社会领域,该解释都不是理解或预测行为所必需的。

认知理论的效用			
	好	尚可	差
包容性	√		
可验证性			√
预测效用			√
简约性			√

尽管迄今为止所描述的所有理论都提供了关于人类行为的信息,但没有一个符合我们的四个标准。我们所提供的解释是非常笼统的,我们关于其效用的结论不应被视为它们有没有价值的标志。我们只是认为他们没有为课堂教师提供足够的实践指导。在下面的小短文之后,我们将描述一种对人类行为的行为学解释,我们认为它最接近于达到包容性、可验证性、预测效用和简约性的标准。

格伦迪教授采取行动

格伦迪教授今天过得糟透了。他早上8点上课,很多学生迟到了,扰乱了他的讲课。他曾被一个实习老师嘲笑过;他那珍贵的手稿是从垃圾箱里捡出来的,皱巴巴的,臭气熏天;他的同事不顾格伦迪的抗议,在白天反复提到"肛门排斥"和"口腔攻击"的倾向。

回到家后,格伦迪给自己倒了一大杯药用饮料,他决定必须做点什么。他制定了几个详细的计划,晚上就离开了,他相信自己走对了路。第二天早上,他起床了,尽管有点头痛,但他热情地下定决心要把他的计划付诸实施。

他的第一步是早5分钟到早上8点的课——这有点新奇,因为他通常会迟到几分钟。他多花了5分钟与学生亲切交谈,并澄清了前一天讲座的要点。在8点整,他给在场的5名学生每人发了一张"准点卡",下次考试可得2分。

上午的讲座结束后,格伦迪教授来到他的办公室,他在门上贴了一个大牌子,上面写着:"今天请勿打扫办公室。"然后他打开窗户,想知道生物系在垃圾箱里放了什么东西,散发出了这么强烈的气味。他花了一个小时整理他的笔记。

接下来,格伦迪再次拜访了哈珀女士,这一次他建议哈珀女士除非学会控制拉尔夫的行为并教授基本的数学知识,否则她的教学成绩将不令人满意。她习惯性的轻蔑表情变成了全神贯注。格伦迪教授注意到,拉尔夫因为过于"亢奋"而无法待在座位上,所以当其他学生在教室的空闲时间里从一个玩具转到另一个玩具。他建议哈珀女士允许拉尔夫在他的座位上待上一段特定的时间后再玩玩具:一开始时间很短,慢慢地增加时间。格伦迪进一步建议实习教师制作基本加减法知识的闪卡,让学生在学习了几种组合后玩彩色积木。

教授高高兴兴地回到办公室,遇到了他那位精神分析倾向的同事,他又一次开玩笑地重复了他对格伦迪性格的见解。教授没有理会这些评论,而是和系里办公室的同事展开了热烈的交谈,称赞她帮他重新整理手稿的速度之快。她向他保证这是第一要务,因为她迫不及待地想摆脱那些恶臭的书页。

很快,格伦迪教授觉得一切都在他的掌控之中。每天早上8点上课的大多数学生都准时到场,尽管格伦迪开始偶尔"迟到"。哈珀女士不再嘲笑他,并开始教学。拉尔夫的迷迷糊糊的情况大大减少了,数学组的学生也学会了加减法。格伦迪继续

> 无视他的同事的评论,当没有回应时,他的评论就逐渐停止,他的笔记和草稿很快就变成了新处理过的手稿。唯一的负面结果是校园保安的严厉通知,称他的办公室存在火灾隐患,必须立即清理。

行为学解释

学习成果 1.4 描述行为学解释的效用,并阐明正强化、负强化、惩罚、消退和前因控制

在前面的小短文中,格伦迪教授以行为主义者的身份出现。为了解决他的一些问题,他使用了来自另一种人类行为解释的技术。行为学解释认为,我们不从一个人的内心去寻找行为的原因,而是从环境,通常是直接环境来解释行为。这种解释表明,人类的行为,无论是适应的还是不适应的,都是习得的。学习是行为的结果。简单地说,会带来愉快结果的行为往往会被重复,从而被学习。导致不愉快后果的行为往往不会被重复,因此也不会被习得。通过假设他的学生,包括德韦恩,上课迟到,保管员打扫卫生,实习老师嘲笑,拉尔夫闲逛,他的精神分析同事嘲笑,因为他们已经学会了这样做,格伦迪教授能够教他们做其他事情。在此过程中,他应用了行为主义者对人类行为观点的几个学习原则。下面几节介绍这些原则,每个原则将在后面的章节中详细讨论。提醒一句:在应用行为分析中,这些术语的用法与日常语言中的用法非常不同。密切注意技术定义。

正强化

正强化描述了两个环境事件即行为(任何可观察到的行动)和后果(该行动的结果)之间的功能关系。当一种行为的后果增加了该行为未来的发生率时,正强化就被证明了。

许多人类行为都是正强化的结果。表扬孩子把玩具收起来的父母可以教会孩子保持整洁。这也会以意想不到的方式起作用:父母给孩子糖果,让他们停止在杂货店尖叫,可能教会孩子尖叫。毫无疑问,格伦迪教授的看管员的清洁行为也是通过正强化来学习和保持的,就像格伦迪的精神分析同事的机智一样。格伦迪使用正强化(准点卡、聊天、玩玩具)来提高学生的准时到校率,以及拉尔夫在座位上待的时间。

负强化

负强化描述了一种事件之间的关系,在这种关系中,当一些(通常是厌恶或不愉快的)环境条件被移除或强度降低时,行为的出现率会增加。(这可能与你之前学到的定义不同。)当以某种方式行动导致不愉快的结束时,人类学了许多行为。例如,格伦迪教授了解到,在封闭的房间里,打开窗户可以减少难闻的气味。同样地,办公室同事很快地重新整理了他的手稿,因为当她完成以后就可以丢掉那些臭烘烘的纸张。

第八章详细阐述强化。

惩罚

"惩罚"这个词也描述了一种关系:一种行为之后会有一个降低该行为未来发生几率的后果。只有当上述行为的发生率降低时,事件才被称之为惩罚物。行为主义者用"惩罚"这个词作为专业术语来描述这种特定的关系,可能产生混淆的是,同一个词在非技术意义上被用来描述为了改变人们的行为而对他们做的不愉快的事情。在行为主义者看来,惩罚只有在前一行为减少时才会发生。在这个术语的技术意义上,仅仅因为某人认为结果事件不愉快,并不一定就是惩罚。行为主义者永远不会说"我惩罚了他,但这并没有改变他的行为",许多家长和老师都这么说。只有在事件和行为的功能性联系得以建立的时候才是惩罚。例如,人们可以说,格伦迪教授对哈珀女士的口头威胁显然是一种惩罚:她对他的嘲笑言论停止了。当然,我们希望他能采取更正向的态度。

消退

当先前被强化的行为不再被强化时,它的发生率就会降低。这种关系被描述为消退。回想一下我们的事例,当格伦迪不再对他同事的嘲笑做出反应时,这种行为就停止了。对于行为主义者来说,所有的学习原则都是基于实际发生的事情,而不是我们认为正在发生的事情。格伦迪可能认为他是在通过大喊大叫或以其他方式表达自己的不满来惩罚他的同事。事实上,当格伦迪以这种方式反应时,同事嘲笑行为的频率反而增加了。所以真正的关系是正强化。当正强化物被收回时,这种行为就停止了。

第九章将详细阐述惩罚和消退。

前因控制

在对残疾学生的安置进行改变之前,需要对残疾学生进行功能评估或分析(参见第七章的详细讨论),这大大增加了人们对前因控制的关注。教师和研究人员越来越多地依赖于对行为发生前的前因事件和条件的探测,以确定是什么为适当或具有挑战性的行为奠定了基础。人们越来越强调操纵前因条件或事件以管理和防止挑战性行为的发生。

在一种行为出现之前发生的前因被称为鉴别刺激,也被称为"场合"(为一种行为设定场合)。在行为和前因刺激之间,而不是行为和其后果之间,存在一种被称为刺激控制的功能关系。在关系发展的过程中必然会出现结果,但前提条件或事件现在成为行为的信号或线索。在我们的小插图中,看管人对张贴的通知的遵守显然在过去得到了加强,所以即使没有强化物或惩罚物,格伦迪教授所贴的标志也很有效。

另一种影响行为的前因是设定事件,这类似于激励操作(Chan, 2016; Iovanonne et al., 2017; Michael & Miguel, 2020; Nosik & Carr, 2015)。这些情况或事件可能与某个区别性刺激同时发生,也可能在数小时甚至数天之前发生。它们可能发生在相同的环境中,也可能发生在完全不同的环境中。它们通过暂时改变强化物的价值或有效性来影响行为。最简单的激励操作是剥夺和满足。一个刚从操场上回来的学生,因为踢了一场激烈的足球比赛而汗流浃背,可能比一个刚在有空调的自助餐厅喝了一大杯水的学生更容易把一大杯水作为潜在的强化条件。卡丁(Kazdin, 2000)描述了三种类型的背景事件:社会、生理和环境。贝利等人(Bailey, Wolery, & Sugai, 1988)将环境设定事件细分为教学维度、物理维度、社会维度和环境变化。这些不同的条件和事件可能包括各种各样的变量,如嘈杂或温暖的教室(环境)、不受欢迎的工作人员或同伴(社会),或头痛(生理)。

贝利等(1988)考虑了可能不适合年龄或性别的教学材料。也许没有强化物会(或者说应该)诱使青少年去触摸一本关于一个小娃娃的彩色插图的书,更不用说去阅读了。我们认为,学生的民族或文化传统也可以作为情境事件。学生更有动力与描绘像他们自己的人的材料互动(Fong et al., 2017; Sciuchetti, 2017)。对文化多样性的关注可能使教师能够提供更有意义和更有力的强化,并避免无效或冒犯性的策略。个性化情境教学(Voltz, 2003)等策略将教学嵌入特定环境中学生感兴趣的情境中,可能会增强强化物的价值。"音乐有魅力"的轶事描述了一个使用这种方法的教室。

刺激控制是第九章的重点。

音乐有魅力

　　加西亚女士是一名普通教育教师，瓦尔登先生是一名特殊教育教师，阮女士是一名辅助专业人员，他们共同负责一个有25名学生的小学融合教育班，他们私下里认为，这个班"赋予了多样性一词新的含义"。这个班的学生年龄从7岁到9岁，14名男生，11名女生；12名非裔，8名西班牙裔，4名亚裔；其中，7名学生有学习障碍，4名学生有行为障碍，2名学生智力超常；还有尤里，一名来自俄罗斯的自闭症男孩。这些孩子的共同点是他们都有资格享受减价的午餐，而且所有的老师都相信他们每个人都有能力做大事。

　　事情一直进展顺利。教师使用标准课程和小组与个别化教学相结合的教学方法。他们对整个班级使用了一个简单的积分系统（学生可以通过完成工作和表现得体而获得有形的奖励和活动），并对一些行为更具挑战性的孩子实施了更复杂的积极行为支持计划。学生们在学业上取得了很好的进步，但正如沃尔登先生在一天下午的一次会议上所说的那样，"除了我们之外，似乎没有人对上学真正感到兴奋。"三位老师决定采用加西亚女士采用的综合单元教学方法，这是加西亚女士在当地大学上课时学到的知识，她还在网上和大学图书馆进行了研究。第二天早上，加西亚女士向学生们解释了这个计划，让他们考虑自己想学什么。学生们似乎认为老师们一定是在开玩笑，并提出了从体育到恐龙等各种建议，但大多数兴趣似乎都集中在音乐上。"说唱！"几个学生喊道。"莎莎！"其他人建议道。阮女士和沃尔登先生四处称赞正在上课的学生，"好吧，"加西亚表示同意，"让我们列出一个我们已经知道的关于音乐的列表，然后是我们想知道的东西的列表。阮女士，你能帮尤里把写着我们想法的便利贴贴在黑板上吗？"

　　差不多过了一个小时，他们就有了一张很好的课程表，老师们惊讶地发现，快到午餐时间了。更令他们吃惊的是，他们发现整个上午都没有人给学生们打分，光是口头表扬和拍拍他们的背就足够了。

其他学习原则

　　除了上述这些主要的学习原则，格伦迪教授还举例说明了行为主义者所描述的对人类行为的其他几种影响。这些影响包括示范和塑造。示范是行为的展示。教授一直在模仿不恰当的行为——上课迟到——他的学生显然也在模仿这种行为。人们通过模仿榜样来学习许多行为，包括恰当的和不恰当的。婴儿通过模仿照顾他们的人来学习说话，成年人可以通过观看演示来学习操作复杂的机器。

塑造利用对期望行为的不断的接近进行强化来教授新的行为。格伦迪让哈珀女士用塑造的方法教拉尔夫坐在座位上。最初拉尔夫只要坐在座位上短暂的时间她就进行强化，然后逐渐增加拉尔夫获得强化物所需的坐着时间。许多行为都是通过塑造来教授的。父母可能会在孩子第一次穿衣服时热情地表扬她，即使她的衬衫穿反了，短裤穿反了。后来，只有当她的着装完美协调时，她才会赢得赞美。

行为主义者的任务

行为主义者根据刚才描述的原则来解释典型和非典型人类行为的发展。这种方法的一个重要方面是它强调行为。要成为一种行为，某些东西必须是可观察和可量化的（Baer, Wolf, & Risley, 1968）。我们必须能够看到（或有时听到、感觉到，甚至闻到）行为。为了使这种直接的观察有意义，必需建立某种方法来定量地衡量行为（多少？多久？多频繁？）。除非满足这些标准，否则行为主义者不能可靠地说任何被描述为学习原则的关系是存在的。

斯金纳（1953）认为，行为主义者更关心的是描述行为，而不是解释行为。他指出，重点在于哪些环境因素会增加、减少或维持特定行为的发生率。值得注意的是，行为主义者并不否认可能导致某些行为问题的生理问题的存在。大多数行为主义者也不否认遗传的作用（Mahoney, 1974），甚至是发展阶段的影响（Ferster, Culbertson & Boren, 1975）。然而，他们的主要重点是当前的环境条件，包括前因和结果、维持行为，并建立和验证这些条件和行为之间的功能关系。

如果你能看到它，听到它，感觉到它，或者闻到它，它就是可观察到的。如果你能计算或测量它，它就是可量化的。

行为学解释的效用

对行为学方法最常见的批评之一是，它没有解释人类的许多行为。强调可观察到的行为导致许多人认为行为原理只能解释简单的运动反应。然而，斯金纳（1953、1957、

1971)运用基本学习原则来解释各种复杂的人类行为,包括语言、教育、经济、政治和宗教信仰。

行为原则没有解释人类行为的所有方面,这一事实不应导致它们不能解释的假设。自从斯金纳第一次发现行为原理并发展成为应用行为分析的学科以来,许多方面都得到了解释。许多现象尚未得到解释。"与此同时——这可能会永远持续下去——最好的策略是隔离影响重要行为的变量,并操纵这些变量使生活更美好。"(Poling & Byrne, 1996, p.79)因为行为主义者拒绝对他们没有观察到的东西进行理论化,解释必须等待验证。行为主义者愿意暂时牺牲一定程度的包容性来换取可验证性。

可验证性是行为学解释的本质。其他理论家提出一个理论,并试图通过实验调查来验证它。而行为主义者在形成可以被描述为概括而不是理论之前进行调查。成人的注意力对大多数儿童来说是正强化物(Baer & Wolf, 1968; Harris, Johnston, Kelley, & Wolf, 1964)就是这种概括的一个例子。这一说法是在反复观察建立了儿童行为和成人注意力之间的功能关系之后才得出的。请注意,成年人的注意力并不总是起正强化的作用。下框总结了行为学理论的效用。

行为学理论的效用			
	好	尚可	差
包容性		√	
可验证性	√		
预测效用	√		
简约性	√		

行为学方法的重点是改变行为。预测效用是任何行为解释的重要组成部分。建立功能关系,并精确地进行概括,以便用于改变不适应或不恰当的行为,增加恰当的行为。行为主义者通过改变行为而不是讨论行为而得到强化。除非有可能使用概括来预测人们在特定条件下会做什么,否则行为主义者认为这样做没有什么意义。大量的证据证明了学习原理在人类行为中的应用。这些数据使得在各种各样的条件下预测行为成为可能。

行为解释是简约的,满足我们的第四个有用性标准。仅仅用可观察的、可验证的、功能关系来描述行为可以避免使用"解释性虚构"。这种虚构只根据它们的效果来定义,导致了我们前面讨论的循环推理。格伦迪教授并没有引用"多动"——一个解释性虚构的例子——来解释拉尔夫离开座位的行为,而是选择了一种行为学的方法来研究拉尔夫离开座位前后发生了什么。这样,行为主义避免了远离观察到的行为及其与环境的关系的解释。将离座行为的原因归结为多动,或将脏乱解释为固定或回归到肛门排斥行为阶段,这是不可接受的。这两种解释都没有提供有关问题的有用信息,也没有改善行为的策略。

假设行为是由当前的环境条件维持的,并且行为可以通过改变环境而改变,这不仅是简约的,而且是极其乐观的。专注于发现和改变维持学生不适当或适应不良行为的环境条件的教师,不会因为他们有文化差异、智力障碍、脑损伤、情绪障碍、多动,或有风险,或还未发育到准备好学习而放弃他们,老师还是教他们。如果用过度行为(到处走动太多)或行为不足(阅读太少)来描述学生的行为,而不是用虚构的解释来描述,教师就可以着手教学——减少过度行为和克服行为不足。

"解释性虚构"什么也解释不了。行为主义者是根据观察而不是想象来解释行为的。

行为主义的历史发展

学习成果 1.5　描述行为的行为学解释起源

作为一门科学,行为主义起源于几个世纪前的哲学和心理学传统。前面描述的学习原则在正式定义之前就已经存在了。人类的行为自文明开始以来就一直受到影响。在下一节中,我们将研究人们如何使用行为与其后果之间关系的几种历史描述。然后,我们将追溯行为主义作为解释、预测和改变人类行为的一种方式的发展脉络。

历史先例

为了影响行为而安排环境条件绝不是最近的发明。据说,古罗马人在酒杯底部放入鳗鱼,以减少过量饮酒。克罗斯曼(Crossman, 1975, p. 348)提供了一个过去使用正强化的例子:

> 椒盐卷饼背后有一段迷人的历史。大约公元610年,一位富有想象力的阿尔卑斯修道士把烤面包剩下的面团末端折成烤好的条状,再折成环状,以代表祈祷时孩子们交叉的手臂。当孩子们学习祈祷时,他们就会得到美味的食物,因此被称为"pretiola"——拉丁语中"小奖励"的意思。(来自盐湖城,Country Club Foods 椒盐卷饼袋的背面。)

本杰明·富兰克林证明了成年人的行为也可以通过使用一种截然不同的正强化物(Skinner, 1969)进行改变。当一艘船的牧师抱怨很少有水手参加祈祷时,富兰克林建议牧师负责每天为水手提供朗姆酒,并在祈祷后分发,于是出勤率显著提高。

家长和老师也同样把学习的原则应用在教育孩子的过程中。"把你的盘子清理干净,然后你就可以吃甜点了。"这位家长希望带来正强化。"当你做完算术,你可以玩一个游戏。"老师承诺说。父母和老师,不管他们是否意识到,也使用惩罚:孩子跑到街上被责骂;谁的作业完成得快,就给谁更多的作业。我们都听过"别理他,他就会停下来的,他这么做只是为了引起注意"。如果他停止了,我们就有了消退的例子。当然,许多家长和老师也因对表现良好的孩子不加注意而使其适当的行为被消退。负强化每天都在许多家庭中出现:"在房间打扫干净之前,你不要在外面玩。"例如,当老师要求学生在吃午饭或休息前完成作业时,他们在使用负强化。幼儿园老师要求他们的孩子使用"内心的声音"是在试图建立刺激控制。每当老师教学生如何做某事时,他们都是在示范。

很明显,人们不需要知道所涉及的关系的名称就可以使用它们。的确,应用行为学习原则听起来很像常识。如果这么简单,为什么学生一定要上课读书呢?为什么会有这么多的材料被撰写,这么多的研究在进行?

答案是,不安排环境条件以建立功能关系,或允许这种关系随机建立,或假定这种关系仅基于常识建立,都是低效的。这种低效率导致了学校中高度的不适应行为,有时学术和前学业学习水平低得可怕。我们写这本书的目的是帮助教师成为应用行为分析师。术语应用行为分析的来历和定义将在本章的剩余部分中讨论。

无论是否有人有意识地使用它们,行为原则都会起作用。

心理学先驱

应答性条件反射 大多数人都知道伊万·巴甫洛夫(Ivan Pavlov)的工作,他观察到,在喂狗时发出一种音调,即使在没有食物的情况下,狗听到这种音调时也会开始分泌唾液。任何喂狗的人都能观察到类似的现象,当狗听到从洗碗机里取出食盘时,它们会流口水。

巴甫洛夫的精确观测和测量至今仍是实验研究的典范。他的经典实验包括将食物(引起唾液分泌,一种自动反射)与一种通常对狗的唾液分泌没有影响的音调配对。音调的呈现先于食物的呈现;重复配对后,当只呈现音调时,出现了唾液分泌(Hill, 1970)。食物称为非条件刺激(US);音调称为条件刺激(CS)。唾液分泌是对食物的一种非条件反射,也是对音调的一种条件反射。这种关系可以用所附的图表来表示。配对刺激的过程,使一个非条件刺激引起某个反应,被称为巴甫洛夫条件反射、经典条件反射或应答性条件反射。

联结主义 另一位有影响力的实验者,他的研究与巴甫洛夫并驾齐驱,他就是爱德华·桑代克(Edward Thorndike)。桑代克研究的是猫而不是狗,他的主要兴趣是发现情境和反应之间的联系(Thorndike, 1931)。他提出了两条定律,深刻地影响了行为科学后来的发展。效果律(Thorndike, 1905)表明,"在特定情境下产生满足感的任何行为都与该情境有关,因此,当这种情境再次发生时,该行为比以前更有可能再次发生"(p.203)。其次是练习律,即在特定情境下做出的反应与该情境相关联。效果律与正强化原理的关系是明显的。练习律类似于前面讨论的刺激控制原则。

行为主义 行为主义一词最早由约翰·华生(John Wastson, 1914, 1919, 1925)使用。华生主张彻底废除心理学中任何不是由直接观察得出的资料。他认为精神、本能、思想和情感这些概念既无用又多余。他否认人类本能的存在,把思想简化为潜台词,把情感简化为身体反应。我们认识的一位华生学派行为主义者曾经这样回答一个问题:"我改变主意了(你应该原谅这种说法)。"真正的华生不承认任何"心灵"这样的实体的存在。

华生和雷纳(Watson & Raynor, 1920)通过将一只小白鼠(CS)和一声巨响(US)配对,使婴儿阿尔伯特产生惊吓反应。华生认为,所有的"情感"反应,如恐惧,都以类似的方式形成条件反射。在一个有趣的相关研究中,琼斯(Jones, 1924)通过将孩子最喜欢的食物与兔子配对,使一个对白兔和其他白色毛茸物体表现出恐惧反应的3岁儿童脱敏。不幸的是,阿尔伯特并没有接受这种治疗,他还没来得及消除他的条件恐惧就搬走了。阿尔伯特可能一生都害怕老鼠,这可能造成了许多问题,包括妨碍他成为一名行为心理学家。

如果我们都是华生主义者,我们就不能说,"她伤害了我的感情","我走神了",或者"发挥你的想象力"。

操作性条件反射 本节开头所描述的学习原则是由操作性条件反射模型的支持者提出的,用于解释、预测和改变人类行为。最著名的操作性条件反射是斯金纳(1904—1988)

创造的,他首先区分了操作性条件反射和应答性条件反射。

你会记得,应答性条件反射处理的是由之前的刺激引起的行为。大多数这样的行为都是反射性的。也就是说,他们不受自主控制。例如出汗、脸红和瞳孔放大。而操作性条件反射处理的行为通常被认为是自主的,而不是反射性的。例子包括拉、推、走、说、写和扭曲——这些都是在学校很重要的行为类型。操作性条件反射主要关注行为的结果以及行为和结果之间的功能关系的建立。前面描述的行为学观点是操作性条件反射的观点,这将是整本书的重点。

斯金纳早期的研究对象是动物,主要是小白鼠。在这一点上,他遵循了早期行为主义者的传统,对他们来说,这种特殊的动物是如此重要,以至于一位研究人员(Tolman, 1932)专门写了一本重要的书来研究小白鼠的一种品系(Mus norvegious albinius)。据说,哲学家伯特兰·罗素曾开玩笑地提出,欧洲(主要是格式塔、内省和理论化)和美国(主要是行为、动作和观察性)研究的不同重点可能是由于可用的老鼠品种的差异。欧洲老鼠安静地坐在那里等待洞察,而美国老鼠是积极的进取者,在笼子里乱窜,为心理学家观察提供了许多行为。

操作性行为是自发产生的,应答性行为是刺激引起的。

斯金纳还研究过鸽子。他解释说(1963),二战期间在军队服役时,他被分配到一个窗台上经常有这些鸟出没的建筑。因为没有什么事情可做,他和他的同事们开始训练鸽子表演各种各样的行为。这随后发展成为一个相当复杂的、成功的,尽管最终在全面运作前被放弃的项目,训练鸽子向敌舰投掷制导导弹。当然,鸽子只能送一次。尽管"鸽子计划"是斯金纳个人和职业挫折的来源,但它被认为是将他的兴趣从实验室坚定地最终转移到应用环境的原因(Capshew, 1993)。

操作性条件反射技术在人类上的早期应用是为了确立支配动物行为的原则也支配人类行为。使用这些原则来改变人类行为——最初被称为行为矫正——直到20世纪60年代才真正出现在非实验室环境中。其中一位作者记得在1961年的一门实验心理学课程上被告知,有一些迹象表明,操作性条件反射可以应用于简单的人类行为。举个例子,老师笑着描述说,大学生只是在教授站在教室的一边时才表现出感兴趣,从而使他们习惯于让教授站在教室的一边讲课。教练相当自负地坚持说,他不可能用这种方式来改变他的行为,因为他知道这种技巧。他错了:下一节课结束时,他被挤到了房间的一角。

然而,在当时,尽管斯金纳(1953)在复杂的人类行为中应用了操作性条件反射技术,并进行了一些开拓性研究,如艾伦、迈克尔(Ayllon & Michael, 1959)和伯恩布劳等人(Birnbrauer, Bijou, Wolf, & Kidder, 1965),但很少有人预料到这些原则的使用会对美国心理学、教育和其他学科产生巨大影响。到1968年,行为矫正在现实生活中的应用变得如此普遍,以至于创刊了一本新杂志《应用行为分析杂志》(*Journal of Applied Behavior Analysis*),发表研究成果。贝尔及其同事(Baer, Wolf, & Risley, 1968)在该杂志的第1卷第1期中,将应用行为分析定义为"有时应用尝试性的行为原则来改善特定行为的过程,并对观察到的变化是否真的由行为原理的应用所导致进行评价的过程"(p. 91)。

贝尔及其同事(1968)提出,要使研究有资格成为应用行为分析,它必须改变具有社会重要性的行为,选择它是因为它需要改变,而不是因为它的研究对研究者来说方便。它必须处理可观察、可量化、客观定义或根据样例而界定的行为,而且必须有明确的证据表明,要改变的行为和实验者的干预之间存在功能关系。在对1968年以来应用行为分析进展的回顾性分析中,同一批作者(Baer, Wolf, & Risley, 1987)建议,尽管有相当多的反对意见,但是鉴于在真实环境中该程序的许多失败,应用行为分析师应该坚持下去。他们说,"当前的理论工作做得太好了,在面对那些更简单地被视为技术而不是理论的失败时,不能放弃"(p. 325)。换句话说,我们仍然不能总是让我们知道应该起作用的东西实际起作用,但这是一个实施的问题,而不是作为一门学科应用行为分析的不足之处。应用行为分析的定义比行为矫正更严格。在我们前面的小短文中,格伦迪教授显然成功地改变了行为,但他没有达到分析的标准——他无法确定他的技术是否改变了行为,或者这种改变仅仅是巧合。维护有关行为改变(或缺乏行为改变)的数据是应用行为分析的基本原则。对于残疾学生来说,许多必要的程序都需要它,包括第六章中讨论的行为功能分析和对干预的响应性(RTI)(Bradley, Danielson, & Doolittle, 2007),作为特殊需要学生识别过程的一部分。本书旨在帮助老师们成为应用行为分析师、有效的行为矫正者,以及对所有学生表现方面所涉及的学习原理的高效分析者。

学习和实践应用行为分析原则的教师可以帮助他们的学生以系统而有效的方式掌握功能和学术技能,并为家长和其他专业人士记录学生的进步。他们可以积极地管理行为,这样他们的注意力就会集中在学习上。他们可以教学生与同龄人和成年人相处,并作出正确的选择。通过提供安全、愉快和成功的学习环境,他们可以给学生的生活带来巨大的改变。

小结

我们描述了许多解释人类行为的方法。我们评估了这些方法的包容性、可验证性、预测效用和简约性。我们还描述了一种对人类行为的解释,这种解释在我们看来是最有用的——行为学解释。

在追溯行为方法的历史时,对于人类行为,我们强调了应用行为分析科学的发展。我们讨论了集中精力研究对社会有用的人类行为和仔细观察功能关系的建立的必要性。我们还提供了学习和使用应用行为分析原则的基本原理,以及在各种教育环境中使用它们的一些例子。

讨论

1. 金先生是一所小学有特殊需要学生的顾问教师。他正在与三年级教师洛维女士合作,洛维女士希望她的学生杰伦不要再在教室里闲逛,而是完成,或者至少尝试完成他的作业。当金先生建议用贴纸来强化杰伦的正确行为时,洛维女士说,这个男孩患有多动症,除非他的父母同意给他吃药,否则什么都没用,因为多动症是一种医学问题。金先生应该对洛维女士说什么?

2. 金先生建议中村女士使用可以用空闲时间交换的贴纸来帮助她的一个幼儿园学生玛丽亚,玛丽亚很容易感到沮丧,被要求独立完成作业时经常哭泣。中村决定,只要玛丽亚能独立工作几分钟,她就给她一张贴纸,并说她觉得玛丽亚哭得没那么多了,而且这个计划似乎起作用了。她感谢金先生的帮助。中村女士是在练习应用行为分析吗?这重要吗?金先生应该告诉她吗?

第二章　应用行为分析程序的正确使用

学习成果

2.1 描述应用行为分析程序引发担忧的三个因素

2.2 列出验证行为改变程序是否合乎伦理的实施标准

2.3 描述在使用应用行为分析程序时提供问责制的有效性

2.4 说明在与具有挑战性行为个体相处时，专业人员理解程序实施理论基础的理由

本章概要

对应用行为分析的担忧

与其他程序的混淆

对有争议的程序的反应

对强制使用的担忧

合乎伦理地应用行为分析

由有能力的行为分析师治疗(Van Houten et al., 1988)

以人为本的服务(Van Houten et al., 1988)

行为评估和持续性评估(Van Houten et al., 1988)

治疗环境(Van Houten et al., 1988)

教授功能性技能的程序(Van Houten et al., 1988)

最有效的治疗程序(Van Houten et al., 1988)

问责制

理论或方法？

小结

这一章解决了应用行为分析实施过程中的许多问题,在这些实施者中,有人肯定应用行为分析的作用,有人却提出否定的看法。我们会考虑大家经常提出的担忧以及可能引发担忧的原因。接着我们会回应应用行为分析程序的具体问题,尤其是在教育安置环境下的使用方法。我们会对应用行为分析程序提出伦理准则,格伦迪教授会回应非专业人士经常问的问题,此外我们会呈现全面理解应用行为分析程序及其准则的理由。

对应用行为分析的担忧

学习成果 2.1　描述应用行为分析程序引发担忧的三个因素

使用操作程序来改变行为的阻力来自几个方面。常用来描述这种技术的术语——行为矫正,引起了一些疑问。因为矫正(modification)和改变(change)是近义词,所以行为矫正经常被误用为任何有可能改变行为的过程。这种对术语的误用是我们偏向使用"应用行为分析"的原因。

有些人认为改变行为必然会侵犯个人自由。

其他反对操作程序的意见包括,有人认为系统地改变行为的做法是强制性的,因此是不合乎伦理的。这些人通常称自己为"人道主义者"。他们的反对是基于对决定性观点的拒绝、自由主义和人身自由的倡导。尽管这种反对往往是基于相当不可靠的逻辑基础,但是这些人文价值的直观诉求使人道主义者对行为程序的拒绝成为有力反对。

应用行为分析程序的有效性是这种方法备受关注的原因之一。讽刺的是,许多人喜欢无效或缺乏实证的技术。因为那些不太有效的技术更容易、更快、成本更低,例如药物治疗。实施基于应用行为分析的评估和程序是非常耗时的,但也是非常有效的。

20 世纪 70 年代至 80 年代,特殊教育之外的研究人员和教师几乎忽略了应用行为分析(Axelrod, Moyer, & Berry, 1990),也许是因为它的批判者认为战斗已经胜利,"行为主义"被击败了。我们的两个研究生在参加辩论时,一个同学说到:"行为主义已经死了!""什么?"她回答说,"他们废除行为准则了吗?"应用行为分析再次成为被攻击的目标(Haberman, 1995;Kohn, 1993, 2018),甚至一些特殊教育者也会反对应用行为分析(Pugach & Warger, 1996)。阿克塞尔洛德(Axelrod, 1996)列出了应用行为分析遭遇反对的几个可能的原因:

- 行为方法工作量太大,提供的强化太少。
- 行为主义与当前流行的教育学和心理学的发展观点相矛盾。
- 行为分析对教育学和心理学中盛行的力量构成威胁。

- 正强化是缺乏社会接受力的做法。
- 行为分析不像其他心理学和哲学那样美化人性。(p. 248-253)

曾经使用直接指导方法教授阅读的人(Engelmann et al., 1988; Fishley et al., 2017; Kamps et al., 2016; kourea et al., 2018)可以证明,这比为学生提供一个丰富的读写环境并等待读写能力的出现的工作量要多得多。实施行为支持计划比把学生送到校长办公室然后勒令他们停学或开除要难得多。

除了解决阿克塞尔洛德(1996)的问题外,我们还将讨论应用行为分析仍然存在争议的一些其他原因。

与其他程序的混淆

许多公众对历史上所谓的行为矫正的强烈抗议源于使用这个术语来描述与应用行为分析完全无关的程序。科普记者(Holden, 1973; Mason, 1974; Wicker, 1974),甚至行为矫正专家(McConnell, 1970)在应用行为分析的发展阶段,将不相关的治疗程序归在行为矫正的标签下,对应用行为分析的形象造成了不可估量的伤害。催眠、精神外科手术、大脑植入、药物治疗和电休克治疗都被归在这个标签下。这样的程序无疑改变了行为,但它们与运用行为原理对行为进行系统性矫正无关。在行为矫正的标签下列出包括"精神分析、格式塔疗法、原始尖叫、讲座、书籍、工作和宗教"在内的一系列治疗干预,是符合逻辑的,但却是错误的。尽管许多对应用行为分析的批评是多年前对其使用之后的反馈,但是最近的出版物已经将公立教育影响儿童职业道德发展归因于行为分析(Haberman, 1995; Kohn, 2001, 2018)。

> 应用行为分析不是催眠、前额叶切除术、大脑植入、药物治疗或休克治疗。

我们中的一员已经听过好几次了,"哦,你是一个行为主义者——你想让我震惊吗?"这是一个非常不幸的联想,因为行为主义之父斯金纳强烈反对使用惩罚和厌恶物(Skinner, 1953)。他厌恶在学校和军队中使用体罚,并恳求社会成员使用正强化。应用行为分析当然不包括电休克疗法或脑外科手术;也不涉及药物的使用。行为程序的有效应用通常会减少这种强烈干预的需求,多年前的一些研究可以证明这一点,这些研究使用正强化作为多动症(Ayllon, Layman, & Kandel, 1975)或注意力缺陷障碍(Rapport, Murphy, & Bailey, 1982)儿童的药物治疗。从术语上讲,行为改变可能会大大减少手术、药物和其他此类行为改变技术的使用。特别不幸的是,这个术语的不当使用导致了公众对一项存在潜力的技术充满敌意。因此,我们建议教师使用应用行为分析,而不是行为矫正。

应用行为分析仅指从人类行为的实验分析中衍生出来的程序。由于行为矫正的负面含义,行政人员、教师和其他专业人士可能会像家长和学校董事会成员一样,对应用行为分析师如何使用这些术语感到困惑。在职前教师教育项目中广泛使用的一些教科书和其他材料很可能会造成这种混乱,我们必须努力消除这些负面关联,并解释应用行为分析的许多好处。术语的使用一直给行为导向的实践者带来问题,这可能不是行为主义者的行为,而是他们描述行为的方式干扰了人们的看法。老师们彼此谈论程序时也应该谨慎,因为程序的描述方式可能会产生问题,即使程序本身是合适的。

里斯利(Risley, 1975)描述了一个暂停使用的程序,该程序被禁止的主要原因是工作人员将建造的独立结构称为"盒子",并将该程序命名为"把他(居民)放在盒子里"。"盒子"很大,照明充足,但是使用错误的词语就会导致程序失效。我们这些倾向于贴上标签的人,在和可能会产生误解的人讨论程序时,最好小心谨慎。

卡尔(Carr, 1996)建议我们在面向公众(包括不是行为分析师的父母和教育工作者)时,应该更加彻底地修饰我们的语言。他主张使用人道主义的语言,侧重于同情、尊严、诚实等价值,而不是使用概念和程序的技术性语言。换句话说,与其说我们使用正强化来增加未来行为的可能性,不如说我们使用它是因为"这是一种人道主义的程序(同情),可以帮助个体过上更好、更充实的生活(尊严),我们真诚地提供它作为反馈"(第266页)。这当然不是试图欺骗,我们相信大多数行为分析师是诚实的,富有同情心,并且维护每个人的尊严。克里奇菲尔德(Critchfield等, 2017)进一步建议,在与非行为分析师的交流中使用日常语言,以此帮助传播有效的科学和实践。

对有争议的程序的反应

不是所有的不理解和反对都来自这个领域之外的人。专家和公众也会经常拒绝从行为的实验分析中得出的程序。一些父母和教育者甚至还拒绝正强化的使用,它们认为学生应该受到内在激励,而系统的正强化降低了学生的内部动机(Balsam & Bondy, 1983; Benabou & Tirole, 2003; Kohn, 1993, 2001, 2006)。事实上,几乎没有证据可以证明这种说法(Cameron, Banko, & Pierce, 2001)。卡梅伦和皮尔斯(Cameron & Pierce, 1994)检验了96篇已经发表的研究,他们发现当使用正强化时内部动机提高了,而不是降低了(另见 Cameron et al., 2005)。

其实人们拒绝使用应用行为分析程序的原因不难理解,该程序会引发疼痛或不舒服,并且使用时具有排他性。尽管这些只是应用行为分析师工具中的一小部分,但它们的使用受到了媒体、公众和司法机构的极大关注(Connolly, 2017; Stolz, 1977)。值得注意的是,厌恶或排斥程序可能会在两方面产生问题:

1. 它们的滥用很常见,并且经常被使用者描述为行为矫正。
2. 即使在适当的情况下,它们的使用也会比其他行为程序引起更多的关注。

完全可以理解的是,对任何人,尤其是残疾人,造成疼痛或不适的程序是令人担忧的原因。关于反对程序的争论将在本章后面讨论,并在第九章详细讨论。

对强制使用的担忧

应用行为分析是不人道的,这种概念建立在每个人都应该自由选择个体行为的假设上。对于那些批评行为程序的人来说,任何系统性地改变他人行为的尝试都是强制性的,因此是不人道的。

第九章将提供使用厌恶和排除程序的指南。

这种对行为技术的批评是以自由意志的哲学概念为基础的。自由意志假设的倡导者倾向于将人类的行为归因于个人内部的力量,因此不受预测或控制。这是阿克塞尔洛德(1996)所描述的美化人类的一个例子。换句话说,人与动物的不同之处在于,人之所以做自己想做的事,只是因为他们决定这么做。另一方面,有人坚定地认为,人类行为也是合法的行为(受预测影响),其原因可以在环境事件中确定。决定论提到这些事件之间的系统关系(Chiesa, 2003),认为人类行为是系统的一部分。这种截然不同的观点得出的结论是,人类行为受合法预测的支配。人们做事情或决定做事情,是源于过去的事件和现在的情况。区分"合法"一词的使用是很重要的,它指的是事件之间的有序关系,以及任何权威的控制。许多对应用行为分析的批评都基于对这一简单概念的误解(Dollard, Christensen, Colucci & Epanchin, 1996; Nichols, 1992)。这里的"合法"指的是自然发生的事件之间的关系,而不是试图为人为立法。

根据定义,应用行为分析师也是决定论者。他们的立场是以确凿的证据为基础的,即"决定论假说对于处理人类行为是合法且合理的"(Craighead, Kazdin & Mahoney, 1976,第172页)。这一证实来自大量的心理学研究,其中一些(但并非全部)是由自称为应用行为分析师的人进行的。事件与行为之间合法关系的猜测并不意味着反对人类自由。对于应用行为分析师来说,"自由是可供人类选择以及实施的个体权利"(Bandura, 1975, p.865)。不幸的是,由于"对斯金纳思想的误解,人们认为,在某种程度上,行为分析具有消除个体选择替代回应的能力"(Newman, Reinecke, & Kurtz, 1996, p.277)。行为分析师的目标是增加，而不是减少回应，这样的选择或替代回应能增加个人的自由。英语屡屡不及格的高中生没有机会上大学；害怕与同龄人交往的孩子没有自由交朋友；有严重行为缺陷的人可能根本没有选择，他们不能四处走动，不能满足自己的基本需求，也不能以任何方式控制环境。这种对选项或选择的强调将在以后的章节中讨论。它是为个体提供适切教育服务的基石。

> ➢ 行为合法并不意味着人类不能自由选择他们要做什么。
> ➢ 行为主义者将自由定义为一个人做出选择和行使选择的能力。

理解确定性立场的一个关键概念，是行为与环境之间的关系是互惠的(Bandura, 1969; Craighead等, 1976)。环境事件控制行为，但行为也不可避免地改变环境。这种互惠关系存在于人与人之间。行为改变行为，同时也被行为主体改变。因此，每个人都会影响和控制他人的行为。放弃控制权是不可能的；我们不可避免地会影响他人的行为(Bandura, 1975; Rogers & Skinner, 1956)。例如，一个很少笑的儿童在周围人中不受欢迎，老师和其他儿童可能会排斥他。如果老师强制他表现出快乐的表情，这个儿童会笑得更多。因为微笑的儿童能受到周围人的欢迎，并且能够和他人互动，他自己的行为能够强化别人，包括老师。老师会有更多的机会来强化笑容。

从这个文本中可以看出，行为技术既不是非人性化也不是反人性化的。当目标是人性化的，我们必须提供最有效的方法来实现它。在很多情况下，应用行为分析程序的有效性是最人性化的选择。

合乎伦理地应用行为分析

学习成果2.2　列出验证行为改变程序是否合乎伦理的实施标准

不管是不是应用行为分析师，所有的教师都应关心伦理。在描述教师合乎伦理的行为之前，我们将讨论伦理本身的概念。如果决定或行为是正确的，那么它应当是合乎伦理的。当然，这是一个看似简单的表述。什么是正确的决定，谁说的是正确的，我们如何认为它是正确的，这已经引起了哲学家和其他人的关注。简单地说，做正确事情的老师，其行为是合乎伦理的。然而，它远不止是避免责难，更要遵守一套道德准则或标准。包括特殊儿童委员会(2010)和行为分析师委员会(Bailey & Burch, 2016)在内的多个协会提供了这样的指导方针，教师和其他专业人士应该自我约束，遵守"教育法"。但是，我们并不是"更关心教师遵守规范超过教师做有道德的人"。只是因为有些事虽然不能保证是正确的,但是仍然被大众接受了(Kitchener, 1980)。在过去的几个世纪里,人们大声地宣扬规则(或服从命令)做了一些非常错误的事情,没有一套规则可以涵盖所有可能的情况。教师必须对每一个偶然事件做好准备,在没有指导方针的情况下,甚至当他们的行为与指导方针或指示相冲突时,需要采取合乎伦理的行为。

> 对潜在批评的认识可能有助于避免不知情者的干扰。

未来教师如何成为有道德的人,一直是教师教育工作者关注的焦点。《教师教育杂志》(1986)的一卷几乎完全关于这个问题。得到的共识似乎是,在其他感兴趣的潜在和专业实践人士的论坛上讨论伦理问题,是最好的发展伦理的方法。伦理不应该在单一课程中讨论,而应该渗透进所有课程。如果伦理问题没有出现,也没有在课堂上讨论过,我们建议你提出它们。

虽然坚持自己认为正确的行为是行为合乎伦理的主要原因,但还有另外一个原因。教师们一定要意识到,其他人关心的是教师做正确的事情。前面的章节已经承认,当使用行为技术时,人们特别容易担心伦理问题。除非教师特别注意伦理,并向其他人保证他们会遵守伦理规范,否则他们可能会发现,非教育者在教室里寻求和获得了越来越多的控制,不管是否是他们可以做的事。

那些从事应用行为分析的人已经强调了很多年,在试图确定干预措施是否合乎伦理时,必须考虑许多因素。包括"社区标准、法律、主流理念、个人自由、被试的知情同意权以及被试的态度和感受"(SuUer-Azaroff, Thaw, & Thomas, 1975)。对于学龄儿童,需要征求学生家长或监护人的意见,可以向他们询问对于在自己孩子身上运用应用行为分析的看法。对于行为主义者来说,关注态度和感觉这样的主观标准似乎很奇怪,但沃尔夫(Wolf, 1978)为考虑这些因素提出了强有力的理由。他说,如果参与者不喜欢某个程序,"他们可能会逃避,或者逃跑,或者大声抱怨"(第206页)。沃尔夫认为,社会效度应该建立在目标、程序和结果上。社会效度,或被试满意度,是指被试对程序的可接受性(Carter & Wheeler, 2019; Common & Lane, 2017)。为了评估干预措施的社会有效性,应用行为分析师有时会向学生家长和其他老师发放问卷、访谈和调查。尽管应用行为分析师通常不会使用这种主观的数据收集手段来质疑其有效性,"完全有可能的是,即使是无效的社会效度也比没有调查要好:给被试表达抱怨和不满的机会,否则他们会被忽视,也许被试会被不充分的社会效度评估表格所打动,在它的空白处签名或与申请者交谈"(Baer, Wolf & Risley, 1987,第323页)。

还有一些更客观的方法来评估社会效度。如果教师或其他干预者持续干预,而学生保持了他们的技能,这表明教师接受了干预的使用(Kennedy, 2002)。除了询问教师和家长,应用行为分析师可能更感兴趣的是,学生自己发现了干预的社会效度。评估的一种方法是,让学生接受多种干预,如功能性沟通训练和消退,然后让学生选择其中一种干预继续使用(Hanley, 2010)。许多文章发表了关于应用行为分析解决社会效度问题的研究(Park & Blair, 2019; Snodgrass et al., 2018)。

在社会效度和程序完整性之间存在着一种有趣的关系。程序完整性是指教师按照所写或描述的过程实现程序的程度。当教师的程序完整性较差时,学生的行为变化很小(Brand et al., 2019)。当研究人员或被试通过有效的训练确保较高的程序完整性时,社会效度就会更高(Park & Blair, 2019)。换句话说,当教师知道如何正确地实施干预时,他们会发现干预是可以接受的。相反,当社会效度高时,程序完整性也就高(Strohmeier et al., 2014)。也就是说,如果教师发现一种干预是可接受和可行的,她就更有可能正确地实施它。

使用行为程序的教师关注的是发生在课堂之外的因素。目标、程序和结果必须为受教育者——学生、家长和社区接受。斯坦巴克等人(Stainback & Stainback, 1984)建议增加对定性研究方法的关注,这些方法提供"研究成果的社会和教育相关性"(p. 406)。莱柯(Leko, 2014)采用质性研究的方法,对中学教师直接指导阅读干预的社会效度进行了评估。在此基础上,莱柯提供了关于社会效度更有力的定义:"(1)宏观和微观目标;(2)计划、实施和评估指导的程序;(3)干预材料;(4)与指导质量、描述、学生成就、社会情感发展和努力相关的结果。"(p. 84)此外,对于教师和研究人员来说,关注大多数社区存在的文化多样性,并选择与这种多样性相一致的目标、程序和结果是至关重要的(Fong et al., 2016)。

我们希望已经说服了你,遵守伦理是你最大的收获。虽然我们早前承认指导是不完整的,但我们认为不提供指南是不合乎伦理的。很难想象不维护学生权利的道德立场是什么样的。行为分析师认证委员会的伦理准则(BACB, 2014)包含了10个章节,涉及行为分析师在学校和其他环境中的功能。我们总结了与教师在学校中使用应用行为分析最相关的五个部分:行为分析师的负责任行为、行为分析师对被试的责任、评估行为、行为分析师和行为改变程序,以及行为分析师对同事的伦理责任。

此外,1988年的行为分析(ABA)协会执行理事会批准的声明中,包含一份个人权利清单,就许多问题为教师做出伦理约束提供了基础。声明开始说:"我们建议,接受或准备接受行为治疗的个体有权获得:(1)治疗环境;(2)以人为本的服务;(3)由有能力的行为分析师治疗;(4)教授功能性技能的程序;(5)行为评估和持续评估;以及(6)最有效的治疗程序。"(Van Houten et al., 1988, p.111)我们先将其中一些问题整合到BACB的主题中,然后再解决剩余的问题。

> **一位负责和有能力的行为分析师**
>
> **负责任的行为分析师行为（BACB，2014）**
>
> 当行为分析师真诚并及时履行承诺，尊重来自不同背景的人时，他们履行了自己的责任。当他们以已发表研究为基础来进行评估和干预，并持续致力于专业发展以适应研究趋势时，他们的行为是合乎伦理的。行为分析师必须在他们的能力范围内进行实践。也就是说，如果一名新的行为分析师在有自闭症和其他发育障碍学生的班级实习，他就有资格对自闭症学生进行干预，但不一定能对躁郁症的学生进行干预。行为分析师与他人没有多重关系、利益冲突或剥削关系，包括不与被试或学生发生性关系，不赠送或接受被试或学生的礼物。然而，一些人认为可以送礼物，因为它符合某些文化的价值观（Witts et al.，2018）。

由有能力的行为分析师治疗（Van Houten et al., 1988）

如今，成为一名被认证的行为分析师需要大量的培训和经验。硕士学位、参加过7门应用行为分析课程、1500小时的实践经验、通过4小时的委员会考试成为行为分析师的最低要求。并非所有使用应用行为分析的教师都能获得委员会的认证，这表明在实践中充分运用应用行为分析的概念和程序需要经过大量的培训。教师有时会参加应用行为分析的研讨会，因为一些程序看起来很简单，比如表扬良好的行为，他们觉得可以在课堂上正确运用这些程序。然而，通过几天集中学习就有效并合乎伦理地实施应用行为分析程序是不可能的。有时，提供专业发展研讨会的专业人士认为他们的研讨会能改变教师的做法，但这是错误的想法（Kirkpatrick et al.，2019）。多年前，其中一位作者参加了一个会议，当时有人要求她为其他教师开发资源包，旨在教师们能在阅读几个小时的应用行为分析课程之后，就不需要单独开设行为管理的课程。当她反驳说，她已经修了8门应用行为分析课程，已经实践了17年，而且还在学习时，其他人的反应通常是："但ABA太简单了！"

➢ 实施这些程序并不是像听起来那么容易。

这种想法导致的令人担忧的结果是，那些没有充分理解应用行为分析概念和程序的人经常滥用它们。常见的例子是，一位参加过研讨会的老师买了一袋糖果，然后不加区分地分发，以达到"强化"的效果。当学生行为没有改善时，教师可能会认为应用行为分析没有奏效。这产生的不良后果是，这些孩子的行为可能会变得更有破坏性，因为即使他们的行为有破坏性，老师也会提供糖果。此外，学生父母会变得心烦意乱，因为他们孩子的牙齿蛀了，胃口也变差了；校长也很烦恼，因为她接到了许多家长的投诉电话；其他老师也因为他们的学生要求糖果而烦恼；而应用行为分析也受到了质疑。

> 良好的监督包括培训、观察和评估。

应用行为分析的原理很容易理解。然而，有效实施并不那么简单。除了彻底理解原理之外，还需要获得合格的指导以及监督。这对复杂的程序尤为重要，比如挑战性行为的塑造和功能性分析，以及刺激转移控制技术。

相比之下，基于应用行为分析程序的实施，直接培训教师或其他工作人员是有效的。这通常采用的是行为技能的培训，包括提供指导、程序建立，角色扮演，并提供反馈(Brock et al., 2017; Davenport et al., 2019; Fetherston & Sturmey, 2014; Hogan et al., 2015; Homlitas et al., 2014; Kirkpatrick et al., 2019; Sawyer et al., 2017; Smith & Higbee, 2020)。这也被称为基于能力的培训，其理念是教师或工作人员准确实施了程序之后再结束培训(Reid, 2017)。

行为分析师对被试的职责以及被试的知情同意

行为分析师对被试的职责(BACB, 2014)

确定谁是"服务的最终受益人"(p.6)是很重要的，"服务的最终受益人"通常是学生，同时要与家长和其他相关专业人员保持合作和沟通。行为分析师应该向所有相关人员明确他们的具体职责，比如提供直接的教学咨询。行为分析师要保护跟学生相关的信息和文件的机密性，拍摄学生视频或录制音频必须获得家长的同意。最后，"被试有权得到有效的治疗"(p.8)；也就是说，行为分析师必须在研究基础上为被试确定最佳的干预措施，并尽可能多地实施该干预措施，以实现有意义的改善。

以人为本的服务（Van Houten et al., 1988）

很明显，需要改变的行为应该是那些改变后有利于学生的行为。尽管如此，还是有人指责机构(Wyatt v. Stickney, 1972)和学校(Winett & Winkler, 1972)使用行为改变程序主要是为了减少那些破坏机构或学校的顺利运作、但对群众或学生无害的行为。维内特和温克勒检查了 1968 年至 1970 年《应用行为分析》杂志上详细描述行为改变程序的文章。他们表示,大部分文章都涉及试图抑制说话、走动以及吹口哨、大笑和唱歌等破坏性行为。维内特和温克勒得出结论,许多人运用行为分析技术来建立"法律和秩序"(p.499),而不是服务于学生的最大利益。维内特和温克勒的名言是,太多的课程只是教学生"安静、温顺"(p.499)。

自 20 世纪 70 年代初以来,我们已经走了很长的路。但即使在今天,面对有严重残疾的学生,有时老师也会强调与坐在椅子上、减少大声发声、减少刻板行为以及把手放在"准备姿势"相关的目标。这些目标通常被认为是学业、交流和社交技能的基础。然而,面对有严重残疾的学生(Saunders et al., 2017),如今的公立学校教师却也要求教学目标与国家课程标准保持一致。准备、功能性和学习性技能必须在为严重残疾学生开设的课程中得到均衡配置。早在 20 世纪 70 年代初,尽管奥利里(O'Leary, 1972)同意维内特和温克勒(Winett & Winkler, 1972)关于检查目标达成的重要性的观点,但他不同意他们的结论。他引用了大量的研究,这些研究证明了研究人员对学业回报率、交流、亲社会互动、语言和阅读技能等行为的关注。奥利里确实同意维内特和温克勒的呼吁,即"我们希望在孩子身上培养的那些行为和价值观能在社区中得到运用"(p.511)。我们必须继续推进这一议程。

如果不考虑学生的权利和最大利益,应用行为分析程序可能会被滥用。

为了使选定的目标符合学生的最大利益,他们或他们的父母必须自愿同意这些目标。联邦立法以及 BACB(2014)和相关学科的伦理规范,如学校心理学(Jacob et al., 2016),要求父母或监护人同意为其残疾子女计划的程序。这样的要求旨在确保参与程序时是自愿的。然而,教学计划的所有内容都不需要获得父母的同意。马丁(1975)认为,已被广泛接受的课堂管理和学习动机激发的策略不需要经过任何人的同意,即使教师决定从一种策略调整到另一种策略。但是,尚未被广泛接受的程序和仅适用于个别学生的程序需要征得同意。

确保参与行为改变程序的同意必须是知情的且自愿的(Rothstein, 1990)。知情同意是基于对计划方案的充分理解。只有家长或其他监护人证明他们理解程序的所有方面(包括可能的风险),才算知情同意。如有必要,资料必须以当事人的母语提供。应用行为分析的教育服务偶尔会通过远程咨询(如使用视频会议)进行。彼得森(Peterson et al., 2019)提出了远程咨询需要征得同意的三部分内容:提供远程会诊;录像或录音;以及对评估的同意,比如功能性行为评估。

开展评估的伦理准则

行为评估（BACB，2014）

在建议或实施干预之前，行为分析师必须进行评估，例如功能性行为评估。他们必须获得同意才能进行评估。他们必须以可以理解的方式分享评估结果。为了评估和做出干预的决定，行为分析师必须收集、绘制和共享数据。

行为评估和持续性评估（Van Houten et al.，1988）

目标设定的信息有很多来源：测试、记录、观察、家长、老师和学生自己。

合乎伦理的教师不能也不会武断地决定教学生做什么或停止做什么。每个学生的目标必须建立在仔细观察学生在各种条件下的行为的基础之上。在目标选定和程序实施后，合乎伦理的教师会追踪程序的进展情况。比如，"我开始用计算器来帮助本学习数学，他似乎做得更好了"这样的陈述是不够的。我们希望你能够说："我观察了4天，在10题一位数加法问题中，本只做对了2到3个。我给了他20个计数器，并教他如何使用它们。他那天做对了6道，昨天7道，今天9道。当他连续3天做对所有10道题时，我就可以继续做减法了。"我们将在第四章的"行为"中教你如何描述，包括使用数据收集来评估和评价程序的结果。

行为策略和最少限制的环境

行为分析师和行为改变程序（BACB，2014）

行为分析师必须以行为分析原则为基础进行个性化干预。他们在实施或改变干预措施之前必须获得同意。行为分析师制定干预目标，明确特定需求，并明确停止干预的标准。由于使用惩罚程序是有争议的，而且可能是危险的，所以有一些关于使用惩罚的伦理准则。由于这些准则的敏感性，我们在此引用它们：

(1) 行为分析师尽可能建议强化而不是惩罚。

(2) 在行为改变程序中，如果惩罚是必要的，那么行为分析师应该加入替代行为的强化程序。

（3）在实施以惩罚为基础的程序之前，行为分析师应确保采取适当步骤来实施以强化为基础的程序，除非行为的严重性或危险性需要立即使用惩罚。

（4）行为分析师应确保惩罚程序伴随着更高水平的培训、监督和检查。行为分析师必须及时地评估不良程序的效果。如果行为改变程序无效，就修改它。除非不再使用惩罚程序，否则行为分析师必须保留一个备选程序。（第13页）

另一种关于惩罚主要指导方针的表述方式是，在正强化无效之后，惩罚应该是"最后的手段"。与上述（1）类似，行为分析师使用的是最少限制的程序，也就是说，过程不会比完成期望行为的改变需要更多的限制性。例如，暂停比功能性沟通训练更具限制性。此外，与使用惩罚的警告类似，行为分析师不得使用对学生健康可能有害的正强化。例如，几十年前，教师或研究人员使用香烟作为残疾成年人学习新技能的正强化，你能想象在今天这样做吗？

治疗环境（Van Houten et al., 1988）

为残疾学生提供的环境必须是对他们个人限制最少的环境。最少限制的环境不一定是普通教室，甚至不一定是普通学校。而是"在确保个人安全和发展的同时，施加最少的必要限制"的环境。个人行动自由和进行喜欢的活动，是最少限制环境的特征，而不是安置的类型或地点"（Van Houten et al., 1988, p.112）。

最近一些教育工作者提出，对于任何一个孩子来说，不论残疾程度多严重，唯一适合的环境，就是和同龄人在一起的普通教育教室，这被称为"全纳"（Guralnick et al., 2008; Kauffman et al., 2020; Zigmond et al., 2009）。应该包括它是否有可能提供一个安全的、人性化的环境来满足每个普通教育教室里残疾儿童的个人需求。那些主张对残疾学生实施全纳教育的人认为，不论对普通学生或残疾学生的影响是正面还是负面的，都不是问题。残障学生单独上课构成了隔离。纳入是公民的权利，排除任何学生是不合乎伦理的（Stainton & Clare, 2012）。提供一个安全的环境毋庸置疑是必要的，但是制造这样简单的环境却常被忽视，为了不让学生使用任何有潜在危险的物品，必须将它们移除，当学生用老师的4英寸尖剪刀刺另一名学生时，我们的第一个问题是：学生在教室里为什么会发生暴力行为，剪刀为什么没有被锁起来。

学生在课堂之外的安全也必须考虑。例如,残疾学生特别容易受到同龄人的语言、身体和性的伤害。这种校园霸凌已经成为全国所有学生关心的问题,对于残疾学生来说,这可能是一个更大的危险(Maiano et al.,2016)。学校必须保证学生在大厅、洗手间、食堂、游乐场所和校车等场所的安全。同龄人不是唯一虐待或忽视残疾学生的人,正规的学校和教室也不是唯一会发生虐待或忽视的地方。最近,在我们其中一人居住的城市,一名住在寄宿治疗机构的学生被遗弃在一辆校车上过夜。他的父母以为他在医院,医院的工作人员以为他的父母把他带回家探视了,因为父母有时也会这么做。应该有人去核实一下情况。

提供人性化的环境不仅仅是避免忽视或虐待学生。每个人都有权得到有尊严的对待。"卫生、清洁、舒适、尝试尊重的沟通和同意是有尊严对待的最低要求(Schroeder, Oldenquist, & Rohahn, 1990, p.105)。这意味着即使学生年龄太小或功能太低不能理解,也不要当面讨论他们的问题。这也意味着不要像对待婴儿一样对待年龄较大的残疾学生,比如在别人面前换衣服。最近有人试图把我们中的一位成员介绍给一位20岁的男子,他坐在便携式厕所上,用屏幕隔开了教室里的其他人。这是对有尊严个体的不人道和不合乎伦理的侵犯(Pennington et al.,2016;Turnbull, 2017)。

对环境敏感的个体,我们需要给他们提供舒适的地方或者坐的地方,让他们做有趣的事情,并且有机会参与适龄的功能性活动。它可以让学生对他们将要做什么,什么时候做,以及如何做到这一点做出选择。近来,越来越多的人强调为残疾人提供选择(Mizener & Williams, 2009;Sigafoos, 1998),这是增加适当学业和社会行为的策略,也是每个人有权做的事情。特别是对于残疾儿童和老年人来说,我们必须与他们的照顾者一起承担责任,以帮助他们做出适当的选择(Bannerman, Sheldon, Sherman & Harchik, 1990)。当然,孩子们不可避免地不得不做一些自己不想做的事情。这些事情应该能带来正强化和成就感。毕竟,成年人经常做他们不喜欢的事情,但很高兴他们做了。例如,我们像多萝里·帕克(Dorothy Parker)一样,既厌恶写作,但又热爱写作。

教师伦理准则的补充

《行为分析师对同事的伦理责任》(BACB, 2014)

BACB 的伦理准则的最后一条:"行为分析师在他们的工作中要弘扬道德文化"(第15页),他们可以让违反伦理准则或法律准则的同事对学生或被试承担责任。

> 教师和应用行为分析师,尤其是那些与残疾学生一起工作的人,总是在一个团队中工作,比如个别化教育计划(IEP)团队。如有需要,行为分析师需要落实合乎伦理的行为,并使用BACB道德准则约束自己。如果行为分析师观察到同事违反了伦理准则,他们必须向个人、主管,甚至可能是BACB提出其违规行为。

教授功能性技能的程序(Van Houten et al., 1988)

学生需要学习技能,这些技能可以在生活环境中发挥有效作用。教授这些技能应该是每个学生教育计划的重点。对于每个学生来说,每个技能的作用都是不同的。对有些学生来说,让他们学习代数可以促进他们学习几何和三角函数。对其他学生来说,学习家务技能能帮助他们的家庭成员。在任何情况下,技能的选择都必须基于这样的假设:"除非有足够证据否定,否则个人是……能够充分参与社区生活并且有权参与这种生活。"(Van Houten et al., 1988, p.113)。

这个假设是教育者的基石。在我们看来,这意味着,认为幼童(即使是贫穷、有风险或残疾的)不能习得学业技能和学前技能是不合乎伦理的。一位资深教师朋友说:"我教的每一位6岁的孩子,我都认为他们能去哈佛。"我们同样坚定地认为浪费学生的时间是不道德的,因为有明确的证据表明,他们没有掌握传统的学业知识的能力。残疾人可以满足自己的个人需求,帮忙做家务,简单地购物,自我娱乐,在公共场合举止得体,完成日常的工作,如果可能的话,还包括功能性技能的有偿就业,这些技能应该成为其教育的重点。做出有关功能性技能决定时,考虑到个体生活的特定环境是非常重要的(Schroeder et al., 1990)。特定社区的习俗和价值与现有资源一样重要。

有时我们需要消退或减少某些学生行为的发生率。我们必须让学生的咬人行为停止。不允许学生伤害别人。破坏性很强的学生必须学会停止跑步、尖叫或者破坏财物。但是,如果没有计划去制定行为规范,仅仅消除行为是不可能的。一个只是安静地坐着什么也不做的学生,并没有比干预前好多少。教师必须注重培养能够提高学习和社交技能的行为。如第7章所讨论的,教师可以关注功能性评估和分析,用适当的行为代替那些破坏性的危险行为。

在某些情况下,不恰当的行为可以通过强化良好行为来减少,而不是直接减少破坏性行为。例如,增加功能性沟通、自我控制技能和"生存技能"(比如接受延迟强化和"友好"），可能会导致不当行为的减少（Luczynski & Hanley, 2013; Robison et al., 2020; Charlop-Christy et al., 2002）。一般而言，对于表现出适当行为的学生来说，教师应该尝试强化这种行为，并监督这一程序对不当行为的影响。一些学生对适当行为的习惯性记忆是有限的，而他们对不适当行为的表现是连续的，以至于很少或根本没有机会采用正强化方法。在这样的情况下，经过严格的功能性分析后，教师可能首先要消除不良行为。但这应该只是第一步，并且在没有详细的功能分析之前绝不应该进行（BACB, 2014）。教师应该尽快教给学生习得功能性技能的替代性行为。

最有效的治疗程序（Van Houten et al., 1988）

"在进行行为分析之前，监护通常是每个人能做的最好的事情。但现在不是这样了。一般来说，有效干预权意味着行为干预权"（Malott et al., 1997, p. 414）。我们认为，作者关于住院治疗人员的这一说法具有广泛的适用性。学校或其他地方的项目都没有借口说，其目的仅仅是让学生安静地从事工作，或仅仅是防止他们伤害自己或他人。

当同事们提出"循证治疗"或"循证实践"的"新"要求以及其中的困难时，许多行为分析师都觉得很有趣。几十年来，我们一直在更新要求并提供证据。

在指导专业人士和家长设计改变学生行为的程序时，首要考虑的因素是，类似学生的类似行为的改变技术已被证明是有效的。在改变学业（Heward, 2003）和社会行为方面，最合乎伦理和负责任的程序已经被确立为最有效的程序（Travers, 2017）。通过这篇文章，我们将讨论改变具体行为的相关研究，并提供有效的程序建议。计划行为程序的教师也应该不断查阅当前的专业期刊，以跟上新的发展（Carr & Briggs, 2010）。许多期刊提供了行为改变程序的信息，应用于有特殊残疾的学生和在普通教育课程中表现出某些缺陷或过度行为的学生（Gillis & Carr, 2014）。

在一些情况下，实施已被证明有效的程序或许是不可能的、不合乎伦理或不符合法律的。最近关于滥用和误用限制和隔离程序的报告，导致许多立法和政策声明试图管制甚至禁止这类程序。尽管对于这些程序是否必要或是否适当没有普遍的共识，但普遍共识的是，对程序进行培训、监督和管理是至关重要的（行为障碍儿童委员会，2009；Luiselli et al., 2015; Ryan, Peterson, & Rosalski, 2007; Vollmer et al., 2011）。在使用限制和隔离的程序之前，教师应该检查指导方针或有关这些程序的规定，因为法规可能会有很大的不同。未经授权使用可能会导致批评或误解，哪怕是短暂隔离这种相对温和但有效的技术。

在任何情况下，限制或隔离的干预措施应该用在严重不良行为上，并且是积极手段没能成功干预的行为。许多以消退为目标的行为可以使用正强化或非隔离的程序来消退，我们将在本书后面描述。

减少行为的技术将在第九章中描述。

我们之前在安全环境的章节讨论了全纳教育的运动，但从其影响或结果的角度考虑学生的安置也很重要。对全纳结果的研究侧重于社会效应（Carter et al.，2016；Fryxell & Kennedy，1995）、学业影响（Duchaine et al.，2018）和任务行为改进（Reeves et al.，2013），通常对所有学生都是积极的（Agran et al.，2020；Barrett et al.，2020）。残疾学生在教育上的成功并不仅仅来自普通教育课堂；相反，教师必须使用程序来促进融合课堂中的学习（Brock & Carter，2016；Lovelace et al.，2013；Obiakor et al.，2012），也被称为"课程融合"（Giangreco，2020；p.25）。促进融合的实践包括合作学习、学习的通用设计和嵌入式教学（Alquraini & Gut，2012）。全纳似乎不会对普通学生的学业产生不良影响（Stahmer & Carter，2005），但有迹象表明，与那些在更传统的特殊教育安置环境（如已退出的资源项目）的学生相比，一些残疾学生的学业可能会受到影响（Fuchs et al.，2015）。

问责制

学习成果2.3　描述在使用应用行为分析程序时提供问责制的有效性

问责制意味着公布目标、程序和结果，以便对它们进行评估。应用行为分析很容易实现这种问责制。从行为上阐述目标，清晰地描述程序，并根据干预和行为之间的直接、功能性关系来定义结果。正如贝尔、沃尔夫和里斯利（Baer、Wolf， & Risley，1968）所描述的那样，在不承担责任的情况下进行应用行为分析是不可能的。应用行为分析的整个过程是可见的，可以理解的，而且是可评估的。这种问责制的结果是，家长、教师、管理者和公众可以自行判断干预方法是否有效，或者是否需要改变。

教师不应将问责制的要求视为消极的或有威胁的。这有助于验证他或她教学的有效性。这种方法促使教师监督自己的能力，并向他人展示这种能力。在期末评估会议上，用图表数据显示阅读能力的提高和破坏性行为的减少，这要比仅仅模糊地陈述这一年表现很好更令人印象深刻。

教师对谁负责？在伦理道德方面来说，答案是每个人。教师要对自己的职业、社区、行政上级、学生家长、学生和自己负责。

如果教师遵循本章提供的建议，那么在课堂上应该会避免应用行为分析程序引起的问题，虽然图表2.1总结了这些建议，但是再多的预防也不能阻止所有的批判；也不能避免教师犯错。然而,系统地关注 ABA 的伦理标准,可以最大限度地减少批判,并能够从错误中吸取教训,而不是让教师们灰心丧气。

图表 2.1　应用行为分析的伦理使用建议
确保所有工作人员的能力。
选择合适的目标。
确保自愿参与。
是负责任的。

➢ 问责制是应用行为分析的一个主要好处。

➢ 有效且负责任的实践。

让我们听听格伦迪教授的说法,他的会议讨论可能会解决您的疑虑。毋庸置疑的是,教授在这里回答的所有问题都适用于所有从事应用行为分析的人员。

格伦迪教授开展研讨会

首尔大学附近地区的学校负责人要求格伦迪教授为小学和中学教师举办了一场为期两个小时的行为分析研讨会,虽然他知道短期研讨会的局限性(Franks & Wilson, 1976),但是格伦迪总结说,如果他把自己局限在学习基本原则的描述上,就不会有什么坏处。在约定的那天,格伦迪穿着他最好的花呢大衣,肘部有皮革补丁,他站在 700 名老师面前,纳闷自己怎么会陷入这种困境。

研讨会开始后不多久,有几位老师睡着了,还有许多人公开批改试卷。他的演讲内容简洁、语速轻快,充满了幽默的轶事,还时不时地直呼朋友的名字,都是应用行为分析中的"大人物",这些对老师来说都是完全陌生的。当格伦迪结束演讲时,他脸上洋溢着满意的笑容,但他惊慌地注意到,他比原定时间少讲了大约 45 分钟。在雷鸣般的掌声中(部分原因是老师们认为会提前下课),格伦迪呼吁大家提问。台下有相当多的掌声和骚动,当他走上讲台,目不转睛地盯着观众时,观众开始举手提问。虽然这些问题使格伦迪发誓再也不能提前结束,但他还是尽力回答每一个问题。

问:你是不是在暗示贿赂?

答:很高兴你问这个问题。格伦迪摸索着他的智能手机,用拇指拨弄着那该死的东西,然后开始阅读。根据网络的说法,贿赂是用来扭曲一个人的判断或败坏一个人行为的东西。从这个意义上说,使用我所描述的原则当然不是贿赂。教师利用学习的原则来激励学生做对他们有益的事情,比如阅读、数学和社交技能。

贿赂的第二个定义是,引诱他人做有违自己意愿的事,并承诺给他人好处。有些人可能会说这是我所倡导的。作为一个行为主义者,我对"意愿"这个词有些困惑,因为我看不到意愿,只能看到行为。在我看来,学生可以自由选择是否执行会得到强化的行为。我的解释是,如果琼妮选择了这种行为,她已经表现出了她的意愿。"贿赂"这个词肯定暗示了一些不光彩的东西。我更愿意将应用行为分析程序看作公开、诚实的尝试,以正面的方式改变学生的行为。还有其他问题吗?如果没有……

问:但是,孩子不应该有内在动机吗?他们不必因为奖励而学习,他们应该想要学习。

答:女士,您今天为什么来这里?如果让您选择在商场度过一天,或者参加在职培训,那么你的内在学习动机可能会稍微有点动摇。我们所有人都是拿着薪水来这里的;大多数成年人,即使是那些非常喜欢自己工作的人,如果没有运用特定的正强化法则,也不会继续从事这项工作。为什么我们要期望孩子完成困难的任务,而不是期望我们自己呢?

问:但是,难道我们的学生不希望他们所做的每件事都得到回报吗?

答:当然。为什么不呢?当你的学生变得更加成功时,他们会开始回应自然环境中的强化物——这些强化物维持学生已经习得的适当行为。好学生没有激励是不会学习的。他们的行为会受到良好成绩、家长认可以及学习兴趣的强化。在学习的过程中,会不断得到强化,最终确实成为辅助或强化物。然而,我们不能期望这种情况一夜之间发生在那些没有成功完成学习任务的学生身上。这回答你的问题了吗?谢谢……

问:在我们最后的在职会议上,发言者告诉我们,使用奖励会降低内在动机。

答:这是当今相当普遍的说法(Kohn, 2018)。然而,并不是每个人都同意这个说法,许多人引证此说法来质疑研究的有效性(Pierce & Cameron, 2002; Slavin, 1991)。有很多证据表明了行为程序的有效性,我认为实施它们是合乎伦理的。

问:这种行为管理能从根本上解决严重的情绪问题吗?

答:哦,这个问题非常复杂,行为主义不认可某些根本原因会引起情绪问题的说法,我们发现,如果我们处理问题行为,根源似乎就会消失。人类并不像潜伏在地下的杂草,一下雨就等着发芽。

问:是的,但是大家都知道,如果你压制一个症状,更严重的症状就会随之而来。这难道不能说明存在潜在的问题吗?

答:不,先生,每个人都不知道。人既不像野草,也不像活塞式发动机。仅仅因为一个症状"消退",另一个不一定会"冒出来"。我的同事们(Baer, 1971; Bandura, 1969; Rachman, 1963; Yates, 1970)广泛的研究报告表明,所谓症状的消除并不会导致新症状的出现。事实上,当孩子不适当的行为被消除后,他们有时会在没有被教的情况下学习新的、适当的行为(Chadwick & Day, 1971; Rapp 等, 2004)。即使新的不适当行为确实发生了——有时确实发生了(Balson, 1973; Schroeder & MacLean, 1987)——没有证据表明它们是潜在异常行为的替代行为。功能性分析表明,如果旧行为服务于个体交流功能,新的行为也会同样服务于交流功能。如果同样是教授交流功能的行为,不适当的行为就会消失。现在,如果……

问:你所说的不是基于老鼠和猴子等动物的行为吗? 看在上帝的份上,这就是你训练狗的方式:当他耍了一个可爱的把戏时,给他一些奖励;当他表现不好时,用卷起的报纸打他。像对待动物一样对待我们的孩子难道合乎伦理吗?

答:行为规律的早期研究是在动物身上进行的。这并不是说我们控制人类就像把他们当作白鼠、鸽子甚至狗一样。这样的动物研究只是为研究行为提供了基础。数十年的研究已经将这些原则应用于人类——儿童和成人——在教室和其他现实世界的环境中,以形成能够帮助学生的策略类型。这些程序考虑到人类行为的复杂性和人类选择行为的自由。各种途径的学习和应用都是合乎伦理的。

问:这些东西可能适用于那些特殊教育需求的孩子,但是我的学生很聪明。他们能跟上吗?

答:天啊,他们当然能跟上。行为规则适用于我们所有人。我们可以改变重度残疾青少年的行为,但这是一个非常复杂的过程。和你的学生一起,你可以缩短和简化程序。你只是告诉他们什么是偶然性。你不必等待学生从经验中学习。应用行为分析程序适用于所有人，甚至是教授给所有人。以惩罚为例，如果我同意做另一个研讨会，那就会是……原谅我。还有什么问题？

问：但是，行为分析如何对我的孩子起作用？我不在乎你给了多少糖，但他们仍然不识字。

答：应用行为分析不仅仅是给学生糖果。如果你的学生对文字没有反应，那么你必须把他们的回应置于刺激控制之下。这是应用行为分析。如果他们没有口头语言，就把它塑造出来；那就是应用行为分析。如果他们只是坐在那里什么也不做，你就能获得他们的关注。这是应用行为分析！有没有更多的问题？

问：我认为整个事情听起来好像有太多的工作。看起来非常单调乏味，难道真的值得吗？

答：如果……它，不……值得……麻烦，那么……不要做。那些严重到需要更复杂程序的行为会占用你大量的时间。你不要使用一个复杂的程序来解决一个简单的问题。尝试用秒表计时。这个问题需要花多少时间来处理（或不处理）？尝试应用系统性的偶然事件并保存记录，然后比较你花费的时间。你可能会感到惊讶！现在，我真的必须……

问：我只有一名学生有严重的问题。如果我跟他用一些系统的程序，别人会不会抱怨？我对他们说什么？

答：问题不会像你想象的那样频繁发生。大多数学生都知道，一个表现不好的学生需要额外的帮助，当他得到这个帮助时，别人既不会感到惊讶，也不会感到不安。很少有学生会问为什么这个学生有不同的待遇。如果他们这样做，我建议你对他们说，"在这个班级，每个人都能得到他或她所需要的东西。哈罗德需要一些额外的帮助才能坐在自己的座位上。"如果你始终如一地为学生强调适当的行为，他们就不会抱怨。如果这一切，我……

问：我的大多数学生都有问题，他们学不到很多东西，因为他们来自非常糟糕的家庭环境。在这种情况下，你无能为力，不是吗？

答：女士，鸽子可以学习区分不同的环境，并表现出在每个环境中能得到强化的行为。你是否暗示你的学生还没有鸟的能力强？这样的假设是不合乎伦理的。把糟糕的学习或不恰当的行为归咎于你无法控制的因素，就是拒绝承担责任。现在，上学时满足基本需求是至关重要的,比如足够的食物和睡眠。如果你能和父母讨论这个问题,这可能会对你很有帮助。然而,虽然你对学生课堂外的环境影响不大,但你对课堂环境的影响却是巨大的。这是你的工作安排,让你的学生尽可能多地学习,无论是在学业上还是在社交上。你觉得教是什么?教是及物动词。除非你在教别人一些东西,否则你就不是在教。

问:你曾经教过学吗?

这时格伦迪教授变得语无伦次,只得由校长搀扶着从讲台上下来。在开车回家的路上,他意识到自己犯了一些错误,第一个错误就是同意做这场研讨会。他原认为,希望在课堂管理问题上得到具体帮助的教师会对学习原理的研讨感兴趣。他还认为老师会立即看到这些原理与学生行为之间的关系。格伦迪意识到他期待这一点是不合理的。然而,他确定他需要在应用行为分析课程中加入更多的实际应用。

理论或方法?

学习成果 2.4 说明在与具有挑战性行为个体相处时,专业人员理解程序实施理论基础的理由

毫无疑问,格伦迪教授的想法是正确的,他认为有效使用应用行为分析需要基本原理的知识。教师往往拒绝理论,而寻求针对具体问题的即时解决方案。希望简单地询问如何解决一个特定问题,就能得到一个适用于所有情况所有学生的特定答案,这是人类的天性。曾经有人建议我们将行为问题按字母顺序列出,并为每个问题提供解决方案,作为本书的附录。然而,这种食谱式的方法有严重的局限性。虽然给学生提供"食谱"可能会帮助其很快获得能力的提升,但是从长远角度来看,在基本原理上花更多时间的学生,往往会表现出更多的能力(White,1977)。也就是说,教师必须在应用行为分析中纳入"分析"(Schlinger,2017)。我们会尽最大努力在整篇文章中使用大量的例子来帮助你解决教师遇到的许多问题,但我们真正希望的是,你能利用我们对行为原则的讨论和我们的例子来提高自身能力,为自己将来遇到的任何问题创造解决方案。

小结

本章介绍了应用行为分析技术的一些反对意见。这些技术受到批评,因为它们干涉人身自由,是不合乎伦理的。我们已经说明了不同意这些反对意见的理由。正确地使用应用行为分析程序,可以通过增加选择来增强个人自由。应用行为分析程序是合乎伦理的,因为它们是增加选择和教授适当技能的有效工具。

如果程序中包括治疗环境、以人为本的服务、由有能力的行为分析师治疗、教授功能性的技能、行为评估和持续性评估以及可用的最有效的治疗程序,应用行为分析程序的使用是合乎伦理的。选择应用行为分析程序并考虑这些因素的教师,他们的行为是符合学生最大利益的。

讨论

1. 给今年的学生家长或监护人写一封简短的信。描述一下你的程序(基于第一章"应用行为分析的原则"),不要使用任何可能会让家长不安的术语。

2. 放学后,你的同事把你堵在教室里。他听说你对学生使用了"行为矫正",认为你的做法是不人道的、强制性的、不合乎伦理的。你会对他说什么?

第三章　准备行为目标

学习成果

3.1 确定编写行为目标的目的

3.2 确定编写教育目标的过程和组成部分

3.3 识别行为目标的组成部分

3.4 根据反应能力的层次确定衡量掌握程度的方法

3.5 根据学习水平的层次确定衡量掌握程度的方法

3.6 确定将行为目标纳入个别化教育计划的方法

本章概要

定义和目标

精确定位行为

教育目标

建立目标

行为目标的成分

确定学习者

确定目标行为

确定干预的条件

确定可接受表现的标准

行为目标的格式

扩大基本行为目标的范围

响应能力的层次结构

学习水平的层次结构

学习限制者的学习水平

行为目标和 IEP

小结

在本章中,我们将讨论在实施行为改变程序中的第一步:定义目标行为——要改变的行为。选择的目标行为可能是因为它强调了行为上的缺陷(比如数学技能缺乏)或行为上的过剩(比如过度尖叫)。在确定了要改变的行为之后,就形成了一个书面的行为目标。行为目标描述的是由计划中的指令或干预而产生的行为。它描述的是指令下的预期结果,而不是完成这些结果的过程(Konrad 等,2014)。

行为目标是一种表达行为变化的陈述。它描述了表现水平,并作为评估的基础。

对一个表现出数学能力不足的学生来说,行为目标应当描述出学生应该达到的数学表现水平。对于过度尖叫的学生来说,行为目标应当描述出可接受的尖叫程度。任何阅读行为目标的人,都应该能够准确理解学生正在努力完成的工作。由于行为目标是学生行为改变计划中不可或缺的,因此它们是残疾学生个别化教育计划(IEP)中的一部分。我们还将继续讨论目标与 IEP 之间的关系。

接下来您将会遇到一些在教学中尝试使用行为方法的老师。通过他们,您将会体会一些将行为项目付诸实施的困难。请思考资源教师塞缪尔斯女士(Ms. Samuels)在下列情况下的困境。

定义和目标

学习成果 3.1　确定编写行为目标的目的

下面的片段说明了编写行为目标的最重要原因:阐明学生行为改变计划的目标,从而促进计划参与者间的沟通。因为这是一份针对特定行为变化的书面声明,该目标是学校人员、家长和学生之间就学校人员负责的学术或社会学习达成的协议。

行为目标促进沟通。

目标也可以帮助学生了解预期的内容。它是对学生未来成就的陈述,告诉学生他们将要学习什么,以什么方式,以及他们的行为将在多大程度上发生改变。为学生提供学习结果陈述,可以使他们的表现与正确或预期的表现标准进行对照。其间允许持续的评估,以及信息反馈和强化(Mazzotti, Test, & Wood, 2013)。

我们在讨论同一件事情吗?

三年级老师威尔伯福斯女士(Ms. Wilberforce)陷入了困境。

"那个专门的咨询老师,"她对她的朋友弗登女士(Ms. Folden)抱怨道,"绝对没有用,两个月前我让她教马丁元音,但他还是不知道这些短音。"

"你说得对,"弗兰登女士同意地说道,"我去年九月告诉她梅丽莎·苏(Melissa Sue)态度不好。特殊教育老师看管梅丽莎·苏的时间越长,情况就越糟。当我纠正她的错误时,梅丽莎·苏现在所做的只是傻笑。在我看来,如果没有特殊教育老师,我们会过得更好。"

与此同时,特殊教育老师塞缪尔斯女士(Ms. Samuels)向她的上司抱怨道:"那些普通教育教师是如此忘恩负义。就只看看我对马丁所做的。当我问他时,他可以说出所有的元音,他还知道一首关于他们的小歌。梅丽莎·苏,他过去总是噘着嘴,现在笑得那么开心。我已经按老师的要求做了——为什么他们不感激呢?"

编写行为目标的第二个原因是,明确的教学目标有助于教师和辅助人员有效教学。明确的教学目标为选择合适的材料和教学策略提供了依据。马格尔(Mager, 1997)指出,"机械师和外科医生不会选择工具直到他们知道想要完成的目标。作曲家不会编排乐谱,直到他们知道它们所需产生的效果"(第14页)。清晰的书面行为目标避免了课堂教师仅仅因为材料可用而使用材料,或仅仅因为策略熟悉而采用策略。如果目标是经过明确定义的,材料和教学策略的选择就会更加恰当。

编写行为目标还有另一个很好的理由。请结合下面的片段思考原因。

观点的问题

亨德森(Henderson),是一所学龄前学校的老师,专门教授有发育迟缓问题的学生,他慌慌张张地赶到校长办公室。他的一个学生艾尔文(Alvin)的父母刚刚威胁他要把这个男孩从学校带走。父母坚称,亨德森没有教阿尔文任何东西,也没有让阿尔文尽可能花更多时间在他的普通教育幼儿园班学习上。今年8月,亨德森同意对阿尔文进行如厕训练,并且他觉得这个男孩进步很快。然而,阿尔文的父母很不高兴,因为阿尔文每周仍有几起事故发生。他们和幼儿园老师说,亨德森先生没

> 有达到他所说的目标。亨德森先生咆哮道,"我有对阿尔文进行如厕训练。""你没发现每周只有两三起事故吗?"

如果在八月份的会议上提出明确的书面目标陈述说明,那么亨德森的恐慌情绪就可以避免。如果在年初确定了一项关于如厕训练的定义,那么这一目标是否已经实现就毫无疑问了。行为目标提供对教学的精确评估。当老师发现一个学生的行为能力有缺陷或表现过度时,他就会发现学生当前和预期功能水平间存在差异。如果教师陈述了表现标准(最终目标)并记录了朝着这个目标不断取得的进展,那么干预过程的形成性(进行中)和终结性(最终)评价就可以进行,这样就可以根据需要对计划进行更改,并制定未来计划。持续的评估和测量使教师、学生或第三方能够持续监控计划进度并确定何时达到行为目标。在评估教学程序或学生的表现时,持续的监控可以将个人的主观解释或偏见降到最低。

行为目标帮助评估进展。

因为行为目标确定了一致的结果期望,以促进学生、家长、教师和其他专业人员之间进行有效规划和有效沟通,所以它适用于各种情况。在普通教育中,教师和学生可以用它们来设定一个提高长除法或添加代数方程的成绩的目标。它们可以用于治疗师和学生之间设定言语或物理治疗的目标,也可以用于学生和学校心理咨询师之间设定行为的改变。在最正式最广泛的使用中,行为目标是 IEP 的基本要素。当确定学生因为缺陷而有资格获得特殊教育服务时,学生就有资格获得各种专业服务,以满足特殊学习需求。为了概述教育计划和为特定学生提供服务,制定了 IEP,其中规定了学生在学年期间的学习和行为/实际目标。正如我们将要看到的,这些目标通过编写行为目标来实现。

精确定位行为

在编写目标或启动行为改变计划之前,必须清楚地描述目标行为。有时,可参考的信息通常可能是含糊不清的。为了编写有效的目标,应用行为分析师必须将广泛的概括细化为具体的、可观察的、可测量的行为。这个过程通常被称为精确定位行为。

精确定位可以通过提出一系列问题来完成,通常包括"你能告诉我他做了什么吗?"或者"你想让他做什么?"例如,教师经常因为"多动"而把学生推荐给行为分析师。推荐老师和应用行为分析师必须通过准确描述正在发生的事情来定义这种过度活跃的行为。像哈普斯女士(Ms. Harpers)班上的拉尔夫(Ralph)一样,他会在教室里走来走去吗?他会在桌子上敲打铅笔吗?他在椅子上来回摇动吗?

许多类别的行为可能导致转送到专业的地方那里并需要精确定位。以下是一些示例,其中一些问题可能有助于优化定义。

塞巴斯蒂安(Sebastian)不会数学:是他没有基本的算术计算技能,还是他不能在规定的时间内完成问题,还是他拒绝尝试这些问题?

丽贝卡(Rebecca)总是心不在焉:是她凝视窗外的问题,还是她与邻座交谈,或者她在书中乱涂乱画而不是盯着黑板?

罗伯特(Robert)总是打扰别人:他是抓着别人的东西,还是在课上和别人说话,还是打邻座同学,还是把邻座同学的书从桌子上打翻,还是扯别人的头发?

西瑞(Desiree)的实验项目一团糟:是她看不懂实验手册上的说明,还是她的书写潦草,还是她没有按照正确的顺序完成规定的步骤,还是她能做实验但不能连贯地写出结果?

特蕾莎(Teresa)发脾气了:她是哭了又哭,还是她自己摔在地上,还是她在房间里乱扔东西?

在描述更复杂或抽象的行为类别时,教师可能会问类似的一系列问题。如果推荐老师说:"卡罗尔(Carol)不使用批判性思维技能。"应用行为分析师想知道卡罗尔以下能力:

1. 区分事实和观点;
2. 区分事实和推论;
3. 辨别因果关系;
4. 识别推理中的错误;
5. 区分相关和不相关的论点;
6. 区分有根据和无根据的概括;
7. 从书面材料中提出有效的结论;
8. 为正确的结论提出假设(Gronlund, 1985, p.14)。

行为分析师可能需要解决其他问题。举个例子,如果一个学生在不恰当的时间从椅子上站起来,老师们担心的可能是他出去的次数或者他离开的时间。只起来走动一次,但整个上午都坐得住的学生与每隔几分钟就进出座位的学生所做的事情完全不同。这就需要不同的干预策略和数据收集技术。对于复杂的行为,如发脾气,在此期间可能同时发生许多离散的行为,按优先顺序列出这些行为是会有所帮助的。例如,按照对儿童或环境的最小或最大干扰的顺序列出。在细化了转诊信息,以便可以清楚地描述目标行为之后,就可以编写教育目标和最终的行为目标。

教育目标

学习成果 3.2 确定编写教育目标的过程和组成部分

目标应源自为学年提供框架的一套教育目标。这些目标应该从评估信息的积累中提取而来,并且应与课程规划相关联。目标定义了学校将承担的预期的学业和社会发展。在目标选择过程中,教育工作者评估学生的教育潜力在下一学年中将被开发的比例。因此,教育目标(长期目标)是年度计划意图的陈述,而行为目标(短期或教学目标)是实际教学意图的陈述,对于重度残疾学生,通常为 3 至 4 个月(每季度),对于轻度残疾学生通常按照学校评分期的时间跨度。

目标先于目的。

建立目标

多学科团队负责为正式转诊特殊服务的学生设定目标。这个团队可能包括学生、学生的父母或监护人、普通教育和特殊教育的代表、学生教育项目中(例如语言、身体、职业)治疗的代表,以及学校心理学家或辅导员。当收集关于学生的教育计划的数据时,团队会审查各种评估的结果,以确定学生目前的水平。这些数据包括:

1. 学校心理学:来自主要测试智力工具的信息,如《韦氏儿童智力量表-Ⅴ》(Wechsler, 2014),《贝利婴儿发育量表Ⅲ》(Bayley, 2005),或《考夫曼儿童评估单元》,第2版,NU(Kaufman & Kaufman, 2018);以及筛选特定残疾行为的测试,如《儿童自闭症评定量表》,第二版(Schopler, Van Bourgondien, Wellman, & Love, 2010)。

2. 教育成就:来自测试一般学术成就工具的信息,例如:《广泛成就测验-第五版》(Wilkinson, 2017),《伍德考克-约翰逊®Ⅳ成就测试》(Mather & Woendling, 2014),《布里格斯基本技能综合量表Ⅱ》(Frency & Glacscoe, 2010)或者是特定于某一学术领域的,例如《基玛斯诊断算术测验》(Connolly, 2008)。

3. 适应性行为:来自评估在学校、家庭和社区的日常生活中所需的概念技能(如语言和学术技能)、社交技能和实践技能(如日常生活技能)工具的信息,例如《适应行为量表》第 3 版(Harrison & Oakland, 2015),或《文兰适应行为量表》第 3 版(Vineland III; Sparrow, Cicchetti, & Saulnier, 2016)。

4. 治疗服务:语言病理学、物理治疗和职业治疗评估的结果。
5. 身体健康:神经学、儿科、视力和听力检查的结果。

目标设定的正式信息来源。

除了这些正式的来源,目标设定小组还应该考虑父母的愿望与担忧。也可以考虑以前教师的建议。应检查当前教室、家庭、预计教育安置或预计工作场所的社会和学业环境要求。基于上述信息,委员会为学生提出一套教育目标。其中,对于进度的估计也包含在 IEP 的长期目标中。

目标设定的非正式信息来源。

对于那些没有被确认有特殊需要的学生来说,制定教育目标并不需要收集如此广泛的信息。评估可能仅限于由非正式教师补充的小组成就测试。目标设定也受到所采用课程的限制。例如,在一个特定的学区,每个四年级的班级通常被要求学习相同的东西。在标准的课程中,所有在一定年级水平的学生都要学习秘鲁的自然资源、蚯蚓的排泄系统、分数的乘法和阅读理解的指导。教师的任务是将这些目标转化为每个特定班级成员的合理目标,其中有些人可能已经知道这些内容,也有些人缺乏学习这些目标所需的基本技能。教师可以为整个班级编写行为目标,并考虑该群体的一般特征。此外,如果老师要帮助某个有问题的学生,或者教一个进展缓慢的阅读小组,教师可以编写额外的行为目标来规划有助于学习的教学课程。

因为教育目标是在很长一段时间内完成的,所以它们的编写范围很广。然而,对于实际应用来说,它们需要以可观察和可量化的术语编写。正如在第一章中学到的,应用行为分析师只处理可观察的行为。

以可观察和可量化的术语写出目标。

对于没有残疾或有轻度残疾的学生,只需要每个课程领域的目标。对于非常年幼的学生或有严重残疾的学生,应在多个学习领域制定目标:

1. 认知
2. 沟通
3. 运动
4. 社交

5. 自理
6. 职业
7. 不恰当行为

下面是艾登(Aiden,一名有数学学习问题的学生)和塔尼卡(Tanika,一名严重残疾学生)的预设长期目标:

艾登·威尔(Aiden Will)

数学:掌握一年级的基本计算知识;

社会学习:展示联邦政府三个部门职能的知识;

阅读:确定他读过的故事的相关部分;

科学:展示太阳系结构的知识;

语言艺术:增加口语的创造性表达;

体育教育:提高他的团队运动技能。

艾登的通识教育老师将负责设定除数学以外的所有目标。艾登可能会去上数学的业余特殊教育课(资源教室),或者融合专家来他的教室。

比较艾登和塔尼卡的目标

轻度残疾学生的长期教育目标。

塔尼卡·威尔(Tanika will)

认知:根据功能对对象进行分类;

沟通:增强对功能性标签的接受性理解;

运动:发展上肢的粗大运动能力;

社交:适当参与小组活动;

职业:在至少1小时的时间里完成组装任务;

不恰当行为:减少离座行为;

自理:展示独立穿衣服的能力。

严重残疾学生的长期教育目标。

教师利用这些广泛的目标来创建教学意图(行为目标)

行为目标不仅仅是对目标的简单重述;他们将目标分解为可教的部分。复杂的目标可能会产生许多目标。例如,学生将学会与其他孩子合作玩耍的目标可能需要确定分享、轮流和遵守游戏规则的个人目标。

行为目标的成分

学习成果 3.3　识别行为目标的组成部分

为了传达所有必要的信息并为评估提供基础，一个完整的行为目标应该是：

1. 确定学习者
2. 确定目标行为
3. 确定干预的条件
4. 确定可接受表现的标准

确定学习者

行为目标最初旨在促进教学的个性化(Gagne, 1985)。为了促进个性化，教师必须重新确定每个学生的具体目标。重述强化了教师对个体学习者的关注，并将这种关注传达给其他人。因此，我们在行为的客观陈述中包括例如以下几种：

- 约翰(John)会……
- 四年级的学生会……
- 训练计划中的被试会……
- 说唱歌手合作学习小组的成员会……

用学生的名字。

确定目标行为

在团队选择并定义了缺陷或过度的目标行为之后，教师确定当达到所需变化时学生将要做什么。该陈述阐明了一个精确的反应，是目标行为的代表。

阐明学生要做什么。

在行为目标中包含这个部分有三个基本目的：

1. 确保老师观察到的行为是一致的。观察和记录完全相同行为的发生或不发生，可以对要收集数据的相关行为进行准确和一致的反映。
2. 对目标行为的陈述，确保是第三方教师可以观察确认的，且实际发生的行为。

3. 当涉及教师以外的人时,对目标行为的精确定义,有助于指导的连续性。

为了实现这三个目的,必须对目标行为进行描述,以便能够验证其发生。精确描述可最大限度地减少对相同行为的不同解释。当教师可以看到/听到行为或看到/听到行为的直接产物时,可以最好地验证学生对特定行为的表现。为了使目标更精确,对行为反应的描述应该是可观察的、可测量的、可重复的。

虽然有天赋的教师更希望学生"发现",艺术教师更希望学生能够"欣赏",但以这种方式描述的目标,有很多解释。例如,第三方很难判断学生是否有以下行为:

- 区分大和小的差异
- 理解钱币的价值
- 培养对梅尔维尔湖(Melville)的欣赏
- 在小组工作期间继续执行任务
- 避免侵略(侵犯)

使用这些模糊的术语会导致混淆,并对行为是否发生产生分歧。因为任何行为都可以用多种方式描述,所以参与行为改变项目的每个人,都必须就行为的共同描述达成一致。这个描述是行为的操作性定义。这是每个人在讨论、观察、计算、报告或咨询该学生对此行为的表现时所运作的定义,从而消除尽可能多的歧义。操作性定义包含对可观察和可测量的行为的运动表现的详细描述,这些特征被清楚地说明,以便每个人都能判断这种行为已经执行或者没有被执行。

可以采用各种方法来操作性地定义行为。表3.1给出了几种定义任务行为的方法示例。操作性定义通常包含类别列表或行为的特定示例。一个可操作的定义通常包含一系列类别或行为的具体示例。有研究者(Fairbanks, Sugai, Guardino, & Lathrop, 2007; Jessel, Ingvarsson, Whipple, & Kirk, 2017)使用了简短的行为类别列表,也有人(Regan, Mastropieri, & Scruggs, 2005; Kranak, Alber-Morgan, & Sawyer, 2017)使用了更多的例子列表。在他们的定义中,里根(Regan)等还用一个负面例子定义了一种行为。坎普和卡特(Kemp & Carter, 2006)的定义提供了学生什么时候是主动完成任务和什么时候是被动完成任务的例子。卡拉汉和拉德马赫(Callahan & Rademacher, 1999)分别为观察者和学生准备了一份清单。对于部分研究者(Brooks, Todd, Tofflemoyer, & Horner, 2003)来说,任务中的行为在单独的课堂作业和小组教学中是一个关注的问题。因此,为这两种指导性格式编写了操作性定义。还有研究者的定义(Cirelli, Sidener, Reeve, & Reeve, 2016; Thomas, DeBar, Vladescu, & Townsend, 2020)包括角度测量。

表 3.1　任务行为的操作定义

Fairbanks, Sugai, Cuardino, & Lathrop(2007)	熟悉手头的工作,遵守所有的方向,并使用合适的材料。
Jessel, Ingvarsson, & Whipple, Kirk(2017)	"手里拿着铅笔,看工作表的方向,在工作表上写字,或者用 iPad 上的计算器来解决工作表的问题"(p.249)
Regan, Mastrapieri, & Scruggs (2005)	学生(1)在指定的房间范围内;(2)手动使用适当的材料;(3)正在读/写这个问题;(4)避免对任务/其他作不好的评论;(5)向成人提出有关问题;(6)保持专注于适合的任务和/或日志工具;(7)可能以间歇性的、安静的目光离开物质而不写作的方式出现(只专注于自我)
Kranak, Alber-Morgan, & Sawye (2017)	"在老师主导的教学中看着老师,在工作表上查看和/或写下答案,根据信号回答问题,正确回答问题,并遵循老师的指示"(p.455)
Kemp & Carter(2006)	主动的任务行为是通过身体(1)看老师或老师所指的材料或任务(例如,看书,看工作表,看老师正在模仿的活动)积极地参与课堂教学;(2)看另一个学生对老师的回答(例如,看学生回答老师的问题)。
Brooks, Todd, Tofflemoyer, & Horner (2003)	对于个人作业:"眼睛盯着作业,手里拿着铅笔,安静地做作业。"在小组指导中,"看着演讲者,手不接触材料,听从小组指示。"
Cirelli, Sidener, Reeve, & Reeve(2016)	"(1)在视觉上注意工作表和/或适当的材料(即,头部朝向在工作表/材料的大约 45°范围内)和(2)适当地操作任何工作材料(即,按照它们的设计用途)"(p.288)
Thomas, DeBar, Vladescu, & Townsend(2020)	"身体面向相关材料(即面对平板电脑 45°以内)或身体参与任务分析的目标步骤。"工作中的行为也包括遵守指令。"(p.42)

具有多个指标的操作定义很难准确计算行为发生的次数,难以知道学生何时达到标准。避免这种潜在问题的一种方法是,在操作上定义复杂行为的结果。例如,为了测量任务行为,目标可以指示在一个时间限制内,完成的数学问题的数量。学生只有通过完成任务才能完成这个结果。(这个困难将在第四章中进一步讨论。)

攻击是对行为一般描述的一个例子,它可以从功能上定义为行为的后果或结果,也可以从动作上定义为构成行为的运动(Barlow & Hersen, 1984)。托雷利等对攻击的结果进行了操作(Torelli et al., 2016;p.166)是"卢卡斯或卢卡斯控制的物体与另一个人之间的有力的身体接触",由温伯恩·凯默勒等(Winborn-Kemmerer et al., 2010)称为财产破坏。攻击行为在动作上被定义为抓、推、捏、戳、弹、吐、打、踢、咬、扯头发、撞头、向治疗师扔东西,以及试图攻击,例如,向治疗师举起手(Fuhrman, Greer, Zangrillo, & Fisher, 2018; Hood, Rodriguez, Luczynski, & Fisher, 2019; McCord, Ringdahl, Meindl, & Wallace, 2019; Oropeza, Fritz, Nissen, Terrell, & Phillips, 2018; Slocum, Grauerholz-Fisher,

Peters, & Vollmer, 2018)。对目标行为提供具体示例可使阐述更清晰。

当在目标中使用更精确的动词时,会降低对操作定义的要求。提高精度还可以促进更准确的数据记录。一种精确的行为描述,如"排序"而不是"区别对待"。"圈出"而不是"识别",或"口头陈述"而不是"知道"不太可能被不同的观察者不同地解释,并减少重复口头或书面澄清的需要。以下是精确行为描述的更多示例。

- 将指向数组中的最大项
- 会口头计算等值的硬币
- 可为坎特伯雷故事(The Canterbury Tale)撰写序言翻译
- 会看他的书还是演讲者

德诺和詹金斯(Deno & Jenkins, 1967)提供了一个选择适当动词的指南。他们对动词的分类基于独立课堂观察者之间的一致性。他们得出了三类动词:直接可观察到的动作动词(如划线、书写、指向、行走、口头阅读、状态),模棱两可的动作动词(如查询、承认、检查、分组、转换、识别),以及非直接可观察到的动作动词(如区分、识别、推断、惊奇、学习、发现、理解)。"识别"这个词经常在学生写作目标时使用。问题在于,当人们被要求演示如何识别时,他们会做出几种不同的行为,例如说、指向和书写。在大多数情况下,最好使用那些更容易观察到的术语,而不是"识别"。

为了对目标行为的描述进行评估,莫里斯(Morris, 1976, p.19)建议使用他的行为特定和目标(IBSO)测试问题:

1. 你能计算出行为发生的次数吗?比如,15分钟、1小时或者1天的次数?或者,你能算一算孩子做这种行为需要的时间吗?也就是说,你能告诉别人行为发生的次数是多少次还是今天的×分钟?(你的回答应该是肯定的)

2. 当你告诉一个陌生人你要改变的目标行为时,他(她)会知道你指的是什么吗?也就是说,当行为发生时,你能看到孩子的行为吗?(你的回答应该是肯定的)

3. 能否将目标行为分解为更小的成分,每个成分都比原始的目标行为更具体、更容易获得?(你的答案应该是否定的)

确定干预的条件

行为目标的第三个组成部分是条件陈述。条件陈述列出了先行刺激,包括说明、材料和场景设置。它也可能包括对学生的辅助类型。这些元素可能是要执行行为的自然环境的一部分,也可能是由教师提供的,并且作为特定学习任务的一部分。条件陈述有助于确保教育环境的所有方面都能得到一致的再现。

条件是与目标行为相关的先行刺激。

教师可以使用任何或几种先行刺激来设定适当的反应：

1. 口头要求或说明：

山姆(Sam)，指着小车，

黛比(Debbie)，把这些数加起来，

乔迪(Jody)，回到你的桌子前。

2. 书面说明或格式：

画出这些句子，

找到乘积，

在每个单词的定义下画一条线。

3. 示范：

石蕊试纸是这样使用的，

这样操作……

4. 使用材料：

一个包含20个个位数加法问题的工作表，

带有绿色"播放"按钮和红色"停止"按钮的录音机。

5. 环境设定或时间安排：

在专业研讨会上，

在餐厅里，

在操场上，

在自习期间，

在课间休息期间。

6. 辅助方式：

独立地，
在数字线的帮助下，
在老师的半肢体帮助下，
仅口头提示。

教师必须确保计划的口头或视觉提示，确实为所期望的学生的反应提供了机会。也就是说，教师应该向学生提供明确的请求或指示。老师手里拿着一张卡片，上面写着"拿"并告诉学生用"拿"字造个句子，学生很可能会听到"我来是为了'拿'牛奶钱"，或者"我来是为了拿作业"。

第十章会讨论提供适当的先行刺激。

在目标中，所描述的材料应该与学习者的刺激相一致，并减少无意的、改变学习表现的要求。例如，呈现红色、蓝色和绿色的袜子，并要求学生"指向红色"是一项不那么复杂的任务，而不是呈现红色的汽车、蓝色的袜子和绿色的杯子，并提出同样的要求。当提供包含答案的单词列表时，给学生提供书面说明以填写句子中的空白页就不那么复杂。要求学生根据刺激图片写一个故事与要求学生写一个没有视觉刺激的故事不同。

塞缪尔斯（Samuels）教授长除法。

塞缪尔斯女士又和一位六年级的数学老师沃森先生（普通教育教师）之间又产生了问题，沃森先生已经同意她和一小群学生一起学习长除法。塞缪尔斯女士仔细地检查了一下，以确定她教他们使用的方法是否与沃森先生相同。她准备了几十个练习题给学生做。不出所料，当沃森问塞缪尔斯是否打算开始教学生们除法时，塞缪尔斯吓坏了。调查显示，当他们和其他六年级学生一起学习时，他们被要求把数学课本上的问题抄到笔记本上；他们中有几个人抄错了太多，所以正确答案的数量就很少。因此，执行任务的条件有很大的不同。

以下是条件语句格式的示例：
- 鉴于一系列材料含有……
- 给定一本包含 25 个个位数除数问题的教科书……
- 有"厕所"的手势
- 使用同义词典和书面指示
- 给你一件有红色标记的套头毛衣，并有"穿上你的毛衣"的口头提示
- 给 20 个含有不同分母的不正确分数的问题的书和"找到结果"的书面指示……
- 没有……的帮助

仔细描述行为执行的条件可能会避免像塞缪尔斯女士在接下来遇到的问题。

教师作为问题学生教学计划的一部分，可能需要补充线索以提供额外支持，例如，在桌面上，提供完整的长除法模型以供学生复习用。重要的是，在行为目标的条件部分中，要包括对此类补充线索的描述以避免误解。当不再需要提示时，可以重写目标。

确定可接受表现的标准

在行为目标标准的陈述中，教师设定最低可接受的表现标准。这一陈述表明学生在干预后的表现水平。已经定义了表现本身；该标准为评价制定了标准。在整个干预过程中，该标准用于衡量为达到行为目标而选择的干预策略的有效性。

标准声明最低表现标准。

初学或习得的基本标准常用反应的正确性或频率表示。这些陈述是根据正确回答的数量、学生在试验报告中的准确性、准确回答的百分比、或在一个误差范围内的一些表现来写的。以下是一些示例标准声明：

20 个题目中正确的有 17 个；

正确标记所有 10 个对象；

精度达 80%；

80% 的机会；

必须正确回答 20 个问题（100% 准确性）；

5 个试验中有 4 个是正确的；

连续 5 次试验；

独立完成如厕训练的所有步骤；

在读书报告中列出四个主要人物，其中读书报告不少于 250 个单词，拼写错误不超过 5 个；

在每个场合。

当时间是行为的关键维度时，可以包括两种其他类型的标准。持续时间是学生执行行为的时间长度的描述。延迟时间是学生开始执行行为之前所经过的时间长度的描述。

有关持续时间和延迟的详细讨论，请参见第四章。

- 持续时间的标准表述：

    将在 1 小时内完成，

    至少 20 分钟，

    不超过半小时，

    将在 10 分钟内返回，

    在 2 周内。

- 延迟时间的标准表述：

    闪存卡出现后 10 秒内，

    在口头请求后 1 分钟内。

某些类型的内容需要特定的标准级别。当一个学生达到了某项技能的标准时，80%的标准可能不够高。例如，"几乎所有"乘法都达标的事实可能会导致一个学生在一生中永远不知道 8 乘以 7 是什么。还有其他需要 100%准确度的技能，在过马路前要记住两边都看，只有 90%的时间会导致提前终止未来学习的机会。

用百分数表示完成标准要事先明确。例如：一个学生在五道题目的测验中要答对多少题目才算达到 90%的标准。

对某些学生来说，残疾缺陷可能会影响教师制定的标准的力度、方向或持续时间。例如，学生可能无法将钉子一直钉在一块木头上；运动范围的限制可能会影响到达的运动能力；低张力肌肉（张力不正常的肌肉）可能会限制行走或坐着的时间；或者肌肉状况可能会限制完美书写。

当为可接受的表现设定标准时，教师必须谨慎地设定目标，这些目标足够远大，但又很合理。选择的依据应该是内容的性质、学生的能力以及所提供的学习机会。标准应该为功能技能的发展提供条件。教一个学生玩一个游戏玩得那么好，以至于每次他玩或教一个学生的时候都被打败，或只把数学问题做得足够好，在通识课上得高分这是没有意义的。有证据(Fuchs, Fuchs, & Deno, 1988)表明，设定远大的目标会引起更多的学习，但教师不应该设定无法实现的目标,这会让学生感到沮丧。

除了考虑正确的数量或百分比和反应的准确性,行为目标的制定者还必须确定一个学生必须达到一个标准,以显示精通程度的次数。例如,简(Jane)在10次实验中有8次成功地完成了一项行为,在此之前,她需要多久才能让老师确信自己掌握了一项技能,并允许她进入下一个学习阶段或下一个行为目标?

可以从一个开放式的标准中推断,当一个学生第一次达到85%的准确率时,这个技能将被认为是"习得的",或者从现在到学年结束,教师将不断测试和重新测试,以证实存在85%的准确性。任何一种推断都可能是错误的。因此,行为目标中应包括如下陈述之一,以便提供一个结束点和终端的审查:

85%的准确度/或连续4次;

4天中有3天准确率为85%;

在连续的3次教学中,10次中可完成8次;

连续3次前往洗手间,将在10分钟内返回。

行为目标的格式

学习结果3.4 根据反应能力的层次确定衡量掌握程度的方法

教师在编写行为目标时的管理辅助(management aid)一般采用标准格式。一致的格式可以帮助教师组织所有必要的组成部分,以便引用所有预期的信息。没有一种格式一定优于其他格式;教师应该找到适合他们的写作风格或执行政策。这里有两种这样的格式:

格式1

条件:给20张带预览字的闪光卡,并说明"读这些字"

学生:山姆(Sam)

行为:阅读这些字词

标准:每个字词2秒内,连续3次测试准确率达90%。

格式2

学生:马文(Marvin)

行为:用草书写出20个四年级的拼写单词

条件:由资源教师听写,连续3周不超过2次错误,以下行为目标可能源自先前为学生艾登(Aiden)和塔尼卡(Tanika)设定的教育目标。

数学

目标：艾登将在一年级掌握基本的计算知识。

目的：给出表格6+2中的20道个位数加法题和"找到和"的工作表，艾登(Aiden)将在连续3次数学课程中以90％的准确率完成所有问题。

社会学习

目标：艾登将展示联邦政府的三个部门职能相关知识。

目的：在阅读了《美国文化遗产》的第23—26页后，艾登将列出一个法案成为法律的10个步骤。此列表最多有一个顺序错误和一个遗漏错误。并在课堂练习和单元结束测试中成功完成。

阅读

目标：艾登将能够识别他读过故事的相关部分。

目的：短篇小说《项链》，艾登将写一篇至少200字的文章。（1）列出主要人物，（2）列出主要事件的顺序，错误不超过2个。

科学

目标：艾登将展示太阳系结构的知识。

目的：基于太阳系的地图，艾登将在连续两个课程中以100％的准确度将每个行星标记在太阳的正确位置。

语言艺术

目标：艾登将增加他口语的创造性表达。

目的：给出一系列人物，物体和位置的照片，艾登将在5天内的3天中讲述一个5分钟的故事，该故事至少使用7个项目。

体育

目标：艾登将提高他在团队运动中的技能。

目的：在篮球比赛中，艾登将在10次连续的体育课中，有8次，从10英尺的距离将球扔到篮筐里。

回想一下我们之前的讨论，尽管艾登有轻微的学习问题，但塔尼卡有更严重的残疾。这里有一些塔尼卡的目的和相应的目标。

认知

目标：塔尼卡将能够根据对象的功能进行分类。

目的：给12张皮博迪卡片(4张食物,4张衣服,4张梳洗工具)，每个类别的样本刺激卡片,以及口头提示"这张卡片去哪里了?"塔尼卡将卡片放在合适的类别堆上,在20次试验中有17次的准确率是100%。

交流

目标:塔尼卡将展示对功能性标签的接受能力。

目的:在她的零食环境(杯子、勺子、叉子)中找到的3个物体和口头提示"拿起……",塔尼卡(Tanika)会连续4次对对象命名并交给老师,正确率达到90%。

运动

目标:塔尼卡将发展其上肢的运动能力。

目标:一个软橡胶球悬挂在天花板上并且口头提示"击球",塔尼卡将击球,连续5天运动10次。

社会

目标:塔尼卡将学会适当参加小组活动。

目的:在故事时间里,塔尼卡与老师和另外两个学生一起坐着时,连续5天在10分钟内至少被要求回答3次,塔尼卡对每个老师的问题做出适当的动作或口头回答。

自理

目标:塔尼卡将展示自己独立穿衣的能力。

目的:在连续4天的3次试验中,塔尼卡会在没有额外帮助的情况下,连续2次成功地完成任务。

职业技能

目标:塔尼卡将完成至少1小时的组装任务

目的:考虑到管道"U"的四个部分是按顺序排列的,塔尼卡将在3个职业阶段(4周)以每3分钟1次的速度组装,不会出错。

不恰当行为

目标:塔尼卡会离座的行为。

目的:在上午9点至9点20分期间(功能学者)。塔尼卡坐在她的座位上,除非得到老师的允许,时间持续5天。

扩大基本行为目标的范围

学习结果3.5 根据学习水平的层次确定衡量掌握程度的方法

一旦一个学生或一组学生获得了目标中描述的行为,教师可能只会简单地注意到目标已经被掌握,然后继续进入序列中的下一个目标。这是不恰当的,除非学生可以在不同于最初教学环境的环境中进行这种行为。为了让学生有功能性行为,即那些可以在不同的条件下,不同的标准下,或者在没有强化事件的情况下做出行为,必须作出规定来扩大学生使用行为的能力。关于扩大使用的两种可能的观点是:

1. 根据反应能力的层次结构进行设计。
2. 根据学习水平的层次进行设计。

格伦迪教授写行为目标的课程

这学期,格伦迪教授8点钟的课是学习行为目标的课程。在做了一个精心策划的演讲后(与本章的第一部分非常相似),格伦迪教授问学生们是否有疑问。多恩·汤普金斯(Dawn Tompkins)停下了锉指甲的动作,深深地叹了一口气,"是的,教授,请你告诉我行为目标究竟是什么?"

"我记得我已经解释过了"格伦迪教授答道:"还有其他人有困惑吗?"

接着,一群人齐声咕哝着,咕哝着,格伦迪只能清楚地提取两个问题:"这本书有写吗?"和"考试会有吗?"

之后,格伦迪又一次对行为目标的组成部分进行了大量简短的描述,然后他布置,所有人都要写一篇关于科学课程领域的行为目标,并提交给他,以便在下课前进行检查。紧接着又是一阵叹气声和频频举起的手:

"你的意思是列出成分?"

"不是"格伦迪说。"是写一个目标。"

"你的意思是定义一个行为目标?"

"不",格伦迪说。"写一个"

"但你从来没有说过关于写它们的任何事情,"

"什么"格伦迪反驳说,"你认为这是这次课程的目的吗?"

当所有的人都拿到纸和铅笔后,教室里鸦雀无声,德韦恩(DeWayne)是第一个完成任务并自豪地向教授提出他的目标的人:

了解消化系统的重要性

"嗯,德韦恩,"教授说,"这只是初步,你不记得行为目标必须要讨论行为吗?记住我给你的动词列表。"当德韦恩继续茫然地看着他时,格伦迪从他的公文包里翻出来,找到了一份副本(见表3.2)。

"看这里",教授说,"选择一个可以直接观察到的动词"

过了一段时间,德韦恩重写了他的目标:

标记消化系统的各个部分

"很好,德韦恩,"教授叹了口气,"这是一种行为,现在,你还记得行为目标的组成吗?"德韦恩很茫然,教授写道:

学生的行为标准的条件

写好后,德韦恩在他的钱包里找到了收据,并写在了旁边的空白处(教授并不惊讶地注意到收据显示负余额)。德韦恩回到了他的位置。

一个半小时后,当格伦迪后悔布置了这个任务时,德韦恩又回来了:

给学生一张没有标注的人类消化系统的图表,四年级的学生将标记消化系统的主要部分(口、食道、胃、小肠、大肠),没有错误。

格伦迪饶有兴趣地阅读了德韦恩的目标,因为他自己的消化系统开始成为他注意力的主要焦点。"太好了,德韦恩。"教授说,"我想现在去餐厅吃午饭已经太晚了。你一开始为什么没有这样写呢?"

"嗯,教授,"德韦恩回答,"我真的不明白你想要什么,我还是不确定我能不能写好其他的。"

从自动售货机里拿了些饼干后,格伦迪沉思地回到了办公室。他找到一张纸,边嚼边写:给定一份列出适当动词和行为目标组成部分的工作表,参加 EDF 411 计划的学生要写出五个包括所有组成部分的行为目标。

沉思了几分钟后,他补充说:

不到半小时。

"也许,"格伦迪喃喃自语道,"如果我能确定自己想要什么,并告诉学生,他们就不会感到那么麻烦了。"

响应能力的层次结构

对响应正确率的度量(例如,10 个中有 8 个正确)只是评估表现的一个维度。它表示响应能力的获取水平。在这个层次上,我们仅仅是验证学生是否有能力去做以前没有做过的事情,以及是否有能力去做某事。在超越正确率、超越此获取水平的表现上,需要对标准和条件的陈述进行修改或补充。这种变化反映了反应能力的层次结构。一旦一个学生能表现出这种行为,我们就会关注其表现的流利程度或速率,以及在初始教学过程中施加的条件以外的表现。

响应层次结构应该与获取、流畅性、维护和泛化的最低水平保持一致。

下面作为使用这种层次结构的一个例子,让我们假设约翰(John)已经达到了以下目标:

> 如果给他两个25美分,两个10美分,两个5美分,一个1美分和一个口头提示"约翰,给我你的车费",在连续三次的课程的10次试验中,他会给老师8次,总共75美分。

劳伦(Lauren)已经达成了这个目标:

> 给定一个包含20个除法问题的工作表,其中包含两位数的被除数和个位数的除数,劳伦将在根式上的适当位置写下正确答案,准确率为90%,连续4天。

在约翰和劳伦达到了这些规定的成绩标准之后,教学的关注点应该转向他们表现的流畅程度,或者是他们表现行为的速度。流畅度指的是学生准确地完成这个新获得的反应的恰当程度。在约翰的例子中,我们知道他可以选择合适的硬币来赚75美分,但如果我们带他去公共汽车站需要5分钟的话,这对他没有什么好处。公共汽车司机等不了这么久。在劳伦的例子中,我们知道她现在可以解决除法问题了,但是这花费了她很长时间,要么我们在她的阅读小组被安排的时候打断她,要么让她少上一部分阅读课,这样才可以解决她的问题。

在这两种情况下,学生都以不恰当的速度作出准确的表现。认识到适当的表现率的必要性,教师可以在写出行为目标时表明可接受的流畅程度。这可以通过对标准语句前添加一个时间限制来完成的,如在下面的目标中所发现的:

> 如果给他两个25美分,两个10美分,两个5美分,一个1美分和一个口头提示"约翰,给我你的车费",在连续三次的课程的10次试验中,他会给老师8次,总共75美分(30秒内)。

> 给定一个包含20个除法问题的工作表,其中包含两位数的被除数和个位数的除数,劳伦将在根式上的适当位置写下正确答案(20分钟内),准确率为90%,连续4天。

对于典型障碍的学习者和轻度残疾的学习者来说,这个比率通常包含在最初的目标中,因此在单一的教学过程中结合要习得的能力水平和流利程度来判断。教学过程要注意流畅,因为当学生的表现变得流利时,行为能保持更长时间,在长时间的任务中持续存在,受干扰影响较小,并且更有可能在新的学习情境中可用(Binder & Watkins, 2013; Burns, Ysseldyke, Nelson, & Kanive, 2015)。

11章将讨论维持的程序。

没有必要调整原始行为目标以纳入将维持的能力水平的指标。维持是指无需重新教学即可随时间执行响应的能力。维持水平的能力是通过事后检查或探查来确认的,在此期间,教师会重新检查技能,以确保学生仍能完成。通过建立学习机会和分布式练习的机会,可以促进维持的水平。过度学习指的是最初目标完成后的重复练习。一个最佳的过度学习机会大约是行为习得所需试验次数的50%。如果我们认为约翰应该在10节课上学习系鞋带,那么我们最好再提供5节课。分布式练习是随着时间而扩展的实践(与大规模练习相反,大规模练习的时间会被压缩)。大学生熟悉的大量实践的一个例子就是为考试而死记硬背。考试前一天晚上10点到6点,你可能会学到一些东西,但大部分很快就会被遗忘。如果需要维持,最好的方法是在考试前的几个星期,每天晚上使用分布式练习进行短期学习。另一种提供维持的方法:"巩固计划的变更"(Conine, Vollmer, & Bolivar, 2020; Skinner, 1968)将在第八章中讨论。

分布式练习对长期学习保持是一种更有效的方式。

在确保行为是功能性的过程中,泛化的反应能力水平是非常重要的。如果学生能够执行一项并在必要时进行适应——在与获取期间不同的条件下的行为,则该学生会有一般性回应。广义反应是在指令终止后也继续发生的反应。一个反应可以概括为至少四个基本维度。条件语句可以用来反映学生在不同的环境(场所)、不同的材料、不同的人、对不同的口头或书面指示做出反应的能力。下面的例子说明了这一点。

在这个视频中,学生表现出的准确性和独立性程度与习得阶段是一致的。学生的回答也几乎是立即的,这表明流利度很高。反应能力的哪些其他方面可能与目标有关?

不同的指令

给出一组硬币和口头指示:"给我车费"("给我75美分""给我你需要的")。

给出一个包含30个个位数减法问题的工作表,用口头或书面的形式,"找出不同"

("解决问题")。

不同的材料

在至少三份不同的工作申请表上,把他的姓名、地址、电话号码和出生日期要写在适当的空格中。

用数轴(数轴、纸和铅笔)演示数学的乘法原理。

不同的人

会用厕所标志,并向她的老师(家长)表示需要上厕所。

遵守他的数学(英语、社会学习科学)老师(母亲、父亲、教练、钢琴老师)的指导。

不同场所

在特殊教育班的洗手间里(在他参加艺术班的班级附近的洗手间)上完厕所后,他会拉起裤子……

留在座位上完成数学(英语、社会研究、科学)课程的作业……

学习水平的层次结构

似乎写作行为目标不可避免地将老师的注意力集中在具体的、简单的学习方式上。事实上,这是对行为方法最常见的批评之一。然而,没有必要将行为目标局限于较低的学习水平,布鲁姆(1956)提出了在认知、情感和精神运动领域的学习层次。这些层次将可能的学习结果划分为越来越抽象的层次。他们对于写行为目标很有帮助,因为他们提出了可观察的、可测量的行为,这些行为可能由简单和复杂的学习而发生。接下来将呈现包含六个层次学习认知的层次结构,如图所示(Bloom, 1956)。

许多行为目标都是按照知识的等级水平来写的——我们只是想让学生们知道或记住我们教过他们的东西。一旦学生掌握了六个级别中的最低级别,教师就可以通过准备后续目标来改变目标行为和标准的陈述,从而将教学进程转向更高水平的学习,作为这一过程的一个辅助手段,格隆利姆德(Gronlimd, 1985)准备了一个表格(表 3.2),该表格说明了适合描述每个学习阶段目标行为的行为术语。

知识 布鲁姆(1956)将知识层面的学习定义为从特定事实到完整理论的信息的回忆或识别。这些记忆功能是在这个基本认知学习水平上展示的唯一行为。以下是本年级学生的学习目标:

表 3.2 认知领域的一般教学目标和行为术语的例子

说明性的总体教学目标	说明性行为模式用于说明特定的学习结果
知道常见的术语	定义、描述、标识、标签、列表、匹配、名称、概述、复制、选择、状态
知道具体的事实	
知道方法和程序	
了解基本概念	
知道原理	
了解事实和原则	转换、辩护、区分、估计、解释、扩展、概括、给出示例、推断、释义、预测、重写、总结
解释口头材料	
解释图表和图形	
将口头材料翻译成数学公式	
估计数据中隐含的未来后果	
证明方法和程序是正确的	
将概念和原则应用于新情况	改变、计算、演示、发现、操纵、修改、操作、预测、准备、生产、关联、展示、解决、使用
将法律和理论应用于实际情况	
解决数学问题	
构造图表和图形	
演示正确使用方法或过程	
承认未说明的假设	分解、图表、区分、标识、举例、推断、结论、指出、联系、选择、分离、细分
认识推理中的逻辑谬误	
区分事实和推论	
评估数据的相关性	
分析工作的组织结构（艺术/音乐/写作）	
写一个组织良好的主题	分类、组合、组合、编写、创建、设计、设计、解释、生成、修改、组织、计划、重新排列、重构、关联、重组、修改、重写、总结、讲述
提供井井有条的演讲	
写一个创意短篇小说（或诗歌/音乐）	
提出实验计划	

续 表

说明性的总体教学目标	说明性行为模式用于说明特定的学习结果
将来自不同领域的学习整合到解决问题的计划中	
制定用于对对象(或事件或想法)进行分类的新方案	
判断书面材料的逻辑一致性	评价、比较、总结、对比、批评、描述、歧视、解释、证明、解释、关联、总结、支持
判断数据支持结论的充分性	
用内部标准判断作品的价值(艺术/音乐/写作)	
用卓越的外在标准来判断一件作品的价值(艺术、音乐、写作)	

在阅读并理解《生物学》以并完成第二章的练习后,弗吉尼亚(Virginia)将在两堂课和单元期末考试中,按照演化复杂程度的顺序列出林奈系统的生物学类别。

对于加法、减法、乘法和除法的算术过程,丹妮(Danny)会以90%的准确率对其标签和基本功能进行多选题测试。

鉴于一系列莎士比亚戏剧,黛博拉(Deborah)将陈述悲剧的名称,不超过一个错误。

理解 一旦学生达到了知识层面的表现标准,老师就会转移到理解层面,学生对意义的理解可以通过释义和举例来表达。以下是这个级别的一些示例目标。

根据林奈的生物分类体系,弗吉尼亚将对每个类别的生物进行书面描述。描述将包括至少一个因素,以区别于其他类别。

给出一个包含40个基本算术示例的工作表,要求加减乘除,丹尼将以90%的准确率完成这个工作表。

思考这段比喻,"哦,这也是,太坚实的肉体会融化……"在《哈姆雷特》中,黛博拉将写一篇短文来描述这篇文章的字面意思。这篇文章最少要300字。

应用 布卢姆(Bloom)的编程要求学生在各种具体情况下使用方法、概念或理论。考虑这些目标:

给定五种生物的名字和林奈系统,弗吉尼亚将把每一种都归入正确的类别,并写出放置的理由清单。每个基本原理将包含至少两个放置理由。

给定一组包含10个段落的问题,需要进行算术计算才能解决,丹妮会写出正确的答案,显示所有的计算,100%的准确性。

读了《哈姆雷特》之后,黛博拉将能够解释《哈姆雷特》道德困境与堕胎问题之间的相似之处,并引用她自己选择的另一个平行例子。

分析 分析是能够将材料分解为其组成部分,以便对这些部分进行识别,讨论它们之间的相互关系,并了解它们的整体组织。以下是分析的例子:

如果给出五种生物的名单,弗吉尼亚将在图书馆中使用适当的参考资料来调查并向班级报告这些生物在食物链或栖息地生态稳定性方面的作用。

有了结合律的书面陈述,丹尼将能够用黑板上的例子,准确地向全班解释属性与基本相加函数和乘法函数的关系。

在阅读了《哈姆雷特》或《麦克白》之后,黛博拉将带领全班讨论戏剧的情节发展,这一讨论将基于她将以书面形式提供的每一个场景的示意图。

综合 在认知综合层面上,学生应该展示将各个部分结合在一起的能力,从而形成一个不同的、原创的或创造性的整体。

如果有参考文献,弗吉尼亚将写一篇1000字的摘要来解释达尔文进化论中的生物分类。论文将根据准确性、完整性、组织和清晰度进行评估。

给定以10为基数和以2为基数的数值系统,丹妮将口头演示在每个系统中使用加法、减法、乘法和除法的函数。

考虑到对莎士比亚悲剧《麦克白》的研究,黛博拉将重写《五音步抑扬格》这部戏剧的结尾,假设对国王的谋杀没有成功。

评价 最高层次的学习表现是评价。要求学生做出价值判断。

根据相互排斥的原则,弗吉尼亚将为运输工具的分类设计一种分类法,并为所创建的类别及其组成部分提供理由。

给定一组未知值和一个给定的算术计算函数。丹尼将解释可能正确的不同答案的概率。

考虑到莎士比亚和培根的戏剧，黛博拉将在一篇500字的文章中陈述她对其中一种的偏好，并根据风格的某些元素来证明她的偏好。

学习限制者的学习水平

在大多数扩展教学意图的规划实例中，我们倾向于关注有严重残疾的学习者的层次反应能力，以及典型或高于平均水平的学习者的层次学习能力。这种二分法并不仅仅是由学生的行为水平来决定的。思考以下示例，说明我们如何结合学习水平为有限的学习者编写行为目标：

即使是有局限性的学习者也能获得更高层次的认知技能。

知识：给定一枚普通的硬币和口头提示。"这是什么名字？"乔治将在连续5个课程的20次试验中，有18次进行适当的标注。

理解：给一个普通的硬币和口头提示。"这值多少钱？"乔治将把硬币的等价物以便士计算出来，并在每枚硬币的10次试验中有8次表明"一角硬币值10便士"。

应用：当看到10张食物的图片，每张图片上都写着价格，乔治会数出硬币的数量，等于文字提示"显示数量"的数量，20次试验中有18次成功。

分析：当展示物品的图片时，每张照片上都印上了它的成本，一张1美元的钞票，还有一个口头提示，比如"你能买一支铅笔和一份报纸吗？"乔治将在20次测试中有18次答对。

综合：有了账单和购买各种价格商品的指示，乔治将模拟购买交易，并在10次试验中确定他是否得到了正确的零钱。

评价：如果给他一张1美元的钞票和从工作场所到家里5英里的车程，乔治就会用这1美元搭公车，而不是买一个糖果棒。

行为目标和IEP

学习成果3.6　确定将行为目标纳入个别化教育计划的方法

为需要特殊教育服务的学生制定教育目标（长期目标）和行为目标（短期目标）被列入1975年《所有残疾儿童教育法》（第94—142页），以及1999年的《残疾人教育法》（第108—

446页,IDEA)。这项立法的结果之一是,确立了目标和目标的编写,并规定家长积极参与教育规划进程。这一规划过程促进了个别化教育计划(IEP)的发展,IEP的核心是制定年度学生教育计划的目标和目标列表,以及如何衡量实现这些目标的进展(Siegel,2007)。除了这一核心要素之外,IEP还包含有关转衔规划和服务、积极的行为干预和支持、参与州和地区评估、延长学年服务、参与通识教育课程(包括必要的修改)以及与未被认定为残疾的学生进行互动等内容。联邦规则和条例包括IEP的六个组成部分:

1. 对学生目前教育水平的说明,可通过标准化的测验、基于课堂的评估、直接观察和基于课程的措施进行评估(Harmon et al.,2020)。
2. 对轻度残疾学生的年度可衡量目标的陈述,或对重度残疾学生的年度目标和短期教学目标的陈述。
3. 适当的客观标准和评价程序和进程表,以及至少每年确定短期教学目标是否正在实现。
4. 向学生提供特殊教育和相关服务的说明。
5. 预计的服务投入日期和预期的服务持续时间。
6. 学生能够参加通识教育课程的程度,以及任何必要的修改或调整以使学生能够参与。

IDEA要求残疾学生具有IEP。

这些元素在行为目标的发展和IEP的发展中表现出共同点。这两个过程包括:收集数据以确定学生当前的表现水平,陈述适当的目标,制定实现目标的行为目标(短期),以及基于数据的对目标掌握情况的回顾。

特殊教育资格要求根据学生的个人特征和当前的表现水平来确定存在的残疾缺陷。残疾依据来自个人智力测试、行为评估、学术成就以及各种辅助专业人员的报告。由于教育计划和2004年《残疾人教育改进法案》(第108—446页)的重新授权,一些州还要求从学生对干预措施的反应中收集信息,以解决学生的学习或行为困难。正在开发用于提供这种信息的框架被称为对干预的响应(RTI),RTI用于帮助区分仅仅需要补充指导的学习困难和需要特殊教育服务的学生。如果学生被发现有资格接受特殊教育服务,RTI信息有助于实现目标和开展教学进程。

一个基本的RTI模型有三个层次。第一层提供了学校的年级和/或班级范围内的实践,这些实践是良好的指导和行为管理的基础(例如:额外的实践机会,明确规定适当行为的规则,增加强化物和奖励的机会)。第二层提供了更有针对性的实践,例如针对有学术困难的学生的小组指导,以及社会技能培训和自我管理策略。在每个层次上,实践都必须以证据为基础(具有研究基础的有效性),并使用一种数据库化的进度监控方法。正是这种监控所产生的数据,为教育目标和 IEP 提供了信息。第三级干预由特殊教育和相关专业人员提供。所采用的做法是高度个别化的,提供密集的支持,并且持续的时间更长。这种密集的干预是开始评估的一部分,以确定是否存在残疾和需要的 IEP(Fuchs, Fuchs & Vaughn, 2014; Jenkins, Schiller, Blackorby, Thayer & Tilly, 2013; Lindstrom, 2019)。

下列建议有助于管理 IEP 和监测其组成目标:

1. 短期目标应与目标陈述的顺序相关,目标陈述要有一定的顺序,教师可以系统地改变目标的要素。例如,条件的某些方面(使用的材料、设置、格式、类型或提供给学生的帮助类型或金额)、反应(例如:反应模式;认知或身体困难或反应的复杂性和/或标准(如:在一定数量或持续时间内所需的回应量/率;允许的错误数量或类型)可以增加或改变,因为教师塑造学生对符合标准的表现或更有功能的反应。

2. 对于轻度残疾的学生,长期目标和短期目标应与他们转衔特殊教育服务的原因相关,"除非所有领域都受到影响,否则他们只需要为满足残疾儿童需求所需的特殊服务而不是孩子的总体课程进行编写"(Bateman & Linden, 1998, p. 43)。

3. 对于中度和重度残疾的学生,每个课程领域应该包括两到三个短期目标,因为在大多数情况下,学生的教育成绩的所有领域都受到缺陷的影响。

4. 在对当前目标进行维持并开始进行泛化指导之前,不应增加新的短期目标。

5. IEP 的管理应该是一个连续的过程。教师和行政人员不应忽视规定,查应"至少每年进行一次/不应只在每年进行一次"进行审查。

(1) 对轻度残疾学生的目标应在成绩得到证实后立即审查,以评估是否仍然存在对特殊教育服务的最初需求。

当艾登(Aiden)的数学技能达到年级水平时,他就不会有缺陷了。

(2) 应为中度和重度残疾学生的目标设定合理的审查日期。在达到目标时,教师应增加新的短期目标,并在年度审核中提供充分理由,以书面形式通知委员会成员,包括家长。这样的程序会促进学生的进步,并防止在召开全体委员会议之前的教学停滞。

应该经常审查塔尼卡(Tanika)的目标,以便使她能够尽可能地取得进展。

6. 考虑到需要在更高层次的学习中进行指导,以促进技能的全面功能使用,应该设置复习日期。

小结

我们描述了写行为目标的过程以及这些目标与残疾学生的IEP之间的关系。这一过程是行为改变计划的组成部分，无论该计划是针对学业还是社会行为。除非我们确定什么是成功，要不然改变行为的计划是不可能成功的。行为目标既促进沟通，让每个人都知道指导的目标，也促进评估，让每个人都知道目标是否已经达成。

讨论

1. 道格拉斯和他的老师一致同意，在阅读课上要一直坐在座位上，他可以在当天打排球，在第二天结束时，道格拉斯和他的老师对于他是否在座位上的行为存在分歧。

（1）有两种方式可以使"在座位上的行为"变得可操作，这样道格拉斯就很清楚坐在他的座位上意味着什么？

（2）你如何为道格拉斯的座位行为写一个目标状态的标准呢？

（3）如果道格拉斯确实满足了在课堂上的行为准则，但在课堂上对珍妮做出粗鲁的评论，老师该怎么办呢？

2. 用更具体的动词来代替下列每一个模糊的动词

（1）马里奥能够区分少数和大部分

（2）马里奥能够回忆起美国的主要河流

（3）马里奥能够识别花的各个部分

（4）马里奥能够理解全球变暖的后果

（5）马里奥能够理解6乘以8的表格

（6）尼基能够识别故事的主要角色

（7）尼基能够欣赏不同文化之间的差异

（8）尼基能够说出时间

（9）尼基能够欣赏莫奈的作品

（10）尼基能够学会操作计算器

3. 大多数教师都需要在课程计划或IEP中编写目标。许多老师认为写这些目标是不必要的文书工作。写目标所花的时间是否有助于提高教学质量，老师的想法是正确的吗？

第四章　收集数据的程序

学习成果

4.1　确定行为的七个维度

4.2　确定轶事记录的组成

4.3　确定永久成果记录的组成部分

4.4　确定五个观测记录系统,以及何时使用每个系统

4.5　演示如何计算五个观测记录系统的可靠性

4.6　确定影响数据收集的准确性和可靠性的因素

本章概要

理由

选择系统

轶事记录法

写轶事记录的指导

构建轶事记录

永久成果记录法

永久成果记录的应用

观察记录系统

事件记录

间隔记录和时间采样

持续时间和延迟时间记录法

持续时间记录

延迟记录

这一切怎么能实现呢?

数据采集技术

数据收集系统总结

可靠性

可能影响数据收集和观察者间一致性的因素

小结

大多数教师对我们将在本章讨论的那种数据收集程序的态度,与他们对统计的态度相同。在某些情况下,他们的评论是完全合理的。我们将讨论的一些系统方法并不适合日常课堂使用。老师可能永远不会使用这些复杂的系统方法。然而,理解这些系统是如何工作的,有助于理解已发表的关于应用行为分析的研究。本章描述了最常见的数据收集系统,并展示了其中有多少可以用于课堂使用。

理由

即使在接受了在课堂上收集数据的可行性之后,很多教师还是觉得它没有什么价值。除了在考试中记录成绩外,传统上大多数教师对学生的学业和社会行为记录很少。然而,教师收集课堂数据是十分必要的。

首先,通过观察和测量,可以非常准确地确定特定教学策略或干预的效果。精确的观察和测量教师的行为,可以检测他们使用的策略的成败。第二,本章讨论的数据收集过程的类型允许对指令或干预进行持续(形成性)和最终(终结性)评估。收集的数据使教师能够在课程过程中做出决定和改动,而不是等待数周或数月,看看它是否最终成功。这种系统形成性评估的使用显著提高了学生的学习成绩(Fuchs, 2017; Graham, Hebert, & Harris, 2015)。最后,基于效果的数据收集是说明的最终工具(Deno et al., 2009)。

通过编写行为目标,教师可以传达他们改变特定行为的意图。行为目标还是教师用来判断教学进程的变化与改进是否成功的标准。在许多课堂情境中,干预对学生原始表现水平的影响将通过前测和后测来评估。然而,在行为方法和程序评估中所要求的精度需要额外的数据。

行为评估要求观察学生的现有功能和持续性进展。

行为评价有两个要求。第一个是对学生当前行为的详细观察。该观察结果应反映目标中所述行为的条件和描述。例如,一个表明学生应该在30分钟内解决25个长除法问题的行为目标要求教师确定学生在30分钟内可以解决多少个长除问题。其次,对教学计划的评估必须促进对教学过程的持续监控,并提供终端评估系统。评估必须是持续的,以便可以随着教学的进展调整程序。由于我们示例中的学生接受长时间的教学,教师可以每天记录他们在30分钟内解决了多少问题,从而提供持续的评估。监测过程可以为继续或改变教学技巧提供指导,并有助于避免对学生进步的错误假设。遗憾的是,这种错误的假设很常见,如下面的小片段所示。

选择系统

学习成果 4.1　确定行为的七个维度

评估正在进行的行为测量的第一步是选择数据收集系统。所选系统的特征必须与所观察到的行为和所期望的行为变化相适应。

观察行为的维度。

行为可以在许多维度上测量和改变(Cooper, Heron, & Heward, 2020)。

沃勒女士开发了一个应用程序

沃勒欣喜若狂。几个月来,她一直抱怨没有材料来教她最具挑战性的阅读小组阅读,后来一位同事告诉她,有一款应用可以教她阅读。当她购买并下载了这款应用程序时,教程显示,这款应用程序可以在教室里的多种设备上编程。该教程还展示了许多令人印象深刻的功能,验证了数百美元的投资是合理的。"你所要做的,"教程向她保证,"就是把学生放在应用程序前。其他的事情都搞定了……你什么都不用做。"沃勒轻快地进行了应用程序附带的预测试,为每个学生每天在教室设备上安排 15 分钟的时间,并以为她的担心已经结束了。学年结束时,沃勒女士进行了后测。可以想象她的苦恼,尽管小组里有几个成员取得了显著的进步,但有些学生却毫无进步。"我不明白,"她哭着说。"这款应用本来应该无所不能。我怎么知道没用呢?""也许,"她的校长祝她在新的零售事业上取得成功时,和善地建议道,"你应该在之前就检查一下。"

---

1. 频率:行为的频率仅仅是学生行为的次数

布雷特在 30 分钟内离开座位 6 次。

姚在限时测试中做了 10 道数学题中的 6 道。

星期三,马文发脾气 8 次。

讲故事的时候,露易丝 5 次把手放进嘴里。

在确定行为发生的频率时,我们计算在观察期内行为发生的次数(例如,10 秒或 40 分钟的科学课)。如果我们想要比较观察期间的行为频率(例如,从一个午餐期到另一个午餐期），观察期应该具有相同的长度。

如果行为发生次数有限，则该信息应作为频率数据的一部分提供。例如，知道姚（Yao）正确地解决了6个数学问题，除非我们知道总共有10个数学问题，否则没什么意义。对于某些行为，没有最大数量。例如，学生在上课期间喊叫或离开座位的次数没有上限。

2. 速率：行为速率是以与时间比率表示的频率

布雷特每分钟0.2次离开座位。

在2分钟的定时试验期间，姚每分钟做对0.6个数学问题。

在6小时的上学日，马文每小时发脾气1.3次。

在10分钟的讲故事中，露易丝每分钟将她的手放在嘴里0.5次

如果所有观察周期都是相同的长度，则只需报告发生次数和观察周期的长度。然而，速率最常用于比较不同长度的观察期内行为的发生情况。将频率数据转换为速率数据可以使我们在无法将观测周期或回应机会标准化的情况下对数据进行比较。它使比较数据成为可能，例如，如果观察周期被中断，或者工作表有不同数量的问题。速率是通过除以观察周期长度的行为次数来计算的。例如，如果布雷特在周一早上30分钟的数学课上6次从座位上站起来，他的速率是每分钟0.2次（6/30）。如果在四年级40分钟的社会研究课上，他有8次离开座位上，他的速率仍然是每分钟0.2(8/40)。

3. 持续时间：行为的持续时间是衡量学生参与其中的时间

布雷特离开座位总共14分钟。

布雷特每场比赛平均3分钟就离开座位。

姚学习数学20分钟。

马文的发脾气持续了65分钟。

露易丝把手放在嘴里6分钟。

当关注的不是布雷特离开他的座位的次数，而是他每次起身离开座位的时间，或者他在一个给定的观察期间停留了多长时间时，持续时间是至关重要的。在40分钟的课程中，他可能只会离开两次座位，但如果他每次都要停留几分钟，那就不同于突然起身，然后又回到原来的位置。如果我们记录布雷特离开座位

行为的持续时间，我们可以在30分钟的课程中表明他已经离开座位总共8分钟，或者我们可以报告每个事件的长度，或者我们可以计算他在每个时间中所花费的平均时间。

4. 延迟：行为的延迟是执行该行为的指令和行为发生之间的时间长度
在我让布雷特坐在椅子上之后，他花了50秒才坐下来。
在老师说"开始工作"之后，姚盯着太空看了5分钟，然后开始做她的数学。
在我让马文暂停后，他花了20分钟才安静下来。
在我告诉露易丝把她的手从嘴里拿出来之后，过了两分钟她才张开嘴巴。

当问题不是学生做某事需要多长时间，而是开始这么做需要多长时间时，就是所谓的延迟。例如，一旦她开始，姚可以在一段可接受的时间内正确地解决她60%的数学问题，但这需要7分钟才能开始。

5. 具体表现：行为的具体表现是行为的形状——它是什么样子的？
姚把所有的4都倒着写在了她的数学作业上。
马文尖叫着，把脚后跟踢到地板上，发脾气时还扯着头发。
露易丝吸吮手指时，一直伸到指节。

地形学描述一种行为的复杂性或它的运动部件。例如，发脾气可能涉及同时进行的许多行为。有些行为由通常同时发生的内部反应的链或序列组成。

6. 力度：行为的力度是它的强度
姚写得很重，她的纸都打了洞。
马文大声地尖叫着，以至于楼下三扇门的老师都能听到他的声音。
露易丝吸吮手太用力了，弄破了拇指上的皮肤。

描述行为的强度或力度通常会导致难以标准化的定性度量。我们正试图传达一声尖叫的声音有多大（通常不使用一个听力计），一个孩子是多么困难地敲桌子或他是多么有力地打击自己或另一个孩子。

7. 轨迹：行为轨迹描述了它发生的地方，无论是在环境中，还是在孩子或受害者的身体上。

布雷特走到窗前，盯着外面；

姚把数学问题的答案写错了地方；

在发脾气过程中，马文伤到了他的耳朵；

露易丝吮吸她左手的手指；

在环境中发生的地方描述目标行为发生的轨迹。

使用特定的数据收集系统的决定部分是基于关注的行为维度，部分是基于便利性。收集数据的系统可分为三大类。第一个是记录和分析书面报告，理想情况下包括在观察期间发出的行为的完整记录。二是对行为产生的有形产品的观察。第三个是记录行为发生时的样本。这些系统可分为以下几类：

分析书面记录：	轶事记录法
观察有形产品：	永久的产品记录
观察行为样本：	事件记录
	时间间隔记录
	时间抽样
	持续记录
	延迟记录

教授实施营救

当格伦迪教授走到他的车旁时，他看到一群学生，包括德维恩，聚集在他看不到的东西周围。他的好奇心被激起了，便向人群走去。当他走近时，他看到了学生们感兴趣的东西是一只非常大的白狗。白狗气喘吁吁，头耷拉着，显得憔悴不堪。它的外套又粗糙又脏，而且紧紧缠绕在脖子上的金属项圈下拖着大约3英尺长的链子。

"看，教授，"德维恩说，"我想那是白色的圣伯纳德。你认为它会咬人吗？"

"你看,"教授坚定地说,"走近陌生的狗是危险的。应该给校园警察打电话,让他们通知城市动物管理人员。"那只狗显然认定教授是在场的最高权威,跟跟跄跄地走到他跟前,把他的大脑袋靠在格伦迪的腿上,用棕色的大眼睛注视着他。

"另一方面,"教授说着,拿起链子的末端,轻轻地拽了拽,"也许我可以自己打个电话。"教授带着狗回到了他的系,当他经过系秘书时,她惊恐地喘着气说:"教授,你不能……"

格伦迪从口袋里掏出秒表,启动它,递给她。"这花不了5分钟的时间,"他说,"时间的长短由你自己决定。"教授给兽医学校的一位同事打了个电话,他听到格伦迪对这只动物及其状况的描述后说:"你看到的是一只大白熊犬,它在做什么?我听不到你说话。"

"他正在做什么,"教授回答说,"正在抓痒,具体是他用左后脚在他左耳后面搔痒。根据我手表上的秒针,他的脚以每分钟75个动作的速度移动。这种力量足以将狗毛和其他杂物分散到3英尺的范围内,而且它的脚每隔三到四次就会碰到地面,有足够的力量在大厅里发出声音。他已经抓挠了3分钟了,在进入我办公室的15秒内开始抓挠。"

"哦,"兽医有点茫然地说,"可能是跳蚤"(教授偷偷地走进大厅,希望秘书听不到。)"你为什么不把他带到诊所,我们会对它进行检查,如果他健康,我们可以与救援协会取得联系。但他们在安置这些大家伙方面遇到了很多麻烦。"

当格伦迪从大厅回来,从秘书那里取回秒表并确认他刚用的时间为4分34秒时,秘书说:"他真的很可爱,不是吗?"狗微弱地摇着它那长长的尾巴。"看,教授,我觉得它喜欢我。"

"它的名字是伯鲁斯。"教授坚定地说。

轶事记录法

学习成果 4.2 确定轶事记录的组成

轶事记录是为了尽可能完整地描述学生在特定环境或教学期间的行为。轶事记录不识别预定义或可操作的目标行为。记录和分析数据后,观察者期望识别出需要改变的特定行为。轶事记录主要用于分析(而不是评估)。

教师、家长和治疗师经常使用数据收集的轶事系统来描述正在发生的一些普遍干扰或学业的无进展。例如，可能会有这样的记录："希拉经常扰乱课堂，不完成她自己的工作"或者"在治疗期间，我似乎无法控制希拉去做必要的语言矫正"。

写轶事记录的指导

诸如此类的记录很常见，应该提示应用行为分析师查明行为（参见第三章）。如果特定行为无法继续识别，分析师必须进一步隔离和识别目标行为，该行为可能是由于自然环境影响的目标行为。例如在阅读期间的餐桌或教室，以及试图写下发生的一切。

这个数据收集系统对在特定时间段或环境中行为发生的所有事情进行书面描述。会产生一份用日常语言写的记录，它描述个体和交互，而不是数据表上的孤立标记。赖特（Wright, 1960）为撰写轶事记录提供了一些指导：

1. 在开始记录轶事数据之前，写下你最初看到的场景，场景中的个人和他们的关系，以及当你开始记录时发生的活动（例如，午餐，自由玩耍）。
2. 在描述中包含目标学生说的、做的、对谁或对什么说的一切。
3. 在描述中包含对目标学生所说和所做的事情以及由谁说的和做的。
4. 当记录时，清晰地将事实（实际发生的事情）与你对原因或反应的印象或解释区分开来。
5. 提供一些时间指示，以便您能够判断特定回应或交互的持续时间。

本书的一位作者至今仍在使用此程序。在纸张的左手边栏记下每次观察的时间可能会很有用。

构建轶事记录

在进行观察之后，必须分析轶事记录以确定应该成为行为改变计划主体的行为（如果有的话）。这种初始轶事格式的观察很难分成个人行为和关系，因此以更为示意性的方式呈现轶事数据以供审查是有帮助的。碧悠、彼得森和奥尔特（Bijou, Peterson, & Ault, 1968）采用了一种序列分析系统，他们将一份轶事报告重新编写成一种反映环境相互作用的行为观点的形式。通过该系统,报告的内容被排列成分开的列,以指示先前的刺激,特定的反应和随后的刺激。这种表格格式清晰地表示了个体行为之间的时间关系、刺激它们的前因以及随后维持它们的后果(Borrero, England, Sarcia, & Woods, 2016; Martens et al., 2019)。

图表4.1所示的轶事报告是在一个小学教室中进行的。它记录了一个名叫布莱恩的学生,和他的老师和他的阅读小组成员之间的互动过程。

使用碧悠及其同事建议的方法,可以将本报告的开头转换为如图表4.2所示的列。对前因、行为和结果编号以表示时间顺序。注意,转换报告使我们可以明显地看到,在某些情况下,给定反应的结果可以成为后续反应的前因。

图表4.1 摘自一篇轶事记录

上午9:40分,布莱恩正在房间里走来走去,摸着窗台上植物等各种东西。老师说,"现在是小组阅读时间了。每个人都把你的书带到圆桌旁。你也是,布莱恩"。老师走到桌边,布莱恩继续徘徊。老师更大声音的说出:"我在等你",她走了过去,老师把手放在她的肩膀上。布莱恩从老师手下闪开了肩膀。布莱恩坐下后,老师说:"打开你的书,你的书呢?"布莱恩说道:"在后面。""在后面的哪里?""在我的桌子上,""过去拿过来,""我会读她的书","不可以,请去拿你自己的书"(过了15秒)。"现在,布莱恩,我们都在等你。"布莱恩说,"等等,我们有充足的时间。"老师站起来,布莱恩站起来,走到他的桌旁。当第一个学生拉里完成阅读时,老师说:"布莱恩,回到这里,快轮到你了。"布莱恩回到桌边。卡尔正在读书。布莱恩用鼻子发出声响。坐在他左边的凯伦咯咯笑着说道:"哟。"老师告诉凯伦停止说话。布莱恩再次发出鼻子噪音。凯伦:"哦,哟,哟。"老师说,"布莱恩,停下来。"布莱恩放下书,书从椅子上又掉下来,又弯腰捡起来。老师告诉她"坐在我旁边。"布莱恩移动他的椅子,开始哼唱。"在这里站着。"老师回到讲桌旁,说,"我们都看到布莱恩的行为,当你打扰这群人时会发生什么?"拉里举起了他的手。"拉里?"拉里说,他们不能阅读。老师说:"是的,很好,拉里,现在我们再读一遍。轮到你了,玛丽。"布莱恩在椅子上摇来摇去,凯伦看着她,咯咯地笑着。布莱恩继续摇晃着;他的椅子向后倒下了。老师训斥他,把他带到教室前面,让他坐在椅子上,面对着黑板。布莱恩又开始唱歌。布莱恩安静下来,开始在黑板上画画(老师坐着,背对着他)。布莱恩断断续续地唱歌,声音大得足以让人听见。有两次老师说:"布莱恩,安静点。"阅读小组结束(17分钟后)。学生们在门口排队。在离开教室的路上,老师告诉布莱恩,他和同学们分开的时候有多好,"但明天你得先在小组里读。"10点35分,布莱恩和同学们一起去上体育课。

当轶事记录的内容以明确呈现行为事件的顺序和关系的格式排列时,可以确定问题行为的来源。以下问题有助于分析:

分析轶事信息的问题。

1. 哪些行为是不恰当的?行为分析师应该在考虑到所处的环境和所发生的活动的基础上,能够证明给行为贴上不恰当标签是合理的。
2. 这种行为是经常发生的,还是已经确定了是一个偶然发生的事件?

3. 行为的强化或惩罚能被识别出来吗？教师、家长、其他孩子，或一些自然发生的环境事件，可能会产生后果，但后果往往并非如此。

4. 这些后果有规律可循吗？

5. 行为的前因可以被识别吗？

6. 是否有一种模式可以在某些事件或刺激发生之前被识别出来？

7. 是否存在某些前因，行为和后果的反复出现的链条？

8. 考虑到学生被识别出的不恰当行为，以及前因和后果的模式，什么行为真正需要修改，以及谁在参与行为(例如，被推荐的学生、老师或家长)？

时间	前因	行为	结果
上午9:40		1. 布莱恩在屋子里走动	
	2. 教师分组	3. 继续走动	
			4. 教师:"我还在等"
	5. 教师把手放在其肩膀上		
		6. 把手从肩膀上拿走	
			7. 教师引导其回书桌前
		8. 坐下	
	9. 教师:"你的书在哪里"		
		10. 布莱恩:"后面"	
			11. 教师:"后面哪里"
		12. 布莱恩:"桌子上"	
			13. 教师:"拿过来"
		14. 布莱恩:"我读她的书"	

图表4.2 轶事记录的结构

轶事记录很容易形成偏见。当班主任作为观察员时，他们可能已经知道学生为什么会做出不恰当的行为，并且更容易观察到与这些想法一致的行为。任何观察者都应该谨慎记录尽可能多的活动，而不要对行为的重要性或相关性进行审查或做出价值判断。在观察和做笔记时，观察者不应该试图判断一个行为是否是另一个行为的结果，而应该只记录下行为之后的行为。观察员也应该保持警惕以避免分心。必须充分注意观察目标学生的行为，无论任何事情(除非当然有人处于危险中)的发生。没有人可以同时收集轶事数据并指导其他学生。对于一个自然而然地对所有事情负责的教师而言，边收数据边指导可能特别困难。在分析轶事数据时，还应该记住，大多数学生在看到他们被观察并且正在记录时会表现出不同的行为。观察者必须尽可能地不引人注意，避免制造不必要的影响，避免对学生做出反应或与学生进行眼神交流。

对于普通教育教师而言，使用轶事报告并不总是实用的。特殊教育教师会被要求观察有行为或学业困难或正在接受特殊教育服务的学生。对于这种观察记录和分析轶事数据的技能非常有价值。轶事记录可以使这些教师确定课堂中哪些因素引发或维持恰当和不恰当的行为。这些信息将作为决定课堂环境或行为管理策略可能发生变化的基础。轶事观察也可以作为处理持续性，高度破坏性或严重危害行为的较长过程的第一步。这个过程被称为功能评估（参见第六章），需要在学生环境中对对象和事件进行详细的观察、分析和操作，以确定引发和维持行为的因素。

永久成果记录法

学习结果 4.3　确定永久成果记录的组成部分

自从教师第一次走进教室以来，教师一直在使用永久性成果记录。教师使用永久成果记录对拼写测试进行评分，验证化学乳状液的产生，或计算学生放在架子上的罐头数量。永久性结果是由于某种行为而产生的有形物品或环境效应。永久性成果是行为的结果；因此，这种方法有时被称为结果记录。这种记录是一种数据收集方法。

永久成果记录法是最容易使用的，但并非所有行为都会留下永久产品。

为了收集永久性成果数据，教师会审查行为目标中所写的行为陈述，并确定行为的可接受结果。例如，如果行为是构建一个积木塔，目标会呈现为学生是否需要将一个积木叠在另一个积木上，或者积木是否应该按照一定的颜色顺序排列。如果行为是学业性的，则还指定条件。例如，目标可以指定书面段落中允许的拼写错误的数量或学期论文中所需的参考文献数量。如果行为是职业性的，可以指定质量，也可以指定要组装的小部件的数量。在每种情况下，教师都会审查行为的操作定义。在评估所需行为的成果后，教师只会根据定义记录生产了多少产品以及可接受的产品数量。

因为一个行为的具体结果正在被评估和记录下来，所以老师不必观察直接参与该行为的学生。方便是在课堂上频繁使用永久成果记录的原因：它对课堂日程安排的干扰最小。

永久成果记录的应用

永久成果记录的多功能性使它在各种教学程序和设置中都很有用。在教室里频繁使用永久的成果记录是一种方便的方法：它会对课堂日程造成最小的干扰。永久成果记录的多功能性使其可用于各种教学程序和设置。在教育教学中，永久产品记录用于记录学业任务的数据，如拼写准确性；写作中的语法元素，例如大写、完整的句子和标点符号、所写的字数以及段落中的元素；算术问题的完成度和准确性；以及科学阅读理解和希腊历史测验的表现。它也被用来记录课堂笔记和家庭作业的完成情况和准确性。在职业教学中，永久性成果记录已被用于记录任务的结果，擦洗锅具、架起碗碟、组装门把手和物品架 (Boyle, 2013; Falkenberg & Barbetta, 2013; Grossi & Heward, 1998; Hansen & Wills, 2014; Jimenez, Lo & Saunders, 2014; Konrad, Trela, & Test, 2006; Kourea, Konrad & Kazolia, 2019; Lee & Singer-Dudek, 2012; Mason, Kubina & Hoover, 2013; Schieltz 等, 2020; Stringfield, Luscre & Gast, 2011; White, Houchins, Viel-Ruma & Dever, 2014)。

永久性成果记录的主要优点是获得的行为样本的耐久性。永久成果在其发生被记录之前不容易消失。因此，教师可以对特定目标行为的实际产品（如试卷）或产品报告进行准确的存档，以便日后进行进一步的评审或验证。

永久性成果记录可能包括使用录音磁带、录像带和数字的记录系统。使用录音设备，教师可以制作一些特定的短暂行为的样本，这些行为通常不会产生永久性产品。可以在闲暇时记录和分析行为样本。来自非学校环境（例如学生家庭）的行为样本可以由父母制作并带到专业人员进行分析。例如，表达性语言的个人和群体样本已录音 (Garcia-Albea, Reeve, Brothers & Reeve, 2014; Grieco et al., 2018) 和制成视频 (Duenas, Plavnick & Maher, 2019; Ward & Shukla-Mehta, 2019)。学生在一般和特殊教育环境中的表现样本已被录像，以便跨学科团队成员之间的合作，以确定教育目标和干预技巧 (Losinski, Maag, Katsiyannis & Ryan, 2015; Prykanowski, Martinez, Reichow, Conroy & Huang, 2018)。录音和录像允许在事后收集数据，就像在学校放学后对学生的考试或作文评分一样。

在选择数据收集系统这一节中讨论的每个行为维度，可能会观察到哪些永久性产品或结果？

可用于永久成果记录的行为维度。

速率：每单位时间内任何学业行为的书面产品数量。

持续时间或潜伏期：不幸的是，除非有记录设备，否则不适合永久的成果记录。

具体表现：字母或数字的正确构成；遵循类似钉板设计、积木建设或职业组装等活动的模式。

力度：在写字或打字时太轻，太重或压力不均匀；一个发脾气的学生在教室的墙上踢了一个洞。

这些例子不胜枚举。因为永久的产品记录是相对简单和方便的，教师可以在定义行为的结果方面进行发挥。我们认识一些老师在操作上定义了：

- 考试焦虑：试纸上可见擦除的数量。
- 粗心大意：在学生课桌 2 英尺内的地板上的碎纸片数量。
- 过度活跃：学生桌子的铅笔盒中仍然保持平衡的乒乓球数量。

下面的小片段介绍了永久成果记录的一种用法。

马丁先生观察房间清洁情况

马丁的专业是特殊教育，他在一所寄宿学校担任夜班助理，该学校招收有严重情绪和行为问题的学生。他的职责之一是确保每个卧室在睡觉前都打扫干净。他决定建立一些加强房间清洁的系统，但他不确定自己应该测量什么，当他试图测量和加强学生们打扫房间的时间时，他发现尽管在这里忙忙碌碌，但房间仍然很乱。因为主要的问题是衣服、玩具和散落在地板、床和其他家具上的垃圾，他决定计算一下这些用品的数量，作为衡量标准。每天晚上在熄灯前，他都站在每间卧室的门口，每间卧室都有一张剪贴板，里面有一张纸，上面有每个住户的名字和一周七天的记录。他迅速计算了分散在不适当位置的物体的数量，并在数据表的空白处输入了总数。

观察记录系统

学习结果 4.4　确定五个观测记录系统，以及何时使用每个系统

永久性成果记录方法记录的是行为的结果，而观察记录系统被用于记录正在发生的行为样本。数据收集者可以从几个基本的观测记录系统中进行选择。有兴趣记录行为发生次数的教师可以选择事件记录。那些想要找到行为发生的指定时间段的比例的人可以选择间隔记录或时间采样。持续时间记录法允许教师对学生进行某些行为的时间进行测量。潜伏期记录测量学生开始做某事所需的时间长度。图表 4.3 显示了观察性记录过程与行为刺激-反应序列的组成部分之间的关系。

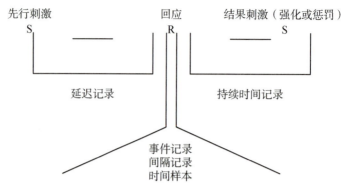

图表 4.3 与基本行为范式相关的观测数据收集系统

事件记录

事件记录是一种常用的观察记录程序，因为它最直接和准确地反映了行为发生的次数。当使用事件记录时，观察者在每次学生参与目标行为时都会做一个记号。对这些符号进行计数可以准确地记录行为发生的频率。目标行为的计数是在指定的观察期间进行的。例如，在阅读期间或午餐期间。记录在给定时间段内发生的行为频率。如果观察周期的长度是恒定的，观察者可以简单地报告行为发生的次数、频率或速率、每分钟或每小时发生的次数。如果观察周期的长度不同，也可以报告速率。另一种策略是任意地标准化观测周期的长度。例如，每天只采集观察周期前 20 分钟的数据。

事件记录提供了行为发生次数的精确计数。

当目标是增加或减少学生参与某种行为的次数时，事件记录可用于记录适当社会行为的增加，例如学生与同学分享玩具的次数。它可用于记录学业表现的增加（计算正确定义的科学词汇单词的数量）或减少不适当的行为（计算学生在体育课上辱骂的次数）。由于教师试图记录行为发生的确切次数，因此事件记录必须与不连续的行为一起使用。不连续的行为有明显的或一致的开始和结束。观察者可以进行准确的频率计数，因为可以清楚地判断一个事件何时结束而另一个事件何时开始。

事件记录已被用于在一系列内容领域中计数和记录行为，包括学业领域：阅读、阅读流畅性、视觉词汇流畅性、写作、拼写、词汇技能、乘法和除法；沟通：请求、图片命名、语言、手势、按压微动开关，以及使用语音生成设备与同伴交流；自助技能：吃不喜欢的食物和行走；社交技能：倾听、社交凝视、社交启动、富有同理心的回应、与同伴轮流、赞美他人和换位思考；休闲技能：使用微动开关播放歌曲和视频。事件记录也被用来计算不当行为的实例,例如乱喊乱叫、扔、抓、拉扯头发、打、踢、摔倒、自残行为、反刍和流口水(Argott, Townsend & Poulson, 2017; Barber et al., 2018; Bishop et al., 2020; Bloomfield, Fischer, Clark & Dove, 2019; Cannon, Easterbrooks & Fredrick, 2010; Cazzell et al., 2017; Cihon et al., 2017; Courtemanche, Piersma & Valdovinos, 2019; Curtis et al., 2020; Datchuk, Kubina & Mason, 2015; Erickson, Derby, McLaughlin & Fuehrer, 2015; Floress, Zoder-Martell & Schaub, 2017; García-Zambrano, Rehfeldt, Hertel & Boehmert, 2019; Glover, McLaughlin, Derby & Gower, 2010; Holyfield, 2019; Kostewicz, Kubina & Brennan, 2020; Lancioni et al., 2010, 2011, 2014, 2015; Lopez & Wiskow, 2020; Musti-Rao, Lo & Plati, 2015; Popovic, Starr & Koegel, 2020; Schrauben & Dean, 2019; Therrien & Light, 2018; Thiemann-Bourque, Feldmiller, Hoffman & Johner, 2018; Valentino, LeBlanc, Veazey, Weaver & Raetz, 2019; Ward & Shukla Mehta, 2019; Wilder & Neve, 2018)。

事件记录只能用于不连续的行为。

事件记录也可以用于教学任务分析。任务分析是一个单独的步骤,链接在一起时形成一个复杂的行为,比如解决加法问题或洗手。在教学过程中,教师记录学生在任务分析中所列步骤的表现。使用事件记录是适当的,因为步骤是一系列不连续的行为,每个步骤都有一个清晰的或非常明确的开始和结束。第十章详细讨论了从任务分析中使用和收集数据。

行为的一些标签可以用来描述一些不同的反应,每一种反应都可能发生也可能不会发生。许多教师试图改变的行为例子有:集中任务的行为或不集中任务的行为,适当或不适当的语言表达,座位内或座位外的行为,或干扰邻座的行为。为了准确地记录事件,必须有一个标准的定义,包括一致同意的开始和结束。换句话说,这种行为可以通过操作上定义而离散化(参见第三章)。

然而,并不是所有的行为都可以通过事件记录得到充分的测量。这种数据收集程序不适用于下列情况:

1. 行为发生频率较高,使记录的数字可能不能反映准确的计数。某些行为,如跑步时所走的步数,一些刻板的行为(如有严重残疾的学生拍手或摇晃),以及眨眼的频率可能很高,以至于无法精确地数出来。

2. 长时间内发生的某种行为,例如吸吮手指或专注于任务。如果记录了离座行为,那么表明学生在早上只有一次离开座位的记录会给出一个不准确的指示。

事件记录除了准确性之外的一个优点是数据收集本身相对容易。老师不需要打断课堂来获取数据。教师可以简单地在索引卡上做一个记号,或者在剪贴板上贴一张纸,在他或她的手腕上的一条胶带上做斜线标记,或者把回形针从一个口袋转到另一个口袋。这些信息可以被统计并传送到与图表 4.4 中所示类似的数据表中。

事件记录的数据表

学生: <u>帕特里夏</u>
观察者: <u>科恩老师</u>

行为: <u>不合适的喊叫行为(没有举手)</u>
_____
_____

时间 (开始;结束)	符号	总的出现率
5/1/14　10:00　10:20	⊬H ⊬H //	12
5/2/14　10:00　10:20	⊬H ////	9

图表 4.4　事件记录的基本数据表

事件记录常用于许多学业行为。图表 4.5 是一个用于记录在口头阅读练习中所犯错误的数据表。当出现特定的错误时,教师只需在适当的行中放置一个标记。列标题可以记录星期的日期、正在阅读的学生、日期、出错的文本的页码,等等。

学生: <u>杰里米</u>
观察者: <u>加伍德老师</u>

行为: <u>口头阅读中的错误</u>
_____
_____
_____

	卡罗尔	5/1/14	练习#2	阅读的页码
替换				
错误的发音				
插入				
重复				

图表 4.5　事件记录的数据表

使用图表4.6中的数据表,教师可以记录正确的视觉词的口头阅读。为学生选择的视觉词列在左栏中。后面的列表明学生对这个词的阅读是正确的还是错误的。列的底部记录正确的数量(或百分比)(例如在4月12日,迪帕正确地阅读了5个单词,尽管与4月10日不同)。当老师每次要求读一个单词时,老师会记录下她的回答正确或不正确,在教学过程中,正确识别单词数量的数据会记录下来。这称为逐项试验数据收集。在教学环节结束时,可以给迪帕一个机会,让他再次阅读每一个单词,并只记录那些反应。这是探测数据收集的一种形式。使用闪卡时,记录正确和错误答案的一种简单方法是直接在卡片背面标记出单词(或其他提示)。这些标记稍后转移到汇总数据表中。

学生: 融合的日期:

目标:给定以下在百货商店(如沃尔玛)发现的12个视觉词,迪帕将口头陈述
标准:连续4次测试的准确率达到100%

日期/试验

项目	4/10	4/12								评价
洗手间	+	+								
出口	+	−								
女孩	−	+								
家庭用品	−	−								
宠物	+	+								
日常用品	−	+								
结帐	−	−								
快递	−	+								
鞋子	+	−								
亚麻布	−	+								
录像带	+	−								
电子产品	−	−								
总正确率	5/12	5/12								

图表4.6 事件记录的数据表

对于更倾向于机械的人来说,可以使用计数设备。虽然这些方法使数据收集更容易、更准确,但它们需要一些费用,而且可能会损坏。在杂货店或高尔夫球杆上出售计数器或

许有用。设计用于安装在织针末端的针迹计数器的尺寸足够大,可以安装在笔上。

如今,有许多电子应用程序用于数据收集,如个人数据助理(pda;Tarbox, Wilke, Findel-Pyles, Bergstrom & Grandpeesheh, 2010)和平板电脑技术(Lavay, Sakai, Ortiz & Roth, 2015)。塔博克斯(Tarbox)等提供了电子数据收集的四个好处:自动电子存储数据、电子分析数据、实时数据收集,以及更容易记录大量行为(例如,使用计算机键盘,按下每个键来进行不同的行为)。

提供教学指导和数据收集可以增加教学程序的准确性(LeBlanc, Sump, Leaf & Cihon, 2020)。参见图表4.7中的数据表示例。

图表4.7 数据表

被试身份:_____ 日期:_____

说明:
1. 按每次试验的指示安排刺激
2. 出示样本(持有的样本是每次试验的目标)。
3. 圈出学习者首先指向的刺激——即使它是错误的。
4. 圈出获得正确响应所需的提示级别。
5. 前3次(灰色突出显示)是最少到最多的探测试验。
6. 其余的基本上都是教学试验。

提示计分:
I = 独立正确反应　G = 手势提示
PP = 部分肢体辅助　FP = 完全肢体辅助

		左	中	右	提示级别
探测试验	1	三角形	圆形	正方形	I G PP FP
	2	圆形	正方形	三角形	I G PP FP
	3	正方形	三角形	圆形	I G PP FP
教学试验	4	圆形	正方形	三角形	FP PP G I
	5	正方形	三角形	圆形	FP PP G I
	6	三角形	圆形	正方形	FP PP G I
	7	圆形	正方形	三角形	FP PP G I
	8	正方形	三角形	圆形	FP PP G I
	9	三角形	圆形	正方形	FP PP G I
	10	圆形	正方形	三角形	FP PP G I
	11	正方形	三角形	圆形	FP PP G I
	12	三角形	圆形	正方形	FP PP G I

逐项试验记录 事件记录技术的一种变体是在离散试验教学中使用逐项试验记录（Ferguson et al., 2020）。在这种方法中，教师组织或控制学生执行行为的机会数量。大多数情况下，这种方法包括在每次教学环节中提供预先确定的机会或试验。一次试验可以被视为一次离散事件，因为它有一个可识别的开始和结束。试验是不连续的事件，因为有可识别的开始和结束。试验由它的三个定义行为组成部分：先行刺激、反应和随之而来的刺激（S-R-S），先行刺激（通常是带有图片、物体或文字的口头提示）的传递标志着开始，而随之产生的刺激（强化、纠错）意味着试验的终止。例如，在给定的课程中，老师可能会决定给一个学生 10 次机会，根据要求指向指定的对象。每个试验都记录正确或不正确，逐项试验记录允许教师通过查看每个课程的正确答案数量来监控进度。这个数字通常转换为试验总次数中正确回答的一定数量的百分比。

图表 4.8 和 4.9 显示了用于收集离散试验或逐项试验记录数据的数据表的变化。图表 4.8（Saunders & Koplik, 1975）中的数据表从左到右排列了 15 个会话。在每个会话或列中，有代表最多 20 次试验的数字。教师使用以下简单的程序记录二分类资料（不论回应是否正确）：

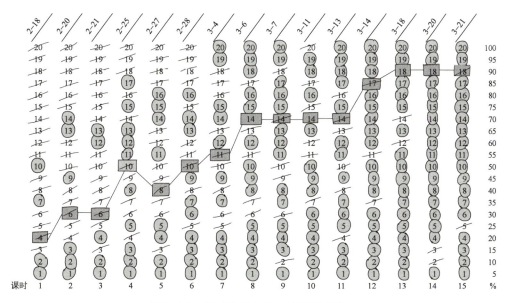

图表 4.8 用于逐项试验记录的数据收集表

目标行为/技能：完成 VS 未完成
标准：连续 3 次测试 90% 正确
材料：盐罐、辣椒、糖、番茄酱、芥末酱、纸巾
学生：卡门

注：改编自 R. Saunders 和 K. Koplik 1975 年出版的《教室里记录和绘图的多用途数据表》，AAESPH 评论，版权归重度残疾人协会所有。经许可转载。

图表 4.9　用于逐项试验记录的数据收集表

姓名：彼得	卡尔维克	塔尼娅
任务：实用性计数到 10	实用性计数到 10	实用性计数到 10
日期：		

10	10	10	10	10	10	10	10	10	10	10	10	10	10	10
9	9	9	9	9	9	9	9	9	9	9	9	9	9	9
8	8	8	8	8	8	8	8	8	8	8	8	8	8	8
7	7	7	7	7	7	7	7	7	7	7	7	7	7	7
6	6	6	6	6	6	6	6	6	6	6	6	6	6	6
5	5	5	5	5	5	5	5	5	5	5	5	5	5	5
4	4	4	4	4	4	4	4	4	4	4	4	4	4	4
3	3	3	3	3	3	3	3	3	3	3	3	3	3	3
2	2	2	2	2	2	2	2	2	2	2	2	2	2	2
1	1	1	1	1	1	1	1	1	1	1	1	1	1	1

评论：　　　　　　　　　　评论：　　　　　　　　　　评论：

姓名：丽塔	迪兰娜	雷
任务：实用性计数到 10	实用性计数到 10	实用性计数到 10
日期：		

10	10	10	10	10	10	10	10	10	10	10	10	10	10	10
9	9	9	9	9	9	9	9	9	9	9	9	9	9	9
8	8	8	8	8	8	8	8	8	8	8	8	8	8	8
7	7	7	7	7	7	7	7	7	7	7	7	7	7	7
6	6	6	6	6	6	6	6	6	6	6	6	6	6	6
5	5	5	5	5	5	5	5	5	5	5	5	5	5	5
4	4	4	4	4	4	4	4	4	4	4	4	4	4	4
3	3	3	3	3	3	3	3	3	3	3	3	3	3	3
2	2	2	2	2	2	2	2	2	2	2	2	2	2	2
1	1	1	1	1	1	1	1	1	1	1	1	1	1	1

评论：　　　　　　　　　　评论：　　　　　　　　　　评论：

每次试验之后：

1. 圈出对应于正确反应的试验编号。
2. 错误反应对应的试验号划斜杠。

每节课后：

1. 总计正确的试验次数（圈起来的）。
2. 将一个方框画在课时列中与正确试验次数相对应的数周围。

3. 在数据表上直接绘制图形，将这些部分连接起来，以生成一条学习曲线。

4. 最右边的一栏每次试验的正确次数（周围有方框的数字）转换成试验正确的百分比。如果 20 次试验中正确试验的数量是 8，看最后一列，我们看到正确的百分比是 40%。

适用于事件记录的行为维度。

图表 4.9 是对之前的数据表的修改，该数据表允许观察者将其用于同一任务的最多 6 个学生，或者用于同一学生的最多 6 个任务。

课堂教师可以通过逐项试验记录来提高课堂教学质量。例如，在讨论早期的冷战事件和柏林墙时，教师可能想要确保向小组的每个成员提出五个问题。一个非常简单的数据表，其中包含学生姓名和标记答案是否正确的空间，将为分析和评估提供有价值的信息。

事件记录（包括逐项试验记录）有助于观察行为频率，例如：

一小时内梅尔说话的次数。

查理在 20 分钟课间休息期间打另一位学生的次数。

梅丽莎在一次 15 分钟的世界地理问答中正确回答的问题数量。

萨姆小声回答问题的次数。

玛丽把垃圾扔到地板上的次数。

艾略特单脚蹦爬楼梯的台阶数。

间隔记录和时间采样

间隔记录和时间采样数据采集系统是记录实际发生次数的一种近似方法（Fiske & Delmolino, 2012）。老师不是计算每一个行为的发生，而是计算在观察期间行为发生的间隔时间。有了这些方法，就可以记录连续的行为（持续时间较长的行为）和可能与事件记录不相容的高频行为。

间隔记录和时间采样用于以下行为：任务外和任务内行为，参与教学和休闲活动，互动游戏，社交互动，离座行为，大声呼喊，吮吸拇指，发脾气以及攻击性行为，如拔头发、消极的言语表现，刻板行为以及自伤行为。（Anderson, Trinh, Caldarella, Hansen & Richardson, 2018; Aspiranti, Bebech, Ruffo & Skinner, 2019; Beaver, Reeve, Reeve & DeBar, 2017; Boden, Jolivette & Alberto, 2018; Gibbs, Tullis, Thomas & Elkins, 2018; Hundert, Rowe & Harrison, 2014; Ivy, Payne & Neef, 2019; Kranak, Alber-Morgan & Sawyer, 2017; Prykanowski, Martinez, Reichow, Conroy & Huang, 2018; Shieltz et al.,

2020; Vorndran, Pace, Luiselli, Flaherty & Kleinman, 2008)。

观察者计算间隔，而不是离散的行为。

在行为事件记录中，事件记录是最准确的，接下来是间隔记录，时间采样最不准确（Ledford, Ayres, Lane, & Lam, 2015; Rapp, Colby-Dirksen, Michalski, Carroll, & Lindenberg, 2008）。然而，每个系统都有其优点和缺点。

间隔记录 当使用间隔记录时，教师定义一个特定的时间段（通常在10分钟到1小时之间），在此期间将观察目标行为。然后将该观察期分成相等的间隔。这些间隔可以非常短，例如5或10秒，或者更长，例如1分钟或5分钟。间隔越短，数据越准确。教师绘制一系列表示时间间隔的框。在每个框或间隔中，教师只是在间隔期间的任何时间记录行为是发生（+）还是不发生（-）。因此，每个区间只有一个符号。图表4.10所示的5分钟观察期数据表分为10秒间隔。在观察期的第一分钟期间，目标行为发生在两个间隔内，即第二个和第三个。在总共5分钟的时间段内，目标行为发生在12个或40%的间隔期间。

间隔记录不提供精确的行为计数，但特别适合连续行为。

学生：达里乌斯　　　　　　　行为：专注行为（目光集中在纸上或在纸上写字）
日期：8.29
起始时间：9:10　　　　　　　背景：第四节数学课
观察者：赫弗留老师　　　　　结束时间：9:15

以秒为单位的间隔时长

	10″	20″	30″	40″	50″	60″
1′	−	+	+	−	−	−
2′	+	+	−	−	−	+
3′	+	−	−	+	+	+
4′	−	+	+	+	−	−
5′	−	−	−	−	−	−

（以分钟为单位的观察期时长）

行为发生的间隔数量（百分比）：12个或40%的间隔期间
行为发生的间隔数量（百分比）：18个或60%的间隔期间

图表4.10　间隔记录数据表

斯托林斯女士统计告状行为

在斯托林斯老师所在的三年级班里,有四名学生似乎把大部分时间都花在告诉她其他学生做错了什么上。斯托林斯女士对此感到担心有两个原因:一是学生们的学习效率不高,二是他们让她抓狂。当她向她的同事巴尔贝女士寻求建议时,巴尔贝女士建议,首先要做的是找出每个学生打小报告的频率。"否则,"她说,"你就无法确定你做什么来阻止他们是有效的。"斯托林斯决定,每当一个学生向她提起另一个学生的名字,并描述任何一个不适当的行为时,就数出一个打小报告的例子。因此,"约翰尼不工作,打扰我了"是一个例子,但"哈罗德和马诺洛在说话"是两个例子。然后她回到了巴尔贝身边。"他们每次这么做,我怎么能把它写下来呢?"她问道。"我总是在教室里走来走去,我不想带纸和笔。"巴尔贝女士笑了。"没问题,"她回答说。"我相信这就是为什么干豆有这么多大小和形状的原因。我只是为每个学生挑选不同的豆子,在我的右口袋里各放一把,当我观察到这种行为时,通过感觉转移到我的左口袋里。只要确保在把衣服放进洗衣机之前把它们拿出来就行了。

由于这些间隔数据的记录方式,因此只能从行为发生的记录中得出有限的结论。无论行为在间隔期间发生过一次还是五次,都会进行单一标记。因此,实际发生的次数不包括在记录中。如果在前面的例子中,记录辱骂,那么所有老师都可以说,在两个间隔期间中,学生都辱骂了。这种行为至少发生过两次,但可能还有更多。即使这名学生在第二段时间内辱骂了 11 次,也只能做出一种记号。记录离散行为(如辱骂或打击)的发生是已知的部分间隔记录(行为不消耗整个间隔)。

像在房间里走动或不工作这样的行为可以在一段时间内开始,并持续到下一段时间。这样的计时将显示为两个实例,因为在这种情况下它会在两个间隔中被记录,但是如果行为的持续时间在一个间隔内,那么行为的持续时间显示为只有一个实例。记录可能持续几个间隔的行为称为全间隔记录(行为消耗整个间隔)。

在间隔数据收集中遇到的另一个问题是由于要进行记录的每个间隔都很短,同时教授和收集间隔数据非常困难。教师必须注视一个或多个学生,观察秒表,并在几秒钟内注意目标行为的发生或不发生;通常需要第三方观察员。

必须低头查看数据表进行记录甚至可能导致观察者错过行为的发生,从而导致数据不准确。通过对观察期进行录像并使用 DVD 播放机上的时间来记录间隔，从而消除了查看手表以检查间隔的需要（Miltenberger, Rapp, & Long, 1999; MacDonald, Parry-Cruwys, Dupere, & Ahearn, 2014）。观察者还可以使用在每个间隔结束时指示时间流逝的应用程序，如 Motiv Aider，或者使用秒指示器和声音信号设置定时器，或者使用相关软件（WatchMinder 或 Invisible Clock）等，这些软件将以选定的间隔进行响铃或振动。简化任务的另一种方法是在日程安排中创造记录机会。例如，观察者可以以 10 秒的间隔交替观察，以间隔为 5 秒进行评分。

图表 4.11 是 15 分钟周期间隔记录表的示例，分为 10 秒间隔。查看发生和不发生的符号，数据收集者可以推断出某些信息：

10秒间隔

分钟	1	2	3	4	5	6
1	O	O	O	X	X	X
2	X	X	X	X	X	X
3	X	X	X	X	X	X
4	X	X	O	O	O	O
5	O	O	O	O	X	O
6	O	O	X	O	O	O
7	O	O	O	O	X	O
8	X	X	X	X	X	X
9	X	X	X	O	X	X
10	X	X	X	X	X	O
11	O	O	O	O	O	O
12	O	O	O	O	O	O
13	O	O	O	X	O	O
14	O	O	O	O	O	X
15	O	O	O	O	O	O

学生：马尔科姆
日期：2/24
观察者：莱利老师
起始时间：9:15
结束时间：9:30
行为：分心行为

10 s间隔内发生的记录

X = 发生
O = 不发生

数据总结

发生数量：38
百分比：42%
不发生数量：52
百分比：58%

图表 4.11 分心行为的间隔记录

1. 大致出现的行为次数。
2. 在观察期内行为的大致持续时间。
3. 整个观察期内的行为分布。

假设在本例中记录了写算术作业期间的分心行为,在 90 个间隔中有 38 个出现了这种行为。行为发生的连续间隔表明非任务行为发生在很长的持续时间(每个 3 分钟),但它似乎主要限于两个时期。在回顾这些数据时,教师应该分析这些情况,以找到一些是直接诱发因素的迹象。在本例中,分心行为可能是由于工作表上的两组书面说明导致的,使学生询问旁边同学该做什么。另外,如果出现的行为是分布在整个时间段内,显然缺乏一些模式,则教师可以考虑偏离任务的行为是否是由于更普遍的原因,例如由于房间内的移动和对话导致的注意力分散,对任务的厌倦或者由于缺乏之前的指导导致缺乏完成任务所必需的技能。

每个间隔进行一次时间采样观测。

时间采样 为了使用时间采样,数据收集器选择观察行为的时间段,并将该周期分成相等的间隔。此过程类似于间隔记录所采用的过程。为了记录这些数据,观察者绘制了一系列表示间隔的方框。观察者只需在每个框(间隔)中记录当学生在间隔结束时,行为是否正在发生(X)或没有正在发生(O)。因此每个间隔只有一种符号。请注意,时间采样过程与间隔记录的不同之处在于,仅在间隔结束时而不是整个间隔期间观察学生。

图表 4.12 显示的是一个数据表,其时间为 1 小时,上午 9:05 到 10:05 之间,每周 3 天。这一小时分为六个 10 分钟的间隔。周一,目标行为(未经允许在房间里走动)发生在四个间隔的末尾,第一、第二、第四和第五。周三,发生在三个间隔的结尾,第一和第五。周五,发生在四个间隔的结尾,第一、第四、第五和第六。教师可以总结每天或每周行为发生的间隔数或记录一周的每日平均数。由于时间采样允许长时间的观察,老师可以收集整个上午学生目标行为的数据。图表 4.13 中的数据表上午观察 3 小时,每小时分为 4 个 15 分钟的间隔。

记录时间采样数据的两种相当简单的方法是,设置一个计时器,让它在间隔结束时响起,观察计时器响起时的行为,或者使用一个在每个时间间隔结束时响铃或振动的应用程序(例如,Motiv Aider)。为了防止学生知道被观察,只在课间结束时才进行(或不执行)某些行为,课间可能有不同的长度。例如,一个 10 分钟的采样记录系统可能有 8、12、6、14、9 和 11 分钟的间隔。平均间隔时间为 10 分钟,但是学生们不知道他们什么时候会被观察到,因此需要隐藏计时器。

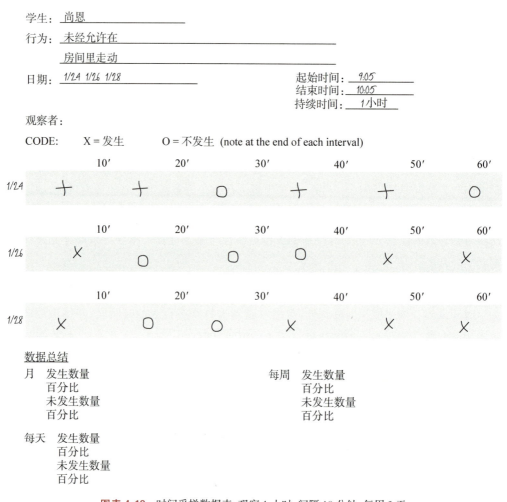

图表 4.12 时间采样数据表,观察 1 小时,间隔 10 分钟,每周 3 天

使用时间采样时,观察者可能会错过很多行为。

由于记录时间采样数据的方法,对记录的行为只能得出有限的结论。与间隔记录一样,该行为可能在 10 分钟观察间隔内发生了多次。时间抽样的一个特别严重的缺点是,当行为的单个实例发生在观察者查找记录事件之前或之后,导致记录无效。

当时间采样间隔按分钟而不是秒划分为分段时,这个过程允许在间隔时间之间有更长的时间段。因此,对同步教学和数据采集更加实用。实际上,间隔可以设置为 15、30、45 分钟或更长,可以观察一整天或一节课。然而,随着时间间隔的延长,记录的数据与实际发生的行为之间的相似性可能会减少(LeBlanc, Lund, Kooken, Lund, & Fisher, 2020)。时间采样主要用于记录频繁或长时间的行为,例如对任务的注意力、离位行为或吮指行为。

时间采样间隔越长,数据就越不准确。

尽管时间采样对于课堂使用是切实可行的,但随着行为改变计划的成功进展,其有用性可能会降低。例如,如果巴里的老师决定使用时间抽样来记录他的离座行为,她可能会发现,在基线期间,在学校前 90 分钟每 15 分钟记录一次的情况下,几乎所有的观察都显示巴里不在座位上。然而,当一个条件被应用——"巴里,你每坐满 15 分钟就会得到一个代币"——这个程序会变得不那么有用了。例如,如果老师坚持她的记录程序,只在时间间隔结束时记录离座行为,并且如果巴里在计时器响之前赶回座位被给予强化物。即使在这种假设下程序也成功了,数据可能反映出这种行为在真正消除之前就完全消失了。但是在间隔结束之外的时间里,巴里可能多次短暂离座,这些时刻恰好没有与时间间隔的结束相吻合。此时,因为这种行为发生得更少、持续时间也更短,事件记录或持续时间记录可能同样实用且更加准确。然而,贯穿基线期和干预期间使用相同的数据收集程序是很重要的。图 4.13 展示了一个使用时间抽样收集数据的格式。

学生:＿＿＿＿＿＿＿＿＿＿＿＿＿＿＿＿＿＿

行为:＿＿＿＿＿＿＿＿＿＿＿＿＿＿＿＿＿＿＿＿＿＿＿＿＿＿

＿＿＿＿＿＿＿＿＿＿＿＿＿＿＿＿＿＿＿＿＿＿＿＿＿＿＿＿＿

日期:＿＿＿＿＿＿＿＿＿＿＿＿＿＿＿＿＿＿＿ 起始时间:＿＿＿＿＿＿＿＿

　　　　　　　　　　　　　　　　　　　　结束时间:＿＿＿＿＿＿＿＿

　　　　　　　　　　　　　　　　　　　　持续时间:＿＿＿＿＿＿＿＿

缩略词:　　X = 发生　　　O = 不发生(在每次结束时记录)

	15	30	45	00
	15	30	45	00
	15	30	45	00

<u>数据总结</u>

发生数量:
百分比:
未发生数量:
百分比:

图表 4.13　时间采样数据表,观察时间为 3 小时,间隔为 15 分钟

使用间隔记录或时间采样收集的数据可用于通过报告行为发生的间隔的数量来测量行为频率。但是，这些数据不能转换为速率。当被记录的行为是在60秒内两次10秒间隔内发生的行为，我们不能说某一行为以每分钟2次的速度发生。间隔和时间采样数据通常是用行为发生的间隔的百分比来表示的。将原始数据转换成百分比的过程将在下一章中讨论。持续时间的测量可以用间隔记录来估算，但是这个过程并不适用于延迟的测量。

以下概括了有关区间记录和时间抽样的一些要点和差异：

1. 间隔记录和时间采样都提供了行为发生的频率的近似值。两者都不如事件记录精确，事件记录提供了事件发生的精确计数。

2. 当使用间隔记录时，在间隔期间的任意时间可以记录行为的发生。当使用时间抽样时，只在间隔结束时记录行为的发生。

3. 因为时间采样只需要在时间间隔结束时观察学生，所以在教学时更容易管理。

4. 对于间隔记录和时间采样，观察者报告一个行为发生（或不发生）的时间间隔的数量或百分比，而不是它发生的次数。这些信息不能从使用这些方法收集的数据中恢复。

数据收集表的变化　　在到目前为止呈现的间隔记录和时间采样数据收集表中，教师记录单个学生的行为的发生或者没有发生的行为。然而，这些基本数据收集格式都可以轻松调整以满足各种教学情况。最常见的适应性变化是：(1)数据表更能描述目标行为，其操作定义可能包括几种类型（例如，刻板行为定义为拍手、身体摇动和手指抖动）；(2)一份数据表，以容纳一次对多个行为进行数据采集（例如，离开座位并交谈）；(3)一份数据表，每次容纳一个以上的学生。

适合于间隔和时间采样记录的行为维度。

西蒙斯观察铅笔敲击

西蒙斯女士是一名小学教师，为有学习障碍的学生提供咨询服务。她的一个学生，阿莫尔德(Amold)，在他学习的时候用铅笔敲桌子。他能够完成大量学业任务，但每当他没有任务时，他都会敲笔。这种行为让他的普通教育教师很不满。西蒙斯女士曾尝试数过铅笔的敲击次数，但发现阿莫尔德敲击得太快，铅笔都模糊了。

尚恩是教室里的一名助教，西蒙斯女士要求他收集关于阿莫尔德敲击行为的数据。她仔细定义了敲击行为,并给了尚恩一张记录表和一个计时器,这些都夹在剪贴板上,然后告诉他如果阿莫尔德在10秒的时间间隔内进行敲击,就在表格里标记一个"＋",如果没有敲击就标记一个"－"。她让尚恩开始观察,自己则去教一个小组。很快,她就听到剪贴板落地的声音,以及一种在教室里完全不可接受的烦恼表达。

"对不起,西蒙斯女士,"尚恩说,"但是我怎么可能同时看着阿莫尔德、手表和记录表呢?"

意识到这项任务让人不知所措,西蒙斯女士决定给尚恩一些帮助。她让他在手机上下载 MotivAider 应用,并设置它每10秒震动一次。现在,他能够观察阿莫尔德,当 MotivAider 震动时,他就看一眼数据表,记录一个加号或减号。

第二天,尚恩对西蒙斯女士说:"这个数据收集有了正确的工具就没那么糟糕了!"

通过使用编码数据可以满足这些数据收集需求中的任何一个。简单收集的用于记录行为的发生或不发生的数据被称为二分数据。老师正在记录这种行为是发生了还是没有发生。为了更全面地描述一个行为的各种特征或记录多个行为,每个行为或变化都分配了一个字母代码,以便在数据收集期间使用。如果观察者想要为多个学生记录数据,那么每个学生将被分配一个字母代码,在数据表中使用。

编码数据表至少有三种基本格式:图例编码数据表,准备好的编码数据表和跟踪编码数据表。每一种格式都可用于间隔记录或时间采样。

带有简单图例的编码数据表 编码的数据收集表有一个图例,如路线图上列出所观察到的行为和标记代码。图表4.14顶部的示例显示了观察期间的几行数据,在此期间,间隔记录用于记录"干扰邻座"行为的发生。图例包括打(H)、说(T)、掐(P)的编码。在本例中,在观察的第一分钟赫克尔(Hector)在第一个间隔期间打邻座,在第三和第四个间隔期间说话了,在第五个间隔期间打邻座。

如果老师想收集多个学生执行相同行为的数据,可以用同样的形式为每个学生提供一个代码。例如,在图表4.14的底部,教师制作了一个间隔记录数据表,在该数据表上,记录简(Jan)(J)、露丝(Ruth)(R)和维娜(Veena)(V)在换课期间发生的对话。在这个例子中,在观察的第一分钟,简和露丝在第一个间隔期间说话,露丝在第二和第四个间隔期间说话。到第二分钟的第二个间隔期间,维娜才被记录说话。

学生： 赫克托　　　　　　　　　　起始时间： 9:10
日期： 9-18　　　　　　　　　　　结束时间： 9:15
观察者： 休斯老师

	行为编码		
	打(H)	说(T)	拍(P)

分钟	10″	20″	30″	40″	50″	60″
1	H	—	T	T	T/H	—
2	—	P	P	—	—	—
3	—	—	—	T	T	—
4	H	—	—	—	—	—
5	—	H	—	T/H	T/H	—

学生： 简、露丝、维娜　　　　　　行为： 课间讲话
日期： 9-14　　　　　　　　　　　起始时间： 11:05
观察者： 纳尔逊老师　　　　　　　结束时间： 11:10

	学生编码		
	J = 简	R = 露丝	V = 维娜

分钟	10″	20″	30″	40″	50″	60″
1	JR	R	—	R	—	—
2	—	RV	—	RV	—	R
3	JR	—	RV	RV	—	—
4	—	—	—	—	—	—
5	—	—	—	RV	R	—

图表 4.14 用于间隔记录观察的图例编码数据表

准备好的编码数据表　另一种编码类型，如图表 4.15 所示，对数据表的每个单元格（表示一个间隔）中预先输入的多个行为或多个学生使用字母代码（Alberto, Sbarpion & Goldstein, 1979）。使用这种预先准备好的格式，观察者只需在适当的字母中插入一个斜线，表示发生的行为或参与该行为的学生。图表 4.15 顶部的示例显示了一个 3 小时观察

学生： 西尔维娅　　　　　　　　　　　行为： 社交互动　　　　　　
日期： 11-6　　　　　　　　　　　　起始时间： 8:15　　　　　　
观察者： 范宁老师　　　　　　　　　　结束时间： 11:15　　　　　

	10′		20′		30′		40′		50′		60′	
1	I S V	R A P	I S V	R A P	I S V̸	R̸ A P	I S V	R A P	I S V	R A P	I S V̸	R̸ A P
2	I S V̸	R̸ A P	I S V	R̸ A P	I S V̸	R̸ A P	I S V̸	R A P̸	I S V	R̸ A P	I S V	R A P
3	I S V	R A P	I S V̸	R̸ A P	I S V̸	R̸ A P	I S V	R A P̸	I S V	R A P̸	I S V	R̸ A P̸
4	I S V	R A P	I S V	R A P	I S V	R A P	I S V	R A P	I S V	R A P	I S V	R A P
5	I S V	R A P	I S V	R A P	I S V	R A P	I S V	R A P	I S V	R A P	I S V	R A P

（左侧纵轴：Hour）

I＝学生启动了互动　　　　S＝与另一个学生的互动　　　　V＝互动是口头的
R＝学生回应了其他人的启动　　A＝与成人的互动　　　　　　P＝互动是身体的

学生： 阿塔尔、卡门、凯尔、安妮　　　行为： 积极参与任务　　　　
日期： 3-21　　　　　　　　　　　　起始时间： 9:00　　　　　　
观察者： 克莱因老师　　　　　　　　　结束时间： 12:00　　　　　

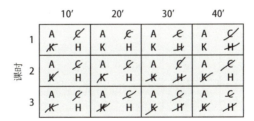

A＝Atal　　K＝Kyle　　C＝Carmen　　H＝Hanne

图表4.15　为时间采样观测准备编码数据表

期间的数据行，在此期间，教师使用时间采样来记录西尔维娅(Sylvia)的社交互动。社交互动的操作定义包括六个潜在元素，每个元素都有一个代码：I—学生发起互动，R—学生回应了其他人的启动，S—与另一个学生的互动，A—与成人的互动，V—互动是口头的，P—互动是身体的。在这个例子中，在第一个小时，西尔维娅第一次记录的社交互动是在第三个间隔结束时对成人的口头反应。

如果观察者希望在几个学生之间记录单个行为的发生，那么每个学生的代码都放在一个单元格中。在图表4.15的底部，有一个经过调整的时间抽样数据表，上面记录了四

个学生在三个上午的课时内"积极参与他们的任务"。在本例中，在第一节课时，卡门和凯尔在第一个时间间隔结束时积极参与，卡门在第二个时间间隔结束时积极参与，卡门和安妮在第三个和第四个时间间隔结束时积极参与。

这些数据收集程序非常灵活，它们可以用来同时记录几个学生的数据。

使用跟踪编码数据表 为多个行为或多个学生编写代码的第三种格式是使用跟踪格式(Bijou et al.，1968)。图表 4.16 的顶部显示了正在记录的任务行为，但是老师也想知道任何非任务行为的一般性质。因此，除了提供空间来记录任务内行为的发生或不发生之外，还提供了跟踪任务外行为的一般性质。教师只需在适当的单元格中标记，以指示发生了哪些行为。这个时间样本数据表表明，在第一个和第二个 5 分钟间隔的末尾，罗斯(Rose)参与了一项运动性偏离任务行为；在第三、四、五次间隔结束时，她正在执行任务；在第六节课结束时，她进行了口头和运动的偏离任务；在最后两个间隔结束时，她被动地放弃了任务。另外，如果教师同时记录两三个学生的数据，可以通过为每个学生的数据提供一行来调整数据表。

这些数据收集程序非常灵活，它们可用于同时记录几个学生的数据。

学生：罗斯　　　　　　　　　　日期：2-6
观察者：帕斯特老师　　　　　　起始时间：10:40
行为：专注行为

	5′	10′	15′	20′	25′	30′	35′	40′
在任务中			×	×	×			
口头非任务						×		
运动性	×	×				×		
被动性							×	×

图表 4.16 跟踪编码数据表以进行时间采样

以小组形式收集数据 调整间隔记录或时间采样以与组一起使用的一种方法是循环轮换格式(Cooper, 1981; Lloyd, Bateman, Landrum & Hallahan, 1989)。使用这种格式，观察者通过观察和记录每个时间段内单个组成员的行为来获得对组行为的估计。例如，当教授一门语言课时，老师可能会选择监控学生的行为。如图表 4.17 所示，语言时间被分成相等的 15 秒间隔，一组四个学生，每个间隔都分配有每个小组成员的姓名。

图表 4.17　间隔记录的循环格式			
第一次 15 秒间隔	第二次 15 秒间隔	第三次 15 秒间隔	第四次 15 秒间隔
凯特	迈克尔	哈利	朱迪
1			
2			
3			
4			

在这个例子中，观察凯特在每分钟的第一个 15 秒的时间内出现或不出现专注行为的情况，迈克尔在每分钟的第二个间隔期间观察和记录迈克尔的专注行为出现情况，哈利在第三个时间段内，而朱迪在第四个时间段内。因为每个学生在每分钟只有一个间隔时间内被观察到，在轮流的基础上，得到的数据提供了整个小组的出现专注行为的表现，但不能准确地表示任何一个小组成员的专注行为，必须使用另一种数据收集方法来聚焦个别学生。在收集整个班级的数据时也可以使用循环轮换格式。为了测量任务行为，Sutherland，Wehby & Copeland(2000)轮流观察了四排学习的学生。使用时间抽样，教师在每个间隔结束时注意到所选排中的所有学生是否都面向适当的任务或人，因此按照操作定义处于任务状态。使用随机顺序，教师在观察期间多次观察每一排学生。

持续时间和延迟时间记录法

事件记录、间隔记录和时间采样收集技术主要关注行为发生的精确或近似计数。与这些系统不同的是，持续时间和延迟记录关注的是时间而不是行为的数值维度。

持续时间和延迟记录更关注时间。

持续时间记录

可测量发脾气的平均持续时间、花在任务上的时间或娱乐性阅读的时间。

持续时间记录是指学生从事某一特定行为的时间长度。例如，如果老师想了解学生的离座行为，事件记录或持续时间记录都是合适的。事件记录将提供一个学生离开座位的次数的信息。然而，如果老师关心的是她离开座位多久，最合适的数据收集方法就是持续时间记录。在本例中,事件记录将掩盖目标行为的时间性质。尽管事件数据可能表明学生离开座位的次数大幅减少,但这并不能说明离开座位的时间实际上可能增加了。

持续时间记录适用于具有容易识别的开始和结束的行为。清楚地定义行为的开始和完成是很重要的。通过清晰的操作性定义,研究人员测量了工作行为和学业参与的持续时间,包括写作、描摹和抄写;独立的座位工作和坐在座位上的行为;眼睛注视学业资料;与同伴交流和眼神交流;职业技能,如摆盘子、摆桌子;不适当的行为,如坐立不安和长时间上厕所;破坏性行为,如抱怨和尖叫;(Athens, Vollmer & St. Peter Pipkin, 2007; Chung, 2019; Dowdy & Jacobs, 2019; Fonger & Malott, 2019; Gibbs, Tullis, Thomas & Elkins, 2018; Grossi & Heward, 1998; Guertin, Vause, Jaksic, Frijters & Feldman, 2019; Keeling, Myles, Gagnon & Simpson, 2003; Krombach & Miltenberger, 2020; Lai, Chiang, Shih & Shih, 2018; Luiselli & Sobezenski, 2017; Mitchell, Lewis & Stormont, 2020; Savage, Taber-Doughty, Brodhead & Bouck, 2018; Thompson, Plavnick & Skibbe, 2019)。

观察者可以用手表或挂钟的秒针来计时,但是秒表可以让这个过程简单得多。对于某些行为,如癫痫或发脾气,观察者可以使用音频或录像机。这一事件的持续时间可稍后使用由此产生的永久产品和秒表或视频播放器上的自动定时器来确定。

持续时间可以用来记录谈话、阅读或玩玩具的时间。

记录持续时间数据有两种基本方法:平均持续时间和总持续时间。当学生常规地或有规律地执行目标行为时,使用平均持续时间方法。在给定的一天,教师测量每次发生时消耗的时间长度(其持续时间),然后找出该日的平均持续时间。如果行为以规则但间隔较宽的间隔发生(例如,每天只发生一次或每个班级一次),则在一周内取平均值得到数据。在洗手间的时间可以通过持续时间数据测量。也许老师觉得,每次约翰去洗手间,他都会停留一段不适宜的时间。为了收集有关这种行为的数据,她决定测量每次所需的时间。周一,约翰去洗手间三次。第一次花了他7分钟,第二次11分钟,第三次9分钟。如果老师在这周剩余的时间里继续以这种方式收集数据,老师就能计算出约翰一周的平均使用洗手间的时间。总持续时间记录测量一个学生在限定的时间内从事某项行为的时间。这种活动可能是连续的,也可能不是连续的。例如,适当的目标行为可以观察15分钟。观察者将记录学生在这段时间里进行适当玩耍的时间。从上午10:00—10:04(4分钟),从10:07—10:08开始(1分钟),10:10—10:15(5分钟)孩子可能一直在适当地玩耍。尽管这样的行为记录是非连续的,在15分钟的观察期间,这些表示将产生10分钟的适当行为的总持续时间。

延迟记录

延迟记录测量学生在请求表现后开始执行行为所需的时间。该程序测量先行刺激的呈现和行为的开始之间的时间长度。例如，如果一个老师说，"迈克尔，坐下"（前刺激），迈克尔做了，但是他做的很慢，以至于在他坐下之前5分钟过去了，老师会担心学生反应的潜伏期。延迟记录已经被用来测量从一个先行的老师的指导到学生开始从事任务行为，遵守指示，回答数学问题，完成七巧板拼图，并要求"全部完成"之间的时间。它也被用来测量挑战性行为开始的潜伏期，如发脾气、大喊大叫、哭泣、扔东西、扯头发、咬人、偷食物、自残行为、公共场合脱衣、擅自离开和刻板的动作（Dowdy & Tincani, 2020; Falligant, Carver, Zarcone & Schmidt, 2020; Hansen et al., 2019; Hine, Ardoin & Foster, 2015; Kodak, Bergmann, LeBlanc, Harman & Ayazi, 2018; Lambert et al., 2019; LeJeune, Lambert, Lemons, Mottern & Wisniewski, 2019; Porter & Sy, 2020; Tiger, Wierzba, Fisher & Benitez, 2017; Traub & Vollmer, 2019）。

如图表4.18所示，持续时间或延迟数据的基本收集表应提供有关定义过程的时间边界的信息，持续时间记录数据收集表应记录学生开始响应的时间和响应完成的时间。延

延迟记录数据表	持续记录数据表
学生：伊迪丝　观察者：霍尔老师	学生：萨姆　观察者：詹姆斯老师
行为：坐下所需的时间	行为：在厕所的时间
操作化的行为开始：_____	行为开始：_____ 行为结束：_____
日期　时间（Delivery of S^D　响应启动）　延迟	日期　时间（响应启动　响应终止）　持续

图表4.18 延迟和持续时间记录数据表的基本格式

迟记录数据收集表应该记录学生获得开始响应的提示的时间（先前的刺激）以及他或她实际开始响应的时间。

持续时间和潜伏记录与持续时间和延迟行为维度密切匹配。考虑具体表现、轨迹和力度也可以在这里应用。例如，老师可能想测量

- 卡尔文在体操中能完美保持一个动作的时长
- 罗莎和其他一些学生各自交谈的时长
- 艾伦在接收到一个非言语信号要求她降低声音后，实际上她多久才这样做
- 大卫保持足够的压力来激活微型开关的时长

这一切怎么能实现呢？

考虑到课堂上发生的一切，使本章中的任务看起来很艰巨。事实上，在34名新生英语课程中，他们可能会选择一堆"不实际"的建议，其中包括6名不同残疾的"融合学生"，或14名有行为障碍和多动症的学生，或者6名患有严重智力障碍或自闭症的学生。在把本章抛到一边之前，请记住，我们在第一段中承认，其中的一些内容在日常生活中可能并不实用。但是，了解这些内容后，您将能够设计出一个合适的基于数据的问责系统，使你能够更权威地阅读教育研究，并更好地准备在课堂上应用它。数据收集应该是一种能够为课堂管理提供教学逻辑的工具。数据收集为选择适当的目标、安排教学分组和满足问责制的要求提供了基础。那么，这一切怎么能实现呢？这里有一些关于需要收集多少数据，应该由谁来收集，以及技术可以提供什么帮助的建议。

需要收集的数据有多少，有一个问题要问：在一个教学过程中，我应该收集多少数据？您可以收集逐次试验的数据（记录所有行为的发生）或收集探测数据（只记录发生的一个示例），在指令记录期间逐项试验数据收集记录期间的每个响应是正确的还是错误的。教师可以用两种方式收集探查数据（一些，但不是全部）。它可以在教学之前或之后收集。如果教师即将进行20分钟的6的乘法教学，她可以在开始上课前测量或抽样调查学生知识的储备（测量学生自上一课以来所保持的内容），或者她可以在课后进行探测（通过要求学生将数字样本乘以6来衡量学生刚学到的东西）。探针（probe）这个词也用来表示在未经训练的环境（在杂货店为一个群体购物时乘以6）中记录目标行为的正确或错误使用，或者在未经过训练的响应变化（在应用题）中记录目标行为。

在行为改变计划中，逐项试验的数据收集意味着在整个应急措施实施期间进行连续数据记录——例如，在整个体育课程中记录言语攻击的实例或间隔，或在整个通识教育科

学课程中记录专注的间隔。有几种方法可以将探测数据与行为改变程序一起使用：一是偶发事件可能整天都在发生，但学生的行为只是通过收集特定时间段内的数据来进行抽样——每节课的前10分钟，学生有机会与某人进行口头问候的前5次情况；二是学生的行为可能在最初未教授相关知识的时间段内被探查或取样；三是学生的行为可以在最初未进行应急教学的环境中进行调查或取样。

另一个问题是：我应该在一周内多久收集一次数据？法洛和斯内尔(Farlow & Snell, 1994)建议，在实施一项新的行为计划或教授一项新技能时，应每天或每节课收集数据，直到学生在6个数据点或2周内表现出稳定的进步。到那时，每周收集两次数据，就可以对正在进行的进展作出准确可靠的判断。当怀疑有学习问题时，应每天记录数据，同时进行程序调整。一旦在大约2周内看到进展，那么每周收集两次数据就足够了。梅拉德、麦克奈特和伍兹(Mellard, McKnight, & Woods, 2009)指出，基于课程的测量最常见的频率是每周一次。费尔德曼、奥斯汀和托斯特(Filderman, Austin, & Toste, 2019)建议每周收集1—3次数据，但在中学阶段较少。当使用离散试验教学时，教师每天收集数据，甚至在每次试验呈现后也收集数据(Giunta-Fede, Reeve, DeBar, Vladescu, & Reeve, 2016)。

教师不是唯一能够或应该收集数据的人。可以找人帮忙收集数据。按个数计数并不是高级技能。然而，适当的培训和实践对于可靠的数据收集是必不可少的。

在共同授课的课堂上，特殊的和普通的教育者可以在数据收集上进行协作，以监控课堂上所有学生的进度，在课堂上，在社区环境中，教师和辅助教育者都可以收集数据。语言病理学家可以收集关于沟通目标的数据，物理或职业治疗师可以收集学生学习自我导尿和爬楼梯的数据。在特殊的和普通的教育课程中，特别是包括残疾学生在内的课程中，可以培训同龄人成为二人组或小组中的数据收集者(Marchand-Martella, Martella Betns, &Blakely, 2004；Simmons, Fuchs, Fuchs, Hodges, & Mathes, 1994)。学生应该尽可能的记录自己的数据。通过记录自己的行为来自我评估的能力是独立的一个组成部分。这在第十二章中有详细的讨论。

数据采集技术

提供低端技术和高端技术援助，以促进数据收集。我们已经描述了各种各样的低技术，包括用于事件记录的回形针和高尔夫计数器、用于持续记录的厨房计时器和秒表、带有预先录制的铃声的应用程序，以及在特定的时间间隔内振动的手表。只要有可能，我们建议用录像设备制作永久性产品。稍后在观看录像时记录高频或破坏性行为的数据总是更容易、更准确,而不是同时管理这些行为。

高科技计算机系统大大提高了数据采集的简易性和准确性。卡恩和岩田(Kahng & Iwata, 1998)描述并回顾15个主要使用笔记本电脑的计算机数据收集系统的关键特性。他们认为,与纸笔法相比,这些系统可以提高行为记录的可靠性和准确性。所审查的大多数系统都使用"IBM"兼容的软件;五个使用"MacOS",这些系统具有一系列功能,从可以收集频率,间隔,时间采样,持续时间和延迟数据的系统(例如,行为评估策略和分类、行为观察系统或直接观察数据系统)到具有有限范围的系统,例如可以收集间隔数据的"生态行为评估系统"软件,可收集频率和持续时间数据的社会互动实验研究连续观察程序。大多数系统包括数据分析程序,约三分之一包括计算观察者间一致性的程序。此外,斯利珀(Sleeper等,2017)表明电子数据收集应用程序增加了机构工作人员为自闭症患者更新图表的数量。

收集观测数据的一种选择是使用智能手机或平板电脑(Whiting & Dixon, 2012)。这些提供了数据记录和数据分析的可便携性、简便性和多功能性。可以将数据导出并转换为电子表格、图形或表格。应用实例包括:"Intervalminder",它收集固定或可变的间隔记录,也可以用于计时;学校课堂观察和分析(SCOA)是一个收集事件和持续时间数据的程序;"Catalyst",这是一个广泛的软件包,支持"dicho"的收集,"dicho"是大量和及时的编码数据、事件数据、速率和持续时间数据(参见 LeBlanc 等,2020);以及提供数据收集、教学管理和绘图的"Central Reach"。

可用作"共享软件"的软件程序的一个例子是"Count It"(Molgaard, 2001)。在线手册提供了有关记录个别行为和自定义数据记录功能的解释。图表 4.19 提供了使用"Count It"进行事件记录的说明,这些记录是为在当地学校系统中的普通和特殊教育课程中使用

图表 4.19 用"Behavior Tracker Pro"软件来收集数据

而开发的(Cihak & Alaimo, 2003)。Mooses(Tapp、Wehby & Ellis, 1995)是一个为在 Microsoft Windows 上能运行而设计的软件系统。用于手持的设备被称为 Minimoose。在观察学生时,该系统可用于收集和分析事件数据、间隔数据、持续时间数据和延迟时间数据。在目前的一个项目中,教育工作者正在使用惠普"iPAQIl"和"Minimoose"这两款廉价的手持硬件来收集高中生在课堂上的任

务外、干扰行为和不恰当语言的部分间隔数据。该系统还可以实现对使用数据收集器的观察者间的一致性进行判定。

对于一款基于移动设备的数据收集程序，可以在应用程序商店购买到"Behavior Tracker Pro"。它设计用于 iPhone、iPod Touch 和 iPad ®。该产品可以收集试验数据以及频率、持续时间和延迟数据。它允许教师、家长、辅助专业人员和行为治疗师记录和绘制行为图表。它可以与使用苹果手机的其他人共享图表。它的视频捕获能力可以记录正在发生的行为或演示程序的实施情况。与所有技术一样，我们可以期待不断涌现的产品，在易用性、便携性和收集各种形式数据的能力方面不断进步。

数据收集系统总结

数据收集器可用的五个观测系统是事件记录、间隔记录、时间采样、持续记录和延迟记录。图表 4.20 总结了选择适合特定目标行为的系统所涉及的决策过程。这个过程基于数据收集者将要回答的一系列问题：

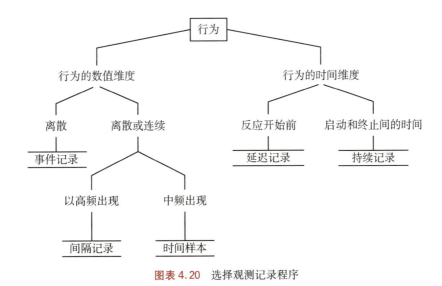

图表 4.20　选择观测记录程序

如何选择记录系统？

1. 目标行为是数值性的还是时间性的？
2. 如果是数值：

（1）行为是离散的还是连续的？

（2）该行为预期发生的频率是高、中还是低？

（3）是否能够在干预或指导过程中收集数据，还是需要第三方收集数据以避免中断指令？

3. 如果是时间性的，是否要测量响应开始之前的时间或响应执行期间所经过的时间？

可靠性

学习结果 4.5　演示如何计算五个观测记录系统的可靠性

永久成果数据的可靠性计算。

当数据收集依赖于人类时，总是存在错误的可能性，即使在最容易记录的永久性成果数据的情况下，也可能发生错误。即使数学题做得正确，老师有时也会认为不正确，或忽略段落中拼写错误的单词。然而，因为有一些有形的东西，老师可以很容易地重新检查任何行为观察的准确性或可靠性。然而，在使用观测记录系统时，教师并没有这个优势。这种行为发生后就消失了，所以老师不能回去检查他或她的准确性。为了确保数据是正确的或可靠的，明智的做法是让第二个观察者同时独立地记录相同的行为。完成此操作后，可以比较两个观测值，并可以计算观察者间一致性系数或百分比（Johnston & Pennypacker, 2020；Neely, Davis, Davis & Rispoli, 2015；Vollmer, Sloman & Pipkin, 2008）。

事件记录的计算可靠性。

为了检查事件记录，教师和第二个观察员，辅助专业人员或另一个学生，同时观察学生并记录目标行为的每个实例。在观察期之后，教师通过将较少数量的记录实例除以较大数量的记录实例来计算一致性或可靠性系数。例如，如果老师在 40 分钟的课程中发现了 20 次讲话，而第二个观察者只记录了 19 次，那么计算将是 (19/20) × 100 = 95％，因此，观察者间一致性百分比将为 95％。这种为研究目的计算可靠性的方法缺乏一定的精度，因此被称为粗略的计算方法。"问题在于，这种方法不允许研究人员说明两个观察者都看到同样的事情，或者他们所同意的事件都是相同的事件"（Tawney & Gasi, 1984, 第 138 页）。换句话说，并不是绝对肯定的是，辅助专业人员注意到的 19 起事件和老师注意到的是一样的。

持续时间和延迟记录的计算可靠性。

持续时间和延迟数据的可靠性确定方法与事件记录的方法类似，不同之处在于将较短的时间除以较长的时间，如下式所示：

较短分钟数 / 较长分钟数 * 100 ＝一致性的百分比

当采用间隔记录或时间采样时,计算可靠性的基本公式为:

一致 /(一致 + 不一致) * 100 ＝一致性的百分比

如果所显示的数据代表 10 个间隔,在这 10 个间隔中,老师正在记录劳伦是否与邻座交谈,那么我们可以看到,他们的数据在 7 个间隔中一致(即,1、2、3、4、6、7 和 8);他们的数据在 3 个间隔中不一致(即 5、9 和 10)。因此,根据基本公式,可靠度的计算如下:

7/(7 + 3) * 100 ＝70％

	1	2	3	4	5	6	7	8	9	10
教师	×	×	–	–	×	×	–	–	×	–
辅助专业人员	×	×	–	–	–	×	–	–	–	×

在某些研究情况下,还应考虑对可靠性作出更严格的附加决定。这应该是发生可靠性或非发生可靠性的计算。当记录的目标行为发生在少于 75％ 的间隔时,应计算发生可靠性。当记录的目标行为超过 75％ 的间隔时,应计算未发生的一致性(Cooper, Heron & Heward, 2020)。使用相同的基本公式(一致/[一致 + 不一致]×100)确定这些系数,除了在计算中使用行为发生(或未发生)的那些间隔。

可能影响数据收集和观察者间一致性的因素

学习结果 4.6 确定影响数据收集的准确性和可靠性的因素

一般情况下,应用行为分析的目标是观察者一致性达到 90％ 左右。任何小于 80％ 都是一个信号,表明有严重的问题。低可靠性系数通常可以通过检查行为的操作定义来解释;草率的定义,那些没有明确说明行为或何时开始和结束的定义,导致低可靠性。观察员可能没有被确切地告知他们要观察什么。意见不一致也可能是由于数据收集系统缺乏足够的培训。主观察者或次观察者都不能正确地使用数据收集系统的机制,从而导致对行为发生的不同记录。收集数据的环境也可能是一个因素。在教室、家庭、社区和工作场所等自然环境中,许多变量可能会影响行为,许多行为可能同时发生。考虑到在自然环境中可能发生的所有情况,一个不熟悉环境并且只是偶尔为了可靠性目的收集数据的观察者在收集数据时将会更不容易并且可能更容易分心,并且其数据可能比一个经常在那个环境中的观察者的数据更不准确(Fradenburg, Harrison & Baer, 1995; Romani, Alcorn & Linares, 2018)。

柯斯丁(Kazdin, 1977)提出了影响观察者间一致性的四个偏差来源：反应性、观察者偏离、复杂性和期望。

反应性: 老师们都很清楚,观察者的存在会影响被观察者和老师的行为。这种效应被称为反应性(Codding, Livanis, Pace & Vaca, 2008; King, Gravina & Sleiman, 2018)。一个知道自己被观察到的学生可能会做出非常"好"的反应,或者表现出不守规矩的样子,其中任何一种都会对目标行为产生错误的看法。有些老师在学生在场的时候会给目标学生更多的提示,一些老师会提高他们的教学速度和积极的反馈,这两种情况都会影响学生的行为(Hay, Nelson, & Hay, 1980)。仅仅知道另一个人正在收集可靠性数据就会影响主观察者的准确性。这些知识对可靠性数据的影响高达20%至25%。建议可靠性检查应尽可能不引人注意或隐蔽。或者第二个观察者收集包括目标学生在内的几个学生的数据,或者第二个观察者是学生熟悉的人,例如课堂辅助专业人员。这些建议中的一些可能在每种情况下都不实用,但是在观察期间限制第一和第二观察者之间的来往可以减少它们对彼此观察的影响。

观察者偏离: 观察者偏离是观察者改变其应用操作定义的严格性的倾向。随着时间的推移,观察者可能会重新定义操作定义,因为它在他或她的脑海中变得不那么新鲜。观察者可能开始记录不完全符合操作定义的"实例"行为。如果操作定义出现在数据表的每个副本上,观察者可以很容易地查阅它。观察员应定期一起审查定义,并在课程期间开展练习。

复杂性: 第三个影响数据可靠性的因素是观测编码系统的复杂性。系统越复杂,可靠性就越危险。复杂性指被记录的响应类别的不同类型的数量(例如,同时观察的破坏性行为类型的数量)。被观察到的不同学生的数量,或者在一个特定的场合被打分的不同行为的数量。在课堂上,教师可以通过限制在任何给定时间观察到的行为或学生的数量来减轻复杂性的影响。

Kazdin (1977)为限制研究中的复杂性偏差提供了建议。

期望: 第四个偏见是期望。观察者基于他们过去与他们的经历或来自父母或以前老师的信息对学生的预想有可能对他们所看到的东西的解释产生偏见。此外,当观察者是期望行为改变的教师时(因为他们的干预非常出色),他们很可能会发现这一点。反之亦然;如果一个老师认为对学生无能为力,那么他就不太可能准确地看到行为的变化(Lerman et al., 2010)。

观察者可能会因为学生的性别、种族、外貌或以前的经历而产生偏见。此外，观察的目的可能导致偏差(Repp et al.,1988)。如果行为改变策略的失败会导致问题学生被转移到不同的环境中，那么教师可能是有偏见的数据收集者。

本节中描述的程序足以确定大多数教师的可靠性，特别是如果努力控制偏差。在研究中有时会采用更严格的标准。有兴趣学习更多关于观察者间可靠性的学生可以参阅原始资料(Kostewicz, King, Datchuk, Brennan, & Casey, 2016)。

小结

我们描述了行为的各个维度（即、频率、速率、持续时间、延迟、具体表现和轨迹）以及它们与数据收集的关系。讨论的数据收集程序包括轶事报告，永久成果记录和各种观察记录系统（事件记录，间隔记录，时间采样，持续时间记录和延迟记录）。为了帮助教师提高数据的准确性，我们概述了确定观察者之间的一致性的程序。作为负责学生学习的专业人员，教师收集数据以确定其教学或行为干预的成功或需要的改变。

讨论

1. 杰里五年级时的行为被记录为"捣乱"，咨询老师到他的教室收集一些初步的参考数据。(1)她在3天内上课30分钟，以计算"破坏性"行为的情况；(2)在3天内，她在上午9点至中午之间每20分钟检查一次，看看他是否有破坏性行为；(3)在周二早上和周四下午的1小时里，她坐在杰里的课堂上，写下他所做的一切，他的老师做了什么，以及其他学生的重大行动。她在每种情况下使用了什么观察记录系统？

2. 苏珊从来没有在课结束前完成她的数学题。为了确定她的问题的性质，老师可以(a)给她一组问题，记录她开始工作前的时间。或者(b)记录下她开始做一组题花了多长时间。每个实例都使用什么记录系统？

3. 四个学生数据收集者正在观察四年级的学生约翰，他的拼写很差。观察者1将他的观察时间分为15秒的时间间隔，并记录约翰当时是否在拼写练习册中拼写。观察者2在拼写结束时走到约翰的书桌前，数着约翰在他的拼写练习册上写的答案。观察者3记录约翰每次将铅笔放在练习册上并写下一些内容的时间。观察者4把这段时间分成5分钟的间隔，并在每个时间间隔结束时记录约翰是否正在写拼写本。每个观察员使用的记录程序是什么？

4. 卡灵顿夫人(Ms. Carrington)提醒学生们帮她检查他们对乘法的知识。学生们被分成两人一组，互相询问对方的7、8和9乘法口诀表的事实，并记录他们的准确性。每位学生都获得了一包闪存卡，其中卡片一面有问题陈述，背面有答案。另外，背面还有一个地方，用来标记他或她的同伴给出的答案是正确的还是错误的。学生们正在使用什么记录程序？

5. 课堂上引人注目的、可能具有侵入性的数据收集行为为何以及如何会影响学生的行为？怎样才能减轻学生行为的潜在变化？

6. 如何利用智能手机的视频功能进行数据收集？

7. 描述以下行为的不同维度：

(1) 共同玩玩具

(2) 每天写日记

(3) 踢家具

(4) 在超市冷冻食品区清洗玻璃门。

(5) 书写字母表中的字母

(6) 骑三轮车

(7) 用鼠标在电脑屏幕上选择正确答案。

(8) 完成长除法问题

(9) 启动社交问候

(10) 在一个人的眼前轻弹手指

8. 以下是一份以社区为基础的职业教育会议的轶事报告，托德，他的同学露西，他们的老师在"宠物—是—我们"宠物店。会议的任务是将4磅重的鸟饵从储藏室移到商店前面的货架上。将轶事报告中的信息转换为 A-B-C 列格式。

5月3日,9点20分：老师，托德和露西在储藏室里。老师向他们解释了这个任务，她说拿起一个袋子并跟着她，他们这样做了，每个人都把一个袋放在正确的架子上。她带领他们回到储藏室。老师告诉托德拿起一袋种子；他走开了。她第二次告诉他，并且老师拿起一个袋子，牵着托德的手走到架子上。她把袋子递给他，指给他袋子放哪，他把袋子放在架子上。她叫他再回库房去再拿一份。在储藏室里，老师叫他走出去，从那堆东西里拿一个袋子。托德第三次听到这个指令时，他拿起一个袋子，把袋子放在架子上。在带着下一个袋子去架子的路上，托德在一个鸟笼前停了下来，放下袋子，开始和鸟说话。几分钟后老师来找他。老师把他的手放在袋子上，然后把他带到架子旁边，然后把他带到储藏室。托德拒绝提袋子，老师递给他一个。他把它扔在地上。又重复了一次。她拿了一个袋子，把他带回到架子旁边并叫他回储藏室去。她去看露西。十分钟后，她发现托德正坐在地板上吃他的腰包里的糖果。她拿了糖果，告诉他是以后吃的。她又叫他去储藏室。当老师再找他时，托德在兔子笼子旁边。老师领他回到储藏室并叫他拿一个袋子。第三次授课结束后，老师将一个袋子放在他面前；他一动不动。老师叫托德用双臂搂住袋子。但是袋子却从他的手中掉下来，袋子裂开了。老师去拿扫帚。等老师回来的时候发现托德坐在地板上吃鸟食。老师告诉托德："你的行为是不正确的。因此，你今天不可以工作。坐到那边去，等我们走了再走。我对你今天的工作表现感到非常失望。"

第五章　绘制数据图

学习成果

5.1　确定折线图的基本要素

5.2　演示如何将数据转化为图表

5.3　确定绘图的惯例（即条件、基线、干预）

5.4　确定累积图的组成部分和用途

5.5　确定条形图的组成部分和用途

本章概要

简单的折线图

折线图的基本元素

将数据转化为图表

其他类型图表的制图规范

累积图

条形图

小结

你可以想象，收集数据后，会产生一堆数据表。为了使数据有用，必须重新排列这些表格的内容，使其易于阅读和解释。安排和呈现数据的最常见方法是使用图表。正确绘制的图表可以呈现教学或干预的进展情况。图表应该简单明了，但要提供足够的信息来监控研究进展。有关使用计算机创建图表的分步说明，请参见第六章。

图表的用途。

图表至少可以达到三个目的。第一，图表提供了一种在数据收集过程中组织数据的方法。解读原始数据是很困难的，将原始数据转换为图表可以提供持续的进展情况（或缺乏进展的情况），比查阅大量的数据表更容易分析。第二，使用图表能对正在进行的干预进行形成性评估，即对干预措施效果的持续分析。形成性评估可以看到程序运作得如何，如果运行不佳则进行调整。当干预结束时，检查图表可以进行总结性评估，以分析干预的最终结果。第三，图表可以作为教师、学生、家长和相关服务专业人员之间进行交流的工具。正确构建的图表显示了研究对象在干预期间行为表现及变化的所有信息。图表上的信息可用于编写评估进度报告、个别化教育计划、行为管理计划等。

简单的折线图

学习成果 5.1　确定折线图的基本要素

折线图的基本元素

折线图通常用于在教学或干预期间以时间序列的方式呈现数据。这有利于在干预期间持续监控和评估行为。图表可用方格纸或计算机软件绘制。方格纸或计算机软件可以准确地绘制数据，确保数据点之间的正确对齐和间隔相等。当数据在出版物等上正式呈现时，通常省略网格。以下是绘制简单折线图的基本元素和要求（Journal of Applied Behavior Analysis, 2000, 2006; Gast, 2010; Kazdin, 2011）。具体参见图表 5.1。

坐标轴：折线图在一组边界内绘制，这些边界称为"轴"。折线图有两个轴：水平横坐标轴（横轴）或 x 轴，垂直纵坐标轴（纵轴）或 y 轴。如果 y 轴长 2 英寸，x 轴应为 3 英寸；如果 y 轴长 4 英寸，则 x 轴应为 6 英寸。

1. 横轴：横轴是折线图底部边界的水平线。它显示了在图表上表示的时间段内收集数据的频率。横坐标标签可以为日期、阶段等。如果使用会话，则有必要对会话进行定义，例如"会话（9—上午 9 点 40 分）"或"会话（数学组）"，这时，横坐标的右边界为最后一个

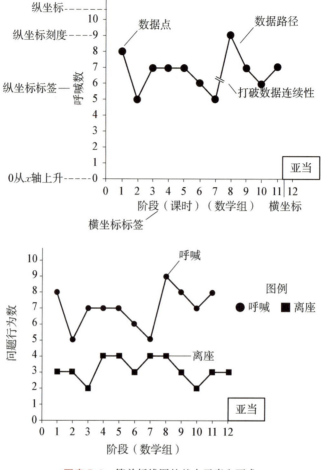

图表5.1 简单折线图的基本元素和要求

a:横坐标;b:纵坐标;c:横坐标标签;d:纵坐标标签;e:纵坐标刻度;f:0从 x 轴上升;g:数据点;h:数据路径;i:打破数据连续性

会话的编号。

2. 纵轴:纵坐标是折线图左侧边界的垂直线。它显示了目标行为和报告的数据类型。纵坐标标签可以如,"问题行为的发生次数""问题行为发生率""问题行为间隔数""问题行为间隔百分比"。标准数据转换程序如图表5.1所示。

(a) 纵坐标刻度:用于记录目标行为表现的 y 轴刻度,始终从 0 开始。如果报告行为发生的次数或行为发生的间隔数,刻度从 0 开始,一直延伸到足以容纳最大数值的高度。这个数字有时难以预测,如果在干预完成之前绘制数据,研究人员可能要重新绘制图表。如果报告百分比,刻度始终从 0% 到 100%。刻度可能以单个数字或 2、5、10 或其他倍数增长,以适应数据。如果刻度起点(零值)稍微从 x 轴上升,会使图表更容易阅读;当数据点

不在 x 轴上时,更容易辨别数据点。

(b) 刻度中断:有时,纵坐标刻度可能不连续。例如,如果所有数据点都高于 40%,则图表的底部将变空,顶部则会不必要地拥挤,此时,可以从 0 处开始标度,在方格纸上的第一条行和第二条行之间绘制两条水平平行线,并将第二条线标记为 40%。

表 5.1　数据转换程序总结

数据记录类型	数据转换	
事件结果记录	报告发生次数	假设时间和机会都是恒定的。
事件记录	报告百分比	假设时间恒定,机会可变。
	报告比率	假设时间和机会都可变,或时间可变、机会恒定。
间隔记录	报告间隔数	假设不变。
时间纪录	报告间隔百分比	行为发生期间或结束时。
持续时间	报告秒/分/小时数	行为发生期间。
潜伏期	报告秒/分/小时数	先行刺激和行为开始期间。

计算百分比的优势。x 轴＝横坐标,y 轴＝纵坐标。

数据

1. 数据点:可以用小的几何形状表示,如圆形、正方形、三角形。如,图表 5.1 中研究对象在会话 1 期间出现了 8 次问题行为,因此,数据点放在 y 轴 8 和 x 轴 1 的交点上。每个数据点在图表上独立绘制。一个数据点的位置或值不会影响下一个数据点的位置或值。

- 具有三个以上数据路径的图看起来会显得杂乱。

2. 数据路径:绘制连接数据点的实线时,会形成数据路径。

（1）几何图形用于表示一个数据路径上的每个数据点。

（2）当图表上出现多组数据时,每组数据都由不同的几何符号表示。每个符号和数据路径代表的行为可以用两种方式之一呈现。每条路径可以标记并画一个箭头指向路径,或提供一个图例,列出每个几何符号及其代表的行为。另外,一个图表的数据路径应不超过三个,超过三个时应绘制新的图表。

（3）绘制数据路径时,实线意味着数据收集过程的连续性。如果预期的干预顺序中断（学生缺席;发生特殊事件）,则在数据路径上放置两个平行的刻度线,以表示数据的连续性中断。

3. 学生(参与者)的身份证明:学生(参与者)的姓名放在图表右下角的框中。

将数据转化为图表

学习成果5.2　演示如何将数据转化为图表

将事件结果数据转换为图表

- 绘制事件数据的图表。
- 绘制速率数据的图表。

事件结果数据以行为产生的项目数或项目百分比的形式报告。例如,教师可以记录学生完成数学问题的数量、拼写正确单词的百分比、放置在架子上罐子的数量、放置在篮子中脏衣服的数量。如果数量保持不变,比如,20个题目拼写测试或有10个问题的数学工作表,数据可以简单地以题目数量绘制;如果数量发生变化,比如,不同的测试项目或数学问题数量,教师则必须计算百分比(见图表5.2)。

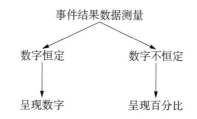

图表5.2　选择事件结果数据的测量转换

我们通过将正确回答的数量除以回答总数并将结果乘以100来计算正确回答的百分比,如下所示:

$$正确回答的数量 / 回答总数 * 100 = 正确回答的百分比$$

图表5.3记录了凯瑟琳段落写作的表现。数据表上记录的是凯瑟琳在每个段落中写作的单词数量,数据表下方是一个简单的折线图,其上绘制了数据。

将事件数据转换为图表

绘制区间和时间采样数据的图表。

事件数据可以被报告为:(1)如果在练习期间的时间量恒定,则报告行为的发生次数,如在40分钟数学练习期间学生离开座位的次数;(2)如果行为发生的机会恒定,则报告数字或百分比,如学生正确回答的10个词汇数量;(3)如果行为发生的机会变化,则报告百分比,如教学数量变化时学生遵守教师指示的次数。图表5.4记录了迈克尔在每天上午10

图表5.3	将事件结果数据转换为图表			
学生	凯瑟琳			
行为	写出30个单词的段落,给出标题和主题句			
日期	单词数		次数	单词数
1 3/16	16		6 3/27	18
2 3/18	24		7 3/30	24
3 3/20	20		8 4/2	20
4 3/23	20		9 4/4	24
5 3/25	22		10 4/7	25

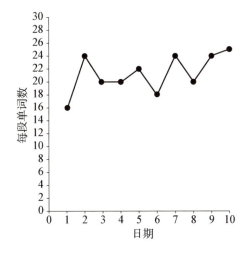

点20分至11点的课堂活动期间的讲话中没有举手的呼喊次数,数据表下方是表示该份数据的折线图。图表5.5记录了塔莎对10个词汇列表的识别情况,在数据表下方,她的表现以两种方式转换到图表上,即正确读取单词的数量和正确读取单词的百分比。

将频率数据转换为图表

当教师关注反应的准确性和速度时,需要转换为频率数据。频率数据反映了学生表现的流畅性,并允许对熟练程度的发展做出判断。如果在所有练习中允许反应的时间是相同的,则只需报告频率即可。这样的情况下,学生每天有20分钟完成1组14道数学题。但是,如果反应分配的时间因练习而异,则必须计算频率,以便对数据进行比较。频率计算方法见图表5.6。

图表 5.4	将事件数据转换为图表	
学生	迈克尔	
行为	没有举手的呼喊	
观察期间	上午10点20分—上午11点（课堂活动）	
天	实例	总计
1 星期一	///	3
2 星期二	/	1
3 星期三	///////	7
4 星期四	///	3
5 星期五	//	2
6 星期一	/////	5
7 星期二	////	4
8 星期三	////	4
9 星期四	///////	7

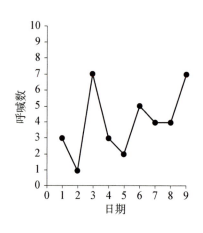

图表 5.5 将事件数据转换为图表					
学生	塔莎				
行为	视觉拼读单词				
	星期一	星期二	星期三	星期四	星期五
妈妈	√	√	√	√	√
爸爸	√	√	√	√	
姐妹					
兄弟		√	√	√	√
学校	√	√	√	√	√
商店					
医院			√	√	√
警察局	√	√	√		√
教会					√
车站					√
总计	45		66		7

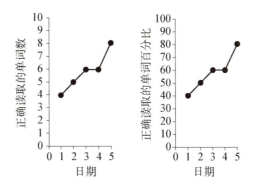

图表 5.6 计算正确或错误反应的频率

计算频率

通过将正确反应数量除以反应所花费的时间来计算正确反应频率：

$$正确率 = 正确反应数 / 反应时间$$

例如，如果周一凯文在 30 分钟内正确完成了 15 道题，他的正确率则是每分钟 0.5 个。

$$15 \text{ 个问题正确} / 30 \text{ 分钟} = 每分钟正确 0.5 个问题$$

如果周二他在 45 分钟内正确完成了 20 道题，那么他的正确率则是 0.44。

$$20 \text{ 个问题正确} / 45 \text{ 分钟} = 每分钟正确 0.44 个问题$$

如果凯文的老师简单地记录了周一凯文完成了 15 道题、周二完成了 20 道题，那么老师可能会认为凯文的数学正在改善。实际上，虽然凯文答对数学问题的数量有所增加，但比率却有所降低，周二凯文并没有像星期一那样做得好。

计算错误率可以通过将错误数除以时间来完成。例如：

$$第 1 节：12 \text{ 个拼写错误} / 20 \text{ 分钟} = 每分钟 0.6 个错误$$
$$第 2 节：10 \text{ 个拼写错误} / 30 \text{ 分钟} = 每分钟 0.33 个错误$$

这些频率计算为教师提供了学生每分钟（或每秒钟每小时）正确或不正确作答的数量。

绘制持续时间数据的图表。

图表 5.7 记录了史蒂文在当地红十字会办公室职业培训期间的表现。史蒂文正在学习组装献血活动中需使用的材料包。因为是职业培训，他的老师对他完成任务的数目、时间、速度感兴趣。数据表下方是一个图表，显示史蒂文每分钟组装材料包的速度。

将时间间隔和时间采样数据转换为图表

时间间隔和时间采样数据被报告为行为发生期间观察到的总间隔的数量或百分比。它们通常以百分比形式被报告。

图表 5.7　将频率数据转换为图表

学生	史蒂文		
行为	组装包		
观察期间	红十字会职业培训		
天	完成数量	时间	每分钟速率
4/16 星期一	45	30′	1.5
4/18 星期三	40	25′	1.6
4/20 星期五	45	25′	1.8
4/24 星期二	40	20′	2.0
4/26 星期四	50	25′	2.0
4/30 星期一	48	20′	2.4
5/2 星期三	54	20′	2.7

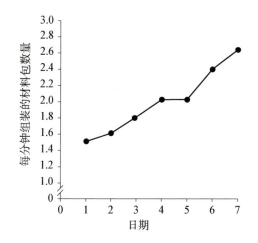

图表 5.8 显示了奥马尔在中心时间前 6 分钟的离座行为。老师记录了时间间隔数据，她构建了数据表，将 6 分钟分为 20 秒的间隔，并在间隔期间的任何时候，只要奥马尔不在座位上，她就画一个 X。在数据表下方，数据被转移到一个图表上，该图表表示教师观察到奥马尔有离座行为的间隔数，另一个图表表示奥马尔在某个时间离座的间隔百分比。

图表 5.9 所示的数据表显示了在 20 分钟的游戏时间里琳是在自我谈话（自言自语）还是同伴交谈。老师选择了时间抽样的方法，她记录下了琳在每一段时间间隔结束时的谈话类型。在数据表下方的折线图中，一个表示间隔的数量，另一个表示间隔的百分比。请注意，需使用不同的图例来表示与数据路径关联的行为。

图表 5.8	将时间间隔数据转换为图表														
学生	奥马尔														
行为	离座(X=离座)														
观察期间	6 分钟(中心时间的前 6 分钟)														
	20″	40″	60″	20″	40″	60″	20″	40″	60″	20″	40″	60″	20″	40″	60″
星期一	—	X	X	X	—	X	—	—	—	—	X	X	—	X	X
星期二	X	X	X	X	—	X	—	—	X	—	—	—	—	X	—
星期三	—	—	—	—	X	X	—	—	—	—	X	X	—	—	—
星期四	X	—	—	X	—	—	X	—	—	X	—	—	X	—	X
星期五	—	X	—	—	—	X	—	X	X	—	—	—	X	X	X

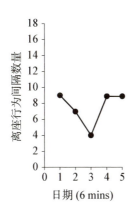
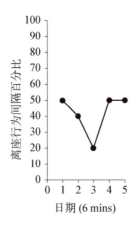

图表 5.9	将时间采样数据转换为图表																			
学生	琳																			
行为	在游戏期间自我谈话/同伴交谈(S—自我谈话;O—同伴交谈)																			
观察期间	20 分钟的游戏时间(每天不同)																			
	1	2	3	4	5	6	7	8	9	10	11	12	13	14	15	16	17	18	19	20
星期一	—	S	S	S	—	O	O	—	—	S	S	S	S	S	—	O	O	—	S	S
星期二	—	—	—	—	S	S	S	S	—	—	—	—	—	—	—	—	—	—	—	—
星期三	—	—	O	—	—	S	S	S	—	—	S	S	—	—	S	S	—	—	—	O
星期四	O	S	—	—	S	S	S	S	—	O	O	O	S	—	—	O	O	S	—	S
星期五	—	S	S	—	S	S	S	O	S	S	—	S	S	O	—	—	S	S	O	O

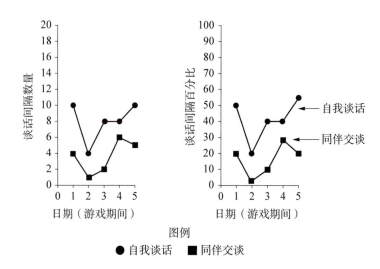

图表 5.10 显示了另一种呈现方式的时间采样数据图表。这份数据表记录了科什在写作时间内,开小差的行为(说话/发呆)。在数据收集前,这两种行为都已发生过。数据表下方呈现了绘制这些数据图表的两种方法。

图表 5.10	将时间采样数据转换为图表							
学生	科什							
行为	开小差(T—说话,D—发呆)							
观察期间	独立写作							
星期一	T	5′	T	10′	—	15′	—	20′
	—	25′	D	30′	T	35′	T	40′
星期二	T	5′	T	10′	D	15′	—	20′
	T	25′	—	30′	T	35′	T	40′
星期三	T	5′	T	10′	—	15′	—	20′
	D	25′	D	30′	T	35′	T	40′
星期四	—	5′	—	10′	T	15′	T	20′
	—	25′	—	30′	—	35′	—	40′
星期五	T	5′	D	10′	T	15′	—	20′
	—	25′	—	30′	—	35′	T	40′

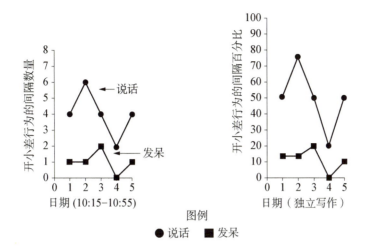

将持续时间数据转换为图表

持续时间数据可以根据学生完成一项行为所需的分钟数或秒数,也可以根据学生参与某一特定行为所花费的时间长短来收集和报告。例如,老师可以记录学生完成指定任务所需的总时间。另一位老师可能会记录一个学生在实验室项目上花了 20 分钟的时间。第二个例子可以报告为参与项目的分钟数或者参与项目的可用时间百分比。

图表 5.11 显示了凯西如厕的时间。数据表下面的折线图显示了他每次上厕所的时间。

图表 5.11	将持续时间数据转换为图表			
学生	凯西			
行为	如厕时间			
星期一		1	12 分钟	平均 = 9 分钟
		2	8 分钟	
		3	7 分钟	
星期二		1	11 分钟	平均 = 12 分钟
		2	16 分钟	
		3	9 分钟	
星期三		1	15 分钟	平均 = 11 分钟
		2	10 分钟	
		3	8 分钟	

续 表

星期四	1	14分钟	平均 = 12分钟
	2	10分钟	
	3	12分钟	
星期五	1	9分钟	平均 = 10分钟
	2	11分钟	
	3	10分钟	

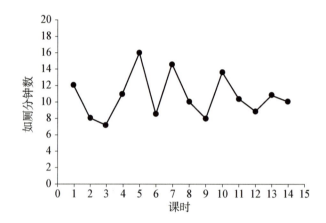

将潜伏期数据转化为图表

绘制潜伏期数据的图表

潜伏期数据被报告为学生在请求执行行为或发生行为的自然场合（例如，电话铃声响后到接听电话期间）后开始行为之前的分钟或秒数。

图表5.12显示了杜肖恩在开始每天的日记写作练习前的情况。在给学生下达开始的指令后，老师记录了杜肖恩在开始任务前的几分钟在做什么。在数据表下面是一个表示这些数据的折线图。

图表 5.12 将潜伏期数据转换为图表			
学生	杜肖恩		
行为	早晨写作练习的推迟时间		
观察期间	每天早上 8 点 45 分		
	日期	分钟数	注释
	星期一	6	削铅笔
	星期二	5	走神

续 表

日期	分钟数	注释
星期三	6	削铅笔
星期四	2	聊天
星期五	4	聊天
星期一	5	削铅笔
星期二	7	削铅笔
星期三	5	套铅笔套
星期四	4	走神
星期五	5	削铅笔

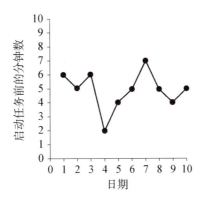

其他类型图表的制图规范

学习成果5.3　确定绘图的惯例(即条件、基线、干预)

比这一章更复杂的图表将在第六章中说明。图5.13描述了一些有助于您理解它们的附加约定。

条件是干预期间使用不同方法或技术的阶段。教师要想减少学生问题行为的发生，可以首先记录学生数次或数天的当前行为水平，即所谓的基线数据；然后使用一些策略来帮助学生减少其问题行为，即所谓的干预。您需要在图表上有一个清晰的指示符，显示在每次干预期间哪个条件是有效的。这是通过从图的顶部到底部绘制一条垂直虚线来呈现的，即一个条件的最后一次干预和下一个条件的第一次干预之间。例如，如果基线期内进

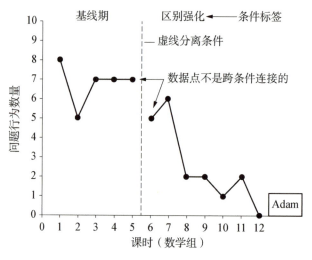

图表 5.13　图表制图规范

行了 5 个活动，干预开始于第 6 个活动，则需在第 5 个和第 6 个活动之间绘制条件线（在 x 轴上表示）。另外，数据点不是跨条件连接的。为了识别所表示的过程，需以垂直虚线为中心，在每个条件的数据路径上方放置一个简短的描述性条件标签。例如，如果教师正在使用区别强化的方法来减少学生的问题行为，他会把"区别强化"标记在图中放置这些数据的部分的正上方。

累积图

学习成果 5.4　确定累积图的组成部分和用途

在简单的折线图上，数据点在相应的交叉点处绘制，而不考虑其在上一干预阶段的表现。在**累积图**上，将对干预中观察到的活动数量进行图形化处理，即把干预中观察到的活动数量添加到上一阶段干预后绘制的活动数量之后。每次干预记录的活动包括所有先前干预的活动。累积图呈现了跨干预活动的累积视图，提供了干预中的活动总数。图表 5.14 中的假想图显示了相同的原始数据分别在折线图和累积图上的绘制情况。累积图在记录任何行为时总会呈现一个上升的曲线。此数据图提供了一条具有斜率的连续折线，斜率表示干预效果的速率。陡峭的斜率表示干预效果明显，平缓的斜率表示干预效果呈现缓慢，而平台或直线表示无干预效果。

原始数据

课时	出现次数
1	1
2	1
3	1
4	2
5	0
6	0
7	1
8	3
9	3
10	1

图表 5.14 在折线图和堆积图上绘制数据点的比较

条形图

> **学习成果 5.5** 确定条形图的组成部分和用途
>
> ● 条形图对年幼的学生来说更清晰明了

条形图或直方图是另一种显示数据的方法。像折线图一样,条形图有两个轴,横轴(干预活动)和纵轴(表现)。顾名思义,条形图使用垂直条形而不是数据点和连接线来呈现孩子的表现。每个垂直条形代表一个观察期。条形的高度对应纵轴上的值。条形图更适合呈现难以在折线图上绘制的复杂行为模式,以更清晰地展示数据。当在单个折线图上绘制多条数据路径时,如,记录多个学生的数据或多个行为的数据,可能容易导致混淆。因为在这种情况下,数据点落在相同或相近的交叉点,绘制出的线可能会重叠或看起来非常接近。图表 5.15 提供了同一数据在折线图和条形图上绘制的示例。可见,条形图显然更加清晰。课堂中,教师可以使用条形图呈现小组每位成员每天的正确回答数量。

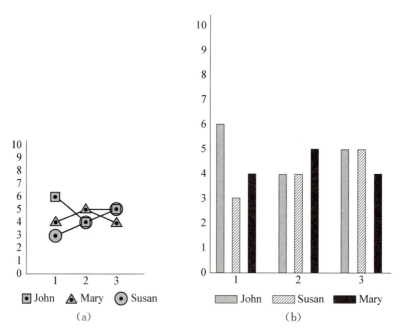

图表 5.15 折线图和条形图的比较

条形图的另一个用途是总结学生的表现数据。这可以针对单一任务进行（跨对象），如，跨多个学生完成的科学任务的平均数量（图表 5.16），或者总结单个学生在多个任务上的表现（跨任务）（图表 5.17）。

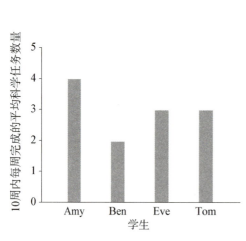

图表 5.16 多个学生的任务表现的总结条形图

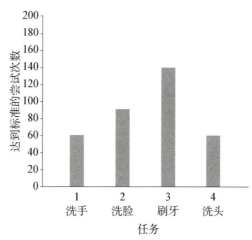

图表 5.17 单个学生跨任务表现的总结条形图

小结

本章中,我们讨论了绘制数据图表的基本原因,包括监控学生的表现、形成性和总结性评估,以及图表作为教育者与学生和家长之间沟通的工具。我们描述了三种绘制数据图表的基本方法:折线图、堆积图和条形图。我们概述了绘制折线图的基本规范,并提供了将各种类型的观察数据从数据表转化为图表的示例。使用 Microsoft Excel 创建图表的说明包含在第六章中。

讨论

对于下列情况,最合适的图表形式是什么?为什么?

1. 温迪已经开始学习视觉词汇数个月了。她的母亲担心她学的不够快,但你意识到温迪是从零开始,这段时间内她已掌握了相当多的单词。你想向温迪妈妈明确表明温迪已经取得了长足的进步。

2. 你需要在每个学生的文件夹中建立数据总结,以评估学生在数学计算、拼写准确性和阅读流利度的表现。

3. 你的一年级学生喜欢在课堂公告板上看到他们在阅读准确性和流利程度方面取得的进步。

第六章 单一被试设计

学习成果

6.1 确定建立功能关系所需的实验组成部分

6.2 确定不同类型的单一被试研究设计的组成部分,并列出每种研究的优点和缺点

6.3 解释如何实现每种不同类型的单一被试研究设计,以及如何使用图形显示设计

6.4 评估干预的结果

6.5 确定行动研究的组成部分,并解释它如何与单一被试设计相对应

本章概要

变量和功能关系

基本设计类型

单一被试设计

基线测量

干预测量

实验控制

AB 设计

实施

图示

应用

优势和劣势

倒返设计

实施

图示

设计变式

应用

优势和劣势

变动标准设计

实施

图示

应用

优势和劣势

多基线设计

实施

图示

应用

优势和劣势

交替处理设计

实施

图示

应用

优势和劣势

多重处理设计

实施

图示

应用

优势和劣势

单一被试设计的评价

结果分析

图形的视觉分析

单一被试设计的伦理考量

行动研究和单一被试设计工具

行动研究的要素

单一被试设计的相似之处和贡献

行动研究的例子

小结

数据收集使教师能够对行为变化的方向和幅度进行描述。然而，数据收集本身并不能提供足够的信息来表明干预措施和相关行为之间的功能关系。为了对功能关系做出假设，数据收集必须在一定的模式或设计中进行。设计是一种收集数据的系统化模式，使收集者能够对干预措施和行为之间的关系做出自信的判断。

在本章中，我们将叙述应用行为分析中使用的一些实验设计，使教师和研究人员能够确定干预和行为改变之间的关系。每种设计都有特定的图形格式。不同的格式允许对数据进行可视化检查和分析。图表可以用纸、尺子和铅笔绘制。然而，在大多数情况下，结果看起来就像中学项目的一部分。这样的图表并没有呈现出老师在与家长和其他专业人士开会评估学生学习进展时想要的形象。使用微软 Excel 等计算机软件可以制作出看起来很专业的图表。本教材的视频教程提供了为课堂上有用的几种设计创建图形的详细说明。对于更复杂的图表，请参阅相关文献（Dixon et al., 2009；Vanselow & Bourret, 2012；Deochand, Costello, & Fuqua, 2015；Dubuque, 2015；Deochand, 2017；Chok, 2019；以及 Fuller & Dubuque, 2019）。

能够阅读和理解专业期刊上的实验研究报告的教师可以保持最新的创新技术和程序。了解这些设计还可以鼓励他们成为教师研究员，能够系统地评估自己的教学，并与他人分享其成果。进行课堂研究的能力将增加教师的信心、效率和可信度。

在本章中，研究应用，摘自专业期刊，伴随着每个设计的描述。每个设计也应用于课堂问题，以展示应用行为分析设计在课堂上的效用。

变量和功能关系

学习成果 6.1 确定建立功能关系所需的实验组成部分

在讨论具体设计之前，我们先界定一些实验研究的基本术语。变量一词用来指研究中涉及的任意数量的因素，可以包括研究对象的属性（年龄、考试分数）、与研究环境相关的条件（学生人数、噪音水平），或者干预的性质，可以是教学策略（直接教学语音、合作学习）、教学材料（计数芯片、计算机）或行为管理技术（代币、自我记录）。在研究中，目标是控制可能影响结果的变量的存在或不存在。不可预见的或无法控制的变量（例如疾病）被称为混淆变量。如果教师用一个新的程序教学生长除法，而学生的父亲碰巧每天晚上都开始和学生一起复习长除法，那么就无法确定是教师变量（新的数学程序），还是不受控的变量（家庭教学）对学生的长除法学习起作用。通过实验设计，研究人员可以控制许多混淆变量。

实验设计区分两种类型的变量:因变量和自变量。因变量指所要改变的行为,自变量指用于改变行为的干预。在下述句子中,自变量用斜体表示,而因变量呈现在(括号)中。

在学生(口头阅读)*之后,老师提供纠正性反馈。*
图片提示用于学生从事(购买杂货)*。*
学生在图书馆(摆放书本)*时,提供同事示范。*
当学生(专注于任务15分钟)*,偶尔呈现口头表扬。*
视学生(发脾气)*的情况,让他暂停。*
每(完成一道数学题)*,学生就能获得一个代币。*

单一被试实验设计允许研究人员评估自变量和因变量之间的因果关系。当每次执行相同的自变量时,一个因变量的变化都被复制时,就称为存在功能关系。单一被试实验设计提供了测试这些效应复制的框架。当干预措施及其结果被复制时,教师和研究人员可以确信行为的改变是干预措施的功能,因为在每次复制中,只有自变量被改变或操纵。反复的操作可以让教师研究员排除混淆变量作为行为改变的动因。此外,功能关系的展示是实验控制的证据(Kennedy, 2005)。这个实验控制增加了可信度,一些无关的或混杂的变量不是造成效果的原因。

基本设计类型

研究设计是一种格式,它构建了提出问题、收集和分析数据的方式。研究设计分为两类:群组设计和单一被试设计。每一个都提供了一个计划和一种方法来证明干预行为的有效性。正如其名称所示,群组设计侧重于与多组个体相关的问题和数据,而单一被试设计则侧重于与特定个体相关的问题和数据。

群组设计和单一被试设计。

群组设计用于评估干预对整个人群(例如,一个学区或校舍的所有二年级学生)或总体的代表性样本的行为的影响。为了确定干预的有效性,总体(或随机选择的样本)也被随机分为两组:实验组和对照组。(正是这种随机的选择和划分,使得从一个样本推广到整个总体成为可能。)实验组成员接受干预,这提供了干预效果的多重复制。对照组的成员不接受干预。在干预前和干预结束时对每组的行为(表现的平均值)进行测量。在干预后比较两个组别行为的平均变化。这种比较是通过统计程序进行的,其目的是(1)证实两组之间的平均分变化的差异，(2)证实这种差异是显著的，因此可能值得采取行动，以及(3)证实两组之间的差异更可能是干预的结果，而不是偶然或某些未知来源。

例如，富尔顿县公立学校的课程委员会正在考虑更换他们六年级的数学课本。目前他们使用的是琼斯和琼斯的教材。该委员会从该地区所有六年级学生中随机挑选了200名学生。然后这些学生被随机分配到实验组（100名学生）或对照组（100名学生）。在新学年的第一周，所有200名学生都要接受六年级数学目标的测试。然后在学年期间，实验组接受的是史密斯和史密斯数学课本的教学，而对照组继续接受琼斯和琼斯数学课本的教学。在学年结束时，每个小组都要再次测试六年级的数学目标。比较各组在成绩上的平均增益（达到的目标数量）。这样做是为了确定(1)两组在得分上是否没有差异；(2)如有差异，该差异是否显著；(3)是否有理由假设实验组的分数增加或减少是由于使用了史密斯和史密斯的教材。

应用行为分析师倾向于对行为进行多种测量，以便在干预前和干预过程中提供行为的详细信息。他们也更喜欢记录特定于个体的信息，而不是关于群体平均表现的信息。检查平均表现可能会掩盖重要信息，正如下面的故事所示。

威瑟斯彭订购阅读书籍

威瑟斯彭是一名三年级教师，校长敦促她在新学年开始时订购新的阅读书籍。由于对自己的班级不熟悉，威瑟斯彭老师决定通过阅读测试来决定订购哪些书。她进行了测试，并计算了平均分数，以确定最合适的读物。她得出的结果是刚好为平均三年级一个月，于是定购了处于这个水平的30本读物。

当书到货时，她发现这本书对她的一些学生来说太难了，而对另一些学生来说又太容易了。使用平均分掩盖了这样一个事实，即虽然班级平均水平是三年级，但一些学生的阅读水平是一年级，另一些学生的阅读水平是六年级。

单一被试设计

学习成果 6.2 确定不同类型的单一被试研究设计的组成部分，并列出每种研究的优点和缺点

应用行为分析研究人员更喜欢使用单一被试设计。该设计提供了评估个体的而非群

组表现的框架。群组设计确定变量对大量学生平均表现的影响,而单一被试设计确定变量对特定学生的特定行为的影响。这些设计都监测个体在操纵自变量期间的表现。本章后面将介绍的某些技术用于证实因变量的变化是由实验操作引起的,而不是由偶然、巧合或混杂变量引起的。

单一被试设计通常比较不同条件对同一个体的影响。

单一被试设计需要**重复测量**因变量。行为被监控的个体的表现每周、每天,甚至更频繁地在一段时间内被记录下来。个体的表现可以在不同的实验条件下进行比较,或者在对自变量的操作下进行比较,比如是否有教学程序。每个人只与他自己进行比较,尽管在同一设计中,这种干预可能会在其他几个人身上复制。单一被试研究强调个体的临床意义,而不是组间的统计学意义。如果干预导致可观察到的、可测量的功能改善,则实验结果被认为具有临床意义。

某些组件对于所有单一被试设计都是通用的。包括基线表现的测量和至少一次在干预条件下的表现测量。单一被试研究设计要求在设计中至少重复使用一次干预措施。这种复制允许假设功能关系。重复次数越多,功能关系越有说服力。

应用行为分析师不会基于一次成功的干预就假设研究结果的普遍性。当一个个体的自变量(干预)和因变量(行为)之间的功能关系得以建立时,就会使用不同的个体和不同的因变量对同一干预进行重复研究。一项干预被证明有效的频率越高,人们对干预结果的普遍性就越有信心。老师有系统的表扬能提高学生做数学题的比率,这可能不是使用表扬的令人信服的理由。这样的表扬不仅提高了数学问题的产量,而且还提高了众多学生的其他学术和社会行为,这一点更有说服力。通过系统复制,应用行为分析师逐渐识别出对许多学生有效的程序和技术。这样,其他人可以采用这些程序和技术,并相信它们会起作用。

西德曼(Sidman, 1960)认为,将单一被试研究简单地视为群组研究的一个缩影是错误的。当施加和移除自变量时,对因变量的重复测量表明了因果的连续性以及一个数据点与另一个数据点之间的关系,这在不同组之间比较自变量的影响时是看不到的。他认为,个体曲线和群体曲线提供的信息是不同的,"因为这两种类型的数据在非常真实的意义上反映了两个不同的主题"(p.54)。

基线测量

单一被试设计的第一阶段包括基线数据的收集和记录。**基线数据**是对干预前自然发生的行为水平（因变量）的测量。卡兹丁（Kazdin，2011）指出，基线数据有两个功能。首先，基线数据具有描述功能，这些数据描述了学生现有的表现水平。当数据点被绘制成图表时，它们提供了学生行为的一幅图片——他或她当前解决乘法问题的能力或他或她当前发言的频率。这种客观的记录可以帮助教师证实行为缺陷（缺乏做乘法的能力）或行为过度（大声说话）的存在及其程度。

其次，基线数据具有预测功能。"如果不进行干预，基线数据可以作为预测近期表现水平的依据"（Kazdin，2011，p.105）。为了评判干预（自变量）是否成功，教师必须知道学生在干预前的表现是什么样的。基线数据的作用类似于预测试。"预测是通过推测或推断未来基准表现的延续来实现的"（p.123）。人们正是根据这一预测来判断干预的效果。

在干预期开始之前，基线期会持续几个时段。在大多数情况下，至少收集和绘制五个基线数据点。基线数据收集的范围受到这些数据点的某些特征的影响。

因为基线数据是用来判断教师干预的有效性的，所以基线是稳定的，为行为的自然发生提供一个有代表性的样本是很重要的。基线的稳定性通过两个特征来评估：数据的变异量和数据点的趋势。数据的变异量指的是学生表现的波动。"一般来说，数据的变异量越大，就越难得出关于干预效果的结论"（Kazdin，2011，p.126），并对未来的表现进行预测。当基线不稳定时，首先要检查的是目标行为的定义。基线中缺乏稳定性可能表明，目标行为的操作定义没有描述充分以使记录准确和一致，或者数据收集者在数据收集过程中未能始终如一。在实验室环境中，其他的变异来源通常可以被识别和控制。在课堂上，如果可以确定变异的来源，例如，如果波动是由不一致的药物交付引起的，那么控制变化是可取的。如果是由于吵架或家里出了问题等不寻常的事件而引起的暂时波动，老师可能会等待波动过去。然而，在教室里，与实验室不同，"变异是生活中不可避免的事实"，在这样的环境中，很少有"消除变异所需的设施或时间"（Sidman，1960，p.193）。

基线应该是稳定的。有关编写操作定义的建议，请参见第三章。

在变量可以被严格控制的情况下，以研究为导向的变异存在标准是在5%的变异范围内的数据点（Sidman，1960）。有人提出治疗学的标准为20%（Repp，1983）。然而，在课堂上，纯粹的研究关注可能不如快速改变行为重要，我们建议一个更宽松的参数，即50%的变异。如果变异量超过50%，则必须使用性能比较的统计技术（Barlow & Hersen，1984）。如果基线的数据点与基线的均数或平均值的差异不超过50%，则可认为基线是稳定的。图表6.1说明了基于该准则计算基线稳定性的过程。

图表6.1 计算基线稳定性	
阶　　段	数据点
1	14
2	10
3	20
4	16
5	11
基线均数(算术平均) = 14.2 = 14	
50%均数 = 7	
可接受的数据点范围 = 7 - 21(14±7)	
这个基线是稳定的,因为没有数据点离开平均数超过均数的50%。	

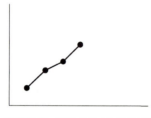

图表6.2　递增趋势(上行基线)

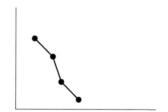

图表6.3　递减趋势(下行基线)

　　数据中的趋势是指行为表现中一个独特方向的指示。趋势被定义为三个连续的数据点在同一方向上(Barlow & Hersen, 1984)。基线可能显示无趋势、上升趋势或下降趋势。图表6.2和图表6.3说明了两种趋势——上升和下降。

　　上升的基线表示上升的趋势。只有当目标是减少这种行为时,教师才应该以上升的基线开始干预。由于行为已经在增加,旨在增加行为的干预措施的效果将被基线趋势所掩盖。

　　下降基线包括至少三个数据点,这些数据点显示行为中明显的下降方向或趋势。只有当目标是增加行为时,教师才应该在下降基线上开始干预。

干预前考虑基线趋势。

干预测量

　　任何单一被试设计的第二个组成部分是对被试在治疗或干预条件下的表现进行一系

列重复测量。引入自变量(治疗或干预),并测量和记录其对因变量(学生的表现)的影响。干预数据的趋势表明干预的有效性,并为教师或研究人员提供指导,以确定是否需要改变干预程序。

实验控制

在本章后面格伦迪教授再次访问哈珀女士时遭遇了一个复杂的变量。

实验控制是指研究人员努力确保因变量的变化实际上与对自变量的操纵有关,即存在功能关系。研究人员想要最大程度地消除其他混淆变量导致行为变化的可能性。混淆变量是那些不受研究人员控制但可能影响行为的环境事件或条件。例如,如果一位老师在三个最具破坏性的学生离开后制定了一套行为制度来减少班级的破坏性行为,他不能确定新制度是造成较低程度破坏的原因,这种情况下去掉这三个学生就成为了一个混淆变量。

本章讨论的设计提供了不同程度的实验控制。有些被称为教学设计,不允许对功能关系建立确信的假设。然而,它们可能为日常课堂使用提供足够的行为变化指示,特别是如果教师对混杂变量的可能性保持警惕的话。其他设计,称为研究设计,提供了更严格的实验控制,并允许教师或研究人员假设一个功能关系。研究人员通常通过重复几次干预并每次重复观察其对因变量的影响来证明实验控制。当教师特别关注可能的混淆变量并希望确保干预对行为产生预期效果时,研究设计可以用于课堂。有兴趣发表或与其他专业人员分享干预结果的教师也会尽可能使用研究设计。

AB 设计

学习成果 6.3　解释如何实现每种不同类型的单一被试研究设计,以及如何使用图形显示设计

AB 设计是基本的单一被试设计。每一种更复杂的设计实际上都是这种简单设计的扩展。名称 AB 指的是设计的两个阶段:A 阶段,即基线阶段;B 阶段,即干预阶段。在 A 阶段,收集并记录基线数据。一旦建立了稳定的基线,就引入干预措施,B 阶段开始。在这一阶段,收集并记录干预数据。教师可以评估目标行为在干预阶段的数量、比率、百分比或持续时间的增加或减少,并将其与基线阶段进行比较。利用这些信息来推断干预的有效性,教师可以决定继续、改变或放弃干预。

AB 设计是一种教学设计。

实施

表 6.1 显示了采用 AB 设计收集的数据。在这个例子中,老师关心的是学生对阅读作业的几个正确答案。连续 5 天收集基线数据。然后,她为每个正确答案留出了 2 分钟的空闲时间,并继续记录正确答案的数量。如表 6.1 所示,在干预阶段,数量明显增加。老师可以试探性地假设她的干预是有效的。

表 6.1 AB 设计数据样例

基线数据		干预数据	
天	正确回答的数量	天	正确回答的数量
星期一	2	星期一	6
星期二	1	星期二	6
星期三	0	星期三	4
星期四	2	星期四	8
星期五	1	星期五	6

图示

用 AB 设计收集的数据按两个阶段绘图:A 期或基线期和 B 期或干预期。图中的垂直虚线将这两个阶段分开,两个阶段之间的数据点不相连。与表格形式的数据相比,图表 6.4 展示了干预效果的更为清晰的画面。

使用 AB 设计收集的数据分为两个阶段:A 或基线和 B 或干预。图

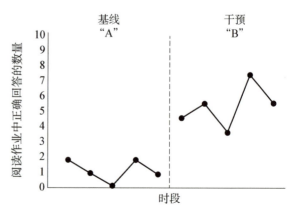

图表 6.4 表 6.1 的 AB 设计数据图

上的垂直线(虚线或实线)将两个阶段分开,并且阶段之间的数据点不连接。图表 6.4 中的图比表格中的数据更清楚地显示了干预措施的有效性。

应用

基本的 AB 设计在研究文献中并不常见,因为它不能评估功能关系。该设计不提供在实验中建立功能关系的样例。舍恩和诺伦(Schoen & Nolen, 2004)使用 AB 设计来说明旨在减少六年级学习障碍男孩的任务外行为的干预结果。他使用了一份自我管理清单来评估其行为。图表 6.5 说明了从基线到干预阶段他脱离任务的总分钟数的下降。然而,我们不能假设因变量(脱离任务行为)和自变量(自我管理检查表)之间存在功能关系,因为 AB 设计不提供对自变量的重复操纵(施加和移除)。本章末尾的行动研究部分讨论了本研究和使用一些单一被试方法的适用性。

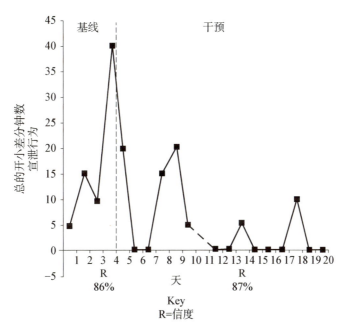

图表 6.5　AB 设计的应用

注:选自舍恩和诺伦,"减少宣泄行为促进学习",2004,Teaching Exceptional Children 杂志,第 37 卷,26—29 页。2004 版,特殊儿童委员会。经许可重印。

研究者(Carbone, O'Brien, Sweeney-Kerwin, & Albert, 2013)使用 AB 设计来展示一个 3 岁自闭症男孩增加眼神交流的过程的结果。当男孩要求他的强化物(即命令)时,目光接触被测量。如图表 6.6 所示,在基线(A 阶段)中,男孩在他的请求中平均有 10% 的时间进行眼神交流。干预(B 阶段)是保留强化物(即消失),直到男孩在请求时进行眼神交流。此外,当男孩需要消隐过程时,他得到的强化物较少,而如果没有消隐期进行眼神接触,他得到的强化物较多(即差异强化)。这一过程导致 77% 的请求都伴随着眼神交流。由于这是 AB 型设计,卡伯恩和他的同事们不能断定手术和眼神交流的增加之间存在功能上的关系。他们对该程序进行了解释性分析,补充了这一案例研究。

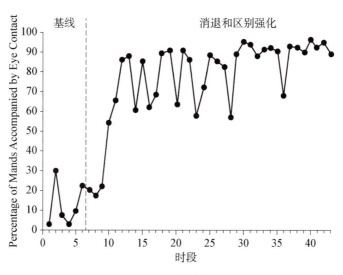

图表 6.6 AB 设计的应用

注:出自:Carbone, V. J, O'Brien, L., Sweeney-Kerwin, E. J, and Albert, K.M. (2013)。自闭症儿童眼神交流教学:概念分析与个案研究。儿童教育与治疗,36(2),139 - 159。https://doi.org/10.1353/etc.2013.0013

优势和劣势

AB 设计的主要优点是简单。它为教师提供了一种快速、简单的方法来比较实施某种干预或教学程序前后学生的行为,使教学更加系统化。你们将在下面看到,福格尔先生是如何评估正向强化对杰克完成作业的影响的。

AB 设计的缺点是它不能被用来对功能关系做出确信的假设。虽然数据可能显示干预阶段的行为增加或减少,从而表明干预的有效性,但该设计不提供该过程的复制。因此,AB 设计容易受到混杂变量或巧合事件的影响。这在下一页的示例中进行了说明。

许多教师使用 AB 设计来评估学生的进步。

杰克学会做法语家庭作业

　　杰克是一名第四阶法语班的学生,福格尔老师做杰克的工作有困难。在回顾头一天晚上的家庭作业时,杰克总是漫不经心。进一步的调查发现,杰克忽视这一复习环节是因为他没有做那些作业。福格尔老师决定采用正强化来增加杰克完成家庭作业的量。他选择了 AB 设计,采用杰克正确完成的家庭作业问题数量作为因变量,以评价干预的有效性。

　　在五天的基线期,杰克每天十道家庭作业问题做对零道(0/10)。由于杰克在法语实验室经常要求听录音带,福格尔老师决定杰克每做对一道家庭作业问题就让他听两分钟录音带。在干预期收集到的数据显示,杰克正确回答的问题数量增加了。数据分析表明,这种干预技术是有效的。

倒返设计

倒返设计用于分析单个自变量的有效性。通常称为 ABAB 设计,该设计包括连续应用和撤销干预措施,以验证干预措施对行为的影响。通过反复比较基线数据与应用干预策略时收集的数据,研究者可以确定因变量和自变量之间是否存在功能关系。

ABAB 是一种研究设计,可以揭示功能关系。

实施

倒返设计有 A、B、A、B 四个阶段:

A(基线1):初始基线,在此期间收集干预措施引入前已有条件下目标行为的数据。

B(干预1):最初引入所选择的改变目标行为的干预措施。干预持续进行,直到达到目标行为的标准或注意到行为改变的预期方向的趋势。

A(基线2):恢复到最初的基线状态,通过撤销或终止干预来完成。

B(干预2):再次引入干预程序。

哈珀女士做研究

作为最初学生教学任务的一部分,哈珀女士被要求使用 AB 设计执行一项简单的研究项目。她决定将拉尔夫坐在座位上作为因变量(回忆第一章的拉尔夫)。哈珀女士花了几天来收集基线数据,并确定拉尔夫在一小时的阅读课中,坐在座位上的时间从 20—25 分钟不等。她开始干预,选择的自变量为拉尔夫可以用来交换各种喜欢的活动的积分。当格兰迪教授在干预开始不久后造访时,哈珀女士兴高采烈地在门口和他会面。

"它起作用了,教授",哈珀女士洋洋得意,"看我的曲线图!拉尔夫本周的前两天没有来,但自从他回来,我给他积分,他每天 100% 在座位上。您觉得我将在我的研究项目上得 A 吗?"

格兰迪教授检查了哈珀女士的曲线图,并同意她的干预程序看起来是有效的。然后他坐在教室后面观察。几分钟内,拉尔夫确实坐在座位上,之后,格兰迪教授示意哈珀女士到教室后面来。

"哈珀女士",他温柔地问道,"你没有想到拉尔夫腿上的重负可能对他待在座位上的时间有影响吗?"

使用倒返设计收集到的数据可以用于检测因变量和自变量之间的功能关系。图表 6.7 呈现了因变量和自变量之间的功能关系。如果第二基线数据返回到接近最初 A 阶段

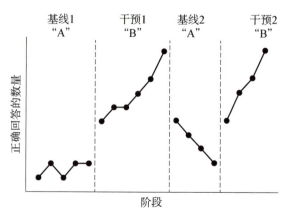

图表 6.7　展示变量之间功能关系的倒返设计图

的平均水平，或者在第二个 A 阶段的趋势明显与第一个 B 阶段的趋势相反，就说存在功能关系。图表 6.8 没有说明存在功能关系。

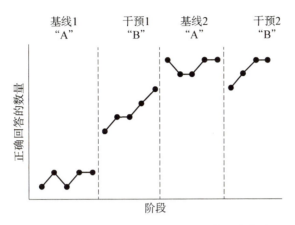

图表 6.8 未展示变量之间功能关系的倒返设计图

库珀（Cooper，1981，p.117）指明，研究者说存在功能关系之前，需要三方面证据：(1) 预测。教学判断，即某个特定的自变量将改变因变量——例如，偶然使用代币以增加米歇尔完成的数学问题的数量；(2) 对预测的验证。在第一干预期因变量的增加（或减少），以及在第二个 A 阶段大致返回到基线表现水平；(3) 效果的复制。在第二个 B 阶段重复引入自变量再次导致同样预期的行为改变。

倒返设计是一种允许老师在自变量和因变量之间建立功能关系假设的研究设计。第二基线期和第二干预期，与第一基线期和干预期条件相同，提供了复制干预对目标行为的效果的可能。混淆变量不太可能同时存在于重复应用和撤销自变量的情况。然而，倒返设计并不总是最恰当的选择，它不应该用于下述情况。

1. 目标行为具有危险性时。例如指向其他学生的攻击性行为或自伤行为。由于倒返设计在目标行为比率改变之后需要实施第二基线条件，伦理方面的考虑将禁止撤销一个成功的干预方法。

2. 目标行为不可逆时。例如，许多学业行为是不可逆的，因为学业行为改变与学习过程联系在一起。在这种条件下，回到基线表现是不可能的。例如，4×3 = 12 的知识不可能"去学习化"。至少我们倾向于认为不可能。

出于研究的目的，停止对一名严重障碍学生用头撞地的行为的某种干预是不符合伦理的。

图示

倒返设计需要四个不同的数据收集阶段。图表 6.9 展示了基本的倒返设计。（注意 ABAB 来源于每一个基线阶段标记为 A 期而每一个干预阶段标记为 B 期）

图表 6.9　基本倒返设计版式

设计变式

在文献中可以找到倒返设计的变式。第一种变式不改变设计的结构，只是缩短最初基线(A)期的长度。当长基线期不合研究伦理，当行为是危险的或不提倡的，当学生完全不能执行目标行为的情况下，这种设计模式是恰当的。

倒返设计的第二种变式完全删除最初基线期，如果目标行为明显不在学生的常规活动中，考虑这种 BAB 变式。使用这种设计时，因变量和自变量的功能关系只能在第二干预(B)期显示出来。

应用

研究者经常使用 ABAB 设计。勒温朵斯基和卡特里奇（Levendoski & Cartledge, 2000）采用它来确定自我监控程序对情绪障碍小学生工作时间和学业产出的效果。在每一个数学学习时段开始时给四名男孩自我监控卡片。告诉他们，每次听到铃响（每 10 分钟），他们应该"问你们自己……我在做该做的事情吗?"然后他们在自我监控卡上标记是或否。

图表 6.10 展示了这种干预对其中一个男孩工作时间的结果。在没有使用自我监控

卡的基线条件下,他平均工作时间比是45%。一旦实施干预,他的工作时间比平均上升到93%,返回到基线期期间,他的工作时间比平均返回到34%,在再次引入自我监控卡期间又再次上升到平均96%。图形检视表明,当学生使用自我监控卡时,其工作时间上升。注意,阶段1和阶段2由阶段3和阶段4复制,从而允许确定功能关系。

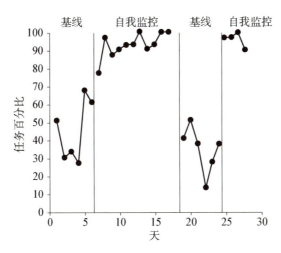

图表6.10　倒返设计的研究应用

注:选自勒温朵斯基和卡特里奇,"严重情绪障碍小学儿童的自我监控:为提高学业反应的课堂应用",2000,*Behavior Disorders* 杂志,2000版,行为障碍儿童协会。经许可重印。

古德耐特、惠特利和布罗菲迪克(Goodnight, Whitley, & Brophy-Dick, 2019)使用ABAB设计来评估回答卡在城市学校融合班级语言艺术课上对五名典型发展的四年级学生的参与和破坏性行为的作用。这项研究的回答卡是一张8.5英寸×11英寸的卡纸,上面有字母a-d和一个衣夹,这样所有的学生都可以展示多项选择题的答案。参与被定义为回答老师的问题,或者举手,或者使用答题卡。破坏性行为要么是和邻座说话,四处走动,轻敲物体,要么是在教学过程中大喊大叫。在举手条件下(A条件),老师提出问题,将问题投射到屏幕上,让学生举手,请举手的学生举手,并向该学生提供反馈。在回答卡(B条件)的情况下,老师发回答卡,问类似的问题,把问题投影出来,让学生在答案上打分,说:"出牌",然后向全班提供反馈。一个在A条件下(两个阶段),学生的平均参与次数为1次,平均参与次数为参与B条件的15个实例(两个阶段)。其他四名学生的回答类似(见图表6.11)。在两种情况下,破坏行为没有显著差异。五名学生数据的一致性和明确的功能关系使教师相信,回答卡将提高类似班级中类似学生的参与度。

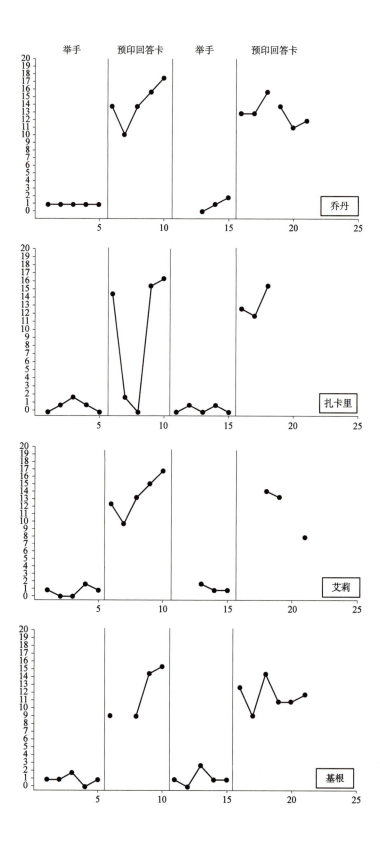

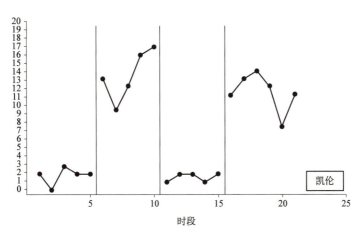

图表6.11　倒返设计的研究样例

注:来自:Goodnight, C. I., Whitley, K. G., & Brophy-Dick, A. A. (2019). 在一个小学融合班级语言艺术课上回答卡对四年级学生课堂参与和扰乱行为的影响. Journal of Behavioral Education.

下面的案例说明了如何在课堂上使用 ABAB 设计。

阿莫斯独立在电脑上工作

弗雷德里克女士是一名二年级老师,有 27 名学生。当她在给个人或小组实施阅读教学的时候,其他班级成员用电脑独立做词汇练习作业。而阿莫斯看起来几乎不做,她变得非常担忧。在收集基线数据的五天中,与班级平均为 24 相比,阿莫斯在半小时内平均完成 11 例。这些数据证实了弗雷德里克老师的担忧,她于是提出了下述干预计划。她和阿莫斯分享他完成的工作量方面的数据,并要他画一个星期的条形图,显示他每个阶段完成多少例,和班级平均相比怎么样。

弗雷德里克老师和阿莫斯约定,如果他一天完成率少于班级平均三例以内,可以获得一个代币,在这个基础上每增加一个,多获得一个代币。在五天的这种干预期间,阿莫斯每个阶段完成量少于班级平均两例之内。为了确定干预和阿莫斯的改变之间是否存在功能关系,弗雷德里克老师又回到基线条件,阿莫斯的目标行为立即回到先前水平。接下来一个星期,再次启动干预立即使得阿莫斯的表现行为回到目标水平。弗雷德里克老师对自己的干预改变了阿莫斯的行为感到自信。

优势和劣势

正如前面的应用表明，倒返设计具有简约和实验控制的优点。它提供了对单个自变量对单个因变量的影响的精确分析。

这种设计的主要缺点是必须撤销有效的干预，以确定是否存在功能关系。即使目标行为既不危险也不可逆，对老师来说，停止做一些明显有效的事情往往是愚蠢的。

变动标准设计

变动标准设计通过证明行为可以逐渐增加或减少以达到最终性能目标来评估自变量的有效性。本设计包括两个主要阶段。第一阶段（和所有单一被试研究设计一样）是基线。第二阶段是干预。干预阶段由子阶段组成。每个子阶段都有一个实现最终目标的临时标准。每个子阶段都需要比前一阶段更接近终端行为或性能水平。因此，学生的表现从基线水平逐渐向最终目标移动。

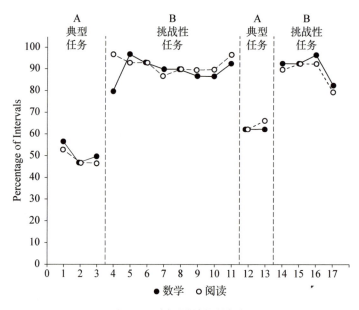

图表 6.12　倒返设计的研究应用

当行为改变的最终目标与学生的基线水平相距甚远时，变动标准设计特别合适。例如，如果目标是让学生阅读 60 个视觉单词，而她的基线表现水平是 5 个单词，那么老师指导并让她一次学习所有 55 个单词可能是不合理的。对她来说,一次学习较少的单词是更好的教学和强化练习。同样地,如果目标是让学生连续坐在座位上 40 分钟,以便成功适应融合班级的学习,而他的基准表现水平是连续 5 分钟,那么期望他能够一次完成整个 40 分钟可能是不合理的。如果他逐渐达到在座位上连续坐 40 分钟的终极目标,这更在他的能力范围之内,并将提供更多的强化机会。

变动标准设计非常适合用于检定塑造过程(见第十章)的有效性。当教师想要使通过频率、持续时间、潜伏期和强度测量到的行为加速或减缓时,这种设计也很有用。

实 施

实施变动标准设计的第一步是以与其他单一被试设计相同的方式收集基线数据。在建立了稳定的基线之后,教师必须确定干预期间每个子阶段所需的表现变化水平。第一个临时绩效水平的选择可以使用以下几种技术之一来确定:

1. 行为表现的临时标准可以设定为与基线数据稳定部分的均数相同,并随之增加。当行为改变方案的目标是提高表现的水平,而学生当前的水平很低时,适合用这种方法。例如,老师想要增加学生回答问题的数量,而学生正确回答的平均基线水平是 2,那么老师可以将 2 个正确答案设定为第一个临时标准。而每一个后续的子阶段需要增加两个正确答案。

2. 行为表现的临时标准可以设定为基线平均数的一半。如果在第一个干预子阶段,按照基线的平均数提高标准会使得任务对学生而言过于困难,那么以基线平均数的一半来提高标准更加合适。如果学生在第一个干预子阶段的表现高于与基线平均数相同的标准,则可以将临时标准提高到基线平均值的两倍。

3. 临时标准可以基于选择基线表现水平的最高(或最低,取决于最终目标)水平。这可能最适用于社交行为,如离座行为或积极的同伴互动,而不是用于学术行为。假设是,如果学生能够在高(或低)水平上表现一次,那么这种行为可以加强(或减弱)并保持在新的水平上。

4. 临时标准可以基于对学生能力的专业评估。当学生目前的表现水平为零时,这个程序特别合适。

无论教师使用何种技术来建立初始标准,所收集的数据都应用于评估每个子阶段的标准变化量是否适合特定学生。

实施变动标准设计的下一个步骤是开始干预阶段。在每个干预阶段,如果学生的表现至少达到了临时标准的水平,教师就提供强化。对于教师来说,在最初的干预阶段分析所选择的临时表现水平的适当性是很重要的。如果学生在经过合理次数的尝试后仍未达到标准,教师应考虑降低强化所需的临时表现水平。相反,如果学生太容易达到目标,教师应该考虑提高强化所需的临时表现水平。

当学生在预定数量的连续课程(通常是两次,或者在一个子阶段的三个连续课程中的两次)中达到既定的表现水平后,强化所需的表现水平应该朝着整体行为改变计划的期望表现水平的方向进行调整。每个连续的中期业绩水平应使用在第一个中期业绩水平上确定的相同的数据差异来确定。也就是说,行为改变计划应该反映一个统一的,逐步增加或减少的标准水平。这一过程一直持续到:

1. 行为增加到100%或减少到0%的性能水平,或
2. 教师在行为目标中所确立的最终目标得以实现。

如果学生的表现水平符合教师规定的不断变化的表现和强化标准,则因变量与自变量之间存在功能关系(Kazdin, 2011; Richards, Taylor, Ramasamy, & Richards, 1999)。这种评估功能关系的方法基于这样一种观点,即与不断变化的标准的重复匹配相当于复制实例。每个子阶段及其临时标准作为下一子阶段增加(或减少)标准的基线(Cooper, Heron, & Heward, 2020; Hartmann & Hall, 1976)。一般来说,学生必须在至少三个连续的阶段中满足既定的标准,才能有效地假设功能关系。

变动标准设计使教师和研究人员能够建立功能关系。

图示

基本的变动标准设计格式类似于AB设计。基线阶段之后是干预阶段,竖线将两个条件和每个子阶段分开。如图表6.13所示,根据选择强化的性能水准,确定干预阶段的数据。绘制数据图的过程需要连接每个子阶段中的数据点。在不同的中间阶段或子阶段收集的数据点从未连接。学生获得奖赏(强化)所需要达到的行为量应该在每个干预阶段清晰地标示(见图表6.13)。

应用

霍尔和福克斯(Hall & Fox, 1977)使用变动标准设计来增加行为障碍儿童正确解决数学问题的数量。在基线条件下,该生的平均表现水平是解答一道数学题。

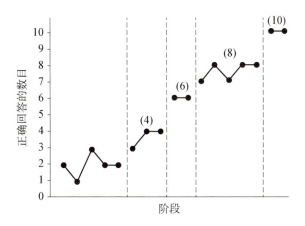

图表 6.13 基本的变动标准设计格式

第一个临时成绩水平是在比平均基线成绩(2)大的下一个整数上建立的。如果学生达到了这个成绩水平,他就被允许打篮球。如果学生没有达到标准,他必须留在数学课上,直到正确解决问题。图表 6.14 显示了这个过程一直持续到 10 道数学题被正确解决。

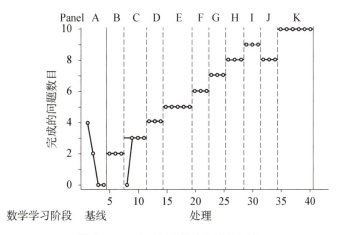

图表 6.14 变动标准设计的研究应用

注:选自"Changing Criterion Designs: An Applied Behavior Analysis Procedure," by R.V. Hall & R.G. Fox, 1977. in B.C. Etzel, J.M. LeBlanc, & D.M. Baer (Eds), New Developments in Behavioral Research: Theory Method and Application. Copyright 1977 by Lawrence Erlbaun Associates, Inc., Publishers. 经作者和出版社许可重印。

麦克丹尼尔和布鲁恩(McDaniel & Bruhn, 2016)使用变动标准设计,以证明签到/签到(CICO)系统对两名有行为问题和破坏性行为历史的中学生的适当课堂行为的影响。

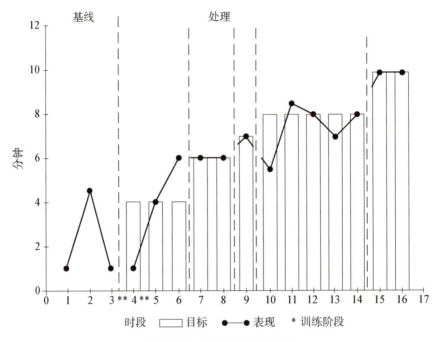

图表 6.15 变动标准设计的应用

CICO 卡片包含五个期望的分数（0—2）：准时、尊重、有组织、获胜态度和学习。5 位老师每天提供 5 次分数，每天有机会获得 50 分。一个同学的成绩见图表 6.16。在基线测试中，老师在没有与学生协商的情况下完成了卡片，学生们平均都获得了 40% 的可能得分。在第一个干预阶段，CICO 协调员（一名教师或学校心理学家）会见了每个学生，并设定了一个目标，即当天获得 40% 的可能分数。CICO 协调员对达到目标的行为给予表扬，对未达到目标的行为给予纠正反馈。学生的平均比例上升到 62% 和 69%。然后协调员将目标设定为 75%，结果学生的平均成绩为 78% 和 79%。最高分数是 85%，学生的平均分数是 83% 和 86%。此时，由于数据符合不同的标准，因此证明了实验控制。为了获得额外的实验控制，研究人员回到了基线条件（没有目标设定），这导致平均下降到 64% 和 72%。当恢复 85% 的目标时，学生的平均得分分别为 97% 和 100%。除了表现出在满足课堂期望方面的进步外，学生的问题行为也减少了。

某些程序要素可以通过加强实验控制来提高变动标准设计的研究信度：

1. 持续一个子阶段直到建立稳定的行为比率

对课堂应用而言，在两个阶段（或三个阶段中的两个）中将行为维持在临时标准，然后再转到下一个子阶段，可以提供充分的控制。因为，出于研究的目的，每个子阶段都可以

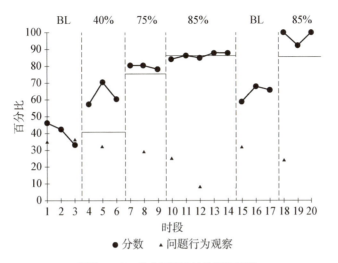

图表 6.16 变动标准设计的研究示例

注:选自:McDaniel, S. C., & Bruhn, A. L. (2016). Using a changing-criterion design to evaluate the effects of check-in/check-out with goal modification. Journal of Positive Behavior Interventions, 18(4), 197–208.

视为下一个子阶段的基线,在开始下一个子阶段之前,上一个子阶段可以一直持续,直到建立稳定的行为出现率(Richards et al., 1999)。

2. 在某些子阶段改变阶段的数量

在图表 6.14 中,每个临时标准一般维持三个时段;但是,在某些子阶段,时段数有所改变。只要标准有效,子阶段的长度可能会随着行为在标准水平上的停留而变化(Cooper 等,2020)。"在实现变化之后,在引入下一个标准变化之前,稳定对于产生令人信服的控制演示至关重要"(Hartmann & Hall, 1976, p.531)。

3. 改变子阶段所需的表现提高(或降低)量

在图表 6.16 中,子阶段的标准是从 40% 到 75% 再到 85%。改变标准变化的大小提供了更有说服力的实验控制演示(Cooper et al., 2020)。

4. 在一个或多个阶段中要求与最终目标相反方向的变化

在图表 6.14 中,在子阶段 J 中,提供强化的标准改变是与最终目标相反的。使学生的表现水平回到先前掌握的标准,呈现了一种类似于 ABAB 设计中回到基线条件的倒返效应。

下述故事阐明了课堂中变动标准设计的运用。

> **克劳迪娅(Claudia)学习按颜色排序**
>
> 　　克劳迪娅是卡罗尔(Carroll)老师班上的一名学生,这是一个中度智力障碍学生的中间过度班。卡罗尔老师正在努力教克劳迪娅根据颜色快速排列物体。克劳迪娅能够完成任务,但她动作太慢了。卡罗尔老师决定采用变动标准设计来评估正强化的效果。他证实克劳迪娅平均基线排序比率是每分钟 4 个物体。他将每分钟 6 个设定为第一个临时标准,每分钟 30 个作为最终目标。当克劳迪娅达到了标准,她就赢得一块扑克碎片,可以交换一分钟的自由时间。当克劳迪娅在两次连续试验或机会中都达到标准,卡罗尔老师就将强化的标准提高,即每分钟都排两个物体。他一直持续这种做法,直到克劳迪娅每分钟排列 30 个物体才能获得扑克碎片。卡罗尔老师得出结论,在因变量和自变量之间存在功能关系,每次标准改变时克劳迪娅的行为快速改变,但在标准改变之前其行为并不改变。

优势和劣势

　　变动标准设计的优点在于,它可以在不断向积极方向改变行为的同时,建立功能关系。不需要撤销成功的干预。然而,使用变动标准设计,需要渐进式的行为改变,因此,变动标准设计可能不适用于需要快速矫正或本身会导致快速矫正的行为。

多基线设计

　　正如其名称所示,多基线设计允许同时分析多个因变量。采用多基线设计,教师可以通过实验检验干预(自变量)的效果:

　　1. 在单个情境中与学生相联的两种或多种行为。例如,约翰(John)在社会研究课上离开座位和随意讲话的行为(跨行为多基线)。

　　2. 在单个情境中表现出相同行为的两名或多名学生。如萨拉(Sara)和珍妮特(Janet)在英语课上的拼写准确度(跨被试多基线)。

　　3. 单个学生表现出相同行为的两个或多个情境。例如,库尔特在课间休息时间和学校餐厅的骂人行为(跨情境多基线)。

　　多基线设计是当教师有意将干预程序应用于一个以上的个体、情境或行为时的设计。

多基线设计不包括倒返阶段；因此，当倒返设计不合适时，如目标行为包含攻击性行为或涉及学术学习时，可以采用多基线设计。

何时使用多基线设计。

实施

教师使用多重基线设计同时收集每个因变量的数据。教师在基线条件下为每个学生、每项行为或每种情境收集数据。在建立数据收集系统时，教师应该为项目中涉及的每个变量选择一个合适的 y 轴尺度。为了使数据分析成为可能，应该对每个因变量使用相同的测量尺度（例如，正确完成的数学问题的数量或专注行为的百分比）。

在第一个变量上达到稳定的基线后，可以开始对该变量进行干预。在干预期间，继续收集剩余变量的基线数据。当第一个变量达到行为目标中建立的标准时，或者当第一个变量的数据显示出连续三个数据点所指示的预期方向的趋势时，应该开始对第二个变量进行干预。对于第一个变量，应继续干预条件，对于任何其他变量，仍应收集基线数据。这个顺序一直持续，直到干预被应用于行为改变项目中确定的所有变量。

在多基线设计中收集的数据可以检验自变量和每个因变量之间的功能关系。引入具有第二个和随后的因变量的干预构成了效果的复制。例如，在获取马特（Matt）在特殊教育资源班和环境科学班上的集中注意行为的基线数据后，教师开始在资源班上进行干预。马特被告知，如果他在老师看他的 85% 的时间里都在做任务，他就能减少 20% 的家庭作业。这一应急措施将于周二生效，持续 4 天，直到他的行为符合这一标准。在这 4 天里，教师继续在科学课上采集基线数据。一旦马特在资源班上达到了标准，这一应急措施就会在科学课上施行，并继续在资源班上施行。如果马特的完成任务行为在资源教室中增加，继而在科学课上也增加，教师可以说马特的完成任务行为与减少家庭作业之间存在功能关系。这是一种功能关系，因为这种效应首先出现在资源班上，然后在环境科学课上被复制。当且仅当引入自变量时，如果每个因变量连续显示变化，则假定存在功能关系。

应检查相邻图，以确保每个连续干预对适当的因变量具有独立的干预效果。只有第一个自变量会受到第一个干预的影响。只有当干预也应用于第二个和后续因变量时，才能看到它们的变化。图表 6.17 展示了功能关系的示例，而图表 6.18 没有。在图表 6.18 中，当对第一个因变量进行干预时，第二个因变量开始出现上升趋势，说明变量之间的关系不是离散的，也不是独立的。

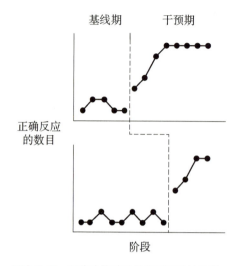

图表 6.17 反映功能关系的多基线设计数据

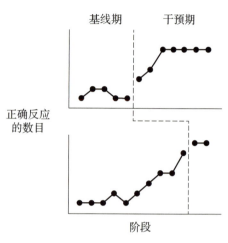

图表 6.18 未反映功能关系的多基线设计数据

图示

当使用多重基线设计时,教师应该使用单独的轴来绘制收集到的数据,用于应用干预的每个因变量(个人,行为或情境)。图表 6.19 显示了多基线设计的合成图。

应用

跨行为 里夫(Leaf et al.,2016)使用跨行为的多重基线设计来评估干预包对 8 名自闭谱系障碍儿童(3—5 岁)社交游戏的影响。这三种游戏——睡眠游戏、水果沙拉和捕鼠器——与捉迷藏和跳伞游戏类似。干预包括

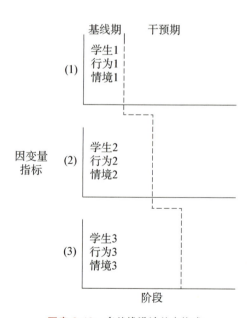

图表 6.19 多基线设计基本格式

示范、角色扮演、正强化和一个"酷对不酷"的过程,在这个过程中,老师们以正确和不正确的方式来玩游戏。如图表 6.20 所示,除了在捕鼠器中有 10%—25% 的正确率外,被试在基线中没有正确地玩游戏。在每个游戏的不同时间点实施干预后,被试的正确率增加,大

多数情况下达到100%。技能也保持不变。当学生们正确玩睡眠游戏的次数增加时,他们在水果沙拉和捕鼠器上正确玩游戏的次数保持在基线水平(接近零);当学生们正确玩水果沙拉的次数增加时,他们在捕鼠器上的表现仍保持在基线水平,直到用捕鼠器进行干预。这种数据模式说明了干预与被试正确玩游戏的百分比之间的功能关系。

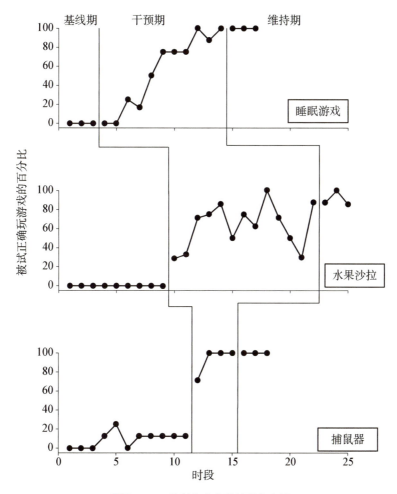

图表6.20 跨行为多基线的研究应用

跨被试 布克、帕克、利维、克维亚卡拉和沃利(Bouck, Park, Levy, Cwiakala, & Whorley, 2020)使用跨被试多基线设计来评估基于应用程序的操作对三名患有各种残疾(学习障碍,自闭症谱系障碍和智力残疾)的中学生的分割技能的作用。该应用程序在平板电脑上展示,包含不同长度的可移动杆,可以用作解决不同类型数学问题的工具。干预还包括明确的指导,清晰的示范、辅助和提供独立的机会。目标技能是解决除法问题。如

图表 6.21 所示，除了杰西在第四阶段答对了 20％的除法题外，三位学生都答对了零题。当应用程序和明确的指导干预到位时，三位学生在大多数时段都答对了 100％。泛化条件与基线相同——只是数学工作表，没有应用程序或明确的指导。在该时段，只有罗里正确回答了除法问题（80％—100％），杰西和迪恩在那个阶段的正确率为 0％。因为当杰西表

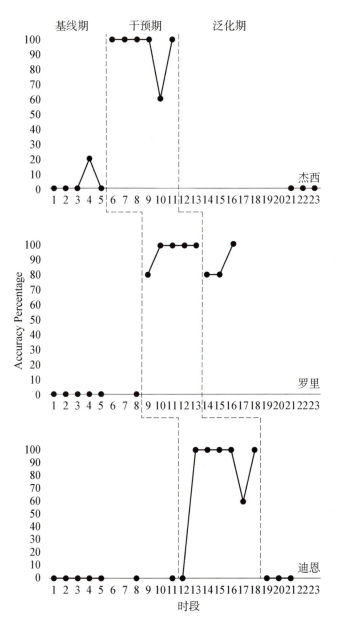

图表 6.21　跨被试多基线设计的研究应用

现出改善时,罗里的数据保持在基线水平,而当罗里的反应增加时,迪恩的数据保持在基线水平,所以干预与正确解决除法问题的百分比之间存在功能关系。

研究人员使用多重基线设计来同时观察多个学生的行为。他们将成对的学生,小组学生,甚至整个班级作为一个单元,就像里夫等(2016)的情况一样。在这种情况下,效果可以被报告为群体目标行为的平均表现,也可以被报告为群体内个体成员的表现(Aspiranti, Skinner, McCleary, & Cihak, 2011; Beaulieu & Hanley, 2014; Lane, Gast, Ledford, & Shepley, 2017; Leaf et al., 2017; Pinkelman & Horner, 2017; Therrien & Light, 2018)。

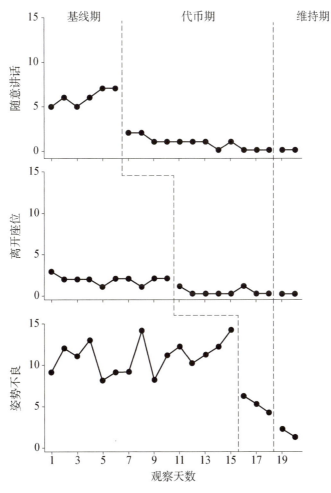

图表6.22 跨行为多基线设计图

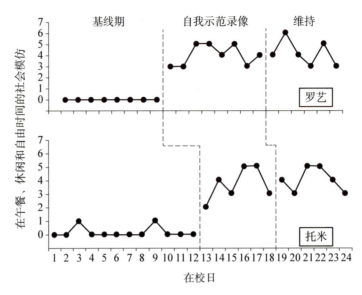

图表6.23 跨被试多基线设计图

跨情境 道尔顿,马泰拉和马尔尚-马泰拉(Dalton, Martella, & Marchand-Martella, 1999)采用跨情境多基线设计来评价自我管理项目对两名八年级学习障碍男孩分心行为的干预效果。分心行为的操作性定义为(1)不在座位上(臀部不在座位上,双脚不一定在地板上),(2)与他人交谈(学生未经允许和他人说话、耳语或咬耳朵),(3)打断别人(递纸条、触碰其他学生的身体或财物),(4)不从事分配的任务(乱涂乱画而不认真写,看杂志而不读书),以及(5)从事无关于甚至是干扰分配的任务的身体活动(玩铅笔或者撕纸)。图表6.24呈现了彼特的图示数据。在基线期,设置了"标准课堂程序(normal classroom procedures)"。这些程序包括重发指令、训斥、从班级撤出、延迟。彼特分心行为在科学课上占79%,在语言艺术课上占87%,在学习机会中心(学习厅)占97%。首先在科学课堂引入自我管理方案,彼特分心的时间减少到平均17%;然后在语言艺术课引入,其分心的时间减少到平均21%;最后在学习厅引入,其分心行为的时间减少到平均16%。由于自我管理方案首先应用于科学课,然后在语言艺术课得到复制,又在学习机会中心得到第二次复制。这些成功的复制可以得出在因变量和自变量之间存在功能关系的结论。

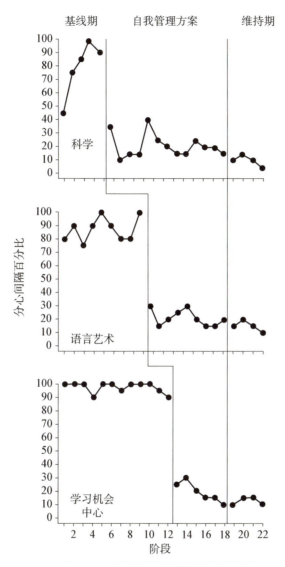

图表 6.24　跨情境多基线设计的研究应用

下述案例阐明了多基线设计在课堂中的应用。

学生学会按时上课

拉斐尔（Raphael）老师是一名中学英语教师。她所教的三个早班的学生一贯迟到。她于是开始记录三个班级的基线数据，即铃响的时候坐在座位上的学生数目。

她发现第一个班平均为5名学生,第二个班平均为4名,第三个班平均为7名学生坐在座位上。拉斐尔老师然后开始在第一个班铃响的时候坐在自己座位上的学生的成绩簿上记录额外的分数。结果一周之内有25名学生坐在自己的座位上按时上课。其他两个班的基线数据在第一次干预时未显示变化。当拉斐尔老师开始在第二个班对准时的学生给予额外的分数时,按时上课的学生数目立即明显增加。一周后,拉斐尔老师将这一干预应用于第三个班,得到的结果相似。拉斐尔老师完成了两件事情:成功地让学生准时来上课;在她的干预(自变量)和学生的行为(因变量)之间建立了功能关系。

优势和劣势

多基线设计不用像倒返设计所必需的撤销所实施的干预,也不用像变动标准设计所要求的逐步变换标准,就可以建立功能关系。这些优点使得它成为一种在课堂应用中特别有用的设计。但是,多基线设计也有某些局限。该设计要求研究者将干预应用于几名学生、几种行为或几种情境,这并不一定都具有现实性。多基线设计也要求在扩展阶段收集基线数据,特别是第二个和后续因变量的基线数据。当学生无法在所有情境中表现该行为,或者没有其他情境的机会,或情况不现实时,收集每天的基线数据可能比实际上有保证的情况下更费时间,或者并不具有可能性。有人提出**多重探测技术**(multiple probe technique)可以作为这种情况的解决方案(Horner & Baer, 1978)。在这一多基线设计的变式中,对不实施干预的行为(或学生,或情境)数据并不是持续不断地收集的,而是对这些持续不断的行为间歇地进行探测试验(在基线条件下的单个试验)或阶段探测(在基线条件下不止一次试验),从而证明该生仍然不能从事该行为,或记录学生在干预前的能力变化。教师在对行为1(或学生1,或情境1)进行干预时,间歇地对行为2和行为3进行探测。当行为1达到预定的标准时,对所有三种行为进行一次或更多的阶段探测。然后开始对行为2实施干预。对行为1的后续探测以确定该行为的变化可以维持,同时继续对行为3进行基线探测。当行为2达到预定的标准时,对所有三种行为进行一次或更多的阶段探测。然后开始对行为3实施干预,同时对行为1和行为2实施后续探测。

多基线设计的问题和建议的解决方案。

交替处理设计

与使用单一自变量和多个因变量的多基线设计相反,交替处理设计(Kazdin, 2011; Ledford & Gast, 2018)允许在单个因变量上比较多个治疗或干预策略的有效性。例如,使用这个设计,教师可以比较两种阅读方案对学生阅读理解能力的影响,或者两种行为减少程序对学生随意讲话行为的影响。教师还可以检查学生交流板上三种不同类型符号的效率。交替处理设计也被称为多元素设计(Cooper, Heron, & Heward, 2020)。

实施

建立交替处理设计的第一步是选择目标行为并选择好两种或以上可能的干预方法。如果目标行为是社会性的(例如,问恰当的问题或专注于任务),则应该对其进行操作性定义。如果目标行为是学业方面的,应该选择两种或两种以上有代表性的行为样本(例如,两套或以上相同难度的除法问题),每个样本都被指定为一种干预或处理策略。

正如交替处理设计的名称所示,多种处理是交替或循环实施的。多种处理的呈现可以按随机顺序,例如 ABBABAAB(Barlow & Hersen, 1984)。采用两种处理的时候,学生应该在每种处理下暴露相同的次数。如果有三种处理,可以采用区组循环。每种处理在每个区组中出现一次,例如,ABC、BCA、CAB、ACB、BAC、CBA。如果收集数据的时间足够长,每种可能的呈现顺序都应该至少出现一次。

交替处理可以在阶段内持续实施(B 在 A 后面),或者从一个阶段到下一个阶段实施(A 是上午,B 是同一天的下午),亦或在连续几天中实施(A 是星期一,B 是星期二)。干预计划表应该平衡,也就是说,在第一个阶段一开始实施的处理在第二个阶段应该放在第二位实施,第一天在上午实施的处理在第二天应该在下午实施,第一周在星期一使用的处理在第二周应该在星期二使用。(在研究情境中,采用类似的抵消平衡以使得其他潜在混淆变量的影响最小化,例如实施处理的人不同,以及实施处理的地点不同)。这种抵消平衡应该控制消减效应和顺序效应(Barlow & Hayes, 1979)。换句话说,按照随机顺序实施干预处理,每种处理对其他处理的影响可以最小化。

恰好在每种处理之前呈现的独特的区别性刺激、信号或线索可以向学生明示正在实施何种干预条件。例如,教师可能说"这是 A 处理"和"这是 B 处理",或"现在我们将使用数线"和"现在我们将使用计算卡片"。教师也可以用不同颜色标示工作簿,表示某种特定的干预条件正在实施。

图示

绘制交替处理设计图的基本形式见图表 6.25。和所有单一被试设计一样,首先绘制基线数据,并通过一条垂直分隔线与干预期数据独立开来。交替处理设计图不同于其他

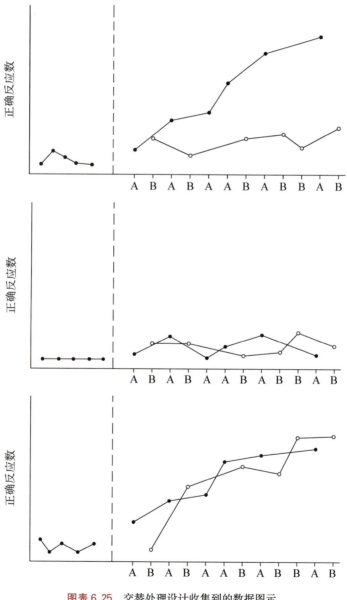

图表 6.25 交替处理设计收集到的数据图示

单一被试设计,每个图可能显示若干条曲线。每一种处理的数据点仅与该种处理的其他数据点相连,使得每种处理的数据以独立的直线或曲线呈现。

如果某种处理的数据曲线在竖直方向独立于其他曲线,则称其为**分化**(fractionated)。这种分化表明不同处理的效果不同。

图表 6.25 中最上面的图展示的是一种有效处理的数据。处理 A 是两种处理中更有效的。两条数据曲线是独立的,它们除了在干预期开始的时候,没有在任何点相交。两条曲线是分化的。图表 6.25 也展示了不同处理之间并无显著不同的数据。中间的图展示了两种处理,没有任何一种处理表现出对因变量的控制力,因此,没有一种有效。最底下的图展示了两种处理都呈现出对因变量的控制力,因此,两者一样有效。

通过对图形的视觉检视,我们可以推断一种或更多自变量和因变量之间的实验性控制关系。

> 由于诸如实施处理的时间之类的混淆变量通过抵消平衡被中和了(假定),而且由于被试很容易通过指导语或其他区别性刺激来区分两种处理,因此,个体与每种处理相随的行为改变的差异应该归结于处理本身,这使得可以在两种(或更多)处理之间进行直接比较(Barlow & Hayers, 1979, p.200)。

正如早前描述的,交替处理设计未包含复制阶段。因此,存在功能关系的情况相对弱。为了使之增强,可以创立第三个阶段。在这个阶段,将更有效的处理应用于在干预期用无效处理进行干预的行为(或行为样本)。如果第二种行为继而改善,该处理就实现了复制,功能关系得以揭示。图表 6.26 呈现了交替处理设计的三阶段变式。

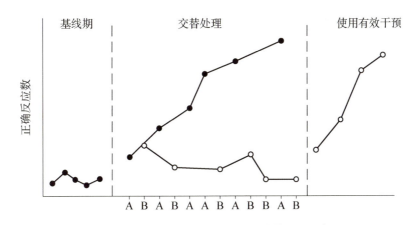

图表 6.26 呈现功能关系的三阶段交替处理设计

应用

鲍威尔和加德克(Powell & Gadke, 2018)采用交替处理设计,比较了三名英语课有失败史的中学生提高口语朗读流畅性的两种方法。口语朗读流畅度的测量方法是给学生一篇符合他们教学水平的文章,并记录每分钟朗读的正确单词数。其中一个步骤是重复朗读,每个学生朗读一篇文章两次,并从研究人员那里得到错误反馈。另一个过程是听文预习,每个学生听研究人员读一遍文章,同时跟随他们的手指,然后学生读一遍文章。在控制条件下,学生读了一篇没有反馈的文章。由图表 6.27 所示的结果可以看出,对于格兰特来说,在重复朗读条件下每分钟的正确单词数要高于听文章预习和对照条件。这些结果显示出一种功能关系,其他两名学生的结果也类似。

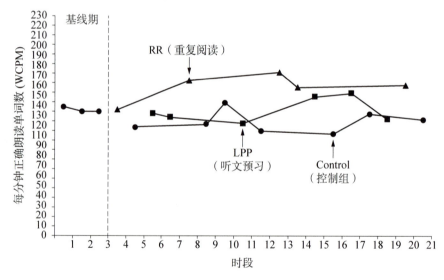

图表 6.27 交替处理设计的研究应用

注:选自:Powell, M.B., & Gadke, D.L. (2018). 提升初中生口语朗读流畅性:重复朗读和听文预习的比较. Psychology in the Schools, 55(10), 1274–1286.

戴维斯、达库斯、斯特里克兰、马查利塞克和科维洛(Davis, Dacus, Strickland, Machalicek, & Coviello, 2013)使用交替处理设计来评估一名 8 岁非语言自闭症男孩自残行为的干预方法。其自残行为的形式是将物品或手指放入耳朵,直到物品被卡住或耳朵发炎或流血。一种条件是提供与男孩耳朵刺激相匹配的非偶然物品;这些是丙烯酸球(类似于棉球),是安全的,在该时段开始时由研究人员放在他的耳朵里。另一种条件是非偶然的无与伦比的感官刺激,在这个条件下,男孩可以不断地接触到他最喜欢的东西——便携式 DVD 播放机——以及每 10 秒一次的表扬和身体接触。如图表 6.28 所示,与未匹配刺激相比,匹配刺激条件下出现自伤行为的间隔百分比持续且显著降低。基于两个数据路径之间的距离,存在明显的功能关系。

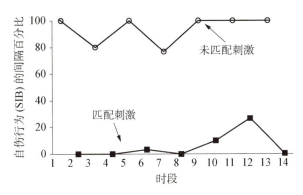

图表 6.28 交替处理设计的研究应用

注:选自:Davis, T. N., Dacus, S., Strickland, E., Machalicek, W., & Coviello, L. (2013).应用非偶然性匹配刺激减少自动化的自伤行为.Developmental Neurorehabilitation, 16(3),166–171.

对于教师来说,交替处理设计可以提供关于各种教学方法的比较效果的快速准确的反馈,如下面的例子所示。

使用交替处理设计可以帮助教师个性化教学。

玛西娅(Marcia)学习视觉词汇

哈根(Hagan)老师是小学生的资源教师。他想让他的一名叫玛西娅的学生学会一年级水平的基本视觉词汇。他选择了 15 个单词,并建立了玛西娅朗读这些单词的基线比率为零。然后哈根老师将这些单词分为三组,每组五个。一组打印在卡片上并配有录音,玛西娅可以听到这些单词的发音。他安排一名同龄指导者与玛西娅共同学习第二套,而他自己则与玛西娅共同学习第三套。哈根老师将玛西娅每天每组正确发音的单词数记录下来并制图。在一个星期内,玛西娅和同龄指导者一起学习的那组单词正确发音的比率高于其他两组。哈根老师于是得出结论,对玛西娅而言,同伴指导是他学习视觉单词最有效的方法。

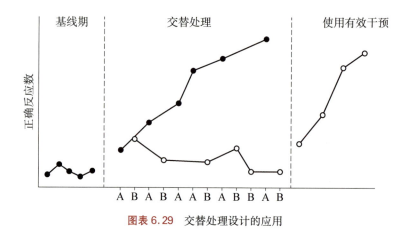

图表 6.29 交替处理设计的应用

优势和劣势

交替处理设计是教师回答最重要的教学问题之一的有效方法：哪种方法对这个学生最有可能成功？一旦分门别类地出现，教师就可以用三到五个数据点来选择最成功的方法。缺点之一是，为了建立强大的功能关系，必须建立一个复制阶段。然而，这对教师来说可能没有什么实际意义。

多重处理设计

多重处理设计用于探究两种或两种以上干预（自变量）对学生行为（因变量）的影响。与交替处理设计不同，该设计中的处理是按序引入的（Cooper, 1981; Kazdin, 2011; Ledford & Gast, 2018）。

多重处理设计反映了现实情况——教师们不断尝试不同的方法，直到找到一种有效的方法。

这种设计对老师很有用，因为他们发现在找到一个对特定学生成功的干预措施之前，有必要尝试一系列干预措施。教师正在改变学生期望在其中表现行为的条件（例如，环境条件、教学条件、强化条件）。

实施

实施多重处理设计的第一步是收集基线数据，以评估学生目前的行为水平。一旦建立了稳定的基线,教师就可以引入既定的干预措施,并通过数据收集来衡量其有效性。如果第一次干预的数据没有显示出学生表现的变化,或者变化的幅度不够大或方向不够理想,教师可以设计第二次干预。这第二次干预既可以是完全改变策略,也可以是对先前干预的修正。这种重新设计干预条件的过程不断重复,直到对学生的行为达到预期的干预效果。

改变条件设计有三种基本变式:(1)ABC,(2)ABAC 和(3)ABACAB(见图表 6.30)。

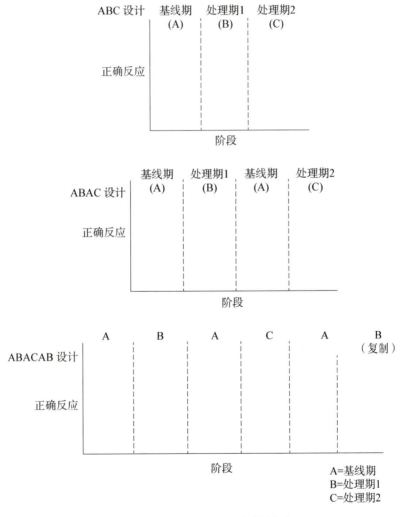

图表 6.30　多重处理设计的变式

1. ABC 设计:当教师试图判断两种干预的效果时采用 ABC 设计,即试图将促进学生表现的教学包放在一起,或试图系统地移除辅助的形式以使学生更独立地表现行为。

（1）建立教学包。教师从学生当前的表现开始实施干预。如果学生的表现没有响应或响应不充分，教师将相继引入或累加新的策略，直到学生的表现达到标准。这种板式与当前的干预—反应(RTI)模型相兼容。在每种新的策略被添加到教学包时，新的阶段就确定了。因此，这种设计仅仅是 AB 设计的扩展。因为在 AB 设计中，对干预效果没有复制，而且没有功能关系的假设。史密斯(Smith, 1979)试图提高一名学习障碍学生的口头阅读能力。在基线期之后，应用了三个累加阶段。教师首先采用教师示范。当该生的表现没有充分改变时，在示范中加入修正程序。当这种融合策略仍然没有带来足够的变化时，再加入预习。这三种策略的组合是成功的。

（2）渐隐辅助。教师系统地减少提供给学生的辅助的数量，以便确定持续成功的表现所需要的最少辅助。每一次辅助的减少都看作是一个新的阶段。辅助的减少包括减少前提事件的强度，例如有一名在第一个阶段正在学习描写打印的字母的学生，在第二个阶段可以通过连接密集分布的点来描写，在后续阶段可以通过连接更加稀疏的点来描写，而最后可以在纸上只出现一条线时书写。其他的改变可以包括减少强化的数量或给予强化的频率(时间表)。减少教学组合中的成分也是渐隐辅助的例子。如果为了成功写一段话，学生一开始需要给予主题，描绘主题的图片，该图片的言语描述指导，以及主题句，教师可以系统地一个一个移除，直到学生只要给一个主题就能够写一段话。

2. ABAC 设计。在这种设计中，教师实施的两种及以上的干预通过另外的基线条件加以分隔：基线期、处理 1、基线、处理 2，等等。不同的处理可以是完全不同的处理或同一处理的不同变式。通过介入基线条件将不同的处理分隔开来，可以防止在使用另一种处理时第一种处理还在持续影响学生的行为，因而可以提供每种处理的效果的清晰画面。然而，并不能确定地认为建立了功能关系，因为缺乏复制阶段。在科尔曼-马丁、海勒、齐哈克和欧文(Coleman-Martin, Heller, Cihak, & Irvin, 2005)开展的一项研究中，比较了提高词汇量的三种不同的干预：仅仅老师教，老师教和计算机辅助教学，仅仅计算机辅助教学。阶段的顺序是：基线、老师教、基线、老师教加计算机辅助、基线、计算机辅助。

3. ABACAB 设计。由 ABC 或 ABAC 设计所获得的数据不能确定因变量和任一自变量之间的功能关系。就像 AB 设计的情形一样，数据只能给出某种特定干预有效的信号。然而，这一设计可以精致化以便呈现功能关系。为了评估功能关系是否存在，应该要有干预效果的复制。因此，在每一种潜在的处理阶段之后，数据显示最有效的那种处理在另一个基线条件之后再次实施。如果处理再次成功，就实现了效果的复制，因而呈现出功能关系。该设计也可以看成 ABAB 设计的变式。

图示

改变条件设计的板式类似于前述设计。基线期之后伴随干预期,用一条垂直线将阶段及与每种特定干预相连的数据分隔开来。图表 6.30 例举了这三种基本板式:ABC、ABAC 和 ABACAB 设计。

应用

奥汉德利、拉德利和卡维尔(O'Handley, Radley, & Cavell, 2016)使用 ABC 设计来评估社交技能课程对六名高发残疾(如 ADHD 和轻度智力残疾)小学生破坏性行为的影响。破坏性行为是在 10 分钟的自由玩耍期间测量的,包括不适当的发声,不适当的玩具玩耍和攻击。在基线之后,研究人员通过视频示范、角色扮演和正强化来教授社交技能。第一堂课是课程中"教学控制技能"部分的"做好准备"和"遵循指导"。这些技巧包括注意说话人的方向、眼神交流和遵循指示。如图表 6.31 所示,教授这些技能并没有从根本上减少破坏性行为。下一个策略是"轮流",定义为决定谁先走,等待轮到你,并确保所有学生都有机会。这一课的结果是破坏行为显著减少。最后的随访情况显示,在指导结束后的一到两周,破坏性行为仍然很低。奥汉德利等将这项研究称为"试点研究",因为 ABC 设计不允许实验控制的演示。

克罗齐尔、廷卡尼(Crozier & Tincani, 2005)使用重复基线(ABAC)的多重处理设计来比较两种干预措施对减少一个 8 岁自闭症男孩随意讲话行为的效果。干预在一个 30 分钟结构化的教室内独立活动阶段实施。记录到的亚历克斯在每个阶段随意讲话的数据见图表 6.32。

(1) 在第一个基线期,亚历克斯在每个阶段随意讲话平均 11.2 次。

(2) 在第一个干预阶段,于活动开始之前,实施社会故事策略。教师和亚历克斯并排坐着,教师递给亚历克斯一本书说"这是一本关于在学校说话的书"。亚历克斯出声地读出这个故事然后要回答问题以确保理解了所读的内容。在这个干预阶段,随意讲话的次数下降到平均每个阶段 2.3 次。

(3) 在第二个基线阶段,当暂缓干预的时候,亚历克斯随意讲话的行为增加到平均每个阶段八次。

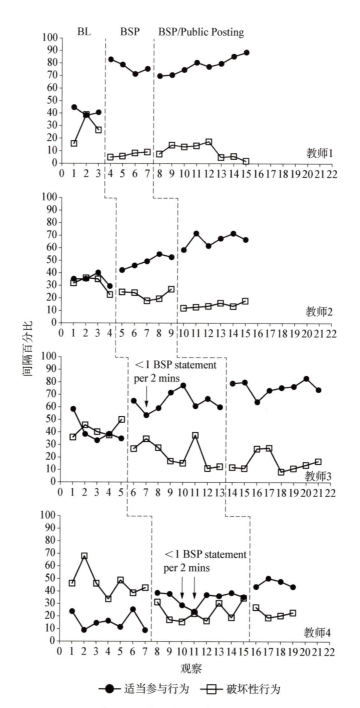

图表 6.31 多重处理设计的研究应用

注：选自应用"超级英雄社交技能"项目减少破坏性和攻击性行为，见 R. D. O'Handley, K. C. Radley, & H. J. Cavell, 2016, 防止学校失败, 60(2), 124 – 132. 经许可复印.

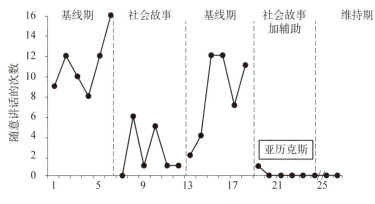

图表 6.32 多重处理设计的应用

注：选自"Using a Modified Social Story to Decrease Disruptive Behavior of a Child with Autism," by S. Crozier & M. Tincani, 2005, Focus on Autism and Other Developmental Disabilities, 20, 150–157.

Copyright 2005, by PRO-ED, Inc. Reprinted with permission.

（4）在第二干预阶段，教师像前面一样实施社会故事阅读策略，但同时增加教师言语辅助，"当你想要和老师说话时记得举手"。在每个阶段，该言语辅助每六分钟施行一次。亚历克斯随意讲话的行为下降到每个阶段平均 0.2 次。

最终干预阶段两周之后的两次探测结果表明亚历克斯的行为改变得以维持。

下面的案例展示了如何在教学中使用多重处理设计。

罗伯塔学会投篮

伍兹老师最近被一个小学聘用教体育。当伍兹老师到达工作单位，特殊教育的琼斯老师向他接近。琼斯老师担心伍兹老师体育课上有一个叫罗伯塔的有肢体障碍的学生，他坐轮椅，手眼协调有困难。琼斯老师希望该生能学会投篮。学会打篮球可以为罗伯塔提供协调性训练和有价值的休闲技能。伍兹老师也认同篮球技能对他是合适的。

伍兹老师决定使用系统性教学法，他让罗伯塔扔 20 次篮球，看他有几次可以扔进一个矮篮筐。这一过程在五个体育课时段连续实施，不进行额外的教学，直到基线表现水平得以确立。然后，伍兹老师决定采用示范技术。他向罗伯塔示范如何投掷篮球并让他模仿自己。在五个课堂时段几乎没有记录到什么进步。伍兹老师于是去找特殊教育琼斯老师以决定怎么办。

琼斯老师仔细审阅了所有数据,建议改变条件。她解释道,似乎需要对干预做出改变,示范可以和在图表上绘出分数合并使用。

伍兹老师同意进行尝试。在接下来的 2 周,罗伯塔的表现有改善,但仍然是投进的不如没投进的多。最后实施的条件是示范、绘制分数和纠正。伍兹老师告诉罗伯塔如何投递篮球、记录分数,并在她没投进的时候指出其错误之处。这些程序的组合结果导致罗伯塔能够在 20 次投篮中投中 15 次。老师建议罗伯塔的父母在家里备一个铁环,以便她可以在放学之后享受其新技能。

优势和劣势

采用单一基线的多重处理设计允许教师比较多种干预措施对学生行为的影响。虽然不能建立功能关系,但以这种格式记录数据使教师能够监测各种程序对学生行为的影响。然而,教师应该意识到,自己可能看到的是各种干预措施的累积效果,而不是任何一种单独干预措施的效果。可以使用多重处理设计的重复基线格式对干预措施的效果进行个体分析。在多重处理设计中系统记录数据的教师将记录学生的进步,并很好地指明哪些程序对该学生有效。

我们描述的六种单一被试设计是 AB、ABAB(倒返)、变动标准、多基线、交替处理和多重处理。表 6.2 列出了每种设计的用途、格式和问题类型的概要。

多重处理是一种教学设计。

表 6.2　单一被试研究设计总结

设计类型	功能	格式	问题举例
AB 设计	记录基线和干预期间的行为变化。不允许确定功能关系-缺乏自变量(干预)对因变量(行为)的影响的复制。	两个阶段 1. 基线 2. 干预	1. 当我使用时间延迟程序进行教学时,山姆对视觉词的掌握程度会提高吗? 2. 当我用代币强化举手行为时,山姆的呼喊行为会减少吗?

续表

设计类型	功能	格式	问题举例
ABAB倒返设计	通过复制基线和干预阶段来确定自变量和因变量之间是否存在功能关系。	四个阶段 1. 基线 2. 干预 3. 返回基线 4. 返回干预	1. 萨姆在一个段落中写的单词数会因为使用记分制而增加吗？ 2. 萨姆的分心行为会因为使用自记录程序而减少吗？
变动标准设计	增加或减少一种行为，以系统的增量达到最终标准，如果表现水平符合不断变化的临时标准，则可以确定功能关系。	为达到目标的每个临时标准设定基线和干预阶段；例如，10个阶段的临时标准，每阶段增加5个单词，直到50个单词的标准。	1. 我是否可以使用时间延迟程序系统地将萨姆的视觉单词池增加到100个单词的标准？ 2. 我可以使用令牌强化器系统地减少萨姆在换班期间在大厅里奔跑的次数，使其达到不发生的标准吗？
多基线设计	通过评估行为、个体或情境之间的复制，确定自变量和因变量之间是否存在功能关系。	每个复制的基线和交错干预阶段，例如，跨行为：莎拉的呼唤和离座行为的基线和干预；跨学生：鲍勃和泰德咒骂的基线和干预；跨情境：资源教室和消费者数学课堂的基线和干预。	1.（1）对琳达举手行为的强化是否会导致大喊大叫和未经允许离开座位的次数减少？ （2）使用诸如内容掌握之类的学习策略会提高琳达完成美国历史作业和生物作业的效率吗？ 2.（1）使用积分来获得成为队长的机会会导致鲍勃、泰德和琳达骂脏话的次数减少吗？ （2）使用计算器会提高鲍勃和泰德购买食品杂货的准确性吗？ 3.（1）自动录音的使用是否会减少琳达在资源室、消费者数学课和音乐课上的离座行为？ （2）代币的使用是否会增加琳达在资源教室和消费者数学课上完成的数学问题的数量？

续 表

设计类型	功能	格式	问题举例
交替处理设计	确定两个或多个自变量中哪一个对增加或减少因变量的出现更有效。能够通过在干预阶段观察数据路径之间的距离来确定功能关系的存在；通过在另一个阶段重复使用更有效的自变量，功能关系得到加强。	两个或三个阶段 1. 基线 2. 干预阶段，每个自变量在隔天应用，或在同一天交替使用。 3. 用效果较差的教学内容，或者在使用效果较差的干预措施的时间段，复制更有效的干预。	1. 使用数轴或计数芯片会增加简做加法的准确性吗？ 2. 在减少珍的分心行为方面，使用加分还是扣分的方法更有效？
多重处理设计	确定两个或多个自变量中哪一个对增加或减少因变量的出现更有效。功能关系可以通过在一个额外的基线阶段复制更有效的自变量来确定。	多阶段：例如： 基线，干预1，干预2； 基线，干预1，基线，干预2； 基线，干预1，基线，干预2，基线，干预1	1. 口头和书面练习会提高简在考试中的拼写准确性吗？还是只进行口头练习和只进行书面练习同样有效？ 2. 扣分还是扣分加口头训斥对减少简上课迟到更有效？

单一被试设计的评价

学习成果 6.4　评估干预的结果

结果分析

在课堂上使用应用行为分析的目的是获得和验证学生行为中有意义的变化。干预的有效性可以根据实验标准和临床标准来判断。实验标准检验自变量（干预）是因变量（行为）变化的原因。展示出干预效果的被试内复制的单一被试设计满足这一标准（Baer, Wolf, & Risley, 1968; Barlow & Hersen, 1984; Cooper, Heron, & heward, 2020; Gast, 2010; Kazdin, 2011; Kennedy, 2005）。

临床标准是判断教师干预的结果是否"大到足以具有实际价值，或对接受干预的人以及与他们接触的人的日常生活产生影响"（Kazdin, 2001, p.153）。例如，教师应该问自己，将学生的成绩从 D-提高到 D（Baer et al., 1968），或者将学生的自残行为从每小时 100 次减少到 50 次（Kazdin, 2001），或者在特殊教育课堂上减少学生的分心行为，而在普通教育课堂上仍然很高，这是否真的有意义。教师应该询问学生的行为是否已经减少到足以不再干扰其他学生的学习,或者其家人在家里和社区进行活动的能力。

评估干预结果的第三个标准是其**社会效度**。参与学生教育计划的人应该关注并评估干预计划及其结果的社会可接受性(Kazdin, 1977b; Snodgrass, Chung, Meadan, & Halle, 2018; Wolf, 1978)。社会效度数据可以通过询问学生环境中的人,如家长和老师,他们在多大程度上同意收集结果的程序。收集社会效度数据的另一种方法是允许学生从一系列干预措施中进行选择(Hanley, 2010)。

第二章详细讨论社会效度。

图形的视觉分析

应用行为分析的干预效果通常借助对展示各个阶段(条件)数据点的图形进行**视觉分析**。检视各种阶段内和阶段间数据轨迹的某些特征以便对干预的效果进行判断。这些特征包括阶段的数据点**均值**,从一个阶段到下一个阶段的表现**水平**,阶段与阶段之间的趋势,相邻阶段重叠的数据百分比,阶段内行为变化的速度(Cooper et al., 2020; Kazdin, 2011; Kennedy, 2005; Kratochwill et al., 2013; Ledford & Gast, 2018)。

1. 对平均数变化的评估侧重于在研究设计的各个阶段学生表现的平均水平的变化。在每个阶段内,确定数据点的平均数(均值),并可以在图上通过绘制与 y 轴刻度上的值相对应的水平线来表示。目视检查这些均值之间的关系,将有助于确定干预是否在期望的改变方向上导致行为的一致和有意义的改变。在图表6.33中,福克斯和夏皮罗(Foxx & Shapiro, 1978)提供了这样的均值指标。观众可以很容易地看到学生在不同设计阶段的破坏性行为的相对位置。

2. 成绩水平的评价是指学生成绩从一个阶段结束到下一个阶段开始的变化幅度和方向。"当引入新条件后立即出现水平的大变化时,水平变化被认为是突然的,这表明有强有力或有效的干预"(Tawney & Gast, 1984, p.162)。陶尼和加斯特(Tawney & Gast, 1984)提出了以下步骤来确定和评估两个相邻条件之间的水平变化:(1)确定第一种条件的最后一个数据点的 y 轴值和第二种条件的第一个数据点的 y 轴值,(2)用最大值减去最小值,(3)注意水平变化是在改善还是衰减方向(p.162)。在图表6.33中,添加了箭头来指示级别的变化。

3. 对业绩趋势的评估侧重于业绩的系统和持续的增长或下降。数据趋势可以用一种称为四分交叉法(quarter-intersect method)来评估(White & Liberty, 1976)。对趋势的评估是基于从每个阶段的数据点的中位数发展出来的趋势线。趋势线的使用提高了人们在

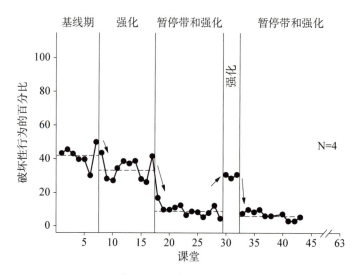

图表 6.33 数据的视觉检查图

注：选自"The Timeout Ribbon: A Nonexclusional Timeout Procedure," by R. Foxx & S. Shapiro, 1978, Journal of Applied Behavior Analysis. Copyright 1978 by The Society for the Experimental Analysis of Behavior. Reprinted by permission.

看图表时视觉分析的可靠性（Manolov, 2018；Ottenbacher, 2016）。当教师、学生、家长和其他相关人员组成的团队审查学生数据以评估进步并决定未来的教学或干预时，这一点尤为重要。计算趋势线的步骤如图表 6.34 所示。趋势线可以提供（1）行为改变方向的指示，（2）对未来行为变化方向的预测。这些信息可以帮助老师决定是否改变干预措施。

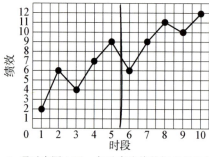

1. 通过在图上画一条垂直线将数据点的数量分成两半。
在这个例子中，有10个数据点，因此，在时段5和6之间画了一条线。如果有奇数个数的数据点，则将通过时段点绘制。

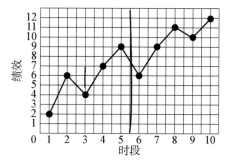

2. 在图的左半部分，找到中间位置并画一条垂直线。
在这个例子中，有五个数据点；因此，在时段3处划清界限。如果有偶数个时段，这条线将在两个时段点之间绘制。

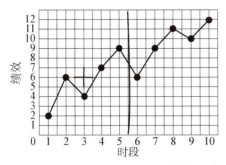 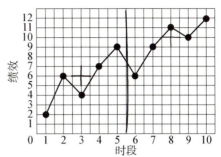

3. 在图的左半部分，找到表现不佳的点并画一条水平线。

在本例中，绩效值为6的数据点是绩效中点，因为在它下面有两个数据点，在它上面有两个数据点。如果有偶数个数的数据点，这条线应该画在中间两个点之间。

4. 在图的右半部分重复步骤2和3

在本例中，时段8是中间时段，绩效值为10的数据点是中间绩效点。

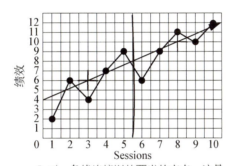

5. 画一条线连接图的两半的交点，这是数据的趋势线。

图表 6.34　计算趋势线的步骤

将这一过程进一步推进，将产生一条中间分裂的趋势线（White & Haring, 1980）。绘制这条趋势线是为了使落在该线上和上面的数据点数量与落在该线上和下面的数据点数量相等。如图表 6.35 所示，如果数据点不自然地落在这样的模式中，则将线重新绘制得

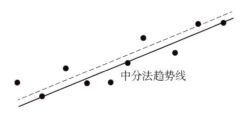

图表 6.35　中分法趋势线

注：来自 Exceptional Teaching（p. 118），by O. White & N. Haring, 1980, Columbus, OH: Merrill, Reprinted by permission.

更高或更低,与原始线平行,直到数据点平衡相等。

4. 对邻近的干预条件之间行为表现(纵轴值)数据重叠百分比进行评估,可以表明干预对行为的影响作用(Heyvaert, Saenen, Maes, & Onghena, 2015)。这被称为**效应量**(effect size),用于衡量干预的有效性(Ferron, Goldstein, Olszewski, & Rohrer, 2020; Hedges, Pustejovsky, & Shadish, 2012)。计算重叠百分比要"(1)确定第一个条件数据点数值的范围,(2)计算在第二个条件所画的数据点的个数,(3)计算第二个条件数据点落入第一个条件数值范围的数量,以及(4)将第二条件中落入第一条件范围的数据点数量除以第二条件数据点的总数并乘以100。通常来说,重叠百分比越低,干预对目标行为的作用越大"(Tawney & Gast, 1984, 第164页)。

例如,在图表6.33中,基线(阶段1)期间的数据值范围是32到50。在仅强化条件下(阶段2),10个数据点中有6个与基线在相同的数据值范围内,产生60%的重叠。然而,阶段2和阶段3之间的重叠百分比为0%。这些重叠百分比的变化表明,使用暂停带和强化对破坏性行为的影响要比单独强化大得多。

5. 评价行为变化的速率(有时称为行为变化的潜伏期)是指从一个阶段开始或结束到行为变化之间的时间长度。实验条件改变后(即干预实施或撤出后)发生的变化越早,干预效果越明显(Lieberman, Yoder, Reichow, & Wolery, 2010)。请注意,"变化的速度是一个难以指定的符号,因为它是水平和斜率(趋势)变化的联合函数。"水平和坡度的显著变化通常反映了快速变化"(Kazdin, 2011, 第316页)。

视觉分析通常是快速、有效的,并且相对容易学习(Poling, method, & LeSage, 1994)。这使得它对教师在课堂上做出教学和行为管理决策很有用。随着数据的收集和阶段的变化,视觉分析的使用鼓励了持续的评估,而不是依赖于干预前后的数据。这有助于基于数据的教育规划决策(Bruhn, Wehby, & Hasselbring, 2020; Buzhardt, Greenwood, & Walker, 2018; Espin, Wayman, & Deno, 2017; Filderman, Austin, & Toste, 2019; Hammerschmidt-Snidarich, McComas, & Simonson, 2019; Kressler, Chapman, & Kunkel, 2020)。

使用视觉分析的问题在于缺乏确定特定情况是否显示或未能显示可靠效果的具体决策规则(Ledford & Gast, 2018)。视觉分析的组成部分没有基于研究文献的取得共识的操作性标准。每个教师或研究人员在使用组件时都会为其设定标准。因此,视觉分析可能被视为主观的,对个体审查跨学生数据集或不同个体审查同一学生数据的不一致应用是开放的(Wolfe, Barton, & Meadan, 2019)。通过增加各种组成部分的可靠应用,可以提高基于目视检查的结论的可信度。可靠性可以通过以下方式提高:(1)教师培训和重复使用的机会,(2)用一致的应用标准解释学生表现数据,以及(3)两个或更多受过培训的个体独立审查数据并得出可以比较的结论(Richards et al.,1999)。在特殊教育中,教师和IEP团队至少每年对学生数据进行一次解释和审查。这为审查数据解释和合作制定基于数据的决策标准提供了机会。

值得注意的是,通过视觉分析得出的评估结果只显示了对行为有强烈和可靠影响的干预结果,可能会错过某些干预引起的一致但微妙或微弱的行为改变。不过,可以认为在课堂中应用视觉分析的好处是它更可能识别产生强而具有明显社会效应的结果的自变量。通常干预的目的是获得即时和强有力的干预效果。如果获得了这样的效果,"从目视检查来看是相当明显的"(Kazdin,2001,p.150)。当单一被试设计用于课堂决策时,临床效度和社会效度是重要的标准。临床标准是判断教师的干预结果是否足够大以至于对学生的学习或行为具有实际价值和作用。基于学生行为的功能性改变和学生的社会接受度进行判断,他们更可能具有社会效度。

虽然目测在课堂决策中确定或验证强有力的干预效果而言是有用的、便利的,而且基本可靠。但教育和行为研究者可能探索单一被试数据的统计评估来作为视觉分析结果的验证或比照(Young,2018)。这种情况可能出现在关注人群的泛化时,或者在寻求干预效果很微妙以至于没有临床意义,但进一步的研究可能会使其更重要或更一致时。卡兹丁(Kazdin,1976)提出了使用统计技术的三个原因:(1)区分细微的影响和偶然发生的影响,(2)在无法建立稳定基线的情况下分析干预的效果,(3)在缺乏控制的环境中评估干预效果。在库珀(Cooper et al.,2020)、卡兹丁(Kazdin,2011)、肯尼迪(Kennedy,2005)以及莱德福德和加斯特(Ledford & Gast,2018)中可以找到关于单一被试设计的视觉检查和统计评估的高级应用的信息。

单一被试设计的伦理考量

我们已经指出,AB设计足以记录基线条件和干预条件下的行为变化,但需要更稳健的设计来总结功能关系,如倒返、交替处理或多基线设计。然而,在学校,出于伦理考虑,专业人员应该谨慎实施这些实验设计(Lanovaz et al.,2019)。其中一个考虑是,回到基线(倒返和交替处理设计)或让学生长时间处于基线(跨被试多重基线设计)可能是危险的,因为在这些过程中,学生的攻击性、自伤或其他危险行为增加了。如果老师发现一种干预有效,学生环境中的大多数人都不希望老师取消这种有效的干预,因为危险的问题行为可能会再次出现。在保留功能关系的同时解决这个问题的一种方法是使用简短设计的逻辑,其中返回基线仅用于一两个阶段。例如,博雷罗(Borrero et al.,2013)在评估不适当用餐时间行为的干预方法时，只有两个疗程便回到基线。

要求返回基线的单一被试设计的另一个伦理问题与成本有关。也就是说，纳税人为有残疾和没有残疾的学生提供公立学校教育。每名学生几次回归基线的成本，在整个系统中累积了无数个小时，花费了纳税人更多的钱。拉诺瓦兹（Lanovaz et al., 2019）发现，当重复 AB 比较时，如在 ABAB 设计中，在绝大多数情况下，第二次 AB 比较之间的变化与第一次 AB 比较之间的变化相当。这表明，在许多情况下，教师可以使用 AB 设计来记录行为变化，而不需要更强大的设计。

行动研究和单一被试设计工具

学习成果6.5　确定行动研究的组成部分，并解释它如何与单一被试设计相对应

行动研究是由教师和其他教育专业人员在教学环境中进行的系统调查，以收集信息并反思他们的学校如何运作，他们如何教学，或者他们的学生学得如何。收集信息的目标包括影响课堂和学校环境的积极变化，以及改善学生的成绩（Mills, 2018）。行动研究鼓励教师成为参与者研究者，收集信息与教育团队分享。这些信息可以立即分析教学和行为管理问题，并用于制定下一步规划。教师利用研究设计工具来描述他们所看到的，以便分析和制定解决方案，从而改进他们的实践。

行动研究被认为是一种自然主义的研究方法。当研究发生在自然环境中（例如，教室），对正常的事件流的干扰相对较小时，该方法被认为是自然的。在大多数情况下，它们是非实验性的。自然主义研究者对操纵或控制情境不感兴趣，他们对研究干预以发现功能关系不感兴趣。当研究的目的是了解正在发生的事情，而不是研究被操纵和控制的事情时，自然主义的研究方法是合适的（Arhar, Holly, & Kasten, 2001, p. 36）。从根本上说，行动研究是非实验性和描述性的，而单一被试研究是实验性的，旨在确定由变量操纵产生的功能关系。

行动研究的要素

关于行动研究的基本步骤有一个普遍的共识：(1)确定一个重点或关注的领域，(2)收集数据以形成文件，(3)分析和解释数据，(4)与他人分享信息并制定行动计划（Arhar et al., 2001; Mills, 2018; Schoen & Nolen, 2004; Stringer, 2014）。

有各种各样的数据收集程序可供选择。正如米尔斯（Mills, 2018）所指出的，行动研究使用定量(例如,标准分数的比较)和定性研究方法的元素。然而,行动研究的文献强调定性研究的数据收集工具。这些方法包括使用观察、访谈、问卷调查、检核表、评分量表、焦点小组、记录、实物产品、散点图、实地笔记、轶事记录、录像带、录音带和照片(Arhar et al.,2001;Mills,2018;Stringer,2014)。行动研究者经常使用频率计数或百分比来描述行为的程度。阿尔哈尔(Arhar)等人认为频率在捕捉行为范围方面的重要性反映在诸如"'这个'多久发生一次?"与"那"相比,"这"出现的频率有多高? 它会持续均匀地发生吗? 它是周期性的还是波浪型的?(p.201)。为了评估行为的一致性和模式,用线型图和条形图来对这些数据进行组织和视觉呈现。

单一被试设计的相似之处和贡献

为了扩大教师在计划行动研究时可用工具的数量和范围,应考虑单一被试研究的贡献。他们可以提供数据收集技术和描述性绘图工具,以便在课堂上快速简便地实施。这些可以被教师作为参与者使用,并可以提供客观的数据。一些单一被试研究的工具与现有的推荐程序平行,有些必须添加。

(1)**平行程序**:单一被试设计数据收集的三个方面使用与行动研究类似的方法。首先,永久性成果记录利用书面记录、录像带、录音带、照片和行为的物理结果。这些数据被转换成频率或百分比数据。其次,我们利用轶事记录来描述和分析行为链。如图表5.2所示,我们使用一种策略来构建这些观察结果,以协助分析。第三,第五章讨论的收集事件数据的方法和数据表将帮助教师构建频率和百分比数据的收集方式。此外,第七章还讨论了问卷、量表和ABA从业者在功能评估中使用的另一种散点图程序。

(2)**增加的程序**。有几个单一被试设计适用于行动研究的描述性目的的。一旦行动计划实施,AB设计可以展示和监控行为的变化。ABC设计可以监控向教学包中添加组件对行为的影响。交替处理设计,只使用前两个阶段,可以展示和监控两种干预的效果。这些设计中的每一种都允许人们观察被检查的行为是否随着干预措施的施行而改变。然而,在这些设计中,没有干预的操纵,因此没有对功能关系的评估。

行动研究的例子

舍恩和诺伦(Schoen & Nolen,2004)所开展的研究是将某些单一被试研究工具作为行动研究的一部分的例子。教师和研究小组关注一名有学习障碍的六年级学生的行为。

他接受普通教育和特殊教育课程。他外在的行为表现使得他分心，导致学业活动参与度低，且缺乏学业上的进步。因而这被确定为关注的焦点。研究者收集了好几种数据为决策和行动计划提供信息：(1)实施五天时间的以前奏、行为、结果分析（ABC分析）形式的集中观察。这一分析确定了具体的行为模式，包括猛击东西、朝老师/同伴大喊大叫、喃喃自语、气冲冲地离开房间、毁坏自己的作品、不理不睬（头朝下趴在桌子上）；(2)对学生、特殊教育教师和社工进行访谈；(3)进行各种理论和策略的文献综述。这些资料被分享给教育小组，并形成了行动计划。在阅读、数学和转衔活动中实施同伴示范、自我管理检核表和正强化的组合。自我管理检核表让学生用下述问题评估自己的行为：我有大喊大叫吗？我有关注在任务上吗？我是否尊重其他学生和老师？我是否采用合适的发泄方法让自己平静下来？干预小组将分心的总分钟数展示在图形中表示基线数据，并和实施行动计划期间的数据一起进行分析——即 AB 设计，见图表 6.5 所示。这种图示使得小组成员和学生可以监控因行为失控而分心的分钟数的减少情况。

小结

这个总结作为一个基本原理和"这对我有什么用？"问题的回答。

根据最佳做法和法律规定，需要以数据为基础的学习表现，作为有效教学和优质教育的证据。应用行为分析提供了满足这些责任要求的工具。第四章介绍了收集数据的方法，为讨论有效性提供了素材。本章介绍了单一被试设计作为组织数据收集和显示的方法。课堂上常用的设计是 AB 设计，因为它直接反映了常见的课堂实践。它不需要重组教学课程。AB 设计的图形提供了一种简单的视觉格式，教师、学生、家长和主管都可以使用它来监控、解释和评估学习。其他单一被试设计具有特定的功能，因此可能使用频率较低。通过各种方式，每个设计都提供了一个数据库，用于快速、针对学生的决策。表 6.2 总结了每种方法的用途以及它们试图回答的问题。

在 AB 设计之后，变动标准设计是教师如何管理教学的最直接的体现。老师经常把一个需要大量学习的目标分解成可管理的单元。教授可管理的内容单元，一次一个，按顺序，是在不断变化的标准设计中组织教学和数据收集的图形图像。另一个经常需要做的决定是，在两种或两种以上的策略中，哪一种会产生最有效的学习效果。在交替处理设计的板式中交替使用策略，通常在 1 周结束时提供基于数据的答案。如果给予更多的时间，也可以通过使用 ABC 设计来提供问题的答案。这种设计的变体更常用于评估教学包中几种策略的组合。随着学校全纳政策的实施,多基线设计越来越受欢迎。特别令人感兴趣的是跨情境的多重基线,它允许跟踪跨普通教育、特殊教育、社区和家庭情境的干预的有效性。倒返设计允许对课堂问题的干预进行快速和不显眼的评估,您不希望允许从一个讨厌的问题发展为一个蔓延的课堂管理问题。倒返设计适用于诸如离开座位、偏离任务和不做作业等问题。在本文的后面,该设计被用于开发由功能行为评估产生的行为管理计划。

单一被试研究设计在多个实施阶段重复测量学生的表现。由于自变量的实现,每个设计都需要并显示因变量中的变化(或缺乏变化)。基于学生表现的累积增量变化,有基于数据的即时性来决定干预或教学的变化。为持续的决策而采用重复测量使得单一被试方法和设计成为反复的过程。这种反复的能力允许持续的学习分析和必要的修正,提供灵活性以使得对个别学生的干预或教学个别化或可调整。因此,单一被试方法和设计是有效的发展性工具。此外,正如克拉托奇威尔(Kratochwill et al., 2010)所指出的,单一被试设计可以为建立因果推理提供强有力的基础,并广泛应用于教育和心理学等应用性学科。

教学和行为管理的各个方面正在不断地被研究和评估。在 ABA 中尤其如此,它有一种基于数据的决策文化。研究为课堂带来了现有策略的延伸和对拟议策略的评估。教师必须能够回答这样的问题:我所做的仍然是最好的实践吗?同事、主管和家长提出的建议是否有数据库研究的基础?如果教育工作者要成为终身学习者,他们必须能够获得专业研究期刊提供的信息。为了阅读这些期刊,一个人必须对发表的研究类型有所了解。从 ABA 的角度来看,一个人必须能够阅读以单一被试设计进行的研究。在研究期刊上最常见的是倒返和多基线设计。倒返设计(ABAB)经常被使用,因为它最有力地证明了行为与干预之间的功能关系,这是由于控制策略的应用和移除(Kazdin, 1982)。多基线设计经常可见,因为它们建立了直接的复制,因此具有深度的干预经验,允许更广泛和更自信的陈述,且适用于其他学生、行为或情境。

讨论

1. 克雷格自残行为的基线数据显示,每 40 分钟观察期间平均发生 17 次。他行为上的哪些改变在临床上具有显著意义(如功能增强所证明的)?
2. 教师可能会使用哪一种单一被试设计来系统地介绍和教授 30 个社区视觉词汇?

3. 在3周的乘法教学中,对艾莉森表现的测试表明,她仍然不会乘法。她的老师想确定两种教授乘法的方法中哪一种对艾莉森更有效。选择两种教学方法。选择一个适当的单一被试设计,并描述教师应该遵循的步骤,以做出这个决定。

4. 概述一个与单一被试设计相关的程序,该程序将证明在高中的不同情境中干预的泛化。

5. 在下图的两组数据上绘制趋势线。

6. 许多发表在专业期刊上的研究都使用了"嵌入式"设计。也就是说,一个单独的单一被试设计嵌入到另一个单一被试设计中。这在下一页的图表中作了说明。(1)确定图形内多基线设计的组成部分;(2)在图中确定倒返设计的组成部分;(3)确定显示功能关系的元素。

讨论题5的图形

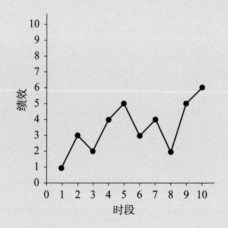

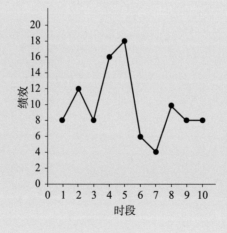

讨论题 6 的图形

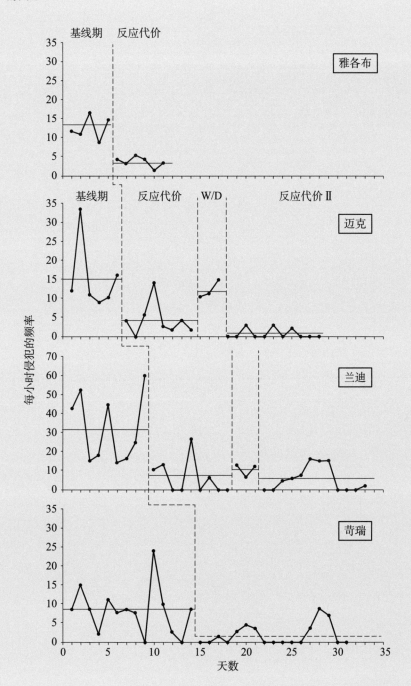

第七章 确定行为的功能

学习成果

7.1 识别行为的六大功能

7.2 确定行为支持计划的组成部分

7.3 确定制定功能性行为评估和行为支持计划的过程

本章概要

行为及其功能

行为支持计划(The behavior support plan, BSP)

功能性行为评估和行为支持计划

进行功能分析的情境

简要功能分析(Brief Functional Analysis)

积极行为支持

小结

在惠蒂尔中学,打架后会受到停课2天的惩罚。在停课期间,学生必须全天在校长办公室附近的自习室写作业,在那里他们不允许参加集体活动或社交活动。尽管打架在学校中不常见,然而,在开学初的前几周里,校长托尔米娜(Toarmina)博士一天要处理好几起打架斗殴事件。多次与斗殴参与者的谈话几乎没有发现什么有用信息:"他直接冲上来打了我一拳,但我根本不知道他是谁。""那个笨蛋把我的书碰掉了,然后我狠狠地打了他一拳。"许多六年级的学生参与了斗殴。托尔米娜观察到,莫里斯(Maurice)是唯一参与了所有打架事件并且多次受停课处分的学生。莫里斯才刚到学校不久,就被认为是"高危"学生,且英语水平有限。然而,即使在一个翻译员面前,莫里斯也拒绝透露自己攻击他人的原因。他只是耸耸肩,然后把目光移开。无奈之下,托尔米娜校长将停课的时间延长到了3天,但斗殴事件仍在继续。停课这种干预措施的确对大多数犯事的学生都有效,但对莫里斯却是无效的。

安吉拉(Angela)是格雷(Gray)先生管理的发育迟缓儿童班上的一名新生,时常会发出尖叫。实际上,格雷先生觉得安吉拉似乎整天都在尖叫。格雷先生多次走到安吉拉身边,试图找些东西安抚她。"安吉拉,"他问,"你需要上厕所吗?你想要果汁吗?你想和埃尔莫(Elmo)一起玩吗?你受伤了吗?在这里?在这里?我们到外面去好吗?"当他发现自己不得不问:"它比面包盒大吗?"他决定他不能花这么多时间和安吉拉玩"十万个为什么"的游戏,而是用暂停技术来减少安吉拉的尖叫。每当安吉拉尖叫时,格雷先生或他的助手都会把她抱起来,轻轻地把她放在教室屏幕后面的垫子上,然后等到她停止尖叫后再多待一分钟。果然,安吉拉停止了尖叫。然而,突然间,她开始随意打成年人和其他孩子,这是她以前从未做过的事。格雷先生没有泄气,开始尝试用暂停技术让安吉拉停止打人。很快,他发现安吉拉在休息时间内开始用她的拳头敲打自己的头。显然格雷先生不能让她继续伤害自己,他确实有些沮丧,但也只好放弃了暂停技术,安吉拉再次返回尖叫行为,格雷先生也只好继续和她进行"十万个为什么"的游戏。

在这两个案例中,教育工作者们正在应对学生反复出现且随机的不适当行为,而这些学生往往无法或不愿提供有关其不适当行为原因的信息。他们也试图通过过去有效的技术来减少行为的发生,但这些尝试都失败了。这种行为有一种熟悉的形式或形态——看起来像以前见过的行为。那么,为什么干预策略不起作用?问题可能是,我们过于关注行为的行为,而未能确定其功能。换言之,非正式的分析未能准确地确定学生产生行为的原因。在这种情况下,我们可能需要更多的功能性行为评估(functional behavior assessment,FBA,也称功能评估)和功能分析程序(Skinner, 1953)。

行为及其功能

学习成果7.1　识别行为的六大功能

当老师问,"她为什么这样做?"实际上他们想知道学生行为的功能——学生这么做的目的到底是什么。行为的功能是为了在环境中引起期望的变化。如果行为让学生得到了自己想要的改变,那么她再次出现行为的可能性就会增加。期望的改变可能是得到她想要的东西,或者逃离她不想要的东西。行为目的(期望结果或后果)与行为维持之间的这种关系就是强化的本质。

不适当行为可能有助于沟通。

教育者经常关注行为的物理特征(形式或拓扑结构),因为这些就是我们所看到的。我们制定了一个关于行为的操作定义,来描述我们看到的内容,有关拓扑结构的定量测量(频率、持续时间或行为发生间隔的百分比)是我们希望改变的行为特征。我们选择一种干预来减少布雷特(Brett)在阅读课上离开座位的次数,或者减少他在起床时离开座位的时间长度,或者减少他离开座位的时间百分比。然而,关注一个行为的拓扑结构,可能只能提供很少关于控制行为的因素的信息。两个不同的学生表现出的相同行为可能是不同的原因所致。一个学生的攻击性行为可能是为了寻求教师或同伴关注,另一个学生就可能想逃避老师的注意,因为她没有做作业,或在逃避同龄人的欺凌。任何一个干预都可能因这些不同的原因对行为产生不同的作用。如果忽视了行为功能,我们可能忽略与表象无关的行为,如表示"果汁",指着杯子里的果汁,或敲击空杯子,可能能产生同样的效果,就是想得到一杯能喝的果汁(Remington, 1991)。

教师们经常发现,一种干预方法能在短时间消除不恰当的行为,但这种行为很快就会重新出现。有时一种新的、同样的甚至更不恰当的行为会取代它。如果西塔(Sita)的老师在西塔把杯子砸在桌子上时,只是将杯子从她身边拿走,但没有教她如何用手势表达"果汁"或用手指着果汁,西塔可能会暂时不敲桌子,但几天后又开始敲,甚至更糟的是,只要她坐在小吃桌旁就开始尖叫并敲自己的头。这种情况发生在干预仅用来抑制行为时。除非西塔有一种新的、更合适的方法来实现预期的环境变化,否则她将继续以过去成功的方式实现这一目标。我们经常把这些行为称为"挑战",既因为它们对维持有效的学习环境提出了重大挑战,又因为它们对试图改变这些行为的专业人员提出了挑战。如果恰好有一种干预方法(被用于减少后果),从而导致新行为恰好与功能相匹配,则行为管理便可以成功。但若未能匹配,我们将看到另一个令人费解的失败案例,即应用行为方法无法产生持久的变化。例如,如果老师拿了西塔的杯子,而西塔恰好指向果汁罐,得到了果汁,那么西塔可能就不会再敲她的杯子了。她最终可以学会在拿着杯子时也指向果汁瓶。另一方面,如果西塔只是坐着喝不到果汁,那么她可能会在杯子被还给她后再次开始敲杯子,或者她没杯子的话,她可能会开始尖叫。在我们意识到需要关注行为的形式和功能之前(Iwata, Dorsey, Slifer, Bauman, & Richman, 1994; Pelios, Morren, Tesch, & Axelrod, 1999; Repp, Felce, & Barton, 1988),这种"命中或漏报"的成功率是行为管理的特征。不考虑行为的功能很可能导致替代症状的出现。

基于功能的干预需求并不是假设学生的行为具有某种内在动机,而是关注于环境事件所定义的行为目的,这些环境事件引发并维持了学生的行为。不适当的行为假设的基础通常用于实现改变学生在环境中的现实预期的目标。表7.1列出了研究文献中经常出现的六种行为功能及其与维持行为的强化后果的关系。这包括实施行为以获得注意力、获得有形的物品、获得感官刺激、逃避任务和互动以及逃避内部疼痛和不适。

表 7.1　行为:行为的功能与维持后果

行为的功能	维持后果
获得关注: 来自成人(老师、家长)的社交、辅导员、客户等) 来自同龄人的社会性关注	正强化 受到关注会增加学生再次实施挑战性行为的比率或概率。
获得有形物体: 有助于获得: 物体 活动 事件	正强化 得到有形的东西会增加学生将来再次实施挑战性行为的比率或概率的可能性。
获得感官刺激 视觉、味觉 听觉、动觉 嗅觉、本体觉	自动化正强化 通过实施挑战性行为本身提供感官输入增加了学生再次实施该行为的可能性。
逃避注意: 同伴或成年人的注意 同伴社会互动	负强化 将学生从厌恶的互动中移除,会增加挑战性行为的可能性。
逃避: 苛刻或无聊的任务 情境、活动、事件	负强化 去除学生感到厌恶的刺激会增加行为未来发生的几率。
逃避感官刺激: 痛苦或令人不安的内部刺激	自动化负强化 通过实施挑战性行为本身减轻痛苦或不舒服的内部刺激会增加未来再次实施该行为的概率。

1. **引发关注的挑战性行为。** 参与社会互动时,为了获得成年人或同龄人的注意是行为的一种功能。引起别人注意最常见的方式是使用口头语言或一些非语言交际行为。学生可以举手或者走到老师面前与之交谈,但当学生缺乏沟通或社会技能,他们可能就会使用被认为不恰当的行为来获取关注。如果这些具有挑战性的行为能够成功地引起成年人的注意(愉快的或不愉快的),学生就会学会使用这些行为以能够达到预期的效果。如果一个学生仅仅通过举手就成功地引起了老师的注意,他就学会了得体的行为。达到预期的结果会增加学生再次实施该行为的可能性。这是一个正强化的例子。

学生渴望得到的社会关注可能来自同龄人,而不是成年人。在这一章的开头所述的中学校长托尔米娜博士最初认为,莫里斯之所以开始打架,是因为他缺乏与同龄人恰当互动的语言和社交技能。她从学校的社工那里了解到,莫里斯和他的父母住在一个老旧的社区,主要住着老年人和几对年轻夫妇。为了省钱把莫里斯的弟弟和妹妹带到这个县城来,父母都做了两份工作。他们的出租屋不允许有孩子,所以莫瑞斯被要求一直待在屋里。他大部分时间都是一个人,没有机会去附近交朋友。托尔米娜博士安排莫里斯参加了一个课外娱乐项目,该项目面向不同的人群,侧重于适当的社交活动。不幸的是,尽管莫里斯在几周后确实与同龄人有了更多积极的互动,但他仍然几乎每天都在打架。托尔米娜博士感到迷惑不解,但她在继续努力弄清问题的真相。

2. **为得到有形物品的挑战性行为。** 通过吸引成年人或同伴的注意以获得帮助,从而得到一些有形物品、活动或事件,这是行为的一种功能。在早餐期间,学生可能会指着或索要一些果汁(物体),或者可能把杯子砰地一声放在桌子上或扔到地板上。有学生可能会使用修正后的手语形式要求跳到蹦床上,或者他可能会在蹦床旁发脾气(活动)。学生可能使用辅助沟通系统请求帮助,以改变他在轮椅上的位置,或者获得去洗手间(活动)的许可,或者他可能在椅子上哭泣、尖叫或扭动。

惩罚有功能的行为既不公平也不符合伦理。

如果一个学生反复通过不恰当的行为得到了有形的物品、活动或事件,她就学会了利用这种行为来达到她想要的结果。这增加了她将来再次实施挑战性行为的概率。这也是一个正强化的例子。老师或家长所说的不适当或具有挑战性的行为可能是在尝试交流。学生没有一个标准的形式来进行沟通,她可能会边尖叫边打自己,因为她不能发出请求:"请改变我在轮椅上的位置,我很不舒服。"一个学生可能会把杯子砸在桌子上进行交流,"请把果汁递过来",因为她缺乏示意果汁的能力,或者她没有获得过通过指得到果汁的经验。如果一个学生没有被教用一种可以接受的方式表明他需要上厕所,那么他可能会表现出不恰当的不安和焦躁。这一章所描述的评估程序使安吉拉(Angelas)老师(本章开头轶事中)能够确定她是用尖叫来传达各种需求的。当尖叫不起作用时,她就转过去打。一旦确定了一种行为的交际内容,就应该教给学生一种更合适的行为形式,以达到同样的交际目的(Carr & Durand, 1985; Durand, 1999; Durand & Carr, 1987)。给安吉拉提供一台扩大型辅助性沟通设备和培训,以减少她的尖叫。

不恰当的交流行为通常通过正强化(持续或不一致的管理)来维持,这是因为当老师不知道学生试图告诉她什么时,她会问无数问题。有时老师猜对了,学生就得到了她想要的。学生不需要每次都取得成功就可以保持自己的行为(见第八章)。

即使是成年人有时也会在受挫时大发雷霆。

3. **获得感官刺激的挑战性行为。** 获得感官刺激是行为的一种功能。我们大多数人都有一套运动或沟通技能,使我们能够为自己提供感官刺激。我们可以打开 CD 播放机,玩电子游戏,或者自己拿一块巧克力,如果需要的话,我们可以寻求帮助。如果学生不能提供给自己适当的感觉经验或要求他人提供,他们可能会产生自残或刻板的行为。诸如哼唱、吹唾液泡泡、拍打耳朵、掐自己、轻弹手指、口齿不清或摇晃身体等行为,可能是学生能获得的唯一感官刺激。通过实施行为获得的感觉输入增加了学生未来再次实施该行为的速率或概率。这是自动的正强化——实施行为本身提供了期望的环境变化。注意,用于获取感官强化的重复行为并不总是被视为具有挑战性的行为。

4. **逃避关注或互动的挑战性行为。** 一种行为可以使人摆脱不愉快或厌恶的处境。当没有家庭作业的时候,可以通过使用复杂的社交技巧来逃避老师的注意,比如问一个让老师分心的话题或者跑出教室。老师的过于热情的褒赞可能会使中学生想逃离教室以避免同学的嘲笑。通过向朋友寻求帮助或逃学,可以避免与操场恶霸进行不必要的社交活动。在求职培训网站上,想要摆脱把瓶装盐放在架子上的重复活动,可以通过要求休息或打破某些东西来实现。

托尔米娜博士是一所中学的校长,他仍然对莫里斯的打架感到困惑,他似乎是随机选择受害者的,打架的缘由也无规律可循。唯一不变的是打架的后果是在校停课。大多数情况下,结束停课后莫里斯又会进入新的打斗。托尔米娜采访了莫里斯的老师。大多数老师说莫里斯很安静,表现很好(除了打架的时候),他们表示他的英语进步很快,他可以做出有用的贡献。只有社会研究学老师哈里斯(Harris)先生认为莫里斯不可能成为一个好学生。

最后，在采访莫里斯的一个受害者时，托尔米娜问了一个关键的问题。她问莫里斯是否在他的课上惹麻烦。学生犹豫了一下表示，哈里斯先生似乎并不知道莫里斯很少说英语，但一直呼吁他并纠正他说英语，然后对他大喊大叫，让他注意，如果没有做的更好，那就闭嘴。学生们报告说莫里斯经常快要哭了。学生提到，"也许他只是太难过了，才不得不把气出在别人身上。他从未真正伤害过任何人，我们只是反击，因为事情就是这样。"托尔米娜博士感谢了学生，送他走后关上了办公室的门。托尔米娜想到，莫里斯太生气了才会把气出在其他学生身上，也因为太生气，他想出了这样一个避免被骚扰和羞辱的方法。在他休学期间，至少没有人让他难堪或对他大喊大叫。她写了一张便条，要莫里斯转到社会研究的另一个班去，并在哈里斯先生的信箱里留了一张便条，要他放学后马上去见她。

5. **逃避任务的挑战性行为。** 逃避一项任务是行为的一种功能。任务可能太困难而令人厌恶，也可能太容易而令人厌烦，逃避一项要求很高的任务，如乘除法、刷牙、躲避球，可以通过表达需要帮助、休息或厌恶来实现。如果一个人没有足够的沟通和社交技巧来要求休息，那么大发脾气也可以起到同样的效果。当学生在发脾气时，沮丧的老师或家长只是阻止该行为并敷衍了事地走开了。学生就会知道发脾气是逃避讨厌任务的有效方法。在某些情况下，任务的上下文可能令人反感。在学校，社交尴尬，年龄不适当，性别不适当，或文化不适当的材料或情境将导致学生逃避行为。

如果一个学生没有要求逃避的沟通技巧，或者没有让她从不愉快的互动中解脱出来的社交技巧，她可能会做出不恰当的行为。如果行为可以逃避任务，则环境已按照她希望的方式发生了更改。达到这个结果将会增加再次逃避的概率。这是一个负强化的例子，当学生把任务扔到地板上时，老师把任务移除就是在教导学生如果想逃避这个困难任务就该这么做。

6. **逃避痛苦或不舒服的内部刺激的挑战性行为。** 逃避内心的痛苦或不适是行为的一种功能。大多数人可以换到一个更舒适的座位上，拿一个加热垫，吃一片阿司匹林或泻药，或者把症状告诉医生。不具备沟通技巧或认知能力的人可能会做出别人认为不恰当的行为，试图减轻不舒服的疼痛。如果采用这种行为能使疼痛或不适消除或转移，那么这个人将来再次发生这种行为的可能性就会增加。这是自动负强化：这种行为本身就提供了一种理想的环境改变——逃避不适。

以下的案例描述了人们试图抑制行为，即只考虑行为的形式，而非关注其功能。

通过关注行为的功能和形式，我们可以设计干预措施，使学生以适当的方式满足他们的需要。为实现这一目标而创建的正式文档就是行为支持计划。

教授的讲座

格伦迪教授刚从外地参加了几天的专业会议回来。当他把车开进车道时，他听到房子里传来一阵低沉的尖叫声。当他打开后门时，他发现声音好像是从洗衣房传来的。

"密涅瓦（Minerva），"他对格伦迪太太喊道，"我回来了！"洗衣机出什么问题了吗？有什么东西在发出可怕的声音。格伦迪太太没有回应。他最终发现她在卧室的电脑前工作，但格伦迪教授不得不拍拍她的肩膀来引起太太的注意。她跳起来，然后从耳朵里掏出什么东西。

"密涅瓦，"他又问了一遍，"洗衣机出了什么问题吗？"洗衣房里传来一阵可怕的嘈杂声。

"那可怕的声音，"她反驳说，"是你那可怕的狗发出来的。在你走后的第二天，它开始不停地嚎叫。我看了你所有的训狗书，尝试了他们建议的所有方法。我带它走了很长的路，还给了它额外的食物。当我无法忍受时，我就把水喷在它脸上。

格伦迪建议到："也许，他只是想念我了。"

"噢，胡说，奥利弗（Oliver），在我们抓到他吠叫之前你已经走了好几天，这期间从来没出过什么问题。"格伦迪太太反驳道："最后我只能去宠物用品店，然后他们卖给我一个项圈……"

"不"，格伦迪咆哮道，"这是什么项圈?!?"

"它叫的时候喷出一阵香味，他便停止吠叫。但现在每当我让他出去，它就会挖我的花园。他显然还学会了在不松开项圈的情况下发出可怕的尖叫声。我试着安心工作（格伦迪太太写过非常受欢迎的推理小说），我不得不把他关在洗衣房里，戴上耳塞，这样我才能集中精力。"

格伦迪让她继续干活，自己下楼去找伯尔赫斯（Burrhus）。狗一见到教授就高兴地尖叫起来，教授想直接观察它的行为，就脱下了它的项圈，把它带到院子里。伯尔赫斯绝望地尖叫着，快速跑进了格伦迪家和隔壁邻居欧蒂（Oattis）小姐家院子间的雪松篱笆里。

"就是它。"格伦迪大声叫道,把伯尔赫斯拖回屋里。他记得欧蒂小姐是个"爱狗的人"。她养了三只白色的小狗,其中两只看起来很正常,其中一只的发型很特别。他从格伦迪夫人那里了解到,欧蒂小姐带着她的玩具贵宾犬去看狗展,并教狗服从指令。她会是那个询问伯尔赫斯行为的人。

欧蒂小姐及时回应了格伦迪的敲门声。她抱着狗,狗的发型很特别,看上去好像是戴了帽子,看起来像个尿布。随后格伦迪连忙转过头,向欧蒂小姐说明了他的问题。

"嗯,"奥蒂斯小姐回答说,"这里唯一不同的是,我的女儿们一直在后院玩球,我不知道球是从哪里来的。可能是你狗的吗?"

"啊哈!"格伦迪喊道。他感谢了奥蒂斯小姐,接过球,跑回太太身边。"伯尔赫斯最喜欢的球是在奥蒂斯小姐的院子里。这就是为什么他在花园里吠叫、嚎叫和挖掘——他喜欢那个球!它是怎么进入奥蒂斯女士的院子的?"

格伦迪太太羞愧地说:"哦。你走的那天,街上的贾斯珀来了,他要求在院子里和伯尔胡斯一起玩。他一定是把球扔错了,没有接住。我会对那个男孩解释一下的。"

行为支持计划(The behavior support plan, BSP)

学习成果 7.2 确定行为支持计划的组成部分

行为支持计划(BSP)是一个详细说明如何改变一系列不当行为的商定性程序计划。《联邦特殊教育法》(*the Individuals with Disabilities education Improvement Act, IDEIA*, 2004)使用了行为干预计划(behavior intervention plan, BIP)这个术语。指导行为支持计划设计的基本逻辑是用具有相同功能的适当行为替换不适当的行为。设计行为支持计划的第一步是对行为的功能进行假设。为了形成这一假设,我们试图确定行为、其前因、环境中的变化结果以及环境变化所提供的强化之间的关系。我们假设这种强化维持了不恰当的行为,并预测同样的强化将维持更合适的替代行为。

基于应用行为分析的行为管理旨在通过理解基本强化相倚(reinforcement contingency)的三个术语表达式的组成部分和关系来理解行为如何为学生服务 S-R-S

(图表7.1的顶部),行为和影响它的环境事件之间的关系。我们试图理解行为发生之前的变量模式(触发或暗示执行行为前因的机会信号的刺激)和行为之后的变量模式(实现行为目的并因此维持行为强化后果的变量)。选择最有效的治疗方法时,需要从前因和后果方面分析问题行为功能(Camp et al., 2009; Castillo et al., 2020; Martens et al., 2010)。通过这种分析和对功能的理解,我们可以选择并教授适当的行为来取代不适当的行为。新的行为必须与原来的行为具有相同的功能,从而继续为学生提供强化。从教育的角度来看,替代行为也必须符合学生的年龄,并且在学生使用该行为的环境中具有适当的语境。

图表7.1 用于表示强化相倚的三术语表达

基本描述

S^D 先行刺激(Antecedent stimulus)	R 操作反应(Operant response)	S 结果刺激(Consequence stimulus)
-辨别刺激 -前一种刺激,如果你愿意,它会给你机会做出反应。例如: -老师问问题 -交通灯变绿了。 -特里(Terry)打帕特(Pat) -老师发工作表 -老师发工作表	-学生举手 -学生穿过街道 -帕特(Pat)打特里(Terry) -学生做数学例题 -学生撕成碎片	-强化物 -惩罚者

基本表达式 + 背景事件
$S^e - \{S^D - R - S^r\}$

背景事件	当一种行为成功地发挥其功能时所受到的强化,例如:
-远程前因事件,提供偶然事件存在的上下文 -环境,社会或生理事件	-学生得到社会关注 -学生得到实物 -学生获得感官刺激 -学生逃避任务或情况 -学生逃避内部刺激

作为假设基础的数据来自于功能评估,或者说是功能分析(functional behavior assessment, FBA)。功能性行为评估是一套收集信息的战略和手段。基于行为前后发生的情况,识别出导致假设的模式。另一方面,功能分析,是一种操纵学生环境并观察其对学生行为影响的策略。学生行为的变化导致了一个假设。这些程序都试图回答以下问题:

1. 事件或行为的模式是否始终先于行为的发生?
2. 是否有一个事件或行为的模式始终跟随行为的发生?(谁会产生这些行为?)

3. 是否能教导一种具有相同功能的适当行为来替代不适行为？

使用功能性行为评估/分析可以回答的问题。

除了这些问题之外，还应该问第四个问题：行为、前因和后果发生的背景是什么？这个问题是问：有哪些背景事件？背景事件是指行为和意外事件发生的环境、氛围或背景（见图表7.1和第10章的底部）。背景事件可能发生在问题行为之前（近因的前因）或提前数小时或数天（远因前因），可能包括持续因素，如学生的文化、家庭环境或医疗条件。背景事件可能包括环境因素（噪音或温度水平、计划外的时间表变化、错过校车），社会因素（如家庭中的死亡或疾病、遇到欺凌者、在上一节课中获得不良成绩）或生理因素（药物、疾病、疼痛的副作用）（Kazdin, 2001）。持续的课堂特征还可以设置一个环境或氛围，影响强化者和惩罚者的价值。此类背景事件包括：以刺激不足和学生厌倦为特征的教室（无意义的重复任务、节奏过慢的教学、缺乏系统的教学）、过度刺激（学生数量多、活动节奏过快、学生分组不当），挫折感（缺乏沟通系统或功能性词汇，绩效和目标实现持续下降，缺乏显著的进步），或焦虑感（不一致的管理技术，对失败的恐惧，未诊断的学习问题）等。

通过创建行为和意外事件发生的环境，背景事件影响行为的发生和意外事件的价值（Kazdin, 2001）。它们可以瞬间改变环境中强化物和惩罚物的价值，从而改变学生对环境中事件和情境的反应方式。例如，如果一个学生在上节课上的一篇文章又一次获得D评分之后来到你的课堂，那么她的注意力集中的能力，和想要完成你的作业并获得你的强化性赞扬的动机可能会大大降低。一个学生来到学校，因为她的药物计划改变了，她可能无法很好地控制自己的行为，从而也无法与同龄人进行适当的互动。如果一个学生被反复地交给她几周前就已经掌握的任务，那么完成这项任务的动力可能就没有以前那么强了。

另一个类似于背景事件和剥夺行为的先行概念是动机操作（motivating operations, MO；Carbone et al., 2010；Laraway et al., 2014, Miguel & Michael, 2020; Nosik & Carr, 2015）。在日常生活中，动机操作是指某人在特定时间想要的东西。更严格地说，动机操作（或更具体地说，一个建立操作（establishing operation, EO）是一种先行情况，它增加了一个项目或事件的价值，作为强化因素，并引发了过去产生该项目或事件的行为。例如，当塔利亚纳五个小时没有吃东西时，这种剥夺是一种增加食物价值的方式，让她立即开车去她最喜欢的墨西哥餐厅点玉米煎饼。如上所述，莫里斯不得不待在自己的公寓里，不能与其他孩子互动。这种社会剥夺可能会增加社会互动的价值，并导致与他人的内讧，从而引起成年人的关注。当一个学生不断地接受困难的作业时，这可能是一种增加逃避作业价值的方式，并导致学生大喊大叫，因为这让他过去一直待在走廊里（也就是说，远离工作）。进行功能性行为评估的一个主要目的是识别维持挑战性行为的强化因素，以及挑战性行为的先行因素。换句话说,我们想回答:"学生想要什么?"

功能性行为评估和行为支持计划

学习重点 7.3 确定制定功能性行为评估和行为支持计划的过程

图表 7.2 显示了开发功能性行为评估(FBA)和行为支持计划(BPS)的一系列步骤。该序列从教师识别和记录一个正在进行的具有挑战性的行为开始,通过使用功能评估或功能分析程序,并制定实施和监测一套干预程序。

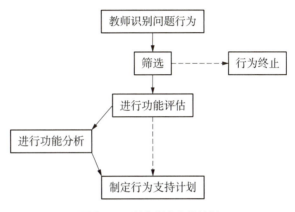

图表 7.2 制定行为支持计划

步骤 1:教师识别问题行为

A. 制定操作性定义
B. 收集初始基础数据
C. 通知 IEP 委员会成员

《残疾人教育法》(IDEIA)要求在两种情况下制定行为支持计划:(1)如果学生的行为可能导致停学 10 天或改变教育安排时;(2)当一种行为模式阻碍该学生或另一名学生的学习时(Turnbull, Wilcox, Stowe, & Tumbull, 2001)。随着教育工作者和家长越来越熟悉行为支持计划的制定程序、协作和益处,以及行为支持计划在学校的使用变得更加常规,也可以将行为支持计划尝试用于其他行为。这些行为可能包括:(1)对自己有潜在伤害的行为;(2)对他人有潜在伤害的行为;(3)干扰他人在学校、社区或工作现场的表现;(4)可能造成财产损失的行为;(5)定期要求第三方干预的行为;(6)对学生进行嘲笑或过度负面关注;(7)限制或拒绝进入当前或新的教育、社区或工作环境;或(8)在家庭内部造成破坏,并可能导致在家庭中被孤立。

教师首先对不恰当行为做一个操作性定义。操作定义要清楚地说明行为的形式。操作定义的特殊性使得数据收集系统的设计成为可能。教师使用其中一个数据收集系统收集初始数据,然后绘制数据图。在初步讨论行为的范围和严重性时使用这些数据,以证实存在需要进一步管理的具有挑战性的行为。教师向 IEP 委员会成员报告她的担忧及初步行动。IEP 委员会(或作为行为管理团队的指定小组)召开会议,审查教师收集的数据,并确认行为的性质和频率需要准备行为支持计划。也许与团队成员讨论这种行为及其发生会给老师提供她忽略的想法,使她能够快速而简单地管理这种行为。团队还将审查学生记录中的信息,以确保已采取所有适当的筛查措施,并且结果是最新的。

步骤 2　筛查

(1) 根据需要要求:健康、药物、身体、感官和学习障碍筛查。

(2) 基于筛查结果进行调整。

教师和 IEP 委员会可能会要求进行筛查测试,以了解行为问题的原因,并直接解决问题。委员会可能会要求进行新的或更新的:(1)身体健康筛查。(2)对正在服用的药物及其相互作用和副作用进行审查;(3)对身体缺陷进行筛查,或对学校工作人员和家庭成员目前对其管理进行审查;(4)感官损伤筛查或审查其当前管理;(5)使用筛查工具评估学习障碍,目前未知的存在可能导致学生的不当补偿行为。根据筛查信息,成员可以提出可能终止行为或视觉筛查的建议。例如,视觉筛查可以得到用于新眼镜的处方。对学习障碍的测试可能获得每周与资源教师相处 4 小时。等待筛查结果不需要延迟序列的下一步,即信息收集。

步骤 3　进行功能性行为评估

(1) 采用间接信息收集策略

(2) 采用直接信息收集策略

功能评估是一组信息收集策略,用来制定关于不适当行为功能的假设。可将其分为两类(见表 7.2)。间接策略是从与学生互动频繁的人那里收集信息,也叫线人评估,有各种访谈形式、量表和问卷可供使用。直接观察策略是通过收集学生参与其中的行为数据来收集信息,也叫描述性评估,这些策略包括轶事报告、散点图分析和 A-B-C 描述性分析。

表 7.2　功能评价策略
功能评估策略:收集信息
A. 间接信息收集策略(告密者评估) 1. 行为面试 2. 行为量表和问卷
B. 信息收集的直接观察策略(描述性评估) 1. 轶事报道 2. 散点图分析 3. A-B-C 的描述性分析

间接策略:线人评估(Informant Assessment)

间接(或信息者)评估程序包括询问熟悉该学生(例如,教师、父母、助理或相关专业服务人员)的相关服务及其发生的事件。由于该策略一定是在行为发生之后才能使用,它受到被调查者的记忆、行为发生时是否在场、分散注意的其他活动、潜在的偏见以及用语言表达能力的限制(Dracobly et al., 2018;Kazdin, 2001)。

行为访谈(Behavioral Interview)

行为或功能访谈的目的是尽可能完整地了解问题行为及其周围的环境条件和事件。教师可以就在家里发生的行为采访家长,特殊教育教师可以就在数学课上发生的行为采访普通教育教师。有困难的教师会向同事或专家咨询。访谈提供了基本的信息,以帮助形成关于可能导致或维持行为原因的假设,并且可用在直接观察和数据收集中,以便进行进一步分析。例如,访谈者想知道:

- 行为的形式、频率和持续时间
- 行为发生的具体时间
- 行为经常或总是发生的活动
- 行为经常或总是发生的环境
- 行为发生时学生正在从事的活动
- 有什么人在场
- 在行为发生之前经常或总是发生的事情(前因事件)
- 学生在行为发生后立即做什么
- 行为发生后其他人在做些什么(后果)
- 学生主要以什么方式进行沟通
- 为减少此行为,已经做了哪些努力

通过访谈可以了解到的东西。

四个结构化行为访谈的案例有功能评估访谈(FAI, O'Nell 等, 1997),学生指导功能评估访谈(the Student Guided Functional Assessment Interview, O'Neill et al., 1997; Reed, Thomas, Sprague, & Homer, 1997),学生辅助功能评估访谈(the Student-assisted Functional Assessment Interview, Kerm, Dunlap, Clarke, & Childs, 1994),以及功能评估检核表:教师与职工(the Functional Assessment Checklist: Teachers and Staff, FACTS, March et al., 2000;McIntosh et al., 2008)。学生参与的访谈结果与教师访谈结果基本一致,但也有部分回答不一致或含糊不清。

开放式访谈的内容与结构化类似,并且在识别具有挑战性行为的具体、微妙且有时复杂的前因和后果上特别有用(Coffey et al.,2020;Hanley et al.,2014;Jessel et al.,2018)。例如,通过询问家长孩子在尖叫时得到了什么,家长可能会报告说他离开了餐桌去客厅看电视。表明教学团队应教授学生请求休息和看电视的恰当方式。

《行为评定量表》(Behavior Rating Scales)

行为评定量表是一种旨在从知情者那里获得更多定量信息的工具。要求知情者对描述行为的条目进行打分(例如,从不,很少,通常,总是)。这些项目可能与行为所具有的功能相关,一些单独的项目也能获得具有相同功能的信息。假设项目累计得分最高的函数作为维持学生不适当行为的变量。以下是对这四种量表的描述:

《问题行为问卷》(the Problem Behavior Questionnaire,PBQ)(Lewis,Scott & Sugai,1994)包含五种功能15个项目。被访谈者被要求指出事件可能被观察到的频率。项目评定量表的范围为:从不,10%的时间,25%的时间,50%的时间,75%的时间,90%的时间,总是。函数和相关项的例子如下:

1. 获得同伴关注。"当问题行为发生时,同伴会对学生进行口头反应或嘲笑吗?"
2. 获得教师的关注。"当你和其他学生一起工作时,问题行为会引起你的注意吗?"
3. 逃避/避免同行关注。"如果学生参与问题行为,同伴是否会停止与学生互动?"
4. 逃避/避免老师的注意。"如果停止提出请求或结束学术活动,学生会停止做问题行为吗?"
5. 背景事件。"在计划外事件或课堂例程中断后,问题行为是否更有可能发生?

《动机评估量表》(The Motivation Assessment Scale,MAS;Durand & Crimmin,1988,1992)

由与四个功能相关的16个项目组成。要求被访谈者指出该学生表现出可操作目标行为大概的频率。功能和相关项目的示例如下:

1. 感觉强化。"如果这个人长时间独处,行为会持续不断发生吗?"
2. 逃跑。"在你停止工作或向这个人提出要求之后不久(1到5分钟),行为是否会停止?"
3. 注意。"这种行为似乎是由于回应你与房间里其他人的谈话而发生的吗?"
4. 实物。"在你向这个人提供玩具食品或他(她)要求的活动后不久,这种行为是否会停止?"

《功能分析筛选工具》(The Functional Analysis Screening Tool,FAST;Iwata Deleon,1996)

由18个项目组成。这些项目与四个可能的维护功能相关(每个功能五个项目;两个项目重叠)。建议将FAST使用在与目标个体经常互动的几个人里。要求被访谈人对该学生的目标行为问题的相关陈述是否准确做出是或否的判断。保障功能和相关项的示例是：

1. 社会强化(注意/优先项目)。"当这种行为发生时，你是否尝试使这个人冷静下来并使用他喜欢的活动来使其分心(休闲用品，零食等)？"
2. 社会强化(逃避)。"当这种行为发生时，你是否经常让这个人从正在进行的任务中受到攻击？"
3. 自动强化(感觉刺激)。"无论周围的人做什么，行为都会以高频率发生吗？"
4. 自动强化(疼痛减轻)。"这种行为是否会在他生病时会更频繁地发生吗？"

《行为功能问卷》(*The Questions About Behavioral Function*，QABF；Matson & Vollmer，1995；Paclawsky，Matson，Rush，Smalls & Vollmer，2000)

由与五个功能相关的25个项目组成。要求被访谈者评估每个特定目标行为发生的频率。功能和相关项的示例如下：

1. 注意。"参与行为以试图得到你的反应。"
2. 逃跑。"被要求做某事时从事这种行为"(穿衣服，刷牙，工作等)
3. 非社会性。"即使他/她认为没有人在房间里，也会发生这种行为。"
4. 肢体。"当他/她生病时更频繁地发生行为。"
5. 实物。"当你有他/她想要的东西时，产生这种行为。"

特殊教育和普通教育学生可以为行为功能假设的发展提供有价值的信息。包括有关偏好，学业困难，环境干扰、与同伴和成人的矛盾。通过访谈收集的信息应谨慎使用。有些回答可能不一致，含糊不清或不切实际。残疾的类型和严重程度以及年龄可能会影响学生贡献的质量和可靠性。对于学生和成人的线人来说，当信息涉及极有可能引起问题行为的情境和课堂时，似乎有更高的准确性和一致性(Dufrene，2017；Flanagan Debar，2018；Kernet，1994；Trussell，2018)。对于使用行为评定量表也存在类似的问题。教师和家长进行的项目由不同规模的管理部门、评级范围以及不同评估者评级可能会导致各项目的可靠性百分比较低(Barton-Atwood，Wehby，Gunter，& Lane，2003；Conroy，Fox，Bucklin，& Good，1996；Sturmey，1994；Zarcone，Rodgers，Iwata，Rourke，& Dorsey，1991)。

直接观察策略：描述性评估(Description Assessment)

直接观察策略是通过直接观察来描述的行为的方式。他们比线人评估(informant assessment)更可靠。通过直接观察并记录问题行为比让旁观者记忆再回顾更能准确地描述问题的起源结果、前因后果。直接观察的三种方法包括使用轶事报告(anecdotal reports)、散点图分析(scatter plot analysis)和A-B-C描述性分析(A-B-C descriptive analysis)(见表7.2)。(A-B-C是S-R-S的另一种表达方式：前因刺激-行为/反应-结果刺激)

轶事报告(Anecdotal Reports)

写轶事报告是为了尽可能完整地描述学生的行为表现和周围的环境事件。准备轶事报告的观察者试图以规律文章的方式记录目标行为的每一次发生,以及它发生的背景、活动和相互作用。这是在规定的观察期内完成的,最好是在几天内完成。(轶事报告的准备在第四章有详细的描述)要使这些报告成为一种分析工具,可以将文章转换成一种结构化的格式,明确地标识和标记目标行为的实例、直接的前因和结果。此信息的 A-B-C 格式如图 4.2 所示。这种格式化有利于识别三个元素之间的时间关系模式。它是识别特定前因和后果的模式,从而产生功能假设。

散点图分析(Scatter plot Analysis)

不当行为可能有助于沟通。

散点图法对学校教师是一种方便、实用的评估工具(Maas et al., 2009; Symons, Mcdonald, Wehby, 1998; Touchette, Macdonald, & Langer, 1985)。它主要用于识别每天挑战性行为发生和不发生的常见位置和时间。一旦确定,可以在这些时间和地点实施更密集的评估方法,如 A-B-C 描述性分析。散点图程序有助于识别环境条件和行为之间的关系,这些行为频繁、看似随机,但在长时间内是稳定的。对于这种行为,非正式的观察并不意味着与特定的刺激有联系。

对于散点图评估,教师需要准备一个网格。图表 7.3 显示了四个样本网格(A、B、C、D)。在网格 A 上,沿水平线绘制连续的天数或观察期。时间沿垂直方向绘制。时间可以分为小时,半小时,一刻钟等,具体取决于观察和观察频率的可用时间。作为替代,在网格 C 和 D 上示出,时间可以表示为课程时段或教学格式。

填充散布网格时,每个单元格包含一个名称,表示行为是以高、低还是零的频率发生的(参见网格 B)。如果在间隔期间没有发生该行为,则将单元格留空;一个单元格中有一个斜线表示在该区间内发生的低频率(例如,<4),或者单元格被完全填充则表示行为出现高频率(例如,= 或>4)。在单元格中输入数字来说明具体出现次数,以提供更精确的数据(Axelrod, 1987)。网格完成后,就可以分析它们是否存在相关关系。"如果存在一种模式,可以在绘制几天后仍立即出现"(Touchette et al., 1985, p. 345)。卡恩等(Kahng et al., 1998)表示,即使有详细数据,如果不进行统计分析,模式也可能不明显。图什特等人(Touchette, 1985)认为,问题行为可能与一天中的某个时间、特定人群的在场与否、社会环境、特定类型的活动、偶然性强化、物理环境或变量组合有关。他们建议散点图中提供对每天或每周频率图表中不易提供的响应模式的解释(第 351 页)。在一天中三个或更多相邻的间隔均包含低频率或高频率的行为时,可以认为产生了模式(Symonse et al., 1998)。

散点图

学生：南希（Nancy） 　　行为：大喊大叫
评分：空白=0次　　斜杠=<4　　实心=4/>4

时间	周一 3-16	周二 3-17	周三 3-18	周四 3-19	周五 3-20	活动/地点	评论
8:00-8:20	■	■					
8:20-8:40					■	洗漱	肢体提示
8:40-9:00	■	■				零食	肢体提示 扔食物
9:00-9:20							
9:20-9:40		/					
9:40-10:00				■	■	玩具技能	
10:00-10:20			/	■			
10:20-10:40			/				
10:40-11:00							
11:00-11:20							
11:20-11:40	■	■	■		■	洗漱	物理阻止
11:40-12:00		/				午餐	肢体提示

散点图

学生：　　　　行为：
评分：空白=0次　　斜杠=<4　　实心=4/>4

时间						活动/地点	评论
8:00-8:20							
8:20-8:40							
8:40-9:00							
9:00-9:20							
9:20-9:40							
9:40-10:00							
10:00-10:20							
10:20-10:40							
10:40-11:00							
11:00-11:20							
11:20-11:40							
11:40-12:00							

1-阅读：特别说明
2-计算机
3-地球科学
4-午餐
5-语言艺术：特别说明
6-消费者数学

散点图

学生：　　　　行为：
评分：空白=0次　　斜杠=<3　　实心=3/>3

格式内容区	日期					活动/地点	评论
大组教学							
小组教学							
一：一条指令							
独立活动							
活动转换							
环境转换							
洗漱							
如厕							
饮食：午餐/零食							

散点图

学生：　　　　行为：
评分：空白=0次　　斜杠=<3　　实心=3/>3

时间						活动/地点	评论

图表 7.3 散点图网格样本

这种模式可以在网格 B 中看到,在 5 天的 8:00—8:00 20 区间,4 天的 8:00—9:00 区间,以及一周的 11:20—11:40 和 11:40—12:00 区间。对这些模式的解释可以从活动和地点的注释中获取,以及在表格 B 的例子里的注释,人们可以开始看到目标行为与(在这种情况下)洗漱和饮食肢体提示技术之间的相关性。

目前没有经验数据表明如何为低发生率或高发生率设置一个值,尤其是在不同的学生群体中。选择的值将影响被识别为模式一部分的单元格(cells),从而影响任何由此产生的结果假设。根据所选值的不同,会出现不同的情况。一种建议是,可以通过确定教师在特定环境中认为具有破坏性的行为的比率来选择价值观(Symons et al.,1998)。老师将决定一个普通教育班的学生行为的容忍程度,这可能比特殊教育班所能容忍的行为要少,也可能比社区所能接受的行为要多。

艾克斯罗德(Axelrod,1987)指出,散点图将仅检测与时间周期行为相关的环境条件,有些事件以非周期的方式影响行为。例如,一个学生如果有特殊的特权或者她觉得受到不公平的待遇,或者被欺骗,就会变得很有破坏性。艾克斯罗德认为在数据表上写评论有助于记录此类事件。虽然散点图可能不像其他描述性分析那样精确或有效地揭示行为与特定环境事件之间的因果关系或相关关系(Kahng et al.,1998),但它可以缩小分析范围,因此可以进行更密切的评估,也更有效地进行(Lennox & Miltenberger,1989)。这是一种课堂教师可以在几乎没有或根本没有帮助的情况下收集行为初始描述数据的过程。然后,当团队决定如何继续时,可以通过更精确的数据收集来补充这些数据。

A-B-C 描述性分析

A-B-C 描述性分析提供了一种结构,用于在观察过程中或稍后观看录像时记录行为和周围的环境事件。该程序将使用已有数据表上编写的编码符号,而不是用散文体记录观察到的情况,然后重新构造注释的两步轶事报告过程。数据表的格式将用 A-B-C(S-R-S)结构嵌套收集数据时的观测数据。可以使用各种数据收集程序和随附的数据表。图表 7.4 显示了史密斯(Smith)和赫林(Heflin)在 2001 年对数据收集表的改编(替代格式,O'Neill et al.,1997;Umbreit, Ferro, Liaupson, & Lane, 2007)。

A-B-C 描述性数据表和程序

如图表 7.4 所示,如图表 7.4 所示,表格从上到下有四个部分,分别是:(1)基本信息,(2)数据收集的列和行,(3)记录代码列表,以及(4)目标行为的操作定义。

基本信息。 表格的顶部提供基本的识别信息:(1)学生的姓名,(2)观察的日期。(3)观察的位置,(4)观察期的开始和结束时间,(5)观察者姓名,(6)页码。

图表 7.4　A-B-C 描述性数据表

学生:<u>莫娜</u>　星期/日期<u>9.16 星期一</u>　地点:<u>教室</u>　观察时段:<u>上午 8:00—10:00</u>　观察者:<u>MC</u>　页码:<u>1</u>

时间/ 持续时间	内容/活动	前件	目标 行为	结果	学生反应	感知功能	评论
8:20	1,5	B,D	1,4	E, A	2,3		洗手和洗脸
↓	1,5	A,D	1,2,4	E, A, B	2,1,3		
	1,5	A,D	1,2,4	E, C	2		打耳光
8:26	1,5	A,D	1,3	B, C, F	1		

代码读取							
	1. 水槽	A. 手/手	1. 大叫	A. 重复/指导	1. 停止	A. ATT	
	2. 卫生间	B. 手/臂	2. 跺脚	B. "不"	2. 继续	B. ESC	
	3. 小组桌	C. 材料	3. 拍	C. 制止	3. 逐步升级	C. Stim	
	4. 小吃桌	D. 口头提示	4. 拒绝	D. 忽略	4. 新行为	D. Tana	
	5. 教师	E. "不"	5.	E. 平静谈话	5. 移动-跑开	E. UNK	
	6. 帕帕罗 (Parapro)	F.	6.	F. 结束活动	6.	F.	
	7.	G.	7.	G.	7.	G.	

操作定义:
行为 1:用高于对话水平的高声尖叫
行为 2:用超出行走的力量跺脚撞击地板
行为 3:拍手或拳头打脸或头
行为 4:用身体反抗肢体提示的牵引
(改编自 Smith & Heflin, 2001)
注:摘自"支持公立学校的积极行为:乔治亚州的干预计划",M. Smith & L. J. Heflin, 2001,《积极行为干预杂志》,3,第 39—47 页。版权所有(2001)PRO-ED, Inc。经许可转载。

在图表 7.4 中，数据表是为了观察莫娜在 9 月 16 日星期一上午 8 点到晚上 10 点在她教室里的行为。这是评估员收集的第 1 页数据。

用于数据收集的列和行。列提供了关于发生的每个行为影响的以下信息：

1. 时间/持续时间：开始和结束的时间，以及每个行为发生的持续时间。
2. 上下文/活动：背景事件——活动、人员、材料。
3. 前因：紧接着目标行为发生之前的刺激事件。不要将其与前因行为混淆。行为不在此列；只有学生环境中的刺激才会出现在本专栏中。在学校里，前因通常是其他人说的和做的。
4. 目标行为：观察描述的目标行为。操作定义显示在页面底部。
5. 后果：学生做出目标行为后立即发生的事件。包括环境事件或老师、同学或布置中的其他人的反应（注意：避免将目标学生的行为写在本栏中。）
6. 学生反应：学生在目标行为及其后果之后立即做什么？
7. 感知功能：在数据采集时，观察者可以记下行为所服务功能的初步判断。
8. 注释：互动中新颖或意想不到的方面的注释、未提供代码的细节、使用的特定材料或某些意外事件（例如，学生癫痫发作、意外人员进入场景）。

记录代码列表。 以帮助观察员流畅地收集数据。这个部分允许列出该学生所需的各种特定的"公共"代码。守则清单是根据较早时收集的资料和至少一次非正式观察得出的，在非正式观察期间，观察员使用数据表进行记录。

在图表 7.4 中，环境/活动的代码是在服务期的时候安排的：晨间卫生和洗漱、各种内容的小组指导和零食。代码还包括通常与学生交互的工作人员。在先行词下面注明的是身体辅助、材料和语言提示的代码。"目标行为"一栏列出了之前达成一致的行为。如果重复观察其他行为，则可以扩展此列表。在这种情况下，尖叫、跺脚、扇耳光和反抗是莫娜的目标行为。所列的结果是在观察过程中老师经常对这个学生使用的结果。莫娜的老师经常使用：重定向（redirection），口头"不"（verbal "No"），克制（restraint），忽视（ignore）和平静的谈话（calmtalk）。当老师结束一项任务或活动时，还有一个代码需要注意。下一栏列出了学生对交互产生的反应和后果。类似于此表单的基本列表在观察过程中很常见：行为停止、继续或升级；出现新的行为；或者学生从互动中移动或逃离。下一列列出了行为的可能功能。随着数据收集的继续，观察者可能会增加一些功能的子类别，如来自成年人或同龄人的注意力，或逃避社会互动或学术任务。

操作定义。 为了方便数据收集表能够重复使用，在数据表的底部提供了每个目标行为的操作定义。

数据采集

有了准备好的数据收集表,数据收集器将记录标记了"目标行为"的列中出现的每个行为。注意到他的行为,观察者将在另一页上记录下所提供的结果以及学生的反应,然后记录了他的前科,发生的时间和背景。如果发生的行为的功能是快速明显的,那么感知的功能就被填入。否则,在单元格中写入"未知(Unknown)"。

数据分析

每天和每周都要进行数据分析。在每一天或观察期结束时,数据收集者(或者其他人员,如有可能)将对该天的数据进行审查,为了:(1)确认目标行为的发生;(2)操作定义的有效性;(3)出现新的不当行为、前因或后果;(4)特定行为和后果之间或特定行为和前因之间出现的一致关系;(5)学生终止行为;和(6)新功能。此外,对各种前因和后果的百分比进行持续统计。

在至少5天的数据收集之后对数据进行深入分析。有些相同的问题在访谈被试期间也有提到过,现在用在数据分析中,其目的是阐明前因、行为和后果间的所有模式。这些模式部分是通过横向观测A-B-C关系的一致性来识别。随后要标注好这些关系和元素是否在行为发生的过程中重复出现:例如,相同的前因是否导致相同的行为,导致相同的结果,导致相同的学生反应? 分析问题可能包括:

- 行为是否发生在同一活动、材料、老师或同伴群体的背景下?
- 布朗女士(Ms. Brown)和格林先生(Mr. Green)是否会出现这种情况? 这种行为是否始终伴随着特定的前因? 每个前因在数据中占比如何?
- 在行为的实例之后,教师,同龄人或其他成年人是否会使用一致的后果?
- 每个结果在数据中出现的百分比是多少?
- 学生是否在特定后果后终止行为? 结果导致学生终止行为的百分比是多少?
- 相同的S-R-S是否重复出现,导致在所有或几乎所有行为发生时都存在一致的功能假设(对于不符合模式的事件,如何解释?)数据中出现这种模式的百分比是多少?

图表7.4显示了一个记录有关自闭症学生莫娜行为的数据示例。它反映了从上午8:20到8:26发生的一系列行为。这些记号是在蒙娜洗手洗脸的时候做的。根据这些数据,可以得出以下结论:

- 在上午的卫生技能和任务指导中,已确认目标行为的发生
- 这种互动完全发生在洗手和洗脸的过程中。
- 对于每一次行为的发生,先决条件是提供口头提示和使用肢体提示(有一次是手

把手)。
- 老师使用的结果是平静地和学生交谈,然后又返回到任务。随着这种行为的升级,老师先是口头训斥,然后是制止。这是一种 A-B-C 模式即交接目标行为、冷静交谈和重定向。每次出现目标行为都发生在水池边,紧接着是口头提示和肢体辅助(手把手),然后是平静的谈话和重新定向。第三次发生时,增加了约束。
- 尽管有这些后果,但行为仍在继续,并最终升级。
- 学生的反应是继续和升级,增加了扇耳光。
- 直到第四次出现行为后,教师才停止活动。
- 这意味着逃避功能。
- 行为一旦达到目的就终止。如果这是逃避动机的行为,莫娜是否会将其归为她不喜欢的活动并终止这些行为吗?

已有研究者(Repp, Nieminen, Olinger, & Brusca, 1988)证明,基于 A-B-C 描述性分析得出的假设干预措施比不基于假设的干预更有效。通常在课堂上,教师可以识别挑战行为的功能,并在进行 A-B-C 描述性分析的基础上设计有效的干预措施。然而,在其他情况下,使用描述性分析更难识别功能,需要进行功能分析(见下文)。重要的是要记住,A-B-C 描述性分析结果建立的关系是相关的,而不是因果关系。由于描述性分析根据课堂中发生的变量识别功能,描述性分析可能会产生更有效的干预(English Anderson, 2006)。另一方面,一些研究者发现,功能分析比描述性分析更能决定功能(Martens et al., 2019; Thompson-Iwata, 2007)。此外,研究人员发现,将描述性分析的结果纳入功能分析非常重要(Galiatsatos & Graff, 2003; Tiger, Hanley, & Bessette, 2006)。尽管如此,一旦在 A-B-C 描述分析中发现的关系导致了关于行为发生或维持的假设,那就需要对变量数据进行结构化的收集和操作。

步骤4 对行为进行功能分析

功能评估可以清楚地体现出不适当行为的功能。但是,如果在功能评估后功能仍不明确,教师和 IEP 委员会可以要求进行功能分析。功能分析包括一套程序,通过系统地操纵环境变量(包括前因和后果)来确定行为的功能,并记录它们对目标行为发生的影响。目标是检查每个变量的存在、缺失、升高或降低的影响。虽然有研究表明,教师可以进行功能分析,但鉴于程序的复杂性,以及环境中可能对学生或其他人造成伤害,最常见的是教师和至少一名行为专家参与其中。进行功能分析的原因如下之一:

1. 验证功能行为评估的假设。例如,如果功能行为评估的结果是假设挑战性行为是通过教师注意的正向强化来维持的,则将学生置于教师给予关注和没有教师关注两种情况下。

2. 完善功能评估产生的假设。例如,如果假设是通过注意力引起的正强化维持行为,则还需再试着找出注意力的来源。

3. 澄清功能评估的不确定结果。间接和直接策略产生的数据不清楚,它们并不表示特定的功能。

4. 这将作为功能假设发展的第一步。

安排环境变量操作的基本模型是将学生置于两个或多个条件中,其中设置和互动都是有目的地创建的。如果正在评估一个变量或者比较两个变量,则可以使用两个条件(Hanley et al., 2014; Strohmeier, Pace, & Luiselli, 2014; Tigeret et al., 2009; Ward, Higbee, 2008)。例如,如果功能分析的目的是完善对注意来源的理解,那么学生将处于由成年人提供注意力和由同伴提供注意力的两种状态中。如果目的是为了澄清正确的行为功能是获得关注还是自我刺激,也可以使用两个条件,即当学生产生目标行为时,将学生分别置于给予关注和没有关注的情况下。在通过功能分析初步确定行为的功能时,会用到四个条件。正如岩田、多尔西、斯利弗、鲍曼和里奇曼(Iwata, Dorsey, Slifer, Bauman, & Richman, 1982)最初讨论的那样,所安排的条件表示了行为的基本功能(或某些变化)。这些条件和功能是:

1. 关注条件(Attention condition)。在这种情况下,表现为问题行为的功能是通过获得成年人或同龄人的社会关注的形式获得正强化。在此期间,学生可以参加各种活动,评估人员则参与阅读或其他与学生无关的活动。除非学生做出目标行为,否则不能获得教师的关注(强化)。如果行为的功能通过社会关注的形式获得正强化,则学生的不当行频率应该增加。

2. 实物条件(Tangible condition)。在这种情况下,问题行为的功能是以偏好有形物体,活动或事件的形式来获得正强化。此情景下,学生能与成人互动,但无法得到想要的物品、活动和事件。当学生采取了不恰当行为,成年人在有限的时间内提供接触物品、活动或事件的机会,比如15秒。在这种情况下,行为水平的增加表明功能是获得以偏好物品、活动或事件形式的正强化。

3. 需求条件(Command condition)。在这种情况下,挑战性行为的作用是逃避某些要求,这表示负强化。成人通过不愿意的任务、困难任务、学生无法完成的任务或社会需求等形式向学生提出要求。每次学生出现不恰当行为时,要求会被短暂地取消,持续15秒左右,学生就可以暂时从任务中解脱出来,并可以短暂地从事他们喜欢的活动。在这种情况下,出现更多的不适当行为,说明行为的功能是为了逃避要求,因此是通过负强化维持。

4. 孤立条件(Alone condition)。在这种情况下表现出的挑战性行为的功能是提供自我刺激或自动强化。该设置不包含活动、材料、强化物、或其他刺激源。这种行为不会有任何的后果。如果确保行为安全,且房间中没有其他人;有时有一位成人在房间内确保安全但是常常忽略学生。如果行为的功能是提供自我刺激,并通过自动强化来维持,那么该行为的发生应该会增加。

5. 游戏条件(Play condition)。该条件是一个控制条件。学生被置于一个由评估者设置的,包含丰富材料和社会关注的环境中。在此情况下,挑战性行为的失利应该是最少的或不存在的。如果确实发生了这种行为,就不应该有明确的后果。

操作变量(Manipulation of Variables)

在功能分析过程中处理变量的一个框架是多元素设计(交替处理设计的变体)。范坎普、勒曼、凯利、孔特鲁奇和沃恩德兰(Van Camp, Lerman, Kelley, Contrucci, & Vorndran, 2000)对雷切尔进行了功能分析。雷切尔,21岁,是一所公立学校的学生,患有严重的智力残疾。她被认为具有攻击行为,定义为击打、捏、踢或推;以及自伤行为,定义为一只手或两只手猛烈撞击自己的头。功能分析是在这所学校闲置一年的房间里进行的。每周进行2—5天,每次3—5次,每次10分钟。使用频率记录并收集数据,并将数据报告为每分钟的响应数。雷切尔经历了以下五个条件:

1. 孤立。忽视自伤行为,也不提供关注、娱乐材料、或要求。这种情景的设置目的是评估在没有社会后果情况下自伤行为是否会持续存在。

2. 关注。每次发生攻击或自伤行为都会引起20秒的关注,雷切尔可以持续获得娱乐材料。这种情景设置的目的是为了识别在关注产生的正强化下维持的行为。

3. 实物。每次发生攻击或自伤行为时,都会获得20秒的娱乐材料,并且雷切尔不断获得关注,这种情景是为了识别在实物娱乐材料引起的正强化下维持的行为。

4. 需求(Demand)。每次发生攻击或自伤行为时,都会从连续任务中逃离20秒。这种情况目的是识别为逃避任务的负强化下维持的行为。

5. 游戏。雷切尔不断获得关注和偏爱的活动,也没有对她提出任何要求,并且忽略了所有问题行为。该情景用作与其他条件进行比较的对照组。

图表7.5显示了雷切尔(Rachel)在每种情况下的攻击性和自我伤害的发生。行为的发生始终在实物条件下最高,因此说明问题行为的维持是通过获得娱乐性实物的形式来产生强化。

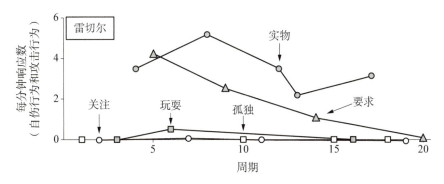

图表7.5 功能分析多因素设计应用实例

注:摘自"Variable-Time Reinforcement Schedules in the Treatment of Socially Maintained Problem Behavior," by C. Van Camp, D. Lerman, M. Kelley, S. Contrucci, & C. Vorndran, 2000, Journal of Applied Behavior Analysis, 33(4), pp.545–557.2000.

版权归行为实验分析学会(The Society for the Experimental Analysis of Behavior)所有。经许可转载。

进行功能分析的情境

功能分析可以在特殊教育和普通教育教室、社区环境和社区职业环境中进行。在这些自然环境中,行为和自然环境事件,人员和突发事件都有效((Austin, Groves, Reynish, & Francis, 2015; Flanagan et al., 2020; Greer et al., 2013; Hansen et al., 2019; Hughes, Alberto, & Fredrick, 2006; Kodak et al., 2013; Lampert, Lopano, Noel, & Richie, 2017; Ledford et al., 2019; Lloyd, Weaver, & Staubitz, 2016; Reid, Parsons, & Lattimore, 2010; Rispoli et al., 2013)。然而,一些研究是在模拟环境(analog setting)中进行的。模拟环境是教室外的一种环境,在这种环境中,可以对环境进行严格的控制。正是这种精确性使它进入选择的选项。在可控的模拟环境中,行为可能不会接触到与自然环境下相同的变量,因此在模拟和自然环境中可能会发现不同的功能(Hansen et al., 2019; Jessel et al., 2014; Petrongolo et al., 2015; Rooker et al., 2011)。在学校中,教师和行为专家经常使用空闲的教室作为模拟环境,托马斯-萨西、岩田和弗里茨(Thomason-Sassi、Iwata, & Fritz, 2013)比较了行为专家在诊所中进行的功能分析和经过培训的父母在家中进行的功能分析的结果。研究人员分别对三名具有自伤行为、攻击行为和破坏行为的初一发育障碍学生进行了行为功能分析。结果显示,在具有环境控制的诊所和在缺少控制的家庭环境下结果相同。这一比较说明,功能分析不必由行为专家在模拟环境中进行。教师通过培训,在课堂上也能进行有效的行为分析(Alnemary et al., 2017; Chok et al., 2012; Griffith et al.,

2020; Lambert et al., 2014; Pence et al., 2014; Rios et al., 2020; Rispoli et al., 2016)。

简要功能分析（Brief Functional Analysis）

已经调整了对行为功能分析（functional behavior analysis, FBA）过程的适应性，使其更具实用性，更好运用于特殊需要学生、高危学生以及普通学生。最初，功能行为分析程序涉及多达 50 到 60 个会话，每个会话最多 30 分钟，以识别和验证行为的功能。这种扩展的功能行为分析格式可能需要很多天。简要功能行为分析格式的开发将各种条件的个别会话减少了 5 到 10 分钟，允许在 90 分钟或更短的时间内完成。人们发现，这些较短的会话能产生相同的解释，导致相同的功能识别。由于不包括四种情况的所有情况，所进行的会话总数也减少了。从功能评估方法收集的信息用于缩小可能的控制变量。值得注意的是，如果要在更短和更少的会话中捕获足够的信息，行为必须高频率发生（Badgett & Falcomata, 2015; Call et al., 2013; Falcomata et al., 2016; Meuthing et al., 2017; Perrin et al., 2008）。

附加格式的简要功能行为分析已被成功使用。齐哈克等（Cihak, Alberto, & Fredrick, 2007）在一个用于社区职业培训的杂货店里，使用了一个简短的功能行为分析来实验验证教师访谈的结果。简要功能行为分析包括逃避任务需求，关注和控制的条件。学生参加每个条件的 10 分钟课程，情景间隔休息 10 分钟。如图表 7.6 所示，数据是按

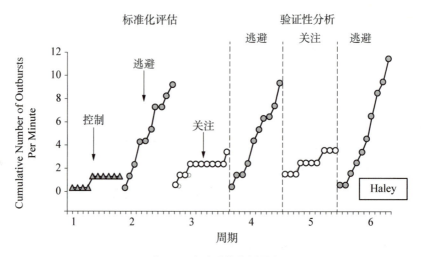

图表 7.6 行为功能分析形式

注：摘自 "Use of Brief Functional Analysis and Intervention Evaluation in Public Settings," D. Cihak, P. Alberto, & L. Fredrick, 2007, Journal of Positive Behavior Interventions, 9(2), 80–93. 版权归 Hammill Institute on Disability 所有。经许可转发。

分钟间隔累计绘制(Vollmer, Iwata, Zarcone, Smith, & Mazaleski, 1993),并指出符合是逃避的行为功能。这一点得到了证实,因为学生在完成功能分析后立即参加了三个额外的课程。在简要行为分析(brief-FA)期间具有最高水平的目标行为的条件(即逃避)被重复了两次,与产生目标行为第二高发生率的条件(即关注)交替。在普通教育课堂上,凯西和梅里卡尔(Casey & Merical, 2006)进行了一系列 5 分钟条件的简要行为功能分析,例如关注,逃避和控制。重复出现与最高比率的目标行为(自伤)相关情况如图表 7.7 所示。图表 7.7 中,每个 5 分钟疗程的自伤的 10 秒间隔的百分比被绘制成图表。简要功能行为分析的结果表明,自伤间隔的百分比最高,这证明卡尔利用自残来逃离或逃避要求。

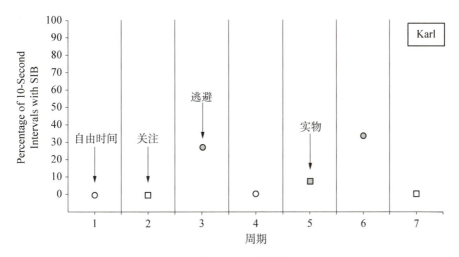

图表 7.7 简要行为功能分析形式

NOTE: From "The Use of Functional Communication Training without Additional Treatment Procedures in an Inclusive School Setting," by S. Casey & C. Merical, 2006, *Behavioral Disorders, 32*, 46–54. Copyright 2006, by Council for Children with Behavioral Disorders. Reprinted with permission.

步骤 5 制定行为支持计划

A. 查看假设并选择行为支持计划的组成部分。

B. 根据需要收集和使用数据来评估和修改计划。

C. 维持和推广成功结果,并逐渐撤销干预措施。

行为支持计划(Behavior Support Plan, BSP)总结了所产生的信息,提出功能假设,并详细说明了行为改变和支持的实施程序。大多数州的教育机构和学区都有一个特定的行为支持计划的写作格式,一些人也将其作为 IEP 文件的一部分。这些和其他已发布的表单有不同的组件。图表 7.8 是一个示例行为支持计划,其中包含许多此类表单的常见内容。

图表7.8　行为支持计划示例

姓名：_____ 出生日期：_____ 班级：_____
访谈日期：
（1）团队成员：

姓名	标题/角色分配

（2）目标行为操作性定义：_____
_____
_____

（3）总结使用过的策略：

包括实行日期：
实施干预策略的人员：
干预策略的组成部分：

数据有效性（附上适当的文件）

包括实行日期：
实施干预策略的人员：
干预策略的组成部分：

数据有效性（附上适当的文件）

(4) 筛选结果：
健康：

药物：

肢体障碍：

感官障碍：

学习障碍：

其他：

筛选结果是否表明采取了一些行动，是否已实施？

(5) 完成本页功能评估。
A. 是否确实使用了一种方法？是____ 否____
如果是，使用了什么工具？
(附上已填妥的文书)
功能评估访谈
学生指导功能评估访谈
动机评估量表
问题行为问卷
功能分析筛选工具(FAST)
行为功能问卷(QABF)

B. 是否使用了直接法？是____ 否____
如果是，使用了哪种方法？_____
（附上分析数据表单）
如：轶事记录分析报告
　　散点图分析
　　A-B-C描述性分析
C. 结果假设。
1. 寻求社会关注成人_____
　　同伴_____
2. 寻求实物项目/物品_____
　　活动/事件_____
3. 自我刺激什么感觉_____
4. 逃避/拒绝成人_____
同伴_____
5. 逃避/减弱内部疼痛_____
D. 假设总结：

(6) 若功能分析已完成请完成此页。
A. 目标是：验证功能评估的假设？
　　　　　　改进功能评估产生的假设？
　　　　　　澄清功能评估的不确定结果？
　　　　　　一个假设的初步发展？
目的：_____
B. 它是在模拟还是自然环境下进行的？
_____
_____
C. 分析中使用的条件是什么？（附图）
_____
_____
D. 结果假设。
1. 寻求社会关注　成人_____
　　　　　　　　同伴_____
2. 寻求有形物体/物品_____
　　寻求活动/事件_____
3. 自我刺激　具体感觉_____
4. 逃避/拒绝成人关注_____
　　逃避/拒绝同伴社交_____
5. 逃避痛苦或令人不快的内部刺激_____

D. 假设总结：

(7) 干预

(7a) 当前目标行为：

(7b) 替代/替代性行为：(例如，社交技能指导，自我管理训练)：

(7c) 前奏/设定事件策略(例如，环境、日程、任务、人员、教学策略、分组、时间安排等)：

(7d) 结果策略(例如，区别强化替代行为(DRA)、差别强化其他行为(DRO)、非后效增强、重定向、消退、暂停)；功能等效训练、功能沟通训练：

(7e) 监测实施计划：

(7f) 维护和推广：

(7g) 维护和推广：

(7h) 员工培训，支持和所需资源：

第1部分列出了行为管理团队，这些团队主要负责行为干预计划。这些成员可能是整个IEP团队或小组委员会。除了他们的名字和专业角色（例如，教师、语言病理学家），这份报告还描述了这些专家团队在这个计划中具体担任的角色。该计划将确定干预方法的主要和次要实施者，并安排监督该计划实施的人员。还可将数据收集人员，危机应对小组和干预情境下的老师都列入计划。

第 2 部分列出了目标行为的操作定义。这些应由 IEP 团队在之前定义好，并在功能评估或功能分析期间使用。第 3 部分包括过去用于改变学生行为但未成功的策略。这部分可为制定新计划提供参考。

第 4 部分、第 5 部分、第 6 部分用于进行功能假设的活动。第 4 部分列出了所进行的筛选检查的类型，结果及对应使用的干预措施。第 5 部分提供关于功能评估的信息。该部分记录了所使用的间接和直接的数据收集方法以及由此产生的假设。第 6 部分提供了关于功能分析的信息。它提供关于分析的目的、设置、条件和结果假设的信息。行为支持计划文件中附有相关的内容，用于功能评估和功能分析。

第 7 部分详细描述了影响干预的要素。主要包括两部分，一部分主要描述教学策略，并提供更合适的行为来替代目标行为(元素 7b、7c 和 7d)，另一组用于支持干预策略(元素 7e—7h)。

第 7 部分列出了为问题行为而选择的替代行为的操作定义。它还描述了新行为的范式。(例如，社会技能培训，自我管理)。其中也包括对背景设置的更改，以及引发问题行为的先行刺激的替代方案。这描述的是安排结果的策略，这些结果将加强替代行为及其使用的范式(例如，功能性沟通训练)。没有一种单一的干预方法总是适用于所有学生和环境的特定功能。表 7.3 提供了研究文献中出现的医学成功策略的例子。要注意的是，这些策略主要是基于正强化的方法。正如佩利奥(Pelios，1999)等所述，使用功能分析增加了选择以强化为基础的自伤行为和攻击治疗方法的可能性，而不是以惩罚为基础的治疗。对此类策略的解释在接下来关于增加行为和减少行为的章节中。

表 7.3　基于功能的干预范例

功能：关注
DRA: Athens & Vollmer, 2010; Flynn & Lo, 2016; Wright-Gallo et al., 2006
DRO: Rosa et al., 2015
NCR: Fisher, O'Connor, Kurtz, Deleon, GotjBanda & Sokolsky, 2012; Noel & Rubow, 2018; Rubow et al., 2019
功能测试(FCT): Balka et al., 2016
消退(Extinction): Hanley, Piazza, Fisher, & Eidolons, 1997
暂停(Time-out): Coppage & Meindl, 2017; Slocum et al., 2019
自我管理(Self-management): Wadsworth et al., 2015

功能：实物/活动
DRA: LeGray et al., 2013; Romani et al., 2019; Schlichenmeyer et al., 2015
DRO: Iannaccone et al., 2020; Sullivan & Roane, 2018
NCR: Clay et al., 2018; Falligant et al., 2020; Kettering et al., 2018
FCT: Betz et al., 2013; Fragale et al., 2016

续 表

功能：逃避
DRA: Briggs et al., 2019; Flynn & Lo, 2016; Wright-Gallo et al., 2006
DRO: Call, Wacker, Ringdahl, & Boelter, 2005; Coleman & Holmes, 1998
NCR: (noncontingent escape): Moore et al., 2016
FCT: Davis et al., 2018; Fisher et al., 2014; Gerow et al., 2020; Zangrillo et al., 2016
Extinction: Bloom et al., 2018; Rubio et al., 2020; Tereshko & Sottolano, 2017

功能：感觉刺激
DRA: Hedquist & Roscoe, 2020; Roscoe et al., 2013
DRO: Hirst et al., 2019; Gehrman et al., 2017; Nuernberger et al., 2013
NCR: Rosales et al., 2010; Newcomb et al., 2019; Ahearn, Clark, DeBar, & Florentino, 2005 (matched stimuli)
Extinction: Scheithauer et al., 2017
Medication: Carter & Wheeler, 2007

功能：多功能
DRA: Herman et al., 2018
NCR: Falcomata & Gainey, 2014; Phillips et al., 2017; Slocum et al., 2018
FCT: Falcomata et al., 2013; Fewell et al., 2016; Mitteer et al., 2019; Scalzo et al., 2015; Tsami & Lerman, 2020
Extinction: Bachmeyer et al., 2019

DRA-Differential Reinforcement of Alternative Behavior 替代行为的差异强化
FCT-Functional Communication Training 功能性沟通训练
DRO-Differential Reinforcement of Other Behavior 其他行为的差异强化
NCR-Noncontingent Reinforcement 自动强化（非后效增强）

第二组要素用于制定进一步的计划以支持实施。团队应该考虑到问题是让所选择的策略正确且一致地实施，制定详细计划，定期进行观察并协助实施。一旦干预成功，你需要设定一个计划来维持和持续支持性行为，并将其推广到学校、家庭和社区的其他环境中。行为支持计划认可行为管理和危机管理的差异。行为管理、行为支持计划的总体目标是为长期的行为改变提供一个计划，系统地为学生提供不同的选择从而与环境中的人进行互动。危机管理要求学生在失控时立即停止不当行为。这是一个安全问题，而不是长期学习的问题。最后，为了使计划成功，必须考虑到工作人员的培训、新人员和其他支持（例如，临时辅助专业人员、防护设备和辅助教学材料）。

积极行为支持

积极行为支持（Positive Behavior Support, PBS）是应用行为分析基本要素的应用和延伸。PBS 使用这些元素来增加学生的适当行为，并应用系统更改方法来重新设计学生在其中发挥作用的环境，以确保泛化和维护，并提高学生的生活质量(Carr et al.，1999；Dunlap et al.，2010，2012，2017；Lewis et al.，2010)。积极行为支持从关注学生个体水平出发，采用应用行为分析(applied behavior analysis, ABA)策略，如功能评估(functional assessment)和前奏操纵(antecedent manipulation)。积极行为支持的目标是在教室、学校、家庭和工作场所的环境中应用具有社会意义的应用行为分析，从而影响学生的生活方式(Freeman et al.，2016；Lo et al.，2010；McIntosh et al.，2013；Mitchell et al.，2018；Sugai & Horner, 2020)。

卡尔等(Carr et al., 2002)注意到"如果不是过去35年的应用行为分析研究，PBS 就不可能存在(第5页)。ABA 提供了三项权变(S‐R‐S)的概念框架，以及背景事件、刺激控制泛化和维持的概念。PBS 已经结合了评估和干预策略，例如塑造、渐隐、链锁和提示，以及一系列减少问题行为的程序，包括差异强化应急事件。PBS 采用了 ABA 研究人员开发的直接观察和时间序列设计方法(Carr et al., 2002；Dunlap, 2006；Horner & Sugai, 2015)。PBS 的核心价值是来自 ABA 社区预防不适当和非功能行为的预防，应用基于研究/证据的实践来构建行为库，创造以人为中心的红色和支持性的情境和过程。

PBS 采用三层预防模式(McIntosh et al., 2017；Sugai & Horner, 2020)。第一层(通用)关注环境中的所有学生(例如，整个学校)。3～5条的规定适用于所有非课堂区域(例如，走廊，自助餐厅，浴室)的学生。目的是通过教学和强化适当的行为，为全体学生提供行为支持的基础(Farkas et al., 2012)。第二层(目标)侧重于第一层不能满足其行为需求的学生。根据学生的数据，为其提供额外的行为支持，例如官方参考资料或停课等手段。这些学生可能会给接受社会技能指导，把那个与其他学生一起参考共同行为问题的同伴指导计划(例如，相同类型问题行为、同一地点、同一时间)。这一层的目的是防止学生的行为对学习环境造成判断(Fallon & Feinberg, 2017；Stormont & Reinke, 2013)。第三层(强化)主要针对通用和目标层均不成功的学生，对于其数据中反映出的慢性行为问题，可以对其进行功能性行为评估，以确定该学生问题行为的功能，并实施基于功能的行为干预计划，尽可能提供全方位的服务。该层的目的是减少学生问题行为的强度和蔓延(Cumming & O'Neill, 2019；Scott & Cooper, 2013)。

个别学生的积极行为支持

积极行为支持(PBS)的基础在于应用行为分析强调应用行为准则来改善具有严重问题行为的个别学生的生活(Carr et al., 1999；Russa et al., 2015)。PBS 采用的其中一项 ABA 个人分析策略是使用功能分析来确定具有社会意义的行为的目的，从而促进干预计划的进行(Crone et al., 2015；Oakes et al., 2018；Stoiber & Gettinger, 2011)。例如，邦奇-克伦普和卢(Bunch-Crump & Lo, 2017)为4名美国城市初中生学生制定了积极行为支持计划,减少其学业逃避行为并增加课堂参与。在此之前,学生已经参加过学校层面的积极行为支持模拟。由于持续的逃避行为,比如与人闲聊,不遵守规则,消极互动,4位学生参加了第二阶段的干预。打卡/签退。这包括副校长与学生一起制定与全校期望相关的行为目标,并发放每日报告卡,表明目标是否达到。如果是的话,学生会收到奖励,比如贴纸、胜利之舞或糖果。这种干预减少了其中三名学生的破坏性行为,并提高了没有持续学习的学生的学业参与度。完成功能行为分析,发现他的破坏性行为具有引起老师注意的功能。干预的一个组成部分是教学和不同程度地强化替代行为——提高教师的注意力。另一个干预组件是使用带有应用程序的设备来自我监控遵守课堂规则的情况,例如尊重他人。这种三级干预成功地减少了破坏性行为,增加了该学生的学术参与。

在应用行为分析领域初期,贝尔(Baer)、沃尔夫(Wolf)、里斯利(Risley)向研究人员和教育工作者提出挑战:"如果行为技术的应用没有产生足够大的实际价值,那么应用就失败了"(1968,第96页)。PBS通过拓宽行为原则在社会变革中的视角和应用,将其提升到了一个新的层次。PBS努力影响更大的环境,在这种环境中,一旦提供了适当的行为,学生就必须发挥作用,以确保学生和与他或她共享环境的人具有实际和持久的价值。

PBS将重点放在了学生必须在其中发挥作用的环境中,因此需要使用系统更改和重构的工具来防止个别学生或学生群体的不当行为的发生和再次发生。PBS认为,为学生提供更合适的或功能性的行为,却让其回到功能失调的环境中,是没有长期价值的。最好的技术如果应用于不合作或无组织的环境中,就会失败。这一原则希望能有系统性的改变,这是PBS的定义特性之一。只有在系统以能够发生变化并得以维持的方式进行重组时,才有可能进行有意义的变革(Andreou et al., 2015; Feuerborn et al., 2015; Freeman et al., 2009)。在PBS应用的变式中,为维持新行为而进行的功能评估所产生的支持的设计和结构是基于预防的(PBS的主动性、技能构建方面寻求通过加强交际能力和自我管理技能来防止问题行为的复发;PBS在主动环境设计方面也通过增加选择的机会,改变预设时间,提高强化物的价值,并调整课程内容来体现;Harn et al., 2015; Sprague et al., 2020)。

课堂

安排一个支持性的课堂环境,在这个环境中,由功能评估产生的干预将发挥作用,这是一种预防性策略的使用。正在进行的课堂系统重组分析包括:强化物的选择和交付、任务和地点之间的转换、座位安排、任务时间表、教学分组、课程选择和课堂行为规则。史葛佩恩(Scott Payne)和乔利维特(Jolivette, 2003)在一项研究中发现,问题往往发生在可预测的地方(例如,水槽、衣帽架),可预测的时间(例如,过渡时间、清理时间)在可预测的条件下(例如,集会和派对日、考试时间),他知道哪些学生最有可能遇到问题以及这些问题可能是什么。这些作者指出,有效的预防策略是简单的,成本有效的,可行的,并得到所有利益相关者的同意。预防策略与问题和位置相匹配——例如,在衣架处:拆除可移动的障碍物,修改程序以使同一时间同一区域的学生人数减少;在门口等待时:将学生分成小组而不是将其排为一列。在这些所有的例子中,都在引导人们指向积极行为。研究人员和教育工作者一致认为,积极的行为支持系统不应该是静态的,它们应该接受持续的评估。

学校

学校范围内的 PBS 是大规模实施和将分析单元从单个学生扩展到学校的一个例子(Freeman et al., 2016; Gage et al., 2015; Horner, Sugai, & Anderson, 2010; Lewis et al., 2016)。学校 PBS 系统是一种系统方法,使用循证实践来建立社会文化和个性化行为支持,在预防问题行为的同时实现社会和学业上的成功。这种方法已在小学和中学实施(Freeman et al., 2016, 2019; Lane et al., 2013; McDaniel et al., 2017; Nese et al., 2014; Swain-Bradway et al., 2015)。全校积极行为支持(SE-PBS)是一种从全校预防工作开始,然后为那些有重大需求的学生添加个性化支持的方法,全校 PBS 的研究人员就一套核心策略达成一致(Algozzine et al., 2017; McIntosh et al., 2013):

1. 重点预防问题行为的发展和发生。
2. 教授适当的社会行为和技能。
3. 认可恰当行为。(学生的适当行为应得到关注,对恰当行为的关注度应高于对学生违规和问题行为的关注度。干预者对问题行为应采取一致的干预手段。)
4. 收集关于学生行为持续的数据,并使用它来指导行为支持。
5. 遵循强化和个别化干预方法的一致性。
6. 投资支持成年人实施有效实践的系统(例如,团队、政策、资金、行政支持、数据结构)。

博安农等(Bohanon et al., 2012)介绍了在一所大型城市高中实施全校 PBS 的案例研究。干预分为三个阶段。第一阶段发生在两个月以上会议,学习如何在全校范围内实施三层 PBS,确定数据收集策略,以及对所有学校员工进行系统培训。在第二阶段,学校成立了一个领导团队,由特殊教育教师、普通教育教师、学生、学校管理人员和大学研究团队组成。该团队在夏天召开了会议,为本学年规划了几个步骤,包括确定学校范围内的期望,设定减少问题行为的目标,建立指导员工实施的教练,以及规划实现目标的庆祝活动。第三阶段的实施包括解释和建模学校集会中的行为期望,张贴全校期望,建立教师为学生展示预期行为而给予学生的确认票,以及对员工进行基于数据库的再培训。第三阶段持续了三年。该干预措施由所有学校工作人员实施,并导致学校 PBS 中使用的关键措施减少。

小结

当学生出现的挑战性的行为干扰到自身和他人的学习,若能通过教育手段改变问题行为,IDEA要求教育者进行功能行为评估程序。这些程序提供了一个方法来确定学生的行为具有怎样的功能。功能评估程序提供直接和间接的信息收集手段,从而产生功能假设。功能分析程序提供了对环境变量的操纵,从而产生功能假设。根据行为的功能,可以设计一个干预和支持计划。BSP详细描述了环境的变化,如何用合适的行为替代不恰当的行为,以及教授替代行为的方法。有人认为,功能行为评估的目的不仅仅是作为对已经达到危机点的行为问题的反应。当问题行为首次出现时,功能行为评估是最有效的(Ala'i-Rosales et al., 2019)。

大量的研究和应用证实了这些程序的有效性、可靠性和积极的选择,但仍然需要进一步的调查,以扩大我们对有效和有效的方法的知识,这些方法在学校环境中是切实可行的(Freeman et al., 2019; Horner & Yell, 2017; Steege et al., 2019; Strickland-Cohen et al., 2016; Zirkel, 2017)。对于典型学生群体和轻度残疾人群来说,对知识的进一步需求尤其迫切。对于中度和重度残疾学生群体,有证据表明间接和直接的功能评估和功能分析方法是一致的,功能的识别导致干预和支持计划的成功(Freeman et al., 2019; Horner & Yell, 2017; Steege et al., 2019; Strickland-Cohen et al., 2016; Zirkel, 2017)。虽然对于严重残疾个体的功能评估过程已经了解了很多,但是由于对患有情绪和行为障碍(Kamps et al., 2006)的学生的认识还很有限(Scott & Alter, 2017)。

讨论

1. 詹娜(Jenna)的老师阿尔瓦拉兹(Alvaraz)女士和一位行为专家被要求提出一个假设,来解释詹娜在学校独立吃午餐时没有任何问题,但在家里吃饭时却变得完全无法控制的原因。阿尔瓦拉兹女士和行为专家一起进行头脑风暴,预测他们可能会发现的差异。在去詹娜家之前,在空荡荡的自助餐厅里,对詹娜吃的不同食物的移动和变化并没有产生任何具有挑战性的行为。请列出可能存在的不同情况。

2. 许多普通学生和轻度残疾学生的老师试图通过访谈学生来确定学生行为的功能。他们反复问学生"为什么他们要做某些行为"。为什么这样做不太有效?

3. 一项功能分析证实了一种假说,即德马库斯(Demarcus)为了逃避不希望做的事情

(逃避要求)而大喊大叫、殴打成年人。老师的治疗计划中可能包括哪些内容？如果他这么做是为了获得同龄人或成年人的社会关注呢？这些计划是相似的还是不同的？

4. 叙事报告是直接收集功能评估信息的一种方法。以下是一段以社区为基础的职业指导的叙事报告。托德(Todd)的同学露西(Lucy)和他们的老师都在宠物公园。会议的任务是把4磅重的鸟食袋从储藏室搬到商店前面的架子上。如第四章所示，将此报告转换为分析叙事报告的结构。

5月3日上午9点20分，老师、托德和露西在储藏室，老师解释了任务。她告诉两个学生各拿起一个包跟着她。他们这样做了，每个人都在适当的架子上放了一个袋子。她把他们带回储藏室。老师让托德拿起一袋种子，但他走开了。老师第二次叫了托德。老师拿起一个袋子，牵着托德的手走到架子前，她把包递给他，指着它的架子，让他把包放在架子上，并叫他到储藏室再去拿一个。

第八章 增加行为的结果安排

学习成果

8.1 识别强化物类别和有效选择强化物的方法

8.2 确定行为契约的组成部分和使用方法

8.3 知道强化使用的各种变式

8.4 区分正强化和负强化

8.5 知道负强化的正确和错误应用,在教学中知道如何使用负强化

8.6 确定自然强化物

本章概要

正强化

选择有效强化物

强化一致性

即时强化

强化物的类别

行为契约

实施强化的变式

群体一致性和同伴协调

强化程序

负强化

无意的使用

适当的逃避行为

使用负强化教学

自然强化

小结

"强化"一词,用来描述愉悦的事件或奖励给那些与行为改变的需求相一致的人,它已经成为了大众词汇的一部分。因此,它与行为矫正的刻板性,可操纵性相联系,被概念化为一种人工工具,让人们参与其他人选择的行为。虽然应用行为分析者使用强化原则来改变行为,但他们并没有发明强化。强化是一种自然发生的现象,应用行为分析只是简单地对强化的效果进行了深思熟虑和系统地应用。

强化描述了两个环境事件之间的关系,一个行为(反应)和一个事件或结果之后的反应。只有行为由于结果而增加或保持其频率时,这种关系称为强化。在第一章中,我们描述了两种强化:正强化,任何导致我们以后进行该行为的可能性增加的结果。负强化,即撤销不愉快的刺激,增加反应的频率。正强化和负强化都能增加反应在将来发生的频率。

每个人做事都是因为事情的结果。我们所做的每一件事都有结果。当我们的行为自然产生理想的结果时,这种经历会激励我们继续这样做。思考这些例子:

- 一名上班族每天上班,期望在周末收到一张支票。如果支票在周五以个人满意的金额交付,则会增加此人在周一重返工作岗位的可能性。
- 一个小球员打出双垒,得到了球迷和队友的称赞。这激励她下周六再上场。
- 婴儿在他妈妈走近时,发出"咕咕"叫,所以妈妈拥抱他,花更多的时间陪他玩。母亲的反应增加了婴儿咕咕叫的频率,从而增加了玩耍时间。
- 一名学生每周每晚花 45 分钟准备历史考试。如果学生在考试中得了 A,这将激励她为下一次考试同样努力学习。

虽然许多适当行为是通过自然强化来维持,但这种情况可能不足以维持所有的适当行为。教师经常发现,对学生来说自然产生的强化目前不能维持适当行为。一些学生可能不会从学习平面几何或应用行为分析中看到直接的好处。比老师提供的更有力的竞争强化物可能会激励一些学生。这些学生可能会发现,其他学生的笑声比老师的认可更有说服力。有些学生可能不在乎老师提供的强化。例如,成绩对他们来说可能没有什么意义。在这种情况下,教师必须制定一个系统、临时的计划,为学生安排机会,以获得他们所重视的强化物。当自然强化物不够有效时,明智的教师会寻找更有效的强化物。

我们将描述改变课堂行为中有效使用强化的程序。本章的大部分讨论了正强化的使用,而最后一部分描述了负强化在课堂中的应用。表 8.1 总结了潜在强化物分类和例子。这张表不是一个按序选取的、从人为到自然的强化类别方案。例如,人们可能会认为,在课堂上使用的可以吃的强化物是人为的。然而,这种设计取决于学生的目标行为、环境和年龄。

任何类别或特定的刺激物都可以被认为是人为的或自然的强化物。食物作为强化物，教导学生在体育课结束后自己进食或使用饮水机作为强化物，为了学生在体育课后正确地排队，这些行为可能被认为是目标行为的自然结果。区分在特定环境中通常可用的事物或事件（即自然的）和临时安排到环境中以增加结果强度的事物或事件（即人为的）可能会对改变行为有所帮助。

表 8.1　课堂应用强化物的类别和举例

级别	分类	举例
原级强化物	1. 可食用的强化物	食物和饮料，如饼干、果汁、布丁
	2. 感官强化物	感觉刺激、听觉刺激、触觉刺激、嗅觉刺激或振动：用毛绒玩具抚摸脸、用耳塞听音乐
次级强化物	3. 有形的（实质的）强化物	证书、徽章、贴纸、音乐明星海报、气球
	4. a. 特权性强化	班长、队长、免除家庭作业、自主课堂时间
	b. 活动性强化物	游戏活动、特殊活动、使用媒体或用电脑
	5. 泛化性强化物	代币、积分、学分
	6. 社会性强化物	表达、接近、接触、词和短语、反馈、座位安排

正强化

学习成果 8.1　识别强化物类别和有效选择强化物的方法

正强化（sR+）是一个期望的行为出现时立即呈现一个刺激，并在未来的类似情境中会增加该行为的出现率。这个定义中有三个关键词。"增加"表明正在使用某种形式的强化，因为刺激会增加反应再次发生的频率。第二个关键词是"呈现"。当我们使用正强化时，我们有意在学生做出反应后给他们一个刺激。第三个关键词是"一致性"。除非期望的行为发生，否则老师不会将强化物给予学生。如果老师说："马库斯（Marcus），当你写完所有的数学作业时，就可以玩飞机模型。"如果飞机模型对马库斯具有强化作用，老师正是在运用正强化。强化物（飞机模型）将根据要求的行为产生（写完数学作业）呈现给学生。表 8.2 中的例子说明了正强化的原理。

正强化指的是行为和结果之间的关系，而"正强化"描述的是事件本身的结果。正强化（sR+）是一种结果性刺激。

1. 增加或维持行为未来发生率
2. 期望或要求的行为产生
3. 期望或要求的行为产生之后立即强化

表 8.2　正强化物的示例

	刺激	反应	强化	影响
例 1	数学题和教学。	马库斯完成了数学题。	老师让他玩模型飞机。	马卡斯按时完成下一组问题的可能性增加了。
例 2	约翰(John)端正地坐在座位上。		老师面带微笑并夸赞他。	约翰继续端正地坐着的可能性增加了。
例 3	本周萨拉(Sara)每天都带作业来。		下周,她被任命为班长。	萨拉继续每天带作业的可能性越来越大。

选择有效强化物

事物或事件的强化力取决于被强化者的强化史和被剥夺程度。

刺激被定义为正强化物只是由于它对行为产生影响,所以在建立这种关系之前,没有特定的事物或事件可以被认定为强化物。因此,教师不可能在这种关系的证据出现之前,以任何确定性程度来陈述这种刺激对特定的学生是否会是一个强化。对于某个学生来说,什么作为强化物取决于几个因素,包括学生的强化历史(过去是什么促使她这样做),学生被剥夺的情况(她想要但不容易或很少得到),强化物的感知价值(是否值得执行行为),一致性(过去强化物是否兑现),和年龄相符(即使学生可能会喜欢,但强化物适合更小的孩子,从而使她尴尬)。

对每个学生来说,强化物可能也不同。先入为主的强化观念是干预计划失败的常见原因。当期望的行为没有发生时,教师的第一反应往往是认为强化程序无用,而实际上强化的一个基本概念已经违背了:强化的个性化。确定个体所偏好的强化物可以采用偏好评估方法。

偏好评估的方法将根据学生的功能水平而有所不同。在识别有效的强化物时,发现系统偏好评估比教师或照料者的预测或猜测更可靠(Cote, Thompson, Hanley, & McKerchar, 2007; Daly, Jacob, King, & Cheramie, 1984; Reid, White, Halford, Brittain, & Gardner, 1988)。然而,有时教师或照料者的报告可能会预测具有强化功能的刺激物(Russo, Tincani, & Axelrod, 2014; Verschuur et al., 2011)。此外,有语言能力的学生经常会被问到,由于他们的努力或成绩,他们想要获得什么。这也可以通过备好的调查表来完成,如学校强化调查时间表(Holmes, Cautela, Simpson, Motes, & Gold, 1998)。这是为四年级到十二年级的学生开发的。对调研的结果必须持保留态度,就像任何关于潜在强化物的信息来源一样,直到看到对行为的影响(Cohen-Almeida, Graff, & Ahearn, 2000; Northup, 2000)。

对重度障碍学生的偏好评估必须具体化。

偏好评估的另一种策略是使用一张事先准备好的强化物清单,如图表 8.1 所示,在清单中命名或绘制出强化物。学生们按要求按照偏好对潜在强化物进行排序。清单应该包括各种各样合理的强化物,而且这些强化物是教师可提供的。各种各样的选择是必要的,因为对某些学生有强化作用,对另一些学生可能没有强化作用。有限的选择将防止学生可能提出的一些不切实际的选择(如音乐播放器、电子游戏设备和外出旅行)。然而,教师们可能仍然希望在一些有限的选择之后提供一个开放式回答的机会。另一种建议是提供两件或两类强化物(口头或图片)进行选择,而不是提供一长串排序的强化物清单。例如,

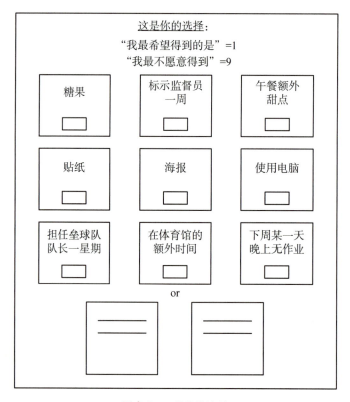

图表 8.1　强化物清单

老师可能会问,"你认真学习想得到什么,什么吃的东西,像薯片、饼干或爆米花,还是画画、玩电脑游戏或去图书馆等什么活动奖励?"(Northup, George, Jones, Broussard, & Vollmer, 1996, p. 207)。

为了确定反应能力更有限的学生强化物的偏好,可能有必要展示一系列潜在的强化物并允许学生选择。最常见的是呈现真实的物体或事件,对于有更严重障碍的学生来说可能是必要的(Higbee, Carr, & Harrison, 1999)。对于一些学生来说,展示物品的图片(无论是实物图片还是笔记本电脑或平板电脑上展示的图片)在评估偏好时与展示物品一样有效(Brodhead et al., 2016)。潜在的强化物甚至可能以学生选择的视频形式呈现,特别是在评估社交互动、职业选择或视频本身时(Curiel, Curiel, Li, Deochand, & Poling, 2018; Morgan & Horrocks, 2011; Wolfe, Kunnavatana, & Shoemaker, 2018)。根据过去强化物有效性以及父母和过去老师的访谈,通常最好将教师认为是潜在强化物的六个项目带到偏好评估会上。这些物品应包括各种类别的强化物,例如可食用物品、感官物品、玩具或影响环境的物品(例如风扇)。

常用的四种偏好评估

1. 自由操作偏好评估,记录学生参与项目的状况及持续时间(Roane, Vollmer, Ringdahl, & Marcus, 1998; Sautter, LeBlanc, & Gillett, 2008)。与其他偏好评估方法相比,自由操作方法的挑战性较小(Verriden & Roscoe, 2016)。这种方法的局限是不会产生偏好的优先级。

2. 单一刺激,在教学或活动之前或嵌入在教学或活动中,一次呈现一个刺激给学生。(Green, Middleton, & Reid, 2000; Pace, Ivancic, Edwards, Iwata, & Page, 1985; Thomson, Czarnecki, Martin, & Yu, 2007)。呈现强化物,直到选择预定次数以表明偏好。这个程序提供了一个强化物是否是首选,但无法对偏好物进行排序。

3. 配对刺激偏好评估,其中刺激成对呈现,学生从中选择自己喜欢的刺激(Fisher 等,1992)。选择反应可能是指向、拿起或注视刺激(Cannella-Malone, Sabielny, & Tullis, 2015)。物品可能包括具体物品、图片或声音。每个物品至少与其他物品一起呈现一次,这样就可以确定每个物品相对于其他物品的偏好。数组物品的左右位置应该是随机的。在确定所选物品之间的潜在比较强化效果时,一个常见的标准是,高偏好物是75%或以上试验中选择的物品,低偏好物是25%或更少试验中选择的物品。低偏好项通常与弱强化反应相关,高反应率与高偏好项相关(Fisher et al., 1992; Graff, Gibson, & Galiatsatos, 2006; Horrocks & Higbee, 2008; Roscoe, Iwata, & Kahng, 1999)。有数据表明,这种方法比单项呈现更能预测后续强化效果。

4. 多重刺激,所有刺激(具体物品、图片的、活动选择)同时呈现。(注:多重刺激替代偏好评估是在 20 世纪 90 年代进行的评估,但在实践或目前的研究中很少使用。)一旦选择并体验到一个刺激,它就会被移除。这将一直持续,直到选中所有项目或一段时间没有反应。这一过程通常重复几次以确认学生的偏好(Brodhead, Abston, Mates, & Abel, 2017; Carr, Nicolson, & Higbee, 2000; DeLeon & Iwata, 1996; Daly et al., 2009;拉德利等人在一个有 19 名学生的教室里使用基于智能手机应用的响应系统进行了这种类型的偏好评估(Radley, Hart, Battaglia, & Ford, 2019)。

使用这些方法中的任何一种,都可能对教师提供活动机会的能力有实际的限制。此外,对于这些学生群体,可能很难确定一个球的选择是由于它的触觉特征,它的颜色,还是与之相关的活动。

老师必须决定她将记录哪个学生的回答作为一个刺激的选择。根据学生的功能水平,他们可能会拿起,指向或注视一个刺激,用不太明确的方式使用刺激(Pace 等, 1985),或者使用微开关访问并选择它(Dutt et al., 2014; Leatherby, Gast, Wolery, & Collins, 1992; Wacker, Berg, Wiggins, Muldoon, & Cavanaugh, 1985)。卡斯滕、卡尔和莱珀(Karsten, Carr, & Lepper, 2011),讨论了不同的偏好评估方法的优缺点,以及进行偏好评估的模型。

霍尔和霍尔(Hall & Hall, 1980, pp.15-17)提出了选择潜在强化物的 9 个步骤:

步骤 1。"你想强化那些人的行为,就要考虑他们的年龄、兴趣和欲望。"教师应该选择符合学生实际年龄和社会背景的潜在结果。对于青少年来说,水果圈或做拼图游戏可能没有激励作用。

步骤 2。"考虑一下你希望通过强化来加强的行为。"教师应该选择试图符合价值所需的反应或努力的强化物。"如果老板提出为员工买一杯咖啡,让他们周末加班,任何员工不太可能接受这个提议。"同样,为学生提供 5 分钟额外的空闲时间来完成一整天的书面作业,学生很可能会放弃这个机会。

步骤 3。"根据你对这个人的了解、他或她的年龄、兴趣、好恶以及你所确定的具体行为,列出潜在的强化物。"这一步骤允许教师以一种有序和客观的方式来组织她正在考虑的潜在的强化物。

步骤 4。"普雷马克的原则。"在选择潜在的强化物时,教师应该仔细观察学生,并注意他们喜欢参与的活动。大卫·普雷马克(1959)将首选活动的使用系统化为强化物。本章稍后将讲解"普雷马克的原则"。

步骤 5。"考虑问问这个人。"老师应该记住,了解学生好恶的最好权威就是那个学

247

姓名：_____ 评估人：_____ 日期：_____

评估说明：通过选择和评价学生表现出兴趣的刺激的偏好评估清单。刺激的评价等级如下：1表示不感兴趣，2表示有点兴趣，3表示非常有兴趣。强烈建议从每个类别中至少确定三个刺激物，以便进一步评估。注释部分应用于提供有关所选刺激物/强化物活动的具体信息（如：品牌，类型，名称）。另外，在可能的情况下，建议多人完成偏好评估清单，以收集环境和个人的偏好评估信息。

首次偏好评估清单

活动性强化物	1	2	3	可食用强化物	1	2	3	感观性强化物	1	2	3	社会性强化物	1	2	3	有形的（实质的）强化物	1	2	3
书	☐	☐	☐	巧克力	☐	☐	☐	跳	☐	☐	☐	成人注意力	☐	☐	☐	毛毯	☐	☐	☐
用电脑	☐	☐	☐	饼干/点心	☐	☐	☐	听音乐	☐	☐	☐	独处时间	☐	☐	☐	代币	☐	☐	☐
跳舞	☐	☐	☐	脆饼干	☐	☐	☐	剃须	☐	☐	☐	举手击掌	☐	☐	☐	烦躁	☐	☐	☐
电影	☐	☐	☐	饮料	☐	☐	☐	摇摆	☐	☐	☐	同伴注意力	☐	☐	☐	标志	☐	☐	☐
游戏	☐	☐	☐	口香糖	☐	☐	☐	治疗玩具	☐	☐	☐	奖励/表扬	☐	☐	☐	贴纸	☐	☐	☐
徒步	☐	☐	☐	Pretzels	☐	☐	☐	玩水	☐	☐	☐	笑	☐	☐	☐	动物标本	☐	☐	☐
其他：____	☐	☐	☐	其他：____	☐	☐	☐	其他：____	☐	☐	☐	其他：____	☐	☐	☐	其他：____	☐	☐	☐
其他：____	☐	☐	☐	其他：____	☐	☐	☐	其他：____	☐	☐	☐	其他：____	☐	☐	☐	其他：____	☐	☐	☐
其他：____	☐	☐	☐	其他：____	☐	☐	☐	其他：____	☐	☐	☐	其他：____	☐	☐	☐	其他：____	☐	☐	☐

Notes:

图表 8.2　偏好清单核对表

生。最常用于确定学生的潜在强化物的机制是前面提到的强化物清单。其他形式的强化物清单,见拉舍克(Raschke, 1981)。

步骤6。"考虑新的强化物。"通过这一步,研究者(Hall & Hall, 1980)提醒老师们,"改变强化物比反复使用相同的强化物更有效。"重复使用相同的强化物会导致无聊和饱厌,降低强化物的激励效果(参见 Livingston & Graff, 2018)。

步骤7。"考虑自然强化物。"霍尔和霍尔(Hall & Hall, 1980)提出了使用自然强化物的三个优势。首先,自然强化物比大多数可食用型强化物更容易提供,而且成本更低。第二,确定行为后,学生更有可能获得自然强化物。"在自然情况下,即使你不再系统地强化你想要强化的行为,你提供的自然的积极结果更有可能在未来的某些场合出现。"第三,自然强化物自动发生在条件基础上。对家庭作业的表扬自然不会发生,除非你表现出色。

步骤8。"选择你要用的强化物。"一旦教师考虑了步骤1到7(Hall & Hall, 1980)建议选择最有可能对目标行为产生预期效果的强化物。

第9步。"记录行为。"提醒老师,确认一个结果作为强化物的唯一方法是观察它对行为的影响。为了验证这种效果,教师应该系统地记录行为产生过程中的变化(如果有的话)。本书第四章介绍了提供此类记录的各种方法。

定期重新评估强化物是必要的(Mason, McGee, Farmer-Dougan, & Risley, 1989; Schanding, Tingstrom, & Sterling-Turner, 2009; Stafford, Alberto, Fredrick, Heflin, & Heller, 2002)。在评估中使用单个项目或一组项目时,情况尤其如此。用配对项法确定的强化物似乎比用单项偏好法确定的强化物更稳定(Call, Trosclair-Lasserre, Findley, Reavis, & Shillingsburg, 2012; Kelley, Shillingsburg, & Bowen, 2016)。当强化物偏好发生变化时,表现为行为预期变化的减慢或错误反应的增加,这可能是由于随着学生年龄的增长和经验的丰富,偏好发生了变化。在短期内,这可能仅仅是因为学生厌倦了强化物,或最近大量使用了该强化物(satiation, abolishing operation; Chappell, Graff, Libby, & Ahearn, 2009; Hanley, Iwata, & Roscoe, 2006; McAdam et al., 2005)。在后一种情况下,已知的高偏好项可能在一段时间后重新使用。

强化一致性

确保父母或其他照顾者不会无条件地提供潜在的强化物。

只有学生必须在完成目标行为后才接受强化,这样的强化才是有意义的。"如果,然后……"这样的陈述在执行行为和接受强化物之间建立了清晰明确的关系。如果克拉拉发现,无论她是否达到了目标行为,她都可以在一天结束时,老师累了的时候,看一段喜欢的视频。克拉拉可能会认为老师不是认真的:一致性强化是无效的。在这种一致性和强化物传递中暗示的是:老师或其他特定的人是强化物的来源。如果学生没有完成期望的行为却能在白天去找助教或其他成年人得到相同的承诺强化物,学生会很快决定没有必要遵守一致性。注意,老师不必总是说"如果……,那么……"。当她看到想要的行为时,她可能只是需要简单地提供强化物。一致性原则仍然适用:只有学生完成任务时,才提供强化物。

即时强化

为了有效,强化物应首先在目标行为完成后立即给予。这种时间安排使学生相信一致性的真实性,并强调了特定行为及其结果之间的关系。即时强化是有必要的,以免影响干预行为。期望行为和接受强化物之间的延迟越长学生从事一致性或非期望行为的可能性就越大。最终老师想在行为和强化物之间引入延迟。这种系统安排的延迟被称为强化程序表,将在本章后面讨论。

强化物的类别

教师常用的强化物有两种:原级强化物和次级强化物。

原级强化物

原级强化是改变行为的有力工具。

原级强化物对个体生理具有重要的刺激。我们可以假设它们天生具有激励作用,因为它们是生命延续所必需的。因此,原级强化物被描述为自然的、未经学习的或非条件性的强化物。鉴于它们在生物学上的重要性,我们可以预期它们会对个别学生产生强烈的激励作用。原级强化物的主要类型包括食物、水、睡眠、住所和性(最后一种强化物最常以进入社交活动的形式使用)。显然,课堂上最常见和最合适的两种主要强化物是食物和饮料。可食用型强化物主要用于教授低年级学生和重度障碍学生的行为。因为它们具有更高的激励价值,所以很快影响行为。

特鲁曼(Ms. Troutman)加剧了混乱

特鲁曼老师的学生具有严重的社会适应障碍。她在特教班任教,这是她在这个班级的第一年第一周,她决心取得成功。她已经学习了应用行为分析的课程,并打算给学生制定以下目标:

如果在一周内完成至少20项作业,那么你可以参加周五下午2:15的班级聚会。

当学生们忙于学习,特鲁曼脸上露出欣慰的笑容,她疑惑为什么大家认为这些学生很难教。周五上午11点,第一个学生完成了他的20项作业。到了中午,七个学生都完成了制定的任务。下午2:15之前的几小时是特鲁曼度过的最长时间之一。尽管学生们大喊大叫、打架斗殴、骂人、四处乱跑、制造混乱,晚会还是如期举行了。(特鲁曼至少有足够的判断力,知道如果她没能坚定自己设定的目标,学生们就不再会信任她。)周一上午,学生们又喊又打,又骂又跑,特鲁曼所得到的是加剧了班级混乱。

老师们应努力寻找自然强化物,他们发现对年龄大的学生和轻度障碍的学生使用可食用型强化物没用。很多时候,不使用可食用型强化物是因担心感染、害虫或过敏。富有想象力的老师可以从许多其他潜在的强化物中选择。用糖果或其他零食强化学生的行为是一种矫枉过正的做法。除了没有必要,原级强化物可能会被学生认为是一种侮辱。一位九年级的学生很难认真接受老师说的话:"凯西(Casey),你代数作业做得很好,这是奖励你的曲奇饼。"这并不意味着对待年龄大的学生不可以用食物作为一种激励。在适当的情况下,偶尔使用可能非常有效果。例如,为遇到过一些意外情况的学生举办的爆米花派对可能是非常合适的。一旦爆米花的气味开始在房间里飘腾,二年级或三年级学生完成作业的速度如此之快,真是令人惊讶的。

如果原级强化物是有效的,剥夺状态是一个必要条件。

通常用原级强化物来改变自闭症和相关障碍学生的行为,因为表扬和其他形式的社会关注可能无法起到强化物的作用(Axe & Laprime, 2017)。为了使原级强化物有效,要强化其行为的学生必须处于与该强化物相关的剥夺状态。对刚吃完午饭回来的学生使用可食用的强化物是无效的,因为学生不饿。这绝不意味着学生应该挨饿,以便食物成为有效的强化物,但剥夺状态的必要性是使用原级强化物的缺点。然而,学生不必因为有限量的特殊食物(如薯片、葡萄干、冰淇淋或糖果)而感到饥饿,这些食物也可以成为有效的强化物。匮乏的对立是饱厌。当开始上课的那种匮乏状态不复存在,学生的配合和注意力逐渐降低时,就会产生饱和状态。一个重度残疾学生的老师,如果他进行了持续30分钟的训练,那么在这个训练中,当主要强化物失去效性的时候,他就会达到一个临界点。当学生的正确反应速度减慢,或者在更自信的学生中,当学生向老师吐出不要强化物时,老师就会知道这一点。

至少有七种方法可以预防或延迟满足:

1. 有证据表明,学生选择的强化物比老师选择的强化物更具激励作用(Thompson, Fisher, & Contrucci, 1998)。数据还表明,在教学期间比在教学之前的反应更多(Toussaint, Kodak, & Vladescu, 2016)。老师应准备3—4种食物作为强化物,当学生做出正确反应时供学生选择。

2. 为每个任务或行为配对某个特定的强化物。没有必要整天在所有领域或行为中使用单一强化物,这样做就是要挖掘满足感的潜力。

3. 当学生快要满足时,他们变得不合作或错误增加,试着换个强化物。根据偏好评估,可以获得几种排序的潜在强化物,以便在一天中有多个选择。

4. 缩短可食型强化物的教学时间。更短的教学和更少的试验(对照报告)可延迟满足。一天中可以进行几次简短教学。

5. 对做出正确的反应行为,减少可食用强化物的大小。较小的强化物更容易消化,因此当学生品味食物时,不会人为地在两次教学之间造成较长的时间。

6. 不要为每一个正确的反应提供强物。强化物要求学生有更多的表现。这改变了强化物兑现的程序表(强化程序表将在本章后面讨论)。将这一策略与多个可用的强化物相结合,这会比持续使用一种强化物产生更稳定的反应。

7. 使用多种强化物,最好是自然的强化物。例如,卡波恩、斯威尼-克尔温、阿塔纳西奥和卡斯帕(Carbone, Sweeney-Kerwin, Attanasio, & Kasper, 2010)延迟了饱厌感的发生,并将他们对强化物的使用直接与他们教给发育障碍学生的行为建立联系。根据偏好评估,他们一次向每个学生呈现六样物品——可食用的强化物、玩具和电影。如果学生拿某个物品,老师教该物品的手语。如果学生不要某个强化物,老师可以呈现下个强化物。当学生用手语表达想要的强化物时,老师给予该强化物。下面的故事说明了饱厌感的问题。

艾伯特(ALBERTO)先生吃冰淇淋

杰夫(Jeff)是一个重度智力障碍的学生,他的问题行为主要是扔东西和摔椅子。有时他这种行为会变成攻击老师和学生。为了控制这种行为,艾伯特尝试了十几种潜在的原级强化物——从薯片到糖果——但都没有成功。适当的行为发生率很低,不适当的行为发生率却很高。

无奈之下,艾伯特先生问杰夫的妈妈,杰夫喜欢什么。她说:"杰夫喜欢奶油核桃冰淇淋。"

后来,艾伯特去了便利店买了冰淇淋作为强化物,他很快就取得了进步。一周后,杰夫的行为得到了合理的控制,艾伯特先生认为他的麻烦结束了。然而,不久之后,这种不恰当的行为再次发生。艾伯特先生再次和杰夫的母亲了解情况,为什么奶油核桃冰淇淋对艾伯特没有效果了。

她说:"嗯,也许吧!因为他在家里得到了很多。之前,我知道这是让他守规矩的唯一方法,有时我给他一盒。"

艾伯特用剩下的奶油核桃冰淇淋来犒劳自己,他准备再次寻找对杰夫有用的强化物。

食物为老师提供广泛的潜在强化物,例如,已经使用的食物包括饼干、香蕉、苹果、梨、布丁、酸奶、椒盐卷饼、薯条、爆米花、麦片、奶酪条、切克饼干、金鱼饼干、奶酪或花生酱饼干、小熊软糖、小虫软糖、口香糖、小糖果和锅巴;各种饮品,如各种果汁、调味水和巧克力牛奶。

建议在选择食用型强化物时要注意一些常识问题。首先,也是最重要的,给学生食用强化物之前,老师要检查学生的医疗记录并与家长沟通,了解学生的过敏食物和讨厌的食物。在一些项目中,会要求家长从家里带合适的食物。常见的例子中,进行语言训练的老师不会用花生酱作为强化物,因为舌头粘在嘴上很难模仿声音。液体强化物可能会增加上厕所时间,会干扰训练的进展。

教师还应该注意某些强化物的强烈的刺激特性,特别是可食用强化物,有可能鼓励与目标反应不同的反应。鲍尔萨姆和邦迪(Balsam & Bondy, 1983)用一个例子来说明这一点,这个例子是用冰淇淋作为对幼儿的激励。他们认为,冰淇淋本身可能会刺激孩子的接近行为(即凝视、伸手),干扰孩子对相关一致事件和反应要求的注意。同样,如果老师告诉学生,如果他们表现好,他们可以在午餐时间得到特殊的待遇,他们可能会变得越来越焦躁不安和注意力不集中。(关于强化理论和操作上的负面影响的详细讨论,见鲍尔萨姆和邦迪(1983)。

感官强化物通常被归为原级强化物。包括以下:

听觉:音调、声音、音乐、环境(通过耳机听音乐)

视觉:黑色/白色或彩色灯光(是否闪烁);图片、书籍、杂志、幻灯片、视频;运动(电动玩具、肥皂泡、玩具弹簧);镜子、万花筒

嗅觉:香甜刺鼻的气味(肉桂、丁香、橙子、廉价香水)

味觉:固体或液体(甜、酸、咸、辣、苦)。

触觉:光滑/粗糙,柔软/坚硬,暖/冷,湿/干,运动(震动棒,各种材质的风扇)

躯体知觉:弹跳、摇摆、摇晃(蹦床、秋千、摇椅、木马)

感官强化物可以单独使用,也可以组合使用。重要的是选择适合儿童年龄的感官强化物。感觉强化物已经成功地用于发育障碍的幼儿(Cicero & Pfadt, 2002; Summers, Rincover, & Feldman, 1993)。它们经常用于重度障碍的学生,包括自闭症(Lancioni, O'Reilly, & Emerson, 1996; Mechling, Gast, & Cronin, 2006; Preis, 2006; Smith, Iwata, & Shore, 1995)。有研究表明,自然的感官强化正在加强刻板或自伤行为(Durand, 1990; Iwata 等,1994; Sprague, Holland, & Thomas, 1997)。

次级强化物 没有老师想让学生在学习或行为上依赖于原级强化物。原级强化物是用来强化低年龄段的学生或重度障碍的学生,使学生能够迅速做出适当行为的临时措施。老师不能在学生每次认出"狗"这个词时,就把他送到普通班级,也不能让学生在一周工作结束时,给他期待的巧克力蛋糕或牛肉。次级强化物最终会取代原级强化物。次级强化物包括社会激励,如赞扬或参与喜欢的活动,以及象征性表征,如代币制。不像原级强化物,次级强化物对个体没有生物学意义。相反,它们的价值是后天习得的或有条件的。因此,次级强化通常被称为条件强化物。一部分学生还不会重视次级强化物,必须在次级强化物有效之前教会他们。

通过配对教学生重视次级强化物。

配对 对次级强化物无效的学生来说,通常需要原级强化物来获得适当的行为。然而,为了避免对原级强化物的依赖,它们的使用应该一直与次级强化物相结合。原级强化物和次级强化物的联合使用称为配对。例如,当杰克(Jack)举止得体时,他的老师可能会给他一口食物,同时夸赞他。通过配对,我们培养或教导学生只受次级强化物的激励。一旦建立这种联系,次级强化物可能和原级强化物一样有效。然后教师可以逐渐撤回原级

强化物。当然,对有强化经历的学生,包括配对联想,可以直接用次级强化物而不需要原级强化物。

有形的强化物　有形的强化物是具体的,可立即兑换。根据学生在游戏或休闲中使用强化物的经历,或通过老师特意的配对,几乎任何物品都可以作为强化物。适合儿童年龄的潜在有形强化物可能包括小玩具、涂色书、贴纸、星星、塑料首饰、橡皮泥以及小孩玩的汽车和卡车,或棒球卡、掌上游戏、明星海报、书籍、杂志、漫画、适用于青少年和年轻人的视频网站和视频游戏。有研究表明,有形物品可能与可食用物品都有饱足效应(Ivy, Neef, Meindl, & Miller, 2016)。教师需要从备用的多种强化物轮流使用(Peterson, Lerman, & Nissen, 2016)。有时不确切地知道强化物是什么可能很诱人(Kowalewicz & Coffee, 2014; Kruger et al., 2016)。有形的强化物还包括证书、徽章和奖杯等奖励,或者是《驾驶员教育手册》副本。

活动性强化物　活动可能是教师最常用的次级强化物。这种活动强化物的系统是由普雷马克(1959)描述,被称为普雷马克原理。普雷马克原理指出,个体在低频率下进行某些行为,因此这些行为发生的概率很低;个体在高频率下进行某些行为,行为发生的概率较高。当低频行为之后是高频行为时,其效果是增加低频行为发生的概率。换句话说,一个学生经常做的任何活动都可以强化他很少做的活动(Azrin, Vinas, & Ehle, 2007)。当老师告诉学生,如果完成数学作业,便可以玩飞机模型。或者当妈妈告诉孩子,如果他吃完球芽甘蓝,便可以出去玩。他们应用了普雷马克原理。学生可以设置自己喜欢和不太喜欢的活动的顺序,从而选择他或班级将从事指定任务的顺序(Ramsey, Jolivette, Kennedy, Fredrick, & Williams, 2017)。学生可以安排一整天的 2 至 3 个任务和活动。可以认为这是普雷马克原理的一种变体,它通过增加适当的行为的可取性或使之"有趣",使适当的行为本身成为一种受欢迎的活动。一家汽车公司最近赞助了一项活动,在活动中,人们通过使用电子游戏容器和楼梯代替自动扶梯来提高回收率。阿尔梅达艾伦,马奎尔认为,去某些餐馆和商店是自闭症和智力障碍青少年的活动强化物。次级强化的建议如图表 8.3 所示。

表8.3　课堂中可用作次要强化物的特权和活动的实例

选择并计划下一次野外旅游或班级聚会
- 带领班级活动(单元活动、有趣周五、早上圆圈时间、制作爆米花)
- 选择任务合作伙伴
- 演短剧或指导下一堂课

续 表

- 装饰公告栏
- 创建学习中心
- 编辑班级网页
- 设置一天的课程和活动时间表
- 参加同伴辅导计划
- 针对选择的主题进行课堂教学
- 学习驾驶员手册
- 免除一次家庭作业
- 免除考试
- 免除选择的活动
- 决定考试的作文题目
- 额外加分
- 降低测验的最低分数
- 玩电脑
- 制作视频
- 领导团队解决问题
- 进入健身房或图书馆
- 听音乐
- 午餐排队第一
- 获得高中足球赛门票
- 成为图书或游戏管理员
- 成为安全巡逻队员
- 成为(黑板、信息、宠物、植物、游乐场设备)的监督员
- 成为班主任
- 拥有"每周最佳学生"特权
- 成为运动队或阅读小组的队长
- 使用媒体设备
- 玩游戏或玩具
- 使用艺术和手工艺材料

次级强化物的另一个来源是如下的轶事。

观察他们

霍克先生(Mr. Hawk)是一名短期康复班的老师,这个班的学生是10到13岁具有严重行为问题的学生。他的工作是让学生的学业水平和行为达到标准,并很快使他们重新融入普通课堂。他为课堂教师提供行为咨询,并在必要时继续为学生学习提供帮助。一些学生和他一起学习了几个月,其他学生在一周内开始学习通识教

育课。霍克先生使用代币制（见219页关于代币制的讨论），通过倾听学生，问他们想做什么，或者观察他们选择做什么，就找到了独特且有效的活动型强化物，他为此而自豪。

例如，部分学生用代币兑换在霍克的摩托车上坐10分钟，这辆摩托车安全地停在教师停车场，点火钥匙就在霍克先生的口袋里。一些学生帮助建筑工程师倒垃圾；其他学生在教室里玩游戏或玩具。一名男孩表现出自闭症的一些特征，他更喜欢整理各种教具和教材。

某天，霍克有了一个新学生。为了立即给艾丹一些学业上的成功，并提供一个强化的机会，霍克在电脑上给艾丹（Aidan）布置了数学作业。作业形式丰富多彩，互动性强，娱乐性强。霍克选择了对男孩来说相当容易的题目。几分钟后，艾丹脱口而出："哇，这太棒了！"电脑旁的同学靠向他，轻轻地说"小心点，你让老师发现你喜欢什么，下一件事是你会通过做你不喜欢的事情来做你喜欢的事。

卡兹丁（Kazdin, 2001）对活动强化物的运用提出了一些要求。首先，获得高偏好的活动并不总是遵循低偏好的行为，从而降低了高偏好行为作为强化物的效果。例如，安排问题可能会阻止学生在做完数学题后马上去健身房。第二，某些活动通常可能是全有的或全无的。要么能得到，要么不能得到。这可能会限制强化物运用的灵活性。例如，学生要么获得去参加郊游的权利，要么没有。这类活动不能根据表现程度按比例给予奖励。然而，这种限制并不总是适用于活动强化物。有些活动可以随着时间的推移而获得。例如，如果把每个拼写正确的单词存到指定的时间，那么在健身房1分钟投篮的结果就很容易管理。

活动强化物的第三个要求是，许多活动必须是学生可以自由参加的，而不需要参考他们的表现。例如午餐时间、体育、艺术和音乐课程。最后，活动强化物的使用可能会导致目标行为连续表现的中断。例如，老师不希望学生在每次拼写正确的单词后去健身房并投篮。然而，一些学生可能不会继续执行目标行为，除非在每次反应后都可以得到强化。在活动强化物的有效性被这些因素削弱的情况下，可以考虑使用泛化性条件强化物。

泛化性条件强化物 当某个强化物与其原级或次级强化物有联系时，它可以被称为泛化性条件强化物，或简称为泛化性强化物。社会型强化物，如关注或表扬是泛化性强化物。这些泛化性强化物通过与其他强化物的联系得到它们的价值。例如，老师在学生完成挑战性作业后给予的表扬,以及使用电脑的机会;配偶对美味晚餐的赞扬,伴随着感情和身体接触;而父母对孩子收拾脏衣服的赞美,并奖励牛奶和饼干。

第二种泛化性强化物包括那些可以交换某些价值的强化物。钱是最明显的例子。钱很少说没有内在价值,它可以通过多种方式获得,并与许多类型的强化物联系在一起:食物,住所,明星的门票,或一辆奔驰车。泛化性强化物的有效性并不依赖于单一类型的剥夺,而且它们比其他类型的强化物更不易受到饱厌的影响(Russell, Ingvarsson, Haggar, & Jessel, 2018)。

泛化性强化物有很多优点,卡兹丁(Kazdin)和布特辛(Bootzin)(1972)提出了以下优点:

1. 相对于某些食物型或活动型强化物,泛化性条件强化物允许在任何时间强化反应,并允许连续的反应不间断地被强化。

2. 泛化性条件强化物可长时间维持表现,由于其强化特性和相对独立的剥夺状态,因而较少受到满足效应的影响。

3. 泛化性条件强化物为不同偏好的个体提供相同的强化。

代币

因为在学校中使用金钱作为强化物是不现实的。代币是对学生有价值的事物或活动进行交换的表征符号。代币的使用类似于社会中的货币使用(图表8.3)。代币制强化物可以用来交换各种各样的原级强化物和次级强化物。就像钱一样,它们是作为原级强化物和自然群落的二级强化物之间的过渡。代币制可以适用于单个学生的某个行为、一个学生的多个行为、一组学生的某个行为、一组学生的多个相同或不同的行为。

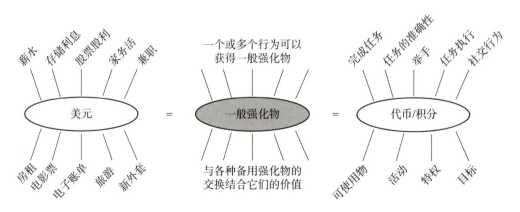

图表8.3 代币和美元作为一般强化物

除非可以兑换某些物品,否则代币将不起作用。

代币多用于特殊教育、资源教室以及普通班级。教师和助教在教授学生学业、社会技能、管理自我行为、一般课堂管理时，以及在促进特殊学生参与普通班级学习时，都会使用代币。学生们甚至学会了评估行为和分发代币。如果你正在为你的行为管理课的考试、论文和项目积累分数，并以此换取最终成绩，那么你也在使用代币（Fiske et al.，2015；Gilley & Ringdahl，2014；Jowett，Dozier，& Payne，2016；Mason，Davis，& Andrews，2015；Romani，Alcorn，Miller，& Clark，2017；Russell，Ingvarsson，Haggar，& Jessel，2018）。

代币 需要两个元素：代币和备用强化物（Ivy，Meindl，Overley，& Robson，2017）。代币本身对学生来说没有价值，备用强化物对学生有价值。教师解释或演示代币需要获得备用强化物。目标是获取足够的代币来获得强化物。代币是达到目的的一种手段。根据学生的回答奖励代币。可在以后获得备用强化物。代币可以是物体，例如扑克筹码、贴纸或优惠券（Becraft & Rolider，2015）。它也可以是一个符号，比如一个复选标记，卡片上的一个穿孔，或者无处不在的笑脸。一般来说，代币应该是可携带的、持久的和易于使用的。

教师和学生都应该准确地记录代币的数量。当代币是某个物品时，例如扑克筹码，可以用代币盒或其他容器将代币存储在指定的位置或学生桌上。对于年纪较小的学生，用代币绳或建造塔以防代币丢失。可以绘制备用强化物的点到点表示。在这个系统中，当发生某个反应时，可以将两个点连接起来。当所有的点都连接起来时，图画就完成了，学生会获得了备用强化物（Trant，1977）。当完整的拼图出现时，学生可能会积累描述后备强化物的拼图，或者简单地形成自己喜欢的拼图（Carnett et al.，2014）。可用空白圆圈的标记卡片，并填充一个笑脸（Odom & Strain，1986），可以在卡片上打孔（Maher，1989），或在干板上画计数标记（Cihon et al.，2019）。如果代币是获得积分、邮票或支票，可以使用教室前的图表或类似于图表8.3和图表8.4所示的记录卡。普通教育和特殊教育教师在学生参加各种课程时，协同使用记分卡，成功地维持了学生适当的行为。学生通过要求老师在每节课结束时记录一个符号来指示卡片上列出的每个目标行为的表现来管理这个过程（Carpenter，2001）。

在改善课堂行为和问责方面的最新进展是签到、签退（CICO）系统（Boden，Jolivette，& Alberto，2017；Campbell & Anderson，2011；Drevon，Hixson，& Wyse，2018）。博登等认为，CICO有五个步骤：

1. **签到**：在开始时，学生与辅助老师会面，讨论当天的目标，并收到一张每日进度报告卡（DPR），以便在每节课上完成。

图表 8.4　传统的登记/退出进度报告

学生：＿＿＿＿＿＿　　　登记/退出：＿＿＿＿＿＿＿
学生：我的目标是今天获得＿＿＿＿积分。
教师：请用下列标准圈出分数，说明学生今天的成绩/进步。
2 分 = 优秀　　1 分 = 有需改进　　0 分 = 差

	有礼貌	有责任	有准备	期间总分	初始分
第 1 阶段/期	0　1　2	0　1　2	0　1　2		
第 2 期	0　1　2	0　1　2	0　1　2		
第 3 期	0　1　2	0　1　2	0　1　2		
第 4 期	0　1　2	0　1　2	0　1　2		
第 5 期	0　1　2	0　1　2	0　1　2		
第 6 期	0　1　2	0　1　2	0　1　2		
第 7 期	0　1　2	0　1　2	0　1　2		
	日常总分 =				

指导教师：＿＿＿＿＿＿＿＿　　　　　　　　　　日期：＿＿＿＿＿

2. **反馈**：学生带着 DPR 到课堂，并得到老师的反馈和分数。

3. **核实**：在一天结束时，学生与辅助老师会面，讨论成功、应对挑战并在累积一定数量的积分时获得强化物。

4. **家庭部分**：学生在家中与父母或监护人分享 DPR 以进行讨论并签署 DPR。

5. **返校**：学生将签署的 DPR 带到老师处并重新开始循环。

参见图表 8.4 CICO DPR 示例。(Andrews, Houchin, & Varjas, 2017)

使用代币需要防范伪造或盗窃。学生只要花 1.99 元，便可购买 100 枚回形针，让回形针代币贬值，从而减低代币的有效性。有人曾经咨询过一家在卡片上打孔作为代币的治疗中心。当孩子周末回家时，很多学生告诉父母，老师想让他们把打孔机带回中心。可用代码标记代币、物品或符号进行简单预防，该代码允许某个学生验证其来源或确认其所有权。如果使用卡片上的勾号，老师可以在不同的日子随机使用不同颜色的标记。在老师选择颜色的那一天，学生在学校有紫色记号笔的可能性很小。（住宿中心的老师发现了不同形状的打孔机。）

代币本身不具有强化力量。它们通过可交换强化的项目来获得强化物的价值。因

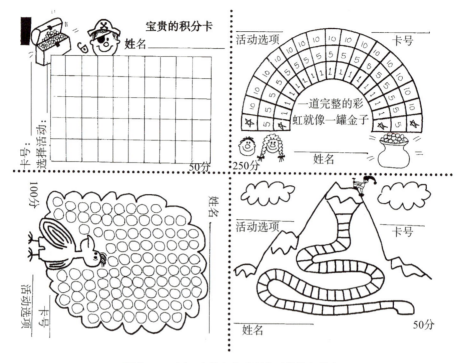

图表8.5　用于小学生代币强化系统的积分卡

此,学生们必须明白他们是为获得代币而学习,因此,学生必须清楚地了解他们正在为这些代币工作,以便在某个时候将它们换成备用强化物。

备用强化物的选择可能是代币里最难的一部分,特别是当该系统用于一组学生或整个班级时。教师必须选择足够多的强化物,为班级的每个成员提供刺激。因此,教师应该尝试各种各样的物品,如可食用的(谷物、饼干、果汁)、活动(去图书馆、听音乐)、物品(游戏、笔记本或蜡笔)和特权(排在第一、收餐费)。

学生需要了解代币。

当老师告知班级或个人采用代币制时,学生们至少知道四件事。第一,他们想知道需做哪些行为。和之前一样,老师清楚地说明条件(如果……,那么……),并让学生理解。对每个要展现行为的描述和可接受的参数应该清楚地说明或张贴。第二,学生们想知道他们的代币会兑换什么备用强化物。如果不是实物,将表征的备用强化物放在教室显眼的位置是一个好方法。

第三,代币中备用强化物的成本。基于备用强化物的成本和获得性的评估,学生将判定强化物是否值得所要求的行为改变。为了这一过程一开始起作用,老师可以给强化物定价,让每人都能快速获得强化物。学生在第一次交换中了解到,如果他们赚到一定数量

积分卡

学生：_____ 日期：_____

获得积分：

1	2	3	4	5	6	7	8	9	10
11	12	13	14	15	16	17	18	19	20
21	22	23	24	25	26	27	28	29	30
31	32	33	34	35	36	37	38	39	40
41	42	43	44	45	46	47	48	49	50

获得总积分：

日常总积分_____ 姓名_____
　　　　　　　　　　　　　　　　　　　日期_____

午餐

	1期	2期	3期	4期	5期	6期	7期
大部分时间在学习							
态度							
完成学习							
同学关系良好							
保持自己							

作业：　　　　　　　　　　　评价：

1期 _____
2期 _____
3期 _____
4期 ＿LUNCH_____
5期 _____
6期 _____
7期 _____

父母签名_____

图表 8.6 用于中学代币强化系统的积分卡

注：摘自 C. Lyon & R. Lagarde. 1997 年的《特殊儿童教育》29. (6)"成功代币制：使用分级强化系统"，版权归特殊儿童委员会所有，经许可转载。

的代币,可以用它们来交换备用强化物,如可食用的强化物、海报、玩具士兵,应该与他们的实际货币价值成比例(Stainback, Payne, Stainback & Payne, 1973)。活动和特权的定价很难判断。学生们既不应过快获得备用强化物,也不应被要求他们付出过度努力。

最后,学生们知道什么时候用代币来兑换备用强化物。回答这个问题的两种方法是基于行为或基于时间(Ivy et al., 2017)。最常见的兑换是基于时间,例如每天或每周结束时进行。在代币系统的早期阶段,特别对低年级学生或特殊学生,第一次兑换的时间应该很短。周一实行代币制,周五兑换强化物,这并非明智之举。学生们需要早点了解兑换的流程,以及老师说的确实是真话。因此,我们建议第一次兑换时间可以是午餐时、放学时,甚至可以是早上休息时间(例如兑换饼干)。斯坦巴克等(Stainback et al., 1973)建议在早期阶段经常支付代币,交换时间在前三四天每天举行一到两次,然后逐渐降低频率,直到第三周每周举行一次。另一种是基于行为进行兑换,比如赚取 10 或 50 个代币,然后兑换强化物。这意味着周一开始重新获得代币,周三兑换备用强化物。将兑换基于行为而不是时间可能是有益的,这样学生就不用等到周五某个时间段才开始呈现期望的行为。

用代币兑换备用强化物形式多样。备用强化物交换的四种方法是:(1)从强化物列表中选择(2)给予"神秘强化物",(3)每次兑换都使用相同的强化物,(4)教学前选择强化物(Ivy et al., 2017)。最常见的是教室商店,在这种形式中,标价的备用强化物放置在教室角落的架子上。在特定的兑换时间,学生可以进入商店购买任何他们负担得起的物品。交易所的一个有趣变化是集体拍卖(Polloway & Polloway, 1979)。在这种形式下,学生可以为每一个备用强化物投标。学生可以根据自己的选择出价,最高出价不超过他们获得的代币数量。拍卖形式允许学生用他们的代币或积分兑换彩票,例如,每张彩票 5 个代币(Schilling & Cuvo, 1983)。老师可以把所有的彩票装在一个袋子里画一幅画,或者画三幅画,每一幅画代表三个分数范围,也就是奖品的美元值。教师可以制作一个奖品转盘,当转盘旋转时,随机的选取备用强化物。连-索恩和坎普斯(Lien-Thorne & Kamps, 2005)使用奖品转盘,上面有获取休息时间、5 分钟课堂放松、糖果、下棋和玩电脑。

守财奴查理(Charlie)

查理是托马斯(Thomas)的学生,他有严重的学习障碍。他是一个非常聪明的男孩,有严重的阅读问题和许多不适当的行为。和其他学生一样,他非常喜欢代币。

> 学生们在一张可以换成各种备用强化物的卡片上打勾,包括玩具和特权。最昂贵的物品要花三张卡,很多可以用一张或两张卡。
>
> 几个月后,托马斯发现到查理的行为和学业都急剧恶化。这种恶化似乎是一夜之间发生的。托马斯看不出原因,所以他决定做一件非常明智的事。他问查理发生了什么事。查理咧嘴一笑,打开了他的文件夹。他咯咯地笑着说。"看这儿,我存了 11 张卡。这几个星期我什么都不用做,我仍然可以从商店里买到我想要的东西。"

有效代币系统的潜在障碍偶尔会因交换程序而出现,如下例所示。

正如托马斯先生所了解,应仔细考虑代币系统,以防止查理代币积累行为。有多种策略可以避免这个问题。例如:

1. 一旦学生获得了足够的代币,就可以允许进行兑换,而不是在指定的时间内兑换。这种持续的兑换将鼓励学生计划特定的物品,并交换他们的代币,而不是保存它们。

2. 即时和延迟兑换结合使用。当学生为特定强化物获得足够的代币时,他们可以立即兑换。他们也可以将所有代币或兑换后剩余的代币存储起来,提前兑换代币应该受到严厉的处罚。

3. 代币的颜色或其他特性可以每月或每季度更改一次。所有学生都明白,当代币发生变化时,旧代币失效。

4. 组织良好的管理人员可以限制学生可累积的代币数量,并强制执行这一限制。这需要仔细和准确的记录。任何代币花费老师太多时间和精力去实现和维护的都注定要被抛弃。

关于格伦迪的建议,请参见第二章。

对整个班级或仅对部分学生使用代币是可行的。如果部分学生获得代币,其他学生可能会质疑。格伦迪在第二章中的建议可以帮助老师解决这个问题。

代币兑换备用强化物是"时间"。学生可以用累积的代币获取额外的时间去做喜欢的事。学生可以用一定数量的代币兑换玩 10 分钟电脑游戏。学生可以在额外的 5 分钟内使用额外的 5 个代币,或者在 10 分钟内使用 10 个代币。在交换中,可以在代币或积分与可兑换的活动时间之间建立一种直接的、易于理解的比例关系。让学生决定他们与某一特定强化活动相关联的价值或额外价值。

当整个班级使用代币制，最容易的目标是从改变整个班级某些行为开始。例如，老师给完成作业的学生或者在课堂讨论中举手的同学打分。一旦学生熟悉代币制，这种强化就可以个性化。教师在为最初的目标行为奖励代币时，可以将很多学习任务和社交行为结合到系统中。例如，马蒂（Marty）因为整洁而获得奖励，黛比（Debbie）因为提高速度而获得奖励，萨拉（Sara）可能会因为说话声音大到让人听得见而获得奖励。或者，教师可以将课堂行为管理的初始系统扩展到所有班级成员的其他行为，而不是只关注某个人。以下是教师对课堂分数标准的示例（Schumaker, Hovell, & Sherman, 1977, p.453）。

课堂讨论评分：

4分：学生认真听讲并参与三次讨论

3分：学生认真听讲，并两次参与讨论

2分：学生聆听并参与一次讨论

1分：学生认真听讨论

0分：学生不听讨论

课堂作业评分：

4分：学生在课堂上完成作业

3分：学生作业占课堂3/4的时间

2分：学生作业占课堂1/2的时间

1分：学生开始做作业

0分：学生不做作业

课堂上没有参与的机会（自学、电影、讲座）：

4分：学生在课堂上注意力非常集中

2分：学生在课堂上注意力比较集中

0分：学生不上课

代币也可以用于复杂的教学。例如，如果老师让班上学生写出适当的段落，而不是要求写一篇关于"我是如何过暑假"的论文而给20分，老师运用代币制对下列行为打分。

上课带纸和笔得1分

按时写作作业得1分

按时完成作业得1分

句子开头首字母大写得1分

句子结尾写句号得1分

一旦学生掌握这些内容,老师就可以用记分制来代替更复杂的写作任务。例如,在第四或第五节写作课上,老师会给使用复数后缀的句子加分,而不是给带纸和笔的句子加分。在代币制中,提供许多其他方法来获取分数是非常重要的。一些学生发现朝着几个相对简单的目标努力,比试图为一项他们可能觉得不能完成的长期作业获得许多分数要容易得多,也不那么令人沮丧。这种方法在任务中构建了确保成功的措施。代币兑换时间可用于直接教学或附带教学,也可以用于复习和练习(Fabry, Mayhew, & Hanson, 1984; Kincaid & Weisberg, 1978)。老师可能会把单词,数学问题,或科学问题放在每个备用强化物上。学生在接受强化物之前会对刺激做出反应或解决问题。确保学生理解这种一致性,甚至可能在交换发生之前就知道问题是什么。想象一下,如果你的老板突然拒绝支付你的工资,直到你被任命了最高法院的大法官,你会作何反应。

代币在课堂管理中非常有用。艾隆和阿兹林(Aylon & Azrin, 1968, p.77)认为,使用有形的强化物(代币)有其优点,它比一般的社会型强化物(微笑和赞扬)更有效:

1. 代币的数量与强化物的数量具有定量关系。
2. 代币携带方便,即使不在教室,学生也能拥有。
3. 个体拥有的代币数量没有限制,它们的价值不受剥夺或满足影响。
4. 代币在获得和兑换期间持续存在。
5. 代币的物理属性容易标准化。
6. 代币经久耐用,交换前不会变质。
7. 代币可以是唯一不可复制的,学生确保他们只以授权的方式收到。
8. 代币为学生提供了一种持续反馈的有形方式。通过对代币物品或计分卡的保管,学生可以根据个人的进展来达到设定的标准——无论是控制行为还是达到学业要求。
9. 代币使教师更精确地控制强化物的管理。正如卡兹丁(Kazdin, 1977a)所指出的,老师每次说"做得好"时,他们的语调都会不同,"好"、"相当好"或"非常好"的确切措辞也会有所不同,尽管在每种情况下,老师的意思都是表达赞扬。而代币强化不受主观影响。
10. 代币由教师携带并以不显眼的方式给予。因此,代币的管理可以立即进行,而不会干扰学生对目标响应的表现或干扰其他学生的工作。
11. 代币制对表现进行不同的评估。它不需要完全或无强化。学生最初可能会为每个拼写正确的单词获得一个代币,然后获得20分满分的强化。成绩标准可以随着成绩的提高而更改。
12. 代币制让学生习惯于延迟满足需求。

13. 代币比具有更大的通用性。这种多功能性与可选择的多种备用强化物有关，也与可以放在一致性下以获得代币的各种行为有关。

14. 代币制最重要优势是易于推广。与初级强化物或某些活动强化物不同，代币很容易地使用在不同环境中（在其他教室、自助餐厅、郊游）和不同行为同时进行（座位上的行为和正确拼写）。可由一位或多位老师和家长实施。

15. 代币通常比其他次级强化物（如表扬、认可和反馈）更能维持行为（Kazdin & Polster, 1973; O'Leary, Becker, Evans, & Saudargas, 1969）。

许多针对行为障碍和学习障碍学生的公立学校和寄宿学校都采用了代币经济，通常称为等级系统（Randall, Lambert, Matthews, & Houchins-Juarez, 2018; Smith & Farrell, 1993）。等级系统是一个严格的框架，用于塑造适当的学生行为。根据学生的行为分成不同的小组，随着他们行为的改善，他们可以进入更高的层次。每一阶段都要求学生有更适当的行为和更多的自我管理（自我记录、评估和选择强化物）。随着学生水平的提高，他们需要达到更严格的标准，获得更广泛的备用强化物，并且必须对自己的行为表现出更高的责任感。虽然有各种方法来设定每一个层次的行为期望，并确定从一个层次到另一个层次的进展，但在每一个层次上，教师都设定了一般的行为期望（例如，使用适当的语言，保持自己的手，未经允许不得离开教室），每个学生都有一套基于学业、社会或行为障碍的个人评估的个人行为要求。最低级别的学生拥有最基本的特权，几乎没有选择或活动自由，他们从有限的强化物中获得。经过一段时间符合各种标准的行为之后，学生们进入了更高的层次，在那里他们必须满足日益增长的期望，并能获得更多不同的和有价值的激励。通常情况下，最后一个阶段是学生进入更具包容性的教育安置的过渡阶段。在第一个层次上，以表扬、反馈和分数的强化形式频繁地传递。当一个学生通过这些等级时，强化物传递的频率会降低，这就要求强化更合适的行为。在每个级别，某些行为，如打另一个学生或工作人员，将自动降低一个级别。一些项目包括心理教育模式的各方面，如日志或日志记录和个人目标设定作为强化的要求（Barbetta, 1990; Gonzalez, Taylor, Borrero, & Sangkavasi, 2013; Hagopian et al., 2002; Lambert, Lopano, Noel, & Ritchie, 2017; Mastropieri, Jenne, & Scruggs, 1988）。

社会型强化物　教师和其他人经常无意识地（通常是不系统地）使用的次级强化物包括认可或注意。在课堂上，教师的关注通常是最容易获得和最有力的强化物。如果教师不小心分散他们的注意力，他们可能会发现，他们通过注意力强化了不适当的行为。下一节展示在其他环境中强化不当行为的例子。

伯鲁斯(Burrhus)教训教授

格伦迪正坐在沙发上看报纸。伯鲁斯蹑手蹑脚地走进房间,笨拙地走到格伦迪身边,把他的大脑袋伸在教授的胳膊下,夹在教授和报纸之间。"看,米诺瓦,"教授摸着伯鲁斯的头说,"他喜欢我。好孩子。你不是个好孩子吗?"他继续抓挠,伯鲁斯一直靠近教授,偶尔把头伸进去,得到爱抚和表扬。那天晚些时候,教授从杂货店回来了。伯鲁斯笨拙地走过去,把头伸到教授和杂货袋之间,把袋子碰到地上。"他不是故意的,"教授说。"他见到我很高兴。你不是孩子吗?"他一边说着,一边跨过格伦迪太太正在清理的碎鸡蛋。"想去追你的球吗?"晚饭后,格伦迪回到书房,完成一份重要的手稿。伯鲁斯陪着他,在一个靠近教授脚的地方安顿了下来,一切都很顺利,直到伯鲁斯站起来,把他的头放入教授和电脑屏幕之间,口水流到键盘上,弄脏了屏幕。格伦迪跳起来喊道:"米诺瓦,他快把我逼疯了!他得学会在我工作的时候不打扰我。"

"奥利弗,"格伦迪太太生气地说,"你一整天都在加强他的注意力。现在你在抱怨。你希望他知道你在工作吗?今天早上我和奥蒂斯谈过。她下周开始教狗狗遵守规则。我想你们俩得去。"

各种各样的互动与出色的工作有关。如下表所示,潜在社会强化物的范围包括各种非语言表达、教师与学生之间的亲近程度、教师与学生之间的身体接触、学生享有的特权,以及表达喜悦和对学生认可(Kranak, Alber-Morgan, & Sawyer, 2017; Nelson et al., 2018; Rubow, Vollmer, & Joslyn, 2018; Tsiouri & Greer, 2007; Weeden, Wills, Kottwitz, & Kamps, 2016)。社会强化物已经证明,不仅对教师改变和维持学生行为有效,而且对学生改变和维持教师行为也有效(Gilberts, Agran, Hughes, & Wehmeyer, 2001; Lastrapes, Fritz, & Casper-Teague, 2018)。

表情类

微笑、眨眼、大笑、点头、鼓掌,看起来很感兴趣的样子。

亲近

午餐时坐在学生旁边,公车旅行时坐在学生旁边,把学生的桌子放在老师的旁边,讲故事时坐在老师旁边,在游戏中成为老师的伙伴。

接触

握手、牵手、拍拍后背。

特权

表现良好，担任活动负责人、班级班长、队长。

夸赞的话

"我喜欢你坐着的样子。""干得好。""你应该为你所做的感到自豪。""这正是我想让你做的。""你应该把这个给你的父母看看。"

社会型强化物中，夸赞是教师最常用且有意使用的。肯定的话语是一种表扬的方式，其他表扬见表8.4(Perle,2016)。教师表扬强化学生适当的行为，是一种课堂行为管理策略，具有悠久而深入历史的以研究为基础的。在普通教育和特殊教育中，教师偶尔表扬有效地强化了学生的各种行为和学习技巧(Markelz & Taylor, 2016)。表8.5是表扬的基本组成部分(Perle,2016)。

表8.4 有效积极参与的例子

表扬/赞美的开启方式	表扬的内容
我很喜欢你……	遵循指示
我喜欢你是……	心烦意乱后保持冷静
你的工作做得很好	双手不放
你的工作做得很好	坐在座位上
很棒的工作	自己学习
我真的很感谢你……	帮我/同伴
我对你印象深刻……	上交工作
你这么做让我很高兴	语言优美
我为你自豪	表达内心的声音
……了不起的工作	扶门
你做……很棒	有序排队
你做得很棒	承认听到指示
看看你有多棒……	听
干得好……	说"谢谢,""请" 进行眼神交流 分享 自己清洁 与同伴友好相处 接受"不"

表 8.5　积极

组成部分	描述
具体的	1. 为了鼓励学生，老师应该准确地告诉学生他期待的行为（如，"举手做得好，而不是"做的好"）。
及时的	2. 一旦出现期待的行为，老师积极反馈，这样学生就可以将老师的赞扬与积极的行为联系起来。
持续且频繁	3. 老师可以通过持续且频繁地关注学生的积极行为来证明他们的重要性，特别是对于有情绪和行为障碍的学生，每隔几个小时表扬一次行为可能是不够的。
预防性	4. 教师可以"抓住学生表现良好"，而不是等待问题发生防止困难。
表扬相反的行为	5. 教师应该把与学生的破坏性行为相反的行为作为表扬内容（如，如果学生经常大叫，就表扬他们举手）。
避免批评和贬低性的反馈	6. 教师的贬低/消极性语言可能会加剧学生的问题行为，而积极的语言可能有助于改善学生的行为。
关注学生表现	7. 教师应关注学生的表现，而不是能力（即，关注在任务上做好，而不是智力）。
主动忽略破坏性行为	8. 如果可行，教师应该立即并持续忽略破坏性行为的寻求关注。忽视是短暂的（如，几秒钟）老师要寻找机会关注积极行为。

对学生表现的表扬可以是非特定行为的表扬，也可以是特定行为的表扬。非特定的表扬并不指定学生被表扬时所期望的行为，例如，"做得好"或"你做得很好"（Polick, Carr, & Hanney, 2012）。特定行为表扬是指教师确定学生正在强化的行为。特定行为的表扬可以用在学习或社会行为上，比如"你是对的！"现在是 1:15，因为小的手在 1 号上，大的手在 3 号上。"或者"今天罗恩（Ron）给我们朗读时，你们都安静地坐着，做得很好"（Adamo 等，2015）。口头表扬/反馈也可以用来强化尝试或近似行为，例如，"你做得很好，三分之二答对了。"现在在用同样的方法做这个。行为特定的表扬被认为对学生在普通教育和特殊教育环境中的任务和学习行为有直接影响（Rathel, Drasgow, Brown, & Marshall, 2014; Sutherland, Wehby, & Copeland, 2000）。研究表明，对于五年级情绪行为障碍（EBD）的学生，当教师对特定行为表扬率的增加，学生行为也随之增加；当教师对特定行为的表扬率越低，学生的行为越差。

反馈形式为学生提供了一种准确性的衡量标准，如克罗宁和库沃（Cronin & Cuvo, 1979）使用了各种颜色的星星（红色的星星代表比上次表现更好，金色的星星代表 100% 的准确性）。图表已作为一种即时反馈和强化的手段。观察他们各自的条形图或线状图的增长趋势发现对很多学生的学业和社会行为具有强化作用，包括中小学生阅读、写作和数学成绩的提高(参见图表 8.7,引自 Wells, Sheehey, & Sheehey, 2017; Albers & Hoffman, 2012; Finn, Ramasamy, Dukes, & Scott, 2015; Pennington & Koehler, 2017; Sheehey, Wells, & Rowe, 2017)。

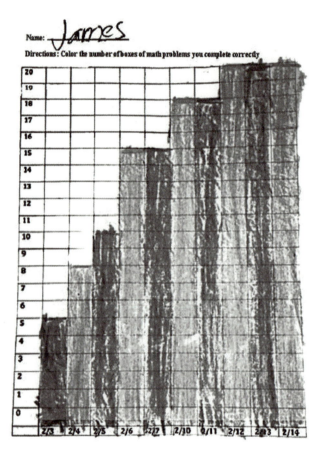

图表 8.7　詹姆斯的数学问题柱状图准确地完成了

行为契约

学习成果 8.2　确定行为契约的组成部分和使用方法

教师很难使用一个强化系统来服务多个学生,并有各种各样的目标来管理行为和教学。在忙碌的一天中,老师可能会不经意地对学生说出一个应急方案。后来老师可能记不住所提的细节,因此无法执行这种一致性。为了让不确定性变得更复杂,学生们往往会根据自己的情况改写现实:"你说过,如果我数学学完了,就可以出去。你没有说我必须把它们弄对。"一种简单的方式将强化措施系统化就是契约。订立契约将强化的一致性写入书面文件中。契约为教师创建了一个永久性的方案，如果出现问题，可以参考该方案（Bowman-Perrott, Burke, de Marin, Zhang, & Davis, 2015）。

与其他契约一样，课堂契约应该是双方合理协商的产物，即教师和学生之间的协商。在许多情况下，这些谈判涉及学生和他所有学科老师的合作（Lassman, Jolivette, & Wehby, 1999）。虽然书面合同的确切措辞将取决于为其设计的学生的成熟度，但每一份契约都将包含一些基本形式的"如果……那么……"陈述，如图表8.5所示。书面契约应该包含对任何一致性强化物最低限度必要的元素：行为、条件、标准和强化物。

为了避免以后在契约实质含义上产生分歧，契约应包含描述所需行为的准确书面陈述。此描述应包括行为将在其中执行的参数和满足契约条款的标准。在讨论了标准之后，学生了解评估成绩的方法或工具。契约还应包括强化的种类、数量和兑换方法。

除这些基本条款外，契约中还应列出中期检查和终期检查的日期。中期检查提醒教师需要监控进度，如果要求的行为是不现实的，或要增加教学元素，则可以重新协商。列出终期检查日期规定了学生履行合同条款的时间限制。一旦契约条款确定下来，老师应该回答学生提出的所有问题。为了确保学生理解契约的要点，他或她应该把契约读给老师听，然后用不同的语句重述契约条款。如果这个过程中有争议，契约需要重新拟定。一旦契约确定下来，老师和学生都应该签字，每人都有一份。

有关近似强化，请参见第十章。

霍姆、恰尼、冈萨雷斯和雷奇斯（Homme, Csanyi, Gonzales, & Rechs, 1970, pp.18-20）建议契约中使用强化物的基本原则（编号1—5）和适当契约的特征（编号6—10）：

1. "契约的奖励应该即时。"这条规则是有效强化的基本要素之一：必须在目标行为表现出来后立即执行。

2. "最初的契约应该要求并奖励小的近似强化。"这种连续近似强化是达到渐进的目标行为。特别对学生有用的，以前从未做过的，过高标准的，或一个类别太广泛的行为（如"打扫房间"）。

3. 经常使用少量奖励。霍姆等表示，经验表明，"频繁的小规模强化远比少量的大规模强化有效。"频繁的强化可以让老师和学生更密切地监控行为变化的进展。

4. "契约应该奖励成就，而不是服从。"霍姆等认为，建议专注于成就的契约会导致独立。因此，适当的措辞应该是"如果你完成了某某，你将获得某某奖励"，而不是"如果你按照我告诉你的去做，我会奖励你某某"。

_____的行为契约

我_____，承诺开始表现出以下积极行为：

我将_____

我将_____

我将_____

如果我很好地达成这些目标，我的奖励是：

- _____
- _____
- _____

如果我没有达到目标，我的后果将是：

- _____
- _____
- _____

为了成功实现目标，我需要做什么：
_____
_____

为了实现我的目标，我需要从他人那里得到什么：
_____
_____

我将在_____上查看来回顾我朝着目标前进的过程。

_____　　　　　　　　　_____
　　大人签名　　　　　　　　　　　　　　　孩子签名

　　　　　　　　　_____
　　　　　　　　　　　日期

图表 8.8　行为契约格式

Note: From *It's Positively Fun: Techniques for Managing Learning Environments*, by P. Kaplan, J. Kohfeldt, & K. Sturla, 1974, Denver: Love Publishing. Copyright 1974 by Love Publishing. Reprinted by permission.

5. "在行为发生后给予奖励。"这条规则重申了强化物的一个基本要素:它必须有条件地使用。缺乏经验的老师会说"如果你今天要去郊游,你必须在下周完成所有作业"。学生通常对此类说法的效果感到失望。

6. "契约必须公平。强化的"份量"应与所需的行为量成比例。契约中的比例对老师和学生都要公平。要求学生在 20 道题中做对 2 道题才能获得 30 分钟的自由活动时间,与要求学生在 20 道题中做对 20 道题才能获得 2 分钟自由活动时间一样不公平。

7. "契约条款必须清楚。"含糊不清会导致分歧。如果老师和学生对契约的理解不一致,老师可能认为契约是麻烦,学生会不信任老师和契约。

8. "契约必须诚信。"根据霍姆等的观点,诚信契约是指(1)"立即执行",(2)按照契约规定的条款执行。如果教师和学生自由进行契约谈判,这是可以保证的。教师应避免把契约强加给学生。

9. "契约必须是积极的。"得当措辞"我将做……如果你做……"不当适措辞:"我不会做……,如果你做……""如果你不……,那么我将……""如果你不这样做,那么我就不……"

10. "契约作为一种强化方法必须系统地使用。"像其他的强化策略一样,如果契约没有系统地、持续地完成,将会变成一个猜测游戏:"这次她真的是认真的吗?"

签订契约给强化带来了额外的好处:

1. 书面契约是一种永久性的文件,它记录了最初的一致性的变量,供老师和学生参阅。

2. 契约谈判的过程中,学生可以把自己看作是学习的积极参与者,因为他们每个人都参与设定自己的期望或限制。

3. 契约的书写强调教学的个性化。

4. 契约提供临时性文件,说明 IEP 会议之间的当前目标。这些信息可以与家长分享。

实施强化的变式

学习成果 8.3 知道强化使用的各种变式

一个基本的强化系统设计如下:

- 教师呈现前因性刺激。
- 学生做出期望的行为。
- 老师给学生适当的强化物。

这个基本方案的重点是管理一个为特定的学生设计的单独选择的强化物。然而，强化是一种灵活的策略，可以适应教室管理中出现的许多情况。根据一致性的类型和管理结果的方式，卡兹丁（Kazdin，2001）设计了一个矩阵来表示这些变化（见图表8.9）。虽然矩阵最初是为代币的使用变化而提出的，但它同样适用于其他强化。

如图表8.9所示，有两种管理结果选项。第一，强化可以单独管理：学生做出期望的行为是由于麦片、空闲时间、或一定数量代币。第二，强化可将学生作为一个群体管理：例如，如果全班学生的表现都很好，那么所有30名学生都可以在周三下午去做工艺品。

一致性标准

	个别学生	所有学生	特定群体学生
强化物传递因体个体	1	2	3
	4	5	6

图表8.9 实施强化的变式

注：Adapted from *The Token Economy: A Review and Evaluation*, by A.E. Kazdin, 1977, New York: Plenum Press.

对于教师可能建立的接受一致性强化类型，有三种选择。这些在图表8.9中的矩阵顶部表示。首先，因材施教，所要求的行为和所要求的表现标准是特定于特定学生的行为或教学需要的。在第二种选择下，标准一致性/突发事件，教师设置一个要求，平等地适用于一个班级的所有成员或几个班级成员。第三种选择是群体一致性/突发事件，需要一群学生的行为，强化是基于整个群体的表现（Little, Akin-Little, & O'Neill, 2015）。

两种管理方式和三种一致性强化之间的相互作用产生了图表8.9中的六格矩阵。

单元1展示了一个系统，在这个系统中，一致性强化和传递方式都是个别化的。行为和标准是特定于某个学生，而强化只针对给该学生。

1. 兰迪，如果你正确地完成了20道数学题中的17道，那么你可以再使用10分钟电脑。

2. 兰迪，如果你正确解出每一道算术题，你将得到一个代币。

单元2显示了一个系统，它为所有班级成员（标准）提供了相同的一致性强化，但对每个学生的兑换方式都很个别化。

1. 同学们，20道数学题中答对17道题的同学，可以多玩10分钟电脑。

2. 同学们,每次提问前举手,可以获得代币。

单元3显示了一个系统,该系统为一组特定的学生设置了相同的一致性强化。

1. 数学B组,如果你们写出10个需要乘法求解的原创问题,那么无论你选择什么时候,用什么程序,你都可以多玩10分钟电脑。

2. 男孩吃完午饭后,把托盘放在手推车上,就可得到代币。

单元4显示了一个系统,该系统要求组中的每个成员完成特定的行为,以便小组作为一个整体得到强化。

数学B组,你们要给全班同学展示一个15分钟的乘法运算程序。兰迪,你负责解释基本的计算程序。卡罗尔(Carol),你要解释乘法和加法之间的关系。尼古拉斯(Nicholas),你要从我们的数学练习册上示范如何解题。桑迪(Sandy),你要给全班同学提出三个最初的问题来解决。在演示结束时,你们四个人可以一起使用电脑玩其中一个游戏程序。

1. 以下学生可以去打篮球,如果他们写一篇关于篮球的文章:盖瑞(Gary),你的文章必须至少有四句话。杰米(Jamie),你的论文必须至少有六句话。科里(Cory),你的论文至少要有10句话。

单元5显示了一个系统,它为所有成员设置了相同的一致性强化,并允许满足此标准的每个人成为小组成员,共同接受强化。

1. 同学们,你们的家庭作业是设计一个需要用乘法来求解的问题。明天上午10点到10点半,所有带合适题目的学生都可以去数学实验室。

2. 地理考试得100分的学生,今晚的地理作业全部免除。

单元6显示了一个系统,该系统为某一组班级成员设置了相同的强化一致性和相同的强化物兑换方式。

1. 数学B组,这里有20道题。如果你20题都答对了,你可以去数学实验室待30分钟。

2. 红鸟队,如果你们都记得在阅读课上发言前举手,这个周末,你们可以选择自己的书带回家。

利托和帕姆罗伊(Litow & Pumroy, 1975)对一次将一致事件应用于多个个体的研究进行了回顾,然后描述了三种实施系统。他们将这些系统分为依赖的、独立的和相互依赖的、以群体导向的一致性系统。请参见表8.6(Ennis, 2018)以了解三种类型的群体一致性的描述和示例。

表 8.6 群体一致性类型和示例

种类	定义	举例	基于研究的示例
依赖	对整个群众的强化取决于某个或多个个体行为	如果神秘英雄提前完成工作，我们都可以提前 2 分钟休息。如果 2 号桌的每个人都把饭桌收拾整齐，我们就在午饭后继续看小说。	第一步的红牌/绿卡游戏下一步干预（沃克等人，2015）(Walker et al. 2015)
独立	对个体的强化取决于个体的行为	本学期，任何人的阅读流畅性每分钟提高 10 个正确率，在单元测试中可加 5 分。本周赢得三块行为奖金的人可获得额外休息机会。	一致性合约（如鲍曼·佩罗，伯克·德马林，张和大卫，2015）(e.g., Bowman.-Perrot, Burke, de Marin, Zhang, & Davis, 2015)
相互依赖	对整体强化，取决于整个群体的行为	如果计时器响起时每个人都在工作，我们就可以争取到周五的自由时间。如果你们组中每人完成热身，你组中每人将在强化轮上加 1 分。	积极行为游戏(Barrish, Saunders, & Wolf, 1969) 基于班级职能的干预小组（CW-FIT; Kamps et al., 2015）

独立的群体导向的一致性系统，"相同的反应偶发同时适用于所有群体成员，但只适用于一个或多个选定的群体成员的表现。"被选中的小组成员的表现对整个小组的影响"（Litow & Pumroy, 1975, p.342）。老师会根据一个或多个特定学生的表现来对整个班级进行强化。其余的班级成员依赖于目标学生的表现来进行强化。目标学生和强化物可能是随机的，直到每节课结束后告知学生(Cariveau & Kodak, 2017)。

1. 班级能否多上一节体育课取决于罗伯特和卡洛琳能否通过周五的拼写测试。
2. 班级能否多上一节体育课取决于威廉和伯尼斯在数学课上是否达到七次的举手发言。

在独立的群体导向一致性系统中，"相同的响应一致性同时对所有群体成员有效，但适用于个人绩效。在这种类型的一致性系统中，每个成员的结果不受（独立于）其他群体成员的绩效的影响"（Litow & Pumroy, 1975, p.342）。教师对每个班级成员进行强化，这取决于该班级成员是否能够满足一致性标准的绩效水平。那些未能达到性能标准的人将得不到强化。

1. 每个通过星期五拼写测试的学生都可以多上一节体育课。
2. 每个学生说话不超过三次，就可以多上一节体育课。

在相互依赖导向群体的一致性系统中，"相同的一致性反应对所有群体成员同时生效，但适用于群体绩效水平。因此，在这种类型的一致性系统中，每个成员的结果取决于

[(是)相互依赖的]集体表现"(Litow & Pumroy, 1975, p.343)。积极行为博弈是相互依存的群体一致性事件的最常见应用(Barrish, Saunders, & Wolf, 1969; Nolan, Houlihan, Wanzek, & Jensen, 2014)。在积极行为游戏中,教师将学生分组,对不当行为给予积分,并奖励得分最少的团队。研究表明,这可以减少破坏性行为、改善学习行为并增加积极的同伴互动(Donaldson, Matter, & Wiskow, 2018; Groves & Austin, 2017; Rubow, Vollmer, & Joslyn, 2018)。积极行为游戏对情绪和行为障碍的学生益处更多(Bowman-Perrott, Burke, Zaini, Zhang, & Vannest, 2016)。

积极行为游戏有多种有效的变体。一种变体是"抓住好人"游戏,在这个游戏中,老师设置一个计时器,每5分钟发出声音或振动一次,给每个团队打分,团队中的成员都有任务,并根据分数给予奖励(Wahl, Hawkins, Haydon, Marsicano, & Morrison, 2016)。良好行为游戏的另一个变体是教师与学生的游戏,在游戏中,学生因遵守规则而得分,教师因学生不遵守规则而得分(Lastrapes, Fritz, & Casper-Teague, 2018)。如图表8.10所

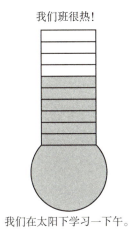

图表8.10 群体一致性可视化呈现

示,教师在群体偶发事件中展示积分系统的例子(Ennis, 2018)。

利托和帕姆罗伊(Litow & Pumroy, 1975)列出了三种类型的团队绩效水平:

1. 陈述一致性,以便每个小组成员必须达到一个设定的标准水平。没有达到这个标准水平,班级成员将不能接受强化。例如,多上一节体育课取决于周五拼写考试中每个学生的成绩至少达到90%。

2. 这种一致性是这样表述的,即每个组成员的表现满足整个组的平均标准。例如,是否多上一节体育课取决于班级平均完成90%的书面作业。

3. 这种一致性的陈述以便班级作为一个组,必须达到一个单独的最高或最低的绩效水平。例如,是否有机会多上一节体育课,取决于整个班级进行的谈话不超过12次。

始终使用最简单有效的系统。

通过根据强化物兑换系统的变化,教师可以为特定的课堂量身定制强化系统。在考虑使用哪种系统时,德沙伊斯、费舍尔和卡恩(Deshais, Fisher, & Kahng, 2018)发现,就一年级通识教育学生识字本上填写的答案增加而言,独立群体的一致性优于依赖群体;然而,有趣的是,学生更喜欢依赖群体一致性。尽管有这些发现,每个课堂都是不同的:有些群体甚至在普通课堂上,都需要一个正式的代币制;其他团体成员有需要契约强化或者个别化系统;很多普通课堂可以使用相对非正式的社会型活动强化物。教师应该使用最简单、最自然、最有效的方法。

群体一致性和同伴协调

群体一致性是管理学生行为的一种有效方法。特别是青少年,可能会发现作为一个群体工作更有力量。有一些证据表明,无论是普通学生还是特殊学生,他们对同龄人的学业评价都非常高(Lloyd, Eberhardt, & Drake, 1996; Martens, Muir, & Meller, 1988)。劳埃德(Lloyd等,1996)也发现,与个体强化研究组和群体强化研究组相比,群体强化研究组平均测验分数提高了,缩小了分数范围,对分布低端的分数有显著的正向影响。群体一致性可以促进相互依赖,并促进学生之间合作(Groves & Austin, 2019)。科勒(Kohler等, 1995)发现,群体一致性增加障碍人士和非障碍人士之间的支持提示,比如分享和帮助。

群体一致性可以通过同伴协调和教师管理干预来完成。皮戈特、范图佐和克莱门特(Pigott, Fantuzzo, & Clement, 1986)成功地为成绩不好的五年级学生安排了同伴辅导和群体一致性/突发事件。学生们被分成算术练习小组。团队的每个成员都扮演一个角色。教练提醒团队他们的小组目标是正确答案的数量,他们选择的策略(例如,"快学习""认真学习""不要说话"），以及从强化列表中选择备用强化物。记分员统计团队成员试卷上正确答案的数量。裁判作为可靠性检查人员，团队管理者将球队的总得分与目标进行比较，决定是否达到目标。在三个班级中，学生们的数学成绩都有所提高，并在12周的随访期间保持不变。卡什韦尔、斯金纳和史密斯（Cashwell, Skinner, & Smith, 2001）教二年级学生记录和报告他们同伴白天发生的亲社会行为。在定义亲社会行为并生成例子的过程中，学生们将同伴帮助他们或其他同学的所有事件记录在索引卡上。为班级设定了一个累积目标为100份的小组一致性，以便让他们参与商定的活动强化（例如额外的游戏时间）。每天早晨，告知学生前一天的统计数字，并将其输入到梯形条形图上。当班级达到他们的累积目标时，整个班级都可以使用预定的团体强化物。这种相互依赖的群体强化程序和公开发布的进度反馈程序促进学生的亲社会行为增加。

在第三个例子中，卡彭特和麦基-希金斯（Carpenter & McKee-Higgins, 1996）在一年级的课堂中结合了群体一致性事件和个体突发事件。在几个月的时间里，非任务的行为从一个捣乱的学生蔓延到班上的大多数同学。该研究将教师承认适当行为和纠正不当行为的陈述与强化一致性相结合，实施一项计划。学生们选择活动强化物，以全班同学玩黑板游戏的形式作为群体一致性/突发事件。他们为个体一致性/突发事件选择糖果。老师将可食用强化物与积极的口头陈述配对，以塑造和维持学生的预期行为，并在学生行为开始改善后逐渐取消使用。在每次活动之前，要求学生确定一个可接受的非任务的行为水平。如果学生们达到了三个活动中的两个目标，他们会通过黑板游戏得到强化。在每次活动结束时，如果学生认为他们个人在活动中使用了任务行为，则会将卡片放在公告板上的口袋里。教师和学生简要讨论了学生在任务中的行为，并就每个学生的表现达成了共识。当每个学生获得10张卡片时，他们会得到一块糖果。同伴压力是群体一致性中的有力工具。事实上，群体一致性是如此强大，应该谨慎使用，以避免群体中某些成员受到过度压力的负面影响（Balsam & Bondy, 1983）。在相互依存的团体一致性中，例如良好行为游戏，可能会有负面的同伴压力，例如，"拜托，肖恩——如果你再犯错，我们可能会比其他团队获得更少的分数——团结起来！"此外，请考虑以下示例。

蒙哥马利（Montgomery）教拼写

蒙哥马利是五年级学生的老师，她担心学生们的每周拼写测试成绩。一些学生拼写很好,但另一些学生只拼对几个单词。蒙哥马利想出了一个自认为很好的办法。她把学生分成两组,一组拼得好,一组拼得差。然后她宣布:"周五成绩册上的分数是填写你和你的搭档考试成绩的平均值。"她坐在后面,看着学生忙着拼写,以为事情解决了。

她第一次发现自己的计划有缺陷是在课间休息时,她看到莉安在操场上追着巴尼跑,用拼写工具打他,并大喊:"坐下,笨蛋,你得学会这些单词。"那天晚上,莉安母亲打来电话表示莉安的拼写会不及格,因为巴尼不会背单词,而巴尼的母亲又打来电话,咨询蒙哥马利是否知道为什么巴尼在房间里哭了一个下午。

蒙哥马利违反了设定群体一致性的最重要规则之一:绝对要确保团队中的每个成员都有能力执行目标行为。如果这条规则被违反,学生可能遭受同龄人的口头和身体虐待。尤其重要的是,不要让特殊学生和英语学习者处于这样的境地,特别是当他们进入普通课堂时。正如格罗夫斯和奥斯汀(Groves & Austin, 2019)发现,如果实施正确,良好行为游戏可能会导致学生之间更多的积极互动和更少的消极互动。蒙哥马利可以通过使用良好行为游戏,并将班级分成更大的成员团队,学生们可以鼓励彼此做得好。

另一个重要的警告是,确保某些成员不会觉得破坏该组织的努力是一种强化。在最初的良好行为游戏研究中,巴里什、桑德斯和沃夫(Barrish, Saunders, & Wolf, 1969)安排了群体一致性来改变24名四年级学生的离座和大声说话行为。在阅读和数学课上,将班级分成两组。个别团队成员的每次离座行为或说话都会给整个团队记分。得分最多的组将失去某些特权。虽然这个程序很成功,但还是进行了重要的修改。一个团队的两名成员一直在为自己的队得分。在一次测试中,其中一名成员"断然宣布"他将不再玩这个游戏。老师和孩子们认为一个学生的行为不应该惩罚整个团队。将破坏者从团队(和群体突发事件)中移除,变成个人的团队。从而应用个人结果程序,直到他的行为得到控制,然后他可以回到班级团队。作者指出,同伴压力的预期效应可能成为学生破坏性行为的社会强化因素,而不仅仅是将个人行为置于群体控制之下。

最后,系统必须减少某些成员为其他成员执行目标行为的可能性。如果考虑到这些因素,群体一致性可能是一个非常有用的管理手段。

强化程序

强化程序是强化物兑换的时间。我们一直强调每次目标行为发生时,立即给予强化。不断给予强化称为连续强化(CRF)。也就是说,每当学生产生目标反应时,便得到一个强化。强化的时间模式具有一对一的比率或反应:强化($R:S^R$)。

我们称其为一对一强化程序,该模式对行为具有密集的强化与反应的比率;相对于学生的表现而言,强化程度较高,从而导致学生的高反应率。这样高反应频率导致学生做出应答(增加练习)的次数增加,并从老师那里得到反馈和强化。因此,当学生学习新行为(习得)时,CRF 程序最有用。一个在学习新行为的学生,每做一个正确的反应或任何比以前更接近正确反应的行为时,都应得到一个强化。在第九章中,我们讨论塑造,指的是通过对连续趋近于目标行为的行为进行系统的有区别的强化。当目标行为最初的频率非常低时,强化程序也可能有用。它在任何强化系统的最初阶段都是最有效的。然而,在使用强化程序时,存在一些潜在的问题:

1. 如果一个学生的行为处于连续强化模式,他可能会对强化物感到饱厌,尤其是在使用原级强化物的情况下。一旦正确的反应是频繁的,不断地获得食物将减少剥夺的状态,从而减少正确反应的动机。

2. 连续强化可能会导致这样的指责:老师每次按要求做的时候,都在引导学生期待某种强化。

3. 连续强化程序(CRF)不是维持行为的最有效方法。首先,一旦行为通过连续强化程序习得,或其频率增加,教师可以终止强化。从连续强化到零强化的转变导致行为的发生率快速降低。当强化移除时,期望的行为的出现频率下降称为消退,第九章中有讨论。第二,连续强化程序可能会干扰课堂常规。对于 4、6、8 或 30 名学生在发言前举手或正确地写出字母"a",教师可以(或将)持续强化这些学生多长时间?

使用各种非连续程序可以解决使用连续强化程序所引起的问题。

间歇强化 偶然地或间歇地对所发生的行为进行强化的方法(Skinner, 1953)。因为不是每一次都对所发生的行为进行强化,间歇性强化推迟了饱厌现象。使用间歇强化方式维持行为,可以防止消退。间歇强化需要更多的正确反应来强化,学生学会延迟满足,并在较长时间内维持恰当的行为。

最常用于增加行为频率的两类间歇强化是比率强化和间隔强化(Ferster & Skinner, 1957; Skinner, 1953)。为了增加行为的持续时间,教师可以使用反应持续程序(Dixon

等，1998；Gresham, Van, & Cook, 2006；Stevenson & Clayton, 1970）。

比例强化 比例强化要求强化之前个体行为必须发生一定的次数。在固定比率强化（简称 FR 程序）下，学生完成指定数量的正确反应后，该行为才能得到强化。FR3 表示每做出三个正确行为反应后，立即给予强化。即三个正确反应与强化的固定比率（R, R. R∶S^R）。一名学生必须正确完成 8 道数学题才能获得拼图游戏的权利，或者必须在 8 次测试中正确地指向蓝色物体才能得到椒盐卷饼，这就是 FR8 强化程序。

固定比例强化中的行为具有特殊性，一般来说，与连续强化相比，学生的反应率更高，因为反应率的增加导致强化频率的增加。因为兑换强化物时，没有考虑学生完成指定数量的正确反应所花费的时间，固定比例强化可能导致对给定行为的不当影响。例如，为了获得强化物，学生会很快解题，结果会犯更多错，字迹潦草。除了不恰当的流畅性，固定时间比例强化还可能导致其他类型问题。随着比率的增加（例如，从 FR2 到 FR10），学生往往会在强化物兑换后一段时间内停止反应，这被称为强化后停顿。

通过可变比例强化（简称 VR 程序），消除了流畅性和停顿现象的问题。在可变比例强化下，目标反应是根据特定数量的正确反应的平均数来强化的。如果平均数是 5 次，那么可以记作 VR5。因此，在教学或观察过程中，每次强化物给予所要求的行为发生次数可能是 3、8、5 及 4 次。

固定比例强化中的行为发生标准水平（如行为目标所述）确立后，可变比例强化将维持适度且一致的正确反应率。可变比例强化的强化物提供的不可预测性导致学生的行为反应率趋于平衡，几乎没有停顿现象。"任何时候的强化频率基本上保持不变，'学生'通过保持不变的速度来调整"（Skinner, 1953, p.104）。

间隔强化 在特定的时间内至少做出一次适当的反应，然后给予强化。固定时距强化(FI程序)下,学生在预定的时间后第一次做出期望的反应时得到强化。在FI-5分钟程序中,5分钟过后出现的第一个正确反应会得到强化。以5分钟为一个周期。因为行为的单个实例在间隔结束后被强化,所以可能在间隔结束前发生的实例不会被强化。将固定时间间隔强化这种现象定义为间歇强化。

固定时距强化的行为也有特殊性。因为在固定时距强化中,对强化的唯一要求是反应至少在每个指定的间隔之后发生一次,所以行为发生的频率相对于比例强化中的行为来说相对较低。如果学生意识到间隔的长度并因此意识到何时可以进行强化时,情况更是如此。间隔的长度会影响行为反应发生的频率(Skinner, 1953)。如果每分钟都有强化,那么反应速度将比每10分钟一次更快。固定时距强化程序也会出现行为停顿现象。学生最终意识到在间隔结束之前额外的正确反应和强化后立即的反应都不会被强化。在每次强化之后(下一个时距的初始部分),行为反应频率最终会显著降低(或停止)一段时间。这种正确反应的减少被称为固定间隔扇贝效应,因为在累积图上绘制数据时呈现扇贝形状。

李和贝尔菲奥雷(Lee & Belfiore, 1997, p.213)提醒教师,如果目标是增加学生完成任务的时间,固定时距强化可能不是最佳选择。例如,如果中学学生要写一篇作文,而老师习惯性地在课时结束铃声响起时奖励那些仍在写作的学生,并免除他们的家庭作业,那么老师应该预期到一种典型的FI反应模式:即,长时间不写作,紧接着在铃声响之前,写作速度略有提高。如果老师的目标是增加学生参与写作的时间,那么她的目标没有实现。她的计划只是在铃声响起前不久增加了任务时间。如果老师把学生安排在固定时距强化模式为5分钟的FI计划,让他们完成由红十字会分发组装包裹的任务,也会出现类似的情况。工作将以低效率进行,在每个时距结束时只会有小幅度的增长,从而导致低生产率。

使用可变比例强化(VR程序),消除了固定比例强化反应速度的影响。在可变时距强化模式中,时距的长度是不同的,但是它们的平均长度是一致的。VI5表示上一次强化与下一次强化之间的时间间隔平均为5分钟。和可变比例强化一样,这种不可预测性会影响学生的表现。可变强化时距的行为以中等、较慢的速度跨时距发生,不会出现固定时距图。因为学生不能再预测在兑换强化物之后的间隔长度,因此无法预测哪些反应将被强化。

在间歇时距下提高反应速度的一种方法是使用有限保持(LH)一致性。有限保持限制了强化物在时距之后可用的时间。也就是说,当时距已经过去,下一个正确的反应将被加强,强化物将只在有限的时间内保持可用。在这种情况下,学生必须对获得强化做出快速反应，而在简单的间隔时间安排下，他们可能会延迟反应，但仍然得到强化。FI5-分钟/LH5 秒的程序表示强化物在每 5 分钟间隔后可用 5 秒。例如，学生学习乘坐公共汽车，他知道公共汽车每 15 分钟来一次，当车门只打开 30 秒(FI15 分钟/LH30 秒)时，他必须迅速上车(自然发生的强化)。

反应持续程序 在反应持续模式下，目标行为的持续时间是强化物兑换的决定因素。在固定反应持续程序(FRD)下，学生完成指定时间的适当行为后会得到强化。FRD10 分钟程序上的行为会在每 10 分钟的连续适当行为结束时立即得到强化。老师希望学生在阅读期间保持坐姿，并且老师每 10 分钟口头表扬学生的就座行为，那么这个学生就属于"FRD 10 分钟程序"。如果行为在时间段内的任何点停止发生，则重新开始计时。

正如 FR 和 FI 程序一样，在 FRD 程序中也会出现强化后的暂停。在这种情况下，暂停与适当行为所需的时间周期长度有关。时间越长，停顿时间就越长。可以预期，如果时间周期太长或增长太快，适当的行为要么减少，要么完全停止。使用可变反应持续程序(VRD)，改变强化所需的时间周期的长度，可以最大限度地减少这些问题。在 VRD 程序下，连续的适当行为在特定的平均时间内得到强化。在 VRD 10 分钟程序表上，一个行为平均每 10 分钟就会得到加强。

在现实世界中，常常有必要延迟满足。

滞后强化程序 是另一种类型的强化程序，用于增加学生学习行为的多样性(Neuringer, 2004)。当要求学生说出某些物品时，孔特雷拉斯和贝茨(Contreras & Betz, 2016)想改变学生的回答。例如，"你在厨房里发现哪些东西"(第 6 页)。如果学生每次都说"冰箱"，这是更有限的回答，如果学生每次都改变回答。在强化的延迟程序表中，强化取决于说出与之前的不一样的答案。例如，在 Lag 1 程序中，如果学生回答是"水槽"，如果学生上次了回答"水槽"以外的东西，就会得到强化物。在 Lag 3 程序中，本次回答必须与前三次回答不同。苏萨和施林格(Susa & Schlinger, 2012)使用延迟程序表改变自闭症的学生对"你好吗?"的回答。

细化强化程序 正式的课堂强化系统应被视为一种临时结构，用来产生快速的行为变化。大多数老师最终计划选择自然强化物强化学生的行为。细化模式有助于减少对人为强化的依赖，并帮助学生学会延迟满足。在细化程序中，强化逐渐变得不那么频繁，换句话说，它取决于更多的适当行为。

在细化强化模式中，教师从密集程序(连续的)转变到稀疏的程序(变量)。系统地提高了正确反应和强化之间的比率。以下示例说明了此概念：

1. 学生可以在连续强化程序(1∶1)上正确识别快闪记忆卡上的单词。当学生接近

90%准确度的标准时,教师可以将学生移动至 FR3 程序(R,R,R：SR),然后移到 FR6、VR8 和 VR10。随着时间的推移,老师要求学生做出更多正确的反应来获得强化物。

2. 学生在座位上做作业的行为被列入 FRD5 程序。一旦学生达到了这个标准,老师可以将她转到 FRD10、FRD20 和 FRD30 的程序上。每次转换程序,老师都要求学生保持较长时间的适当行为,以获得强化物。

3. 当教学生获得喜欢的物品,而不是通过挑战行为来获得喜欢的物品时,首先选 CRF 程序表很重要。为请求细化强化程序的一种方法是首先安排"多重程序"。例如,当老师戴着绿色手环表示她将强化请求,而戴着红色手环表示她将不会强化请求。然后,老师逐渐增加她佩戴红色腕带的时间(Fuhrman, Greer, Zangrillo, & Fisher, 2018)。当老师戴上红色的手环时,提供关注或其他激励是有帮助的。

图表 8.11 展示了细化强化程序的模型。随着转换程序从连续强化程序到固定强化程序再到可变强化程序的变化,最终达到了一个不再需要强化物使用的预定时间的点。此时行为受自然强化物影响。

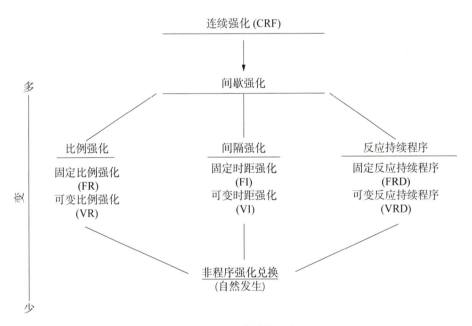

图表 8.11　强化兑换程序

细化强化程序的影响

1. 更高,更稳定的反应水平
2. 强化期望递减

3. 当学生习惯于延迟满足时，在较长时间内维持期望的行为

4. 取消老师作为必要的行为监控

5. 控制过程从强化物转移到更传统的方法，如教师的表扬和关注（Axe & Laprime, 2017；Dozier, Iwata, Thomason-Sassi, Worsdell, & Wilson, 2012; Rodriguez & Gutierrez, 2017），特别是将细化程序与社会型强化物与代币或原级强化物配对强化。

6. 对需要更多正确回应的目标（强化）的持续反应的增加。

7. 在教育环境中，能够在相对精简的模式中提供强化物，以切实可行的方式维持适当的学生表现水平（Freeland & Noell, 2002）。

细化程序应该考虑一个注意事项。行为受到比率应变的效应的影响。比例应变发生在进度被迅速地削弱，以致正确反应和加强的比例过大的情况下。在这种情况下，学生没有获得足够的强化物来维持反应，反应率显著下降。学生可能会完全停止反应。如果教师看到这种影响发生，他们应该返回到最后一个导致可接受的反应率的时间表，然后再次精简，但时间表的变动要小一些。

通常最好告诉学生有效的强化物兑换模式。如果学生不知道规则是什么，他们可能会自己编一个。他们会推理并对自己说："我必须正确地读三个单词才能得到一个代币，"或者"我必须学习15分钟才能得到一个代币。"如果这是一个自我生成的规则，而不是一个由老师陈述或确认的规则，那么它可能是不正确的（Bradshaw & Reed, 2012; Lattal & Neef, 1996）。如果学生在不正确的规则下学习，他们未达到的期望可能会影响他们的学习和对老师的信任。

格伦迪教授去拉斯维加斯

一天早晨，当格伦迪教授准备离开家时，格伦迪夫人递给他一叠信封。

"奥利弗（Oliver），亲爱的，"她问，"你能帮我把这些东西放进邮件里吗？"

"又是比赛？"格伦迪笑道。"你参加过所有的比赛和抽奖，买过所有的彩票和奖券。你赢过几次？"

"嗯，"格伦迪太太回答说，"六年前有泡菜，前年有牛排刀，去年……"

"密涅瓦（Minerva），"教授责备道，"我听说过对绝迹的抵抗，但是你的行为维持在VI3程序上。即使对你来说，我也觉得有点过分。"

想象一下那天上午教授接到一个电话时的惊讶。"奥利弗,"格伦迪太太嘟囔着,"我赢了去拉斯维加斯双人游!这个强化物怎么样?"就在第二个周末,格伦迪一家飞去领奖。当他们走进酒店大堂时,经过一排老虎机。

"等一下,亲爱的。"格伦迪教授说。"让我在其中一个老虎机上用几个硬币试一下,毕竟到了拉斯维加斯。"

一小时后,格伦迪太太入住房间。三小时后,她独自吃了晚餐。午夜时分,她回到大厅,教授还在那握着老虎机的把手。

"奥利弗,"她坚持说,"你必须停止。"

"再等几分钟"教授恳求道,"我知道再来几个硬币就够了。"

格伦迪看了几分钟教授拉把手。偶尔,这台机器也能赚几个25美分。

"奥利弗,"格伦迪太太哼了一声,转身大步走开了,"我听说过'抵抗绝迹',但你的行为维持在VR27程序。真是荒唐透顶!"

负强化

学习成果 8.4　区分正强化和负强化

学习成果 8.5　知道负强化的正确和错误应用,在教学中知道如何使用负强化

当教师的目标是增加目标行为的频率时,通常使用正强化,但也有另一种方法。负强化(S^R)⁻是指在反应后立即移除厌恶刺激,从而增加未来反应出现速率或概率。

这一定义中第一个关键词是"增加",这意味着一种形式的强化正在发生。第二个关键词是"移除"。而在正强化中,把刺激呈现给学生,而在负强化中,刺激物从学生的环境中移除。第三个关键词是"概率(contingent)"的。除非并直到做出所要求的反应,否则教师不会撤除厌恶条件(负强化条件)。想想还没做完数学题的马库斯,如果老师对他说,"马库斯(Marcus),你必须在教室里完成所有的数学题,才能和同学一起去体育馆,"那老师就是在使用负强化。当其他同学去体育馆时,他却被留在教室里,这种令人厌恶的刺激将会随着数学作业的完成而消失。他今天完成数学题的速度可能会提高,这样他就可以去体育馆,明天他的速度可能会提高,这样他就可以避免一直待在教室里。

负强化之所以起作用,是因为学生的行为是为了逃避,从而摆脱厌恶刺激。然而,没有必要出现厌恶刺激来使负强化起作用。当学生为了避免厌恶刺激而做出某些行为时,

负强化也会起作用。如果马库斯真的在其他学生去体育馆的时候,他必须待在房间里。而第二天他确实很快地完成数学,他就避免了这种消极的强化。负强化通常用于建立和维持教师不希望学生表现出的行为。例如,许多在课程中从事不当行为的学生这样做是为了逃避现有的厌恶事件。

无意的使用

教师经常在无意中使用负强化。当某个学生做出破坏性行为,逃避任务,或抱怨作业,老师减少作业(希望能阻止其行为),学生知道破坏性行为将导致作业的减少(厌恶刺激)。下次布置作业时,学生就会发牢骚,以便再次逃避。这种破坏性行为的重复展示表明,不适当的行为已经被负强化。这是一个负强化循环:

1. 学生面对厌恶刺激;
2. 学生出现不当行为;
3. 教师移除厌恶的刺激;
4. 学生的不当行为会受到负强化;
5. 下次当学生面对厌恶的刺激时,这种循环就会重复。

在这种情况下,消极强化可能对老师和学生都起作用。减少学生的作业,对老师来说可能是消极的强化,因为扰乱课堂的行为已经停止。这一循环会在多大程度上促进不适当行为的发展,下面这个真实的(只有名字改编……)故事可以说明。

吼叫

卡普(Carp)博士是一所著名大学的特殊教育副教授。为了增加收入和"控制开支",她辅导那些在学校里有问题的孩子。她的许多学生都是同系教师的孩子,这些学生的学校几乎没有直接的教学,学生只能从课本和其他材料中学习,并独立完成课程。这些孩子通常只有一些小问题,通过补习和学习技巧的指导,在很短的时间内取得了很大的进步。因此,辅导对孩子来说是积极的强化,他们体验到了成功;对于父母来说,他们看到了很多进步;还有卡普博士,她得到了许多赞美和更多推荐。因此,她热情地接受了一位同事的请求,为他三年级的女儿提供辅导,用他的话说,女儿"在数学上有点困难"。

第二周的某个下午,母亲按时将萨拉(Sarah)送到了卡普博士家。卡普博士在门口迎接母女俩,并建议妈妈一小时后回来。她让萨拉坐在书房的学生桌前,愉快地解释说,她和萨拉将一起做一些简单的题,让卡普博士知道是什么原因导致数学给她带来"一点麻烦"。当习题放在桌面时,萨拉突然爆发出一声嚎叫,就像狼的嚎叫一样。与此同时,眼泪、鼻腔粘液和唾液开始以令人难以置信的速度流了出来,沾满了萨拉的身上、练习题和桌子。在辅导期间被关在厨房的狗也配合着嚎叫,卡普博士在楼上的孩子,也出现在门口,想看她们是否安然无恙。卡普博士低咕着"我的天,这是数学有点问题?",一边让狗安静下来,重新让孩子们回到楼上,一边从厨房里拿了一个废纸篓、纸巾和消毒剂喷雾,等着萨拉停止嚎叫。然后,她礼貌地解释说,她无法评估潮湿的试题,萨拉可以从一个新的作业题单开始,只要她处理掉潮湿的试题单,用消毒剂清洁自己和桌子。萨拉有点吃惊,但照办了,但当新作业出现在桌面时,她又重复了她先前的行为。这个循环重复了7次。

到那时,一个小时差不多过了,妈妈的车出现在窗口。萨拉跳起来,说她要走了。卡普博士说:"不,在你离开之前,你需要解决三个问题;我去叫你妈妈等一下。"

"她不会逼我的。"萨拉尖叫着,扑倒在地板上,继续嚎叫。"你太坏了,她不会让我留下来的。她爱我。"

卡普博士走到车边,并解释从屋内发出的嚎叫声音,说到莎拉还没完成任务,如果妈妈不能等,卡普博士很乐意等莎拉完成时送她回家。妈妈突然大哭起来,她的哭声立刻与坐在她后面汽车座位上的婴儿相呼应。

"她讨厌数学,"妈妈吼道。她的老师只是让她做拼图。听听她现在。"——好像卡普博士有选择似的——"我不想让她难过。我把她带回家,让她平静下来,我们下星期再试。"

"豪勒太太,"卡普博士温和地说,"她是你的女儿,由你来选择,但如果你现在把她带回家,下次不要把她带过来。"

卡普博士把妈妈和孩子留在车里嚎叫着,回到办公桌前,高兴地说:"妈妈会等着的。"让我们看看第一个——告诉我你会怎么做。"

在经历短暂的中断后,萨拉完成了前三个问题,并和她的母亲、兄弟姐妹一起上了车。在接下来的几个月里,随着要求的提高,莎拉嚎叫的次数越来越少,她的数

> 学达到了年级平均水平,在学校的表现也不错。卡普博士没有收到萨拉的父亲的消息(她总是想知道他是否真的知道"数学有点困难"),直到多年后他在停车场遇到了她,并说家人将在周末前往莎拉的大学旅行,她即将进入学术荣誉学会,并在几周内以优异的成绩获得学位。这是一种保持教师继续教学的积极强化。

学生可能厌恶各种任务;萨拉显然对数学持这种观点。与强化物一样,厌恶的东西对学生来说是因人而异的。一般来说,如果任务或活动太难、太无聊、重复性太强或太令人尴尬,就会被认为是令人厌恶的。如果一个学生的数学作业超出她目前的能力水平,或者他没有做家庭作业,或者他没有从有效的指导中受益,他会发现任务太难了,并且会做出不恰当的行为来逃避当前任务。如果再给一个与学生年龄不相符的钉板来打发时间,学生可能会觉得这项任务太无聊了,然后用钉板做一些更有趣的事情。请阅读能力差的学生在全班同学面前朗读,或让数学成绩差的学生在黑板上做题,或者让协调能力差的学生在体育课上爬绳子。都可能导致该学生试图逃避任务避免随之而来的尴尬。其他各种活动可能会让学生厌恶,例如阅读障碍学生的阅读任务、自闭症儿童的触摸、身体障碍儿童的轮椅位置不正确、未能将眼前环境中的物品介绍给视觉障碍学生、老师在同学面前过度赞扬一个中学生,或让胆小的学生解剖青蛙。在特殊教育和普通教育环境中也观察到了类似的因素(Carbone, Morgenstern, ZecchinTirri, & Kolberg, 2010; Kettering, Neef, Kelley, & Heward, 2018; Langthorne, McGill, & Oliver, 2014; Smith, Iwata, Goh, & Shore, 1995)。负强化维持的另一个影响行为的因素是教师因试图逃避而引起的注意(Gardner, Wacker, & Boelter, 2009; Moore & Edwards, 2003)。这既是负强化,因为允许学生停止做讨厌的任务,也是正强化,因为老师的行为通常很有趣。

适当的逃避行为

与其让学生做出不恰当的行为,不如教给他们适当的方法,让他们从逃避任务中获得负强化。学生可以学习一种更标准、更恰当的方式来表达需要帮助或休息的需求,这就是所谓的功能性沟通训练(Carr & Durand, 1985; O'Connor & Daly, 2018; Radstaake et al., 2013; Zangrillo, Fisher, Greer, Owen, & DeSouza, 2016)。例如,赞格里洛和同事(Zangrillo et al., 1991)发现学生的挑战性行为(如,发脾气、打架、拍打、掐自己和其他人)

导致他们逃避学业要求。这些学生受到负强化，因此他们的不当行为得到强化。教学生说"请让休息"来代替不恰当的行为，从而提供逃避和负强化。随着新行为的使用并导致强化，学生不再需要使用不恰当的行为来实现逃避和消极强化。

学生也会认为老师的行为令人厌恶。诸如唠叨，不愉快的声调，威胁性的面部表情、讽刺或敌意等教师行为可能会导致学生逃避和回避。例如，如果卡普博士对萨拉的嚎叫做出回应，并发牢骚，要求她学习，萨拉就不太可能完成数学作业。尽管如此，一些教师还是利用这些行为来设定课堂管理的总体基调。每一位教师都决定以学生行为得体的方式来管理课堂，以避免教师的不愉快，或者以他们行为得体的方式来管理课堂，因为教师提供了许多积极强化的机会。哈里森、冈特、里德和李(Harrison, Gunter, Reed, & Lee, 1996)认为，教师向学生提供指导的方式也可能令人厌恶。他们认为，让行为障碍学生在没有足够信息的情况下完成任务，与较高的破坏性行为发生率有关。如果学生不理解指令，他可能会选择捣乱，从而逃避进一步的指令，而不是因为回答不正确而面临尴尬的风险。桑福德、霍纳(Sanford & Horner, 2013)发现，当学习障碍学生的阅读教学处于受挫水平(准确性或流利性低于90%)时，则问题行为多，学习参与度低。然而，当教学处于"教学水平"(>90%的准确性或流利性)时，厌恶感降低，问题行为减少，学习参与度提高。就自闭症学生的强化教学而言，某些教学程序往往令人反感，并导致问题行为：通过课程开始时取消强化物，要求学生付出很大努力，提出高要求，并根据正确的反应提供低质量的强化物(Carbone, Morgenstern, Zecchin-Tirri, & Kolberg, 2010)。另一方面，有许多方法可以改变教学，使其不那么令人厌恶，从而减少问题行为，提高学习参与度，例如，在需求之前提供强化，提供选择，穿插容易和困难的需求，以及使用快速的教学节奏。

功能性行为评估，也许是功能性分析，可用于确定问题行为是否因逃避需求而得到加强。此外，西帕尼(Cipani, 1995, p.37)提出，教师可以通过回答以下问题来确定破坏性行为是否得到了负强化：

1. 行为是否导致特定的教师要求、教学要求、教学任务、活动或材料的终止或推迟(即使是临时的)？

2. 学生是否胜任问题1中所述的具体指示、任务、教师要求或材料？

3. 在问题1和2中确定的特定内容领域、任务、材料或教师要求下，问题行为是否更频繁地出现(与学生在学业上更有能力的其他内容领域或任务相比)？

这些情况，就像前面描述的饱足感和剥夺感，可以作为激励操作，增加逃避的价值，干扰计划的强化策略的效果。

负强化也有缺陷。发脾气、逃跑、毁坏物品都是逃避和回避行为的例子。这种情况可能会发生,特别是当这个人不擅长使用更小的或社会可接受的逃跑方式时。显然,当有难度的要求或任务安排给行为能力有限的学生时,这些行为特别容易发生。攻击性或自残行为可能是一种逃避需求的途径,因为它们的强度或形式可能会让老师感到担忧(Davis et al., 2018; Tereshko & Sottolano, 2017)。

使用负强化教学

负强化可以作为一种教学策略。举例来说阿尔贝托、特劳特曼和布里格斯(Alberto, Troutman, & Briggs, 1983)对一名重度障碍学生的初始反应条件反射采用负强化。在进行了详尽的偏好评估后,学生唯一的反应就是把手从冰块上抽离。在教学中,教他转向一个吹风的来源(风扇),同时引导他将头部的冰用手拿开。当他做出预期行为时,冰块的移除会对他产生负强化。

负强化通常与基于功能评估结果的行为程序结合使用。正如第七章所讨论的,学生可能会试图逃避和避免繁重的任务、与成年人或同龄人的社交互动、不必要的关注、或各种课堂活动和事件。教师可以控制或一致地利用机会逃避或终止事件,以减少中断的逃避尝试。逃逸是基于老师设定的一致事件,而不是对学生不当行为的反应。通过这种方式,负强化用于塑造新的、适当的行为。这种干预的另一个组成部分是同时对逃避的替代手段进行正强化。教师可以在学生提出适当的、更典型的休息请求(例如,使用功能性沟通培训)后为其提供逃避的机会。切赞、德拉斯哥、马丁和哈勒(Chezan, Drasgow, Martin, & Halle, 2016)发现,当给两个年幼的孩子提供不喜欢的食物时,孩子们会把他们推开。由于推开厌恶食物的结果是食物被拿走,这是一种负强化。干预措施包括以更合适的方式请求移走不喜欢的食物。具体来说,当老师呈现不喜欢的食物,她会提示孩子们交出一张卡片,这样就可以移除不喜欢的食物。另一种干预方式是在允许休息之前逐渐增加工作量,最终只有在任务完成后才允许休息(Davis et al., 2018)。

厌恶刺激可能导致攻击性行为。

课堂上应尽量少使用厌恶刺激。我们将在第九章更详细地讨论,厌恶刺激可能导致攻击性行为。如果一个孩子被关在房间里,被命令"把地板上所有的玩具娃娃和恐龙都拿走",那么他很可能会去踢进房间的倒霉猫。逃避和回避行为可能不仅限于厌恶刺激,还可能导致学生逃跑(跑出教室)或回避整个学校环境(逃学)。关于负强化的理论和应用问题的讨论,参见岩田(Iwata, 1987)和卡宾(Carbone et al., 2010)。

自然强化

> **学习成果 8.6　确定自然强化物**

强化是一个自然发生的过程。课堂上的结构化强化系统至少有四个目的。第一个是管理行为。其次，对学生来说，通过施加"人为的"高强度强化刺激，使他们的行为与其后果之间产生高度可见的联系。这使得他们能够建立一种因果关系。第三，课堂强化系统为强化在日常生活中的作用提供了一个微观的学习实验室。第四，教学生重视更为一般和自然的强化物。教育人员应该教导学生受到在某种情况下自然发生的强化物的激励，即那些通常由他们在学校、家庭和社区环境中的行为产生的强化物。

强化物是否自然取决于情境、环境和个体的年龄。几乎所有的强化物都是自然的。普通班的大多数学生都可能因为适当的学习和社会行为而获得特权，——从担任幼儿园的午餐监督员到免除高中期末考试。成年人也有特权，从为当月最佳员工提供的特殊停车位到进入行政洗手间。活动经常是自然地获得的，从在幼儿园忙碌课堂活动之后获得5分钟休息到年度最佳销售人员的百慕大之旅。每个人都为代币工作——给幼儿园孩子颁发金牌，成功的专业人士拿高薪（很庆幸大多数老师都喜欢金牌）。最后，当每个人都关注个人举止时，自然环境中的社会型强化物比比皆是。作为特定行为自然结果的强化物比不相关的强化物更有效（Mohammadzaheri, Koegel, Rezaei, & Bakhshi, 2015）。此外，自然强化的行为被维持和泛化的可能性增加（Durand, 1999; Stokes & Baer, 1977）。当学生学会预测和接受自然强化时，他们会接触到自然发生的强化程序。他们了解到，在某些情况下，行为会导致即时和频繁的强化，而在另一些情况下，它会导致延迟和不频繁的强化。

格伦迪教授强化

格伦迪教授的研究生上交了他们的观察作业。学生一边交作业，一边抱怨，收集完论文后，格伦迪教授开始了关于强化的讲座。讲座结束时，一个学生走上讲台。她笑着说："教授，是时候了。我上这门课是为了学习如何管理课堂。几个星期以来，我们学习的都是强化的历史、理论和所有那些技术垃圾。为了听今晚的讲座，经历这些都是值得的。我本来打算退课的，但是现在我一周也不耽误了。

> "为什么,"格伦迪教授点上烟斗,掩饰脸上的笑容,问道,"你以为我会等到我们完成所有那些技术上的垃圾之后再讨论强化吗?"

小结

本章描述了增加或保持适当的学习或社会行为的程序。正强化是首选的方法,它是指根据适当的行为呈现刺激。正强化可能是原级强化,也可能是次级强化,最好的强化是自然强化。负强化是指根据目标行为的表现而撤销厌恶性刺激。我们提出了使用这些程序改变学生行为的具体方法。我们希望我们也已经正强化你的阅读行为,而你正准备继续这个行为。

讨论

以下情况描述了错误使用强化程序。讨论为什么你认为老师的强化不起作用,以及你可能采取什么措施来解决这种问题。

1. 问题,问题,问题……

杰克(Jack)和瑞恩(Ryan)"一直"大叫-当他们有问题的答案,有疑问时,当他们有信息想要与安德鲁斯老师或同学分享时。别人告诉安德鲁斯老师,他们"自控能力差"。她决定强化他们举手行为。每当他们中的任何一人举手时,她都会立即请他,并给予口头表扬。不到两天,这两个男孩就把叫喊行为减少到每天不到一次。两天后,安德鲁斯对男孩们学会了举手感到满意,所以她又回到了她通常的做法,随机请举手的学生提问。两天后,这两个男孩的叫喊恢复到原来。

2. 小烦恼会引起大的骚动

阿诺德(Arnold)女士开始关注托德(Todd)的行为。虽然这是一个小烦恼,但却令人不安,而且似乎发生得更频繁。她不想大张旗鼓,于是决定对托德的行为进行选择性忽视。她知道她一定不能忽视这种行为,所以每次学生这样做时她只是在黑板上做一个记号,然后摇头。令她进一步烦恼的是,学生的这种行为还在继续升级。

3. 校长的帮助

塔贝尔(Taber)对特蕾西和他攻击性的言语行为束手无策。她试过责骂他、移动他的座位、给他布置额外的任务,他的行为频率并没有减少。她决定请求帮助。每当学生有这种行为时,她就把他送到校长办公室去讨论他的行为。如果校长身边有人,特蕾西就会坐在办公室外面,每个经过的人都会跟特蕾西谈论他的不当行为。特蕾西在教室里继续他的言语攻击。

4. 无尽的笑声

休斯老师(Hughes)对奥兰(Oran)和他的胡闹束手无策。她试图责骂他、移动他的座位、扣分、给他额外的作业,但他的行为发生频率没有减少。她决定忽略这种行为,让它消失,理解并预料这种行为在减少之前会增加。奥兰继续这样的行为,继续捣乱,让其他学生笑着和他顶嘴。她刻意忽略每一件事,并通过这种行为继续上课和小组合作。但两周后,奥兰的行为没有任何减少,她又放弃了。

5. 他是一个勤奋学习的孩子

特洛伊(Troy)学习很努力,从第一天起就接受了代币系统。他查看了可用的备用强化物,并立即确定了两种他想要的。这两项他需要115分;他赚了145分。星期五,他兑换了第一个物品,并把第二件物品的代币存入起来,以备下周五使用。在第二周,托伊似乎沉浸在自己的世界里,而不是专注于数学和科学。

6. 事情就是这样的

卡纳(Kana)想实行代币制。他告诉学生们一些基本信息:"我们要实行代币制,主要从两项希望你们达到的预期行为开始。在第一天,每次举手可以获得2分,每次大叫会失去1分。第二个行为是完成学习。每完成作业可得5分。如果在规定的时间内作业没有完成,将会扣1分。到周五为止,积分损失将每天增加一分。在我们的契约里,每个人的行为都有规定。"每个学生拿到一份规则的书面副本。举手和任务完成在第一天有所增加,然后在接下来的一周中呈下降趋势。

7. 好公民

斯塔福德(Stafford)证实,她的学生阿里(Ali)、本(Ben)、曼尼(Manny)和拉托雅(LaToya)认为奶酪鱼饼干很棒。她决定用这些饼干来强化张贴在教室里的八项基本"好公民"行为。从星期三开始一直到下星期一,学生们都是良好的好公民。然而,到周四,混乱率开始上升。

8. 鱼作为强化物

冈萨雷斯女士在斯塔福德女士奶酪鱼项目的早期与她交谈。通过学生举手表决,她证实她的学生认为饼干也很棒。她决定在每天的全班课和小组阅读中用它们来强化举手行为。她的数据表明,她的管理计划总体上取得了成功;然而,凯尔和鲁迪的数据表明,他们继续像以往一样大声呼喊。

9. 分享最佳实践

在员工发展研讨会上,一位老师分享了使用贴纸作为代币的想法。布里格斯决定在她的三年级班级里使用季节分类贴纸作为代币。她开始使用贴纸来奖励在小组教学和中心活动时间上的安座行为。学生们都很热情,在教室里闲逛的次数也大大减少了。然而,周末过后,学生们仍然在交换贴纸,但闲逛行为又回来了。

10. 小部分技能

海勒(Heller)向埃里克(Eric)和阿努(Anu)介绍了分数乘法。她明白当教授一个新的行为时,她需要在学生每次正确执行行为时提供一个强化物。在9节课内,学生们就能准确地将分母相同的分数相加。海勒随后停止了连续强化,以便让内在强化和自尊代替外部强化。当她进行每周一次的复习时,学生们的计算不再准确。

11. 不用谢

伊凡(Ivan)正在浏览先锋高中的代币制备用强化物目录。在浏览了包含男孩乐队海报、各种显示器、快餐店优惠券、艺术材料等图片的页面后,他把游戏机放回口袋,然后趴在桌上睡觉。

第九章 减少行为的结果安排

学习成果

9.1 识别和区分五种基于强化的行为减少策略

9.2 解释与消退相关的问题

9.3 识别与移除期望刺激相关的行为减少策略类型

9.4 识别与厌恶刺激呈现相关的行为减少策略类型

本章概要

行为减少的程序选择

第一级：基于强化的策略

低频率行为的区别强化

其他行为的区别强化

替代行为和不相容行为的区别强化

非条件强化/非后效性强化

第二级：消退

延迟反应

增加行为发生频率

控制注意力

消退诱发的攻击性

自发恢复

他人的模仿或强化

泛化的局限性

感觉消退

惩罚

第三级：移除期望刺激

反应代价程序

强化暂停程序

第四级：厌恶刺激的呈现

厌恶刺激的类型

厌恶刺激的弊端

过度矫正

补偿性过度矫正

正向练习过度矫正

小结

当老师抱怨学生行为不端时,其他老师通常会同情并主动提出建议。通常他们建议惩罚——即不当行为出现后,呈现厌恶刺激或(剥夺权利)取消乐子,例如,坚定地告诉学生你是认真的,取消休息时间,或者送去校长办公室。"惩罚的使用可以成为一种本能反应,因为它简单而迅速地阻止不端行为——它是有效的!使用惩罚消极地强化了教师行为,当老师告诉学生"去办公室"时,把一个捣乱的学生赶出教室是一个令人愉快的结果,因此,老师会在将来重复这种行为。不幸的是,这种强化可能会使教师忽视可能伴随使用惩罚的副作用或反应。本章描述了一系列基于行为的惩罚替代行为,这些行为在减少不当行为和挑战性行为的效果上具有相同的作用。这些替代行为以有序的层次结构呈现。顺序从最积极的行为减少方法(使用强化策略的方法)转变到最厌恶的方法。尽管厌恶后果的使用在这种层次结构中具有概念上的地位,但由于伦理和专业方面的考虑,以及对厌恶刺激产生的不良影响的认识,这些方法很少使用,如果有的话,适合于学校情境。事实上,在我们的层次结构中,在提出厌恶后果之前,提出了三个层面的选择。这些替代行为,以及他们自身的局限,被作为厌恶性程序的可行替代方案提出,因为它们也具有减少不适当和挑战性行为发生的预期效果。

某些原则应指导行为减少程序的选择。第一个原则是尽量减少干扰,这是侵入性最小的替代方案。这一原则表明,在决定选择哪种干预时,一个重要的考虑因素是干预的侵入性水平。当一个人在考虑减少行为时,最少的干预是最不令人厌恶或层次最低的。教师应根据从最不具侵入性到最具侵入性(最积极地到最厌恶地)的程序层次结构,确定一个有效的程序,该程序应在可选择的积极范围内。例如,如果图表 9.1 所示的一级程序将完成行为改变,那么使用四级程序既不必要,也不合乎伦理。此外,加斯特(Gast)和沃尔

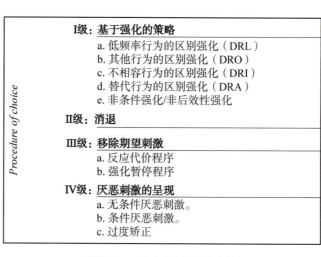

图表 9.1　行为减少的程序选择

里(Wolery)(1987)建议"如果治疗的选择是在同样有效的程序之间,那么应该选择最不令人反感的(侵入性)。""如果要在侵入性较低但无效的程序和令人反感更强但有效的程序之间做出选择,应选择有效程序"(第 194 页)。根据近年来与一级强化程序相关的大量研究和成功案例,在学校中使用厌恶程序没有得到支持。第二个原则是,在可能的情况下,干预的选择应基于所确定的挑战性行为的功能。在制定第 7 章中描述的识别功能的程序之前,干预措施的选择通常是"不论成功与否"。一项干预措施可能对很多学生有效,但不是对所有学生都有效,也可能会减少一些但不是所有行为。这种行为最终会再次出现,或者被同样糟糕甚至更糟的行为所取代。这种偶然性的成功之所以会发生,是因为有时在选择干预措施时没有考虑行为的功能,而只考虑其形式,只是意外地匹配了行为的功能(Carr, 1977; Iwata, Dorsey, Slifer, Bauman, & Richman, 1994)。此外,该原则的一个重要组成部分是必须同时发生功能等同的替代行为的并发指令。学生必须学习一种适当的替代行为,这种替代行为将产生与要消除的不适当行为所产生的强化相同的效果。随着最近预处理功能评估/分析的引入,教育工作者和研究人员更有可能使用基于强化的治疗来治疗严重的行为问题,而不是基于惩罚或基于强化的带有惩罚成分的治疗(Pelios, Morren, Tesch, & Axelrod, 1999)。

在实施行为减少的过程中,必须满足几个要求。第一个要求是层级选择的递进必须是基于数据的。也就是说,在决定当前使用的程序无效并且应该使用替代的可能更具侵入性的程序之前,在干预期间收集的数据必须证实程序的无效性。第二个要求是必须建立协商和许可点。有时候,教师必须与她的导师、学生家长或行为管理委员会协商,以审查当前干预的进展情况,并商定进一步的行动计划。这些计划可能包括进行功能评估或功能分析,并制定行为支持计划,如第七章所述。

行为减少的程序选择

图表 9.1 中概述的层次结构有四个级别的选项,用于减少不适当的行为。第一级是首选,而在大多数情况下,第四级是最后的选择。

第一级中提供了五种区别化强化:低频率行为区别强化、其他行为区别强化、不相容行为的区别化强化、替代行为区别强化、非条件强化。这些是首选选项,因为通过选择它们,老师是在用一种积极的(强化)方法减少不适当行为。

第二级是消退,消退就是对以往强化过的行为不再进行强化的过程;通过这一过程可以使得行为发生率逐渐降低。

第三级包含被定义为是惩罚结果的首要选择。然而,这些选择,如反应代价和强化暂停程序,仍然不需要使用厌恶性刺激。这些选项的实施可以看作是负面强化的镜像。在使用负强化时,为了增加一种行为,厌恶性刺激会一并移去。第三级选项要求移去或拒绝一个愉悦的刺激,以减少行为。

第四级的选项是在记录了前三个级别的失败尝试之后,或者当某些行为的继续对学生或其他人构成迫在眉睫的危险时,应选择第四等级中的选项。这一级别的选择包括使用无条件或条件厌恶刺激或使用过度矫正程序。对这些选项的选择不是一个人的特权。这些选项的实施可以视为强化过程的镜像。

正强化:呈现刺激是为了增加行为的出现。

厌恶刺激的呈现:呈现厌恶刺激是为了减少行为。

第一级:基于强化的策略

学习成果9.1 识别和区分五种基于强化的行为减少策略

塑造行为使用DRL程序(见第10章)。

在第八章中,强化被定义为根据行为(反应)的表现,通过增加或保持该行为未来发生的频率或概率,从而呈现或移除刺激。强化刺激也可以用来减少行为。以强化为基础的减少行为的程序,要么是在区别的基础上强化行为,要么使用非条件强化。一级中包括五个基于强化的程序。

在所有区别强化过程中,一种行为或一组行为得到强化,而一种行为或一组行为没有得到强化。

低频率行为的区别强化

低频率行为的区别强化(DRL)是一种特定的强化程序的应用,用于降低行为发生频率,虽然低频率的行为是可容忍的,甚至是可取的,但当它们发生得太频繁或太快时是不合适的。例如,参与课堂讨论是一种可取的行为;而主导课堂讨论不是。做数学题是合适的;但做得太快以至于粗心的错误发生是不可取的。偶尔打嗝,虽然算不上优雅,但也是可以忍受的;一小时打25次嗝则不行。

在低频率行为的区别强化的最初实验室版本中,强化物是根据反应而提供的,前提是自上次强化反应以来经过了一段时间。要减少总时间段内行为发生的总次数,只需增加必须经过的最小时间段,然后再强化另一个反应。这种称为全时段 DRL 或时间间隔的 DRL。辛格(Singh)、道森(Dawson)和曼宁(Manning)(1981)使用这个程序来减少三个重度智力障碍的青春期女孩的刻板行为(摇晃、说话、复杂的动作)。两次事件之间所需的时间从 12 秒增加到 180 秒。三个女孩的平均发病率从 92.5% 下降到 13%。

课堂上常用的 DRL 程序规定了"当限定时间内的反应次数小于或等于规定的限制时"的强化物兑换(Deitz & Repp, 1973, p.457)。DRL 包含两种形式:全时段的 DRL 和时间间隔的 DRL。

> DRL 的区别强化
> 　　学生发生超过 X 个行为→不强化
> 　　学生发生 X 个或更少的行为→强化

回顾第 6 章改变标准设计的内容。

全时间段的 DRL 将整个时段内的响应总数与一个预设条件进行比较。如果事件达到或低于该标准,就会提供强化物。例如,基线数据显示詹妮(Jenny)平均每 30 分钟的课打断 9 次。虽然老师不想完全杜绝这种行为,但他希望每节课的干扰不要超过两次。老师告诉詹妮,她可以打断两次,如果她的打断程度保持在这个水平,她将因那天的良好表现获得额外的代币。如果她保持打断次数在两次或两次以下的情况,就会兑换强化物。时间间隔 DRL 指实施者将整段时间平均分成为几个时间间隔,(例如,将 30 分钟的会话划分为 6 个 5 分钟的间隔),如果个体在一个时间间隔内的反应次数没有超过规定标准,则在该时间间隔结束时就给予强化。如果老师认为循序渐进的方法会更成功,可以使用这种形式。如果可以容忍的最大中断数是每个时间段两次,那么最初允许在每个 5 分钟间隔中使用这个数字。一旦行为固定下来,间隔的长度就会增加,因此学生可能会打断,例如,如果她想获得一个强化,每 10 分钟间隔只有两次。之后,可能为了获得一个强化物,学生会在两个 15 分钟的间隔中打断两次。最后,在整个 30 分钟的课程中,学生只能允许打断两次。DRL 程序可以用来减少各种行为,包括要求注意(Austin & Bevan, 2011; Becraft, Borrero, Mendres-Smith, & Castillo, 2017)。离座行为(Harris & Herman, 1973)。重复行为,例如跳、拍打(Looney, DeQuinzio, & Taylor, 2018)。严重的问题行为,例如自伤行为、侵略性行为(Bonner & Borrero, 2018)和进食率(Lennox, Miltenberger, & Donnelly, 1987; Wright & Vollmer, 2002)。

最后,DRL 的安排方式可以使用类似于变更的准则设计。如果目标行为的基线水平较高,教师可以依次降低 DRL 限制,使其达到可接受的范围。例如,如果一名学生的基本离座率平均为每节课 12 次,告诉他将,如果他在课堂上离开座位次数不超过 9 次,允许他选择一天的自由时间活动。一旦他的行为固定在 9 次,然后变更为不超过 6 次,之后不超过 3 次。当使用这种方法时,老师必须记住当她告诉学生可以做某事九次时,他会的(她必须祝贺他!)。在使用 DRL 的最初实验中,戴茨(Deitz)和雷普(Repp)(1973)使用了两种标准设置策略。在第一个实验中,一名 11 岁的中度智力障碍男孩在 50 分钟内平均有 5.7 分钟讲话的基线水平,每次中断 4 到 10 次。研究者告诉他,如果他在 50 分钟内说话次数为三次或更少,一天结束后,允许他有 5 分钟的自由玩耍时间。在这个干预中,每个时间内他平均讲话次数为 0.93 次,范围在 0 到 2 之间。

在第二个实验中,10 名中度智力障碍学生平均说话次数为了 32.7 次,范围在 10 到 45 之间。告诉学生们,如果一组人在一段时间内说话次数为五次或更少,每人将得到两块糖。这个干预后,平均每个时间内说话为 3.13 次,范围从 1 到 6。在第三个实验中,15 名普通高中女生在 50 分钟的课堂上出现了 6.6 次不恰当的社交讨论。干预计划分四个阶段进行:六次或更少的不适当讨论,三次或更少,两次或更少,然后是零速率,以争取周五的自由时间。

作为 DRL 程序使用指南,雷普(Repp)和戴茨(Deiz)(1979,第 223—224 页)建议如下:

1. 必须记录基线以确定全时段或时间间隔的平均反应次数。然后,这个平均次数可以作为初始 DRL 限值。

2. 在连续降低 DRL 限值时,应建立合理的间距标准,避免强化和比值应变过于频繁,使程序失效。

3. 必须决定是否向学生提供反馈,并考虑在课程期间的累计回答次数。

有关强化策略的优点的讨论,请参阅第 8 章。

DRL 程序的主要优势是它通过兑换强化物来减少行为发生的特殊能力。因此,总的来说,它和强化的优势是一样。此外,这种方法是渐进的,因为它允许学生的行为以合理的增量调整,以逐步降低行为发生率,而不是做出剧烈的行为改变。选择的限度应在学生的能力范围内,并为教师所接受。DRL 不是快速改变行为的方法,因此不适用于暴力或危险行为。

基尔老师强化史黛西的自信

史黛西是基尔老师二年级班上的一名学生。史黛西的学业水平很高,但她总是举手问:"这样对吗?"或者说:"我做不到。"如果基尔老师不是行为主义者,她会说史黛西缺乏自信。

一天早上,基尔女士把史黛西叫到她的办公桌前。她记得史黛西总是在午饭后自愿打扫黑板。她告诉史黛西她想让她学会自己学习。

"如果你真的需要帮助,"她向斯泰西保证说,"我会帮助你的。"但是我想一个上午三次就足够了。如果你今天早上举手求助三次或更少,我们吃完午饭回来时,你可以把黑板擦干净。"

史黛西同意试试。几天之内,她一上午只举起一两次手。基尔老师热情地称赞她如此独立。老师注意到史黛西经常这样说:"这都是我一个人做的,吉尔老师。我一次也不需要帮助。"如果吉尔老师不是行为主义者,她会说史黛西正在培养自信。

其他行为的区别强化

虽然基尔女士发现史黛西每天早上举手三次是可以接受的,但还有其他一些行为在任何程度上都是不可接受的。当使用其他行为区别强化(DRO)程序时,强化刺激是根据目标行为在一段特定时间内的缺失而产生的(Reynolds, 1961; Weston, Hodges, & Davis, 2018)。DRL强化行为的逐渐减少,而DRO只强化行为的不发生。事实上,DRO有时被称为对零行为率的区别强化或对行为缺失的区别强化。在第8章中,强化被定义为根据期望行为的发生而给与强化刺激。DRO是指在行为没有发生的情况下给予强化刺激。另一种定义DRO的方式是,在一段时间内,强化刺激除了目标行为以外的任何行为。

> DRO的区别强化:
> 　　学生在一段时间内发生目标行为→无强化
> 　　学生在一段时间内不发生目标行为→强化

DRO可能至少有三种形式,类似于DRL程序中的几种程序:

1. 强化取决于在特定的时间段内没发生不良行为。例如,只有在整个40分钟(DRO 40分钟)内没有大声说出来时,才会进行强化。告诉学生"如果在这段阅读时间(40分钟)不说话,那么你可能是今天下午体育馆的队长之一。"如果学生遇到了这种偶然性,她就会得到强化。只要个体在整段的特定时间间隔内,没有发生不良行为就给予强化,这称为全时段 DRO。

2. 强化取决于在一段时间内没有出现不良行为,而这段时间被划分为较小的间隔。当不适当行为的逐步减少更实际或更现实时,就使用这个程序。在一些非常高的不适当行为发生率的案例中,实施全时段的 DRO 意味着学生将永远不到强化。一个 40 分钟的课程可以分为 5 分钟的间隔,在每一个 5 分钟的间隔结束时,学生没有说话,给予强化。整段时间的分解为学生提供了更多的强化机会,更多的反馈,更多的成功机会。间隔可以是相同的或不同的长度(也就是说,平均每 5 分钟,就像在可变间隔程序中所做的那样)。一旦学生能够控制这些小的间隔,老师就会增加间隔的长度。例如,8 个 5 分钟间隔的计划被更改为 4 个 10 分钟间隔。这一进程继续发展到可以在整个 40 分钟内达到目标行为,给予强化,相当于一个全时段的 DRO。选择间隔长度的一种方法是基于行为实例之间的平均时间(交互响应间隔)。例如,为了减少一名患有自闭症和轻度智力残疾的 19 岁女性拉扯自己头发的行为,纽伦堡、瓦尔戈和林达尔(Nuernberger, Vargo, & Ringdahl, 2013)将初始的 DRO 间隔长度设置为 6 秒,这是基于基线会话期间观察到的平均交互时间(109—110 页),然后间隔增加到 12 秒、24 秒、48 秒、96 秒、192 秒、384 秒和 768 秒。

3. DRO 可用于永久存在的数据。例如,老师可以在每张没有涂鸦的纸上画一张笑脸。

克拉伦斯学会了不打人

克拉伦斯是伯德先生资源课的学生。他经常打班上的其他同学,通常是因为有人碰了他的东西。伯德观察到克拉伦斯在 90 分钟的时间段内平均打了 12 次人,平均反应时间为 7.5 分钟,于是他选择了 7 分钟的间隔。伯德先生告诉克拉伦斯可以在没有打人的 7 分钟内获得一张可兑换 5 分钟艺术项目的卡片。当克拉伦斯打了人,伯德先生重置了计时器。他这样做,而不是简单地在间隔结束时不给予强化物,是因为他担心一旦克拉伦斯"搞砸了",他就会陷入一场真正的打人狂欢,直到间隔结束。

几天之内,克拉伦斯的打人次数就低了很多,所以伯德先生把间隔时间延长到 8 分钟,然后是 10 分钟,然后是 15 分钟。很快,他就能够在时间间隔内保持不打人。

两种类型的 DRO 分别是全间隔 DRO 和瞬时 DRO(Gongola & Daddario, 2010)。全间隔 DRO 如上所述：如果在指定的间隔内目标行为没有发生，则给予强化。瞬时 DRO 是指在时间间隔结束的瞬间，当目标行为没有发生时给予强化(Toussaint & Tiger, 2012)。例如，伯德先生可以设定 3 分钟的间隔，然后在每 3 分钟间隔结束时看着克拉伦斯。如果他不打人，他就会在一个艺术项目中赢得一分。虽然这可能是有效的，但相比"打人"，瞬时 DRO 对持续时间更长的行为更有效，例如开小差行为。瞬时 DRO 的一个优点是老师不需要在整个时间间隔内观察学生。为了减少学生在这段时间内做出反应的可能性，也就是说，在这段时间结束前，学生可能会做出破坏行为，教师可以使用一种可变的瞬时 DRO，每次时间间隔长度都是变化的。可以使用相关软件(MotivAider™)向教师发出这些可变间隔的信号。

在实施 DRO 时可能会产生一个问题：当学生在时间间隔内进行具有挑战性的行为时，老师是否重新开始时间间隔。伯德先生对克拉伦斯这样做是为了避免过度打人。一个患有自闭症的 6 岁男孩他的手经常拍来拍去，格尔曼、怀尔德、福顿和阿尔伯特(Gehrman, Wilder, Forton, & Albert, 2017)发现教师是否重置时间间隔对降低挑战性行为没有影响。鉴于伯德提出的担忧，他可能会根据具体情况作出决定。

教师实施 DRO 程序之前，应考虑三个重要因素。首先，"纯粹"的 DRO 要求，如果学生没有完成目标行为，无论他还做了什么，都要进行强化。实际上，只要学生没有表现出目标行为，他可能会因为做出不适当行为而得到积极的强化。一些学生将利用这个漏洞。他们可能不会在房间里走来走去，而是会扔唾沫球，这是他们以前从未做过的事情。从技术上讲，他们仍然有权得到强化。对于实际的课堂管理，这是不允许发生的。因此，对于这种干扰行为 DRO 程序有时与其他减少程序如响应成本(Roane & DeRosa, 2014)一起使用。

其次，DRO 强化了行为的缺失。如果目标行为在指定的时间内没有发生，学生就会获得强化。对于没有大量适当行为的学生，教师可能会创造一种行为真空。如果没有确定某个行为来取代目标行为，那么学生可能很快就会用他所知道的唯一行为填补这个真空-教师试图减少的行为。确定一种适当的行为来取代不适当的行为，并积极地强化这种行为的发生，这是切实可行的，也是合乎道德的。

第三，DRO 程序的有效性可能取决于选择的强化物(Jessel & Ingvarsson, 2016; Repp et al., 1991)。用于强化学生不参与不当行为的刺激必须至少具有与当前维持该行为相同的强度或激励价值(Cowdery, Iwata, & Pace, 1990)。一名学生在数学课上用滑稽的语言逗同学开心，而同学们充满欣赏的笑声更强化了这一点。如果他 50 分钟不胡扯，我就给他 5 分钟时间玩电脑游戏，这可能不是一个足够强大的竞争激励。

DRO 用于多种行为，如社交技能、开小差行为、离座行为、各种类型的重复行为（Healy et al.，2019；Nuernberger, Vargo, & Ringdahl, 2013），严重的问题行为，如侵略性行为，自伤（Sullivan & Roane, 2018），咬指甲（Heffernan & Lyons, 2016），抽搐（Capriotti, Brandt, Ricketts, Espil, & Woods, 2012）。

沙利文和罗恩（Sullivan & Roane, 2018）对两个有发育障碍和严重挑战行为的青少年进行了 DRO 治疗。卢当时 15 岁，表现出攻击性、自残和破坏财产的行为。琼当时只有 12 岁，她有攻击性、自残、人格分裂和消极态度。在对挑战性行为进行偏好评估和功能分析后，研究人员实施了 DRO，让他们在每次活动开始时都进行一项不太喜欢的活动。如果学生在这 10 分钟内没有表现出具有挑战性的行为，他或她可以选择下一个环节的活动。做出选择被证明是一种强化因素，因为当研究者（而不是学生）选择这项活动时，挑战性行为次数较少。DRO 干预对卢有效，但对琼无效。对琼来说，间隔时间缩短到 20 秒。一旦这种干预导致琼的挑战行为减少，持续时间就会增加到 40、80、160、320 和 600 秒。

希金斯、威廉姆斯和麦克劳克林（Higgins, Williams, & McLaughlin, 2001）使用 DRO 来减少有学习障碍的 10 岁三年级学生的破坏性课堂行为。学生的目标行为包括：离开座位率高、未经允许就大声说话、坐姿不端正（如双腿伸开、缩在身体下面、躺在桌上）。在 20 分钟的课程中，如果每分钟结束时学生的行为是恰当的，而不是表现出特定的目标行为，学生就会得到一个打勾标记。在案例研究结束时，如果没有这三种目标行为，每段时间可以得到三个打勾标记。将一张纸粘在学生书桌的角落，用来记录打勾标记，使他能够收到关于他的行为的反馈。在课程结束时，打勾标记被计数并除以 2，以确定可用来使用备份强化的分钟数，如数学作业表、电脑时间、休闲阅读和玩学术游戏（p. 102）。

雷普和戴兹（Repp & Deiz, 1979, pp. 222 - 223）提出 DRO 程序的使用指南，（Deiz & Repp, 1983）建议：

1. 必须记录基线期，不仅要测量不适当的行为，而且要适当地安排 DRO 程序。由于初始 DRO 间隔的大小可能至关重要，因此它应该基于数据而不是任意设置。应从基线确定平均相互反应时间（时间与反应），并将较小的间隔设置为 DRO 初始间隔。

2. 必须为增加 DRO 间隔的长度制定标准。基本思想是：

（1）从一个足够小的时间间隔开始，学生可以因为没有反应而获得比反应更多的强化。

（2）随着时间的推移延长这个时间间隔。延长的决定应该基于学生在每个间隔时间的成功。

3. 可能发生的不良行为需要另外两个决定：

（1）是否在反应发生后重置 DRO 间隔，或者只是等待下一个预定间隔，

（2）是否以任何其他方式兑换反应发生的强化物，或者只是忽略它。

4. 即使 DRO 时间间隔已过，但未发生目标反应，也不应在出现严重不当行为后立即进行强化。

替代行为和不相容行为的区别强化

防止产生行为真空的一个很好的方法是使用替代行为（DRA）的区别强化。DRA 是减少不当行为最常用和最成功的行为分析程序之一（MacNaul & Neely, 2018）。

在这个过程中，一个不适当的或具有挑战性的行为被认为（由学生、家长、老师）是更合适的、积极的或标准的行为所取代。DRA 指的是强化替代行为，这种替代行为的性能降低了出现不适当行为的可能性。替代行为的选择通常基于物理上的不兼容性或功能上的等价性。

> DRA 的区别强化：
>
> 学生发生具有挑战性的行为→没有强化
>
> 学生发生适当的替代行为→强化

不相容行为的区别强化（DRI）是 DRA 程序，它指的是一组行为，当这组行为中的一个行为减少时，另一行为的发生率必然会增加，那么这两个行为就构成一组不相容行为。例如，如果离座行为的目标是减少，那么坐在座位上行为就会强化，因为这两种行为不能同时发生（类似地，跑步和走路、正常的声音和尖叫、聚精会神和开小差）。选择这种相互排斥的行为，是为了让学生做出适当的行为，使他们不做出不适当的行为。这允许增加适当行为的强度或速率，并降低不适当行为的频率。用特定的玩具强化孩子的游戏能力以及游戏技巧，通常会减少她呈现刻板的手部动作的机会和频率（Favell, 1973）。当她的手忙起来时，她就不能做出不适当的行为。

不相容行为的区别强化用来改变行为，包括揪皮肤（Radstaake et al., 2011），乱扔垃圾，乱坐，在午餐间跑步（Wheatley et al., 2009），异食癖（Donnelly & Olczak, 1990），侵略行为（de Zubicaray & Clair, 1998）。

韦奕礼(Wheatley et al., 2009)使用DRI来减少小学生在餐厅的不当行为。他们的目标行为是乱扔垃圾、不适当的坐姿和跑步。这栋楼里的所有成年人都被要求给学生一张"表扬便条",并在他们做出适当行为时给予具体的表扬。表扬便条里有学校的吉祥物、校训,还有写学生和大人名字的字句。当一个学生收到一张表扬便条时,她把它带到办公室,并把它放在一个大罐子里。校长在每天结束的时候抽五张表扬便条,被抽到的学生可以得到一个小奖品。如果老师的名字出现在笔记上,他们就可以每周参加抽奖活动,获得礼品券或其他奖品。干预的结果是,垃圾由平均34.3件减少到平均1.3件;不适当的坐姿从平均65.6次下降到平均23.3次;跑步从平均34个实例减少到平均8.5个实例。这是一种DRI干预,因为学生不能在同一时间乱扔垃圾和不乱扔垃圾,不能在同一时间坐得适当和不适当,或在同一时间跑和走。

DRI程序的使用的指南,雷普(Repp)和戴茨(Deitz)(1979, p. 224)建议:

1. 必须选择与不良行为不相容的行为。如果没有与不良行为相反的适当行为,则应选择对学生有利的行为并予以强化。

2. 应记录基线以确定:(1)不适当行为发生的频率,(2)所选不兼容行为发生的频率。

3. 必须确定强化程序。此外,还应该编写一个细化程序计划,以便逐步淘汰该计划,并使学生的行为能够控制环境中的自然突发事件。

通常,相互排斥的行为是不容易找的。这一事实,加上基于功能评估和功能分析的干预研究,使人们更加重视和使用DRA,在DRA中,替代行为的选择是基于行为的功能等效性,而不是行为形式的实际不相容性,就像DRI的情况一样。在这种更广泛的DRA方法中,替代行为和不适当的行为在形式上是不同的,但不一定在实际上是不相容的。

在DRA和DRI的一般定义中,适当的或不相容的行为得到强化,而挑战性的行为没有得到强化;也就是说,具有挑战性的行为被消退了。这是一个有效的程序,因为学生最终了解到,就获得强化而言,具有挑战性的行为"不起作用",而替代行为"起作用"。然而,消退有许多副作用,例如初始消退爆发(见下文的附加副作用)。事实上,当攻击同伴的行为受到注意力的强化时,实施"消退",即保持注意力是不可能的,因为这样做是不安全和不道德的,老师必须注意把两个学生分开,确保安全(如果伯德先生无视克拉伦斯打同学的行为,那他就是玩忽职守)。因此,教师可以不消退地使用DRA,同时确保适当的行为比不适当的行为获得更多的强化。

例如,昆纳瓦塔纳、布鲁姆、萨马哈、斯洛克姆和克雷(Kunnavatana, Bloom, Samaha, Slocum, & Clay, 2018)对三名自闭症和其他发育障碍患者进行了无消退性DRA评估。在基线中,问题行为和可选行为(例如,"我可以试试吗?")都会导致90秒的高质量强化物

（如 iPad）；问题行为的发生率高于替代行为。接下来，研究人员控制了强化的程度，即问题行为导致 15 秒的低质量强化，而替代行为导致 90 秒的低质量强化。这导致了问题行为的减少，但只有替代行为的适度增加。最后，研究人员控制了强化的质量，即问题行为导致 30 秒内获得低质量强化物，而替代行为导致 30 秒内获得高质量强化物。在这些条件下，参与者更频繁地"选择"高质量的强化物，表现为替代行为的增加和零问题行为。本研究表明，教师可以通过对替代行为提供高质量的强化物和对问题行为提供低质量的强化物来实施 DRA，从而产生更多的适当行为和更少的不适当行为。将注意力作为一种强化因素，教师可能会在具有挑战性的行为发生时提供足够的注意力以确保安全，但在适当的行为发生时提供充足的注意力。

对于大龄、功能较强或非残疾学生，DRA 通常包括指导和强化更适当的社交技能、遵守工作或学校惯例，听从指示，任务参与或自我管理技能（例如，Greer et al., 2013; Luczynski & Hanley, 2009; Shumate & Wills, 2010; Wiskow, Donaldson, & Matter, 2017）。

通常，对于有严重沟通障碍或重度障碍的低年龄学生来说，具有挑战性行为被证明是一种有效但不恰当的沟通方式。因此，使用 DRA 涉及指导和强化更标准的沟通手段。这称为功能性沟通训练（FCT）（Carr & Durand, 1985; Gerow, Davis, Radhakrishnan, Gregori, & Rivera, 2018）。例如，马特和扎尔科内（Matter & Zarcone, 2017）教了两个患有自闭症和智力障碍的男孩（9 岁和 12 岁）各种要求喜欢的东西的方法，比如 Goldfish™ 和 iPod™。这些男孩之前曾有过攻击、破坏行为和自伤行为来获取这些物品。例如，语音请求（"I want the iPod please"）、签名（"fish"）以及触摸语音输出通信设备上的图标（该设备输出的句子是"I want the iPod please"）。教学过程包括将金鱼或 iPod 放在看得见但够不着的地方，根据要求提供喜欢的物品，提醒学生使用他们的交流系统，以及忽略问题行为的实例。FCT 减少了问题行为，增加了现有的和新的交流形式。除了使用 FCT 教要求有形物品，教师可以使用 FCT 教学生要求注意（Lambert, Bloom, & Irvin, 2012）和逃离教学，例如要求休息。（Zangrillo, Fisher, Greer, Owen, & DeSouza, 2016）。

在进行 DRA、DRI 和 FCT 时，一个重要的考虑因素是，就做出行为所需的努力、强化的即时性以及强化的速度和质量而言，替代行为应该比问题行为更有效（Horner & Day, 1991）。在选择另一种行为时，应该考虑一定的标准（Brown et al., 2000; Carr et al., 1990; DeLeon, Fisher, Herman, & Crosland, 2000; Durand, Berotti, & Weiner, 1993; Friman & Poling, 1995; Horner & Day, 1991; Horner, Sprague, O'Brien, & Heathfield, 1990; Lim, Browder, & Sigafoos, 1998; O'Neil et al., 1997; Richman, Wacker, &

Winborn, 2000; Shore, Iwata, DeLeon, Kahng, & Smith, 1997）。这些标准包括：

1. 替代行为与被替换的行为具有相同的功能。
2. 学生、家长和一般公众认为替代行为更合适，部分原因是新行为被视为一种更标准的行为，实现了与替代行为相同的功能。
3. 替代行为需要同等或更少的体力劳动和复杂性。
4. 替代行为导致相同类型、数量和强度的强化物。如果学生知道新的行为不会导致同等的强化，他将回到过去导致强化的不当行为。
5. 替代行为在相同的程序（频率和一致性）上得到强化。如果另一种举手的替代行为不能像以前那样始终如一地引起老师的注意，学生就会重新尖叫以获得注意。
6. 与原始行为相比，替代行为的表现与其强化之间没有更大的延迟。如果选择了学生已经具备的行为，则可以提高替换效率。如果学生已经可以执行该行为，则在学习替换旧行为的同时不需要学习新行为。如果一个学生现有的适当行为是有限的，那么要找到该学生具备的适当行为是很困难的。将现有的基本动作或社会行为塑造成更复杂的行为可能是必要的。
7. 替代行为最终由自然强化物维持。

图表9.2 总结和比较了不同强化

	目的	模式	管理	提供替代行为强化	目的
DRL[1]	将行为减少到可接受水平	全时段间隔更改标准间隔响应	关注于减少发生次数	否	汤姆在40分钟内讲话不超过3次。
DRO[2]	将行为发生次数减少到零	全时段间隔 永久DRO 暂时DRO	关于增加行为不出现时间	否	汤姆在40分钟内不再讲话
DRI[3] DRA[4]	强化功能性替代行为	同时减少和加强规划	关注于开发功能性替代行为	是	汤姆通过按铃引起大人注意，而不是大喊大叫和扇脸

[1] 低频率行为的区别强化
[2] 其他行为的区别强化
[3] 不相容行为的区别强化
[4] 替代行为的区别强化

非条件强化/非后效性强化

另一种使用强化物来减少行为的方法是非条件强化(NCR)。NCR 为学生提供了强化物，这种强化物保持不恰当的行为而与他的行为表现无关(Coy & Kostewicz, 2018; Moore, Robinson, Coleman, Cihak, & Park, 2016; Phillips, Iannaccone, Rooker, & Hagopian, 2017; Noel & Rubow, 2018; Slocum, Grauerholz Fisher, Peters, & Vollmer, 2018)。学生不是在做不适当的行为时得到强化物，而是在预先选择的时间间隔内接受强化物。这有助于使强化与行为分离，并导致行为减少。当 NCR 程序存在时，不适当的行为基本上就会消失。忽略不适当行为(而不是强化)，并且系统地提供与不适当行为的表现无关的强化物。例如，如果老师的注意力维持着呼叫，那么老师就会忽略呼叫，而是在整个课堂过程中以预先选定的时间间隔提供大量的注意力，不管学生在做什么。如果发脾气是通过逃避任务来维持的，老师会忽略这种发脾气，但允许学生在整个课堂上每隔一段时间就逃避一次任务(休息一下)。

没有任何行为会因为 NCR 而得到系统的强化，因为不管学生在做什么，强化物都是在一定的时间间隔内兑换的。正是出于这个原因，一些人认为术语 NCR 是不合适的，因为从技术上讲，强化必须导致行为的强化(Poling & Normand, 1999; Vollmer, 1999)。然而，该程序是有效的，并且术语表达了它的实现。因为使用 NCR 没有开发替代行为，所以该程序和 DRA 经常一起使用 (Fritz, Jackson, Stiefler, Wimberley, & Richardson, 2017)。

在 NCR 期间，兑换是有时间程序的。获得正强化(例如，教师的注意力)或负强化(例如，从任务中断)可以按照固定的程序(例如，每 5 分钟 FT)或可变的程序(平均每 5 分钟 VT)进行。NCR 通常最初以密集的、连续的方式进行管理。一旦不适当的行为减少到可接受的水平，程序就会细化。这与第八章中描述的程序细化相似。

NCR 潜在的非预期效应是偶然的，或意外的，强化干预的目的是减少不适当行为(Ecott & Critchfield, 2004; Vollmer, Ringdahl, Roane, & Marcus, 1997)。就像过去一样，在不适当的行为发生后，可能立即兑换强化物。"人们可以推测，高频率的异常行为比低频率的行为更容易受到强化的影响。使用相同的逻辑，一个更密集的 NCR 程序比更精简的程序更容易产生强化"(Carr & Coriaty, 2000, p.386)。

NCR 已成为报道最多的基于功能的挑战性行为干预措施之一(Ritter, Barnard-Brak, Richman, & Grubb, 2018)。NCR 已成功地降低不恰当的言语和发声、不顺从、反刍、异食癖、对象口吃、攻击和破坏、财产破坏、刻板印象和自我伤害行为的水平（例如，Fritz et al., 2017; Phillips et al., 2017; Noel & Rubow, 2018; Slocum et al., 2018）。

诺埃尔和鲁博(Noel & Rubow, 2018)使用NCR来减少一名7岁的ASD男孩的持续性语言，该男孩与其他四个孩子一起参加了一个社交技能项目。一项FBA和FA研究表明，这个学生关于卡通人物的持续性演讲被其他人的关注所强化。基线数据显示，持续性言语的平均交互反应时间为78秒。因此，将NCR时间表设定为固定时间60秒的时间表。在NCR程序中，老师戴着一个被设置为每60秒震动一次的MotivAider™。当它发生时，老师对学生发表了一个中立的声明，比如，"今天是星期五。"在10分钟基线期，持续性语言的平均比率为10.5和8.25，在NCR期，持续性语言的平均比率为3.75和1.5。此外，在NCR期间，学生参与课程的时间百分比增加了。

摩尔、罗宾逊、科尔曼、西哈克和帕克(Moore, Robinson, Coleman, Cihak & Park, 2016)使用NCR来减少一名患有发育障碍的8岁男孩的破坏性行为，并增加任务投入。假设学生干扰行为的功能是逃避要求，在课堂上进行精细任务时，他表现出80%—90%的干扰行为间隔。在NCR干预中，学生首先选择一项自己喜欢的活动，比如荡秋千、骑滑板车或散步。然后，在6分钟的活动中，每隔2分钟休息结束时，老师指着所选活动的图片说："我获得了×个活动"，然后引导学生到隔壁房间进行3分钟的活动。作者写道："休息时间不取决于马克斯在工作时间的行为（即，休息时间是非偶发强化）"(Moore et al., 2016, 第649页)。破坏行为从基线期的85.5%和82.5%下降到NCR期的55.5%和61.5%。任务投入度从基准阶段的31%和28%提高到NCR阶段的73%和74%。

艾略特(Elliott)在社区

托尼(Toni)和杰克(Jake)的母亲要求把去商店的旅行纳入他们的社区指导。当他们带孩子去商店的时候，孩子们会从架子上拿东西扔到地板上，或者他们自己倒在地板上尖叫。第一次，当她和这两名学生一起去商店时，艾略特发现事情这确实发生了。她理解父母的沮丧和尴尬。作为替代行为，艾略特决定强化托尼在推着购物车走下过道时抱着购物车的行为，并强化杰克坐在轮椅上时抱着篮子的行为。当她谈到各种物品时，她会提供让学生从她举起的两个物品中找出正确的物品的机会，让他们选择"红色"盒子或"瓶子"或"小的"，然后引导他们把物品放在手推车或篮子里。一旦学生的行为一贯得体,托尼的母亲就被邀请去购物,看看这个过程是如何完成的。艾略特给杰克的母亲发了一封电子邮件,上面是她在一次购物旅行中拍的一段视频。

第二级:消退

学习成果 9.2　解释与消退相关的问题

与关注于提供强化的一级相比,二级,消退,则通过抑制或终止维持不适当目标行为的正强化来减少行为。这种突然的中断将导致行为的停止或消退。当维护的行为是适当的行为时,目标是防止消退。然而,许多不适当的行为也是通过正强化来维持的。当孩子哭的时候,父母给他们饼干或糖果可能会强化哭的行为。如果把饼干扣留,哭就会减少。

在课堂上,消退最常用于减少教师关注的行为。教师经常关注行为不当的学生,许多学生发现这种关注得到积极强化。即使关注采取批评、纠正或威胁的形式,这也可能是真的。有些学生的行为甚至可以通过叫喊和打屁股等极端手段得到积极的强化。

教师往往很难确定他们的注意力何时强化了不恰当的行为。因此,老师可能会发现让别人观察师生互动是有帮助的。这种方法一旦验证了教师的注意与学生的行为之间的关系,课堂上的消退往往以忽视不当行为的形式出现。教师放弃了先前给予的正强化(注意),不适当的行为就会抑制或消失(Burt & Pennington, 2017)。

忽视就是不加注意,这会减少由注意力维持的行为。但是其他功能的行为呢?考虑以下几种基于功能实现消退的方法:

表 9.1　实施跨越功能

挑战行为和功能	消退程序
由注意力维持的攻击行为	忽视:当攻击行为发生时,不要给予注意
由有形的强化物维持的掐	不提供有形的强化物:当掐行为发生时,不提供有形的强化物
通过逃避维持尖叫	阻止逃避:当尖叫发生时,不让逃避,换句话说,继续呈现任务
通过感官强化维持手口刺激	抑制感官强化:让学生戴上手套,这样当他用手捂住嘴时,就感觉不之前的感觉刺激

消退程序被用来减少各种问题行为的发生,包括破坏性行为(Amdorfer, Miltenberger, Woster, Rortved, & Gaffaney, 1994; Richman, Wacker, Asmus, Casey, & Andelman, 1999; Zimmerman & Zimmerman, 1962);淫秽语言(Meddaugh, 1985);发脾气(Carr & Newsom, 1985);厌食症(LaRue et al., 2011; Voulgarakis & Forte, 2015);睡眠障碍(France & Hudson, 1990);非学习行为(Hall, Lund, & Jackson, 1968);自伤行为(Tereshko & Sottolano, 2017);不服从(Cote, Thompson, & McKerchar, 2005; Iwata, Pace, Kalsher, Cowdery, & Cataldo, 1990; O'Reilly, Lancioni, & Taylor, 1999; Zarcone, Iwata, Mazaleski, & Smith, 1994)。消退也被用来增加一类行为中反应类型的多样性,例如增加交流手势的多样性(Duker & van Lent, 1991)和玩具游戏的多样性(Lalli, Zanolli, Wohn, 1994),要求类型的多样性(Grow, Kelley, Roane, & Shillingsburg, 2008),社会响应的多样性(Lee & Sturmey, 2014)。消退可以减少一个系列的两种行为。例如,"如果孩子有攻击性行为,包括抓胳膊和抓头发,如果用消退的方法来处理抓胳膊,抓头发的行为也可能会减少"(Kuhn, Lerman, Vomndran, & Addison, 2006, p. 276)。

消退通常与强化其他更合适的行为结合使用。以这种方式组合程序似乎可以加快消退速度。单独使用"消退"时,"几乎没有或根本没有建设性学习的证据。所学到的是某种行为不再提供预期的回报;净效应是行为体系的减少"(Gilbert, 1975, p. 28)。如果注意适当的行为,这就向学生表明教师的注意力(SR^1)仍然可用,但它是有选择性的。被忽视的不是学生,而是不恰当的行为。由于消退的副作用概述如下,最好的做法是结合消退用正强化程序的形式采用区别强化程序(见上文)。

"忽略它,它就会消失。他这样做只是为了引起别人的注意。"这是给老师最常见的建议之一。事实上,讨论消退比实施消退要容易得多。它会消失,但不一定会很快或很顺利地完成。无论"它"是什么,决定实施消退程序的教师应该仔细考虑以下几点。

延迟反应

消退的影响。

消退的影响通常不是立竿见影的。消退过程可能需要相当长的时间来减少行为。一旦停止强化,行为会持续一段不确定的时间(Ducharme & Van Houten, 1994; O'Reilly et al., 1999; Skinner, 1953)。当用间歇性强化程序维持行为时,这种称为消退抵抗性的特征尤其显着。学生经常寻找导致过去最终结果的强化物。平克斯顿(Pinkston)、里斯

(Reese)、勒布朗(LeBlanc)和贝尔(Baer)(1973)发现,学龄前儿童减少对同伴的攻击性行为的初始消退阶段,他们花了8天时间才将行为发生率从总同伴互动的28%降低到6%。在一项关于自伤行为影响的研究中,洛瓦斯(Lovaas)和西蒙斯(Simmons)(1969)报告说"约翰在戒烟前几乎打了自己9000次"(p.146)。然而,并非所有的自伤行为都能抵抗消退(Lerman & Iwata, 1996)。伊瓦特等(Iwata et al., 1990)进行功能分析后发现,在第5次15分钟的实验中,消退减少了自伤逃避行为。

增加行为发生频率

教师要先预期行为的频率、持续时间或强度会增加,然后才会出现行为显著减少(Watson, 1967)。换句话说,在情况好转之前,情况会变得更糟。这通常被称为突发行为(Lerman, Iwata, & Wallace, 1999; Zarcone et al., 1993)。在一个主题的评论中,洛瓦斯和西蒙斯(Lovaas & Simmons, 1969)说,"在这种强化下,Rick最终停止了自伤。但是自伤行为的减少并不是立即发生的,甚至在消退的初始阶段,情况就变得更糟了"(p.146)。关于另外两名研究对象约翰(John)和格雷格(Gregg),他们承认"自伤行为随着时间的推移呈现出非常缓慢的下降趋势,在消退的初期阶段尤其剧烈"(p.147)。图表9.3在洛瓦斯(Lovaas)和西蒙斯(Simmons)(1969)以及平克斯顿(Pinkston)等(1973)的图表数据中显示了这种现象。

一个常见的模式是,老师决定忽略一些不适当的行为,如大声喊叫。当学生发现之前强化的反应不再有效时,他就会开始大声疾呼。如果一段时间后,老师说:"哦,好吧,沃德,你想要什么?"教师在新的强度水平上强化了行为,可能会发现它仍然处于这一水平。一旦实施了消退过程,教师必须继续忽略行为的任何恶化。

控制注意力

对学生说"难道你看不出我在无视你吗?"是不理智的。当然,学生能看到的是老师并没有忽视她。即使是教师意识到错误行为的非语言暗示也足以防止消退。老师咬紧牙关,站得笔直,传达着对学生行为的持续关注。要掌握正确的调子需要大量的练习。我们发现做别的事情是有帮助的。

1. 和另一个学生保持密切的联系——也许是赞扬另一名没有目标行为的学生——"我喜欢你举手的方式,露,这是吸引我注意的正确方式。"

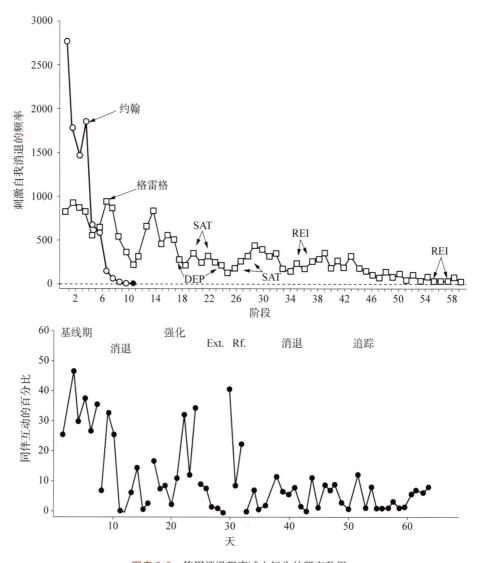

图表9.3 使用消退程序减少行为的研究数据

注（上图）：From "Manipulation of Self-Destruction in Three Retarded Children," by O. I. Lovaas & J. Q. Simmons, 1969, *Journal of Applied Behavior Analysis*. Copyright 1969 by the Society for the Experimental Analysis of Behavior, Inc. Reprinted by permission. *Note (bottom)*: From "Independent Control of a Preschool Child's Aggression and Peer Interaction by Contingent Teacher Attention," by E. M. Pinkston, N. M. Reese, J. M. LeBlanc, & D. M. Baer, 1973, *Journal of Applied Behavior Analysis*. Copyright 1973 by the Society for the Experimental Analysis of Behavior, Inc. Reprinted by permission.

2. 忙着读书或写作。
3. 默念史诗。
4. 携带一块石头或珠子。

5. 站在教室门外，踢墙一分钟。

我们在执行消退时使用的另一个准则是："你的行为不会改变我的行为。"也就是说，如果我走到门口，而你表现出了问题行为，我继续走到门口，你的行为并没有改变我的行为

消退诱发的攻击性

上一节中的最后一个建议与可能发生的另一种现象有关：学生在消退的早期阶段可能出现消退诱发的攻击行为（Azrin, Hutchinson, & Hake, 1966; Lerman & Iwata, 1996; Lerman et al., 1999）。实际上，在寻找以前可用的强化物时，学生会说，"你以为你可以忽视我，看我这招。"在消退的早期阶段发生的升级和攻击行为可以通过口渴的顾客和有缺陷的自动售货机之间的典型互动来说明。客户在机器中放入四个25美分硬币（之前的强化反应），并按下相应的按钮。当没有强化物时，客户再次按下按钮…再一次…而且更快…更加用力。在她的反应消失之前，她可能会对无生命的机器进行敲击或快速的踢踹，甚至试图把苏打水从中抖出来。事实上，据报道，滥用苏打自动售货机造成了相当数量的人身伤害。机器在摇摆或倾斜时会向前坠落到口渴的攻击者身上（Byrne, 1989; Spitz & Spitz, 1990）。

梅洛克(Medlock)平息了争论

朱迪(Judy)是梅洛克(Medlock)四年级班上的一名学生。每当梅洛克先生叫朱迪做事时，她总是和他争论。梅洛先生发现自己和他正进行这样的谈话：

"朱迪，开始学习吧。"

"我在学习，梅洛先生。"

"不，你不是，朱迪。你在浪费时间。"

"我准备好学习了。"

"我不想你准备了。我要你去做。"

"如果我没有准备好，你还指望我怎么学习？"

有一天，他意识到自己和一个9岁的孩子发生了幼稚的争吵，他的行为强化了朱迪的争吵。他决定消退这种行为。第二天，他说："朱迪，开始学习吧。"当朱迪开始争辩她在学习时，他走开了。

> 朱迪自言自语了一会儿,然后大声说:"我不会做这种傻事,你也不能强迫我。"梅洛克继续忽视她的抱怨。
>
> 艾米莉(Emily)举起了手。"梅洛先生,"她傻笑着说,"朱迪说她不去学习了。"
>
> 梅洛先生平静地说,"艾米莉,管好你自己。"
>
> "可是,梅洛克先生,你不能逼她。"艾米莉反驳道。
>
> 梅洛意识到,他唯一的做法就是也不要理会艾米莉的行为。他站起身来,开始在教室里走来走去,一边表扬正在学习的学生,一边提醒他们完成作业后要玩的数学游戏。不久艾米莉又回去学习了。然而,朱迪开始炫耀地用铅笔轻敲书桌。梅洛克继续与其他学生交流。朱迪终于耸了耸肩,开始做她的作业。她写了几分钟后,梅洛克先生漫不经心地走过去对她说:"干得好,朱迪。你已经把前两个题解对了,坚持下去。"
>
> 梅洛克突然想到,朱迪开始工作时的拖延可能是因为他的唠叨,如果他也不理会她的拖延,朱迪可能会更快地开始工作。

自发恢复

教师也可能期望消失的行为可能暂时重现,这种现象被称为自发恢复(Lerman & Iwata, 1996; Lerman, Kelley, Van Camp, & Roane, 1999; Skinner, 1953; Wathen & Podlesnik, 2018),可能在行为消退一段时间后发生。学生再试一次,看看消退规则是否仍然有效,或者是否与她接触的所有教师都有效。忽视这种行为的重新出现可以很快地终止它,但是如果不忽略它,可能会导致学生快速地重新学习。当使用功能性沟通训练来减少问题行为时,细化到对问题行为的间歇强化计划,可以降低问题行为自发恢复或"卷土重来"的可能性(Fisher, Greer, Fuhrman, Saini, & Simmons, 2018)。

他人的模仿或强化

老师忽视的行为可能会传播给其他同学。如果其他学生看到某个学生行为不良却没有受到惩罚,他们可能会模仿这个行为(Bandura, 1965)。这可能强化了这种行为。因此,许多学生可能会做出不良的行为,而不仅仅是一个,这使得这种行为很难被忽视。消退程序的使用依赖于教师终止对不当行为的强化刺激的能力。是执行消退程序最困难的一个方面。在教室里,最好的办法是通过老师(大喊大叫)或同学(大笑)的关注来强化这种行为。为了确定强化刺激,教师可能需要系统地测试几个疑点,试图一次消除一个潜在的强化因素(Hanley, Jin, Vanselow, & Hanratty, 2014; Iwata, Dorsey, Slifer, Bauman, and Richman, 1994)。

通常很难控制同伴带来的强化后果。帕特森(Patterson)(1965)曾成功地解决了这一问题,当目标学生不在离位、说话或打别人时,他强调了同伴不关注;所罗门(Solomon)和瓦勒(Wahler)(1973),他们选择了5个地位较高的同龄人,并训练他们如何使用消退和强化适当的行为;以及平克斯顿(Pinkston)等(1973),他们关注被侵犯的同伴,而侵略者被忽视。

泛化的局限性

虽然消退是有效的,但它显然也有局限性。也就是说,在消退不起作用的环境,这种行为也可能同样频繁发生。利伯曼(Liberman)、泰根(Teigen)、帕特森(Patterson)及贝克(Baker)(1973)报道没有对病房工作人员进行常规交流治疗的泛化。Lovaas 和 Simmons(1969)报告说,当消退只在某个环境中使用时,其他环境中的行为不会受到影响。在所有必要的环境条件下,可能需要程序消退(Ducharme & Van Houten, 1994)。

贝努瓦(Benoit)和迈尔(Mayer)(1974)在决定使用消退前提出了六个考虑因素,这里作为问题来指导教师的决策。

在实施消退程序之前要问自己的问题。
1. 根据情况(例如,是否具有攻击性?)和当前的发生频率,是否可以暂时容忍这种行为?
2. 这种行为的增加可以容忍吗?
3. 这种行为可能被模仿吗?
4. 是否知道强化物?
5. 是否抑制强化?
6. 是否确定了强化的替代行为?

感觉消退

社会后果,如教师的关注,并不总是维持行为的后果。"有些人做事情不是为了得到关注或表扬,而是仅仅因为做起来感觉很好或很有趣"(Rincover, 1981, p.1)。在这种情况下，感官后果而不是教师后果可能会维持这种行为。这似乎特别适用于某些刻板印象或自伤行为。一个学生的刻板的拍手可能是由行为产生的视觉输入维持的。一个学生的抓挠自伤行为可能是由该行为产生的触觉输入维持的。当确定感觉结果为行为的强化物时，可以采用感觉消退形式(Rincoer, 1981)。

感觉消退试图消除行为的自然发生的感觉后果。通过在学生的手臂上放置重物来减少手拍和头部击打，从而使行为更加有效，减少其频率，并使强化物退出(Hanley, Piazza, Keeney, Blackeley-Smith, & Worsdell, 1998; Rincover, 1981; Van Houten, 1993)。通过用重的凡士林覆盖被刮伤的区域，减少了自我刮伤，从而消除了行为的隐性后果。用厚织物覆盖别人的皮肤可以减少捏人(Saini, Greer, & Fisher, 2015)。将薄橡胶手套戴在手上可以减少面部划伤(Rincover & Devany, 1982)。要求学生佩戴手套或柔软的手臂束缚，以减少手捏(Irvin, Thompson, Turner, & Williams 1998; Mazaleski, Iwata, Rodgers, Vollimer, & Zarcone, 1994; Zhou, Golf, & Iwata, 2000)。通过在两个孩子的手指上粘贴绷带，减少了他们吮吸手指的次数(Ellingson, Milenberger, Stricker, Garlinghouse et al., 2000)。带有衬垫的头盔来减少拍打脸(Kuhn, DeLeon, Fisher, & Wilke, 1999)和撞头(Rincover & Devany, 1982)。护目镜已经被用来阻挡戳眼睛的感觉强化(Lalli, Livezey, & Kates, 1996)，就像当一个人的手靠近眼睛时，用手去阻止他的手一样(Smith, Russo, & Le, 1999)。如果对强化的感觉后果的识别不清楚，并且难以消除"许多常见的刻板反应中固有的所有感觉后果，如摇晃或拍手"(Aiken & Salzberg, 1984, p.298)，那么正确地使用感觉消退可能会出现困难。

特鲁曼(Troutman)的弱点

特鲁曼是一名教师，也是一名家长，学校的工作结束后，她去托儿所接孩子。她两岁的儿子总是一到家就要一份 p-bo-jelly。她总是解释说快到吃花生酱和果冻三明治的时间了。孩子总是跌倒在地板上尖叫，她忽视了他。这种模式每天都在重复，经常重复几次。一天下午，她7岁的女儿在一片尖叫声中解释说，当特鲁曼在学校度过特别辛苦的一天时，偶尔她会给男孩准备一个三明治，避免他发脾气，这就是他为什么不停地问和尖叫的原因。尽管不是很客气，特鲁曼不得不承认这个初出茅庐的行为主义者的分析是正确的。

一组研究人员通过操纵已知的强化程序来研究消退的使用。在第八章中，我们注意到，一旦新的行为形成，我们就从连续的强化程序转移到间歇的强化程序，这样行为就会变得更加难以消退(Ferster & Skinner, 1957)。研究人员想知道，如果连续不断地进行强化，然后撤回强化，偶尔(间歇)强化所维持的不当行为是否会变得更容易消退。

尼斯沃思、亨特、盖洛普和纳德尔(Neisworth, Hunt, Gallop, & Nadle)(1985)调查了两名19岁的重度智力障碍学生进行这项治疗的效果。一名学生刻板的用手拍打，另一名学生刻板的用手指拍打。在连续强化阶段，每次参与者做出目标行为时，实施者都会提供强化物。当然，在 EXT 阶段中，强化物对参与者无效果"(第 105 页)。对于这两名学生，他们的刻板行为被降低到接近零的水平。在为期两周的随访中，其中一名学生的情况仍然如此，而另一名学生的行为则恢复到了基线水平。正如作者所指出的，尽管对行为的影响"接近教科书插图和实验室演示"(第 111 页)，这是一个初步研究。此外，提高行为率的必要性使得选择合适的目标行为成为一个伦理问题。然而，麦克唐纳、阿亨、帕里-克鲁维斯、班克罗夫特和杜贝(MacDonald, Ahearn, Parry-Cruwys, Bancroft & Dube, 2013)在四个自闭症患儿中发现，当 EXT 位于 CRF 前时，其反应高于 EXT 位于进行间歇性强化(INT)前时。这支持了行为动量理论，即强化率越高，行为持续的时间就越长(Nevin & Grace, 2000)。然而，很难确定是 CRF 还是 INT 导致更持久的行为和对消退的更抵抗。

有时，间歇性的强化会维持不适当的行为。老师或父母在偶尔的软弱时刻强化了一种行为，学生或孩子可能会永远保持这种行为。

惩罚

强化体系中剩下的两个级别，第三和第四级，包含了减少行为的惩罚。正如术语强化物的情况一样，我们使用术语进行定义。惩罚是随之而来的刺激(S^p)

1. 降低未来行为发生率。
2. 对不良或不适当行为的产生进行管理。
3. 在产生不希望的或不适当的行为后立即施用。

必须清楚地理解，在此上下文中使用的惩罚和惩罚物术语是在功能上的定义。任何刺激都可以被贴上惩罚物的标签，如果它的偶然使用导致目标行为的减少。惩罚物，就像强化物一样只能通过对行为的影响而不是对随后刺激的性质的影响来识别。例如，如果一个父亲因为儿子扔玩具而打他，而儿子停止扔玩具，那么打屁股就是一个惩罚。如果儿子继续扔玩具，那么打屁股就不是惩罚。如果学生每次大声说话，老师会把她的游戏时间减少1分钟或者拿走一些代币,这就会导致说话行为减少或停止,结果就是惩罚。如果这种行为继续下去,结果就不是惩罚。同样,这是从功能角度定义惩罚。

像强化物一样,惩罚物也可能是自然发生的现象。惩罚物并不仅仅是恶意的行为主义者为了将他们的意志强加于学生而设计的。考虑下面的例子并给惩罚贴上标签:

珍妮(Jeannie)蹒跚地走进厨房,她父亲正在做饭。父亲转过身来,珍妮伸手摸了摸炉子前的炖锅。她抽泣着把手抽开,然后避免碰炉子。

特蕾莎(Theresa)很快就完成了她的数学作业。她骄傲地举起手告诉老师这个事实,老师给她布置了额外10道习题。第二天,特蕾莎工作得更慢了,没能在数学课结束前完成作业。

盖理(Gary)是一个有特殊需要的学生,将参加一个普通班的阅读课。在他上约翰斯顿老师四年级阅读课的第一天,他结结巴巴地读了一段口语。其他学生嘲笑他,他随后拒绝离开特殊班,不去四年级班级。

布莱斯老师教学第一年,她决定在初中的社会研究课上使用表扬。她用热情洋溢的赞美和一张笑脸贴纸来迎接每一位准时到达的学生。第二天没有一个学生准时到达。

第三级:移除期望刺激

学习成果9.3 识别与移除期望刺激相关的行为减少策略类型

反应代价程序

为了减少行为而移除强化物时,就会产生反应代价。反应代价指的是在个体不良行为发生之后个体要损失一定数目的强化物从而使问题行为的发生率减少的一种惩罚方式。正如这一定义所暗示的,"必须提供可用的正强化,以便为……撤回强化物"(Azrin & Holz, 1966, p.392)。如果使用反应代价程序的经验结果是期望的行为减少,撤回强化功能作为惩罚。

反应代价可以被看作是一种平衡罚款的系统,这是一个常见的事件。作为一种行为控制和资金筹集的手段,城市政府对预先设定的不当行为有一整套罚款制度。我们公民拥有强化池-我们赚取的美元钞票。市政府根据乱丢垃圾、在停车场停留太久、超速行驶等不当行为撤销了具体数量的此类强化措施。同样地,麦克斯威尼(McSweeny)(1978)报告说,在辛辛那提进行的目录辅助电话呼叫的数量在这些呼叫收费后显著减少。马霍林和盖理(Marholin & Gray)(1976)发现,当从员工的工资中扣除现金短缺时,短缺的规模会急剧减小。

代币制可包含反应代价程序。如果老师告诉学生,他们正确解答10道数学题,就会得到一个代币,那么老师就在使用代币制。另一方面,如果老师给每个学生发10个代币,并告诉他们,对于他们错误解决的每个问题,一个代币将被"收回",那么老师就采用了反应代价程序。在实践中,与代币制结合使用时反应代价程序是最常用的且最有效的(Jowett, Hirst, Dozier, & Payne, 2016; Laprime & Dittrich, 2014)。在这样一种组合形式中,学生同时获得强化物池,并因不当行为而失去这些强化物,学生可以不断地获得进一步的强化。

在课堂上,反应代价程序已被证明可有效减少各种行为,通常不会产生与惩罚相关的副作用。它们已经被用来改变诸如尖叫、声音刻板印象(即脚本)和其他不适当的发声、运动刻板印象(例如,扭手指、物体操作、耳朵游戏)、抛出物体,以及破坏行为(例如,Conyers 等, 2004; Falcomata, Roane, Hovanetz, Kettering, & Keeney, 2004; McNamara & Cividini, 2019; Nolan & Filter, 2012; Watkins & Rapp, 2014)。

它们还被用来提高学习成绩,如完成数学问题(Iwata & Bailey, 1974)和社区环境中的职业培训活动(Rusch, Connis, & Sowers, 1978)。反应代价应急机制由成年人和同龄人共同实施(Dougherty et al., 1985),用于协调学校和家庭之间的关系(Kelley & McCain, 1995)。这一程序已被用于管理学生群体以及个人(Mowrer & Conley, 1987; Salend & Kovalich, 1981)。为了减少声音和运动刻板印象,反应成本与其他干预措施相结合,如反应中断和重定向(McNamara & Cividini, 2019),区别强化和社会故事(Laprime & Dittrich, 2014),以及环境强化(Watkins & Rapp, 2014)。

乔维特·赫斯特(Jowett Hirst 等,2016)评估了典型发育中的学龄前儿童群体和个体两种形式的反应成本。当孩子们坐下来接受指导时,研究人员向他们展示了一个标记板,上面有10个代币,并解释说,如果他们离开座位或没有完成工作,他们就会丢失一个代币。他们还解释说,代币可以兑换奖品,如果所有代币都丢失了,就没有奖品了。与基线条件相比,这种干预增加了工作行为,并且几乎与用代币对工作行为的不同强化一样有效。有趣的是,当研究人员让孩子们在反应成本和区别强化之间选择时,更多的孩子选择了反应成本。

反应代价的问题。

在使用反应代价程序时,有一些实际的注意事项。首先,教师必须有能力撤回已给予的强化。尝试使用可食用型初级强化物的反应代价可能是不明智的。如果在一个学生的课桌上放了一杯糖果,而这杯糖果将被随机收回,那么他很可能会立即把所有的糖果都吃掉,这是他的第一个不恰当的行为。在中学教室里,瘦小的年轻教师走到足球场上,宣布他要退还 5 个代币,他可能会发现学生的回答是"在猪眼里"(或类似的意思)。在这种情况下最好使用积分,这些积分可以在不被物理上重新收回的情况下撤回。还必须仔细考虑强度的大小——撤销的代币数量或积分数。研究提出了各种建议,例如,布尔查得(Burchard)和巴雷拉(Barrera)(1972)使用严重罚款,而西格尔(Siegel)、伦斯克(Lenske)和波昂(Broen)(1969)使用轻度罚款;两者都取得了良好的效果。要记住的一个重要点是,严重的罚款可能会使代币一文不值。如果学生知道一天的工作可以被罚款抵消,他们就不太可能努力学习。

当撤销所有的强化物时,可能会发生另一些问题。以代课老师为例,他被分配到一个九年级的补习班。除了她临时收费的教育福利,她脑海中最重要的想法就是安然无恙地度过午餐时间。当学生们进入教室时,她宣布,如果他们在上午合作并努力学习,将给他们 30 分钟的自由时间。如果她对任何行为不端的学生扣罚 5 分钟,到上午 10 点,学生们可能就没有多少空闲时间了。一旦强化系统在这一程度上被削弱,学生的良好表现所涉及的能量远远超过了强化的剩余量。

与所有管理系统一样,当使用反应代价时,学生必须清楚地理解行为规则和违规的惩罚。清晰的理解可以避免在行为不端的时候进行冗长的谈话,这时老师应该只描述违规行为并精确地罚款。

在选择反应代价前,教师应回答以下问题:

制作反应代价程序指南。

1. 是否考虑过更积极的措施,如区别强化?
2. 学生目前是否有或有机会获得一系列的强化物?
3. 是否对恰当行为的规则和违规的结果(罚款)有明确的解释和理解?
4. 罚款金额与每一个不当行为的比例是否经过深思熟虑?
5. 强化物能被收回吗?
6. 是否将适当的行为强化与使用反应代价结合?

反应代价优惠券

为了使 6 岁和 7 岁学生的反应成本体系更加具体,卡拉巴什决定使用图片券作为代币。在离开教室进入社区之前,四个孩子每人得到五张优惠券,放在腰包里。其中四张优惠券上有一张可以在旅途中买到的物品的照片(软饮料、酸奶筒、公共汽车座位的照片,这意味着他们可以选择坐在哪里;以及他们可以在哪里买东西的商店的照片)。第五张优惠券上有一张他们回到课堂后可以选择的活动图片(拼图、iPod)。如果他们在旅途中行为不当,老师就把其中一张优惠券拿走了。

图表9.4 隔离的分类

隔离程序	
非排除式隔离	排除式隔离程序
学生留在教学/活动区域。	将学生移出教学/活动区域。
• 环境操作 • 隔离丝带 • 旁边观看 • 视觉筛选	• 将其排除在房间内其他地方或远离活动区域 • 单独的隔离房间

强化暂停程序

强化暂停程序,是指当个体表现出某种不良行为时,即时撤除其正在享用的强化物以阻止或消除某种不良行为的出现,或者把个体转移到正强化物较少的情境中去。强化暂停是"暂停"一词的缩写形式,源于正强化。在使用强化暂停程序之前,教师必须确保适当行为的强化结果在课堂上是可用的。这是暂停的一个关键且经常被忽视的方面;如果在课堂上没有积极的强化,暂停是没有用的。强化暂停程序可根据拒绝获得强化物的方法进行分类(图表9.4)。当使用非排除式隔离程序时,学生将留在教学区域。当使用排除隔离程序时,将学生从教学区域中移出。

非排除式隔离 在非排除式隔离中,不将学生从教学环境中移除;相反,教师通过临时控制环境,拒绝让学生获得强化物。教师在遇到一般性的、轻微的干扰时,会以常见的形式使用这个程序。根据一个具有挑战性的行为,他们可能会告诉学生把他们的头放在桌子上,坐在教室的一个铺着地毯的角落,或坐在操场周围的椅子上(Donaldson & Vollmer, 2012; Donaldson, Vollmer, Yakich, & Van Camp, 2013; Higgins et al., 2001)。

如果在教学过程中,学生开始不适当的行为,老师可以根据不适当的行为,在短时间内移除材料(例如,餐具、数薯片、青蛙和解剖工具)、她自己和她的注意力。同样,强化暂停也可以通过在空闲时间关掉录音机来实现,当游戏失控时,或者当学生离开座位时关掉校车上的收音机(Ritschl, Mongrella, & Presbie, 1972)。如果问题发生在学生上公交车的时候,老师可以通过停止所有的口头提示和社会关注,并从视线中移除任何为适当步行上公交车而提供的强化,让学生处于非排除式隔离中(Huguenin, 1993)。杜普伊斯、勒曼、察米和夏尔曼(Dupuis, Lerman, Tsami, & Shireman, 2015)研究了一名患有自闭症和脆性X染色体综合征的6岁男孩,他会通过攻击来逃避某些噪音和歌曲。他们通过播放声音来减少攻击性,同时提供他喜欢的食物;如果发生攻击,歌声和食物停止30秒。这导致了侵略行为的减少。

非排除式隔离的一种常见报告形式是使用隔离带状模型(Kostewicz, 2010)。该程序已用于个别学生(Alberto, Heflin, & Andrews 2002; Fee, Matson, & Manikam, 1990; Huguenin & Mulick, 1981; McKeegan, Estill, & Campbell, 1984; Salend & Maragulia, 1983)和学生群体(Foxx & Shapiro 1978; Salend & Gordon, 1987)。在一次小组课上,福克斯和夏皮罗让学生们系上一条丝带,同时举止得体。一个学生的丝带会因任何不当行为而被摘掉。这一摘掉标志着教师不再关注学生,学生不再参与活动,3分钟不使用强化。在以社区为基础的教学中,阿尔贝托(Alberto)等让学生戴上运动腕带。由于行为不当,腕带被摘掉了。当学生不戴腕带时,他们被要求待在老师旁边,没有任务要做。老师既没有和他说话,他也没有得到社会的关注,如果定期发放代币,这个学生就得不到代币。

各种各样的隔离"带"已被使用,包括实际的缎带、徽章、皮带环、皮鞋扣,以及带有笑脸贴纸的腕带。在亚当斯(Adams)、马丁(Martin)和波佩尔卡(Popelka)(1971)的一项研究中,一个不当行为促使老师打开录音。虽然音调是可以听到的,但学生却无法获得强化物。在代币制生效的教室里,将学生的记分卡取到指定的分钟数,在一段时间进行隔离。

另一种形式的非排斥式隔离是临时观察,它涉及将学生移动到活动的边缘,以便他们仍然可以观察其他学生的适当行为及其强化。巴顿、布鲁尔、雷普(Barton, Brulle, & Repp, 1987)对两名重度障碍小学生进行临时观察。当学生表现不佳时,他们会被移到离小组较远的地方,但可以观察课堂活动。并不是每个行为都导致临时观察。在给定的时间间隔内允许预先指定的次数。只有当不当行为的次数超过最大值时才使用隔离。这种程序类似于用于DRL的程序。怀特(White)和贝利(Bailey)(1990)在体育课上使用了他们所说的"坐着看"的程序,这些体育课由典型的四年级学生和有严重行为问题的学生组成。在"坐下看"的过程中,老师将该学生从活动中移除,并解释了他被移除的原因。学生拿起一个蛋型沙漏定时器,走到一个远离其他学生的地方,坐在地上,把定时器翻过来。他在"坐着看"了大约 3 分钟,直到所有的沙子都流到了计时器的另一端。然后允许该学生重新加入这个班级。在老师的要求下,一些学生可以以失去特权的形式获得备份程序。特怀曼、约翰逊、布依和纳尔逊(Twyman, Johnson, Buie, & Nelson, 1994)描述了一系列更为严格的临时观察法,这些方法用于对员工或同事的声音或身体不尊重、不顺从、任务外、区域外或与情绪或行为障碍的小学生交谈。学生们呆在书桌、椅子、地板、靠墙的地方,或者只是站着。在每种情况下,学生都被要求保持"适当的手和脚",并保持头夹在胳膊之间。"虽然所要求的姿势降低了视觉观察的可能性,但学生能够听到群体的活动和传递给他人的强化"(第 247 页)。(注:使用这一程序的研究发现,在临时观察期间,如果警告学生可能因不当行为而扣分,会导致教职员工与学生之间的负面互动增加。)

排除式隔离 排除式隔离指的是将表现不良行为的个体带离强化区域,但是不离开活动的房间或者区域,即通过带离的方式在一段时间内暂停对个体的强化,以停止或者减少个体不良行为。强化行为的观察和后续建模(与临时观察一样)不是这个程序的组成部分。将学生带至房间的某个角落或者远离活动区域的某把椅子上。这个程序已经用于表现出攻击性和破坏性行为、发脾气和不服从的学生上(LeBlanc & Matson, 1995; Luiselli, 1996; Reitman & Drabman, 1999; Roberts, 1988)。贝尔(Baer)、罗布里(Rowbury)和贝尔(Baer)(1973)使用了这种排除的另一种形式。当一名学生在她获得代币的活动中行为不端时,将她放置在房间中间,远离工作活动,从而无法获得代币。在其他形式中,当一名学生表现出攻击性行为时,将他转移到游戏区外的椅子上。老师站在他旁边,直到他安静地坐了 5 秒钟。在隔离区,学生被要求执行一个不喜欢的任务,然后才被允许回到游戏区。增加这一任务的目的是降低教师在隔离中注意力的潜在强化价值(Richman et al., 1997)。

科佩奇和梅恩德尔(Coppage & Meindl, 2017)对两名患有自闭谱系障碍的女孩(7 岁和 10 岁)进行了额外的暂停。以前以强化为基础的干预并不成功。当学生在做作业或涂色时,研究人员录下了他们发脾气的视频,并没有对发脾气后的后果做出说明。活动结束 15 分钟后,学生被带进会议室,并被要求观看一段关于她发脾气的 1 分钟视频。在看完视频后,研究人员说,"现在暂停",并让学生坐在椅子上面对墙壁 3 到 5 分钟。这种"延迟的暂停"将发脾气的时间从基准的 40%—80% 减少到 0—20%。当老师不能把学生带到暂停区,因为他或她正在进行破坏或攻击行为时,延迟暂停可能是有用的。

现在的公立学校,一种不常使用的排除隔离程序是与使用隔离教室相关联的隔离。这一过程包括将学生从教室转移到一个确定为完全社会隔离的房间,具体取决于学生的不当行为。在这样一个房间里，教师、同学或教室环境和材料的所有潜在强化物都被禁止进入。这种程序有时被称为脱离式隔离。这个程序被保留用于身体攻击和破坏财产等行为(Costenbader & Reading-Brown, 1995; Vegas, Jenson, & Kircher, 2007)。

不幸的是，隔离教室经常被严重滥用或管理不当。因此，它们的使用一直是负面宣传和诉讼的主题(Cole v. Greenfield-Central Community Schools, 1986; Dickens v. Johnson County Board of Education, 1987; Hayes v. Unified School District No. 377, 1989; Honig v. Doe, 1988)。使用"隔离室"策略并不是老师一个人能做出的决定。IEP或行为管理委员会将讨论先前的行为管理尝试和隔离室程序的使用细节，并需要获得适当的人（包括家长）的知情许可。在讨论可能使用隔离室策略时，个人应参考学区的政策和程序，以及可用的专业文献，如国际行为分析协会关于约束和隔离的立场声明(Vollmer et al., 2011)。这一声明的三个指导原则是："被服务的个人的福利是最优先的"、"个人（和父母或监护人）有选择的权利"和"最小限制原则"(p.104)。换句话说，学校必须确保学生的安全，家长/监护人应该参与限制性干预（包括提供知情同意），专业人员只有在排除了较少限制性的方法时才应该使用限制性措施。

我们许多人都记得，老师经常把学生放在大厅里，试图改变他们的行为。萨顿在下面的小插曲中尝试了这一点。

萨顿尝试隔离

在一次艾伦打人时候，萨顿对他说，"艾伦，你打了别人。你必须隔离。"她让他坐在大厅里的椅子上，然后回去教阅读。在课程结束时，大约一个小时后，她去找他。他回到教室，还没来得及坐到座位上就打了伊莱恩。他又一次隔离到大厅。这个模式整个上午都在重复。

艾伦大部分时间都在大厅里，剩下时间都在打人。萨顿的结论是，隔离是一种无效的程序。那天晚些时候，她听到艾伦对伊莱恩说："嘿，我把这一切都弄清楚了。如果我打了你，我就得坐在大厅里。我不需要学习了，我可以和大厅里所有的人说话。校长甚至过来问我做了什么。天哪，我告诉他了吗？"

萨顿是一名二年级教师，她读了关于隔离的书。她决定用它来教亚伦不要打其他学生，并得出结论，她教室外的大厅将是一个很好的隔离区。

"我不明白,教授。隔离不起任何作用。"

如果课堂上没有正强化,如果学生在隔离期间逃避任务,或者如果在隔离期间有强化结果,隔离将无效。

隔离无效的影响因素。

第四级:厌恶刺激的呈现

学习成果 9.4 识别与厌恶刺激呈现相关的行为减少策略类型

是什么如此吸引家长和老师对不适当行为施加不利后果。

由于不适当的行为而呈现出的厌恶性刺激,在通常的用法中,称为惩罚。老师们几乎是反射性地来使用这种惩罚方式的。也许是因为许多人在家里和学校里都受到了训诫,被人大喊大叫或打人,所以他们学会了通过大喊大叫和打人来处理他人的不当行为,尤其是当对手体型较小时。从更实用的角度来看,这种惩罚形式经常被使用,因为它有三个强大的优势。首先,厌恶性刺激的使用可以迅速阻止行为的发生,并产生一些长期的影响(Azrin, 1960)。发脾气的孩子突然被打了,转身可能会立即停止;两个在教室后面闲聊的学生听到老师对他们大喊大叫就会停下来。第二,厌恶性刺激的使用通过提供可接受和不可接受行为之间或安全与危险行为之间的明确区分来促进学习(Marshall, 1965)。学生因随地吐痰而被扇耳光,因自残行为而受到轻微的手臂电击,或在冲过马路时被汽车撞到,这些行为都是不恰当的。第三,学生不当行为后的厌恶后果生动地向其他学生说明了从事该行为的结果,因此倾向于降低其他人从事该行为的可能性(Bandura, 1965)。

在列出这些优点的同时,我们不建议将令人厌恶的后果(尤其是身体接触),作为课堂、家庭或机构中的日常管理程序。我们只是承认它们的使用所产生的行为影响。只有在以下情况下,身体或其他强烈的令人厌恶的后果才是合理的。最极端的不当行为,只有在安全受到威胁或长期存在严重行为问题的情况下才适用。只有在考虑了适当的安全和程序指南之后，才应该使用令人厌恶的后果。指导原则应至少包括：

1. 证明并记录了改变目标行为的其他非厌恶性程序的失败（Verriden & Roscoe, 2019）；

2. 通过正当的程序并保证学生父母或法定监护人随时撤回同意书的权利，获得学生父母或法定监护人的书面同意（Vollmer et al., 2011）；

3. 由有资格的专业人员组成的指定机构决定实施令人厌恶的程序；

4. 预先安排的审查程序有效性和尽快中止程序的时间表；

5. 定期观察，确保工作人员对程序的持续可靠管理；

6. 记录该程序的有效性，以及有助于提高教学的证据；

7. 仅由指定的工作人员执行程序（工作人员应在程序中获得指导，审查已公布的程序使用方面的研究，并熟悉程序特定指南和可能的负面影响）；

8. 在任何可能的情况下，作为使用厌恶刺激的程序的一部分，对不相容行为的积极强化。

克拉斯纳（Krasner）(1976)指出了有效性和可接受性之间的一个重要区别。问题不在于令人厌恶的程序是否有效，而在于家长、公众和许多专业人士是否接受这些程序。涉及令人厌恶的后果的技术引起许多人的关注，这是可以理解的。一些专业人士认为，令人反感的技巧总是不合适的。另一些人认为，如果实施了适当的保障措施，在发生自残行为的情况下，使用它们是可以接受的。然而，令人怀疑的是，这种极端的措施能否甚至应该被接受为常规的课堂管理程序。

教授有似曾相识的感觉

格伦迪夫人曾无数次询问教授狗的服从训练。她发现奥特蒂斯小姐在一家有执照的狗狗俱乐部教书，并与伯鲁斯和教授签订了为期8周的系列课程。因此，一个星期一的晚上，教授和狗站在一家老式的便利店里，里面的固定装置被换成了绿色橡胶垫。沿着墙，有几把破旧的草坪椅，它们与训练场之间隔着一扇像婴儿门的洞。

奥特提斯小姐做了自我介绍，开始告诉大家一些基本的学校规则——狗狗们应该被带到哪里去解手，以及补课的程序。她强调每个主人都必须控制自己的狗，并与其他狗保持至少6英尺的距离。教授旁边那只活跃的棕色大狗继续观察伯罗斯,并拉住他的主人。教练要求主人控制她的狗,并继续介绍。

"我们会用很多表扬和奖励来帮助我们的狗狗学习。在操作性条件反射(教授开始密切关注)中,我们称之为正强化。操作性条件反射是一种最新的、最现代的犬类训练方法。学习并不难,我是来帮助你的。当狗行为不当时,我们也会采取纠正措施。您将了解为什么两者都是必要的,以及如何有效地使用它们。我们还将使用线索、信号和提示以及形状。别担心这些新术语,你会明白的。"(教授全神贯注地听着。)这只棕色的大狗完成了对伯罗斯的观察,扑向教授。奥特蒂斯小姐平静地说:"这是一个绝佳的机会来证明自己的纠正。"她轻快地走到那个牵着棕色大狗的女人跟前,从她身上取下皮带。当那只狗又开始扑向教授时,她按响了一声"关",拆下了皮带。狗把四只脚都放在地板上,疑惑地看着教练。"好狗,"她笑着说。

"你看,"奥特蒂斯小姐说,"这条狗的行为不得体。我拉紧皮带,让他的项圈压在脖子上,他停止了跳跃。很快我们就会教它坐着,这样它就知道该做什么,而不是嗅来嗅去,围着人和其他狗跳来跳去。

狗的主人挺直了身子。

"我很震惊,"她生气地说,"我一直在看一些最著名的训狗师的录像,他们说你永远不应该纠正狗。这是不人道的,会破坏你和他的关系。你可以做所有你需要的训练,只需要表扬和款待。你虐待了我的狗。我现在就要走了,我想要回我的钱。"

这位教授突然想起了他最近在一次专业会议上目睹的一场对峙。"太棒了,"他自言自语道。"同样的问题和同样的愤怒。"

厌恶刺激的类型

厌恶刺激可分为两类:无条件厌恶刺激和条件厌恶刺激。无条件的厌恶刺激导致身体疼痛或不适。这类刺激包括任何引起疼痛的自然发生的后果,如接触热火炉,或人为的后果,如划水。因为这些刺激会立即产生行为变化,而不需要任何以前的经验,他们也可以被称为普遍的、自然的、或不科学的惩罚。无条件的厌恶刺激也包括导致烦恼、不适或刺激的后果。这些令人厌恶的后果包括大声或严厉的口头纠正、使用药物和使用身体控制。这些结果不适合在课堂上使用。在我们理解基于行为功能而不是简单的情况的干预措施的有效性之前，这些干预措施有时被认为是处理非常具有挑战性的行为所必需的。有时使用的物质包括将细雾状的水对准一个进行各种严重自伤的人，并将柠檬汁放在一个进行反刍或异食的人的舌头上（例如，Apolito & Sulzer-Azaroff，1981；Bailey，Pokrzywinski，& Bryant，1983；Becker，Turner，& Sajwaj，1978；Dorsey，Iwata，Ong，& McSween，1980；Mayhew & Harris，1979）。物理控制包括需要直接物理干预来抑制目标行为。其中两种方法是临时运动和固定或身体约束。临时运动要求学生参与一些不相关的体育活动，如俯卧撑、深膝盖弯曲或跑圈，作为目标行为的结果。该程序用于自我伤害和攻击行为（例如，DeCatanzaro & Baldwin，1978；Luce，Delquadri，& Hall，1980；Kern，Koegel，& Dunlap，1984）。

像反刍和异食癖这样的严重具有挑战性的行为往往与感官功能有关，它们很难减少，因此研究人员采取了惩罚措施。德罗莎、罗恩、毕晓普和西尔科夫斯基（DeRosa，Roane，Bishop，& Silkowski，2016）在治疗一名患有自闭症和其他医学诊断的18岁男子的反刍时发现，免费提供食物（非偶然强化）从基线水平降低了反刍，但没有降到零水平。研究人员会见了学生的母亲，问她哪种惩罚方式会让她感到舒服，比如提篮子、暂停、临时运动和放下手。他们选择的程序是一个面部遮挡（FS），治疗师站在达内尔身后，轻轻地将一只手放在他的眼睛上，而治疗师用她的另一只手臂阻止试图去除 FS"（p.682）。这一过程持续了30秒，然后减少到10秒，并导致零水平或接近零水平的反刍。米特尔、罗姆尼、格里尔和费舍尔（Mitteer，Romani，Greer，& Fisher，2015）也使用了面部遮挡结合DRA来减少一名患有自闭症谱系障碍的6岁女孩的异动癖和财产破坏。

身体约束主要用于自我伤害行为（例如，Matson & Keyes，1988；Pace，Iwata，Edwards，& McCosh，1986）。哈里斯（Harris，1996）讨论了三类约束：个人约束、机械约束和自我约束。个人约束是指一个人对另一个人施加力量或压力而抑制其行动。这可能包括将学生的手放在身体两侧，给学生的肩膀施加压力，或者用一个拥抱或"抱篮"固定。如果身体上的约束是必要的，大多数教育者都同意，坐在椅子上的个人约束比在地板上的个人约束更容易被接受（McDonnell & Sturmey，2000）。机械约束包括使用诸如手臂夹板或合适的衣服等装置（DeRosa，Roane，Wilson，Novak，& Silkowski，2015；Morgan，Wilder，Podlesnik，& Kelley，2017）。自我约束包括个人用来限制自己运动的行为，例如将手放在口袋里或裤腰里，将手臂裹在衣服里，以及自我使用机械约束（例如 Banda，McAfee，& Hart，2012；Kerth，Progar，& Morales，2009；Powers，Roane，& Kelley，2007；Richards，Davies，& Oliver，2017；Rooker & Roscoe，2005；Scheithauer，O'Connor，& Toby，2015）。

施洛斯(Schloss)和史密斯(Smith)(1987)以及路易塞利、斯佩里和德雷珀(Luiselli, Sperry, & Draper(2015)提出了使用身体约束的某些限制：

1. 身体上的约束"通常是剧烈的,情绪化的,难以维持的"(Luiselli et al., p.170)。
2. 约束不包括对另一种行为的强化。
3. 不适当的行为可以通过人工约束得到加强,从而增加未来发生的可能性。
4. 一旦学生了解到他的身体将无法做出反应,他很可能会加大努力去做出反应。
5. 实施可能会对学生或老师造成伤害。
6. 需要持续的训练来适当地实施克制。

一般来说,使用身体约束,尤其是在学校,是非常有争议的,因为它会对学生造成伤害,损害学生的尊严和有效治疗的权利(Cooper, Heron, & Heward, 2020; Graber & Graber, 2018; Vollmer et al., 2011)。事实上,关于减少约束和隔离的联邦立法已经被提交到美国国会,例如,2009年众议院通过了题为《防止学校有害约束和隔离法案》(H. R. 4247),2011年参议院通过了题为《通过禁止行为取得成就法案》(S. 3373; Gagnon, Mattingly, & Connelly, 2017)。这些法案没有被投票通过成为法律,但27个州和哥伦比亚特区有法律或政策规范在学校使用隔离和约束,其他州有地方层面的政策。虽然社会的目标是减少学校中的隔离和约束,但在最严重的情况下,这些程序是必要的和适当的,因为它们可以增加安全性并减少未来行为的可能性(Vollmer et al., 2011)。一个多学科团队,在父母/监护人的加入和同意下,可以制定一种包括约束的行为干预,以及必须：(1)纳入基于强化的程序,(2)基于功能性行为评估,(3)通过客观结果数据进行评估,(4)与科学文献和当前最佳实践相一致(Vollmer et al., 2011, p.105)。使用隔离暂停也有相同的指导原则,但是简洁一些。

条件厌恶刺激是指个体通过与非条件厌恶刺激配对而学习体验到的厌恶刺激。本类包括单词和警告、语音或手势等后果。例如,一个孩子可能经历过被骂和被打。因此,大喊大叫可能已经成为一种条件反射性厌恶刺激,因为经验已经向学生证明,大喊大叫与疼痛有关。与条件厌恶刺激相关的疼痛也可能是心理的疼痛或社交上的不适,通常表现为来自同伴的尴尬或嘲笑。

口头训斥(叫喊或责骂)是课堂上最常见的条件厌恶刺激形式(Hodges, Wilder, & Ertel, 2018; Thomas, Presland, Grant, & Glynn, 1978; White, 1975; Wilder & Neve, 2018)。这可能是由于两个直接的结果。首先,大喊大叫或责骂往往会立即(如果是暂时的)制止学生参与的破坏性行为；其次,它为教师提供了负面强化,因为他已经结束了一个破坏性事件,并认为自己是一个多么好的行为管理者(Alber & Heward, 2000; Miller,

Lerman, & Fritz, 2010)。对口头训斥的研究确定了影响训诫有效性的因素,比如直接眼神交流和"紧紧抓住",一次而不是重复的训斥,以及在学生旁边而不是在教室另一头的训斥。事实上,只有被训斥的学生才能听到的安静的训斥可能和全班同学听到的大声的"不"一样有效(O'Leary, Kaufman, Kass, & Drabman, 1970; Van Houten, Nau, Mackenzie-Keating, Sameoto, & Colavecchia, 1982)。口头训斥学生可能会立即制止这种行为,但也可能导致行为恶化。考虑到这种可能性,梅斯、普拉特、普拉格和普里查德(Mace, Pratt, Prager, & Pritchard, 2011)描述了三种对学生说"不"的方式,在这种情况下,学生想要使用电脑玩游戏。他们提供了三个例子:(1)拒绝请求的活动,说"不",然后为拒绝提供一个解释,例如,"你现在不能使用电脑;有人正在使用它";(2)拒绝所要求的活动,但提供机会从事一项优先的替代活动,例如,"你现在不能使用电脑;现在有人在用它。但你可以从壁橱里选择一款游戏";或(3)拒绝立即开始所要求的活动,但允许在完成低偏好的要求下延迟访问,例如,"你现在不能使用电脑;现在有人在用它,但你可以在完成数学作业后再用。"在选项(2)或选项(3)中提供的选项中说"不",往往会限制学生因被告知"不"而导致的不当行为的潜在恶化。

如果要在行为减少计划中使用非条件或条件厌恶刺激作为结果,则应尽可能有效地使用它们。正如功能定义所指出的,教师在应用结果时必须是一致的和立即的(Azrin, Holz, & Hake, 1963)。行为规则必须清楚地与前面所述的偶然性相关联:"如果,那么"的因果所述。学生必须明白令人厌恶的结果并不是随意使用的。应用程序的即时性使学生相信偶然性的真实性,并强调特定行为与其后果之间的联系。

除了确保一致性和即时性,教师应避免长时间的惩罚。结果应该是迅速而直接的。有时,老师们过于专注于分析行为和安排结果,他们忘记了对一些孩子来说,礼貌地要求"请停止那样做"就足够了。如果言语是对学生的惩罚,那么几句话——比如,"不要在大厅里乱跑"——可能比15分钟的讲座要有效得多,因为大部分时间学生都不去听。霍奇斯、怀尔德、厄特尔(2018)以患有自闭症的5岁儿童的走路姿势为对象,对走路姿势恰当的幼儿进行了表扬,并对用脚趾走路的幼儿进行了"不要用脚趾走路"的谴责。这个程序减少了脚趾行走。怀尔德和内夫(2018)还用了一句简短的训斥——"不要反刍",并辅以一根棒棒糖,来减少一名19岁的自闭症男子的反刍。

当厌恶性刺激的强度逐渐增加,而不是最初以全部强度引入时,惩罚的效果要差得多(Azrin & Holz, 1966)。随着强度的逐渐增加,学生有机会变得习惯或对以前申请的强度不敏感。这种逐渐形成的习惯可能最终会导致老师对学生施加一种远远超过最初认为终止学生不良行为所必需的强度水平。另一方面,一旦实施惩罚并减少了挑战性行为,惩罚可能会被放在一个间歇的强化时间表上,并具有持续的影响(Lerman, Iwata, Shore, & DeLeon, 1997)。

逃避令人厌恶的环境的愿望或实际尝试是一种自然的反应。如果惩罚能有效地改变学生不良行为,教师将不得不安排环境来防止学生逃避惩罚(Azrin, Hake, Holz, & Hutchinson, 1965; Bandura, 1969; Delprato, 2002)。

任何包含不当行为惩罚的程序中最重要的一点是确保任何惩罚总是与适当行为的强化一起使用。惩罚几乎不涉及学习。实际上,所有学生都学会了不应该参与的行为。加强适当的行为指导学生适当或预期的行为,并提供一个成功或强化经验的机会。

厌恶刺激的弊端

令人厌恶的后果的弊端远远大于其直接影响的好处。以下这些程序的局限性应使教师在选择之前停下来仔细考虑:

1. 面对咄咄逼人的惩罚者,学生有三种行为选择:

(1) 学生可能会反击(例如,对老师大喊大叫,甚至变得身体有攻击性)。可能会引发反应,导致局势恶化。

(2) 学生可能会变得孤僻,对惩罚者置之不理,并且在一天的其余时间里都保持着漠不关心的态度,因此学生什么也没学到。

(3) 学生可能会有逃避和回避的行为。一旦学生离开教室,教室里的惩罚就不会产生立竿见影的效果。

2. 我们知道,最基本和最强大的教学形式是通过建模或模仿来实现的。因为老师是一个受尊重和权威的人物,学生们会密切观察他或她的行为。老师的反应成为各种情况下成人行为的典范。实际上,大声喊叫或打人的老师对学生说,这就是成年人在环境中对不良行为的反应和应对方式。通过这种模式,学生可能会学习不适当的、攻击性的行为。正如索西(Sobsey, 1990)所指出的,这种惩罚引发的攻击行为会导致更多的不恰当行为,并会对其他个体和任何攻击目标造成伤害。

3. 除非学生们被教导了解什么行为是被惩罚的,否则他们可能会害怕并回避老师或逃避惩罚发生的整个环境。

4. 许多教师认为惩罚者的互动反而起到了正强化作用。一个孩子可能会发现,让一个成年人失去控制,看起来很可笑,这是一种强化。

下面的小插图说明了惩罚的弊端。

和丹尼斯一样，学生们从使用厌恶性刺激的惩罚中学到的最多的是，当实施者在场时，不要做出这种行为。他们学会了不被抓住！他们没有学会举止得体。

对不适当和过度使用厌恶性干预措施的关注，各倡导组织和专业组织发表了关于使用这些干预措施的立场声明(例如，Vollmer et al., 2011)。

格伦迪教授教丹尼斯一两件事

格伦迪教授5岁的侄子丹尼斯(Dennis)在教授家住了一周。丹尼斯的一个比较讨厌的习惯是在床上跳来跳去。格伦迪太太要求丹尼斯不要这样做，但这完全没有效果。

格伦迪教授坐在安乐椅上，抽着烟斗，读着一本专业杂志。他听到了楼上客房里弹簧发出的毫无疑问的"嘎吱嘎吱嘎吱"声。"密涅瓦，"他说，"现在是采取严厉行动的时候了。苍蝇拍在哪里？"

"奥利弗，你不会打这孩子吧？"密涅瓦问。

"当然不是，亲爱的，"教授回答。"我只会在最大程度上应用无条件的厌恶刺激。"

教授手里拿着苍蝇拍，穿着袜子，踮着脚踩着铺着地毯的台阶。他继续蹑手蹑脚地走进卧室，看见丹尼斯高兴地跳上了床。丹尼斯没有注意到教授；他背对着门。格伦迪运用了即时的、偶然的、强烈的令人厌恶的刺激，坚定地说："不要在床上跳。"丹尼斯嚎叫。

"我想，"教授对格伦迪夫人说，"这能教会丹尼斯一两件事。"事实上，丹尼斯整个周末都没有在床上跳。格伦迪教授一直在家，他知道他会听到弹簧的声音。

星期一，当教授从大学回到家时，密涅瓦在门口迎接他。"奥利弗，"她说，"我不知道你打算教丹尼斯哪一两件事，但他学到的是在你在家的时候不要在床上跳。他已经干了一整天了。"

过度矫正

过度矫正是指问题行为发生之后要求个体完成大量与其问题行为直接有关的活动。

过度矫正的经验特征的夸大与一个简单的矫正程序形成了对比,在这种矫正程序中,学生矫正了一个行为错误,但不一定要求通过适当行为的夸大或扩展实践来遵循这一点。

过度矫正有两种形式,补偿性的过度矫正和正向练习过度矫正。当环境受到学生不当行为的干扰时,学生必须纠正她或他所扰乱的环境。使用补偿性的过度矫正。正向练习的过度矫正用于不恰当行为,在这个程序中,学生不断地、重复做一定时间或者一定量的正确行为。(Foxx & Azrin, 1973a)。

补偿性过度矫正

补偿性的过度矫正指的是在问题行为发生之后不仅要求个体修复自己问题行为所造成的伤害,将环境恢复到原来的状态,而且还要做出更多的活动使环境恢复到比问题行为发生之前更好的状态。例如,当老师抓到一个学生扔废纸时,她说:"迈克尔,把它捡起来扔到垃圾桶里。"当她运用补偿性的过度矫正会说:"迈克尔,把它捡起来扔到垃圾桶里,现在把地板上的其他纸都捡起来。"

阿兹林和福克斯(Azrin & Foxx, 1971)将这种形式的环境恢复作为他们厕所培训计划的一部分。当一个孩子发生意外时,她/他必须脱掉衣服,洗衣服,挂起来晾干,淋浴,取得干净的衣服,穿衣服,然后清洗厕所的脏污区域。阿兹林(Azrin)和维索罗瓦斯基(Wesolowski)(1974)采用了一种变形,当时为了消除盗窃行为,他们要求窃贼归还双份被盗物品。

鲁西(Rusch)和克洛斯(Close)(1976)的一项研究综述显示了用于减少各种破坏性行为的补偿性的过度矫正技术:

1. 在物体受到干扰或重新排列的情况下,发生干扰的直接区域内的所有物体(如家具)均被矫正,而不仅仅是最初受到干扰的物体。

2. 如果有人骚扰或吓坏了其他人,对所有在场的人都要道歉,而不仅仅是那些被骚扰或吓坏的人。

3. 如果是自己造成的口腔感染,在不卫生的口腔接触(如咬人或咀嚼不可食用的东西)后,用口腔防腐剂彻底清洁口腔。

4. 在躁动的情况下,在尖叫和尖叫等骚动之后,会有一段绝对安静的时期。

正向练习过度矫正

正向练习过度矫正对自闭症患者行为的过度纠正,有时被称为自闭症逆转。

在正向练习过度矫正情况下,学生如果有不恰当的行为,就需要对适当的行为进行大量正确的练习。例如,如果一个班级跑去排队休息,让每个人都坐下来再次排队的老师使用的是简单的矫正。让每个人都坐下来,然后练习几次排队,同时背诵正确做法的规则的老师是用正向练习的过度纠正。

为了确保这一程序的教育性,实践应具有与不适当行为情形相似的替代适当行为。阿兹林(Azrin)和福克斯(Foxx)(1971)在他们的厕所训练项目中采用了正向练习的过度矫正,通过向学生提供大量吸引人的液体,人为地增加尿频。这项技术增加了实践和强化的机会。阿兹林(Azrin)和维索罗瓦斯基(Wesolowski)(1975)要求学生长时间坐在几把椅子上练习(一次一把),消除了地板的杂乱。

正向练习的过度矫正已被用于这些行为和其他不适当的行为,如磨牙症(Steuart, 1993),刻板行为(Anderson & Le, 2011; Denny, 1980; Doke & Epstein, 1975; Peters & Thompson, 2013)和攻击性行为(Adams & Kelley, 1992; Luiselli & Rice, 1983)。因为刻板印象行为通常服务于感官功能,它是最难减少的行为之一。Peters 和 Thompson (2013)研究了三名男性,年龄分别为 9 岁、17 岁和 24 岁,他们被诊断为自闭症或其他发育障碍,并伴随运动刻板(例如,打卡、拍打手臂)。在玩玩具时,如果一个学生表现出了刻板行为,研究人员就会使用身体刺激来促使他适当地玩玩具。这就减少了刻板行为,增加了对玩具的参与度。

除了减少具有挑战性的行为,正向练习的过度纠正在各种学术行为上都取得了成功(Lenz, Singh, & Hewett, 1991),包括口头阅读(Singh, 1987),拼写(Stewart & Singh, 1986)和草书(Mabee, 1988)。以口语阅读为例,犯错误的学生被要求听老师正确地朗读单词,同时学生指向书中的单词。然后,学生正确地说出这个单词五次,并重读句子(Singh, 1987)。伦茨(Lenz 等,1991)认为,用于学术补习的过度纠正程序被称为"定向预演",因为其主要成分是预演和注意力指向学习任务。

过度矫正的使用指南。

过度矫正程序本身不应成为正强化。事实上,他们的使用涉及厌恶刺激的特质。补偿性的过度矫正和正向练习过度矫正过程通常包括以下组成部分(Epstein, Doke, Sajwaj, Sorrell, Rimmer 1974; Rusch & Close, 1976):

1. 告知学生行为不当；
2. 停止学生正在进行的活动；
3. 为学生参与的过度矫正活动提供系统的口头指导；
4. 强迫矫正行为的练习(用手指导想要的动作,使用尽可能多的身体压力,但当一个人开始用口头指令或单独执行动作时,立即减少这种压力)
5. 让学生重新回到正在进行的活动中。

在使用过度矫正程序之前,教师应考虑以下管理要点。

1. 过度矫正的实施需要教师的充分关注。她必须在身体上接近学生,以确保他遵守过度矫正的指示,并准备在必要时干预身体指导。

2. 矫治过程往往耗时较长,有时持续 5 至 15 分钟,甚至更长(Foxx & Azrin, 1973a; Ollendick & Matson, 1976; Sumner, Meuser, Hsu, & Morales, 1974),虽然有时持续 30 秒(Anderson & Le, 2011; Peters & Thompson, 2013)。在促进行为改变方面,短时间的实施可能至少与长时间的实施一样有效,特别是当教授采用适当的替代行为时,强调程序的教育潜力而不是惩罚潜力(Carey & Bucher, 1983; Cole, Montgomery, Wilson, & Milan, 2000; Conley & Wolery, 1980)。

3. 由于过度矫正涉及与学生的身体接触,教师应该意识到学生可能有攻击行为(Carey & Bucher, 1983; Rollings, Baumeister, & Baumeister, 1977)或试图逃离,也应该避免令人反感的情况。

4. 在长时间的过度纠正过程中,学生可能会变得非常具有破坏性,以至于老师无法引导他完成过度纠正的过程(Matson & Stephens, 1977)。

5. 由于过度纠正通常涉及长时间的身体指导,对于实施过度纠正的成年人来说,这可能是一个非常令人反感的过程(Repp, 1983)。

6. 凯里和布赫(Carey & Bucher, 1986)在比较有和没有强化正确反应的积极实践时发现,没有强化的使用"没有表现出比强化的变化更大的优势,并导致更多的不良副作用,如攻击性和情绪化"(p.85)。

7. 在课堂上,过度纠正可能是避免不良后果的一种选择。重要的是要记住,过度纠正的程序,尽管它们有一些令人反感的特征,但不是用来报复的,而是用来教育的工具。老师的语气和态度会影响学生接受这些课程的方式。老师在引导学生进行矫枉过正的过程中使用愤怒或长篇大论的语气或不必要的力量,可能会增加学生抗拒的可能性。这里的目标是坚定而不动摇。

小结

本章回顾减少或消除不适当或具有挑战性的行为的程序：区别强化、不相容行为的强化、消除、惩罚和过度纠正。这些程序是最有用的和最有建设性的，被视为一种层次的方法，从那些强调强化到那些有讨厌特征的手段。

我们在整个章节中都强调，只有当有问题的行为明显干扰学生的学习能力或对学生或其他人构成危险时，才应该选择减少行为的程序。适当行为的积极强化应该与任何减少或消除行为的程序相结合。

讨论

对于下面的每一种情况，判断出哪里出了问题，并提出改进干预措施的建议。

1. 他能坐着工作吗

莫尔斯是夏普顿先生特殊教育班的一名学生，他有机会在每天的第二节课上七年级的计算机课。同意这一点的老师说，在他来上课之前，莫尔斯连 15 分钟都坐不住，他必须能在座位上连续坐 40 分钟。夏普顿先生和莫尔斯谈到了这个机会，莫尔斯表示他想参加这个班。因此，夏普顿先生告诉他，如果他能在夏普顿先生的课堂上连续一周坐着工作 40 分钟，那么下一周他就能成为计算机课的一员。唉，莫尔斯从来没有成为计算机班的一员。

2. 什么，什么，什么

杰德是一个提问者。她总是问问题。她举手提问，她大声提问，她问她的邻居问题。虽然提问很重要，她的老师芝哈克先生并不想惩罚或完全摆脱提问，但相较于目前每节课有 23 个问题他确实想减少提问的发生。芝哈克决定从每天的环境科学课开始，逐步减少杰德的提问。他的计划是让杰德问 20 个或更少的问题，然后是 17 个或更少的问题，然后是 14 个或更少的问题，以此类推。在每个临时标准中，他在第三天之后将允许的问题数量减少 3 个。芝哈克先生和杰德审查了第一个标准和附带的偶然事件。科学课上杰德进步了，做得很好。她第二天也很好。第四天，她在最后一节课连续问了九个问题。芝哈克先生被激怒了，为此责骂她。第 5 天，每当杰德问一个问题，他就开始皱眉，但他回答了。随着时间的推移，他允许她问问题，他继续皱眉，问题的频率没有改变。

3. 一个的六，另一个的半打

迪昂是一名患有严重智力残疾和自闭症的 7 岁学生。他没有标准的交流方式。人们认为，他的自残行为，比如打脸，是一种用来吸引成年人注意的交流方式。每次他打自己的脸,他的老师会握住他的手,让他停下来。他的老师和行为管理团队选择了一个替代行为来为他引起老师注意:抓住一个红色碎片,把它举到空中。一连几天,行为专家都在迪昂身边,阻止他打脸,并把他的手转向碎片。他们用手拉手的方式帮助他举起一块碎片。当他这样做的时候,如果老师注意到碎片,她会走过去,把一些他最喜欢的"黏液"放在他的手中。团队对老师在超过75%的时间里能注意到他感到很高兴,但他打脸的数据似乎已经停滞了。

4. 一圈又一圈……越来越快

戴夫经常在房间里跑来跑去,他跑得那么用力,有时会撞到墙或椅子上。怀亚特最担心的是戴夫可能会撞上三个坐轮椅的学生中的一个。她为戴夫提供了许多正确走路行为的示范。她强化了其他学生的步行行为,而忽略了戴夫的跑步行为。他的行为不断升级。早上晚些时候,戴夫终于撞倒了一个空轮椅。怀亚特女士喊道:"看看你做了什么!如果琼在她的椅子上,她会在地板上受伤的。"戴夫吓了一跳,但很快又以更疯狂的速度继续奔跑。

5. 插科打诨

自称班级小丑的巴特在每个学生轮流口述阅读时不断地评论他们的阅读。当学生们咯咯笑、发出嘘声和顶嘴时,它变得越来越具有破坏性。教师责骂巴特并没有产生明显的效果。她决定消退这种行为,但是这种策略无法减少这种行为。

6. 我不想再那样了,再也不想了。

从功能评估演变而来的假设是,卡尔维奇做出自伤行为以逃避具有显著运动需求的任务。帕克决定,每当卡尔维奇的手举过肩膀时,就把他的手转向任务材料。每次接触这种材料,他就会得到强化。干预6天后,卡尔维奇的SIB没有下降。

7. 有极限

在克林顿四年级的班级里有一种积分。学生可以获得积分,也可以失去积分(反应代价)。2周后,她需要调整学生可以保留和使用的结转积分的数量。她设定了一个上限,每个学生在任何给定的一周内可以获得的积分不超过最昂贵的"强化物菜单"上项目的5%。在接下来的一周里,学生们在这个新的有限的分数范围内获得分数,同时继续因行为不端而失去通常的分数。到周四午餐时间,学生们似乎不再专注于他们的工作。

8. 继续,继续,继续

科恩女士表示,以下两种行为将会被罚款:未经允许离开座位和辱骂他人。那天下午,史蒂夫未经允许就离开了座位。科恩女士走过去要了三个代币。科恩女士说:"史蒂夫,你离开座位会让你损失三个代币。"史蒂夫说:"我并没有真的离开我的座位,因为这是有好的原因——罗恩的钱掉了,我不得不把钱给他。"史蒂夫,我们并没有说离开座位的原因有好有坏。史蒂夫补充说:"此外,我离开座位是有充分理由的,而且只有一秒钟,所以罚我的代币太多了。"史蒂夫,我肯定我说过那要花你三个代币,现在三个代币。""我明白你的意思。但你要明白,我真的没有离开我的座位,除了一个非常好的理由。"这种交流继续,继续,继续。

9. 两栖动物的竞争

莫里斯先生在青蛙队和蟾蜍队之间安排了一场数学竞赛。两组学生根据答对数学问题的数量获得分数。他们抢报纸和大喊大叫都会被扣分。青蛙队第一次大喊大叫莫里斯先生就罚了他们一分。下次他又罚了他们一分。蟾蜍队大喊大叫时,他罚他们比青蛙队多2分,因为他们比青蛙队喊得更响。当这种情况再次发生时,蟾蜍队丢了3分,青蛙队丢了1分。蟾蜍队因为对丢分"发牢骚"而再丢一分。蟾蜍队最终以相当大的比分输掉了比赛,主要是因为他们的完成度和准确性得分非常低。

10. 在社区

奥哈拉夫人设计了一个在社区教学中使用的隔离缎带程序。每次参加社区活动之前,她和三名学生都会回顾好行为和坏行为的定义,以及当你做出坏行为时会发生什么:"我会把你手腕上的手环取下来,在接下来的五分钟里,你不能获得甜点的代币。"在社区里,每当有人违规时,她就会拿走三个学生的手环,五分钟内不归还。

11. 正义的天平

在午餐桌上,布朗先生班上的学生正在讨论他们班的代币经济。每个月的第一个周一早上,布朗先生都会宣布这个月的计分项目。然后在下午,全班讨论并敲定这个月的规则。在10月期间,他们将因带来家庭作业而得1分,因每天早上的段落写作中主谓一致而得1分,因他们阅读的每一本书而得1分。每天削铅笔超过两支就扣2分,掉纸扣2分,跟邻居窃窃私语扣3分。学生们说这似乎不公平,但他们说不出具体的原因。

12. 一起散步

约翰是一个患有自闭症的6岁孩子。他似乎总是如此痛苦,呜呜叫着,挥舞着手臂。因此,当老师让陪护员带他去休息室时,她会陪着他,以一种抚慰的方式和他交谈,并把他最喜欢的钥匙递给他。三周的数据显示约翰的不当行为没有减少。

第十章 区别强化：先行控制与塑造

学习成果

10.1 描述可能影响行为的两种前因事件类型

10.2 简要描述区别形成的过程

10.3 定义言语、视觉和物理提示

10.4 定义逐步淡化提示的方法

10.5 描述任务分析和链锁在教授复杂行为中的作用

10.6 描述在塑造中使用区别强化的方法

本章概要

先行刺激对行为的影响

刺激控制的区别强化

区别的原则

区别练习

提示

言语提示的规则

言语提示的说明

言语提示的提示

言语提示的自我操作

视觉提示

示范

肢体提示

其他触觉提示

消退

减少辅助

分级指导

延时

增加辅助

有效的消退提示方法

有效的提示

教授复杂行为

任务分析

链锁

如何管理教学链

塑造区别强化

小结

在第八章和第九章中，我们阐述了一些增加恰当行为和减少不当行为的方法，有利于解决与行为缺陷和行为过度相关的问题。然而，并非所有问题都可以通过增加或减少行为的频率来解决。很多行为被定义为恰当或不恰当，不是基于它们的频率，而是基于它们发生的环境。例如，田径教练和大厅值班老师可能会对跑步的看法非常不同，判断跑步这一行为合适与否，关键在于跑步的环境，而不是跑步的频率或速度，因为，训练期间在跑道上跑步是非常合适的，但在学校的大厅里跑步是非常不合适的。再比如，当球队进球得分时，大喊大叫是完全可以接受、甚至是令人钦佩的行为，但这种行为发生在餐厅时则被认为是一种问题行为。许多学术技能是在学生学习时习得的，例如，根据印刷字母说出他知道的单词（我们称之为阅读），或在练习纸上的"2 + 1 = "等例子中写出他知道的数字（我们称之为数学）。在适当的提示或信号的控制下，引起学习者已经知道的反应称为刺激控制。在实施行为改变程序时，还必须考虑许多其他先行刺激对行为的影响。

当人们学习强化程序时，他们常常会抗议说他们想要的行为是不能被强化的，因为它从来没有发生过。如何才能增加不存在的东西？比如，当遇到一个从不说话的学生，老师如何提高学生的对话能力？再比如，一个从不坐下的学生怎么增强坐下行为？或者当一个学生似乎什么都不做时，怎么增强任何行为？这就需要一种新的方法来教育学生，即通过塑造学习新事物。教师需要发现学生已有的反应（无论多么微小），并将塑造成预期的行为。

刺激控制和塑造经常被用于教授学生的学习和社会行为。由于这个原因，并且两者都使用了区别强化的方法，所以它们都在本章中被描述。本章的第一部分详细描述了在课堂上使用的刺激控制程序的相关内容。

先行刺激对行为的影响

学习成果 10.1　描述可能影响行为的两种前因事件类型

在第八章和第九章中，我们讨论了如何处理行为结果以增加或减少行为，关心的是行为发生后的事情——即行为对环境的影响。在这一章中，我们关注的是行为发生前的事情——即环境对行为的影响。我们将描述一些可能在时间和空间上与我们观察到的行为密切相关的事件。

在对功能评估、行为功能分析以及积极行为支持（见第 7 章）日益强调的当下，教师和学校管理人员对行为的先行刺激愈发关注。所有学校人员都有义务安排学校环境，为所有学生提供安全的、支持的环境，而不仅仅是那些被认为具有挑战性行为的学生。同样重要的是，要找出可能引发任何学生，尤其是那些参与融合教育的障碍学生出现挑战性行为的前因。这在很大程度上可以通过管理行为的先行条件来实现，全校范围内的支持体系以及各个教室内的环境都是至关重要的。本章中描述的许多内容都可以用来构筑这种体系。

传统的应用行为分析师关注的是行为发生的先行条件和行为本身，并且可以在给定行为之前立即观察到这些事件。近年来，越来越多地强调检查存在于或发生在被观察环境之外的时间或场景中的条件或事件对行为的影响(Luiselli & Cameron, 1998)。正如我们在第七章中所讨论的，进行功能分析以评估对挑战性行为的影响时，除了立即可观察的因素外，还必须考虑到此类情境事件的影响。**情境事件**可以是环境事件（包括教学环境、物理环境及其变化等），生理事件或社会事件((Bailey, Wolery, & Sugai, 1988; Kazdin, 2000)。情境事件也可以被操纵，以改变预期行为。这可以通过移除或防止情境事件的发生，即使不能完全消除、也可以减少情境事件的影响。或者，在学生处于被剥离于情境事件的状态时，用一个强化来满足她(Kennedy & Meyer, 1998)。例如，如果一个学生经常睡眠不足（生理原因）就来上学，在学校拒绝学习，并发脾气，那么，其父母或其他照顾者要求该学生每晚在更早的时间就寝可能会改善这一行为。当学生不缺乏睡眠和不发脾气时，我们对恰当行为的强化效果会更强。三名有智力障碍的女性的挑战性行为与月经不适有关，卡尔等(Carr et al., 2003)为其提供缓解疼痛的药物和其他镇痛剂，虽然不可能完全预防或消除不适，但会减轻不适感从而导致其行为的积极改变。第8章中介绍了许多使用非条件强化的例子，在这些干预措施中，学生会得到大量的强化措施，以维持其挑战性行为。例如，对一个为了逃避任务、且只想在计算机上玩游戏的学生，可以允许其在执行任务之前，在计算机上玩很长时间游戏。

当已知情境事件有效时，其他先行操作可能涉及对情境的改变。例如，戴德森和霍纳(Dadson & Horner, 1993)改变了一名有严重残疾年轻女性的对课堂的期望，当她在睡眠不足8小时或公共汽车迟到时，会表现出挑战性的行为，这种情况出现时，她的教师和专业辅助人员对她提供了额外关注，允许她将课堂中要进行的第一项活动替换为她喜欢的活动，并让她有更多的机会选择自己执行任务的顺序，通过这样的操作，她的挑战性行为得到了显著改善。因此，意识到存在超出自己控制范围的情境事件的教师，应该去操纵那些他们可以控制的事物。例如，如果教师意识到学生正在遭受家庭创伤，他可以注意减少对学生的要求并增加更强力的强化物。另外，还有很多情形可以用到相似的方法，如对待正在调整药物、家庭成员因移民亲属到来而显著增加、安置即将或正在发生变化，或仅仅因为某位自己暗恋的年轻女士出现而感到不安的学生。

刺激控制的区别强化

在描述影响操作行为的事件时记住第一章中描述的操作性行为和应答性行为之间的区别很重要。应答性条件反射包括诱发反射性行为的刺激物——例如,空气吹拂(无条件刺激)会自动导致眨眼(反应)。这种自动性在操作性行为中是不存在的;先行刺激和行为之间的关系是后天习得的,而不是反射性的,我们说先行刺激导致行为而不是引发行为,虽然先行刺激不会引发操作性行为,但它们确实对这种行为产生了相当大的影响。

- 第一章对操作条件和反射条件进行了对比。
- 学生通过区别强化学会辨别。

区别的原则

学习成果 10.2　简要描述区别形成的过程

"区别"是指区分环境事件或刺激的能力,是由区别强化而产生。一个反应在 X 刺激存在时导致正强化(S^{R+}),但在 Y 刺激存在时则不会。经历多次这些刺激和区别强化后,反应可靠地在 X 刺激,即区别性刺激 S^D 存在时出现,因为过去这种反应导致了强化。而在 Y 刺激($S^\triangle$)存在时,反应发生得较少,因为它过去没有导致强化。那么,S^D 被认为设置反应发生的场合(Holland & Skinner, 1961)。S^D 和反应之间的这种关系不同于条件反射中非条件刺激和反应之间的关系。S^D 不会引起反应;它只是为反应的发生提供场合,或者用专业术语来说,它触发或激发反应。如果是 S^D 存在时发生的反应,我们就说是在刺激控制之下发生的反应。即使强化不频繁,在存在 S^D 的情况下,刺激控制下的行为也将继续发生。迈克尔(Michael, 1982)建议要小心谨慎的对待这一点——行为才是 S^D,而强化不是 S^D。区别的发展是人类学习的重要因素。婴儿在看到戴着眼镜、一头卷发的大人时学习说"妈妈",在其印象中眼镜和卷发就会被强化,这时眼镜和卷发就是叫"妈妈"这一反应的 S^D,与此同时,也会让其看到留着胡须的人叫"妈妈"的反应不会出现,这时胡须就是叫"妈妈"这一反应的 $S^\triangle$。当一个一年级的学生看到"w-e-n-t"的卡片(S^D)说"went"时会得到表扬,但看到"c-a-m-e"的卡片($S^\triangle$)说"went"时则不会得到表扬。一群初中生知道,说淫秽的语言和做破坏性行为会引起他们数学老师(S^D)的注意,但要引起社会学老师的注意只能通过举手或完成作业的方式。叫"妈妈"是对戴着眼镜、一头卷发的成年人的正确反应,若对留有胡须的人做出这一反应则是错误的。说"went"是对看到"w-e-n-t"的卡片时的正确反应,若对其他卡片做出这一反应则是错误的。说淫秽的语言和做破坏性行为是吸引数学老师注意力的正确方法,但对社会学老师则不是,许多教师由于对学生予以了这类不恰当的关注,让自己成为了 S^D。奥唐纳(O'Donnell, 2001)认为,惩罚的区别刺激(S^{Dp})也是理解行为的一个因素,比如,任何曾经带孩子(或宠物)接种过疫苗的人都可以识别出注射器就是这种刺激物。

成年人的大部分日常行为都是区别学习的结果。比如,我们在响铃时接听电话,而不是在它们无声时接听电话。再比如,红绿灯为绿色时,我们开车穿过十字路口,而不是当它们是红色时。基于相对非正式或不精确的强化模式的区别刺激发展缓慢,且往往不完善。例如,婴儿可能会在一段时间内将所有带胡须的男人称为"爸爸";当一年级学生看到带有字母"w-a-n-t"或"w-e-t"的卡片时,可能都会说"went";初中生可能偶尔也会在数学课上举手或在社会学课上用污秽的语言骂人;当门铃响起时,成人有时会拿起电话;红绿灯带来的不完善的刺激控制为许多警察、拖车司机和救护人员提供了就业机会,但可以通过多种方式使其更加强大,包括在基本刺激中增加额外的信息。我们将在本章后面阐述相关提示方法。

区别练习

教导学生对特定刺激做出适当的反应是教师的基本任务。作为教师,我们希望学生能够在适当的时间、适当的地方,根据指定的指示或其他线索,遵守规则、遵循指示,执行具体的学术或功能技能任务。教学任务的一个主要部分是确定特定的时间、地点、指示和其他先行事件,作为学生各种行为的区别刺激。

简单的区别

在要求进行区别之前,老师会告诉学生这个词是什么。

在建立简单的区别时,我们希望学生能够区分某些东西,例如简单的指令。教师希望当她说"鼓掌"时,学生会鼓掌,当她说"挥手"时,学生会挥手。如果学生在教师说"鼓掌"时鼓掌(对于鼓掌是刺激判别,S^D),他会得到强化。如果他在教师说"挥手"时鼓掌(对于鼓掌是非刺激判别,$S^\triangle$),则不会提供强化。再比如,阅读能力意味着能够区分构成单词的每个字母组合与所有其他组合,如果一个学生可以在谈话中使用"went"这个词,但在显示带有字母"w-e-n-t"的卡片、并被问到"这个词是什么?"时却不会说"went",老师需要学生在显示字母"w-e-n-t"的刺激控制下说"went"。

在这个例子中,教师将字母"w-e-n-t"作为反应"went"的 S^D,通过区别强化过程。在出现"w-e-n-t"(S^D)的情况下进行强化,而出现"g-o"或任何其他字母组合时不予以强化($S^\triangle$)。如果有足够的重复,学生应该能够正确做出反应,我们就可以说形成了区别。注意,在这个例子中用作 $S^\triangle$ 的"g-o"将是"go"为正确反应时的 S^D,因为定义总是取决于功能的。教师必须确定练习的结果达到如下程度,即学生对"went"的回答在刺激控制之下,任何其他字母组合都不会引起反应,包括形状和拼写方式与 S^D 非常相似的"w-a-n-t"和"w-e-t"之类的组合,并且,教师还要需确定,当使用非原始卡片时,"w-e-n-t"也是一个可靠的 S^D。学生可以通过重复的 S^D 和 $S^\triangle$ 来进行区别练习,从而加强正确的反应,但这是一种非常低效的教学方法。我们在本章后面将会介绍提示和无错误学习策略,这些是提高教学效率的方法。

重要的是要确保学生对刺激的显着特征作出反应。一位一年级学生的老师认为自己终于教会一个学生读"come"这个词,结果却发现真正的 S^D 是单词卡片上的一个污迹。许多初学者只用单词中的第一个字母来识别单词,比如,只要"went"是单词卡片中唯一一个以 w 开头的单词,这个策略就可以很有效。但是,当老师介绍"what"这个单词时,学生就不能再正确区分,从而可能会回应一些完全不相关的刺激,例如单词卡片上的污迹,或者只是反应刺激的一个方面、比如单词的第一个字母。这种对刺激的过度选择的倾向(Lovaas, Schrebamn, Koegel, & Rhen, 1971)是一些残疾学生的特征。

教师希望学生学习许多涉及多种简单区别的东西。学生必须将字母表中的每个字母与所有其他字母以及不代表字母表字母的刺激区分开来,必须将每个数字与所有其他数字和所有其他刺激区别开来,学习化学的学生必须将元素周期表中的每个元素与其他元素以及不代表元素的刺激区别开来。

概念形成

概念是一类具有共同特征的刺激物(Becker, Engelmann, & Thomas, 1975a)。班级所有成员都应该对同一概念做出相同的回应,有许多刺激被正确地识别为人、哺乳动物、质数、诚实等等。每一个单词,以及成千上万的其他单词,都代表了一类具有共同特征的刺激物,或一个概念。为了学习一个概念,学生必须基于大量刺激物所共有的特定特征进行区分,然后进行抽象(Ferster, Culbertson, & Boren, 1975)。

这样的学习可以通过提供概念或抽象的许多正面和反面实例以及强化正确的反应来完成。使用这样的程序,海斯坦和拉夫兰(Herrnstein & Loveland, 1964)能够教鸽子对包含人物的图片和不包含人物的图片作出不同的反应,他们只在包含人物的图片上强化鸽子的啄食。像基本概念这样的,用词汇难以描述的概念(除了同义词;Engelmann & Carnine, 1982),必须以几乎相同的方式传授给人们。

比如，如果我们试着通过描述的方法来教一个 3 岁儿童"红色"这个概念，显然，这是不可能的。大多数父母所做的是提供许多红色事物的例子，标记它们，并在孩子指出时、或当孩子对"给我红色块"的指令做出正确反应时，提供强有力的强化并适当地说"红色"。大多数孩子在进入学校之前以这种非正式的方式学习成千上万的基本概念，那些没有学会的孩子必须系统地教他们。对于这些孩子，我们不会等待随意的机会将"红色"引入谈话，我们通常找到一些红色物体和一些非红色物体，接着进行标记，对孩子发出指令和要求孩子回答，直到学生表现出掌握了该概念。

通常我们可以通过使用额外的先行刺激来更有效地教授概念。如果可以列出刺激类的共同元素，或者如果概念可以通过口头定义，我们提供一组用于识别的实例然后强化学生的正确反应可能更有效。因为，可以用语言定义的概念不需要只使用区别强化。与鸽子不同的是，大多数学生都有一些口语能力，教师可以使用一套规则作为捷径来教授学生概念及抽象。

到目前为止，对于概念的相关研究主要集中在实验（使用匹配-样本程序）和理论（而非应用的）文献中(Devany, Hayes, & Nelson, 1986)，并引起了相当大的争议(Clayton & Hayes, 1999; Rehfeldt & Hayes, 1998)，即刺激等效性。在确定刺激等效性之前必须满足三个条件：当一个人面对一系列的选择时，他必须将一块面包与另一块面包相匹配，当显示"面包"这个词时，他必须选择一块面包，反之亦然。如果有人教他在听到"面包"时选择"面包"的单词，在看到面包时选择将"面包"的单词打出来，那么当他听到这个单词时，他应该选择"面包"的单词(Devany et al., 1986, p.244)。这一概念已被用来教育自闭症儿童历史人物和卡通角色的名称和身份(Tullis, Frampton, Delfs, Greene, & Reed, 2019)，教育中学生宗教知识(Ferman, Reeve, Vladescu, Albright, Jennings, & Domaski, 2019)，以及教育自闭症儿童地理技能(Dixon et al., 2017)。

提示

学习成果 10.3 定义言语、视觉和物理提示

提示是一种额外的刺激，可以增加 S^D 发生预期反应的可能性。提示是在一个未能引起反应的 S^D 呈现后进行的。大多数人都熟悉剧院中提示的使用，如果一个演员不能对给他的提示（如正面的台词）做出反应，就会被从侧面提示。在应用行为分析中使用"提示"一词具有类似的含义。提示未对 S^D 进行反应的学生。提示可以是反应的形式（反应提示）或是对刺激的临时更改（刺激提示）。沃利和卡斯特(Wolery & Gast, 1984)对这两种

提示进行了彻底的研究，并提出了消退它们的建议。提示可以通过语言、视觉或肢体辅助等形式表达，也可以演示或示范所需的反应。如，阅读课的老师拿着一张带有字母"w-e-n-t"的单词卡说："没来，但是……"，从而提供语言提示。如，将照片和姓名标签放在学生储物柜上的幼儿园老师为学生提供了视觉提示。如，母亲对她的孩子说："向奶奶挥手告别"，同时在使劲地拍婴儿的手，这就是在提供肢体提示。每个人都希望控制最终附加到 S^D 上，如"went"、学生的名字、或"挥手再见"。一旦对它的需求不再存在，提示就会逐渐退出（消退）。提示可以提高教学效率。因为，运用提示的策略，教师所做的就不是等待学生做出我们预期的行为，而是使用额外的提示来增加学生正确反应的数量。学生的反应越正确，就越需要强化，行为学习的速度就越快。当使用提示时，通常会使用强化物，就像学生不需要提示一样。接下来，我们将首先分别描述各种类型的提示方法的使用，然后描述一些同时使用多种类型提示的系统。

言语提示的规则

希望学生正确识别名词和动词的英语老师，可能不会简单地给学生提供大量机会，在他们阅读句子时，将"名词"或"动词"作为 S^D 特别标记。因为大多数人都有能力使用口头规则或定义来形成概念，所以英语教师可能会定义名词。然后向学生展示句子，并问"带下划线的单词是名词吗？"（S^D）、"它是一个人、地方或者事物的名称吗？那么，它是一个名词"（提示），"对，约翰，它是一个名词"（S^{R+}）。使用规则或定义进行提示并不仅限于学术任务。教师可以提示学生，通过定义诚实、礼貌、善良，或者任何其他与社会行为相关的概念，直到他们能够识别每种行为的实例。当然，这并不能确保学生会参与这些行为，只是确保他们可以给这些行为贴上标签。

言语提示的说明

给出指示并不容易。

指令通常是促使行为的一种手段。如果当老师说"准备好阅读"，孩子们不动，老师可能会补充说"把你的材料拿走，然后去阅读区"，如果学生没有正确回答 S^D，教师可以逐步提示指令。用指令作为提示语的老师有两个假设：第一，所提供的指示是准确的，要为复杂的任务提供明确的口头指示并不容易，如果有人向你问从一个地方到另一个地方的路，他通常会迷路，同样，如果学生不听从你的指示，也不要感到惊讶；第二，学生的行为受到

一般 S^D "遵循指示"的刺激控制,但任何有经验的老师都会证明,许多学生都不遵循指示,聪明的老师在根据指令作出提示前,会确定学生是否真的遵循指示,因此,可能有必要首先将这种反应置于刺激控制之下。贝克(Becker et al., 1975a)建议教师根据最具体的细节强化学生对指令的遵循。可以通过任意指定细节来进行相关技能的练习,例如告诉学生脚趾沿着地板上的裂缝排成一列,或者按照指定的顺序执行活动,即使不需要特定的顺序。这种练习可以成为一种游戏。传统的西蒙说(Simon Says)游戏就提供了遵循指令的练习。

另一种教学生更可靠地遵循指令的技巧是,发出一系列学生可能会遵从的指令(高概率指令),然后迅速地发出他们不太可能遵从的指令(低概率指令)。这已被证明可以提高学生对低概率指令的依从性。例如,有人可能会对一群学生说"摸摸你的头,摸摸你的鼻子,拍手,拿出你的数学书",遵守高概率指令所产生的行为动力会引导学生遵从低概率指令(Bross 等,2018)。

言语提示的提示

许多口头提示没有规则或指令那么复杂和正式。一位语文老师可能会通过描述"这是一种'汪汪'叫的动物"来提示学生对 S^D 狗的正确反应。当老师要求班级排队时,然后加上"安静",这也是提示。这样的提醒或提示增加了学生正确反应的可能性,从而提供了强化的机会。

言语提示的自我操作

一些研究表明,录制的言语提示可以使障碍学生获得职业技能(Alberto, Sharpton, Briggs, & Stright, 1986; Briggs et al., 1990; Mitchell, Schuster, Collins, & Gassaway, 2000; Steed & Lutzker, 1997; Taber, Albeno, & Fredrick, 1998)。一个复杂的任务被分解为其组成步骤,教师在磁带上记录每一步的指令。学生使用带耳机的便携式磁带播放器,并被教导遵循说明操作播放器。教师指示学生听取每个步骤后关闭磁带以执行它。当学生重新打开播放器时,会提示下一步。学生被要求定期评估自己的学习进度,并在必要时向教师寻求帮助。自我操作的提示也被用于提高任务表现的流畅性(Davis, Brady, Williams, & Burta, 1992)。学生可以选择听音乐;老师在音乐选择上叠加口头提示,如"继续工作"等。这种程序的一个主要优点是,在许多工作场所,员工在工作中佩戴便携式播放器和耳塞绝非罕见。因此,即使残疾工人需要很长一段时间甚至是永久性的提示,该装置也不会引起对残疾工人的过度关注(Davis et al.,1992)。

视觉提示

许多教学策略涉及某种形式的视觉提示。大多数针对初级读者的插图都是为了帮助学生识别印刷文字而设计的。教师可以通过举例说明数学问题的正确解法来提示学生。允许学生在学习复杂的计算过程时使用乘法矩阵。

学生在学习加减法时可以使用数轴(Bouck,Satsangi,& Bartlett,2017)。视觉目标标记可用于提高口头阅读的流畅性(Mason et al.,2016)。里查德森(Richardson et al.,2017)使用图片提示来帮助有发展障碍的学生学习视觉单词。在一个教学过程中,他们展示了一张卡片,上面覆盖着视觉单词的图片,然后逐渐淡化图片。在另一个教学过程中,他们让学生在视觉单词教学的背景下将图片与视觉单词配对。费恩普、谢尔文和杜普克(Fienup、Shelvin,& Doepke,2013)首先评估了自闭症儿童回忆他们的同伴对问题的回答,如"你最喜欢的颜色是什么?",将其答案写在黑板上作为视觉刺激,随后这些答案会逐渐消失,以增加儿童的回忆陈述。

图片提示已被用于帮助学习障碍者学习各种各样的行为,特别是复杂的日常生活技能和职业技能。金博尔等(Kimball et al.,2003)使用演示文稿为患有自闭症的年轻学生创建个人互动活动日程表。科普兰德和休斯(Copeland & Hughes,2000)使用图片提示来教重度残疾的高中生学习职业技能,他们添加了一个自我监控组件,要求学生在开始之前触摸每张图片,然后将其翻过来,这提高了学生独立完成任务的能力。斯普格斯、加斯特和艾尔斯(Spriggs,Gast,& Ayers,2007)教会了中度智障学生使用图片活动计划书来指导他们完成多项活动。范拉霍芬、克劳斯、卡普曼、尼齐和华伦天奴(Van Laarhoven,Kraus,Karpman,Nizzi,& Valentino,2010)让两名患有自闭症的青少年看一本有提示的图画书,以学习折衣服和做意大利面的日常生活技能。结果表明,尽管视频提示的效果和效率略高,但图片提示是有效的。凯利、泰斯特和库克(Kelley,Test,& Cooke,2013)让有智力障碍和发展障碍的年轻人看 iPod 上的图片,引导他们到达大学校园的指定地点。另外,还有许多雇主使用图片提示来培训残疾和非残疾人工人。图表10.1是一个图片提示,即类似于那些用来培训快餐店员工如何准备汉堡包的图片提示。现在,一些餐馆直接把这些提示印刷在三明治的包装纸上。图片提示的一个优点是,一旦教会学生使用它们,他们就可以独立完成,就像成年人使用地图或图表来提示自己一样。事实上,许多教育工作者认

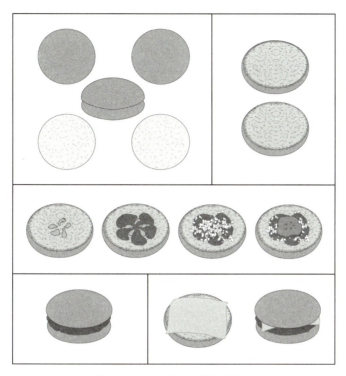

图表 10.1 制作汉堡的图片提示

为这种提示是行为自我管理的范例,而不仅仅是教学工具(Bulla & Frieder, 2018; Lancioni & O'Reilly, 2001; Rodi & McDougall et al., 2017)。

图片提示已被用于教授自闭症和其他发展障碍学生的接受性和表达性语言技能。在教授接受性语言区分能力时,通过展示一系列图片并要求指向其中一个,教师可能通过举起一张图片来提示,因此提示下的回应本质上是图片对图片的匹配(Carp, Peterson, Arkel, Petursdottir, & Ingvarsson, 2012; Vedora & Barry, 2016)。在教授残疾学生回答问题时,例如"你用什么给别人打电话?"和"哪些水果是绿色的?",教师可能会举起电话或梨的图片来提示答案(Feng, Chou, & Lee, 2017; Wallace, Bechtel, Heatter, & Barry, 2016)。研究人员已经表明,像图片提示或语言提示这样的提示类型,对于教授问题回答,最成功的提示类型取决于学生最近的经验(Coon & Miguel, 2012; Roncati, Souza, & Miguel, 2019)。也就是说,如果一个学生经历了多次命名图片的练习,图片可能在提示对话技能方面最为成功。

视觉提示可以大量节省教师的时间。教室中的公告板可以很容易地提供图片提示。比如,完成某项任务的正确流程图,或者在离开房间之前对桌子进行的检查图,或者通往门口自助餐厅的地图等。

其他视觉提示以书面形式提供。通常教师会发布课堂时间表和规则作为提醒。通过书面说明提示，可以更容易地帮助学生完成复杂的新任务。想想看，你做过的所有依赖于书面说明的任务，想想这些说明要做到清晰准确是多么的重要。任何试图在假期前深夜组装儿童玩具的人都可以证明清晰度和准确性的重要性。当然，书面说明在技术上是语言提示，因为书面文字是语言（虽然不是声音）的一种形式，但因为它们是通过视觉方式处理的，所以在这里考虑它们似乎是合理的。

许多自闭症儿童表现出超词汇能力——即阅读能力的超常发展（Cardoso-Martins, Goncalves, & de Magalhaes, 2013）。近期，研究者们已经展示出，书面提示可以用来教自闭症学生回答问题（Ingvarsson & Le, 2011）、提出问题（Shillingsburg, Gayman, & Walton, 2016；Swerdan & Rosales, 2017），以及使用多个词语请求喜欢的物品（Roche et al., 2019）。洛佩斯和威斯科（Lopez & Wiskow, 2019）在自闭症儿童的苹果手表上展示书面提示，以促进社交互动。

克朗茨和麦克拉纳汉（Krantz & McClannahan, 1993）使用书面提示来促进自闭症儿童与同龄人互动。凯特收到了一份与学校活动有关的陈述和问题的书面清单，她被要求（使用物理提示）拿起铅笔，指向一个项目，并将铅笔移到文本下方。然后，她被提示面对同学提出问题或发表声明。随后，物理提示将首先撤除，凯特继续独立使用清单。之后，即使清单逐渐撤除，凯特也会继续更频繁地与同伴互动。另一项类似的研究则结合了图片提示和非常简单的单词，以增加阅读能力非常有限的自闭症幼儿与成年人的互动。首先教学生们学会了阅读"看"和"看我"，这些单词的卡片在他们的活动日程中穿插着图片出现，当这些单词出现时，学生被提示大声朗读这些词，从而获得成年人注意。正如任何一位家长所知，这是一种非常典型的幼儿行为。学生与成年人的语言互动增加了，自发的注意力需求也随之增加（Krantz & McClannahan, 1998）。戴维斯、布恩、齐哈克和弗尔（Davis, Boon, Cihak, & Fore, 2010）使用"权力卡"改善了患有阿斯伯格综合症的中学生的对话技巧，这些"权力卡"描述了每个学生选择的英雄人物所采用的假设对话策略。由于学校学到的技能常常难以转移到家庭环境中，还可以使用书面提示消退技术来促进社交启动技能的泛化（Wichnick-Gillis, Vener, & Poulson, 2019）。书面提示消退也被用来教授复杂的请求（Sellers, Kelley, Higbee, & Wolfe, 2016）以及共同注意（Rozenblat, Reeve, Townsend, Reeve, & DeBar, 2019）。

使用剪辑的视频而不是静态图片已被证明可以有效地教会患有自闭症谱系障碍、中度智力障碍和严重精神发育迟滞的学生相关技能（Bellini & Akullian 2007；Cihak, Alberto, Taber-Doughty, & Gama, 2006；Cihak, Fahrenkrog, Ayers, & Smith, 2010；

Kleeberger & Mirenda, 2010; Mechling, Gast, & Langone, 2002; Morgan & Salzberg, 1992; Tiong, Blampied, & Le Grice, 1992; Van Laarhoven & Van Laarhoven-Myers, 2006; Van Laarhoven, Zurita, Johnson, Grider, & Grider, 2009)。此外，书面提示可以以音频形式呈现，然后逐渐消退淡化以促进社交互动(Garcia, Reeve, Brothers, & Reeve, 2014)。

教师经常为自己和学生提供这样的提示。路线图帮助巡回指导教师获得 S^D，如，"去奥克海文学校"。一些教师通过提示提醒自己，以帮助他们更好的记住某些学生的行为。其他成年人也使用提示，如掌上电脑，日历，地址簿，记事本文件和粘性备忘录等，经常提醒我们需要进行的任务或信息，虽然我们知道，但没有提示就容易忘记。

我们有时会忘记提示可以在学校和其他传统教学环境之外使用。研究人员已经研究了在各种各样的环境中使用提示程序来增加教育对象对 S^D 或指令的依从性，包括，在繁忙的十字路口增加一个发光二极管(LED)指示牌，以显示眼睛左右看的"双向看"图例或其他信息；通过在标牌上添加信息，增加老年人和大学生的安全带使用；驾驶时减少手机使用；鼓励大学宿舍节约用电；提高大学酒吧顾客使用指定司机服务的使用率。(Austin, Hackett, Gravina, & Lebbon, 2006; Bekker et al., 2010; Clayton & Helms, 2009; Clayton, Helms, & Simpson, 2006; Cox, Cox, & Cox, 2005; Kazbour & Bailey, 2010; Van Houten & Retting, 2001)。

示范

"看着我，我会告诉你，"老师说。这位老师正在使用另一种提示。当口头指示或视觉线索不足时，许多教师将示范或模仿所期望的行为。在许多情况下，示范可能是从一开始就选择的过程。一位家庭经济学老师试图告诉全班同学如何使用缝纫机，这为示范的优越性提供了一个令人信服的例子。

广义模仿反应的起源。

大多数学生，包括那些有轻度残疾的学生，都很容易模仿榜样的行为。学者已经提供了对这种现象的许多解释(参见 Bandura, 1969, 进行了完整的讨论)，但最简单的是，大多数学生的强化史包括对模仿行为的大量强化，导致了其广泛的模仿反应。换句话说，"像这样做"已经成为几乎在任何环境中模仿的 S^D。

大多数被强化模仿各种反应的人最终也会模仿未被强化的反应(Maloti, Whaley, & Malott, 1997)。观察父母与婴儿互动的任何人都看到了模仿的正强化的例子。这种强化发生在整个学前阶段,因此大多数孩子来到学校已经习惯于回应 S^D 如"像这样做"或"像玛丽一样做"。当然,孩子们也很可能模仿不恰当的行为,许多家长在某种程度上对孩子们模仿父母的不良习惯的速度感到吃惊。学生也会模仿同学的行为,幼儿园的学生会自发地跟着领队玩耍,领队的非正式行为,例如说话模式,都经常被模仿。令人惊讶的是,具有独特区域口音的新学生开始听起来与他或她的同龄人完全一样。模仿同伴的倾向可能在中学时达到顶峰,青少年往往穿着相似、说话相似、并参与相同的活动。

为残疾学生提供合适的示范是当前的主要目标之一,有利于将这些学生尽可能多的安置在典型学校环境中。据推测,残疾学生将模仿并从他们的非残疾同伴那里学习。这可能以非正式方式发生,但也可能是有计划地进行的。例如,教育专业助手也可以习得如何教授典型发展的同伴示范、解释和强化严重残疾中学生的学术和沟通技能(Brock, Biggs, Carter, & Raley, 2016)。下面的轶事说明了同伴示范的一个例子。

罗伯特学着成为一个青少年

许多年前,在全纳教育成为主流之前罗伯特是温伯格女士班级的一名初中生,该班级独立开设,教育对象为有严重行为问题的学生。罗伯特被称为患有自闭症的学生,但毫无疑问,今天他将被称为患有阿斯伯格综合症的学生。他在自闭症学生中心的老师担心罗伯特只以那些学生为榜样,他的行为每天都变得越来越像他们。但在有行为障碍的学生的班级里,其行为受高度结构化的环境控制,他们将成为罗伯特更好的榜样。

这一安排非常成功,罗伯特甚至可以马上参加普通教育数学课程(温伯格女士不知道这是融合教育)。一天早上,罗伯特走到老师面前,伸出中指问道:"温伯格女士,这是什么意思?",温伯格女士正在整理思绪,准备回答问题时,另外两个学生把罗伯特推走了,其中一个说,"你不应该问老师这样的问题!"

显然,其他学生对罗伯特作为一个13岁的男孩却一无所知感到震惊。在接下来的几个星期里,他们教会了罗伯特。温伯格女士根本没有注意到。

在使用示范技术来提示行为时,教师可以选择对个人行为进行示范,允许其他学生成为范例,或者从团体外引入某人成为范例。范例的选择很重要,因为某些特征可以提高范例的有效性。学生最有可能模仿那些范例:

- 与自己相似
- 有能力
- 有声望(Sulzer-Azaroff & Mayer, 1986)

视频技术使得一些非常有前景的示范程序成为可能。在视频示范中,教师向学生展示一个演示某项技能的视频,例如玩耍(Ezzeddine, DeBar, Reeve, & Townsend, 2019)、社交技能(Jones, Lerman, & Lechago, 2014)、过渡(McNiff, Maag, & Peterson, 2019)、数学(Hughes, 2019; Satsangi, Hammer, & Hogan, 2019)、如厕训练(Lee, Anderson, & Moore, 2014)和职业技能(Van Laarhoven, Winiarski, Blood, & Chan, 2012)。视频自我示范使用编辑过的视频录像,展示学生自己正确地执行技能,如阅读流畅性(Edwards & Lambros, 2018)、工作技能(Goh & Bambara, 2013)、写作(Harris, Little, & Akin-Little, 2017)和玩游戏(Jung & Sainato, 2015)。另外,可以拍摄同伴示范技能,如假装游戏(Sani-Bozkurt & Ozen, 2015)和玩游戏(Kourassanis, Jones, & Fienup, 2015)。通过视频编辑,甚至有可能向学生展示他们从未实际进行过的行为。学生如果看到自己作为榜样参与示范(而不仅仅是与自己相似的人),有能力(至少在视频中)且有声望(自己在电视上!),就有望改变其各种各样的社会和学术行为。

视频示范的另一种变体是视频提示。在这种方法中,教师不是展示一个完整的行为链条并观察学生是否能展示这一链条,而是展示一个单一步骤的短片段,让学生执行那个步骤,然后展示下一个步骤的视频片段,依此类推。视频提示已被用来教授日常生活技能(例如,洗碗; Gardner & Wolfe, 2015; Mechling, Ayres, Bryant, & Foster, 2015; Wu, Wheaton, & Cannella-Malone, 2016)、职业技能(例如,装信封; Cullen, Alber-Morgan, Simmons-Reed, & Izzo, 2017; Seaman-Tullis, Cannella-Malone, & Brock, 2019)和学业技能(Kellems & Edwards, 2016; Knight, Kuntz, & Brown, 2018; Saunders, Spooner, & Ley Davis, 2018)。

示范可用于提示简单或更复杂的行为。教师可以使用示范的方法来提示重度残疾学生说话。数学老师可能会要求有能力的学生先在黑板上对一个问题进行演示,然后要求其他学生做参照示范自己再做一遍。体育老师可能会展示复杂的体操动作。单独使用示范可能不够有效,但当它与排练和/或反馈结合时会更有效。例如,结合示范和排练来教自闭症学生火灾安全知识(Garcia, Dukes, Brady, Scott, & Wilson, 2016)、结合示范和口头提示来增强自闭症学生的游戏技能(Quigley, Griffith, & Kates-McElrath, 2018)。他们还发现,在使用前事条件(如模型和语言提示)时,后果——积极的强化——很重要。虽然他们最初的干预是独立游戏反应获得两个可食用的强化物,而提示反应获得一个可食用的强化物,但当他们为独立反应提供一个可食用的强化物和为提示反应提供表扬时,他们获得了更好的结果。亨特(Hunter, 1984)描述了一种结合语言和肢体示范的过程。她建议老师在描述所涉及的行为时首先对技能进行示范,然后对技能进行口头描述,然后在学生执行技能时提供口头提示,然后要求学生自己完成技能。有证据表明,对所展示内容的进行口头描述使得示范更有效(Hay, Murray, Cecire, & Nash, 1985; Hunter, 1984)。我们大多数人都可以通过回忆一位高中或大学数学讲师来直观地证实这一说法,他们在黑板上展示了高度复杂的证明或算法,却不说一个字,然后转向全班问:"大家都明白了吗?"以下轶事展示了将示范与口头提示相结合的过程。

学生们学习波尔卡舞

一些运动技能较差的儿童参加了一个旨在提高运动协调能力的课外项目。他们的老师决定,因为学生们已经掌握了跳跃和蹦跳,他们会喜欢学习波尔卡舞。"我们来跳波尔卡舞吧!"老师说。

"看看我在做什么。分—合—分—跳!现在你做到了。分—合—分—跳。"很快,老师说:"让我们来跳波尔卡舞!"学生们跳出了理想的动作。顺便说一下,他们中的许多人在跳舞时还在低声说着"分—合—分—跳"。

示范可以是一种有效的提示程序,但它确实有局限性。有些行为难以模仿。一些学生,特别是那些有重度残疾的学生,没有足够的模仿能力,也没有回应口头提示的能力。尽管可以教导学生通过加强模仿来学习所示范的内容,但可能还需要其他形式的提示。许多教学过程涉及结合各种提示。

肢体提示

- 自我指导在第十二章中有讨论。
- 老师把手放在学生手上,然后向上拉。

当学生不能对程度较轻的提示形式做出回应时,他们可能需要肢体上的提示。肢体提示可能是发展广义模仿反应的第一步。斯特芬和韦瑟比(Streifel & Wetherby, 1973)教导一名重度智障的学生听从指令,例如"举手",使用肢体引导程序,老师首先给出了口头指令,然后引导学生执行,最终,学生的行为受到指令的控制。将重度残疾学生的行为置于模仿和指令的刺激控制之下的意义是巨大的。模仿模型并遵循指令的学生可以学到很多东西。研究人员还使用肢体提示教授诸如组装玩具(Blair, Weiss, & Ahearn, 2018; Mckay, Weiss, Dickson, & Ahearn, 2014; Seaver & Bourret, 2014),使用 iPad 作为语音生成设备回答问题(Lorah, Karnes, & Speight, 2015)以及折叠衣服(Sabielny & Cannella-Malone, 2014)等技能。

物理指导(身体提示)程序绝不仅限于针对残疾学生使用。例如,大多数教师在教授初学者写字技能时经常使用这些程序。音乐教师可以通过肢体辅助指导学生的指法。许多运动技能使用物理指导(身体提示)最容易教授。很难想象用其他任何方法教人驾驶手动档汽车。在使用身体指导时,教师需要确保学生是配合的。如果学生是抵抗的,这样的程序将是令人不快的(可能对双方而言)。即使是配合的学生也可能在身体提示时有紧张的倾向。

其他触觉提示

科技的进步使得使用传呼机来提示学生成为可能,这些设备通常被那些非常忙碌和重要的人使用,这些人考虑周到,他们会在公共场合将其设置为"振动模式"。研究人员使用了一种可以通过遥控器激活的传呼机(Shabani et al., 2002)或一种可以预设在指定的时间间隔激活的传呼机(Taylor & Levin, 1998)来提示患有自闭症的学生发起与同伴的互动。泰勒、休斯、理查德、霍赫和科埃洛(Taylor, Hughes, Richard, Hoch, & Coello, 2004)使用传呼机提示学生在迷路时寻求成人帮助,老师和家长走到离开学生视线的地方,等待一会儿,打开传呼机,这个学生要把一张交流卡交给一个社区成员。触觉提示也已被用于提高学生在课堂上的专注行为(Boswell, Knight, & Spriggs, 2013; Moore, Anderson, Glassenbury, Lang, & Didden, 2013; Rafferty, 2012)。

消退

学习成果 10.4 定义逐步淡化提示的方法

如果教师进行提示后学生的反应不受刺激控制,则必须撤回提示,并且必须由 S^D 单独引发反应。但是,过于突然地撤回提示可能会导致所期望行为的终止。逐渐撤回提示称为消退。任何提示都可能逐渐消失,以便在反应发生并在单独呈现 S^D 时得到强化。在确定最佳消退速度方面涉及相当多的技巧：如果速度太快，则这种行为不会经常发生，从而使强化有效；如果速度太慢，学生可能永远依赖于提示。提示可以通过多种不同方式消退。研究者对消退提示系统进行了总结，并提出了四个主要类别：减少辅助、分级指导、延迟时间和增加援助(Cengher, Budd, Farrell, & Fienup, 2018)。

减少辅助

当使用渐弱的辅助（有时称为"从多到少的提示"）来淡出提示时，教师首先使用一定程度的提示，这实际上保证了学生将产生一定的反应。当学生变得更有能力时，辅助的力度就会系统地减少。此过程可用于淡化各种提示。如，英语老师使用规则来帮助学生识别名词，可以从 S^D（"这是名词吗？"）开始，并提示"如果它是一个人、地方或事物的名称，它就是一个名词。"当她的学生做出正确的回答时，她可能会说：

这是名词吗？（S^D）

它是一个人、地点或事物的名称吗？（提示）

然后，

这是名词吗？（S^D）

记住，人、地点、事物。（提示）

然后，

这是名词吗？（S^D）

记住你的规则。（提示）

最后，

这是名词吗？（S^D，没有提示）

数学老师使用减少辅助的方法来消退视觉提示，可以首先允许学生使用完整的乘法算式来帮助他们解决问题，并在他们掌握后系统地删除更简单的组合。一名教授阅读的教师在与学习障碍学生合作时，可能会嵌入问题来指导阅读理解，然后系统地移除这些问题以生成自我提问(Rouse, Alber-Morgan, Cullen, & Sawyer, 2014)。一名教授与自闭症学生沟通技能的教师可能会从完整的语言示范（例如，"汽车"）渐变到提供答案选择（例如，"汽车、马还是飞机？"），最终在教授图片命名时不再给予提示(Leaf et al., 2016)。以下"孩子们学习呼啦圈"的轶事说明了这种消退的过程。

孩子们学习呼啦圈

汤森德教练是一名小学体育老师。他决定教一年级学生转呼啦圈,这样他们就可以在开放日表演了。他开始演示,首先说"看我!",接着教学生们怎么做。当学生们咯咯的笑声平息下来时,他给每个学生一个呼啦圈。"准备好了,"他说,"呼啦!"然后,26个呼啦圈掉在地板上叮当作响。孩子们都气馁了。教练从一个学生身上取下一个呼啦圈。"好吧,"他说,"像这样开始。"他用手推着呼啦圈。"现在就做这个"。他转动臀部。当学生们咯咯的笑声平息下来时,他说:"再来一次,就像这样!""汤森德教练把呼啦圈还给了学生并演示了动作。他逐渐将手部动作简化为手腕的轻微动作,将臀部动作简化为轻微的抖动。不久之后,只需要说"准备好了,呼啦!"就足够了。

伟大的一天终于到来了。26名一年级的学生戴着呼啦圈站在体育馆,他们的父母坐在看台上。汤森德教练开始播放音乐并说:"准备好了,呼啦!"他站在队伍的一边。孩子们给了他很大的荣誉,但他听到听众忍俊不禁的笑声。教练终于意识到,在他们的热情中,他又开始示范必要的臀部动作。

当使用多种提示的组合时,也可以使用由多到少的提示方法。比如,教师最初通过演示、样题和逐步说明等方式来向学生传授新技能后,则可以逐个删除这三种不同类型的提示,直到学生仅对不完整的示例做出反应为止。

刺激塑造不应与本章后面描述的塑造过程混淆。

减少提示的最精细形式可以实现几乎无差错的学习。许多被称为无差错学习的程序使用刺激(S^D 或 $S^\triangle$)内的改变来提示正确的反应。这些提示通常被称为刺激提示,而程序本身有时也被称为刺激塑造。为了让学生更容易区分,S^D、$S^\triangle$或两者的一些特征会发生变化。马洛特等(Malott et al., 1997)进行了一项研究,研究对象叫吉米,是一个发育迟缓的学生,研究者通过在黑色的卡片上用白色的字母粘贴上"苏珊"、在白色背景上用白色的字母粘贴上"吉米",让吉米学会了区分自己和别人的名字。研究过程中,通过强化选择"吉米"这个选项,正确的卡片被确定为S^D。随后,吉米卡上的背景色逐渐变暗,直到两个名字都用白色印在黑色背景上。吉米没有做出错误的选择,最终基于相关的刺激特性学会了区分。

艾隆(Ayllon, 1977)描述了另一个例子。一位老师试图教一群幼儿区分自己的左右手。在训练的第一天,每个孩子的右手都贴上了一个用记号笔做的×。这使得学生在被要求举起右手的时候,可以区分出 S^D(右手)和 $S^\triangle$(左手)。在第二天,计划再次标记右手,但由于标记的持久性(或儿童的个人卫生),每个孩子仍然有一个可见的标记。随着训练在一周内进行,每个孩子的标记逐渐消失,并且在周末结束时,每个孩子在被问及时始终抬起右手。约莱茨、马圭尔、金和布劳尔特(Yorlets, Maguire, King, & Breault, 2018)使用了类似的程序来教一个自闭症儿童将图片和书面文字与口头语言和手语符号匹配,首先是加粗正确图片的字体,然后逐渐减弱字体的粗细。图森特、沙伊特豪尔、泰格和桑德斯(Touissaint, Scheithauer, Tiger, & Saunders, 2017)通过首先使用非常不同的字符(例如,一个有五个点,另一个只有一个点)来教视觉障碍儿童区分盲文字符,然后逐渐增加字符之间的相似性以进行区分。

证据表明(Schreibman & Charlop, 1981; Stella & Etzel, 1978),如果只改变 S^D 的特征并且 $S^\triangle$ 保持不变,那么无错误学习是最有效的。虽然用其他提示系统提供无错误的学习是可能的,但"无错误学习"这一术语通常是在区别刺激的系统性改变是主要提示形式时使用的。

无错误学习的消退提供了刺激控制的发展,而没有练习不正确的反应,也不会引起一些学生在出错时表现出不当行为(Dunlap & Kern, 1996; Munk & Repp, 1994)。然而,提供完全无错误的学习环境可能并不总是令人满意的。史普纳等(Spooner et al., 1984)认为,当最初的高错误率快速下降,正确的反应加速时,可能会出现最优学习。特勒斯(Terrace, 1966)指出,无错误训练可能会导致学生对挫折的容忍度不足。在现实世界中,一些错误是不可避免的,学生必须学会处理错误。克朗伯兹等(Krumboltz et al., 1972)建议通过教学设计,逐渐让学生在错误后坚持下去、继续学习。罗德沃尔德(Rodewald, 1979)认为,在训练过程中间歇性强化可以减轻无错误学习可能带来的负面影响。这种间歇性强化可能有助于培养学生对不强化反应的容忍度。

分级指导

分级指导用于淡化肢体辅助。教师从必要的肢体辅助开始,逐渐减少。这种指导的重点可能从身体的某个部位逐渐转移(空间消退),到不接触学生的影子程序,跟随他的移动,贯穿行为的始终(Foxx & Azrin, 1973)。分级指导已被用于教授严重残疾和视力障碍学生使用勺子(Ivy, Hatton, & Wehby, 2018)、教自闭症谱系障碍学生使用 iPad 匹配图片和文字(van der Meer et al., 2015),以及教授自闭症学生的游戏技能(Akmanoglu,

Yanardag, & Batu, 2014)。奥哈拉和霍尔(O'Hara & Hall, 2014)使用了视觉时间表和分级指导法,通过从手对手的提示逐渐过渡到腕部提示、肘部提示、肩部提示,最后是"影子"提示(即引导但不接触学生),教授自闭症儿童在课间休息时使用游乐场设备。

以下小短文展示了胡安如何通过分步指导学习。

胡安学习用勺子吃饭

胡安是一名重度智力障碍的学生。他的老师贝克女士相信,如果他能学会用勺子代替他的手指进食,他就可以和正常发展同龄人共进午餐。她准备了一碗香草布丁和一把勺子,希望胡安喜欢的布丁会成为其使用勺子的正面强化剂,而且香草在胡安她自己和桌上造成的混乱不会像巧克力那样明显(老师必须考虑一切!)。贝克女士坐在胡安旁边,用手握住他的右手,将其引导到勺子上。她帮他舀了一些布丁,并引导他的手靠近他的嘴。当勺子到达他的嘴边时,他急切地喝着布丁。贝克女士随后将胡安的左手从布丁盘中移开,并用她精心提供的湿巾擦去。她多次重复这个过程,每当勺子达到目标时赞美并拍拍胡安。当她觉得胡安自己做了更多必要的动作时,她逐渐减轻了她的手的力度,直到它只是靠在胡安的手上。然后,她将手从他的手上移到手腕,从手腕移到手肘,最后移到他的肩膀上。最终,她完全移开了她的手。胡安独自使用勺子。

延时

延时法不同于其他消退方式,因为该方式不改变提示本身的形式,只是改变其时间。选用该消退方法,教师不是立即提示,而是等待,从而允许学生在提示之前做出回应。延迟通常只有几秒钟。延时法可以是恒定的(保持相同时长进行延迟)或渐进的(当学生具有一定相关能力时,增长提示时间间隔)。在延时的同时也可以与各种提示方法一起使用。许多老师本能地使用它们。比如,我们可以回忆我们的英语老师,她通常问道,"这是一个名词吗?"并等了几秒钟,如果她没有发现任何回应,则提示:"如果这是一个人、地点或事物的名称,那就是名词。"很多关于教学方法的教科书讨论等待时间的相关策略(Kauchak & Eggen, 1998),通常鼓励教师在给学生提供帮助或请下一位学生回答之前,需等待3秒钟。

延时法也可用于淡化视觉提示。教授视觉词汇的老师可能会遮住单词卡上的图片并等待几秒钟,让学生在不看图片的情况下识别单词。如果学生未能在教师建立的延迟时间内做出回应,那么就给他们呈现图片。史蒂文斯和舒斯特(Stevens & Schuster, 1987)使用类似的程序教有学习障碍的学生 15 个单词的拼写。

科尔曼、赫尔利和西哈克(Coleman, Hurley, & Cihak, 2012)教授具有中度智力障碍的学生认读常见单词。教师展示一个常见单词卡片,询问"这是什么?"后立即示范正确的回答(例如,"pour"),然后再次询问"这是什么?"接下来,教师展示卡片,问"这是什么?"并等待 4 秒,在这期间学生命名图片,或者之后教师示范答案。科尔曼等还展示了这种方法可以使用计算机辅助教学来实施。

有研究(Oliveira, Font-Roura, Dalmau, & Giné, 2018)教自闭症学生识别单词的首音。目标是展示三个书面单词,并要求学生指向以特定声音开头的单词(例如,"指向以 ssss 开头的单词")。在第一次课程中,时间延迟为 0 秒;也就是说,教师展示了三张卡片,给出指令,并立即指向正确答案。当学生指出时,教师给予表扬。在那次初始课程之后,教师等待了 5 秒。如果学生在 5 秒内正确回应,就会受到表扬;如果没有,则会被提示。

还有研究(Ackerlund Brandt, Weinkauf, Zeug, & Klatt, 2016)使用类似的程序来教自闭症学生各种学业和语言技能(例如,加法、匹配、命名)。在第一次教学课程中,他们通过立即提示使用 0 秒时间延迟(例如,"这是什么?说'狗';"第 60 页)。在随后的课程中,教师等待了 4 秒,并在 4 秒内给出回应时提供表扬和可食用的强化物,并在 4 秒后给出错误回应或没有回应时给出提示。从 0 秒延迟开始并逐渐增加延迟是一种无错误教学的形式。当摩根斯特恩等(Morgenstern, Causin, & Weinlein, 2019)从 0 秒时间延迟开始教自闭症学生使用代词时,他们将其程序称为"无错误教学"。

同步提示法:对于"当学生对 S^D 无反应时提供提示"的说法有一个例外。当使用这种形式的反应提示时,S^D 被呈现后,教师立即提供控制提示(确保正确的反应,通常是正确反应本身),学生立即提供正确的反应(Morse & Schuster, 2004)。这就好像一个人使用了延时提示后却没有任何延迟。同步提示是一种无差错的教学程序,因为学生没有犯错的机会。一个显而易见的问题是"老师如何知道学生正在学习什么?"为了回答这个问题,老师在每个教学内容之前进行小测验,以测试学生对以前学过内容的掌握程度。

这个方法已经成功地用于自闭症儿童和轻中度智力障碍儿童。例如拉米兹等(Ramirez, Cengher, & Fienup, 2014)教授三名自闭症青少年计算经过的时间,形式包括算式问题(例如,"4:45—3:30 = _____")或文字问题(例如,"电影从下午 2:45 开始,在下午 4:10 结束,电影有多长时间?"第 766 页)。同步提示是指导者示范一个步骤(例如,将问题写成垂直减法问题)并让学生完成这个步骤。对任务分析的所有步骤都重复这个过程。

对于有情绪行为障碍或注意力缺陷多动障碍的五年级学生,赫德森等(Hudson, Hinkson-Lee, & Collins, 2013)使用口头提示引导学生写一段关于特定主题的文字(例如, "向我展示写这段文字的第一步","向我展示写一段文字接下来的内容是什么", p. 148)。同步提示的程序相同,只是指导者在要求学生完成之前先示范每一步。在她的示范中,指导者还嵌入了写作指导,如关于大小写和标点的指示。

科林斯等(Collins, Terrell, & Test, 2017)教授轻度智力障碍的青少年在温室中照料植物的就业技能。探测是站在温室里问,"你怎么照顾这棵植物?"(p. 40)。同步提示包括指导者问,"照顾植物的第一件事是什么?"并说明第一步。当学生完成第一步时,指导者提供表扬。指导者以这种方式教授后续步骤。学生掌握了植物护理的任务分析,并学习了关于光合作用的额外科学内容。

对该方法与其他提示方法进行比较,可以发现,结果并没有显著不同。在对文献的广泛评论中,莫尔斯和舒斯特尔(Morse & Schuster, 2004)以及沃、阿尔伯托和弗雷德里克(Waugh, Alberto, & Fredrick, 2010)指出,除了其他优点之外,老师们通常更喜欢这种提示方法而不是其他方法,并且在融合环境中,它可以由同伴或与障碍人士一起工作的教育专业助手轻松实施。

增加辅助

增加辅助的方法被描述为"类似于减少辅助方法的反向应用"。增加辅助也称为"最少到最多提示系统"。使用此方法时,教师从 S^D 开始,在其指令表中找到最少线索的提示,并为学生提供回应的机会。许多教师在不了解术语的情况下使用从最少到最多的提示程序。如,英语老师说:"这是名词吗?",若没有得到学生回应,则提示"记住你的规则",若还没得到学生回应,则继续提示"记住,人、地方或事物",若还没得到学生回应,则继续提示"它是一个人、地方或事物的名字?"若还没得到学生回应,则继续提示"如果它是一个人、地方或事物的名字,那么它就是一个名词。"有时很难在不发出刺耳声音或牢骚的情况下实施从最少到最多的提示。

增加辅助的方法可用于淡化视觉提示。一个教初学者阅读的老师可能会先展示一张画有一个男孩的卡片,然后是一张有木棍图形的卡片,最后是一张画有一个男孩的卡片。要在示范过程中使用该方法,可以先提供一个手势,然后再进行完整的演示。要在身体辅助下使用递增提示,还是可以从一个手势开始,然后转向完整的教学流程。

研究人员已经证明了最少到最多提示(least-to-most prompting)在教授各种技能方面的有效性。例如,戴维斯-坦普尔等(Davis-Temple, Jung, & Sainato, 2014)使用最少到最多提示来教具有各种特殊需求的幼儿与同伴玩棋盘游戏。最少到最多提示的步骤包括:(a)间接口头提示(例如,"你应该做什么?"或"你应该把你的棋子移动到哪里?"),(b)直接口头提示(例如,"把你的棋子放在黄色空格上"),(c)手势提示或示范(例如,指向空格),以及(d)肢体提示(例如,实验者将手放在孩子手上,一起选择棋子并将其移动到有色空格)。对于每个步骤,实验者呈现材料并等待5秒钟以供回应。如果没有回应或出现错误,就会提供从最少到最多侵入性的提示。

赫德森等(Hudson, Browder, & Jimenez, 2014)教授具有中度智力障碍的学生理解科学文本的阅读。典型的同伴提供了最少到最多提示层次结构,包括:"(a)再次阅读文本;(b)再次阅读包含正确答案的句子;(c)说出正确答案;和(d)说出并指向回应板上的正确回应选项"。

吉尔等(Gil, Bennett, & Barbetta, 2019)使用最少到最多提示来教中度智力障碍的年轻成人在杂货店购物。他们为购物步骤创建了一个任务分析,并在购物车上的iPad上显示购物清单。提示层次结构包括口头、手势、部分肢体和完全肢体提示。如果学生错误执行步骤、开始步骤用时超过10秒或找一个物品用时超过3分钟,则增加提示。

有效的消退提示方法

在不同的消退提示方法中,并没有一种方法明显优于其他方法。莉比等(Libby, Weiss, Bancroft, & Ahearn, 2008)比较了最多到最少提示和最少到最多提示,用于教自闭症儿童构建乐高结构。他们发现,对所有儿童而言,最多到最少提示是有效的,而最少到最多提示仅对三名儿童有效。然而,对于这三名儿童来说,最少到最多提示比最多到最少提示更高效。另一方面,最少到最多提示导致了更多错误,而已知错误会减慢学习速度并引发挑战性行为。从对不同淡化方法的研究中得出的一个潜在指导原则是,对于中度到重度残疾的学生,在开始教授新技能时,最好使用无错误程序,例如最多到最少提示、同步提示或从0秒延迟开始的渐进式时间延迟。一旦这些学生在新技能上表现出熟练,最少到最多提示是不断评估和加强技能的好策略。而轻度残疾的学生或通常发展的学生可能从一开始就从最少到最多的提示中受益。

消退提示摘要表

增加辅助:(最少到最多的提示)。从最少线索的提示开始,然后在必要时提供更多线索的提示。

分级指导：将完全身体辅助减少为"影子"（跟随学生的动作，但不接触学生），在学生身体的某个部位进行轻微的触摸。

延时：可以是恒定的或渐进的。等待几秒钟，然后提示让学生回应。

减少辅助：（最多到最少的提示）。从最强的提示开始。当目标行为可靠地发生时，移动到下一个较少线索的提示。

建立和维持刺激控制是强有力的工具。一旦所有提示被撤除并且行为受到刺激控制，它们将继续发生，有时会持续数年，且除了在自然环境之外没有任何强化，甚至人们知道不会有强化。你是否曾在凌晨3点，在一个废弃的十字路口，坐在红灯前等红灯变亮？如果你知道的话，你就会知道刺激控制的力量。

刺激控制在促进行为习得的同时，对行为的泛化和维持也有很大的作用。刺激控制最近成为促进行为维持和泛化最有力的潜在工具之一——以确保学生获得的技能在他们教学环境以外也可以进行，并且在教师离开后很长时间内仍可以继续进行目标行为（Halle, 1989; Halle & Holt, 1991; Schussler & Spradlin, 1991）。第十一章详细讨论了泛化和维持及其与刺激控制的关系。

有效的提示

为了最有效地使用提示，教师需遵循以下指导原则：

使用提示的指导方针。

1. 提示时应该将学生的注意力集中在 S^D 上，而不是分散其注意力。从空间上或其他方面远离刺激的提示可能是无效的（Schreibman, 1975）。切尼和斯坦（Cheney & Stein, 1974）指出，使用与刺激无关的提示可能不如不使用提示或试错学习有效。善意的老师鼓励初学者使用引文中的插图作为对页面上单词的提示，可能会发现过分强调这些提示会导致一些孩子过度依赖插图而忽略书面文字。对于一些学生来说，这种依赖性可能会发展得很快，以至于需要使用没有插图的阅读材料，以便将注意力集中在相关的 S^D 上。

2. 提示应该尽可能的弱。当较弱的提示起作用后，使用较强的提示是无效的，可能会延迟刺激控制的发展。最好的提示是激发目标行为的最弱提示。强烈的提示常常是干扰性的，它们干扰了环境先行刺激 S^D，并极大地改变了目标行为执行的环境或条件。应该尽一切努力使用线索尽可能少的提示。总的来说，视觉和语言提示比示范和肢体辅助的线索少。但情况并非总是如此，比如，轻轻推一下孩子的手，帮助他拼好一块拼图，这可能比大喊"用另一种方式拼"要少些干扰。效率低下并不是提示过于强烈的唯一不良影响。许多学生对强烈或不必要的提示反应消极（Krumboltz & Krumboltz, 1972）。当学生们说"不要给我提示，我自己会搞清楚的！"明智的老师会听取学生的意见。

3. 应尽快撤除提示。超过必要时间继续提示可能导致 S^D 无法获得控制权。高效的教师只在必要时使用提示并快速淡化，从而避免学生依赖提示而不是 S^D。比如，若允许学生长时间使用乘法算式可能永远学不会乘法运算。

4. 应避免计划外的提示。任何观察过大量教学案例的人都会看到学生通过仔细观察老师，找出正确答案的线索。教师可能完全没有意识到学生是通过面部表情或声音变化得到提示的。无论是否有意，这都是不恰当的提示。比如，老师一边摇头一边问："故事中的约翰尼真的想去公园吗？"在这样的语气中，所有的孩子都回答"不"，如果她认为学生一定理解了他们所读的内容，那就是在欺骗自己。

教授复杂行为

学习成果 10.5　描述任务分析和链锁在教授复杂行为中的作用

到目前为止，我们已经讨论过将行为置于刺激控制之下，就好像所有的行为都是由简单的、离散的行为组成的，这些行为可能由一个区别刺激引起，我们在必要时进行提示，并加以强化。我们希望学生学习的大部分内容都涉及许多这样的离散行为，在呈现 S^D 时按顺序进行。大多数功能性、学术性和社会性技能都具有这种复杂性。在考虑教这类行为之前，必须对复杂任务的确切性质进行分析。

任务分析

要进行任务分析，首先明确终端行为，然后按顺序列出必要的先决技能和组成技能。

希望学生习得复杂行为链的老师所面临的最艰巨的任务，就是确定复杂行为必须包含哪些步骤及其顺序。将复杂行为进行分解称为任务分析。任务分析构成了许多用于教残疾人执行复杂行为和行为序列的教学策略的基础。在教师选择说明、线索、提示或其他教学方法之前，必须明确自己正在教什么，并将任务分解为可管理的部分。具有许多步骤或组成部分的任务根据教学目的划分为不同的阶段。例如，德昆泽等（DeQuinzio, Townsend, & Poulson, 2008）将分享技能分解为三个步骤："(a) 拿起一个玩具并说，'看看这个'，(b) 走向另一个人，把它递给他或她并说，'来，你试试'，(c) 然后说，'我们一起玩吧。'"（第266页）

任务分析需要大量的练习,可以应用于学习用勺子吃饭(Rubio Pichardo, & Borrero, 2018)、购物(Morse & Schuster, 2000)写自己的名字(Moore et al., 2013)。一般来说,分析运动任务可能比分析学术和社会行为更容易,但分析对于教授所有复杂行为同样重要。许多学术技能包括不能直接观察的步骤。解决两位数除三位数长除法问题的第一步如下所示:

1. 写出可以从被除数的前两位或全三位数中减去除数的次数。

显然,学生在完成任务之前必须回答一些问题。比如,"可以从前两位数中减去除数吗?如果可以,多少次?如果不能,我该怎么办?可以从三位数中减去多少次?"。显然,可以通过查看步骤1中列出的行为来评估学生的表现,但必须考虑首先需要发生的事情。卡特和坎普(Carter & Kemp, 1996)建议最初对这样的任务使用两步任务分析,首先包括不可观察的组成部分,并创建一些方法使它们变得可观察——例如,询问一个正在做长除法问题的学生,让他口头说明原本隐含的步骤。

教师和研究人员最初使用任务分析将基本技能分解为小步骤,以便一次一步地向重度和极重度的残疾人学习者进行教学。它被证明是一种有价值的方法,它不仅适用于该类人群,还可以帮助各类学生的教师分析各种任务。

要获得任务分析所涉及内容的一般概念,请执行一项简单的任务,例如穿上夹克,并按正确的顺序列出其组成步骤。然后给一个朋友按顺序阅读所列步骤,并要求其完全按你所写的那样做。别担心,下次你会做得更好。一位应用行为分析师把这项任务作为期中考试的一部分,那些不认真的任务分析会得到不及格的分数。

任务分析是将复杂的能力和职业技能传授给重度和极重度残疾人的基础。从理论上讲,把一个任务分解成足够小的部分,可以教会任何人任何东西,但时间的限制使得向学生教一些东西变得不切实际。尽管如此,这项技术依然存在。教师甚至可以教学生做那些教师无法做到的行为,只要教师能够识别并强化最终行为及其组成部分(Karen, 1974)。这让人想起了一位超重的中年体操教练,他为自己的青少年运动员欢呼雀跃,因为他们表演了他教给他们的令人难以置信的敏捷技艺,但如果想象是他在表演,那就太可笑了。

莫耶和达迪格(Moyer & Dardig, 1978)提供了任务分析的基本框架。第一步始终是确定学习者必须具备哪些技能或概念才能学习目标任务。这些被称为学习技能的先决条件。任何试图教一个不知道如何拿铅笔写信的孩子学习写信的老师,或者教一个不知道基本乘法原理的孩子做乘法计算的老师,都会意识到这些努力的愚蠢之处。在分析新任务时,重要的是要问:"为了学习这个,学习者需要知道什么?"如果在开始上课之前有更多的老师问自己这个简单的问题,那么在学校经历长期失败的孩子就会减少。尽管在开始任务分析之前尝试列出先决条件技能是明智的,但许多教师发现分析本身最有价值的方面之一是在完成整个过程时确定了其他先决条件。

在任务分析之前,教师还需列出执行任务所需的所有材料。同样,随着分析的逐步开展,其他的需要可能也会出现。最后,分析人员必须按照既定执行顺序列出任务的所有组成部分。尽管依靠经验可以做到这一点是有可能的,但是很多人发现观看更有能力的人(技能专家)执行任务是有帮助的(Moyer & Dardig, 1978)。要求专家在执行步骤时口头列出这些步骤,可能是很有价值的。

施里撒等(Shrestha, Anderson, & Moore, 2013)编写了一个任务分析,用于教授一名4岁自闭症儿童制作一碗麦片。表10.1展示了Shrestha等人用来教授这项技能的任务分析。

表10.1 制作、享用一碗麦片并随后清理的任务分析示例

步骤	相关阶段
1. 从抽屉里拿一个碗	阶段1
2. 从抽屉里拿一个勺子	
3. 从橱柜里拿出麦片	
4. 从冰箱里拿豆奶	
5. 向碗中加入两勺麦片	
6. 打开豆奶瓶盖	阶段2
7. 倒入适量豆奶,直到麦片仍可见	阶段3
8. 关上豆奶瓶盖	
9. 捣碎麦片	
10. 开始吃	
11. 将碗拿到水槽旁边	
12. 把麦片放回橱柜	
13. 将豆奶放回冰箱	

注:摘自 Shrestha, A., Anderson, A., & Moore, D.W. (2013). 使用视角视频示范和正向链锁教授孤独症儿童实用的自助技能。《行为教育杂志》,22(2),157—167. https://doi-org.ezproxy.simmons.edu/10.1007/s10864-012-9165-x

下面的秩事展示了通过"观察大师表演"并要求他列出步骤来推导任务分析的过程。

卡德瓦拉德女士分析了一项任务

计算机服务公司的顾问站在卡德瓦拉德女士的办公室里,等着引起她的注意。"对不起,夫人,"他羞怯地说,"我是来给您安装新电脑的。""是的,真的,"卡德瓦拉

德女士高兴地回答，"我简直等不及了。"顾问却觉得很可疑的；以他的经验来看，大多数文职人员都依附于他们现有的系统，并且对新技术较为反感。他没有见过卡德瓦拉德女士。

当这个年轻人拔掉插头并插上电源时，他不停地嘀咕着微处理器、内存、比特、芯片、病毒、电子表格、接口、缓冲区和其他深奥的知识。卡德瓦拉德不理睬他，继续工作。很快，他高兴地宣布她的系统"启动"，准备离开。

"稍等，年轻人，"卡德瓦拉德女士坚定地说，并从口袋里取出一支铅笔和一本笔记本，"虽然你可以放心地认为我拥有操作该系统的先备技能，但我需要你向我展示为激活和操作文字处理程序需要进行的步骤。请足够准确地描述你在每一步中所做的事情。你现在可以开始了。"

"但是，女士，"顾问抗议道，"这是一个最先进的系统；你可以上网、访问主机、下载更新、刻录CD、与朋友视频聊天、看电视、查看脸书页面、关注博客……"但卡德瓦拉德脸上的表情使这位顾问沉默了。

"第一步？"她提示。当顾问按顺序列出并执行这些步骤时（卡德瓦拉德之前注意到，如果有压力的话，大多数计算机程序员都能很好地完成这些步骤），卡德瓦拉德仔细地把它们写下来。她知道这个任务分析不仅对她自己有用，而且对其他同事使用他们的新计算机也有用。当她谢过这个受了一点管教的年轻人时，她平静地叹了口气。

"如我所料，"她想，"没什么大不了的。我的大多数同事都会通过一点指导很快地掌握它。毕竟，他们中的大多数人多年来一直在使用效率较低的文字处理器。但是，哦，天哪，等到格伦迪教授发现再也没有手写输入打字法了，他就必须得学习文字处理了。"

我们建议你在开始学习任务分析技巧时，将简单的运动任务分解为它们的先决条件和组成部分。下一节将提供一些例子讨论教学行为链锁。对于那些精通烹饪的人来说，许多菜谱提供了任务分析的模型。对先决条件的概念和技能的重要性很容易被我们这些不太有成就的人理解。我们面对一份菜谱时，"首先，给一只嫩母鸡去骨"，我们会对先决技能和概念产生疑问："去骨？它看起来已经很瘦了。它嫩？它的出生日期不在包装上。如果今天是'使用或冷冻截止日'的前一天，它还嫩吗？母鸡吗？我怎么知道？"当被告知

"去骨"的意思是"去除骨头"时,一个关于各步骤操作技能的重要问题就出现了。从鸡身上取出骨头的任务是需要分析的。然而,仅仅进行分析是不够的。仅仅是阅读这些步骤,甚至是观看已故的朱莉亚·查尔德(朱莉娅·查尔德当然是这项技能的大师)表演这些步骤都是不够的。至少,我们必须接受教育。必须有人帮助我们学习每个步骤,并按顺序执行它们。只有这样,我们才能把这个任务整合到更复杂的任务中,做出美味的鸡肉砂锅。我们可能会叫人去买披萨来代替,而这是一项我们已经完全掌握了组成部分的任务。

链锁

任务分析的组成部分形成了应用行为分析师所说的行为链。理想的任务分析会将任务分解为学习者可以通过口头指令或演示来完成的部分。在教授正常发展学生和轻度残疾学生时,这通常是可能的。更常见的是,行为链可能包含学习者可以通过教学(刺激控制下的行为)可以做到的行为,但必须包含教授的一个或两个新的目标行为。当教学链的组成部分已经成为学生技能的一部分时,主要关注点是学生如何通过仅呈现一个 S^D 来按顺序执行行为。例如,一位教师上课时说"准备好数学练习",结果学生们困惑地偷偷摸摸四处寻找,一些学生找到他们的数学练习册,其他学生模仿他们,"来吧,"老师提醒道,"快点"一两个学生找到了铅笔,一些学生仍然显得很困惑。为数学练习做好准备的过程实际上是按顺序执行的一系列行为:

1. 清理桌子上的其他材料。
2. 找到数学练习册。
3. 找到铅笔。
4. 静静地等待指令。

结合口头指示、示范和链锁。

本课程的学生可能能够执行这些行为中的每一个,但行为不受所提出的 S^D 控制("准备好……")。教师必须建立一系列或一连串的行为,这些行为将在教学时发生。教师可以单独给出每个步骤的指令并予以加强,即始终以"准备好数学练习"开始。这样,很快就可以合并两个步骤,并且只有在两部分完成后才会进行巩固强化。最后,老师只需要提供 S^D。学生们会习得一个链锁行为。

行为链锁里包含一系列行为,每一项行为都必须被执行以获得强化物。许多复杂的人类行为由这样的链锁行为组成——通常有数十个甚至数百个组成步骤。通常,仅在执行最终步骤时才会得到强化。强化个体反应序列的教学过程,以形成复杂的行为被称为链锁。

要理解链锁行为发展的过程,首先要记住,任何刺激都必须根据其功能来定义,相同的刺激可能具有不同的功能。同样,链锁行为中包含的行为可以同时服务于多个功能。我们可以将"准备好数学练习"中的链锁行为做参考。当链条完全建立后,强化只发生在最后一个环节之后。然而,链锁行为上的最后一环与强化物配对,从而成为条件强化物,增加了前一环节发生的可能性。在链锁行为中,每一个环节都与前一个环节配对:每一个环节都作为紧邻其之前的环节的条件强化物。

我们还可以从另一个角度来看待链锁行为:每个环节也可以作为紧随其后的环节的 S^D。让我们再回顾一下准备数学练习的行为连锁:

1. 清理桌子上的其他材料(S^D 为 2)。
2. 找到数学练习册(S^{R+} 为 1,S^D 为 3)。
3. 找到铅笔(S^{R+} 为 2,S^D 为 4)。
4. 静静地等待指令(S^{R+} 为 3)。

链锁行为中的每一环节都会增加后一环节的概率,并指明或提示其前面的环节(Ferster et al., 1975; Staats & Staats, 1963)。泰斯特和斯普纳尔(Test & Spooner, 1996)用日常的例子说明了这一点,在一个人被邀请去吃饭的例子中,他们描述了到达目的地的方法:"(1)从你的房子向北走到第一个停车标志;(2)向右转(在你向右转之后,你会在左边看到一个明亮的黄色房子);(3)去两盏红绿灯处(不是停车标志);(4)在第二盏红绿灯处左转;(5)在独立大道右转……"(参见第 12 页)。图表 10.2 说明了行为连锁中的一个环节如何同时作为强化物和 S^D(作者使用"cue"作为 S^D 的同义词)。

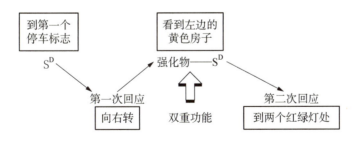

图表 10.2 图解行为链锁的应用实例

注:来自"社区教学支援",作者 D. W. Test and F. Spooner, 1996,华盛顿美国精神发育迟滞协会。版权所有:美国精神发育迟滞协会(1996),经许可转载。

在另一个层面上,行为链锁中的每个组成部分,就像我们课堂上的例子一样,可以反过来被描述为行为链锁。也就是说,清理一个桌面包括拿起书本和纸张-打开桌面-将书放在桌上。其中的第一步,拿起书本也是由一系列行为组成,即抬起手臂-伸展它-张开手-抓住书本-抬起手臂。事实上，拿起书籍仍然是另一个行为链锁，包括放置拇指……等等，我们可以在这两个方向上继续这样做——增加行为的特异性和复杂性。在学期末，我们的例子中的老师可能会说，"孩子们，为了练习数学，我想让你们做142页前10道题"。于是学生立即：

1. 为数学练习做好准备，
2. 打开他们的书，
3. 拿起他们的铅笔，
4. 完成作业。

原来的行为链锁只是现在一个更复杂的行为链锁中的一个环节。把简单的行为逐步变成更长的和更复杂的序列的过程会产生最复杂的人类行为。对于一些学生来说，行为链锁可以通过口头提示或示范习得，然后，就可以撤除提示，也可以合并各行为环节(Becker, Engelmann, & Thomas, 1975b)。对于其他学生来说，在开发行为链锁的过程中，可能需要使用更复杂的提示程序来教授行为链锁中的一些或所有单独的步骤。当与患有重度肢体或认知障碍的学生一起工作时，教师可能会发现行为链锁中的某些环节必须由其他人暂时或永久地执行。这种部分参与使这些学生能够尽可能地为自己做更多的事。当然，同样的事情也适用于任何人。这让人想起一位年长但非常独立的邻居，她坚持自己修剪草坪，但接受了由他人启动割草机的帮助。一些方法可以用于教那些不知道如何执行任何一个或多个行为链锁的学生。最常用的是反向链锁、正向链锁和总任务呈现。

反向链锁：使用反向链锁，即以相反的顺序执行行为链锁的各组成环节。首先讲授最后一个环节，然后一次添加一个环节。罗比欧等(Rubio et al., 2018)使用反向链锁方法教一名4岁患有发展障碍的男孩用勺子自行进食。请查看表10.2，了解研究者使用的逆向链接步骤。这些步骤包括拿起一勺食物、把勺子放入嘴中、吃掉食物，然后把勺子放回盘子上。在第一步中，研究者使用手把手引导，肢体提示所有步骤。在第三步中，研究者肢体提示了除最后一个(把勺子放在盘子上)以外的所有步骤。在第四步中，研究者肢体提示了除最后两个步骤(从嘴里拿出勺子并放在盘子上)以外的所有步骤。这种反向链锁方法持续进行，直到学生能够独立进食。杰罗姆、弗兰蒂诺和斯图米(Jerome, Frantino, & Sturmey, 2007)使用反向连锁教有发育障碍的成年人使用互联网。反向连锁具有直观的吸引力，因为强化总是在最自然的时刻——任务完成时发生。除非完成了任务的所有必要步骤，否则必须小心避免强化。例如，如果第二看护者在没有验证孩子是否穿着内衣的情况下强化了孩子自己穿衣服的行为，那么该行为链锁将被打断或断开链接(Kuhn, Lerman, Vomdran, & Addison, 2006)，并且目标行为将不再发生。

表 10.2	逆向链接步骤的任务分析
步骤	手续
1	治疗师起初使用手把手的提示，通过引导凯莱布的手拿起预先舀好的一口食物，把汤匙放进嘴里，咀嚼食物，然后把汤匙放回盘子上，完成整个过程。
2	治疗师起初使用手把手的提示，直到汤匙离盘子上方有两寸的距离，然后要求凯莱布将汤匙送到嘴里，咀嚼食物，然后将汤匙放回盘子上。
3	治疗师起初使用手把手的提示，直到一口食物正好在凯莱布的嘴外，然后他需要把汤匙放回盘子上。
4	治疗师起初使用手把手的提示，直到汤匙进入他嘴里，然后要求凯莱布将汤匙从嘴里拿出来，把汤匙放回盘子上。
5	治疗师起初使用手把手的提示，直到汤匙正好在他的嘴唇边，然后要求凯莱布将汤匙放进嘴里，咀嚼食物，然后把汤匙放回盘子上。
6	治疗师起初使用手把手的提示，直到汤匙距离他嘴巴大约一半的距离，然后要求凯莱布将汤匙放进嘴里，咀嚼，然后把汤匙放回盘子上。
7	治疗师起初使用手放置（即治疗师将凯莱布的手放在汤匙周围，然后松开手），然后要求凯莱布将汤匙从盘子上拿起，放进嘴里，咀嚼食物，然后把汤匙放回盘子上。
8	独立自己进食（即凯莱布拿起预先舀好的一口食物，放进嘴里，吃下，然后把汤匙放回盘子上）。

注：HOH = 手把手

正向链锁： 使用正向链锁，教师从行为链锁中的第一个环节开始，教导它直到它被掌握，然后继续下一个环节。教师可以要求学生每次执行之前掌握的所有步骤，或者可以分别教导每个步骤以达到标准，然后制作行为链锁（Patterson, Panyan, Wyatt, & Morales, 1974）。如果使用正向链锁的方法教孩子脱衣技巧，老师会从学生穿着整齐时开始，发出指示，"蒂米，脱掉你的衬衫"，然后提供所需的任何提示让蒂米交叉双臂并抓住他的 T 恤底部。当蒂米可靠地表现出这种行为时，她会添加下一步，直到蒂米的衬衫脱落。

普里泽拉和梅克林（Purrazzella & Mechling, 2013）使用正向链锁方法教有中度智力障碍的青少年在小组形式中拼写杂货店的相关单词。关于教授"牛奶"这个单词的正向链锁步骤，请查看图表 10.3。学生们轮流在平板电脑上拼写单词，这些单词通过投影展示给所有人看。

我想到了许多正向连锁法的学术应用。比如，希望学生按顺序写出字母表中字母的一年级教师可以从 A 开始，每天教学生一个字母，直到孩子们按顺序写出字母表中所有 26 个大写字母；希望学生按顺序了解元素周期表中元素的化学老师，通过每天教几个并逐

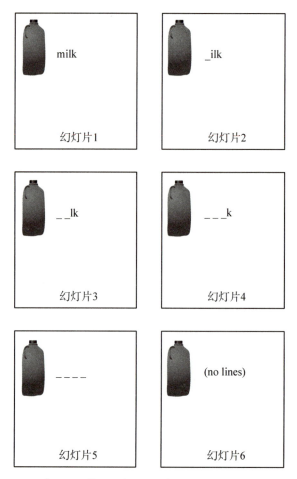

图表 10.3 使用正向链锁程序的幻灯片进展示例

步增加的方式进行教学;一位希望学生背诵诗歌的老师可能会让他们背诵第一行直到掌握,然后一次添加一行,直到他们能够背诵整首诗;一个尽职尽责的老师要求学生写一份报告(一个极其复杂的行为链锁),首先教他们找到参考文献,然后做笔记,然后列出大纲,然后准备草稿,然后交上最后的成稿。

在一个包含八个步骤的正向链锁任务分析中,考虑到学生完成了前三步,教师直接教授(即提示和强化)第四步作为目标步骤。对于链条的其余部分,有几种可能的处理方式。第一,教师可以自己完成剩余的步骤。第二,教师可以肢体上提示学生完成步骤。第三,教师可以结束课程而不完成剩余的步骤。班克罗夫特等(Bancroft, Weiss, Libby, & Ahearn, 2011)比较了这三种程序在七名自闭症学生搭建乐高建筑时的效果。所有三种程序都是有效的,而"学生完成"程序对 7 名中的 5 名学生来说是最有效率的。班克罗夫特等提出了以下建议：

1. 如果学生能够在肢体提示下完成，使用"学生完成"。
2. 如果学生在肢体提示下出现问题行为，使用"教师完成"。
3. 如果学生在长时间集中在任务上有困难，使用"不完成"。

总任务呈现：使用总任务呈现，教师要求学生按顺序执行所有步骤，直到掌握整个行为链锁。总任务呈现的方法特别适用于当学生已经掌握了任务的一些或所有环节但没有按顺序执行的情况。然而，也可以用这种方式教授全新的行为连锁（Spooner, 1981; Spooner & Spooner1983; Walls, Zane, & Ellis 1981）。总任务呈现法通常被认为是教残疾学生执行功能技能的最合适和有效的方法（Gaylord-Ross & Holvoet, 1985; Kayser, Billingsley, & Neel, 1986; Spooner & Spooner, 1984）。塔伯等（Taber, Alberto, Seltzer, Hughes, & O'Neill, 2003）使用了完整任务呈现法，来教授中度智力障碍的青少年按步骤接听手机并提供与迷路相关的信息。

许多学术行为连锁都是使用总任务呈现而形成的。教学生除法的算术老师通常要求她的学生在掌握了整个除法过程之前，用任何需要的辅助方法来解决整个问题。学生们练习找地理位置时找到特定位置的经度和纬度，直到它被掌握为止，这整个过程也是如此，另外，学生学习生物时操作显微镜也是如此。

如何管理教学链

在教授链式技能时，一个重要的考虑因素是，无论使用哪种形式，教师都必须为教授链条中的每个"环节"即每个行为选择一种教学程序。例如，当爱德华兹等（Edwards, Landa, Frampton, & Shillingsburg, 2018）教自闭症儿童玩耍技能，比如玩玩具火车时，他们使用从最多到最少的提示方法来教授反向链锁安排中的每个行为。

无论教师在教授行为链锁时选择何种方法，都需要一些技巧来有效地管理教学流程，当然，还要保持记录精准的数据，以显示掌握行为连锁的进度。教师需要列出要教学步骤以及标记正确或不正确答案的方法。大多数教师发现将步骤列表包含在数据表本身中更方便。可以为特定的行为链锁制作数据记录表，也可以制作能够在其上编写任何任务的步骤的通用行为数据记录表。

图表 10.4 展示了记录行为链锁任务指令的二分法数据。数据表适用于最多 25 个步骤的任务，左侧的数字表示步骤数。每个步骤的具体内容都写在数字旁边。右边的 20 列表示 20 次完成任务的机会。每列有 25 个数字，代表最多 25 个潜在步骤。每次训练都包

含一次学生完成所有步骤的机会,从而组成一个行为链锁。对于每次训练,教师使用简单的圆圈和斜线程序记录学生在每个步骤中表现的准确性(如图表 4.7);或者,如图所示,通过在步骤编号上画斜线标记错误,对正确反应的步骤编号不做标记。此方式允许教师直接在数据记录表上绘图。与正确执行的步骤的数量相对应的数字通过在每列中放置一个填满的圆来表示。然后将这些圆圈连接起来以创建图线。图表 10.4 所示的学生在数据表中所示的表现表明,她在老师要求的洗手任务分析的第一次练习中正确执行了 13 个步骤中的 2 个,还在第 7 次练习中正确执行了 7 个步骤,在第 17 次练习中正确执行了 11 个步骤。

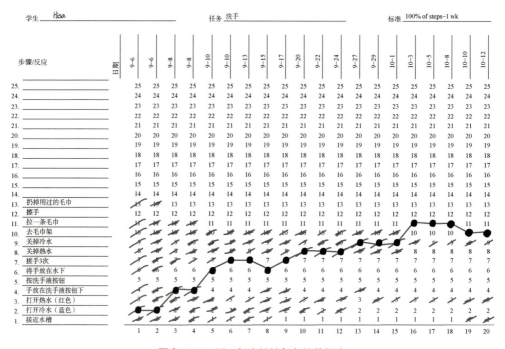

图表 10.4　用于行为链锁任务的数据表

图表 10.5 展示了记录行为链锁任务指令的编码数据。数据表适用于最多 25 个步骤的任务,由最左侧的数字表示。每个步骤的具体内容都写在数字旁边。右边的 16 列表示 16 次完成任务的机会。教师需记录学生完成每个步骤所需的提示类型。在该图表上,9 月 6 日第一次记录数据表明该生独立完成了第 5 步和第 12 步,需要在第 1 步进行口头提示,第 4、6、7、9、10、11 和 13 步进行手势提示,第 2 和 3 步需要完全身体辅助。也可以直接在此数据表上创建图表,即使用左侧的数字(步骤编号)作为图表的纵坐标,计算学生独立完成的步骤数,并在表示该数字的行上放置一个数据点。在呈现的图表上,我们可以看见,数据路径从独立完成 2 个步骤上升到独立完成 11 个步骤。如果目标定义了一个允许

记录正确响应的辅助水平,那么这个图表则通过计算允许的辅助水平和所有更低水平的辅助下的响应来创建。例如,如果目标允许通过口头提示完成任务,则图表可以记录其独立完成或通过口头提示完成该步骤。

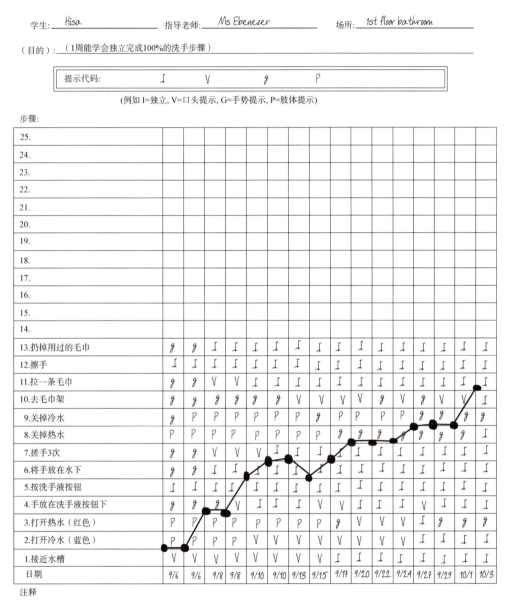

图表 10.5 用于行为链锁任务的数据记录表格(显示提示水平)

在数据表上提供空格以记录任何级别的提示是有帮助的。斯内尔和劳埃德(Snell & Loyd, 1991)发现,当教师有这些信息时,会在评估学生的表现时更加一致,并做出更加正确的教学决策。

塑造区别强化

学习成果 10.6　描述在塑造中使用区别强化的方法

本章描述的行为程序都假设学生能够在某种程度上执行目标行为的组成部分。重点在于区别强化，以在特定的刺激控制下实现目标行为。但是，教师希望学生表现出的许多行为都并不是学生目前能力范围内的行为，若对这样的行为进行教学，需要一种称为塑造的不同方法。塑造被定义为对指定目标行为的逐次逼近的区别强化。贝克(Becker 等,1975b)列出了塑造的两个基本要素:区别强化和区别强化标准。在这种情况下，满足区别强化标准的回应得到强化，而不满足标准的回应则不被强化。强化的标准越来越接近目标行为。

虽然在刺激控制和塑造中都使用了区别强化这个术语，但使用方式有所不同。在进行刺激控制时，在有 S^D 的情况下反应会被强化;在进行塑造时，同样的反应在有 S^D 的情况下则不会被强化。强化的区别取决于先行刺激。在塑造的过程中，区别强化应用于连续近似(或越来越接近)目标行为的回应。塑造和消退很容易被混淆，因为两者都涉及区别强化和渐变，以下是二者的区别:

1. 消退用于将已学习的行为置于不同的刺激控制之下;塑造用于教授新的行为。

2. 若使用消退法，行为本身不会改变，只是先行刺激会有所不同;若使用塑造法，行为本身会发生变化。

3. 使用消退法，老师操纵前因;使用塑造法，老师操纵后果。

塑造虽然不是刺激控制的程序，但它包含在本章中，因为它是许多教学策略中不可或缺的一部分，它结合了刺激控制、提示、消退和链锁等元素。

要设计成功的塑造计划，教师必须首先明确目标行为，即干预预期目标。这将是一种目前不在学生能力范围内的行为。然后，教师将识别出一个初始行为，这个行为类似于目标行为，并且在学生的能力范围内。教师还可以识别中间行为，表示对目标行为的连续逼近(Malott et al.,1997)。过程中的每个中间步骤都将得到强化，直至建立;然后，强化的标准将转移到下一步。在第一章中，我们描述了一个教学过程，学生塑造一个教授的行为，让他站在教室的一个角落里授课。你认为导致下面的结果的初始行为是什么?

帕尼安(Panyan, 1980)描述了塑造行为的一系列维度。这些维度与我们在第 3 章中描述的类似。最基本的是，可以考虑行为的形式。其他方面的维度包括行为持续时间、学生完成所需时间长度、潜伏期、S^D 和反应之间的时间长度与速度、行为的速度或流畅性、反应强度等。

按行为的形式维度进行塑造的一个例子是教重度残疾儿童声乐模仿。老师会出示 S^D——例如"啊",并连续强化学生近似的行为,以纠正其模仿。老师最初可能会强化所有发音(初始行为),然后只强化学生发出类似元音的声音(中间行为),然后只强化学生接近目标声音的声音,最后学生精确模仿"啊"(终极行为)。在对自闭症儿童进行激烈的语言训练过程中,通常很难确定一个给定的声音表达是否比前一个更接近目标行为。只有在指导老师的监督下进行长时间的练习,这种行为技能才会得到发展。那些通过强化连续近似的行为以纠正学生学习棒球或高尔夫中的挥杆动作、在体操或击剑中的姿势、在舞蹈或滑冰中的形式的教练,都同样是对行为形式维度塑造的关注。

在另一个例子中,盖姆哈米等(Ghaemmaghami, Hanley, Jessel, & Landa, 2018)与那些有攻击行为、破坏和自伤行为的 ADHD 和相关障碍儿童一起工作,这些行为是为了获取关注、可触摸的强化物和要求的移除。他们首先教授功能性交流反应"我想要我的方式(My way please)",并将挑战性行为置于无效状态。然后他们想要增加功能性交流反应的复杂性,以最终实现更好的泛化,并将"我想要我的方式"和挑战性行为置于无效状态,同时强化"我可以按照我的方式吗?"所有这些反应随后被置于无效状态,并强化"对不起,我可以按照我的方式吗(Excuse me, may I have my way please)?"最终形成的反应是"'对不起?'[暂停以接收确认]'我可以按照我的方式吗?'"这个塑造过程在增加功能性交流反应的形态和复杂性方面是有效的。

许多教师对学生目标行为的持续时间感到担忧。很多学生被描述为过度活跃或注意力不集中,所以教学生待在原地并长时间执行任务是帮助他们成为合格学生的主要部分。假设他的老师希望哈罗德在整个 20 分钟的工作期内留在他的座位上。她观察到哈罗德从未在座位上停留超过 5 分钟,平均时间为 2 分钟。如果哈罗德在座位上坐 20 分钟才能获得强化,那么哈罗德注定永远不会得到强化。相反,老师将目标行为定义为哈罗德在整个 20 分钟内留在座位上,但建立了一系列渐进的标准:

1. 哈罗德在座位上待了 3 分钟。
2. 哈罗德在座位上待了 5 分钟。
3. 哈罗德在座位上待了 10 分钟。
4. 哈罗德在座位上待了 15 分钟。
5. 哈罗德在座位上待了 20 分钟。

这个例子说明了塑造的另一个方面,需要教师的高超技巧:确定朝向目标的步骤间隔大小。如果步骤间隔太小,则该过程不必要地耗费时间并且效率低。如果步骤间隔太大,学生的正确反应将无法得到强化，行为将会消失。最后，教师必须考虑在每个步骤上停留多长时间——只要足够长的时间来巩固已建立的行为，但不要太长以至学生停留在这个水平。

在开始一个干预之前，并不总是可以做出所有决定。例如，哈罗德的老师可能会发现，即使哈罗德一整个星期每天都在座位上待了5分钟，他仍然没有达到坐10分钟的标准。然后，老师不得不将标准退回到5分钟（甚至4分钟），然后逐渐恢复到10分钟，这一次使用的增量要小一些。对正在进行的干预进行评估和调整的能力对于塑造行为的成功至关重要。

方戈尔和马洛特（Fonger & Mallot, 2019）使用塑造方法增加了自闭症谱系障碍幼儿的眼神接触持续时间。在他们研究的一个阶段中，他们移除了孩子喜欢的物品，并在孩子进行1秒钟的眼神接触时将其还给孩子。随着成功，研究者们将1秒钟的眼神接触置于无效状态，并强化3秒钟的眼神接触。在此之后，将3秒钟的眼神接触置于无效状态，并强化5秒钟的眼神接触。通过这个塑形程序，Fonger和Mallot增加了自闭症儿童与老师进行眼神接触的持续时间。

大多数人对潜伏期（即从S^D呈现到学生的反应之间的时间段）的关注是为了减少它。例如，当一位老师说"为数学练习做好准备"时，他通常希望学生能够快速完成这项任务。随着干预的进行，教师希望学生能够越来越快地回答卡片上的视觉词汇或数学问题。然而，有时，教师可能希望塑造某些反应更长的潜伏期。对于经常被称为冲动的儿童来说尤其如此，他们在做出反应之前需要停下来思考。在任何一种情况下，塑造潜伏期与塑造的任何其他维度一样：从学生展示的潜伏期开始，缩短或延长接收强化的反应时间，直到达到所需的潜伏期。

塑造反应的流畅性、频率或速度通常至关重要。许多残疾儿童在普通教育课堂上表现不佳，不是因为他们不能表现出某些行为，而是因为他们不能足够快地执行这些行为以达到这些课堂设定的标准。流畅性是形成的，例如，当学生们被要求进行限时测试，并期望从一个测试到另一个测试中不断增加正确答案的数量时。日常生活中流畅程度达到惊人程度的例子比比皆是。如，想象一位经验丰富的收银员或银行柜员数钱，专业厨师切洋葱，或任何工艺大师在工作。最近，我们当中的一个人遇到了一位先生，他精通于给饮料自动售货机装货。当他注意到我们目瞪口呆的钦佩之后，咧嘴笑着说："是的！一分钟三百多罐。他们让我来向学员们展示这是如何做到的。"人们的赞美和尊重显然继续强化了通过塑造而形成的高频率行为。

行为强度可以指学生的音量、在纸上书写时施加的压力、或学生学习组装任务时握住零件的松紧程度。任何这些行为，以及无数其他行为，都可能需要在行为强度的任何一个方向上进行塑造。

塑造是一种非常有用的教学方法。它提供了一种在各种能力水平的学生中发展新行为的方法。但是,单独使用它可能比与其他方法结合使用效率低。

如前所述,塑造和消退通常组合使用。以下示例说明了结合过程。

华莱士女士的课程:学写字母 A

华莱士女士试图教她的学生们把字母 A 写出来。起初,她只是告诉他们,"写一个大写的 A。"学生没有对此 S^D 做出回应。"看看图上的那个,"她说,"就像这个一样。"一些学生对这个视觉提示的反应是写出一个值得称赞的 A。

但是,"这看起来像图上的那个吗,哈罗德?"华莱士女士问道。然后她尝试了一些口头指示:"画两条倾斜的线,看起来像圆锥形帐篷,然后在中间再画一条线。"

这种口头提示使一些学生正确写出了字母 A。但是,"拉尔夫,你的帐篷有点扁平。"华莱士女士叹了口气。无奈之下,华莱士女士在房间里走来走去,指导学生举起双手完成正确的动作。肢体提示让许多学生正确写出了字母 A。但是,"梅丽莎,放松你的手,看在上帝的份上,我只是想帮你。"华莱士女士哀嚎道。

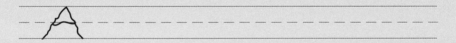

一天下午在教师休息室里,华莱士女士抽泣着说:"我再也不能经历 25 次这样的事情了。"一位不友善的同事指出她忘记了小写字母,因此还要多写 51 次。在华莱士女士完全歇斯底里之前,一位经验丰富的一年级老师给她看了一份这样的练习纸:

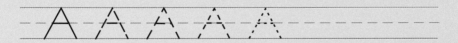

"你看,"韦瑟比女士说,"你只需强化了对独立写 A 的目标行为的连续近似,用越来越少的线索进行追踪,直到提示消失为止。"

小结

你已经学习了各种技能,这些技能将帮助你教导学生执行简单和复杂的行为,我们已经讨论了区别强化的过程,以将学生的行为置于刺激控制之下,以及将简单和复杂的行为置于先行刺激控制之下的过程。我们已经讨论了语言、视觉、示范和肢体提示,以及消退这些提示的系统程序。我们还描述了任务分析、反向链锁、正向链锁和总任务呈现。最后,我们提出了塑造学生最初无法执行的行为的程序建议。

讨论

1. 迈尔斯是格里森姆先生的学前班的新生。他一直就读于一所针对广泛性发育障碍儿童开设的特殊私立幼儿园。格里森姆先生对教授日常常规甚至简单的任务流程感到不知所措。作为学校的融合教育教师,您需要帮助格里森姆先生对一些常规进行任务分析。您认为哪个最重要?您如何找到它们是什么以及需要哪些步骤?为迈尔斯和格里森姆先生选择两项常规任务,并对其进行分析。

2. 以小组为单位,设计一个日常任务的任务分析。然后将你的分析交给另一个小组,看看他们是否能够执行它,并确定他们遇到的任何困难是否需要改进任务分析或本章描述的教学程序之一。

第十一章　行为改变的泛化

学习成果

11.1　定义和区分刺激泛化、保持和反应泛化

11.2　描述七种训练泛化的方法

本章概要

泛化

刺激泛化

维持

反应泛化

泛化训练

训练和希望

顺序修改

引入自然情境下的行为维持

培养足量范例

灵活训练

利用突发事件

程序共同刺激

中介泛化和训练泛化

小结

有些人认为改变行为必然会侵犯个人自由。

前几章描述了有关加强适当行为、减少或消除不良行为和教授新行为的原则和程序。在前面章节中介绍的行为改变技术已经过深入研究,其有效性已得到毋庸置疑的证明。然而在行为改变技术撤销后,应用行为分析师对取得的效果所能继续的时间并未开展深入研究。换言之,训练停止是否能持续产生行为改变。最近几年的研究变化是已发表的使用应用行为分析技术的文章在报告行为改变时,都会对泛化的追踪以及为实现泛化而做出的具体努力作详细说明。研究人员已经认识到,仅改变行为是没有意义的,除非改变可以持续下去,可以发生在训练场所之外的其他地方,甚至在没有训练人员的情况下。

行为的改变可以普遍化。

要进行有意义的行为改变,教师必须运用普遍性的行为原则。贝尔(Baer)、沃尔夫(Wolf)和里斯利(Risley)(1968)在他们的经典论文中定义了应用行为分析,指出:"如果行为改变在各种可能的环境中出现,如果它随着时间的推移证明是持久的,那么可以说行为改变达到泛化,或者如果它扩大到各种各样的相关行为"(p.96)。贝尔和他的同事描述了一种行为显示出泛化的三种类型:跨时间,跨环境和跨行为。这些类型的泛化将在本章后面详细讨论。以下示例将说明没有泛化的行为改变。

行为改变达成泛化的类型。

福克斯伍德青年中心的学生在上课和住宿期间都要遵守规定。其中大多数是因为药物滥用问题或严重的行为问题,这些问题使他们受到司法系统管制。在学校约束和司法系统管制下他们很少表现出行为问题。但是一旦脱离,就会恢复原状。有很大比例的学生在离开福克斯伍德青年中心几个月内就又返回到了福克斯伍德或其他寄宿中心。

基钦斯女士是学习障碍儿童的顾问老师。她每天花费大约半小时直接参与到学生的普通班课堂。基钦斯女士注意到,尽管学生在她在场时表现得很好,但只有通识课老师在场时她不在时,他们在能够胜任的学业任务上会表现不佳。

丰塞卡先生带的一年级学生倾向于使用带闪卡片和视觉记词法来识记大量单词。然而,当面对一个不熟悉的单词时,学生们只是猜测。他们没有学会根据词形和读音之间的关系来解释新单词。

上述示例描述了一些在学术或社会层面行为成功改变的情况。然而,这种改变仅在应急措施有效的情况下达成,或者只有初始训练师在场的情况下,或者仅针对经过训练的非常特定的行为。毫无疑问,应用行为分析程序经常会导致特定情况的行为变化。事实上,第六章中描述的几个研究设计围绕此展开。经典的 ABAB(反转)设计通过成功地应用和撤回这种后果,证明了行为和后果之间的功能关系,并证明了因变量(行为)根据条件而改变。如果在这些设计中的一个行为没有返回到其基线水平,实验者就不能证明其两者的功能关系。

多基线实验设计包括跨行为多基线实验设计、跨被试多基线实验设计和跨情境多基线实验设计。只有当行为发生变化时才显示功能关系。贝尔(Baer)等(1968)指出,"泛化应该是程序化的而非期望或遗憾"(p.97)。尝试在程序和行为之间建立功能关系的实验者,实际上可能会为泛化的发生而感到遗憾。而一线教师则会因没能发生泛化而遗憾。除了少数例外,期待泛化的专业人士会感到失望。如果行为改变时无法自动泛化,这是否意味着应用行为分析程序是徒劳无功的?如果你已经坚持到了这一步,你就会发现我们并不这么认为。对于大多数行为分析师而言,缺乏自动泛化意味着需要开发一种与行为改变技术同样有效的泛化技术。这种技术不必对证明功能关系发挥作用,可以在建立这些关系之后加以应用。

贝尔等(1968)建议,泛化必须程序化。本章节描述了泛化的基本原理,并提到一些具体的方法,即使在所有的图表、图形和强化物都没有的情况下,教师也能增加学生学习行为得以维持的几率。

泛化

学习成果 11.1 定义和区分刺激泛化、保持和反应泛化
如何撰写泛化和保持目标。

在第三章中,我们描述了用于目标设计的反应层级,涵盖习得、流畅、维持和泛化的反应程度。重要的是,每个残疾学生的个别化教育计划都应包括维持和泛化程度的目标,比林斯利(Billingsley, 1987)。哈林和利伯蒂(Haring & Liberty, 1990)提出维持和泛化目标在两个方面与获取目标不同:行为执行的条件和性能定义的标准。特定条件存在于特定的一种或一类环境中,即行为最终赖以执行的环境。例如,如果我们对学生的泛化目标是他(她)会在快餐店订购食物,我们可能会在模拟条件下开始课堂教学。课堂上会提供大量的提示和强化。然而,在一家真正的餐厅里,学生只会听到诸如下列提示"我能帮你吗?"或"需要帮你吗?"或者"你想要什么?"或者,"你愿意试试我们新的低脂火鸡卷饼吗?"服务员和其他客人都不会说出"下单很棒""等待过程表现很好"。或者"很高兴你把卡片拿出来"西哈克,阿尔伯特,凯斯勒和泰伯(Cihak, Alberto, Kessler, & Taber, 2004),或者最后给予拥抱,代币或积分。这些提示和强化在建立行为阶段是合适必要的,但是泛化

目标中规定的条件应该反映现实生活情境中的条件。

泛化目标中设定的标准应该反映出"实用即可"的表现,这一说法在热门的自助文献中经常出现。我们在第三章中提到的一些行为的表现,比如在过马路之前向两边看,只有当它自然发生时才时机正好——你必须每次都看两边。对于其他行为,我们可能会问,例如,学生是否可以在自助洗衣店洗毛巾、烘干、叠毛巾,这样他们就可以被存放在集体之家的衣橱里。在行为习得阶段,训练师可能会坚持要求将毛巾折叠成正方形并精确堆叠。不过,如果那位训练师允许我们去看他的衣橱,可能会发现训练师在毛巾折叠时表现出"实用即可"。特拉斯泰勒、格罗西和海沃德(Trask-Tyler, Grossi, & Heward, 1994)将烹饪定义为"如果最后可以食用,那么就够了"。

对泛化目标的评估也是至关重要的(Billingsley, 1987)。我们必须同时考虑在哪里进行评估和由谁来进行评估。如果我们希望乔治能够从他遇到的任何自动售货机购买到饮料,我们可能会在他每周去游泳两次的社区中心的自动售货机对他进行指导。重要的是还得意识到尽管我们可能会因为在社区中进行指导而有所成效,但实现泛化的难度不会比把自动售货机带进教室更低。在我们教会乔治在不同地点使用不同的自动售货机之后,我们可以进行泛化评估。显然不可能把乔治带到他社区的每一台自动售货机前,所以我们在不同的地点选择几台自动售货机,查看乔治是否能在没有任何提示和强化物情况下买到饮料。在确定乔治是否真的产生了泛化的评估过程中,要注意最好不要让他的老师或他熟悉的人带着评估表陪同在侧,最好是由被评估对象不熟悉的人或是在日常情境中可能会有所接触的人进行。

有几类泛化。

在提出促进泛化的指导原则之前,我们需要区分几种类型。第一种泛化类型,即刺激泛化。发生在特定环境中与特定训练师训练时的反应发生在不同的环境或与不同的训练师训练的情况下。第二种即维持,指在程序性突发事件被取消后,习得行为出现的趋势。第三种即反应泛化,发生在目标行为被更改时,类似行为未经训练仍然发生的情况下。在本章中,泛化一词将指这三种类型中的任何一种,当在它们之间进行区分时,将使用刺激泛化、维持和反应泛化这三种术语。

刺激泛化

当在特定刺激存在时得到强化的反应发生在不同但相似的刺激时,刺激泛化就会发生。有时这是一件好事,例如,父母和老师花很多时间教孩子颜色和形状等概念。我们不期望必须教"红色"或"三角形"的例子，孩子们能最终识别出我们教过的红色或者不同于教学中使用的三角形。引起相同反应的一组刺激可以被认为是刺激群组的成员。刺激越相似，刺激泛化的可能性越大。本章开头所描述的，当快餐店的工作人员问："这是什么？"而不是"我能帮你吗？"学生未能认识到，这一类问题都应给予点单回应。但是，这些问题不应归咎于学生；相反，是教师未进行有效地为泛化训练。

并非所有泛化都是好事。

过度泛化也可能引发问题。学习颜色的孩子通常会把粉色或橙色的物体识别为红色，或者把三面以上的物体识别为三角形。还记得那个把戴眼镜的大胡子大人叫做"爸爸"的婴儿吗？有些刺激物是仅存在于课堂上。

维持

教师希望学生执行的大多数行为即使在系统的应用行为分析程序被取消之后也应该发生。随着时间的推移这种持续的表现是维持，教师希望学生在课堂上准确阅读，并在他们毕业后仍然准确阅读。学校里的数学问题只是达到目的的一种手段，我们希望学生最终能够处理好账务，填写所得税表格或在日常生活中胜任加减运算。适宜的社会行为，不仅表现在课堂上，当系统强化的特定程序不复存在时，也很必要。第八章详细说明了当正强化突然从先前连续强化的行为中退出时发生的情况：行为的发生率逐渐降低，并最终消退。另一方面，当教师把关注从适应不良行为转移时，消退是很有用的。

确保行为能够维持是训练的重要部分。老师无法永远陪在学生身侧，用微笑和表扬对他们予以强化。早期实验证明，除非采用特定措施来维持行为，否则通常都面临消退。(Kazdin, 2001; Rincover & Koegel, 1975; Stokes, Baer, & Jackson, 1974)。

反应泛化

有时改变一种行为会导致其他类似行为的改变。这种类似的行为通常被称为反应泛化，例如，如果学生因完成乘法问题而获得强化，并随后提高完成乘法和除法问题的水平，则反应类的未经训练的行为会发生反应泛化：算术问题全部完成。但这种泛化不会经常发生，通常只有特定的强化行为才会改变。"行为不同于花朵，不会自然开花"((Baer & Wolf, 1970, p.320)。

泛化训练

学习成果 11.2　描述七种训练泛化的方法

确保行为改变的普遍性对特殊教育教师尤为重要。由于立法要求所有这些学生都必须在最少受限制环境中接受教育,因此大量残疾学生在普通学校接受教育,或仅在临时或在学校的部分时间内接受特殊教育。特殊教育者不能寄希望于有长期时间对残疾学生进行系统的应用行为训练。即使是特殊教育老师也必须意识到,这些学生的学习生活甚至未来工作都在最少受限制环境内,也就是说,他们未来所处的环境与那些正常的同龄人相差不大。特殊教育工作者必须使他们的学生在可能无法获得系统的应急管理方案的情况下做好准备。

普通教师也必须了解促进泛化的技巧。这些教师将为大量残疾学生提供服务,这些残疾学生通过应用行为分析程序被教以适当的学业和社会行为。为了帮助这些学生在课堂上表现得最优,普通教师不仅要了解教授这些学生的技巧,还要知道鼓励泛化到非结构化环境的技巧。当前重点是加强残疾学生融入普通课堂的质量,那么掌握泛化重要性对普通教师和特殊教师来说不言而喻(Wood et al., 2015)。

下面几节中描述的鼓励泛化的过程包括一些不符合更严格的或技术定义的行为改变的定义。传统上,只有当行为在没有偶发事件发生的情况下自发发生时,才会注意到泛化。出于实际目的,我们还将考虑在需要泛化的环境中相对较小的变化所促进的行为变化。如果这样的改变可以相当轻松地进行,并且如果可以维持在训练环境中所取得的成果,那么对于所有的实际目的来说,这种行为都已实现泛化。哈林和利伯蒂(Haring & Liberty, 1990)提出了许多问题,教师应该要求帮助他们做出关于泛化的编程决策。在简化的形式中,老师在评估和编程时可能会问的问题包括:

1. 技能习得了吗?除非学生能在教学环境中熟练地运用这项技能,否则我们不应期望他(她)能在任何其他环境中运用该技能。

2. 学生能否在不使用技能的情况下获得强化物(自然的或其他的)?如果乔治无助地站在当地小型高尔夫球场的软饮料售货机前面,正常的同龄人友好地(或不耐烦地)帮助他完成购买,他就不太可能有动力自己独立完成购买。

3. 学生是否有掌握了部分的技能?当学生在泛化环境中完成某项技能的一部分时,教师的工作是回归到对他的任务分析中,评估缺失或未执行部分的前因和结果刺激,为再次培训提供更有效的刺激,并在泛化环境中识别潜在的有效刺激。

泽波利和梅洛伊(Zirpoli & Melloy, 1993, p.192)提供了促进泛化的通用指南：

在自然环境中教导所期望的社交或学业行为。

对多方人员进行培训(例如，几位教师、家长、同龄人)。能够降低行为变为特定情况的可能性。

在各种环境中进行训练。

尽快从人为提示和强化物转移到日常环境中的线索。

从持续强化到间歇强化。

逐步延迟给予强化。

加强泛化的实例。

斯托克斯和贝尔(Stokes & Baer, 1977, p.350)回顾了应用行为分析中的泛化评估和培训的文献，并将评估或编程泛化的技术分类如下：

训练和希望。

顺序修改。

引入自然情景下的行为维持。

培养足量样本。

宽松训练。

使用不易辨别的突发事件。

程序共同刺激。

中介泛化。

泛化训练。

尽管斯托克斯和贝尔(1977)的综述是在30多年前完成的，但他们所确定的类别在今天仍然具有重要意义。以下章节回顾了他们所描述的每一项技术的经典和当前研究，并提供课堂应用的实例。

训练和希望

斯托克斯和贝尔(1977)反对"训练和希望"这种提法。因为，如果我们教授一项新技能并希望该技能在人和环境中泛化，我们可能无法看到这种泛化。相反，我们必须使用下面描述的过程来训练泛化。换句话说，我们必须将"训练和希望"改为"训练和程序性泛化"。

记住,学生行为的改变也可以改变成年人的行为。

另一方面,有时会发生计划外的泛化。在技能培训对学生特别有用或技能本身加强的情况下,可能会发生这种情况。在撤销程序后,适当的行为也可能持续。教给普通儿童和轻度残疾人的许多行为都可以实现泛化。在学校学习阅读的学生通过阅读街道标志让他们的父母感到欣喜。然而,对于残疾程度更重的学生而言,这种自发性泛化的可能性要小得多(Spooner et al., 2015)。

你认为安德鲁斯女士应该阅读该部分吗?

第九章的负强化。

尽管有证据表明某些行为能够自动泛化,但仅仅是少数。这种罕见情况原因不明(Kazdin, 2001)。可能是泛化环境的某些方面具备了条件强化特征或老师或家长的行为已永久改变应用行为分析的实现过程带来了结果强化,尽管没有系统进行,仍有可能无形中发生比以前更频繁地干预(Kazdin, 2001)。虽然有希望通过正式应急管理程序使已获得或强化的行为发生泛化,但也无法保证。期待泛化发生的老师应随时密切跟进学生的行为,一旦发现没有泛化立即采用更为有效的措施。下面的示例讲了一个无确切原因的泛化行为。

安德鲁斯女士创造了一个奇迹

安德鲁斯女士通过当上门私教来增加收入,她辅导的布兰登已经完成了七年级的第一学期的学业,获得了有2个C、2个D、一个F的成绩。因为布兰登以前非常出色,他的父母坚定认为布兰登是因为没有做家庭作业或课堂作业,考前不学习,也未使用好的学习方法才导致了七年级第一学期的滑铁卢。安德鲁斯女士表示,每周进行一次辅导无法解决问题,并敦促家长们实施应急管理。她解释说,父母虽然坚持辅导,却没有系统地执行,因为学习行为难以泛化,故而收效甚微。

两个星期以来,安德鲁斯女士与布兰登一起学习七年级的内容,如果布兰登完成其他任务,如完成阅读和数学学习任务,安德鲁斯女士会给予口头表扬,她还开展类似游戏的词汇发展计划。

到第三周,布兰登的母亲打来电话告诉安德鲁斯女士,布兰登的三名老师写的评语都说布兰登的成绩显著提高,所有试卷成绩都是a和b。安德鲁斯女士说,布兰

> 登的母亲创造了一个奇迹。安德鲁斯女士在挂机前谦虚地表示同意，然后在接下来的几分钟思绪飘飞，好奇究竟是偶然情况还是真的是自己的功劳。

顺序修改

允许刺激泛化或在不同情境之间迁移训练的过程是顺序修改。在这个过程中，通过应用同一技术实现在一个情境中成功改变行为，泛化实际上是将同样的技术应用到所有期望发生的目标行为的情境中。当使用跨情境多基线设计来演示自变量和因变量之间的功能关系时，过程完全相同。例如，如果一个学生在资源室中表现良好并完成学业任务，但在任何普通班级无所表现，那么相关教师可能会在普通班级教室建立一个类似资源教室的强化系统。一个促进维持的类似程序将需要培训负责学生教育和护理的人员。在某些情况下，在泛化设置中创设完全相同的偶然事件是不现实的。例如，普通教师无法做到像特殊教师那样密切观察不当行为，或经常提供强化。同样，父母也难以做到像研究员或特殊教师那样，所以会简化或修改步骤但维持环境控制，以便接近训练期间建立的水平维持目标行为。对已发表的使用跨情境多基线实验设计的研究进行回顾提出以下实例。

查看第六章进行扩展讨论的多基线设计。
在家庭中可能比在学校或机构更难展开训练。

顺序修改已被用于教残障人士需要泛化与最初被教的技能相似的未经训练的食谱（简单概括）和更难的未经训练的食谱，需要在训练期间习得技能整合（复杂的概括）。它也被用于语言训练和不当语言矫治（Browning, 1983; Drasgow, Halle, & Ostrosky, 1998; Trask-Tyler et al., 1994）。

下面谁的行为实现了泛化？

安德森-曼、沃克和珀塞尔（Anderson-Inman, Walker & Purcell, 1984）使用了一种他们称之为跨情境项目以促进从资源教室到普通教室的泛化。跨情境项目课程包括评估目标环境，为资源教室的学生提供在普通课堂上被认定为关键的技能，使用技术促进所获得技能的迁移，以及评估普通课堂上的学生表现。促进迁移的具体技术包括加强在普通教室新习得的技能。

正如我们前面讨论的那样，通过顺序修改来传递和维持行为在技术上可能不能被称为泛化。然而,在交替环境中提供相同或相似的应用行为分析程序却实际可行。即使长期需要进行改动,其有效性不容忽视。即使这些改变在长时间内是必要的,它们的有效性也会使它们的实施值得付出很大的代价。下面的小插图说明了顺序修改的使用。

康妮学习做她的工作

康妮是格雷女士在资源教室学习的二年级学生。康妮在资源教室表现得非常好,她通过完成学业任务获取积分换取空闲时间,但康妮在普通教育课堂上无所事事,还对其他学生造成了困扰。在与普通教育课堂教师商量后,格雷女士向提供了一份关于康妮的资料,以及考核康妮的学业表现和课堂行为的几种方式(见图表11.1)。

图表11.1 康妮评估表

康妮	日期:_____
任务完成:	行为表现:
是_____	好_____
否_____	一般_____
部分_____	差_____
	_____签名

格雷随后在普通教育课堂上给康妮进行加分。虽然康妮在普通教育课堂上的学习效率比在资源教室低,但她可以融入普通班的环境了,她的学业任务完成情况与班上大多数学生相当。普通班老师对这个程序印象深刻,所以给她另外几个问题学生也制作了评估表,当他们完成任务并表现良好就能获得奖励。

引入自然情境下的行为维持

理想的应用行为分析程序旨在改变在学生自然情境中得到强化的行为。贝尔(Baer, 1999)认为"一个好的规则就是不做任何不符合自然情境下的故意行为改变。"(p.16)

他补充说,只有在承诺尽可能长时间提供后续训练时,才应打破这一规则。理想情况下,学生将表现得恰当,原因与激励因不当行为而从未被关注的学生相同。学生会努力学习以获得好成绩,在课堂上表现良好,加速自然强化(Horcones,1992)。如果一位老师指出一个学生为数学试卷刻苦努力从而收到 A+ 的好成绩,或是一个需要在资源教室学习的学生的普通班老师对他良好行为感到骄傲,或是通过努力工作来赚取一笔钱是多么的了不起,这些自然强化会变得越来越明显。例如,虽然得经过相当复杂的程序,包括行为塑造,联结和分级指导,来教残疾程度严重的学生能够生活自理,并在其他情境中发生泛化,在培训撤销后能够维持成效。智力障碍儿童(Azrin, Sneed, & Foxx, 1973)和正常同龄儿童(Azrin & Foxx, 2007)的厕所训练可以在训练撤销而得以维持。同样,那些被教授阅读或数学等技能的学生可以未经泛化训练而保持这些技能,因为这些技能本身有用。一些社会行为也可以发生泛化。

我们试图教授那些对学生有用的功能性技能。

对重度障碍群体的教育越来越重视培养功能性技能,即在学校、工作场所和社区中对个人有用的技能。我们不是教这些学生一些无意义的学校技能,比如按颜色分类,我们教他们能最大限度独立生活所需的技能:乘坐公共汽车,使用自助洗衣店,做饭,甚至使用自动提款机(Shafer, Inge, & Hill, 1986)。奥赖利等(O'Reilly, Lancioni, & Kierans, 2000)教四个发育迟缓的成年人在酒吧给自己点饮料,并与其他顾客互动。布罗德黑德等(2019)教三名 7 岁的自闭谱系障碍的男孩通过视频聊天进行社交对话。这些技能本质上更容易被自然情境所维持。教师了解学生的生活方式、风俗习惯和文化的最重要的原因之一是,他们将知道学生生活的环境会维持什么样的行为。选择将由自然环境维持的改变行为应用行为相关性规则。艾伦和阿兹林(Ayllon, Azrin)在 1968 年首次描述了这一规则。贝尔和沃尔夫(Baer & Wolf, 1970)将行为规则的相关性定义为捕获的一种形式。他们断言,如果应用行为分析师能够产生被自然环境强化的行为,就会产生一种类似于在陷阱中捉老鼠的情形。

例如,我们熟悉的捕鼠器。捕鼠器是一种设计用于灭鼠从而达到大量行为改变的环境。注意,这种行为改变可以实现泛化:陷阱引发的行为改变将在所有环境中保持一致,它将扩展到所有老鼠的行为,并且无限期地持续到未来。此外,捕鼠器允许通过相对少量的行为控制来完成大量的行为改变。没有捕鼠器的户主当然也能除掉老鼠:他可以在老鼠洞外耐心等待,以比老鼠逃跑更快的速度抓住老鼠,然后对其施加各种形式的力量达到令其行为改变。但这种方式对能力提出了更高要求:耐心、协调性、心灵手巧缺一不可。相比之下,用捕鼠器的住户就轻松很多:他只需涂抹奶酪,然后将装载好的捕鼠器搁在老鼠可能闻到奶酪的地方,老鼠就会自投罗网。捕鼠器的本质,从行为的角度来说,就是设置一个令老鼠发生行为改变的环境。一旦进入,就无法挣脱,从而实现行为改变的泛化。

对于老鼠来说,产生反应仅仅是闻到奶酪的味道,"掉入陷阱"就顺理成章了。户主不需要控制老鼠的行为,仅让老鼠闻到奶酪的味道,却已经彻底令老鼠发生行为改变(Baer & Wolf, 1970, p. 321)。

促进泛化的方法。

有些行为确实很容易陷入陷阱。导致同伴强化增加的行为在自然环境中尤其可能被保持。社交和沟通技巧、仪容整洁的技巧,甚至可能是自信只要培养起来就能维持(Hood 等,2017)。这类行为的强化网络可能形成一个不可抗拒的环境陷阱,就像老鼠的陷阱一样,一旦进入就不可逃脱。不幸的是,通常很难确定哪些行为会被自然环境强化(Kazdin, 2001)。我们总把注意力集中在不当行为上,忽视适当行为。很少有员工会因为按时上班和定期上班而受到表扬。在课堂上,比起对表现好的学生的关注,老师会更把注意放在纠正那些行为不端的学生上。应用行为分析师认为任何行为都将由学生的自然环境维持是不明智的。但通过以下方式可以促进在自然环境中行为维持或迁移:

1. 观察学生的生活环境。父母、老师或其他成年人所描述的对学生的期望行为可能并非受强化所致。

2. 根据观察结果确定有效的诱导行为。例如,如果某个学校的教师大力推崇字迹漂亮。即使这不是老师优先考虑方面,但是老师也将用心教书写。

3. 教导学生从所处环境中找到强化物。学生可以被教导要提醒成人注意行为得当,从而获得表扬或其他强化。费尔、阿伯和希沃德(Craft, Alber, & Heward, 1998)在一个特殊课堂上教四年级学生问"我怎么做?"或者说"看,我已经完成了!",并在课堂上反复进行多次。学生们就能在普通课堂上做同样的表现,老师的表扬也将促进他们学业成绩提升。

4. 对表扬和其他社交表达性话语这类强化物进行调整。对于许多重度障碍的学生,尤其是自闭谱系障碍学生,表扬和其他形式的关注可能无法起到强化作用。伴随玩具和食物等强化物同时出现的表扬可能会使表扬成为强化物(Axe & Laprime, 2017; Dudley et al., 2019)。一旦表扬和其他形式的关注起到强化作用,自然偶发事件才可能维持更多的技能。

希望自然环境主导强化的教师应该意识到这绝不是一个自然发生的过程。应该进行仔细监控,以评估自然环境,并确定行为改变在多大程度上得到了维持。第一个例子说明了一种行为因为它接受自然发生的强化物而被维持。第二件例子说明了环境没有提供足够的强化物。

阿尔文学阅读

阿尔文是丹尼尔先生在看守所上课的一名少年犯。当他刚进课堂的时候，他实际上没有阅读能力，但丹尼尔采用系统的直接教学（Adams & Engelmann, 1996），使用标记强化法进行正确问答，教他如何阅读语音规则的单音节和双音节单词。丹尼尔想知道阿尔文在从看守所释放后是否还会继续阅读，因为这个男孩确实对课堂上的娱乐读物表现出了一点兴趣。阿尔文似乎只在代币条件（condition）生效时才愿意阅读。然而，在阿尔文获释大约一年后，丹尼尔先生碰巧在一家成人书店见到了他。

马文六年级考试不及格

科恩先生作为马文的指导老师是在马文四、五年级期间。他参与到马文的课堂，有时还安排马文和其他人在普通班教室之外进行更密集的训练。马文在四年级和五年级都表现得很好，因为他的老师在完成工作后，会得到很多的口头表扬和自由时间。马文在五年级结束时也停止了接受特殊教育。科恩先生甚至没有考虑到马文可能在六年级时遇到麻烦，但马文的六年级老师罗奇女士直截了当地说，她不信奉表扬学生良好行为的做法，也不相信除了成绩以外，对学业有任何影响。正如她所说，"学习才是来学校的原因。我不信奉鼓励教育。马文再次退回到初始不当行为，扰乱课堂，不完成作业，最终六年级学业不及格。科恩认为，他从马文身上学到了两件事：永远不要假设所有教室都存在同样的条件，并且要对那些行为似乎都发生了明显变化的学生进行跟踪调查。

培养足量范例

我们希望教学生表现出的大多数学业和社会行为都是各种课堂训练的成果。也就是说，很少会出现一种行为总能在同一个情景下以完全相同的方式执行。例如，当我们教一个学生阅读时，我们希望她最终能将她习得的阅读技巧应用和理解到其他各种不曾阅读过的材料。我们当然不能期望她在学习了一音近词后，或者在学习了一个如何使用上下文来推测出一个不熟悉的单词的意思后就能达到。我们会提供大量的例子和课程；也将提供足够的范例。同样，我们也不会指望一个障碍程度严重的学生在学会使用社区中心的自动售货机之后，就能够使用这个城市的任何一台自动售货机，或者是一个学会在早上和老师打招呼的学生就能够和其他人打招呼。同样，我们要训练足够的范例。

通用案例程序

通用案例程序通过训练足够的范例来促进泛化。它是在许多年前发展起来的，向有特殊需要的儿童教授语言、学术和社会技能（Becker & Engelmann, 1978）。通用案例编程强调使用足够的一类刺激，以确保学生能够在此刺激类下都能做出恰当反应。如果我们想要一个孩子能够识别红色物体，我们不需要让他接触世界上的每一个红色物体，以确保能完成这个任务。我们只需要让他接触足够多的红色物体，他就能可靠地识别红色物体。对于许多孩子来说，在挑选红色的物体时不需要很系统，我们只需要标记出我们遇到的任何物体。但对有障碍的学生而言，必须特别注意选择能够帮助他们获得辨别技能的物品。恩格尔曼和卡明斯（Engelmann & Camine, 1982）指出，用于训练普遍情况的例子必须遵循同一性。毕竟所有的红色事物都有异同，选择训练刺激是程序设计的关键因素。如果在训练课程中使用的所有刺激都是相同阴影的红色塑料物体，那么学生要求从教师的桌子上取出红皮书（源自恩格尔曼和卡明斯教学理论）可能不会发生，因为这本书是橙红色，而不是训练刺激的粉红色。通用案例编程在向残疾学生教授学习行为方面非常成功。它也被用来教授适当的社会行为（Engelmann & Colvin, 1983）。通用案例程序早期也被用于教残疾学生使用各类不同的自动售货机，教师先确定自动售货机的所有变化（放置硬币的地方、按钮的类型），并开展应对以上所有变化的培训（Sprague & Horner, 1984）。

米拉塔、里夫、里夫和迪克森（Milata, Reeve, Reeve, & Dickson, 2020）使用类似的程序教三名18—25岁的自闭谱系障碍青少年在多台自动支付机（APM）中使用芯片借记卡进行购物。他们描述了一般案例程序的两个组成部分（见图表11.2）。第一部分是"通用案例分析"，即计划阶段。这包括研究人员将"教学领域"确定为：（1）被试者学校半径10英里内的商店；（2）响应关键刺激（例如，"插入"唤起插入卡片）和（3）非关键刺激（例如，文本信息的字体和位置）。这些关键和非关键刺激在四家商店的自动支付机中有所不同，研究人员确定了使用芯片借记卡所需的17种行为（例如，插入卡片、按下不同的按钮）。第二个部分是"一般案例程序"，即教学阶段。研究人员在教室中使用了与商店内相同的经过翻新的自动支付机器，创建幻灯片演示文稿，以显示四家商店的自动支付机器上存在的关键和非关键刺激变化的范围。研究人员展示了在四家商店使用自动支付机器的视频模型，以及正强化和纠错。这种干预成功地增加了教学条件、学校实现泛化的条件和应对商

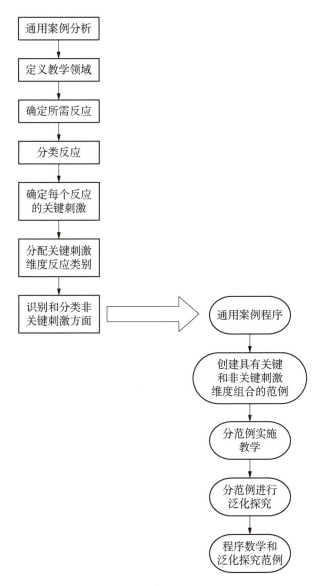

图表 11.2

店的自动支付机器的正确反应。

通用案例程序已被用于向严重残疾学习者教授其他功能技巧,例如使用电话、记电话留言、过马路、使用洗手液洗手,按邮政编码分类邮件,自助点餐、个人卫生以及其他技能(Bicard, Horan, Plank, & Covington, 2009; Chezan et al., 2012; Horner, Eberhard, & Sheehan, 1986; Horner, Jones, & Williams, 1985; Horner, Williams, & Stevely, 1984; Stokes et al., 2004)。

使用多个情景、教师和活动。 采用足够范例的另一种方法是在许多环境中或通过不同的培训师来训练行为。这样做有利于行为改变泛化到未经培训的环境中(Gomes et al., 2020)。大量证据表明,在各种刺激条件下训练新的反应增加了在未经训练情况下发生泛化的概率。这种训练在各种社会行为中都取得了成功,例如发起共同注意、社交启蒙、与工作相关的社交技能和观点采纳(Gomes et al., 2020; Grob et al., 2019; Welsh et al., 2019; Wichinck-Gillis et al., 2019)。这一过程与顺序修改的不同之处在于,改变的目标行为在未经训练的情景,陌生的训练师或活动下进行评估。

在第九章讨论了惩罚与泛化。

许多研究表明除非经过多种条件的训练,否则抑制重度残疾群体的异常行为的效果是特定于情境和实验者的(Falcomata & Wacker, 2013; Podlesnik et al., 2017)。尽管一些研究已经证明了惩罚程序也可泛化(Mckenzie et al., 2008; Piazza et al., 1996),但使用惩罚的手段显然比使用正强化更不易发生泛化,这可能也是近年来采用惩罚进行研究论文发表数量减少的原因。

对教师来说,培训足够的范例是一个富有成效的领域,但他们关心的是如何增加泛化。没有必要通过各种环境或在不同老师或其他成年人在场的情况下教学生表现出适当行为。也没有必要课堂教学上穷尽每一个例子来教学生应对。如果这样的话,想象一下教学生阅读的困难。我们期待阅读之前。大多数的技能教学是基于这样的假设,即学生将能够使用这些技能来解决新问题或执行各种任务。下面的例子展示了教师可以如何训练一些范例来实现跨训练师和跨情景发生泛化。在下一页的事例中,德韦恩帮助了格伦迪教授,并说明了通用案例编程的有效性。

卡罗尔学习使用复数

卡罗尔是一名患有语言迟缓的5岁学生,在西姆斯女士的融合学前班学习。卡罗尔已经学会了许多常见物体的名称,但不会区分单数与复数形式。在上课的时候,西姆斯女士特别强调"卡罗尔,你看,(这些都是)外套。"(当卡罗尔脱下她的外套时),她说:"卡罗尔,你的外套。"(当西姆斯女士指着衣帽间里所有学生的外套上时),她说"(这些都是)外套。"(当卡罗尔挂起她自己的外套),她说"(一件)外套。"(当西姆斯女士握着卡罗尔的手抚摸着所有的外套),她说"(这些都是)外套。"通过一个区分训练程序,西姆斯女士把卡罗尔的关于单复数的言语反应置于刺激控制之下：

　　(一头)奶牛(很多)奶牛

　　(一只)鞋(很多)鞋子

　　(一只)狗(很多)狗

　　(一只)鸟(很多)鸟

　　(一架)飞机(很多)飞机

然后西姆斯女士对卡罗尔进行了泛化评估，她给卡罗尔看了一组新图片：

　　(一把)椅子(很多)椅子

卡罗尔作出了正确反应。她区分单数和复数作出的反应已发生泛化。卡罗尔在许多未经训练的例子中也能正确地使用单数和复数形式。卡罗尔的泛化范围很广，在校长和督导来旁听课时，西姆斯女士听到卡罗尔对旁人说："他们来了。"西姆斯回忆说，这种高泛化程度在幼儿中并不少见，她只需要把不规则复数变化作为一门单独的反应训练来教授。

教授和高科技

格伦迪教授忽略很多关于将科技融入课堂的重要性的宣传和公告，他不情愿地同意录制一些学生的演讲。学生们应该在学生展示教学前将这些视频的副本拷贝到待编辑的电子档案中。他参加了一个研讨会，在研讨会上他接受了有关如何在平板电脑上拍摄视频的指导。他从技术办公室申领了一台平板电脑和三脚架，这两件物品与他接受培训见到的那些非常不同。他拿起平板，仔细观察寻找回到主屏幕的键，用力挠了挠头。就在教授正要宣布所有的演讲都不会被录下来的时候，德韦恩从座位上跳了起来，走到了平板电脑前。

"哇！这是12.0版本！别担心，教授。"他说，"我也从来没有用过这个，但我在计算机实验室工作过，我用过各种智能设备，我肯定能搞定。"大学对每件设备进行招标，然后从出价最低的人那里购买。这应该不是同一个供应商，所以没有两件相同品牌或型号的设备。"

"我看看"，德韦恩咕哝道，"我想你从底部向上滑动进入主屏幕。对了，就是这样!"德韦恩把平板电脑交给想搜索相机应用程序的图标的格伦迪教授。格伦迪教授还是没找到,又把它交给了德韦恩。德韦恩发现相机应用程序嵌套在一个应用程序文件夹中。教授成功地切换到相机应用程序中的"视频"屏幕并尝试将设备放在三脚架上。他试图将四个支架固定到平板电脑的角落,屏幕上又出现了格伦迪教授非常沮丧的脸。德韦恩看了看,将设备塞进了四个分开的支架中。格兰迪非常感谢他的好学生,打电话给第一位演讲者,然后按了"记录"。德韦恩看了下说:"教授,您可能想按下"翻转"按钮,这样您就不会录制成自己观看演示文稿了!"

这与一个典型的城市2岁儿童称她看到的第一头牛为"小狗"的现象相同。

灵活训练

基于行为原则的教学技术历来强调对许多教学因素的严格控制(Becker, Engelmann, & Thomas, 1975; Stephens, 1976; White & Haring, 1980)。针对残疾学生的教学程序是严格标准化的,以预定的顺序呈现项目,并且在开始培训之前需要掌握一项技能。虽然这可能是一种有效的教学手段,大多数特殊教育工作者也更多接受的是此类教学手段的培训,但越来越多的证据表明,这可能并非是促进技能发生泛化的最好方法。例如,在传统离散试验教学中,配对和辨别任务中的图片大小相等,在学生面前整齐排列,并且彼此等距(Lovaas, 1987, 2003)。近来,鼓励对自闭症和相关残疾学生实施强化教学的教师将图片凌乱排列;也就是说,不是在一条直线上,也不是完全相同的大小(Sundberg, 2008)。呈现"混乱的"排列,因为世界是混乱的,因此泛化设置也是混乱的。与此相关的是,在与自闭症学生一起工作时,传统上教师被教导以明确、一致的方式和简洁的语言给出指示,例如用单调的声音说"摸猫"。当下,一些教师在每次试验中都会改变他们的语调,因为普校教师会根据指令改变语调。教学早期阶段的结构、教条化和一致性有助于刺激控制和正确反应。但是,以结构化和僵化的方式进行教学是一种将泛化推到结构化和单一环境中的糟糕方法。

灵活训练可能始于1970年代初期,对高度结构化培训课程中的调查研究导致了20世纪90年代特殊教育的重大变化。施罗德(Schroede)和贝尔(Baer)(1972)发现,当训练刺激在训练中变化时,声音模仿技能更容易发生泛化,而不是在每个技能被教导掌握之后再开展另一个技能的教学。研究人员没有严格限制所教授的声乐技能(顺序训练),而是允许在一次课程中教授多种不同的模仿(同时训练)。

在一个反应交替的例子中,潘安(Panyan)和霍尔(Hall)(1978)研究了并行训练对两种不同反应类别的获取、维持和泛化的影响:追踪和声音模仿。连续训练程序要求在第二个反应课程(声音模仿)开始之前掌握第一个反应课程(跟踪)。在同时训练过程中,两种不同反应的训练在一项任务被掌握之前会交替进行。同时训练不影响获得或维持训练后的反应所需的时间,但对未经训练的反应而言更易发生泛化。这些研究对教师教学有一定的启示意义。显然,在开始学习另一项技能之前,培训学生掌握一项技能并不会提高效率,除非第一项技能是第二项技能的先决条件。在课内中进行交替教学不仅不会干扰学习,相反,更有利于发生泛化。因此,像"哈罗德(Harold)的数学成绩必须达到年级平均水平我才不会焦虑"的表达是不合适的。关于"灵活训练"的研究在各种情景和行为中都显示出很好效果。很多术语如附带教学、自然教学、非密集教学或最小干预的策略,它们都把针对残疾人的探究融入到非结构化的活动中,在促进行为习得方面取得了成功,甚至在促进泛化方面更成功。自然主义干预在特殊儿童早期教育中最为常见(Harjusola-Webb et al., 2012; Rahn et al., 2019)。人们也普遍认为直接教学和自然教学相结合有助于自闭症儿童语言技能的泛化。

坎贝尔(Campbell)和斯特雷尔-坎贝尔(Stremel-Campbell)(1982)采用不同的陈述方式教授两名患有中度至重度残疾的男孩学业和生活自理时,当他们自发地或被提示使用所学技能时,两名男孩语言能力得到加强,并且他们获得了学业和生活自理能力,并发生泛化。英格斯菲尔德(Inglesfield)和克里斯普(Crisp)(1985)采用他们称之为非密集教学的方法,比较连续3天每天教10次穿衣物的技能(许多特殊教育工作者可能选择采用以帮助学生掌握技能)和连续15天每天教2次的效果(在自然情景下开展教学)。他们发现每天教2次经过15天对初步学习和泛化更有效。米拉塔等(2020;如上所述)认为基于一般案例分析的自动支付机的跨多个关键和非关键特征的教学就是灵活训练的一个佐证。

自然主义训练法或灵活训练尽管与传统特殊教育教学大为不同,但它的成功也印证了教师应当时刻与时俱进,关注特教前沿。虽然大多数特殊教育工作者在学习新技能时继续使用结构化教学,但他们也采用非正式的方式教授和评估这些技能。

利用突发事件

正如我们在第八章中所描述的那样,间歇性强化有利于行为维持,降低消退风险。间歇性强化可以高效维持行为，也是彻底撤回强化的重要步骤。在一定程度上，可以精简强化计划，或几乎不采取强化措施，逐渐到强化被完全撤回，行为得以继续维持。

长期以来均有证据表明间歇性强化有利于行为维持（Kazdin & Polster, 1973; Phillips, Phillips, Fixsen, & Wolf, 1971）。教师在规划和实施行为改变策略时应将其考虑在内。即使间歇性强化必须无限期地持续，在时间表非常紧凑情况下，这可能是一种相当有效的维持手段。

间歇性强化之外的其他程序使学生很难区分哪些反应会得到强化。有一种策略可能会导致在不同情景发生泛化，那就是延迟强化。早在 40 年前，施瓦茨（Schwarz）和霍金斯（Hawkins）(1970) 就录制了一个学生在数学和拼写课上的行为。课程结束后，学生观看自己的上课录像，学生数学课上表现出的适当行为被强化。在接下来的几天里，拼写课和数学课上的行为变化都很明显。作者假设，跨情景发生的泛化是由于延迟强化，这就使得学生更难确定意外事件何时发生。如今录像技术的升级与便利使得该技术的使用范围更广，更具创造性，将在第 12 章中进行详述。

福勒（Fowler）和贝尔（Baer）(1981) 采用延迟强化来改变学龄前儿童的各种行为。孩子们得到的代币可用于交换玩具，可以在他们挣到这些代币之后立即使用，也可以是在一天结束时使用，其他期间不可以使用代币交换玩具。孩子们的良好行为发生了泛化，当孩子们一整天下来都表现良好才被奖励得到强化物。类似还有，邓拉普、凯格尔、约翰逊和奥尼尔（Dunlap, Koegel, Johnson, & O'Neill, 1987）使用延迟强化来维持自闭症学生在社区环境中的工作表现。

凯格尔和林盖尔（Koegel & Rincover, 1977）论证了另一种增强强化的方法以提高应对意外事件的能力。作者教自闭症儿童做简单的非语言模仿或者听从简单的指令。在习得行为之后（使用连续强化），训练进度放慢。一旦训练结束，研究人员观察这些孩子以评估行为变化的持续性。这些行为最终都发生消退。（在训练过程中，时间越短，行为消退前的反应会越多。）然而，在行为消退后使用偶然强化物会导致行为恢复。在随机的实验中，孩子们得到的糖果和在原始训练环境中得到的糖果是一样的——不管他们的回答是否正确。证明使用偶然强化物可以有效延缓行为消退。显然，强化物具备了分辨刺激的特性。它给予学生提示，在这种情况下，强化是可行的。学生们无法辨别哪种反应会被强化，因此他们在行为消退前会作出大量正确（已经强化的）反应。这个过程还说明了本章后面讨论的常见刺激的一些方面。

弱间歇性强化计划是最常用的淡化强化事件区分的手段。然而有证据表明，任何使学生难以确定意外事件何时发生的程序，都可能导致行为改变的持久性增强，无论是在最初的训练环境还是在其他环境中。以下示例说明了一个让学生无法判断意外事件的程序。

贝尔女士所教班级学习完成任务

在贝尔的中级资源教室的早晨小组中,有认知障碍的学生一直未能完成他们的任务。每个学生都被要求独立完成一项阅读理解、数学和拼写活动,而贝尔女士则与其他学术技能的小组合作。贝尔女士开始给她的学生提供价值5分钟自由时间的代币,以便每完成一项晨间任务就能用代币进行交换,这一举措几乎实现了100%任务完成率。贝尔女士随后宣布,在该期间结束之前不会提供代币,并且只有两项任务可以获得代币。贝尔女士随后宣布,在全部任务完成之前不会提供代币,并且只有完成两项任务才可以获得代币。她把阅读,拼写和数学这些词写在纸条上,让学生挑选。直到一小时结束时,学生才知道哪两个任务可以获得自由时间但是得继续完成作业。贝尔女士想要转变为更精细的强化计划,然后宣布有可能每天画两幅图:一张是"是/否"的卡片,这将决定强化是否可用,另一张是"是"的卡片。第二幅图将决定哪一项作业可以获得自由时间。一开始,有一个"是"和一个"不"卡片。然后,她逐渐添加"不"卡片,直到只有20%的可能性可以抽到"是"卡片,换取自由时间。学生们继续完成他们在三个学科领域的任务,似乎享受着永远不知道何时可以获得自由时间或具体行为的悬念。

利用突发事件已被用作群体或有事项的一个组成部分(见第八章)。例如,毕克斯和格里夫斯(Beeks & Graves, 2016)将神秘动机干预描述为相互依赖的群体意外事件的一部分。老师创建了一个上课日的日历,并使用隐形墨水笔在某些日子随机写了一个M。当班级达到行为期望时,例如避免课外谈话,老师要求学生在日历上涂上颜色并显示是否有M,从而获得全班奖励,没有M,就获得表扬。在一名二年级学生依赖小组的意外情况下,卡里和科达克(Cariveau 和 Kodak, 2017)随机秘密地选择了一名学生,其行为(满足或不满足任务间隔的百分比)决定了整个小组是能否获得休息期间随机选择的首选资格。不知道今天是奖励日还是我是被观察的人,这让每个人都保持警觉,这是突发事件的标志。

程序共同刺激

沃克(Walker)和巴克利(Buckley)(1972)声称"不同环境下的被试者内部行为相似性可能在某种程度上取决于环境之间存在的刺激相似性"(p.209)。柯比(Kirby)和比克尔(Bickel)(1988)提出,刺激相似度和刺激控制是导致任何泛化的主要因素。实现维持或刺激泛化的一种可能的方法是有意地在训练环境和期望泛化的环境中设置类似刺激物。这可以通过增加对自然环境的训练情况的相似性或将训练情况的要素引入自然环境来实现。

一些研究已经调查了将自然环境要素引入训练情境以增加泛化概率。例如,艾龙(Ayllon)和凯丽(Kelly)(1974)恢复一个选择性失语的女孩的口语能力。在训练室(辅导员的办公室)经常进行对话,相当于引入与教室里的学生这一相似元素。训练室还还原了其他孩子、黑板和课桌;培训师开始更多地扮演传统教师角色,站在教室前讲课、提问。教室里也继续进行训练。女孩在教室里说话的频率明显增加,一年后的后续调查显示,在一些新的环境中,女孩仍然维持开口说话。尽管由于采用的一揽子治疗方法,训练和自然环境之间的相似性增加的具体影响难以评估,但泛化确实在教室发生并得到维持。

凯格尔和林盖尔(Koegel & Rincover, 1974)在一对一的情况下训练自闭症儿童对指令做出反应。通过逐渐把更多的孩子引入到训练情境中,使其与教室相似,从而实现在教室环境发生泛化。斯托克斯和贝尔(Stokes & Baer, 1976)通过同伴辅导程序向有学习障碍的学生教授单词。直到同伴导师和学生在一起时,该学习障碍学生才在其他环境中展示技能。而且,两名学生都表现出更强的泛化。

利维和福特(Livi & Ford, 1985)发现,当使用与家庭相似的刺激时,更有利于家庭技能从训练场所泛化到学生家庭。(应尽一切努力在学生家中教授技能。)一般来说,在训练中使用辨别刺激,类似于需要泛化的环境,这被证明是一种非常有效的技术(Stainback, Stainback, & Strathe, 1983)。伍兹(Woods, 1987)认为,这样的过程是对前面讨论的自然过程的一种适应,因为在泛化环境中的刺激是自然的。

将自然刺激引入训练环境的一种方法是模拟训练。例如,范、邓、波尔等(Van, den, Pol et al., 1981)成功地使用快餐食品的图片,来教那些中度智力缺陷的学生使用社区快餐店。针对残疾程度严重的学生进行模拟教学一般不太成功(Foxx, McMorrow, & Mennemeier, 1984; Marchetti, McCartney, Drain, Hooper, & Dix, 1983)。荷马等(Homer)认为真实环境比模拟环境更有效。使用真实刺激的模拟已被用于教授许多广义技能,包括理解类别标签,使用电话、玩电子游戏、面试、枪支安全、牙科护理、浴室卫生和经期护理（Byra et al.，2018；Horner et al.，1987；Hupp，1986；Maxfield et al.，2019；Richman，Reiss，Bauman，& Bailey，1984；Sedlack，Doyle，& Schloss，1982；Stocco et al.，2017；Szalwinski et al.，2019）一些研究试图通过将训练情况的要素引入希望得到泛化的环境来增加泛化。林盖尔和凯格尔（Rincover & Koegel，1975）教授自闭症儿童模仿治疗师展示的非语言行为。当孩子们在连续20次试验中没有及时正确反应时，就进行了一次转移测试。对于在转移测试中没有做出正确反应的儿童，进行了刺激控制评估。训练环境的刺激被引入到常规环境中，一次一个。如果孩子在第一次刺激时没有做出正确的反应，那么刺激就会被移除，另一个则被引入。继续该过程直到识别出控制行为的刺激并且在日常情景中发生反应。结果发现，每个儿童都有选择性地对治疗室的一些偶然刺激做出反应。当在日常情景中提供此刺激时，每个孩子都能正确反应。但是，在日常情景下的反应数量始终低于训练情况。

模拟可能比在自然环境中教授每一项技能更实际。

贝尔（Baer）（1999），艾龙、库尔曼和瓦扎克（Ayllon，Kuhlman，& Warzak，1983）建议使用一致的共同刺激。从训练环境引入一个可移动对象，并将其引入到希望得到泛化的环境中。艾龙（Ayllon）等（1983）称这个物体为"幸运符"。将与强化训练相关的对象与一般的教育背景结合起来，会产生更好的学业成绩和行为表现。特拉斯-泰勒（Trask-Tyler）等（1994）建议使用带设置有任务的音频指令的便携式磁带播放器，作为人为的共同刺激因素，可能对提高残疾程度严重的学生的泛化水平大有帮助。第十章中描述的许多方式，如使用时间表，图片提示，呼叫器，掌上电脑和其他小型可作提示的物件都显示出在新的情景和任务中具有极佳泛化效果。

梅斯默（Mesmer et al.，2007）展示了从特殊教育课堂到普通教育课堂的泛化，以三名情绪和发育障碍的小学生学业为例。在特殊教育课堂上，他们首先获得了两件物品：一份说明需要完成多少工作才能获得奖励的目标声明，以及工作表或数字计时器上的竖起大拇指图标。特殊教育课堂的正确反应有所增加，但在普通教育课堂上，只有目标陈述和计时器上的竖起大拇指图标同时出现才会产生正确反应。

对共同刺激方案的合理扩展可能完全转变为残疾程度严重人群提供服务的方法。在需要泛化的环境中最常见的刺激就是环境本身。如果我们想要在课堂上出现行为，为什么不在教室里教它，而不是在一个单独的治疗室或小区域（Horner，Budd，1985）？如果这种行为应该发生在社区（Bourbeau et al.，1986）或工作场所（Dehaven，Corley，Hofeling，& Garcia，1982），为什么不在那里教呢？米尔滕伯格等（Miltenberger et al.，1999）教授了一些有智力障碍的女性防止性虐待的技巧。直到在社区中教授这些技巧后才得以泛化。

为残疾人制定以社区为基础的训练方案现已成为公认的做法。另一方面，在课堂上教授安全技能并在社区中测试泛化可能会更有效。为此基于目标导向进行泛化编程至关重要。卡莱尔等(Carlile et al., 2018)教自闭症学生在商店迷路时该怎么做，例如通知员工和打电话给看护人。他们在学生学校的教室里教授技能，并通过在教室里创建一个"模拟商店"设置常见刺激，里面有每家商店的制服、横幅、标志、销售物品、购物袋和购物篮。与视频示范和纠错一起，促进安全技能的习得和泛化。

刺激控制对刺激的泛化和维持的潜在有效性是所有教师都应该考虑的因素。相对简单和低成本的措施可以帮助确保在许多情况下发生有效泛化，并有助于在培训结束后长期维持。以下案例说明了通过增加刺激相似性实现的泛化。

斯塔勒女士的学生们已经为就业做好准备

斯塔勒女士是中度至重度残疾中学生的老师。她的一些学生正在接受指导以实现独立就业，而其他学生正准备在更有利的环境中就业。对这些学生来说，目标是在当地的托儿所找到一份全职工作。由于交通和其他后勤问题，每周只能带学生去托儿所一次。尽管斯塔勒女士可以在课堂上教授相关技能，但她担心环境与幼儿园的环境不太相似，并且在课堂上视觉和听觉上的干扰要小得多。为了解决这些问题，她从托儿所借来了一些道具，包括像学生最终工作的那样的长凳，并在她教室的一个角落创造了一个小环境。她还制作了幼儿园环境的录音带。当她播放录音带时，她安排尽可能多的人来她的教室待上一分钟，身处模拟环境，观察下植物并与学生交流。

萨米在二年级学习行为得当

萨米是雷迪先生所带的以发育迟缓学生为主的班上的一名学生。他在学习上表现出色，但是他也表现出了一些奇怪的行为，比如挥舞手臂、胡言乱语，做奇怪的动作。这种行为在DRO时间表上通过积极强化在特殊班中得到控制，但雷迪先生注意到在特殊班级以外，萨米仍然会大喊大叫并做奇怪动作。因为特殊班的目标是尽快帮学生回到普通班级课堂。雷迪先生对萨米在特殊班以外的行为表现表示担忧。

雷迪先生决定从萨米所在的普通班借一名二年级学生。在得到家长的许可后,他邀请了一个有天赋的学生布莱德,每周去他的特殊班三次,每次半小时。他教布莱德一些基本学习原则,帮助布莱德掌握他即将开展的强化项目。他还允许布拉德在观察期间对萨米给予强化。当萨米开始在普通教育课上短时间课程时,布莱德去找他并把他带回来。萨米在二年级时一直表现得很好,即使没有得到强化。布莱德的存在已经成为萨米的适当行为的S^D。

中介泛化和训练泛化

我们将一起考虑最后两个促进泛化的程序:中介泛化和训练泛化。通过强化泛化作为响应类可以增加泛化的可能性(Stokes & Baer, 1977)。换句话说,如果学生得到的强化物是专门用于在训练之外的环境中表现行为的,那么在一个新环境中表现学习行为可能会成为一个广义的反应类。因此,学生们被教导泛化。如果学生已经具备语言接收能力,就可以向学生解释意外情况;换言之,学生可能会被告知,如果他们在一个新的环境中表现出某种特定行为,就会得到强化(Mastropier & Scruggs, 1984)。也可以通过加强差异来教导学生表现不同行为。一种方法是使用强化的滞后时间表。当使用滞后时间表时,教师仅针对与之前对该提示的反应(滞后1)或前两个反应(滞后2)不同的反应提供强化,依此类推。

我们可以教学生泛化一些技能。

常春藤等(2019)使用滞后时间表来增加三名自闭症学生(11—12岁)参与休闲项目的类型。一般来说,自闭症学生表现出刻板行为或兴趣有限,这使他们无法参与和学习更多不同的活动。在滞后时间表之前,当学生被告知这是休闲时间并提供四种休闲项目,如杂志、手镯套件、拼图和绘画时,他们几乎只专注于一个项目或在项目之间快速切换(完全不关注时间间隔规定)。在滞后时间表中,当学生选择"与前两节课的大部分时间间隔内选择的活动不同"的休闲项目时,研究人员提供了可食用的强化物或击掌(p.266)。这种干预增加了两个具有固定模式的学生从事的休闲项目的类型,并减少了另一个学生的快速切换的情况。

拉德利等(2019)使用滞后时间表2和滞后时间表4来增加5名10—14岁的自闭症学生的社会反应的变通性。来自社交技能课程的目标技能是保持对话、发起参与、表达需求和回答问题。举例一项用多种反应来回答"告诉我你的一天"的技能。起初,研究人员使用行为技能训练,包括提供指导、示范正确反应、让学生进行角色扮演和提供反馈。研究人员评估了模拟一个反应的条件和对三个反应的条件。第二个条件是模拟三个反应并在滞后时间表2上进行强化;也就是说,每个反应必须与前两个反应不同。最后一个条件是对三个反应进行模拟,并按照滞后时间表4进行强化。在滞后时间表条件下,如果学生重复反应,研究人员会提示不同的反应。所有四个条件都增加了正确回应,而滞后时间表4条件的产生的反应变通性最大。

维斯科夫等(2018)评估了两名患有自闭症的6岁学生的滞后时间表。他们在回应口头分类任务时的变通性,例如"告诉我一些车辆"和"告诉我一些水果"。自闭症学生可能每次都提供相同的反应,重要的是要教学生用许多不同的答案做出反应。对于一名学生,研究人员比较了从滞后时间表9开始,逐渐将延迟计划从滞后时间表1增加到2到4到8到9。学生在滞后时间表9的计划中变化得更快,但这似乎引起了负面陈述,表明学生觉得很难。对于另一位学生,这些程序(滞后时间表9或渐进滞后时间表)都没有增加不同的反应。因此,研究人员实施了一种启动策略,让学生在课前标记该类别中的九张图片。这一策略在产生各种反应方面是有效的,即使后来在没有启动程序的情况下实施了滞后时间表9计划。

我们可以教学生泛化一些技能。

滞后时间表也被用来增加询问的可变性(Silbaugh & Falcomata, 2019)、游戏技巧(Lang et al., 2014)、语音(Koehler-Platten et al., 2013)、食物消耗(Silbaugh & Falcomata, 2017)、标记图片(Heldt & Schlinger, 2012),以及对"你好吗?"的回答(Susa & Schlinger, 2012)。

在中介泛化过程中,学生被教导要监控和报告他们适当行为的泛化情况。这个程序包括自我控制或自我管理,这可能是在所有训练方法中最有希望确保行为变化发生泛化和维持的。如果你查看本章中讨论的许多研究的数据,会发现许多数据都来自1970和1980年代。尽管这些方法仍然很有价值,但大多数研究人员目前正致力于自我管理训练的研究,以促进泛化。教授这些技能的方法将在第十二章中介绍。对于许多学生来说,应用行为分析师的最终目标是将行为置于自我监控、自我管理的突发事件应对中,甚至是自我选择的目标和过程的控制之下。

小结

我们已经研究了许多促进刺激泛化、反应泛化和维持行为的技术。在本书的第一版中,我们指出泛化技术尚处于起步阶段。在第二版中,我们认为它已经到了幼儿阶段。随着对泛化理论和实践分析的日益重视,有理由相信泛化技术将能够愈发成熟。每年都有更多的文献强调泛化。然而,布哈德和哈里格(Buchard & Harig, 1976)很好地描述了它的地位,在某种程度上,阐述关于泛化的问题就像一场游戏:首先,有两件事需要担心。行为改变是否能在自然环境中维持。如果不能,那么就需要考虑两个问题。未发生泛化是否能反映最初产生行为变化的强化计划的类型或级别,还是由于社区环境中缺乏支持性突发事件而导致行为未能发生泛化? 如果是因为时间问题就无须担心。再次回到训练环境,强化我们想要的行为。然而,如果问题是与自然环境中支持的突发事件有关,那么就要考虑更多因素。你是否应该重新设置自然情景,通过间歇性强化、消退或高强度学习来提供支持? 等等(第428—429页)。

很明显,在这个游戏中有些问题反复在被提及。要确定行为是否已经发生改变是很困难的,如果发生了行为改变,原因又是什么,更别说要确定行为改变是否也发生在完全不同的环境中。教师作为应用行为分析师可能永远无法停止对泛化的担忧。然而,考虑到本章和下一章所描述的技术,也无须为此担忧。如果应用行为分析程序已被每一位老师所接受,那正如贝尔等(1968)所建议的那样:"是时候停止抱怨开始制定计划了。"

讨论

1. 阿什克罗夫特女士是患有轻度认知障碍学生的老师。她所有的学生都在全日制普通班接受教育,阿什克罗夫特每天与三位普通教师共同授课2小时。她很沮丧,因为她的学生在她不在教室的时候,在学业和社交方面都表现不好。阿什克罗夫特女士和两位合作老师可以做些什么来帮助这些学生呢?

2. 詹金斯先生非常清楚,如果能够在工作场所接受培训,那些重度残疾青少年学生能更好地掌握工作技能。然而,预算和后勤问题令他无法把学生带到工作地点去学习。思考一下詹金斯先生在不离开高中校园的情况下可以做哪些具体事情,以帮助他的学生为社区就业做好准备。

第十二章　教导学生进行行为自我管理

学习成果

12.1　描述非正式或系统的自我管理实例

12.2　解释目标设定、自我监控、自我评估、自我强化、自我惩罚和自我指导的作用

12.3　描述针对重度残疾、轻度残疾和有风险的群体使用的自我管理技术

本章概要

共同经历

培养学生自我管理能力

目标设定

自我监控

自我评估

自我强化

自我惩罚

自我指导

特殊人群的自我管理

对重度残疾的学生进行自我管理

对轻度残疾的学生进行自我管理

对有潜在风险的学生进行自我管理

小结

管理每个学生行为的最佳人选是学生自己。我们将这种行为干预称为自我管理。前人也称之为自我控制或自律。任何想要在某种程度上独立的个体都必须学会管理自己的行为。一般而言,理论家们对人们的自控能力或自律能力的发展(以及一些人相较其他人更有责任感和成就感的过程和机制)有相当大的兴趣(Baumeister, Vohs, & Tice, 2007)。这些理论问题超出了本书的范围;我们将讨论限于教师帮助学生走向独立的相对简单的程序。关于某些单独或联合的程序是有效的原因,也有相当多的猜测。尽管有许多研究人员提出了理论,但在这一点上,我们确实不知道程序有效的原因(Briesch, Daniels, & Beneville, 2019),只是他们经常这么做。作为教师,我们会继续做我们一直在做的事情——尝试一些方法,基于数据结果考虑做法的有效性,如果它有效,我们将继续这样做,如果它无效,则放弃该法,另寻它法。

在整本书中,我们描述了教师用来改变学生行为的程序。在第十一章中,我们讨论了许多方法促进行为改变泛化,从而最大限度地减少教师持续支持的必要性。本章进一步探讨教师减少学生对环境操纵依赖的机制。讨论把行为改变的责任交给学生。所有方法的重点都是教学生成为自己行为的有效训练师。约翰·杜威(John Dewey, 1939)多年前提出,"教育的理想目标是创造自我控制(p.75)"。具有自我控制能力的学生即使在没有成人监督的情况下也能学习和举止得体。

洛维尤(Lovitt, 1973)指出,"自我管理行为并没有系统地纳入并未系统规范自我管理行为之中,这似乎是一种教育悖论,因为教育系统的明确目标之一是培养自力更生和独立的个体(p.139)。作为教师,如果同意我们的目标包括学生的独立,那么我们必须教导学生独立。虽然不是所有的学生都能完全独立,但大多数学生都能够自力更生。凯斯丁(Kazdin, 2001, pp.302–303)提出了其他原因,使我们更倾向于自我管理,而非外部监控:

外部监控会牺牲一致性,因为教师或其他人可能会"错过"某些行为表现。

在不同的环境中(如教师和父母)之间的沟通问题也会影响项目的成功。

改变的人本身可以成为行为表现或缺乏行为表现的环境线索。

个体对个体行为改变计划的发展做出的贡献可以更有效。

外部监控在目标行为发生或应该发生的环境中并不总能发挥作用。

自我管理通常是系统性的。

普通学生和残疾学生都能被教育去监控和改变他们的自身行为。随着越来越多的残疾学生(大部分时间都在普通班级)接受融合教育,教他们自我监控行为变得越来越重要。我们将阐述自我管理的几方面,包括目标设定、自我记录、自我评价、自我强化和自我指导。学生可以采用任何技术来改变他们自身行为,老师也可以用这些技术来改变他们的行为。学生可以被教导设定他们自己的目标,对自身行为进行记录,评价自身行为,并通过自我强化甚至自我惩罚以实现目标。学生也可以通过自我指导来操控前提事件。尽管每一种自我管理技术都是单独描述的,但是在实践中通常一起使用。换句话说,会组合进行使用,例如,进行自我强化的同时包括自我记录和自我指导。尽管我们将分别讨论目标设定、自我管理、自我评价、自我记录和自我指导,但实践中几乎都是结合使用的,所以通常也难以确定是哪种方法正在实际影响行为。研究者已经作出了一些努力来检查各个方法的不同效果(Fritz et al., 2012),但就目前而言,大多数教师会倾向于认为方法程序是共同起作用。我们将详细描述几种自我管理程序的结合使用。

共同经历

学习成果 12.1 描述非正式或系统的自我管理实例

自我管理程序与本书中描述的所有行为程序一样,也是自然环境的一部分。许多人在管理日常行为时使用目标设定,自我记录,自我强化,自我惩罚和自我指导方法。

许多受欢迎的自我提升计划都是为那些希望在经济、情感、或在生产力方面改善生活的成年人提供的。实际上,所有这些程序都是从鼓励用户设定目标开始的,把目标写下来,并用它们来改变行为。正如我们最初写这一节的那样,新的一年即将来临,数百万人正在以制定新年计划的形式参与目标制定。我们建议的一些策略可能有助于他们更成功地坚持目标。

许多个体户或自由职业者通过自我记录作为一种保持工作效率的手段。作家欧文·华莱士(Irving Wallace, 1977)描述了他和包括安东尼·特罗洛普(Anthony Trollope)和欧内斯特·海明威(Ernest Hemingway)在内的其他作家是如何练习自我记录技术的。维多利亚时代的小说家特罗洛普相当形象地描述了这种自我记录的效果:"我以前有过这样的记录,一个星期过去了,页数不足,给我的眼睛蒙上了一层水疱,一个月的耻辱令我心痛"(p.518)。

大多数人对自我强化也很熟悉。思考老师下班回家的内心独白:

多糟糕的一天! 早上 7 点公共汽车开始运营……

珍妮·林德摔倒了,扭伤了脚踝,不停尖叫着,她妈妈说要起诉……

克利福德不相信 6 乘 4 等于 24,仅仅因为它规定是 24。

昨天……

在美术课上轮到谁使用蓝色颜料时发生了两次争吵。陈最终得到蓝色的颜料;马克最终变成了蓝色……

美术课材料没有均衡分配。

为什么那个威尔玛·约翰逊总是坐在我旁边唠叨个没完？

尽管我整天都在发脾气——我应该在巴斯金罗宾斯站下车！

如果这位老师还实行自我惩罚,她可能还记得明天午餐在洛奇路上的吃三勺冰激凌,然后限制自己吃两片生菜和一份减肥饮料。

有许多人也练习自我指导,进行口头提示。当我们在完成复杂或不熟悉的任务时,会大声地自言自语。许多孩子也会自然地使用这种自我指导。例如,科尔伯格、雅格和赫哲姆(Kohlberg, Yaeger, & Hjertholm, 1968)记录了一个两岁孩子独自玩一套拆装玩具时的自我指令处理过程。

> 轮子在这里,轮子在这里。哦,我们得从头再来。我们得把它关关闭。看,它关闭了。我们又开始了。你知道我们为什么要这么做吗？因为我需要它走另一条路。你不觉得这很聪明吗？但我们得把发动机盖上,就像真正的汽车一样。（第 695 页）

布里施等(Briesch et al., 2019)界定一种综合的自我管理定义:"只有三个要素同时存在,自我管理才能有效促进行为持续改变。也就是说,在观察到自己的行为（即自我监控）之后,必须将观察到的行为与目标或标准（即自我评价）进行比较,并在符合标准时奖励自己（即自我强化）"（第 71 页）。我们建议使用以下自我管理系统的五步流程图:

斯金纳,行为主义的创始人,是自我管理技术的大师(Epstein, 1997)。通过设定目标、环境管理、自我记录、自我评估和强化,他能够非常高效地工作,直到 84 岁去世的前一天。他甚至还出版了一本关于使用自我管理技术来克服年老致困的书(Skinner & Vaughan, 1983)。这本书刚出版时,我们在好奇心驱使下加以阅读,现在我们人手一本,多亏了斯金纳博士,我们才领略到这本书的神奇。

教学生管理自我行为是一种使自然发生的现象系统化并更强大的机制。有些学生可能是没有经过训练的有效自我管理者;有些人甚至尚未准备好管理自己的行为。智力发育迟缓的学生(Vieillevoye & Nader-Grosbois, 2008),学习障碍学生(Berkeley & Larsen,

2018),情绪障碍学生(Popham, Counts, Ryan, & Katsiyannis, 2018)和肢体残疾学生(Varsamis & Agaliotis, 2011)被发现自我调节能力较差。明智的老师会保持警惕,因为有迹象表明学生已经准备好开始管理自己的行为,并将利用这种准备。本章讨论的策略有时被称为认知训练策略或元认知策略(Chevalier et al., 2017; Schiff, Nuri Ben-Shushan, & Ben-Artzi, 2017)。与其他与应用行为分析关系不大的策略一样,它们也是帮助学生更有效地解决问题的方法。

培养学生自我管理能力

学习成果 12.2 解释目标设定、自我监控、自我评估、自我强化、自我惩罚和自我指导的作用

- 使用一些系统的行为管理计划的老师可以尝试一些技巧来增强学生对管理自己行为的责任意识。
- 教师可以要求学生设定目标。"萨米,你昨天在 10 分钟内正确地解决了 7 个问题,你觉得今天能做对多少个?"
- 老师可以要求学生评估他们的表现。"萨米,用答题卡检查你的问题。你算对了多少?"
- 在进行强化时,教师可以向学生解释导致强化的行为。"萨米,你算对了 10 道数学题。每题得 1 分,一共得到 10 分。"
- 教师可以要求学生将部分意外事件联系起来。"萨米,你得 10 分。你为什么得到了 10 分呢?"或者"萨米,你做对了 10 道题。你会得到多少分?"
- 老师可以要求学生陈述所有的意外事件。像"萨米,得了多少分? 为什么?"
- 教师可以让学生参与选择强化物并根据行为确定其后果。

接触过这类技术的学生会经常主动讲述他们的行为及其后果。遵循小步子原则,从询问一个学生他已经得了多少分,到为什么让他在老师的监督下记录自己的分数。最终,萨米可以检查他自己的答案,计算他已经完成的问题的数量,并在他的卡片上记录他的分数。

目标设定

当我们在第九章中描述"契约"的使用时,我们讨论了教师和学生的谈判目标和突发

事件的问题。人们通常认为教师为学生设定目标是教育过程的一部分。当然,在某些情况下确实是这样,但是教师可以教导学生去设定他们自己的目标。有明确的证据表明,设定自己目标的学生比那些简单地由他人设定目标的学生表现得更好(Mazzotti et al., 2013; Reed & Lynn, 2016; Shogren & Wehmeyer, 2017)。这与供学生选择提高学习成绩的方法的证据是一致的(Ennis et al., 2020; Lane et al., 2015; Wehmeyer & Abery, 2013)。徐等(Xu et al., 2017)结合目标设定和自我监测来提高中国一名9岁自闭症学生的学业参与度。威登等(Weeden et al., 2016)在课堂管理干预中使用目标设定来增加六名情绪行为障碍小学生在独立课堂中的任务行为。格罗西和海德(Grossi & Heward, 1998)在一个以社区为基础的餐馆培训项目中,教导有发展障碍的成年人制定目标,作为自我管理计划的一部分。鼓励每个学员都设定速度和持续时间的目标,比如洗锅、洗碗、扫地、擦地、坐公交车和摆桌子。鼓励他们设定的目标高于基线水平,但不高于基线期间的最高表现。当目标得以实现时,再鼓励他们将目标提高到接近正式员工为增加绩效而建立的竞争标准水平。在自我评价的同时,这一过程也使学员的表现有了显著提升。

古瑞阿斯科·莫尔、杜鲍尔和怀特(Gureasko-Moore, DuPaul & White, 2006)将目标设定作为用于自我记录和自我评价的一部分。这些学生都是12岁的男孩,他们被诊断患有注意力缺陷多动障碍。和其他学生情况一样,他们的学业问题主要源于他们没有完成作者所说的课堂准备行为。他们没有按时上课,没有学习资料,也不做家庭作业。这四个学生作为一个小组见面,并被要求记录他们在课堂准备方面的问题,并将这些问题记录在日志中。他们会得到一份清单,上面有6个项目,询问他们是否同意在第一周完成的项目数量。他们独立完成且检查清单,每天与研究人员讨论。他们被要求评估自己的表现并将评估结果写进日志。这一程序对所有学生而言都很有效。会议每过一天就减少一次,最后每周才举行一次。改进工作通过为期4周的会议得以进行。

里德和林恩(Reed & Lynn, 2016)通过目标设定方法来增加残疾中学生在阅读文本时的推理次数。老师首先解释并示范如何从文本中进行推理,并为学生提供一个图形化的工具来推理。然后学生使用目标设定表格(图表12.1,上部分),独自或作为一个小组,记录可以从给定的文章中推断出推论的个数。当学生从老师那里拿到评分过的图表时,他们记录他们在图表上做出了多少正确的推论(图表12.1,下部分)。当学生连续两次达到目标时,他们会提高目标;如果他们连续两次都没有达到目标,他们就去找老师练习技能或重新设定目标。整个班级的目标设定在学生做出正确推断的增加次数上是最有效的。

在教学生设定目标时,帮助他们设定具体的、有挑战性的、可达成的目标是很重要的,目标的达成在早期阶段应是即时的,而非延时的。提供有关实现目标成功或失败的反馈也是有益的。

图表 12.1　目标设定形式(上部分)和自我描述形式(下部分)示例

学生会议：日期＿＿＿＿＿＿　时间＿＿＿＿＿＿

目标 1：

为了达到这个目标，我将采取的步骤：
1.
2.
3.

我完成目标的日期：

---

1 分 = 需要改进
目标图

5									
4									
3									
2									
1									
0									
日期									

自我监控

学生可能会被要求记录他们的行为，而不是如第四章所述由观察者记录。让学生记录数据有时被称为自我监控，但当要求学生评估自己的表现而不是简单地记录下来时，有时会用到后面这两个术语。我们更喜欢用"自我记录"（学生正在做记录）和"自我评价"（学生被要求将他们的表现与标准进行比较）来区分这两个过程。我们还区分"提示自我记录"，当学生收到信号（通常是录音）并被要求表明他们是否已做到行为要求，"无提示自我记录"，学生被要求每次完成目标行为时做一个记号。图表 12.2 提供了一个学生可能使用的数据收集表示例。

第四章描述了数据收集的技术。

图表 12.2　学生自我监控表

姓名：_____
日期：_____

天数	做到 		没做到 	
	第一次铃响	第二次铃响	第一次铃响	第二次铃响
这个时候，我在做我的作业吗？				

自我监控的反应效果可能只是暂时的。

　　自我监控为学生和老师提供了具体的行为反馈。这些信息可以用来确定可用的强化物。在某些情况下，收集行为数据可能会对行为本身产生影响。行为可能会随着记录过程向着目标行为改变。在这种情况下，自我监控本身就可以作为一种行为改变技巧（McDougall et al., 2012）。如果你曾经试过把每一分钱都记在一个小笔记本上，据此来做预算，就很可能已经有所体会。如果在阅读有关自我管理的一章时，你开始在一张 3×5 的卡片上记录每一个白日梦的实例，你很可能会更少做白日梦。（如果没有 3×5 张卡片，只需在空白处用铅笔做个标记，或者在电脑或平板电脑上的笔记应用程序上做个计数标记。）

　　作为一种自我管理和行为改变技术，自我监控已经成功地应用于各种环境、行为

(Coleman & Blampied, 1977; Koegel & Koegel, 1984; Swanson, 1981; Beckman et al., 2019; Boswell et al., 2013; Bouck et al., 2014; Bruhn et al., 2016, 2017; Clemons et al., 2016; Cook et al., 2017; Falkenberg & Barbetta, 2013; Guzman et al., 2018; Holifield et al., 2010; Hudson, 2019; Joseph & Eveleigh, 2011; King et al., 2014; Kolbenschlag & Wunderlich, 2020; Li et al., 2019; McDougall et al., 2012; Miller & Taber-Doughty, 2014; Rosenbloom et al., 2019; Rouse et al., 2014; Schardt et al., 2019; Wadsworth et al., 2015; Wells et al., 2017; Xu et al., 2017)。虽然自我监控在第一次使用时可能会改变行为,但随着时间的推移,这种变化可能会消失,除非有额外的自我管理程序支持,例如自我强化。尽管自我监控已被用于最初的行为改变计划,但它似乎是基于传统教师管理策略的维持行为改变的最有效的方法。

自我监控的两种常用方法是记录以下情况:(1)完成任务,(2)完成一项学业任务,例如,每次完成5个数学问题时或在文章中定位信息并回答阅读理解问题时进行记录,(Joseph & Eveleigh, 2011; Kolbenschlag & Wunderlich, 2020)。问题是,对学生来说,记录他们在"集中注意力"或"努力学习",还是记录他们已经完成了多少任务或正确完成了多少作业,是否更有效?这两种方法似乎都很有效,但许多学生更喜欢记录完成的任务。许多老师可能也喜欢这种方法;我们有时不愿意鼓励学生们仅仅因为看上去很忙就给自己加分。

下面的小片段展示了一位老师如何使用提示式自我监控来帮助她的学生学习自我管理。

迪特里希(Dietrich)女士的学生学会独立学习

迪特里希女士是学习障碍的小学生的资源教师。她对课程做了如下安排,对学生分组后,每组学生在资源课的前20分钟接受直接指导,随后迪特里希女士教另一组,该小组独立学习。她担心她无法兼顾边进行教学边关注正独立学习的小组情况并适时发放代币。她决定教学生自我记录。她从朋友那里借了一个点击器,用它来标记自闭症儿童的正确行为。起初,她观察学生独立学习的时候只在所有学生都表现良好时才点点击器。他们听到咔哒一声,就给自己记一分。过了一段时间,她在直接教学中不经意点击,并告诉那些独立工作的学生,如果他们听到这个声音时正在努力学习,就能得到一分。她发现她的方法非常有效,无论她在正在直接指导的小组还是在独立学习的小组都表现很好。

大量的研究已经证明了自我监控的力量。在大多数研究中,教师首先直接教学生使用自我监控系统,然后在课堂上评估其使用情况。多年来,自我监控的形式发生了变化,从纸和铅笔到平板电脑和智能手机上的应用程序都有所不同(Bouck 等,2014)。罗森布鲁姆等(2020)采用了一种基于技术的自我监控干预方法,增加了四名自闭症青少年在课堂教学中完成任务的时间百分比。学生们在智能手机上的一个应用程序中实现了自我监控,该应用程序会定期询问"你在做任务吗?"每 30 秒有机会回答"是"或"否"。研究人员首先通过行为技能培训教学生使用该应用程序,其中包括指导、建模、角色扮演和反馈,然后研究人员将智能手机放在每个学生的桌子上,并提供最少的提示或反馈。除了缩短完成任务的时间外,自我监控还提高了任务完成度,并减少了其中一名学生的破坏行为。

研究人员发现,当残疾学生通过使用声音提示、耳机、数据表或桌上的智能手机等材料,在教室里使用自我监控系统时,往往会觉得这些材料令人尴尬。一种不显眼的自我监控设备是一种触觉提示,它按照特定的时间表振动,学生可以根据该时间表自我记录任务完成或任务外的行为。麦克杜格尔等(2012)对患有多动症的 15 岁的加布里埃尔(Gabriel)和患有情绪障碍的 12 岁的卡维卡(Kawika)使用了这种类型的自我监控。每个学生都在口袋里放了一个提醒工具,加布里埃尔的口袋每 90 秒振动一次,卡维卡的口袋每 3 分钟振动一次。当他们感觉到振动时,他们问自己:"我在学习吗?"并在数据表上进行记录(图表 12.3)。这使得加布里埃尔在 10 分钟的独立工作时间内完成的代数题的百分比大幅增加(平均为 21%—66%),而卡维卡完成词汇任务所需的时间大幅减少(从平均 30 分钟减少到平均 11 分钟)。

图表 12.3　自我监控表

我的任务完成了吗?

| 1 | 2 | 3 | 4 | 5 | 6 | 7 |

√ = Yes　　　　0 = No

我正在执行任务吗?

| 1 | 2 | 3 | 4 | 5 | 6 | 7 | 8 | 9 | 10 |

Yes:+　　　No:−

科拉本施拉格和德里希(Kolbenschlag & Wunderlich, 2020)使用了另一种不那么显眼的自我监控系统：一个带蓝牙功能的入耳式耳机，连接到老师手持的 iPod 上。老师设置该设备在 20 分钟的课程中每两分钟向学生耳朵发出一个声音。通过一张数据表，学生们被教导："当你听到计时器的声音时，如果你在执行任务，就画一个微笑，如果你不在任务中，就画一个皱眉"(p.85)。通过自我监控并因其准确性（与老师的记录相匹配）而不是完成任务而获得奖励，所有学生的任务行为都得到了改善。一名学生通过自我监控以及完成任务而获得奖励，同时因准确性而获得间歇性奖励，因而获得行为改善任务中的行为维持，但没有推广到普教课堂。也许在普教课堂中使用自我监控系统会促进这种泛化。

教学生使用自我监控技术应包括以下内容：
- 选择目标行为
- 对行为进行可操作性定义
- 选择合适的数据收集系统（成功的数据收集系统包括事件记录、时间采样和永久行为记录的改编；记录方法包括计数单、手腕计数器、绘图和制表。图表 12.4 和图表 12.5 提供了可以使用的图表示例）。

图表 12.4　语言艺术活动的自我记录单

姓名：_____　　日期：_____

	检查自己
我把正确的字母大写了吗？	_____
我在句末加了句号吗？	_____
我在每个字中间留有间隔吗？	_____
我把我的名字写在纸上然后交给老师了吗？	_____
我回答了所有的问题吗？	_____
我有没有在读过的段落里查过答案？	_____

图表 12.5　家庭活动自我记录单

我已经……？	Terry	Todd
1. 洗脸和洗手了吗？	_____	_____
2. 刷牙了吗？	_____	_____
3. 梳好我的头发了吗？	_____	_____
4. 收拾好我的脏衣服了吗？	_____	_____
5. 整理床铺了吗？	_____	_____
6. 把午餐的钱放在口袋里了吗？	_____	_____
7. 做完作业了吗？	_____	_____

- 指导学生使用选定的自我监控系统
- 至少记录一个周期的实践数据
- 允许学生独立进行自我监测，同时应监测结果

关于自我监控为什么会改变行为，人们提出了一些想法。似乎自我监控迫使学生记录他们的行为，并可能导致学生暗中奖励或惩罚自己。自我监控提供了环境线索，增强了学生对潜在后果的意识(Fritz et al., 2012; Kirby Fowler & Baer, 1991)。这就是这么多减肥和戒烟计划要求成年人写下他们吃的每一口食物和抽的每一根烟的原因。正如先前案例所表明的，如果行为朝着预期的方向发生变化，那么自我监控本身就具有一些强化的特性。然而，我们应该始终确保对自我监控行为的积极强化，并朝着目标行为改进(Briesch et al., 2019)。

自我监控有效的两个原因。

在回顾自我监控过程时经常会提出的一个问题是学生记录的准确性。在过去的几十年里，研究人员得出结论，学生记录的准确性对行为改变几乎没有影响；即使不准确的记录也可能导致积极的行为改变(Marshall et al., 1993; Reinecke et al., 1999)。在某些情况下，这仍然是正确的。最近，研究人员发现，当教师加强自我监控的准确性时，目标行为会得到改善(Briesch et al., 2019; Kolbenschlag & Wunderlich, 2020)。

但是学生不会在记录上作弊吗？

自我评估

要求学生评估他们的表现，可以采取多种形式。学生可能会被要求将他们写在本子上的答案与老师准备的或教科书中提供的答案进行比较(大多数学生发现他们仅仅为了看到老师的答案版本，这个行为已经无形中被强化)。不定期的现场抽查和长期的警惕心，可以减少学生在看完答案后像之前一样把答案记下来的诱惑。学生记录准确性和工作效率(将完成的任务数量与指定的任务数量进行比较)。岛袋(Shimabukuro)等(1999)教导患有注意缺陷障碍和注意缺陷多动障碍的学生进行自我纠正，包括阅读理解、数学和书面表达方面的内容。学生记录准确度和效率(比较完成项目数与任务项目数)，他们记录自己的分数并将其绘制成图表。拼写的自我纠正(Morton, Heward, & Blber, 1998)和利用乘法表进行核对(Bennett & Cavanaugh, 1998)使学生能够立即得到反馈，而不是等待老师的反馈。即时反馈有利于提升效率和表现。更复杂的程序可能要求学生根据标准对更难评价的任务进行评分。例如，斯威尼、萨尔瓦和库珀·约翰逊(Sweeney, Salva, Cooper, & Talbert-

Tohnson,1993)教中学生根据形状、间距、斜度、大小和一般外观来评估他们的字迹是否清晰易认。由于这种自我评估和其他训练方案,学生书写的清晰度有了显著提高。

教学生评价自己的行为还需要教他们区分可接受和不恰当的行为。达尔顿等(Dalton等,1999)使用直接指令教导两名有学习障碍的青少年识别任务和非任务行为。老师随机地提供给每个人举例,并要求学生给他们贴上"任务"或"非任务"的标签。训练还可以包括教师或同伴的事例,讲解哪些是适当行为或某些情况下是不当行为以及如何区分。学生模仿适当或不适当行为的录像可能有助于学生养成辨别能力。埃姆布雷茨(Embregts,2000)使用录像来改善轻度智力障碍学生的社交行为。他们在午餐、晚餐和小组会议期间的行为都会被录像记录。学生在教师指导下大约在一周后观看录像。每隔30秒录像就会暂停播放,要求学生们记录下行为恰当与否。只有录像结束时才会作出比较,发现学生给出的评价与教师的评价达到80%重合。学生们因能精确辨别行为而获得奖励。

自我评估的另一种方法是自我绘图,学生将他们自我监控的数据绘制成图表。斯托茨等(Stotz等,2008)对3名有情绪障碍或特定学习障碍的10岁学生进行了自我绘图评估。学生们有3分钟的时间从故事的开头写一个故事,例如"我在一个荒岛上遭遇海难"(第176页)。在每3分钟的时间结束时,学生统计他写的字数,并在一张手写的图表上画出相应的条形图类型的数据点。这增加了写作的字数,也提高了写作的质量。彭宁顿和凯勒(Pennington & Koehler,2017)对3名中度智力障碍的中学生实施了类似的策略。这些学生从他们阅读的故事中自行描绘故事元素,如人物、背景和事件;研究人员还使用了明确的模拟和反馈。

自我强化

大多数教室里,教师都会面临突发事件。教师可能只是简单应对突发事件而不加以讨论,也可能教师会说明哪些是预期行为以及执行这些行为的后果。突发事件以"如果……那么……"的形式表述。例如:"如果你完成了作文,那么你可能获得5分钟的额外自由时间。""做对一道阅读理解题,就可以赚取一个积分。"学生可能以多种方式参与应急管理。学生可以自主选择强化物,以帮助确定与行为有关的强化物的成本,甚至可以选择要改变的行为。允许学生参与行为管理的最终目标是鼓励他们使用他们所学到的方法或技术来管理他们自己的行为。与自我监控一样,从教师管理课堂到学生管理课堂的转变必须循序渐进,必须明确地教导学生使用自我强化或自我惩罚。

从教师控制的突发事件开始。

人们公认的是，自我决定以应对突发事件和教师决定以应对突发事件在产生行为改变上同样有效。事实上，自我决定的标准和强化有时可能比那些外部决定的更有效（Hayes et al.，1985）。

学生自己应对意外事件可能比老师帮助更有效。

当允许学生自己选择应急任务完成时，应该对要遵循的程序予以具体说明。以下一套说明（Felixbrod & O'Leary, 1974, p.846）已作为许多自我强化研究的典范：

1. 人们在工作时，会获取劳动所得。我将给予你可以用来购买这些奖品的积分（指向奖品和积分兑换价值）。你的工作就是回答这些算术问题。按顺序回答问题。只有正确的答案才能获取积分（重复）。你将有20分钟的时间来做这些。如果你想的话，你可以在20分钟之前停下来。

2. 我计划让你决定每一个正确答案所获得的积分。请看下一页的数字（指向另一页，上面是可供选择的分数标准）。我想让你决定每一个正确答案所获得的积分。（实验者在10个可能的标准中指出每一个可能的选择："我想得到1分；2分……在我离开房间后，在每个正确答案所获得的积分上画一个圆圈。"

应急管理系统通常由教师来控制强化物的选择和实施。在任何教导学生自我强化的努力之前，都应该有一个时期，由教师控制应急管理（King-Sears, 1999）。在学生习惯了系统的机制之后，学生自己可以有效地处理突发事件。如上述的对学生如何应对突发事件的解释可以用来鼓励学生应对更严重的突发事件，并逐步过渡到自我管理的强化。

比弗等（Beaver et al., 2017）利用自我监控向3名自闭症青少年教授职业、休闲和功能性生活技能，如做饭和制作肥皂。每个学生都按照一系列步骤完成游戏/音乐播放器应用程序上的技能。在应用程序中，有一个高尔夫计数器图标，单击该图标会增加显示的数量。教师或学生点击高尔夫计数器，正确执行技能的步骤。教师提供的强化和自我强化在提高任务完成度方面都是有效的，对其中两名学生来说，自我强化比教师提供的强化让他们对老师的依赖度降低。

下面的示例说明自我记录和自我强化相结合的过程。

德韦恩实现了行为改变

德韦恩很恐慌。因为他的期中考试时平均成绩是67分。如果他的绩点低于一定程度,他大学将不得不留级。在听了一场关于自我强化的讲座后,他决定改变。

德韦恩弄到一些3×5卡片。他认为他需要短期和长期的激励。他开始在他的智能手机上设置一小时的计时管理,每当他坐在桌子前或图书馆里而不起身或不与任何人交谈时,他就在一张3×5卡上签到。虽然他对他计划的有效性有些怀疑,但他发现它奏效了。当他每天平均学习4个小时时,他的成绩开始提高。他在学期结束时达到3.0分的绩点,他自此坚信应用行为分析不仅仅是让学生待在座位上的噱头。

自我惩罚

大多数自我管理程序都强调自我强化。然而,一些研究表明了教导学生自我惩罚而非强化行为的有效性。《哈利·波特》(Rowling, 1998)的粉丝们可能还记得家养小精灵多比,他经常用头撞墙,用台灯打自己,拧耳朵,甚至在烤箱门上摔耳朵,以此来惩罚自己。在教室里的自我惩罚完全不同。常被研究的自我惩罚形式与代币强化系统结合,在该系统下,学生必须决定什么时候减少或归还代币,以及什么时候得到奖励。这与一直强调的积极行为干预是一致的,近来很少有研究涉及学生使用自我惩罚的内容。如下例所示,许多成年人使用某种响应成本程序与其他自我管理技术相结合来管理自己的行为。

格伦迪教授编写一本书

格伦迪教授非常惊慌,他刚收到负责制作他教科书手稿的编辑的电子邮件(你可能还记得,这篇文章不能再用)。他在邮件中看到了"违反合同"和"月底"的字样,他令他意识到他必须加快写作效率,他决定每天至少要写10页,这样的话他就需要一些动力。他买了一台笔记本电脑进行线上写作,但却花了数小时网上冲浪、在聊天室与他人聊天,几乎没有花时间在写作上。因此,他给自己准备了一个营养棒,整齐地切成10块,两个泡沫塑料杯,还有一些从他的侄子丹尼斯(Dennis)那里借来的玻璃球。在他坐下工作之前,他把一个泡沫塑料杯子装满玻璃球,然后把另一个放在旁边。他把木条的碎片放在碟子上。格伦迪太太同意配合他,让他的咖啡杯一直是满杯状态。(她之所以这么做,是因为她希望自己的客厅装饰能有除了成堆的书、下载的文章、笔记卡和皱巴巴的各色便签之外一些别的东西。)

格伦迪教授的写作准备已经花了将近一个小时。他想在开始前休息一下,但克制住了自己。每当他走神的时候,他就把一颗弹珠从满杯转到空杯里。他已经决定空杯里被放有几个弹珠,他就必须写几页。

格伦迪教授对他的自我管理系统的有效性非常满意。"太神奇了,他想,这么多年来,我一直在用行为分析的方法来分析别人,甚至还教学生如何做。为什么我从来没想过在自己身上试试呢?"他花了相当长的时间自我满足,然后,带着内疚的开始,往空杯中放入一颗弹珠,然后回归写作。

自我指导

自我指导是一个自我使用口语言语提示、刺激自己的过程。诚如在第十章中讨论所示,当区别性刺激不足以引起想要的反应时,我们就需要被提示。提示通常是由其他人提供的,而自我指导则是自己对自己进行提示。许多成年人在从事一些困难或不熟悉的任务时,都会给自己一些提示。诸如我们在开一辆新车或在跳复杂的舞蹈时,会自言自语;当我们在默写字母遇到困难时,我们会提示自己"e 在 i 之前,而且都在 c 之后";我们中的一些人还会用唱"ABC"的方式,在电话簿里面找人名。因此教导学生使用自我指导策略,也能够帮助他们自己用口头提示提醒自己,而非一直依赖他人。

自我指导使学生能够在解决问题的过程中,发现问题并指导自己。在学生解决问题、回答问题或指导自己完成任务之前,先进行自我指导训练。那些接受过自我指导训练课程的学生能够将自我指导策略进行泛化——例如一对一的课堂辅导(Bornstein & Quevillon, 1976)。这些学生可以在不同的任务情境中进行泛化——例如从算术到抄写到没有经过专门培训、但需要类似自我指导的自然拼读法(Burgio, Whitman, & Johnson, 1980; Smith et al., 2015)。

教导学生自我指导的策略可以有效地帮助过度活跃或冲动的学生,增强他们参与任务的能力,提高他们的学习能力和社交能力。增加社会适应行为,并教导中重度、极重度残疾学生各种各样的技能(Barkley, Copeland, & Sivage, 1980; Borkowski, 1992; Browder & Shapiro, 1985; Bryant & Budd, 1982; Burgio et al., 1980; Callicott & Park, 2003; Case, Harris, & Graham, 1992; Faloon & Rehfeldt, 2008; Lagomarcino, Hughes,

& Rusch, 1989; Peters & Davies, 1981; Shepley et al., 2019; Smith et al., 2016)。

大多数采用自我指导的研究都对梅肯鲍姆和古德曼(1971)开发的训练流程进行了改编。自我指导的五步训练计划成功地增加了被诊断为过度活跃的二年级学生的自我控制能力,从而提高他们任务完成率和减少错误率。依照下述顺序对学生进行个别化辅导(Meichenbaum & Goodman, 1971, p.117):

1. 一名成人示范一项任务时,同时大声地自言自语(建立认知模型);
2. 一名学生在示范者的指导下,完成同样的任务(公开的、外显性的指导);
3. 这名学生单独完成任务,并一边大声地进行自我指导(公开的自我指导);
4. 这名学生在完成任务时进行小声的自我指导(模糊的、明显的自我指导);
5. 学生通过默语进行自我指导,并完成了任务(潜隐式自我指导)。

下面展示教师提供的建立认知模型的例子,然后由学生进行公开的、秘密地进行练习,这项任务是学生需要看着图案,重新画出图案的线条。

我要做什么呢? 你想让我用不同的线条来重新画这幅画。我已经慢慢地、小心地画线条了。好,把线条画下来,向下,很好,然后向右,就是这样,再往下,再往左。好。到目前为止我做的还不错。记住,慢慢画。现在再重新画回来。不对,我应该画下去。这才是对的,我要小心地擦掉这条线。好了……即使我可能画错了,我也可以慢慢地进行下去。现在得画下来了。好了,完成了。我完成了! (Meichenbaum & Goodman, 1971, p.117)

为了让学生学习、模仿到一种有效且完整的自我指导策略,教师在最初建立认知模型时,必须能够指导任务进程的相关表现技能。这些技能(Meichenbaum, 1977, p.123)包括:

1. 定义问题("我要做什么?")
2. 集中注意力和指导反馈("注意,把这条线画下来。")
3. 自我强化("我现在做得很棒!")
4. 自我评估的应对技巧和纠错能力("没关系,即使我可能画错了,我也可以慢慢地取得进步。")

为了帮助冲动的学生更善于反思,从而更好地完成一项匹配的任务,老师采用了以下策略:

现在让我们来看看,我该怎么办? 我必须找到其中的一个(指着六个选项)进入到这个空间(指向矩形图中的空白位置)。好,现在我得记得慢慢来。它要求是相同的颜色,但是现在它看起来不一样,因为线条有点粗。好,现在我知道不是这一个。现在我看看下一个(指向第二个选项),它看起来也不一样,因为它上面没有任何线条,而这个(指向标准的图)上面有线条。好,现在我知道不是这一个。接下来,我要看看这一个(指向另一个),它看起来和我要的一样,颜色一样,线条也一样,我想可能就是这个了。可是我得再慢慢检查其他的,然后再来选择(继续检查剩下三个备选的选项)。好,我检查完所有的选项,我辨认得很慢、很仔细。我认为这个就是了(指向正确的答案)(Peters & Davies, 1981, p.379)

里德和利内曼(Reid & Lienemann, 2006)使用自我调节策略的方法,提升一组患有多动与注意力缺陷学生的写作技巧(Graham & Harris, 2005)。这个策略使用记忆法,教导学生计划、组织和书写故事,并要求故事内包含所要求的部分。直接教学和建立认知模式是用来教学生的教学方法,以便学生可以独立使用这些策略。最后对学生写的故事进行评价。评估显示所有学生的故事单词数量都增加了,包括故事结构部分的数量以及写作的质量。该项研究还使用了图表形式来描绘学生的进步。

自我指导是一种有助于学生更加独立、使得行为得以维持和泛化行为改变的有效方法。一些因素会影响自我指导的有效性:

影响自我指导有效性的因素。

1. 任务执行过程中程序的实际作用。罗伯茨、纳尔逊和奥尔森(Roberts, Nelson, & Olson, 1987)研究发现,使用自我指导的学生和只接受自我指导策略的学生在学业上并无差异。他们认为,至少在某些情况下,通过自我指导来解决特定问题的训练可能是一种比较好的学业指导,而不是对认知加工进行修正。

2. 学生在回答问题上的能力。希加、萨普和卡尔金斯(Higa, Tharpe, & Calkins, 1978)研究发现,除非幼儿园和一年级学生在练习肌肉活动反应,否则自我指导实际是干扰他们的表现。再多的自我指导也不能使学生在自己的能力范围内完成任务。

3. 强化自我指导。

4. 促进指导重点的明确。如歇尔和帕特森(Mishel & Patterson, 1976)研究发现,如果幼儿园孩子能明确告知自己不要和木偶聊天,而非用一般指令提醒自己去完成的任务,那么他们往往会表现得更好。

自我指导训练的研究结果有些不一致。伯恩斯坦(Bornstein, 1985)认为,这种方法的不同效果可能来自年龄、性别、智力、种族、历史、归因或认知风格,并指出"很简单,自我指导程序似乎可以有效,尽管它们并不总是有效的"(第70页)。如前所述,"没有什么总是有效的。"

如第十章所述,教导中重度残疾人使用自我指导时,其中包含了使用图片提示的方法(Pierce & Schreibman, 1994; Steed & Lutzker, 1997)。向学生提供按照顺序完成描述各种任务的图片册。学生被教导如何使用手册之后,不需要老师、任务指导员或学校单位等继续进行监督,就像老师参考课程计划、讲师参考课堂讲稿,医生参考桌上手册一样。

史密斯等(Smith et al., 2016)使用一种更加高科技的系统教四名自闭症青少年使用自我指导来提高日常生活和职业技能，如制作柠檬水和整理办公用品。他们首先教学生拿着智能手机，导航到一个图标，并观看演示视频，比如在被要求"观看制作咖啡的视频"（p.1202）后。然后，他们给出了一个学生无法完成的指令，比如"制作柠檬水"，并使用循序渐进的时间延迟和语言提示，教他从口袋里拿出智能手机，找到"制作柠檬水"的视频，观看视频，然后执行步骤。除了学生通过这种自我指导获得新技能之外，学生还在不同的人物和情境中展示了自我指导技能的泛化，尽管有些学生需要在两种环境中进行渐进式时间延迟才能进行泛化。谢普利等（Shepley等，2019）在智力障碍小学生身上重复了这项研究。

大多数自我指导的程序是结合自我监控和自我强化进行教学的。因此，学生为自己的研究提供了正确表现的前因后果。以下部分描述几项考察了实施干预效果，其中包括几种类型的自我管理。

特殊人群的自我管理

学习成果12.3 描述针对重度残疾、轻度残疾和有风险的群体使用的自我管理技术

对重度残疾的学生进行自我管理

对自我管理程序的描述可能会让人觉得，只能是那些高功能的人才可以使用这项技术。恰恰相反，许多障碍程度较重的学生，包括精神发育迟滞和自闭症，都能够被教导来使用自我管理的程序（Aljadeff-Abergel et al.，2015；Beckman et al.，2019；Boswell et al.，2013；Carr，2016；Douglas et al.，2015；Fritz et al.，2012；Griffin & Copeland，2018；Gushanas & Thompson，2019；Kartal & Ozkan，2015；Koegel et al.，2014；Lee et al.，2018；Legge et al.，2010；Li et al.，2019；Liu et al.，2015；Looney et al.，2018；Miller & Taber-Doughty，2014；Newman，Buffington & Hemmes，1996；Roberts et al.，2019；Rouse et al.，2014；Sheehey et al.，2017；Singh et al.，2017；van der Burg et al.，2018；Wadsworth et al.，2015.）

凯格尔等（Koegel et al.，2014）教三名自闭症学生自我管理他们的对话技巧。他们向他们展示了如图表12.6所示的自我监控记录表。以这种形式提示学生回答问题、发表评论、阐述回答、提出问题的对话技巧。学生们被告知，当他们使用其中一种对话技能时，要在方框中打勾，然后他们就会获得一个喜欢的活动，比如游戏。治疗师提示学生参与对话技巧和自我记录，然后减少这些提示。凯格尔等人认为自我管理有助于展示对话行为，也是维持对话行为，而不是习得对话技能。

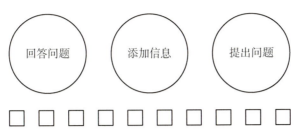

图表 12.6　自闭症学生的使用的自我检测表

除了在自给自足的环境中训练技能,自我管理程序在为有严重残疾的学生充分参与融合环境的技能方面显示出巨大的希望(King-Sears, 2008; Koegel et al., 1999)。许等(Xu et al., 2017)利用自我管理和目标设定来提高一名 9 岁自闭症男孩在通识教育语言艺术课堂上的学习投入。研究人员首先教学生在一对一的私人环境中使用自我管理系统。包括让学生选择一个喜欢的活动来作为奖励,使用自我管理表格(表 12.1)在 1 分钟的间隔内自我记录参与行为和破坏行为,并教学生对照老师的计分来检查他的计分可靠性。研究人员首先向学生展示他的基线数据,并告诉他将他的第一个目标设定在基线数据的最高点,即在 20% 的时间间隔内记录。

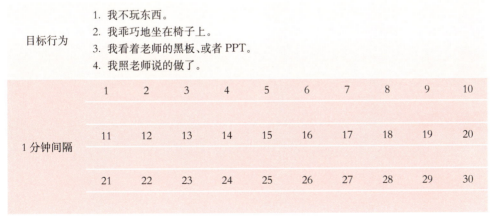

表 12.1　自我检测数据记录表

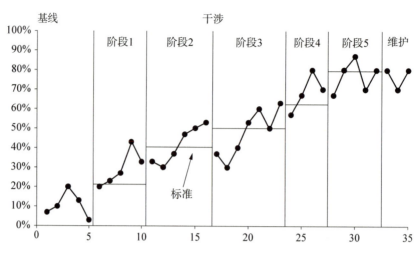

图表 12.7　跨条件和干预阶段的一分钟完整学习参与间隔的百分比

（见图表 12.7）。在融合课堂中，学生设定一个目标，选择一个强化物来获得，自我记录参与度，决定是否达到了目标，如果达到了，就获得强化物。学生从基线期的 10% 参与度提高到最后阶段的 80%；他仍然保持了这种参与度。

对 29 项在融合环境中对残疾学生使用自我管理的研究进行的元分析表明，大多数被试是重度残疾学生，在大多数情况下，自我管理是一种有效的治疗方法（McDougall et al.，2017）。

对轻度残疾的学生进行自我管理

考夫林等（Coughlin et al.，2012）在一个独立的教室里，教三名 7 岁的轻度智力残疾学生自我监控他们的任务行为。学生们被分配了一些任务单，比如计算项目和圈出字母。起初，在工作表上的五个任务之后，都有他们最喜欢的卡通人物的照片，并带有一个盒子，任务完成后可以在其中贴上贴纸（图表 12.8）。在任务单上贴贴纸的次数逐渐减少为 3 次，然后是 2 次，最后是 1 次。研究者使用指令脚本向学生教授自我管理系统（表 12.2）。这种干预成功地减少了非任务行为和完成任务单所需的时间。

自我管理策略也可以提高普通教育环境中轻度残疾学生的表现（Bedesen，2012；Wills & Mason，2014）。威尔斯和梅森在普通教育科学课上教两名患有特殊学习障碍和多动症的高中生如何自我管理他们的任务行为。研究人员教学生使用智能手机上的应用程序首先区分任务内外的行为。然后，在课堂上，学生们将打开应用程序的智能手机放在课桌的顶角，并根据他们在每 5 分钟的时间间隔内是在做任务还是不在任务中记录"是"或"否"。为了减少分心，间隔用闪烁的屏幕来标记，而不是音调或振动。

图表 12.8　自我监控表

表 12.2　指令脚本
1. 告诉：您将学习如何在工作时进行自我监控。
2. 显示：自我监控视觉提示。
3. 告诉：这张(爱探险的朵拉/海绵宝宝)的照片告诉我,可以停止工作和自我监控了。
4. 显示：自我监控图表。
5. 告诉：当我自我监控时,我在这张图表上贴了一张贴纸。
6. 告诉：当你看到爱探险的朵拉/海绵宝宝时,我会停止工作并在我的图表上贴上一张贴纸。
7. 告诉：在我的图表上贴上贴纸后,我就回去工作了。
8. 告诉：看着我。
9. 展示：解决问题。
10. 告诉：我在做我的工作。
11. 显示：查看自我监控提升。
12. 告诉：我看到爱探险的朵拉/海绵宝宝。是时候给自己贴一张贴纸了。
13. 显示：停止工作,拿一张贴纸贴在自我检测图表上。
14. 告诉：我在这里贴了一个贴纸,因为我已经完成了一些工作。
15. 显示：返回任务单并开始下一个问题。

续 表

16. 告诉:在我的图表上贴上贴纸后,就该工作了。
17. 告诉:现在让我们一起练习。
18. 在学生自我监控的情况下完成步骤10—17。
19. 告诉:现在告诉我你是如何自我监控的。
20. 观察学生独立完成第10—17步;必要时提示。

对有潜在风险的学生进行自我管理

一些研究显示,使用自我管理策略的学生,并不是那些被认为是残疾的学生,而是那些由于不良学业和挑战性行为而面临学业失败风险的学生(Bunch-Crump & Lo, 2017; Trevino-Maack et al., 2015; Wills et al., 2016)。研究人员已经表明,自我管理在特定的内容领域对接受通识教育的学生是有效的,如阅读(Guzman et al., 2018),写作(Ennis & Jolivette, 2014)和数学(Stocker & Kubina, 2017)。

小结

本章描述了大量将行为管理任务从教师过渡到学生的技术。这种过渡带来了一些好处:学生变得更加独立,他们的行为可以在没有有效干预的环境中,得到维持和泛化。重点从改变单一目标行为的短期干预转变为可用于长期改变许多行为的策略变化,受益更甚。在本书中,对自我管理方法、程序的讨论似乎与强调可观察、可测量的行为相矛盾。本章中描述的一些程序过程,例如隐蔽的自我指导,并不是直接可测量的,然而与以往一样,重点是可观察到的行为变化。例如,虽然我们没有办法观察到学生的隐蔽式自我指导,但我们还是可以观察到他们比在被教导使用自我指导程序之前,更快、更准确地完成学业任务。

讨论

1. 为自己设计一份自我管理计划,其中包括自我记录、自我监督和自我强化的内容。
2. 实施上述程序,看看你是否可以改变自己的行为。尝试描述变化的过程。

第十三章 综合分析

学习成果

13.1 描述四种结构及其与刺激控制的关系
13.2 解释提高课堂规则有效性的三个因素
13.3 描述高效型教师的几个特征
13.4 假设课堂环境中应用行为分析的标签原则

本章概要

刺激控制
物理布局
时间结构（Time Structure）
教学结构
言语结构
具体化
经济性
后果
规则和程序
教师特点
学习环境研究（了解学习环境）
还记得哈珀女士吗
米切尔老师的独立课堂
华盛顿女士的资源教室
谁需要应用行为分析？
全校性积极行为支持系统
博伊德（Boyd）先生的数学课
迈克尔斯女士把它放在包里了
小结

在前面的章节中,我们讨论了很多原则,引用了大量的研究,并提供了数十个示例,来说明如何在课堂上实施程序。在本章中,我们将说明教师如何将所有的原则、研究和程序结合起来,为学生提供高效学习的教室和其他环境。还想强调的是,学校和学习如何为老师和学生提供乐趣。如果这在很大程度上不是一件有趣的事,那么就没有人愿意继续做下去。就像没有人为了钱去教书一样。首先,我们将描述各种原则的具体实施,然后我们将详细描述几种环境。在本章中,我们将用旁注指出正在使用的行为原则。

在学生到达之前,有效和高效的课堂管理最重要的部分就已经开始了。详细的计划可以确保所有学生成功地获得知识和学习技能,并且较少发生破坏性或不适当的行为。为那些在掌握知识和技能方面有困难的学生,或有预防性计划外行为不当的学生做好准备,使教师能够迅速做出反应并尽快解决问题。然而,预测每一个潜在的问题是不可能的。学生的不能完全预测也使教学更具有挑战性和乐趣。就在这个时候,可能在世界的某个地方,一位老师问一位助手:"你以前见过这样的人吗?"

刺激控制

学习成果 13.1　描述四种结构及其与刺激控制的关系

学习成果 13.2　解释提高课堂规则有效性的三个因素

学生的学业或社交行为不当或适应不良的学生将会面临特殊的挑战。这些学生可能会被归类为特殊或高危学生。许多这样的学生将整个学校环境视作一个辨别刺激(S^D),要么行为失控,要么是完全退缩。要设计一个改变这种行为的课堂环境,教师都必须同时避免呈现旧的辨别刺激组(S^Ds),并集中精力建立课堂的某些要素作为适当行为的辨别刺激。这一过程可以被认为是提供了适当的课堂结构。我们将介绍几种不同的结构,包括房间的物理安排,时间、教学和语言结构,以及教师特点。

物理布局

课堂的物理布局为学生提供了辨别刺激。这些刺激所引起的一些行为可能是不可取的。对于一些学生来说,接近其他学生(或某个特定的同学)可能是一个"刺激(S)",表示任务外的谈话或是物理上的虐待。坐在椅子上可能是倾斜椅子的一个刺激。教师可能需要以干扰此类行为的方式安排课堂,然后才能教授更适当的行为。众多研究者(Bettenhausen, 1998; Cummings, 2000; MacAulay, 1990; Sainato et al., 2008; Soukup et al., 2007; Stewart & Evans, 1997; van den Berg & Stoltz, 2018)都描述了教室布置与学生行为之间的关系。这些来源具体建议包括：

1. 方便教师观察所有学生。
2. 充分隔离学生以减少不当行为。
3. 仔细划分只强化工作行为(work behaviors)的区域和允许非正式行为的区域。
4. 避免杂乱和分散注意的课堂配件以及学习用具，为容易分心的学生提供自习桌，几乎任何刺激都会成为非目标行为的辨别刺激。
5. 坐得离老师近的学生表现更好。
6. 对于幼儿来说，较小的空间会产生更多的社会互动。

这不是环境装饰，而是刺激控制。

课堂的具体安排将取决于教学内容、班级学生，当然还有空间的限制。（如果你控制锅炉房，你就得在炉子周围工作。）如果大部分的教学都是一对一的，那要么有几个工作区，老师和学生可以在那里舒服地坐着看所需的材料，或者更好的是，每个学生都必须有一个足够大的工作间来容纳另一把椅子和一个成人。我们不建议在从一个间到另一个间的移动过程中俯身或蹲下来提供指导，不是背部屈服，就是膝盖屈服。此外，许多学生对那些逼迫或把他们团团围住的老师态度不好。我们认识的一位有创造力的老师使用一把打字员常用的带轮子的椅子把自己从一张桌子转到另一张桌子。如果要进行大量的小组教学，就必须有一个学生能同时面向老师和黑板或其他视觉辅助工具的区域。我们看到许多老师与小组交谈，其中一半背对着老师，在投影仪屏幕上显示透明胶片，许多学生不得不转身才能看到。这不仅不利于良好的指导，也为不当行为创造了机会。小团体需要一张桌子和椅子，或者一个足够大的地板区域，所有人都可以舒适地坐着。一张肾脏形状的桌子非常好，因为它能让老师同时接近所有的学生。许多教师在教学时使用地板，用胶带在个别空间做标记，并要求学生待在自己的方格内。这样可以最大限度地减少推搡和乱动。地毯方格也可以起到同样的作用。

课堂的吸引力也很重要。色彩鲜艳的布告板、植物、水族馆和学生项目都有助于营造友好、温馨的氛围。图表、图形、视觉提示和目标的显示传递了这样一个信息：这个教室是需要注意，一些严重残疾的学生，如自闭症学生，可能需要一个更专注的教育环境，以便能够专注于教材(Smith, 2001)，尽管这并不总是需要的(Geiger et al., 2012)。一般来说，学生应该有自己的工作区域，这样可以很容易地确保他们应该关注的任务是眼前最能吸引注意力的项目。

当我们开始谈论教室整洁的重要性时，参观过我们办公室的学生总是咯咯笑。我们和格伦迪教授一样,认为与大多数儿童和青少年相比,上了年纪的大学教授更容易适应杂乱的环境。混乱的教室对学生来说可能是危险的,特别是对于行动不便的学生。一个老师必须帮她翻找整个桌子,一个书柜和两个橱柜才能找到藏在纸堆里的教学材料,这浪费了宝贵的时间。她也为学生提供了一个不好的榜样。如果学生的课桌上堆满了无关物品,他们可能会发现无法完成手头的任务。有时为了保持整洁而付出巨大的努力是值得的。

物理教室本身就能成为一个适合学生发展行为的一个的辨别刺激。重要的是保持强化行为和环境设置的一致性。让有行为问题的学生在雨天在工作区玩耍可能会导致该区域的刺激控制减弱。突然改变房间布置也可能给这些学生带来问题。

时间结构(Time Structure)

当我们说:"该去做……"时,我们就在使用刺激控制。

一天中的时间对许多人类的行为起到辨别刺激的作用。在某些特定的时候,特定的行为会被强化。一个可预测的课堂时间表将最大限度地控制时间。张贴日常活动和个人任务的时间表对于改善自闭症和其他精神障碍学生的学习和行为有很大的前景(Akers et al., 2018; Betz et al., 2008; Brodhead et al., 2018)。其他时间方面也应考虑。有证据表明(Frankhauser et al., 2001; Lingo, 2014; Rhymer et al., 1998),对学生的活动计时,能让他们的工作更快更高更准确。很显然,时间是一个快速工作的辨别刺激。

一个简单、相对便宜的厨房计时器对安排课堂时间有很大帮助。定时器有很多类型,包括数字式计时器、智能手机和平板电脑计时器,(可听可接触)以及可视计时器。正如下文所述,老式计时器可能比新的数字计时器有一些优势,尽管它们都有各自的用途。学生可能会在个体工作期间被分配一个计时器,并被指示"赶时间"。定时器也可以用来划分上课时间。学生可能会被告知,当计时器滴答作响时,不允许说话或走动。滴答声就变成了一个辨别刺激,代表独立而安静地工作。铃声作为辨别刺激表示停止工作,进一步指示开始另一项活动。那些没有助手,或者在教室里与小组一起工作的教师教导学生,除了在紧急情况下(火势失控,或者地板上有超过一夸脱的血),不在小组接受指导的人员不得向老师报告。辨别刺激出现,"在定时器设置好的情况下,禁止与教师交谈",这似乎是由滴答声提示的。不同年龄和能力水平的人都可以学习使用计时器。事实上,我写这篇文章的时候,我的计时器在滴答作响——这是一个辨别刺激(S^D),也是一个刺激($S^\triangle$),表示同时打断我的话。此外,成人相比于学前儿童训练起来更难。铃声是咖啡休息时间的条件强化物。

当需要多个计时器时，数字计时器更方便，它们可以与个人、小组和整个班级一起使用。虽然现在我们很多人的手机上都有定时器，但是我们应该注意不要把手机放在一边。当老师不在的时候，不知道学生会趁老师不注意做什么。

在结束时间这个话题前，我们必须解决时间最大化的问题。如第二章所述，必须避免开展那些只让学生"安静、安静、温顺"(Winett Winkler, 1972, p.499)的无意义活动。教师还必须避免从事只对自己有益的活动，例如相互聊天或做文书工作。在合同中，特别是对高危生或残疾人来说，没有时间可以浪费(Heward, 2003)。必须尽一切努力，让每个学生在尽可能多的时间里积极学习。我们认识一位一年级老师，她要求学生在闪卡上回答出加减法才能在课间休息时在大厅排队进入洗手间。我们认为这可能有些极端，不过这种利用每一分钟进行教学的精神值得赞扬。

教学结构

良好的教学结构始于规划，规划始于目标。第三章详细描述了制定和编写适当目标的过程。一旦为班级制定了长期和短期目标，或者为残疾学生编写了 IEP，就可以编写目标。我们不同意"IEP 是为残疾学生而设的教学计划"的说法。教师需要计划每日目标，以完成既定的目标并开展有助于目标完成的具体活动。一份最低标准的教学计划除目标外，还必须包括教师要做什么、学生要做什么、需要什么材料以及如何测试对目标的掌握程度。若计划包含多名老师，还应说明谁负责授课。如果像我们之前建议的那样，教室有一个书面的每日和每周时间表，那么教学计划表格就可以重复，日常活动也可以快速有效地写下来。前几章详细介绍了使用基于研究的方法来设计语言和视觉刺激、有效使用提示以及强化学生反应的方法。这些方法应该是日常课程的基础。再一次强调，应用行为分析是一种教学方法，而不仅仅是一种减少挑战性行为的方法。除了确保教学目标明确、高效外，书面的每日计划也是大多数教师"坚持下去"的一个督促。"这让我们不会因为把自由活动的时间延长到午餐时间而忘记今天的数学教学。"

教学方式也很重要。如果老师没有表现出太多的兴趣或者精力不足，学生们也会感到无聊和冷漠。在第 100 次讲授"更大"这个概念时，可能很难表现出热情，但这是绝对必要的。节奏轻快的教学比无精打采的教学更容易引起学生的反应。所有的教学都必须包括为学生的回答留足时间。谈话不是教学：教师必须不断地寻求学生的回应，以确保学生正在学习。顺便说一下，询问学生们是否理解了知识并不能反映出他们的学习情况。许多学生会觉得自己理解了这个知识,实际上并没有;许多学生会热情地点头,只是为了让教学停下。有效的教学不是简单地解释"大"是什么意思,而是反复要求学生说出哪个更大,展示哪个更大,找出一个更大的,画一个更大的,建造一个更大的。教师也会积极强化正确的回答,纠正错误的回答。

与学生一起使用的教材也会产生反应。老师希望学生能使用口头和书面形式正确回答问题。然而,对于许多有学习障碍和具有挑战性行为的学生来说,传统的材料,如课本、练习册和工作清单,就可能成为挑战性行为的辨别刺激。通常来说,最好使用多种教学方式或通用学习设计(Universal Designfor Learning)进行教学(Ok et al., 2017)。这意味着使用一些需要听觉输入的材料,如听力;视觉输入,如查看图表;触觉输入,如书写和打字;以及动觉输入,例如在教室里走动来接触材料。要为一些学生提供能引起适当反应的作业,需要大量的创造力。创造力是非常有用的——一群学生以最快的速度做长除法,肯定不会像一群无所事事的学生那样具有破坏性。

刺激控制可能对教师不利。

言语结构

所有课堂都有规则。无论对学生行为的期望是否明确,它们都是存在的。聪明的老师会与学生分享他们对课堂行为的期望。如果学生不知道规则是什么,他们就很难遵守规则。对许多遵守规则的学生来说,规则已经变成了服从的辨别刺激(因为他们的强化经历)。那些不遵守规则、捣乱或不能完成指定任务的学生,会使老师感到不快。对于这样的学生来说,仅仅说明期望是什么对行为几乎没有影响;对于他们来说,遵守规则不受刺激控制。必须教会这些学生遵守规则。遵守以下规则将有助于这一过程:

1. 具体说明期望内容(具体化)。
2. 制定尽可能少的规则(经济性)。
3. 明确规则与后果间的关系(后果)。

具体化

有效的规则要描述可观察到的行为。可以明确判定是否遵循了有效规则。一些教师为了预测每一种情况,制定了模糊的规则,这些规则的效用微乎其微。要判断一个学生是否是一个好公民,是否尊重他人的权利,是否能做到己所不欲勿施于人。遵守这些规则也很困难。一个好公民应该做什么？他人的权利是什么？在他对我做之前，我对他做了什么？教师必须决定课堂上哪些行为是重要的，并用一套规则来描述这些行为。如果一个好公民意味着"完成任务"或"管好自己的手"，那么这些应该成为规则。一般来说，最好明确需要哪些行为，而不是禁止哪些行为。然而，一些教师为了做到完全积极，制定了一些根本不清楚的复杂规则。"如果需要这样的规则，管好自己的手是"不要打人"的良好替代品。然而，类似一个关于随地吐痰的规则，"不要随地吐痰"比"把唾液留给自己"效果更明显且更清晰。有时候，告诉学生什么是不应该做的也是可以的。

经济性

制定过多的规则是低效的。老师们制定了 88 条规则，试图预测每一种可能的情况，他们可能会发现，学生们面临的挑战是找出第 89 条问题行为——"却没有规则能反对它"，这是允许学生制定规则的主要劣势。他们似乎总是想制定几十条规则（并对不服从者处以死刑）。

记住所有这些规则也很难（即使对老师来说）。

有时，不必要的规则甚至会给学生提供想法。如果开学第一天，老师对他的七年级学生说："不要把吸管从自助餐厅带回来。我不会让我的学生在我的教室里弄湿纸盖的末端，然后把它们向上吹，让它们粘在天花板上。"他可能就是希望他们这么做，学生们可能都从来没这么想过。因此，除非有确凿的证据证明有必要，否则不要制定有关殴打（尤其是殴打教师）和其他极端形式的不当行为的规则。

此外，执行不必要的规则是费时的。在普通教室里收集关于处理口香糖"问题"所花费的时间的数据是很有意思的。我们中的许多人都听说过（或参与过）这样的交流：

老师："你在嚼口香糖吗？"

学生：（迅速吞下）"谁？我吗？"

或

老师："你在嚼口香糖吗？"

学生："老师我没有。"

老师："张开嘴我看看！你在嚼口香糖！马上吐出来！我想在垃圾桶里看到它！"

许多学生发现这样的交流有强化作用。他们咀嚼口香糖来逃避老师的教导，并让老师关注他们几分钟。因此，课堂规则应集中于高效教学所需的行为上。将规则变成有效的辨别刺激通常是相当困难的。除非有必要，否则为什么要这么做？

通常很有必要教学生规则，就像我们教他们其他东西一样。如果其中一条规则是"发言前举手"，老师可能会示范适当的举手方式，要求学生模仿和辨别正确和错误的例子，并确保学生理解通常未说明（因为这会使规则变得繁琐）但必要的行为，即避免疯狂挥手或重复发出咕噜声，以及在提问或回答问题或发表评论之前等待老师看到并回应举起的手。在练习过程中，如果有很多笑声（学生喜欢模仿错误的例子），表扬和其他强化措施，将有助于学生习得规则。

后果

对于行为不受规则控制的学生，必须系统地在遵守规则和正强化或惩罚之间建立关系。老师可以：

1. 将规则以书面或图片形式张贴在公告栏上，从而提供一个视觉提示。
2. 在每节课开始时陈述规则或要求学生阅读规则，从而提供口头提示。
3. 将关注放在遵守规则的学生身上，从而提供一个示范。
4. 较少情况下，向学生直接指出她未遵守规则，并提醒他应该怎么做。

当这些规则已经制定并生效时，教师必须继续不断地强化学生遵守规则。即使学生在学校或家里的其他环境中不遵守规则，像这样系统性的努力，将规则遵循置于刺激控制之下，也能取得成功。这个老师和这个教室会成为遵守规则的辨别刺激。

规则和程序

研究者（Wong & Wong, 2009）曾对规则（Rules）和程序（Procedures）进行区分。规则是告诉学生应该如何表现，程序是告诉他们在教室里应该如何做事。程序越自动化，课堂的运行就越顺利，应该包括但不限于：进出、分发材料、上交作业、削铅笔等等。值得在新学年开始的时候花点时间，根据需要教授每一个程序步骤。有一个在隔壁教三年级老师，她在学校的头三个星期除了教学规则程序外什么也不做。她让学生排好队，坐下，再排好队，坐下，但实际什么地方也没去。他们一遍又一遍地分发和传递作业，也没写任何东西。她甚至设定了一个程序是当老师不在房间的时候让一个指定的学生接听对讲机（经常发生），然后一个学生回答说，"她外出了一会儿，也许我可以给她留个消息。"这可能比一群人大声喊"我们今天没看到她，你可以尝试到休息室找找看？"更有效。也许这位老师的训练有些过量,但确实即使在她不在的情况下,她的课堂也进展得很顺利。

教师特点

学习成果 13.3　描述高效型教师的几个特征

几乎每个想当老师的人都记得一位特别的老师。当我们让学生告诉我们是什么让老师如此特别时,他们谈论的是温暖、关心、个人兴趣、幽默感、敏感性和许多其他类似的特征。当然,作为应用行为分析师,我们并不满足于这种模糊的描述。经过对他们的分析,我们发现那些老师所做的就是让他们自己成为正强化物。教师通过提供大量的正面强化,通常是社会性的,仅仅是在周围就获得强化特征。许多不知情的人认为,系统地使用应用行为分析程序的教师必须是冷酷、机械和客观的。事实上,事实正好相反。

所有的课堂都会对学生行为规定后果。实际上,有些班级里几乎所有学生会受到激励,努力学习,以获得好成绩。在这样的课堂里,良好的教学和偶尔的表扬或温和的批评是唯一必要的管理手段。在其他环境中,学生可能很少有成功的经验,对不恰当的行为有较多强化,除非他们的行为能够得到控制,否则就无法进行正常教学。实际上,几乎所有学生都对第八章提到的代币制有良好的反应,一些学生可能需要使用这一程序来减少不良行为。然而,其他课堂上的学生对基础强化和社会强化的结合反应最好,有些也需要采取一些临时程序来减少不适当的行为。熟悉应用行为分析工具的教师可以为任何环境设计适当的管理系统。

学习环境研究(了解学习环境)

学习成果 13.4　假设课堂环境中应用行为分析的标签原则

现在,我们将拜访几位老师,他们都是应用行为分析学家,在不同的环境下进行教学。我们将从他们的房间安排到他们的日常日程安排的每一件事,看看他们是如何执行他们所阅读和遵守的原则的。

还记得哈珀女士吗

哈珀女士第二年的教学被安排在一个综合性的学前班。因为她正准备辅修学前特殊教育课程,格伦迪教授认为这对她来说是比较合适的。但哈珀女士不太确定。她被告知,她未来的班级中大约有四分之一的学生是"发育迟缓",她知道这可能意味着什么。

第一天,哈珀女士试探性地走进教室。当她走进敞开的门来到一个宽敞通风的房间时,教室的样子给她留下了深刻的印象。有几张桌子和小椅子,但是大部分的房间都被划分成更大的区域,里面有各种各样的物品,有带水桶和其他用具的沙桌和水桌,有五颜六色的建筑材料、玩偶和家具,以及厨房和其他家用家具的微型集合。她还看到一个画架和颜料,儿童艺术展览,黏土模型,以及许多骑乘玩具,比较小的玩具车,以及大量非常年幼的孩子。当她试图找出那些"发育迟缓"的孩子时,一个穿着七分裤和网球鞋、面带微笑的年轻女子走近了她,哈珀女士以为她是个助手。

"你是哈珀女士吗?"她问:"我是艾米·萨默维尔,班主任。欢迎来到我们班。"她疑惑地看着哈珀小姐量身定做的西服、中跟高跟鞋和警惕的表情,但还是继续说下去。"过来见见其他老师,我们真的很期待和你一起工作。"

"迈克尔,"她坚定地对一个坐着电动轮椅的小孩说:"看着路,孩子。"

当他们在一群孩子中穿行时,哈珀女士发现两个患有唐氏综合征的孩子和另外两个带着腿部支架的孩子。他们似乎在和其他孩子玩。当他们走近其他老师时,艾米问:"哈珀小姐,你叫什么名字?我们这里很随意。"

"米歇尔,"哈珀小姐将自己介绍给其他四个成年人。虽然这里的地位没有区别,但巴里、丽莎、邦妮和露西尔显然要帮助艾米女士管理教室里 25 个 3 到 4 岁的孩子(真的只有 25 个?)。

丽莎负责接待哈珀:"我们今天早上做完圆周活动,大多数孩子都准备去中心工作了。"她毫不掩饰对哈珀斯服装的怜悯之情。"也许你只想观察一会儿。"她把哈珀女士带到一张工作桌旁的一张成人大小的椅子上,匆匆忙忙地从沙桌旁的一个孩子手里拿过一把铲子。

<u>社会正强化。</u>

她坚定地说:"沙子是用来建筑的,不是用来扔的。"她坐在沙桌旁的地板上,开始询问孩子们的活动情况。她鼓励孩子们一起工作,并赞扬一个为了更有效地搬运沙子而开了一辆自卸卡车的学生。与此同时,邦妮女士召集了三个孩子,让他们坐在一张小桌子旁。她从一个盒子里拿出一些东西,让学生们辨认它们,说出它们是什么颜色,并回答有关它们的其他问题。哈珀女士认出一名年轻男子是她的大学同学,他来到学校帮助一名自闭症儿童。这名儿童一部分时间会有一对一强化训练。

当哈珀小姐观察房间里的活动时,一种模式开始浮现。她记得,除了直接的指导活动之外,她还看到许多小团体的孩子在各个中心工作。她决定在一段时间内观察一个中心,把正在发生的事情了解清楚。她选择了积木中心。四个孩子正在建造一系列的建筑，并谈论着他们的活动。巴里坐在附近的地板上。

"巴里先生，"其中一个孩子坚持说，"查理（Charlies）霸占着大积木。"事实上，查理似乎只是在收集最大的积木，并把自己挡在积木和其他孩子之间。

"德约翰，也许你应该让他分享。"巴里建议。

"不可能的，"德约翰说，"他会打我的。"哈珀女士开始怀疑查理也可能是"发育迟缓"。

"查理，"巴里平静地建议，"我想德约翰不知道我们在分享上付出了多大的努力。记住，你将挣得使用电脑的时间。坚持下去。"他更大声地补充道，"德约翰，问问自己，你知道该怎么做的。"

"查理，"德约翰说，"我们需要大积木，过来帮帮我们。"查理瞥了一眼巴里，从他的储物箱里拿出几个木块朝德约翰推去，然后轻轻地朝人群走去。巴里迅速递给查理一个代币，查理把代币放进口袋里："干得好，查理。你也是，德约翰。"

哈珀女士将注意力转向学生们玩水上游戏的地方。丽莎女士和露西尔女士都带着六个孩子。其中一个是患有唐氏综合征的玛丽亚。孩子们把水从小容器倒到大容器里，然后再从大容器倒到小容器里。哈珀女士既观察了桌子的巧妙设计，也注意到两个成年人的陪伴。两个成年人都和所有的孩子交谈。她注意到，当老师提问时，玛丽亚会用单音节回答但不主动与老师互动。其他学生彼此交谈，但忽视了玛丽亚。然后，哈珀女士开始发现了一种模式。露西尔女士自然地建议到："梅兰妮，请玛丽亚把那只黄杯子递给你。做得很好！谢谢你，梅兰妮。"

几分钟后，邦妮老师说："金，你能问问玛丽亚她是否愿意做清洁助手吗？你可以成为领队。"哈珀小姐印象深刻的是，老师鼓励普通学生与残疾学生进行交流。她意识到，使用与发展相适应的教学环境可以使这些方法适应不同的发展水平，甚至那些被认为是"延迟"的发展水平。

一天下来，哈珀小姐观察了室内工作、户外工作、午餐室工作和冷静室的工作，确定这个地方很适合她。她离开幼儿园，前往购物中心，她需要去购买一条七分裤和一双网球鞋。米切尔还需要些什么呢？

米切尔老师的独立课堂

米切尔女士负责8名6到9岁的孩子。所有学生都有严重的发展障碍，三个学生都使用轮椅：一个学生有支架和拐杖。有些学生没有语言能力，有些语言能力较好。米切尔女士与一位资源老师共用一间两居室的套房。她有一名全职助理波斯特女士,和一个言语和语言治疗师,一个物理治疗师和一个职业治疗师一起工作,他们都在几所学校工作。她的房间布置得很好,带轮椅和拐杖的学生可以轻松、安全地四处走动。这里有一张桌子,所有的孩子和几个成年人都可以坐在那里,学生可以坐在或躺在地板上,还有一些为特定的孩子设计的合适的座椅和站立装置。此外,还有一个屏蔽区,学生可以在必要时更换衣服。

米切尔女士每天和每周的日程安排都很复杂。她必须安排时间表,最大限度地利用现有的专业和辅助人员的帮助,并确保所有学生都有机会与非残疾和残疾程度较低的同龄人在一起。或许,要想展示米切尔女士在课堂上是如何把所有的东西组合在一起的,最好的方法就是花一整天的时间和她的学生在一起。

在刺激控制下作出反应。

米切尔女士所有的学生都乘公共汽车上学。无论是她还是波斯特女士,她或波斯特女士、她的助手会在每一辆公交车上帮助司机让学生下车,并帮助学生到达教室。一些来自普通班的学生志愿者也会与他们的"伙伴"见面并提供帮助。事实上,学校几乎没有提供任何必要的帮助,所以最近老师们开始跟着马尔科姆一起进教室。因为公车的到达间隔比较长,所以有足够的时间把个别几个学生送到教室。米歇尔的计划之所以如此复杂,原因之一在于,在脱下外套和靴子挂起来的过程中,她必须不断记住,例如,马尔科姆在练习颜色,崔西在练习数物体,而史蒂文在练习如何回应他的名字。当他们到达教室时,要提醒每个学生把外套挂在写有自己名字和照片的挂钩下。"脱下外套,崔西。很好,马尔科姆,把你的外套脱了然后挂上去。马尔科姆做的很棒。脱下你的外套,崔西。"米歇尔老师把手放在崔西的手上,帮她解纽扣。"有多少个钮扣,崔西?让我们数一数。一、二、三,三个钮扣。脱掉外套。"当崔西开始做事时,米切尔女士说,"马尔科姆,你的衬衫是红色的吗?"马尔科姆点点头。"马尔科姆大声说,说'是的'。很好,马尔科姆。好姑娘,崔西,你脱下外套了。今天早上有几件外套?崔西,三件外套。史提芬!"当史蒂文转过头时,他会得到一个奖励:"好的,史蒂文,我们回到圆圈里去。"

控制刺激反应。

米切尔喜欢像在普通教育小学课堂上一样,以"展示和讲述"(show and tell)的方式开始新的一天。言语和语言治疗师周一早上都在这里,所以今天由她来主持,要求每个学生用语言或通讯设备做出回应。

"和我讲讲你昨天做的事情?马尔科姆。你昨天做了什么?你看电视了吗?告诉我,'我看了电视'。很好,马尔科姆。汉娜,你看电视了吗?很好,汉娜(当汉娜指向通讯板上的电视时)。你看了什么,崔西？海绵宝宝？我也看了。"米切尔在孩子们中间走动,引起他们的反应,并拍了拍学生们的肩膀。史蒂文的语言技能最低,他对"电视"节目的反应是大笑。站在他身后的波斯特女士又挠了挠痒痒,说:"史蒂文,你喜欢电视吗？"他又咯咯笑了。

圆圈活动结束后,马尔科姆是时候换衣服和二年级一起去上体育课了。波斯特女士教他穿衣技巧,帮他脱下红衬衫,穿上蓝色短裤,而米切尔女士和语言治疗师则让其他学生重新安排和摆放书架上和书架下的东西,让崔西数书,并偶尔吸引史蒂文的注意。

一个二年级的学生来接马尔科姆。米切尔女士和波斯特女士与个人和小组就各种技能进行了密集的训练,而其他学生则在这段时间内独自学习。大约 45 分钟后,马尔科姆回来了,他一边换上平时的衣服,一边告诉米切尔关于踢球的一切(那是个红色的球)。几个孩子帮助波斯特女士准备早餐点心。马尔科姆拿起杯子,把红的、黄的和蓝的递给波斯特女士。崔西给每个学生数了两块饼干。当零食被清理干净后(当然,现在你可以猜出谁在洗红杯子,谁在数杯子以确保它们都洗干净了)。其中六个孩子和波斯特参加了资源班的数学活动,米切尔、汉娜和崔西穿上外套去散步。汉娜的大多数邻居都步行上学,米切尔的目标是让汉娜学会安全地过马路,这样她就能加入他们的行列。崔西住得太远了,走不动,但也准备学习技能。米切尔在两个女孩走路的时候和她们交谈,确认她们看到的东西,并要求她们也这样做。她让崔西在散步时数几样东西。他们走到汉娜的家,又走回来,即使是绿灯亮了,他们也要左右观看。

一些学生和通识教育班的学生一起吃午餐,每个人都有一个午餐伙伴,以确保一切顺利。波斯特女士带着其他几个仍然需要更多帮助和监督的人,作为一个团体来到自助餐厅。米切尔女士在教室里帮助史蒂文;他变得非常兴奋,如果他必须应付自助午餐,他会表现出一些自残行为。米切尔计划在几周后开始让史蒂文自己去食堂。

午餐后,和大多数小学教室一样,有一个安静的故事和听音乐的时间。波斯特女士和米切尔女士各自负责一半的时间,这样另一个人就可以在教师休息室平静地吃午饭。米切尔女士安排好午餐时间,这样她就可以和朋友一起吃饭,换个口味,让别人夸她做得很好。

教师也需要正强化。

安静的时间过后,马尔科姆去了资源教室准备阅读活动。波斯特(Post)老师、米切尔(Mitchell)老师和物理治疗师帮助其他人进行体育锻炼。物理治疗师帮每个人制定了大运动计划。当孩子们上完体育课后,就该开始准备乘校车了。

女士过去常常对她在课堂上花在日常事务上的时间感到沮丧,直到她意识到在这些日常事务中她能教很多东西。

华盛顿女士的资源教室

华盛顿女士是一所郊区大型小学的资源和咨询老师。她负责教授大约 30 名四年级和五年级的学生，这些学生都有学习障碍或轻度智力障碍，或者他们的行为问题让他们被贴上了"严重情绪障碍"的标签。作为一名行为主义者，华盛顿老师不太担心他们的情绪障碍，而是专注于他们的学业和社会行为。华盛顿的学生每天至少有一半时间在普通教育课堂里。有些学生每天和她在一起长达 3 个小时，其他学生只有在通识教育课堂上遇到问题时才会来。华盛顿女士有一个多学科团队，负责为每位学生制定一个 IEP，并负责协调与通识教育课堂教师共同完成此份 IEP 的实施，下午时会有一个兼职助理。

华盛顿女士通常需要几周的时间来协调她的每周和每日计划。她必须围绕美术、音乐、体育和许多课程的午餐时间表工作：例如，她还必须确保她的学生不会错过他们擅长的数学，却到这里上了他们不擅长的阅读，还坐在一堂他们完全不知道在讲什么的阅读课上。如果这听起来有些让人困惑的话，想想华盛顿女士的感受。她不按学生年级水平或残疾的类型安排学生，而试图按照学生的水平和主题领域安排课程。她经常在一个特定的时间在她的房间里安排几个子类，例如，5 个学生在读书，一个需要数学帮助。她和所有老师一样：她为一些学生提供独立的工作，而她与其他人一起工作。她把她最大的小组和最难相处的学生安排在下午，那时助理可以监督和帮助她完成工作。今年的上午安排了两个男孩，华盛顿负责指导他们的阅读、数学和社会学。她每天早上每小时都安排了另外 5 名学生，因此在任何时间她的房间里都有 7 名学生。每天下午一般会有 3 个人花 2 个小时，而华盛顿女士却在这 2 个小时中安排了另外 5 个人。她从上午 11:30 吃午饭，从中午一直到下午 1 点，用于观察和开会。她发现，许多在职父母更喜欢在午餐时间开会。要求学生在规定的时间坐在自己的座位上，并为需要提示的学生提供一个小的时钟，上面标有他们离开通识教育课程的时间。

华盛顿女士在课堂上使用了一个正式的代币制度。每个学生都有一张积分卡，如果准时完成作业和行为得当就能获得分数。许多学生还会从他们的普通教育老师那里带一些不那么精致的积分卡，如果他们在通识教育中表现得当，还会获得额外的积分。他们可以用填好的卡片交换食物、学校用品和小玩具。华盛顿女士，和其他老师一样自己为商店购买物品。她认为，这比她在没有代币系统情况下所需要的精神病治疗要便宜。她也有一个暂停区，在那里捣乱的学生可以从小组中分离出来。

华盛顿女士课堂上的所有教学都是个性化的。与一些老师认为的相反，这并不意味着所有的教学都是一对一的，也不意味着每个学生都有自己的独立作业袋，在没有与老师互动的情况下完成作业。这意味着每个学生每天的课程都是为了帮助她掌握 IEP 中所写的目标。有些孩子可能有同样的目标；他们常常可以作为一个小组接受指导。华盛顿女士将每天的日程安排和每个孩子将要做的事情张贴在一个公告栏上，方便她和她的助手进行查看。

华盛顿女士精心布置了房间，使教学区域和工作区离得尽可能远一些。大多数学生坐在桌子（tables）旁而不是课桌（desks）旁。她为一些学生提供单独的课桌，以防止他们打扰其他学生。她的两个学生在她用书柜创作的一个书房里做一些工作。

我们星期一早上第一件事就是去拜访华盛顿女士。8 点 30 分，在一堂普通课堂上，阿尔文和泰隆，这两个在通识教育教室里呆了一个上午的孩子，连同梅勒妮、迈克尔、唐娜·查理和哈罗德，在说了效忠誓言并付了午餐钱之后，拿起了积分卡，坐在指定的座位上。华盛顿女士只有在他们就座后才向他们打招呼。

代币要与表扬同时使用。

"早上好，阿尔文，很高兴在这个下雨的星期一看到你的微笑。你准时到了。你已经为此获得了 10 分，如果你开始执行你的订单任务，你还可以得到 2 分。"每个学生的位置都有一个简单的纸笔任务，以强化规则。每个学生都会受到欢迎并得到分数。

当学生们在 5 分钟内完成顺序任务时（通常不到 5 分钟），华盛顿给每个学生打了一个大大的 A，给了更多的分数，接着说："阿尔文，我们先读书。我先把其他的书拿过来，你拿三本红皮书来。她让四名学生根据他们昨天读过的一个故事开始一项书面阅读理解活动，提醒他们如果需要帮助，可以举起他们的红色（纸板）旗，并与阿尔文、蒂龙和哈罗德坐在一起。

表扬应是具体的。

"阿尔文，谢谢你把我们的书带来。你做得很好，在路上不说话也不吵闹，再加 3 分。"经过 10 分钟的快速训练，学生们用合唱的方式来识别单词和声音，华盛顿女士说，"现在我要把今天要读的故事的标题写在黑板上，我敢打赌有人能很容易地读懂它，因为它有很多我们正在学习的词语。她把书名《奇异的旅程》写在了黑板上，果然，三个学生都迫不及待地想读这本书。

"马文，你试一试。"马文把书名读作《奇妙的旅行者》。华盛顿强忍住略略的笑声，问道："字母 a-g-e 发出什么声音？没错！现在试一试。太棒了！哈罗德，神奇是什么意思？我们可以用这个词来形容科幻小说。它的意思是奇怪或难以置信。非常好！"

设计一个代币系统，以便获得学分，这是一个好主意。

华盛顿女士继续展示词汇,引导正确的回答,并不断强化。她避免偏离方向或放慢速度,梅兰妮似乎没有跟上,她正盯着窗外。

"梅兰妮,带着你的作业到休息室里去,在那你会更容易集中注意力。我希望这项工作能在你阅读之前完成。"

教师也需要正强化。

华盛顿女士的阅读课大约 20 分钟就结束了。她给男孩布置了一个作业并给他们专注度和参与课堂打了分。然后她检查其他学生的工作,分别给了分数,并要求查理把那些蓝色的书拿到她的小组里去。在查理分发蓝色书时,梅兰妮(一个人一个小组)正在工作,她花大约 2 分钟的时间复习。而且给梅兰妮的分数比她应得的要少,"因为你今天开始的时候有点困难。"阅读课的形式与第一组相同,当小组开始复习词汇时,本应独立工作的阿尔文俯身对泰隆说了些什么,泰隆试图忽视他。

"同学们,打断一下。阿尔文,你需要做你自己的工作,不要打扰泰隆。"

当这个小组结束后,华盛顿女士与梅兰妮单独待了 10 分钟,梅兰妮的短元音发音仍然有问题。她感到沮丧的是,她几乎没有时间和每个孩子待在一起,但她非常努力地让个人辅导有意义,让每一分钟的指导都有价值。她在一个小时的最后 5 分钟里帮助每个学生计算他或她的分数,并点评他或她度过了什么样的一天。她送走了学生,并愉快地提醒他们,老师希望他们准时回来。

华盛顿女士又重复了四次这个循环。下午,在她的助手的帮助下,她能够全身心地投入到每一个教学小组。出于这个原因,她试着把大部分有严重学习问题的孩子和有严重行为问题的孩子安排在下午。

谁需要应用行为分析?

桑普斯女士是一名经验丰富的小学五年级教师,已经有 30 年的教学经验。华盛顿女士在这所小学教轻度残疾学生。她是个传奇人物——从不把孩子送到办公室,只是不情愿地把他们送到资源室。学年初,她抱着怀疑的态度听华盛顿女士解释她的代币制度。

"天哪,"她说,"你们这些思想新颖的年轻老师。所有这些分数和图表。这是在用贿赂的方式来娇惯他们。我已经坚持了 30 年之久,这对我来说很有效。"

校长杰克逊对桑普斯老师怀有敬畏之情。她强硬的言辞让他很担心,但孩子们似乎很高兴,家长们也叫嚷着要让他们的孩子上她的课。尽管她嘲笑课程和方法的每一次改革浪潮,她的学生在标准化考试中表现出色,并为六年级做好了充分的准备。杰克逊先生通常不去管桑普斯老师，并内疚地倾向给桑普斯老师更多有学习和行为问题的孩子。当他在她的教室里观察的时候。他看到了各种各样的活动。桑普斯似乎经常在全班或部分课程中使用相当密集的直接教学方式。在这段时间里，学生有很多机会独自回答或大合唱。尽管杰克逊先生自己认为这类教学相当过时，且与当地课程发展委员会推荐的活动不符，但他有时会想，如果其他班级有一些标准化的成绩测试，他们的成绩是否会更好。有时，桑普斯有时会让学生分小组完成任务，而学生常常使用教具来做项目。泰龙、哈罗德和梅兰妮都是她班的成员，还有其他几个孩子也参加了资源班。

一个周一的早上，桑普斯老师在教师休息室里跟华盛顿老师搭话，"听着，"她说，"这个星期我真的需要把所有的孩子都留下来。我有重要的东西要教，如果他们错过了其中一部分可能就会落后了。"华盛顿最近参加了一次关于全纳的讨论会，所以同意这一临时安排。她战战兢兢地问，是否能观察一下她的孩子们在这种安排下是如何工作的。

正强化的运用。

"随时来，"斯派尔斯女士说。"我没什么好隐瞒的。只是别指望看到任何你的个别化教育或其他什么，也不是你那种愚蠢的行为模式。"

华盛顿女士重新安排了日程，以便在周五下午腾出一个小时。她走到桑普斯老师的教室门口，门还是像往常一样紧闭着，便静静推开门走了进去。令她吃惊的是，孩子们并没有安静地坐在课桌前，看着讲台上的桑普斯老师。事实上，她没有马上看到桑普斯老师，因为老师坐在地板上，周围是一群孩子，他们正忙着把窗帘钩挂在一条 6 英尺长的粗麻布上，上面粘着色彩鲜艳的毛毡。其他几组孩子则忙着给打印出来的文件装裱，争论一块长木头上的杯钩之间的距离。课桌被推到一边，或者被分成几组，几个孩子在做其他明显与学业无关的事情。华盛顿坐在一张空桌子旁，试图弄清楚这看似混乱的活动。泰隆走近她，问她在做什么。当她说她想看到他和其他人在他们的"另一个"教室里工作时，他得意地说："哦，我们整个星期都没做任何工作。在过去的六个星期里，成绩报告单的平均分提高了整整一个等级，所以我们一直在制作关于美国革命的挂毯。泰隆解释说，他曾是研究邦克山战役的团队成员，决定从毛毡上剪下什么场景，然后粘在墙上。

"这很有趣，"他说，"阿曼达还帮我一些比较难的词语，我甚至还去感受了毛毡。"

华盛顿立即意识到，无论桑普斯老师对新概念的陈述如何，她的教学方法都是最新的。当泰隆回到他的小组时，华盛顿仔细地巡视了教室。其中一个公告板贴上了"教室规章"(ROOM POLICIES)的标签。孩子们的作品贴在另一个上面。她问了一个学生关于这件事的情况，学生说这并不是真正的作品，只是附在这幅壁画旁边的有关革命的最好的简短报道的副本。

"把作品放在黑板上真是太棒了。"它必须非常完美。我重写了三遍,还没写好就从我的拼写伙伴那里得到了帮助。她自豪地指着她的论文。华盛顿女士很有兴趣看梅勒妮的文章,就在它旁边,篇幅短得多,但写得很整洁,而且还带着大大的红色 A+。正如李安妮所说的那样,这个标题的确归功于梅兰妮。

桑普斯老师从地板上站起来。"谢谢,孩子们。"她对两个帮过她的男孩说,"很高兴你们把我们班帮助别人的条款也用在了我身上。"她开始在房间里走动。

"梅兰妮,"她问,"你的垫子剪完了吗?记住,你的团队可都靠你了。迈克,仔细观察哈罗德,他可是一个装帧专家。"哈罗德咧嘴大笑。一个不认识华盛顿的人对窃笑着的朋友低声说,"那个笨蛋是专家?"。桑普斯女士拉着每个男孩的手臂,把他们带到房间里一个空旷的地方,静静地,语气中带着强硬提醒他们,班级的另一个政策是尊重他人,他们每个人都要从黑板上抄下这项政策,然后写一篇文章,讨论当骂别人时,别人的感受。

有时惩罚是必要的。

突然房间的一端发生了骚动。泰隆推开一把椅子,朝另一个学生挥起拳头。在他开始行动前,桑普斯老师抓住了他的胳膊肘。

"泰隆,这是完全不可接受的。打人不能解决任何问题,你得坐在外面 15 分钟。"泰隆闷闷不乐但顺从地走到文件柜后面的椅子上坐下。华盛顿女士注意到,当泰隆"坐在外面"时,桑普斯老师与另一个男孩交谈,提醒他泰隆有时情绪不稳定,而且那种取笑其他孩子的举动很容易让他发脾气。

桑普斯女士按了一下桌子上的铃。全场安静下来,所有的目光都转向了她。

"我们只剩下 30 分钟了,孩子们,"此时一片呻吟,她继续说道:"我们必须在下周完成。我们现在打扫一下,迎接我们美好的周一。想想当学生、老师和家长在自助餐厅看到我们的挂毯时,我们会多么自豪。我等不及了,我敢打赌你也等不了。"

当学生们开始非常有效地收拾学习用品,恢复教室秩序时,华盛顿意识到,对于一个不相信行为模式的真正严厉的老师来说,桑普斯显然明白运用学习规则的好处。华盛顿还决定和桑普斯老师谈谈,把她的一些轻度残疾学生安排到她的全日制班级里来。

全校性积极行为支持系统

劳拉·格里斯霍姆(Laura Grishom)在一所大型城市中学开始了她的职业生涯,担任学习和行为困难学生的资源教师。在过去几年里,教师和学校管理部门在得到大多数学生家庭的热情支持下,开展了一项全校范围的积极行为支持计划,旨在防止像他们这样的学校普遍存在的学业和社会问题。格里斯霍姆现在是全校积极行为支持小组的主持人，该团队负责实施一级、二级和三级问题预防措施(Sugai & Horner, 2020)。初级策略对大多数学生有效，主要包括制定、教授和强化整个学校的一致规则，通过提供适当的课程和教学来激励学生在学业上取得成功，并通过对学生有意义的方式提升学业上的成功。格里斯霍姆及其团队与所有教员合作，协助他们实施这些策略。

对于有学习困难和行为问题史的学生来说，二级策略可能是必要的。格里斯霍姆的团队已经为大约15％的学生实施了几个项目，这些学生的行为需要更深入的干预。基于功能评估，部分学生在辅导员的帮助下，以小组形式接受社会技能或情绪管理培训；其他学生参加签到/签退计划(Boden et al., 2018; Drevon et al., 2019)，要求他们每天早上向指定的教员报到，领取积分卡以使用完成一天的工作，并在一天结束时检查并接收反馈。

行为功能分析详见第七章。

格里斯霍姆女士和学校管理人员花了很长时间和很多会议，让全体教员致力于新的方法来预防而不是惩罚破坏性行为，大多数教师和其他工作人员对这些结果印象深刻。然而，少数学生仍然是一个挑战。这几个学生的行为，不到学生总数的5％，需要更密集干预。莱斯就是这些学生中的一员，他的行为举止、恃强凌弱、破坏性情绪爆发、公然反抗、对初级和二级预防策略普遍缺乏反应，甚至一些最支持新制度的教师也在抱怨把他拘留、驱逐、转学和监禁。格里斯霍姆老师和她的团队准备对莱斯实施三级干预。经过一次完整的行为功能分析后，研究人员确定，莱斯有部分行为受到同伴关注的强化，而他无法完成哪怕是最基本的阅读技能也会加剧他的行为倾向。根据他母亲的报告，当他睡眠不足时或者放学后和同学花几个小时，以及当他放学后在父母上班时花几个小时与年长的同龄人交流时，他的行为似乎更糟。研究小组为莱斯设计了一个综合干预方案(Eber et al., 2011)，包括他的家人，他们同意监督并强化他合理的就寝时间，当地的男孩和女孩俱乐部，其工作人员放学后提供交通和监督，以及学校本身，为发展阅读技能和弥补他们在内容科目上的不足提供额外的支持。尽管莱斯仍然比大多数其他学生表现出更多的问题，但他比其他接受三级干预的学生反应更积极，大多数学生能够在他们的家庭学校环境中得到维持。

博伊德（Boyd）先生的数学课

博伊德先生在一所大城市高中教数学。他有一个教室，他有一个家庭教室，九年级有三节算术课，十年级有两节消费者数学课。他的大部分学生在成绩测试中得分低于年级水平,每个班都包含几个被归类为有特殊教育需求的学生。他的班级规模从 22 到 25 不等。今年年初,博伊德先生利用发给学生的教科书中提供的诊断测试,把每个班分成四组。他精心组织团队,让每个团队都有能力强和能力差的学生。有一年,他试图每周根据过去几周的表现组建球队,但发现这在后勤方面是个噩梦。现在,他在 6 周的评分期内保持了团队的完整。每队有一名队长负责全面管理,一名会计负责记账。这些工作每周轮换一次,允许每个团队选择一个名称。

博伊德先生尽可能按照每周的日程安排,因为他发现当他这样做的时候事情会更加顺利。

刺激控制。

如果不按计划执行,他会提前通知学生。在周一和周三,他提出了新的概念,并通过大组直接教学教授新技能。星期二和星期四是团队日。学生们一起做作业,必要时互相帮助。博伊德先生周而复始,确保同伴导师提供正确的信息,并在必要时与个人和小团体合作。星期五是测试和奖励日。学生可以根据个人作业获得分数,也会为他们的团队获得分数。如果组员都准时到场,准备好所需要的材料,完成家庭作业和课堂作业,在考试和其他活动中表现良好时,团队就能得到分数。当团队成员具有破坏性或不服从时,团队就会被扣分。在新学年开始的时候,每个学生都有一份课堂规则和程序的笔记。如果获得足够的分数,每个队伍都可以赢得一周的奖金。每个小组的得分都会张贴在公告牌上,得分最高的小组被评为"本周最佳小组"。博伊德先生担心高中的学生会觉得这个系统太幼稚了,但学生们似乎很喜欢这个系统。这是一场友好的竞赛,提醒学生按时带东西、举止得体、学习材料。让我们看看博伊德先生第一节算术课上的一个典型的星期一。

学生们进来时,博伊德先生站在门口。他叫着每个人的名字,对他们的外表给予正面评价,或者至少微笑着与他们眼神交流。因为他的很多学生都是运动员,所以他参加了很多比赛,并记录下所有的比赛。他经常说一句祝贺或同情的话。他还记得学生们的生日,并把它们写进他的教学计划上,以便自然地提起这件事,因为他知道青少年很容易感到尴尬。这种问候方式还可以让他确定是否有让学生感到愤怒或不安。

对许多青少年学生来说,公开或热情的赞扬可能会变成惩罚。

当学生们进入教室时,他们立即坐到指定的座位,这些座位排成一排,以便所有人都能看到白板。白板上会有几个复习的问题,除了部分不需要参加复习活动的学生外,其他学生都立即开始做题。那些不用参加复习的同学(他们通过大量的数学练习来跟上这些要点),他们要拿着剪贴板和数据表记录本队的学生是否有用品。博伊德忽略了团队成员之间偷偷地互相借东西,这就是团队合作的意义所在。

铃声一响,博伊德先生就会查看座位表。每个队长也记录缺席情况,同时队长还要了解成员不在学校的原因。虽然团队不会因无故缺席而受到惩罚,但缺席的成员不能获得加分。在 5 分钟内,学生们完成了复习活动。队员们互相检查作业,然后把作业向前传递收上去。

博伊德戴上披萨外卖员的帽子,问有多少学生想要订披萨,以此开始了等价分数的课程。大家都热切地举起手来,博伊德先生拿出了他画的一个比萨饼的复印件,并将其切成了小块。有同学玩笑地抱怨说,这批比萨饼不好吃,还有博伊德先生的画很搞笑,这成了一个经久不衰的笑话。

任务分析详见第十章。

博伊德先生举起手来,示意大家安静下来,学生们停止交谈。他问道:"你们有几块?马尔文?萨拉?嘿,这不公平,马尔文有八块,萨拉只有四块!马尔文,你得给萨拉一些。"当马尔文抗议说萨拉的部分比他的更大时,博伊德先生顺利地进入他的课程内容。他用更大的纸板披萨来说明 1/2、2/4 和 4/8 代表相同数量的披萨。

"那 50 万/100 万呢?"他问道,把它写在白板上。马尔文俏皮地说:"你得用勺子吃比萨饼。"大家都在笑。博伊德先生也笑了,但很快又举起了手。所有的学生都安静下来,只有两个人在重复这个笑话。博伊德说,"说唱歌手刚刚丢了两分。"他继续讲课。团队的其他成员都盯着那个罪魁祸首,房间里又安静了下来。

博伊德先生演示了确定等价性的步骤,让他的学生到讲台上解决问题,并布置了一个简单的书面作业,以确保学生理解概念并能够进行计算。当学生独立学习时,他在教室里不停地走动,提供频繁的正面反馈,指出错误,并在必要时重新进行教学。他会标记有困难的学生以确保他们第二天能有一个同伴指导。

在课程结束前十分钟,博伊德先生让学生们再次交换试卷,检查正确答案。他提醒学生们如果遇到麻烦不要惊慌,因为明天就会得到帮助。他宣布每队赢得的分数并祝贺他们。下课铃一响,博伊德先生就下课了,准备下一节课再来一遍。

星期二,第一节课将房间重新安排成一排的课桌。在年初,老师就开始教授快速、安静地完成这项任务的程序。博伊德先生把昨天的卷子交给了每个队长,队长们自己想办法确保每个队员都掌握了材料。一些队长安排一个人一个导师;一些队长安排几个人一个导师:其中一个人看了一下她的团队的文件,告诉博伊德先生他们都需要帮助。他确保所有的团队都能高效地运作,并坐下来与"问题团队"一起工作。他提醒自己在下一个评分阶段要以不同的方式分配这个团队的成员。原队两名实力最强的队员已经离开,他们的替补队员也很弱。今天的课堂作业将为每个学生赢得分数,也将为团队赢得分数。

在与弱势小组合作了几分钟后,博伊德让他们继续完成任务,并监督班级,以确保团队成员在一起工作,但不做彼此的工作。他回答问题,向导师提出建议,并为所有成员都正确完成作业的团队加分。有几次,教室里"忙碌的嗡嗡声"几乎变成了轰鸣声。博伊德先生举起手,因为所有的学生都没有面对他,他的手指啪地弹了两下。团队成员互相嘘嘘,噪音从来没有成为严重问题。

下课前十分钟,博伊德先生让全班同学转过头来看看他。他收集完成的学生的试卷,提醒那些没有完成的学生明天必须交作业,并给他们布置了一个简短的家庭作业。他宣布学生在适当的行为上获得的分数,提醒学生,当课堂作业被评分时,他会宣布学生的分数,并允许学生开始他们的家庭作业。椅子一直保持原样直到第六节课,再把椅子排成一排。

博伊德先生一度认为连续 2 天的小组工作可能更有效率,以避免所有的家具移动。但很快被清洁员告知,办公桌不成排的房间可能打扫不干净。

迈克尔斯女士把它放在包里了

迈克尔斯女士负责教一群中度至重度残疾学生,学生年龄从 17 岁到 20 岁不等。她与另一名专业教师和两名辅助教师共同负责 24 名学生。这些年来,她的工作发生了巨大的变化。她在一家公立的寄宿学校开始了她的职业生涯,现在在一所公立郊区高中工作。她的学生花大量的时间在校外学习他们成年后需要的技能。

今天她计划带三个学生去社区几个小时,这需要提前做大量的计划。她和她的同事商议决定,另一位老师和一位助手留在校内给大部分的学生教授家庭技能、模拟购物技能和职业前技能。教室里有设备齐全的厨房和洗衣房,学生们将为自己准备午餐,清洗和折叠学校体育馆的毛巾,并准备当地健身俱乐部的宣传册以便邮寄。作为回报,健康俱乐部同意让班级成员使用这个设施。教室还有一个区域,可以模拟杂货店、药品店或便利店,这样学生就可以使用列表或图片来练习购物。四名语言能力很强的学生将陪同助教到资源室,在那里,教师正在教授工作中适当的社交技能。他们将与一些资源学生一起吃午餐,然后回到教室进行购物模拟。

学生们将在社区工作一个小时,在自助餐厅吃午饭,在当地的折扣店买衣服。今天与迈克尔斯女士同行的学生是 17 岁的山姆,他有良好的语言能力和行为举止;18 岁的金伯利,使用辅助沟通工具,行为良好,除非感到沮丧或困惑;18 岁的里卡多,有一定语言表达能力,但有暴力倾向。

迈克尔斯女士首先确认三个学生是否都在场并且感觉良好，然后花一些时间用图片预演行程。山姆和金伯利是杂货店的老手，他们在那里学习工作技能。他们也在自助餐厅吃过饭，在百货公司购物过几次。里卡多(Ricardo)对杂货店的体验较少，但他曾独自和老师一起吃饭和购物。这将是他在这些地方的第一次集体体验。迈克尔斯女士对每个学生的设定都有特定的目标。在语言课的预习课结束后，迈克尔斯女士会检查每个人的身份证件，每个人是否都上过厕所，金伯利的设备是否已为各种活动进行了正确的编程，她自己是否带齐全所需物品。(她偶尔会想念她在住宅机构的简单工作。)每个人都取笑她带进社区的大提包，但她已经学会了做好准备。当她离开房间时，她拎起了她所谓的袋子。

公共汽车站就在学校外面。在等公共汽车的时候，每个学生从他或她的硬币钱包里数出正确的零钱，他们从小学起一直在乘公共汽车。校车准时到达，学生们把硬币放进投币箱里，并向校车司机问好。里卡多开始兴奋地哼起歌来，但当金伯利碰了碰他的肩膀，摇了摇头时，他立刻停了下来。迈克尔斯女士决定，里卡多从今天开始将逐步撤销代币系统。她从包里拿出一些筹码放进口袋里。她将根据里卡多对代币、它们的价值和预期行为的熟悉程度，随机安排它们在整个行程中出现，因此不需要解释。里卡多可以把钱币放在口袋里，直到他们回到学校。迈克尔斯女士会尽量使这个过程隐蔽一些。

经过一段平安无事的旅程后——山姆负责寻找正确的停车地点，并拉上缆绳——学生们和迈克尔斯女士在超市附近的那一站下车。山姆和金伯利立即去看时间表，里卡多在迈克尔女士的提醒后紧随其后。三个人都系着带有姓名标签的红色围裙。金伯利独自走到熟食店，微笑着向她的主管菲尔普斯女士打招呼，并收到回应。今天，她将把熟食店制作的各种蘸酱和抹酱放入容器里。菲尔普斯女士把迈克尔女士包里的一张海报贴在工作区上方的墙上，上面贴着每一步工作的照片。她要了额外的金伯利和其他学生使用的各种海报。她相信他们会帮助许多普通员工。菲尔普斯向金伯利下达指令，像对待其他员工一样，多次观察她完成这项新任务，并向她展示，如果她用光了，可以从储藏室里拿更多的容器。她已经同意记录金伯利得到新材料或寻求帮助的次数（当她按下正确的按钮时，她的通讯设备会发出"请帮帮我，请帮帮我"的声音），而不是沮丧地发牢骚或大喊大叫。

迈克尔斯女士陪同山姆和里卡多到结账区，他们将在那里装杂货。山姆还将陪同顾客上车并卸载杂货。在他的下一次访问中，他将开始学习库存货架和补充产品柜台。这家连锁杂货店在雇用残疾人方面有着良好的历史，山姆今年将有一份暑期工作，有可能在他毕业后获得长期就业。他向朋友斯坦打招呼。斯坦年纪较大，行动迟缓，在店里全职工作。他们一边聊天一边快速而高效地打包食品。他们一度对即将到来的体育赛事感到兴奋,收银员提醒他们"伙计们,小声点"。他们立即服从。

与此同时,迈克尔斯女士直接与里卡多和培训行李员的助理经理合作。他们在休息室附近的一个培训站,所有新员工都在那里接受培训,学习正确装袋和小心易碎物品。学生们都休息一下,在休息室的机器里喝一杯软饮料。他们与其他员工互动,无论是残疾人还是普通人,休息结束他们都会一样呻吟。山姆和金伯利可以帮助节约 15 分钟的时间。里卡多带着一个小计时器,他正在学习设定不同的时间跨度。迈克尔斯女士从包里拿出一个写字板,观察并记录山姆与同事适当互动的次数,这是她此行的主要目的。

大约一小时后,学生们脱下围裙,打卡下班。他们喊着,挥手告别,离开了超市。自助餐厅就在步行距离之内,迈克尔斯女士已经计划好了这次远足,早点出来避免餐馆人满为患了。山姆问他想要什么,金伯利指了指。迈克尔斯与里卡多保持着密切的联系,里卡多表现出了不安的迹象。意识到潜在的危机,迈克尔斯女士决定立即放弃教学,并开始积极地强化其他表现良好的行为。她从包里拿出里卡多的清单(在排练时列出来的,这是他午餐想吃的东西)。"里卡多,"她高兴地说,"我喜欢你走路的方式。"她拿出一个代币放入他的口袋。

当迈克尔斯正在为里卡多点单时他说道:"鱼。"

"很好,里卡多,"她说得很快,又掏出一个代币。里卡多开始显得不那么激动了。

"您要点茶吗?请帮我告诉这位女士我要茶。"里卡多按要求做了。

"做得很好,里卡多,"她说,希望里卡多搞砸的危险已经过去。"你能拿着托盘吗?"里卡多拿起托盘,跟着山姆。迈克尔斯女士拿起他的支票。此时她不会提醒他和她的支票在一起。她有些失望,因为她本打算收集有关他独立完成任务的数据,当然,她分析过这项任务。

迈克尔斯女士做了一个非常快速的功能分析,详见第七章。

学生们顺利地走到一张空桌子前,卸下了托盘。里卡多大声宣布他要"走"。迈克尔斯女士提醒他以后要小声地宣布这一消息,并把他带到男厕所(她知道城市里每个公共厕所的位置)。她还提醒自己和同时要让里卡多的需求变得紧急之前让其表达出来。

在讨论完即将到来的购物之旅后,学生们准备为他们的餐费买单。每个人都会读到小票底的数字,然后再多拿出一美元。他们把票和钱交给收银员,并伸手要零钱。迈克尔斯女士第一次记下山姆对店员的回答:"谢谢,你也是。"店员鼓励他:"祝你愉快"。她对山姆的社交能力很满意。

又坐了一趟公共汽车,他们到达了百货公司。这三名学生都需要购买运动服,以便下周去健身房开始使用。男女通用的汗衫都放在大箱子里，金伯利找到了"M"的箱子，山姆找到了"L"箱子，迈克尔斯女士帮助里卡多找到了"S"的箱子。他想要红色的汗衫，但在他的箱子里只能看到黑色。他开始大喊大叫，挥动手臂。迈克尔斯女士把包递给金伯利，指示山姆和金伯利"请跟我来"，并且（感谢里卡多是一个"S"级人物，她把他推进了商店后面的园艺设备区，她从之前的旅行中知道，那里几乎没有人）她示意里卡多"冷静下来"，同时把他紧紧地靠在墙上，以防止他颤抖。一位上了年纪的女士看上去吓坏了，她说："小姐，你在虐待那个可怜的、受折磨的孩子。我要报告这件事。"迈克尔斯女士咬牙切齿地说："金伯利，请给这位女士一张蓝色的卡片。"金伯利把手伸进旁边的口袋，递给那位女士一张看上去很正式的卡片，上面写着迈克尔斯的资历和职位，以及她的学生参加社区活动的目的。该卡邀请任何有问题的人打电话给迈克尔女士的主管，并提供电话号码。

与此同时，里卡多确实安定下来了，显然没有其他人注意到这一事件。他们回到商场，挑选汗衫（红色的在另一个"S"箱里），检查标签上的字母是否正确，付钱，然后离开。

迈克尔斯很高兴她早先决定推迟到本周晚些时候，她的学生们在当地一个集体之家做厨房清洁工作时，能提前将汗衫清洗干净。她松了一口气，带着她的行李来到公共汽车站。几分钟过去了，公共汽车还没有来，她的放松感开始减弱。就连山姆也开始在长椅上焦躁不安地挪动身子，问道："公共汽车在哪里？"迈克尔斯女士把手伸进包里，给每个学生提供杂志或手持游戏的选择。他们静静地坐着等待剩下的 20 分钟。

小结

在本章中，我们描述了教师如何在实际教学环境中实施应用行为分析的原则和程序。我们已经讨论了结构、计划、一致性和结果的重要性，并描述了几种假设学习环境中的操作。虽然这些都不会和你的完全一样，但我们相信参照这些会帮助你把相关内容整合起来。

讨论

对于所呈现的每一个课堂场景，我们都提供了一些标注，指出了使用中的行为原则。从字面上看，你和你的同事可以找到很多其他的。看看你能在每件轶事中辨认出多少。

词汇表（Glossary）

AB 设计（AB Design） 一种用于绘制单一被试数据的格式，允许监控行为的变化。AB 设计有两个阶段：基线（A）和处理（B）。该设计不能证明因变量和自变量之间的功能关系，因为它不包括自变量效应的复制。允许确定功能关系的单一被试实验设计是这一基础设计的扩展。

ABAB 设计（ABAB design） AB 设计的扩展，其中自变量被撤回，然后重新应用。这种反转设计可以证明因变量和自变量之间的功能关系。

问责制（accountability） 在教育方面，定期对学生的学习进度进行评估，并向家长、学校管理人员和其他有权了解情况的人公布评估的目的、目标和程序。

习得（acquisition） 学生反应能力的基本水平。它意味着学生有能力对某些准确度标准做出新学习的反应。

交替处理设计（alternating treatments design） 一种允许比较两种或两种以上干预效果的单一被试实验设计。它与其他单一被试设计的不同之处在于，治疗（有时包括基线）是随机交替的，而不是按序呈现的（也称为多元素设计）。

先行刺激（antecedent stimulus） 先于行为的刺激。这种刺激可能会也可能不会对特定的行为起鉴别作用。

应用行为分析（applied behavior analysis） 对行为原则的系统应用，将有社会意义的行为改变到有意义的程度。研究工具使这些原则的使用者能够验证干预措施和行为之间的功能关系。

厌恶刺激（aversive stimulus） 当作为结果出现时，能降低某一行为的发生率或可能性的刺激。因此，它是一种惩罚。或者，当作为结果被移除时，厌恶刺激可能会增加行为的速率或概率。因此，它是一种负强化物。

后援强化物（backup reinforcer） 以特定数量的代币、点数等作为交换而接收到的对象或事件。

条形图（bar graph） 使用竖线而不是水平线来表示性能水平的图表（也称为柱状图）。

基线数据（baseline data） 反映目标行为的可操作性水平的数据点。操作性层面是干预前行为的自然发生。基线数据的作用类似于预测，提供一种行为水平，与干预程序的结果进行比较。

行为（behavior） 个体的任何可观察和可测量的行为（也称为反应）。

行为目标（behavioral objective） 一种表达行为改变建议的声明。行为目标必须包括关于学习者、行为、行为将在何种条件下进行以及评价标准的陈述。

链锁（chaining） 一种依次强化个体反应，形成复杂行为的教学过程。

变动标准设计（changing criterion design） 连续改变标准的单一被试实验设计。

概念（concept） 一个集合的所有成员共享的一组特征，且只有该集合的成员共享。

条件厌恶刺激（conditioned aversive stimulus） 通过与非条件的厌恶刺激（如疼痛或不适）配对而获得次级厌恶特性的刺激。

条件强化物（conditioned reinforcer） 通过与无条件的或自然的刺激物配对而获得强化功能的刺激物。包括大多数社会强化物、活动强化物和广义强化物（见次级强化物）。

条件（conditions） 行为发生的自然存在的或教师创造的环境。

后果（consequence） 在某一特定反应之后出现并取决于该反应的刺激。

随因观察（contingent observation） 一种要求学生观察其他学生而不参与的程序。

结盟（contracting） 设置偶然强化（如果……那么……语句），变成书面文件。这将创建一个可以被老师和学生长期使用的产品。

因变量（dependent variable） 需要通过干预来

改变的行为。

剥夺状态(deprivation state) 学生没有接触到潜在强化物的情况。

决定论(determinism) 一种哲学信仰，认为事件，包括人的行为，遵循一定的固定模式。

替代行为的区别强化(differential reinforcement of alternative behavior, DRA) 强化适当的或预期的行为，并抑制对挑战性行为的强化（消退）。

不相容行为的区别强化(differential reinforcement of incompatible behavior, DRI) 强化与挑战行为不相容的反应，并抑制对挑战行为的强化（消退）。

低比率行为的区别强化(differential reinforcement of lower rate behavior, DRL) 在规定时间内响应次数小于或等于规定限度时进行强化。这将以预定的速率保持行为，低于基线或自然发生的频率。

其他行为的区别强化(differential reinforcement of other behaviors, DRO) 当目标行为在一段特定的时间内没有发生时，提供强化。强化是以不发生某种行为为条件的。

离散行为(discrete behaviors) 具有明显的开始和结束的行为。

区别性刺激(discriminative stimulus (SD)) 一种刺激，在它的存在下某种行为已经被强化了。因此，刺激唤起了这种行为。

持续时间记录(duration recording) 记录从开始响应到结束响应之间的时间的一种观察记录程序。

教育目标(educational goals) 为计划一学年或整个学习单元提供框架的陈述。他们设定了教育者负责的预期学术和社会发展的估计参数（也称为长期目标）。

无错性学习(errorless learning) 一种教学程序，它安排辨别刺激(DS)和提示以引起正确的反应。

事件记录(event recording) 记录在观察期内发生的行为的次数或频率的一种观察记录程序。

唤起(evoke) 见引起(occasion)

排斥性暂停(exclusion time-out) 一种暂停程序，将学生从教学环境中移除，作为拒绝获得强化的手段。

消退(extinction) 对先前被强化的行为不予强化，并观察到该行为发生的减少。

渐隐(fading) 逐步取消提示，使辨别刺激(SD)能单独引起反应。

固定时距程序(fixed-interval schedule, FI) 见时距程序。

固定比率程序(fixed-ratio schedule, FR) 见比率程序。

流利度(fluency) 学生能力的第二阶段（习得之后）。流利度描述的是学生准确做出反应的速度（也称为准确性+速度）。

频数(frequency) 某种行为在一个观察期内出现的次数。

功能分析(functional analysis) 一种测试给定行为的强化的方法。通常是为了检验具有挑战性行为的假设功能，通过将具有挑战性的行为暴露于潜在的强化结果中，如注意和逃避，并观察行为发生最多的条件（通常在多元素设计中）。

功能性行为评估(functional behavior assessment) 收集信息，形成关于引起和维持具有挑战性行为的变量的假设。可以通过面谈、检核表或直接观察（也称为功能评估）来完成。

功能关系(functional relation) 因变量或行为的测量由于引入和操纵自变量或干预而系统地向期望的方向变化的证明。这是使用单一被试设计实现的。

泛化(generalization) 学生的表现超出了最初习得的条件。刺激泛化指的是在条件下，即线索、材料、训练者和环境，而不是在习得过程中存在的条件下的表现。维持是指干预结束后习得行为的持续表现。反应泛化指的是一个人的行为与直接训练的人相似。

广义条件强化物(generalized conditioned reinforcer) 与各种初级强化物或其他条件强化物相关联的强化物，可以简单地称为广义强化物。

目标设定(goal setting) 鼓励学生与老师或其他成年人合作，参与选择他们希望实现的目标的过程。

成组设计(group design) 比较暴露在不同条件下的个体组成的群体的实验研究。

人道(humane)　在教育方面,以为他人着想为标志,提供安全、舒适的环境,尊重所有个体,并提供有效的干预措施。

自变量(independent variable)　实验者为改变行为或因变量而进行的处理或干预。

个别化教育计划(individualized education program, IEP)　为符合特殊教育服务条件的学龄学生制定的书面教育计划。

知情同意(informed consent)　这是一个法律术语,意指父母(或代理人)和学生(如果合适的话)已经以其母语或其他沟通方式被充分告知与征得同意的活动有关的所有信息,并已同意参加该活动。

初始行为(initial behavior)　一种学生可以表现出来的行为,它不同于最终行为(干预的最终目标,与塑造一起使用)。

中间行为(intermediate behavior)　表示对终端行为的连续逼近的行为(与塑造一起使用)。

间歇性计划(intermittent schedule)　当一段适当的行为过去后,强化会跟随一些反应,但不是全部反应。这些计划包括比率、间隔和反应持续时间计划。

间隔记录(interval recording)　一种观察记录系统,其中一个观测周期被分成若干个短间隔。观察者计算行为发生时的间隔数,并报告总间隔的百分比。

时间间隔程序(interval schedules)　根据特定时期或时间间隔内行为的发生而提供强化物的时间表。在固定间隔(FI)程序中,时间间隔是标准的。例如,FI5 将在观察期间每隔 5 分钟的间隔后强化第一次出现的行为。在可变间隔(VI)程序中,时间间隔是不同的。例如,VI5 将强化平均间隔 5 分钟后出现的第一次反应。

干预(intervention)　任何旨在改变一个人的行为的环境变化。

迭代(iterative)　重复使用和分析程序,以提供有效性的假设,并允许对技术进行持续修正。

延迟强化时间表(lag schedule of reinforcement)　为鼓励反应的可变性而设计的一种强化计划。如果反应与之前指定数量的反应不同,则在延迟程序下强化反应。

潜伏期记录(latency recording)　记录刺激(如 SD)出现和反应开始之间的时间。

合法行为(lawful behavior)　可以通过对前奏事件和强化历史的了解来预测的行为。

有限保持(limited hold, LH)　一种与间隔强化计划一起使用的程序,该计划限制了强化物可用的时间。

维持(maintenance)　随着时间的推移,即使在干预结束之后,仍然能够继续产生反应。详见泛化。

示范(modeling)　展示一个期望的行为,以引起模仿的反应。

激励操作(motivating operation)　一种改变刺激作为强化物的价值并改变过去产生刺激的行为频率的前因条件。

多基线设计(multiple baseline design)　一种单一被试实验设计,在这种设计中,治疗在(1)两个或两个以上的学生;(2)两个或两个以上的行为或(3)两个或两个以上的设置中复制。功能关系可以被证明是随着自变量的系统和顺序引入而发生的因变量的变化。一种单一被试实验设计,其中,一种处理在(1)两个或更多学生中重复,(2)两个或更多行为,或(3)两个或更多情境中重复。随着自变量的系统和依序引入,因变量的变化可以证明功能关系。

多探针技术(multiple probe technique)　在扩展多个基线期间连续测量的替代方法。研究人员不是记录学生每次的反应,而是采取偶然的、预定的措施来验证学生的行为在干预前没有改变。

多重处理设计(multiple treatments design)　一种单一被试实验设计,包括连续改变反应表现的条件,以评估比较效果。当作为 ABC 设计实现时,这种设计不会显示变量之间的功能关系。当作为 ABAC、ABACAB 或相关安排实现时,可以展示功能关系。

负强化(negative reinforcement)　在产生反应后立即对厌恶刺激的偶然移除,负强化增加了未来反应的速率或概率。

非随因强化(noncontingent reinforcement, NCR)　无论学生的行为如何,在预定的时间间隔内给予强化物。

非排斥性暂停(nonexclusion time-out)　一种暂停程序,其中学生没有从教学情境中被排除在外,但不能得到强化物。教师拒绝接受强化,并通过调控环境向学生示意一段时间将无法得到强化。

观察记录系统(observation recording systems)　用于记录实际发生的行为方面的数据收集方法(事件记录、间隔记录、持续时间记录和潜伏期记录)。

时机(occasion)　当反应在其存在下可靠地发生时,就称一个先行事件"引起"反应。

操作性定义(operational definition)　提供目标行为的具体例子。这将最大限度地减少观察者之间对行为发生的分歧。

过度矫正(overcorrection)　一种用于减少不当行为发生的程序。学生通过夸张的经验被教导适当的行为。过度矫正有两种形式。在恢复性过度矫正中,学生必须恢复或纠正他或她所干扰的环境,使其恢复到干扰之前的状态。然后,学生必须改进它,使其超过原来的条件,从而过度矫正环境。在积极实践矫枉过正时,学生由于为行为不当,被要求进行适当行为的夸张练习。

过度学习(overlearning)　为学生提供比初步掌握所需更多的练习。

配对(pairing)　同时呈现强化物和中性刺激以将中性刺激条件化为次级强化物。

永久成果记录(permanent product recording)　记录一种行为所产生的有形物品或环境影响,例如,书面学术工作。

精确定位(pinpointing)　以可测量的、可观察的方式指定要改变的行为。

正强化(positive reinforcement)　在反应后立即呈现刺激,从而增加反应的未来速率或概率。写作 S^{R+}。

正强化物(positive reinforcer)　在反应后立即出现的刺激,可增加该反应的未来速率或概率。

偏好评估(preference assessment)　确定学生最常接触或消费的物品,并随后将这些物品作为正强化物的程序。多重偏好评估方法包括让学生接触一个或多个项目,并观察学生选择最频繁或持续时间最长的项目。

普雷马克原理(Premack principle)　任何高概率活动都可以作为任何低概率活动的正强化物的原则(也称为活动强化)。

初级强化物(primary reinforcers)　可能对个体具有生物学重要性的刺激物(如食物),这种刺激是天生的激励(也称为非习得或无条件强化)。

探针(probes)　按预定的时间间隔而不是连续地收集数据。

提示(prompt)　一种增加辨别刺激(SD)引起预期反应的可能性的附加刺激(也称为补充前因刺激)。

惩罚物(punisher)　在某一行为后立即出现的刺激,它能降低该行为未来发生的频率或概率。

惩罚(punishment)　反应后立即出现的偶然的刺激,它会降低反应的未来速率或概率。

定率制(ratio schedules)　根据反应的数量提供强化物的时间表。在固定比率(FR)程序中,强化所需的反应数保持不变。例如,FR5 会加强每五个反应。在变比(VR)程序中,需要强化的反应数是不同的。例如,VR5 平均每五次反应就会加强一次。

内应变(ratio strain)　当强化计划被迅速削弱时,反应表现的中断。反应和强化之间的比率太大,无法维持期望的反应率。

增强抽样(reinforcer sampling)　让学生接触到潜在的强化因素。强化抽样法允许教师对个别学生有效。它也让学生熟悉以前未知的潜力。

信度(reliability)　独立观察者之间数据收集报告的一致性。可靠性系数由以下公式确定:

$$\frac{一致}{一致 + 不一致} \times 100 = 同意百分比(\%)$$

重复测量(repeated measures)　单一被试研究设计的一种要求,即在每种情况下对学生的行为进行大量测量,而不是像测试或调查这样的单一测量。

反应代价(response-cost)　根据行为的发生,撤回特定数量的强化物来减少具有挑战性的行为。

反应持续计划(response-duration schedules)　强化物的给予时间表取决于学生持续行为

的时间长短。在固定反应-持续时间（FRD）计划中，强化所需的行为持续时间保持不变。例如，FRD 10 分钟将在每 10 分钟的行为之后提供强化。在可变反应-持续时间（VRD）计划中，强化所需的时间是不同的。例如，VRD 10 分钟将在平均 10 分钟的行为之后提供强化。

反应泛化(response generalization)　行为的释放不同于被干预的行为，但功能上相似。详见泛化。

反转设计(reversal design)　一种单一被试实验设计，在表现出从基线到干预的行为改善后，取消一系列的干预条件，然后恢复干预条件以验证功能关系的存在。该设计有四个阶段：基线、干预、去除干预（也称为回归基线）和重新实施干预（也称为 ABAB 设计）。

满灌(satiation)　一种不再处于剥夺状态的状态。

强化时间表(schedules of reinforcement)　给予强化物的定时模式（见间歇时间、间隔时间、比率时间和反应持续时间）。

S-delta(S$^\triangle$)　一种刺激，在它存在的情况下，某种行为没有得到强化。因此，这种刺激不会引起这种行为。

次级强化物(Secondary reinforcers)　最初是中性的刺激，但通过与初级强化物或另一个二级强化物（也称为条件强化物）配对而获得强化性质。

自我指导(self-instruction)　学生为指导或维持某一特定行为而向自己提供口头提示的过程。

自我监控(self-monitoring)　对自己行为的数据收集（也称为自我观察、自我评价或自我记录）。

自我惩罚(self-punishment)　根据行为对惩罚结果的自我管理。

自我强化（自我惩罚）(self-reinforcement (self-punishment))　对自己负责。学生可能会被教导选择强化（或惩罚），确定其给予标准，并将结果交付给自己。

情境事件(setting events)　个人生活中的环境，从文化影响到不舒服的环境，都会暂时改变强化物的力量。

塑造(shaping)　通过对特定目标行为的连续近似的区别强化来教授新的行为。

同时提示(simultaneous prompting)　提供即时、可控的提示以确保正确的反应。

单一被试设计(single-subject designs)　实验研究，每个人作为他或她自己的控制。（参见 AB 设计、交替处理设计、多处理设计、变动标准设计、多基线设计和反转设计。）

社会强化物(social reinforcers)　一种次级强化物，包括面部表情、亲近、接触、特权、词语和短语。

社会效度(social validity)　社区成员认为行为改变的重要性的程度。受众对程序的接受程度。

刺激类(stimulus class)　见"概念"。

刺激控制(stimulus control)　由于强化的历史，一个刺激（SD）唤起了某种行为，而另一个刺激（S$^\triangle$）没有唤起这种行为。

刺激等效(stimulus equivalence)　当刺激可以互换并引起相同的反应时，它们是等效的。

刺激泛化(stimulus generalization)：参见泛化。

刺激过度选择(stimulus overselectivity)　倾向于只关注刺激的一个或几个方面，而不是关注刺激的所有方面。

刺激提示(stimulus prompt)　对刺激的改变以增加正确反应的可能性。常用于无误学习程序。

任务分析(task analysis)　将复杂的行为分解成其组成部分的过程。

终端行为(terminal behavior)　干预的最终目标（与塑造一起使用）。

稀释(thinning)　逐渐减少可获得的强化，或视更多的反应而定。

暂停(time-out)　通过在一段固定的时间内拒绝学生获得强化的机会来减少不当行为。

暂停丝带(time-out ribbon)　学生佩戴的丝带，若被摘除，则表示暂时丧失强化机会。

时间抽样(time sampling)　一种观测记录系统，其中一个观测周期被划分为相等的间隔。如果在区间结束的时刻观察到目标行为，则在计算具有目标行为的区间的百分比时计算该区间。

趋势(trend)　用图表表示的对数据的描述。上升或下降趋势被定义为三个数据点在一个方向上。

试验(trial) 行为发生的离散机会。试验在操作上由三个行为成分定义：先行刺激、反应和结果刺激。先行刺激的给出标志着试验的开始，结果刺激的给出标志着试验的结束。

试验记录(trial-by-trial recording) 记录教学过程中每次试验的表现水平，如写+或-。常见于离散单元教学。

无条件厌恶刺激(unconditioned aversive stimulus) 对个体造成身体疼痛或不适的刺激（也称为未习得的厌恶刺激）。

变量(variable) 参与研究的个体或与研究环境相关的条件所特有的属性。

可变间隔计划(variable-interval (VI) schedule) 参见间隔计划。

可变反应持续时间计划(variable-response-duration(VRD)schedule) 参见反应持续时间计划。

录像示范(video modeling) 播放一段视频来展示某种技能，然后学生就会做出这种行为。

视频提示(video prompting) 通过展示链中每个行为的视频来教授行为链，这样学生就会发出这种行为，然后再观看下一个行为的视频。

x 轴(x-axis) 图形的横轴。时间维度（阶段）沿着 x 轴表示，也称为横坐标。

y 轴(y-axis) 图形的纵轴。目标行为的数量或水平沿 y 轴表示，也称为纵坐标。

参考文献

Achenbach, T. H., & Lewis, M. (1971). A proposed model for clinical research and its application to encopresis and enuresis. *Journal of American Academy of Child Psychiatry*, *10*, 535–554.

Ackerlund Brandt, J. A., Weinkauf, S., Zeug, N., & Klatt, K. P. (2016). An evaluation of constant time delay and simultaneous prompting procedures in skill acquisition for young children with autism. *Education and Training in Autism and Developmental Disabilities*, *51*(1), 55–66.

Ackerman, J. M. (1972). *Operant conditioning techniques for the classroom teacher*. Scott, Foresman & Co.

Adamo, E. K., Wu, J., Wolery, M., Hemmeter, M. L., Ledford, J. R., & Barton, E. E. (2015). Using video modeling, prompting, and behavior-specific praise to increase moderate-to-vigorous physical activity for young children with down syndrome. *Journal of Early Intervention*, *37*(4), 270–285. https://doi.org/10.1177/1053815115620211.

Adams, C., & Kelley, M. (1992). Managing sibling aggression: Overcorrection as an alternative to time-out. *Behavior Therapy*, *23*, 707–717.

Adams, G., & Engelmann, S. (1996). *Research on direct instruction: 25 years beyond Distar*. Seattle, WA: Educational Achievement Systems.

Adams, N., Martin, R., & Popelka, G. (1971). The influence of time-out on stutterers and their dysfluency. *Behavior Therapy*, *2*, 334–339.

Agran, M., Jackson, L., Kurth, J. A., Ryndak, D., Burnette, K., Jameson, M., et al. (2020). Why aren't students with severe disabilities being placed in general education classrooms: Examining the relations among classroom placement, learner outcomes, and other factors. *Research and Practice for Persons with Severe Disabilities*, *45*(1), 4–13.

Aiken, J. M., & Salzberg, C. L. (1984). The effects of a sensory extinction procedure on stereotypic sounds of two autistic children. *Journal of Autism and Developmental Disorders*, *14*, 291–299.

Akers, J. S., Higbee, T. S., Gerencser, K. R., & Pellegrino, A. J. (2018). An evaluation of group activity schedules to promote social play in children with autism. *Journal of Applied Behavior Analysis*, *51*(3), 553–570. https://doi.org/10.1002/jaba.474.

Akmanoglu, N., Yanardag, M., & Batu, E. S. (2014). Comparing video modeling and graduated guidance together and video modeling alone for teaching role playing skills to children with autism. *Education and Training in Autism and Developmental Disabilities*, *49*(1), 17–31.

Ala'i-Rosales, S., Cihon, J. H., Currier, T. D. R., Ferguson, J. L., Leaf, J. B., Leaf, R., et al. (2019). The Big Four: Functional assessment research informs preventative behavior analysis. *Behavior Analysis in Practice*, *12*(1), 222–234. https://doi.org/10.1007/s40617-018-00291-9.

Alber, S., & Heward, W. (2000). Teaching students to recruit positive attention: A review and recommendations. *Journal of Behavioral Education*, *10*, 177–204.

Albers, C. A., & Hoffman, A. (2012). Using flashcard drill methods and self-graphing procedures to improve the reading performance of English language learners. *Journal of Applied School Psychology*, 28(4), 367–388. https://doi.org/10.1080/15377903.2012.731365.

Alberto, P., Heflin, J., & Andrews, D. (2002). Use of the time-out ribbon procedure during community-based instruction. *Journal of Autism and Developmental Disorders*, 26, 297–311.

Alberto, P., Troutman, A., & Briggs, T. (1983). The use of negative reinforcement to condition a response in a deaf-blind student. *Education of the Visually Handicapped*, 15, 43–50.

Alberto, P. A., Sharpton, W., & Goldstein, D. (1979). *Project Bridge: Integration of severely retarded students on regular education campuses*. Atlanta: Georgia State University.

Alberto, P. A., Sharpton, W. R., Briggs, A., & Stright, M. H. (1986). Facilitating task acquisition through the use of a self-operated auditory prompting system. *Journal of the Association for Persons with Severe Handicaps*, 11, 85–91.

Algozzine, B., Morsbach Sweeney, H., Choi, J. H., Horner, R., Sailor, W., McCart, A. B., et al. (2017). Development and preliminary technical adequacy of the schoolwide integrated framework for transformation fidelity of implementation tool. *Journal of Psychoeducational Assessment*, 35(3), 302–322. https://doi.org/10.1177/0734282915626303.

Aljadeff-Abergel, E., Schenk, Y., Walmsley, C., Peterson, S. M., Frieder, J. E., & Acker, N. (2015). The effectiveness of self-management interventions for children with autism — A literature review. *Research in Autism Spectrum Disorders*, 18, 34–50. https://doi.org/10.1016/j.rasd.2015.07.001.

Almeida, D. A., Allen, R., Maguire, R. W., & Maguire, K. (2018). Identifying community-based reinforcers of adults with autism and related disabilities. *Journal of Behavioral Education*, 27(3), 375–394. https://doi.org/10.1007/s10864-018-9295-x.

Alnemary, F., Wallace, M., Alnemary, F., Gharapetian, L., & Yassine, J. (2017). Application of a pyramidal training model on the implementation of trial-based functional analysis: A partial replication. *Behavior Analysis in Practice*, 10(3), 301–306. https://doi.org/10.1007/s40617-016-0159-3.

Alquraini, T., & Gut, D. (2012). Critical components of successful inclusion of students with severe disabilities: Literature review. *International Journal of Special Education*, 27(1), 42–59.

American Psychiatric Association. (2000). *Diagnostic and statistical manual of mental disorders* (4th ed., text revision; DSM-IV). Washington, DC: Author.

Anderson, C. M., Rodriguez, B. J., & Campbell, A. (2015). Functional behavior assessment in schools: Current status and future directions. *Journal of Behavioral Education*, 24(3), 338–371. https://doi.org/10.1007/s10864-015-9226-z.

Anderson, D. H., Trinh, S. M., Caldarella, P., Hansen, B. D., & Richardson, M. J. (2018). Increasing positive playground interaction for kindergarten students at risk for emotional and behavioral disorders. *Early Childhood Education Journal*, 46(5), 487–496. https://doi.org/10.1007/s10643-017-0878-2.

Anderson, J., & Le, D. D. (2011). Abatement of intractable vocal stereotypy using an overcorrection procedure. *Behavioral Interventions*, 26(2), 134–146. https://doi.org/10.1002/bin.326.

Anderson-Inman, L., Walker, H. M., & Purcell, J. (1984). Promoting the transfer of skills across settings: Transenvironmental programming for handicapped students in the mainstream. In W. Heward, T. E. Heron, D. S. Hill, & J. Trap-Porter (eds.), *Focus on behavior analysis in education*. Columbus, OH: Merrill.

Andreou, T. E., McIntosh, K., Ross, S. W., & Kahn, J. D. (2015). Critical incidents in sustaining school-wide positive behavioral interventions and supports. *The Journal of Special Education*, 49(3), 157–167. https://doi.org/10.1177/0022466914554298.

Andrews, W., Houchins, D., & Varjas, K. (2017). Student-directed check-in/check-out for students in alternative education settings. *TEACHING Exceptional Children*, 49(6), 380–390.

Apolito, P., & Sulzer-Azaroff, B. (1981). Lemon-juice therapy: The control of chronic vomiting in a twelve-year-old profoundly retarded female. *Education and Treatment of Children*, 4, 339–347.

Ardoin, S. P., Williams, J. C., Klubnik, C., & McCall, M. (2009). Three versus six rereadings of practice passages. *Journal of Applied Behavior Analysis*, 42, 375–380.

Argott, P. J., Townsend, D. B., & Poulson, C. L. (2017). Acquisition and generalization of complex empathetic responses among children with autism. *Behavior Analysis in Practice*, 10(2), 107–117. https://doi.org/10.1007/s40617-016-0171-7.

Arhar, J., Holly, J., & Kasten, W. (2001). *Action research for teachers*. Upper Saddle River, NJ: Merrill/Pearson Education.

Arndorfer, R., Miltenberger, R., Woster, S., Rortvedt, A., & Gaffaney, T. (1994). Home-based descriptive and experimental analysis of problem behaviors in children. *Topics in Early Childhood Special Education*, 14(1), 64–87.

Artman, K., Wolery, M., & Yoder, P. (2012). Embracing our visual inspection and analysis tradition: Graphing interobserver agreement data. *Remedial and Special Education*, 33(2), 71–77. https://doi.org/10.1177/0741932510381653.

Aspiranti, K. B., Bebech, A., Ruffo, B., & Skinner, C. H. (2019). Classroom management in self-contained classrooms for children with autism: Extending research on the color wheel system. *Behavior Analysis in Practice*, 12(1), 143–153. https://doi.org/10.1007/s40617-018-0264-6.

Aspiranti, K. B., Skinner, C. H., McCleary, D. F., & Cihak, D. F. (2011). Using taped-problems and rewards to increase addition-fact fluency in a first grade general education classroom. *Behavior Analysis in Practice*, 4(2), 25–33.

Athens, E. S., & Vollmer, T. R. (2010). An investigation of differential reinforcement of alternative behavior without extinction. *Journal of Applied Behavior Analysis*, 43(4), 569–589. https://doi.org/10.1901/jaba.2010.43-569.

Athens, E. S., Vollmer, T. R., & Pipkin, C. C. S. P. (2007). Shaping academic task engagement with percentile schedules. *Journal of Applied Behavior Analysis*, 40(3), 475–488. https://doi.org/10.1901/jaba.2007.40-475.

Austin, J., Hackett, S., Gravina, N., & Lebbon, A. (2006). The effects of prompting and feedback on drivers' stopping at stop signs. *Journal of Applied Behavior Analysis*, 39, 117–121.

Austin, J. L., & Bevan, D. (2011). Using differential reinforcement of low rates to reduce children's requests for teacher attention. *Journal of Applied Behavior Analysis*, 44(3), 451–461. https://doi.org/10.1901/jaba.2011.44-451.

Austin, J. L., Groves, E. A., Reynish, L. C., & Francis, L. L. (2015). Validating trial-based functional analyses in mainstream primary school classrooms. *Journal of Applied Behavior Analysis*, 48(2), 274-288. https://doi.org/10.1002/jaba.208.

Axe, J. B., & Laprime, A. P. (2017). The effects of contingent pairing on establishing praise as a reinforcer with children with autism. *Journal of Developmental and Physical Disabilities*, 29(2), 325-340. https://doi.org/10.1007/s10882-016-9526-9.

Axelrod, S. (1987). Functional and structural analyses of behavior: Approaches leading to reduced use of punishment procedures? *Research in Developmental Disabilities*, 8, 165-178.

Axelrod, S. (1996). What's wrong with behavior analysis? *Journal of Behavioral Education*, 6, 247-256.

Axelrod, S., Moyer, L., & Berry, B. (1990). Why teachers do not use behavior modification procedures. *Journal of Educational and Psychological Consultation*, 1(4), 310-320.

Ayllon, T., & Kelly, K. (1974). Reinstating verbal behavior in a functionally mute retardate. *Professional Psychology*, 5, 385-393.

Ayllon, T., Kuhlman, C., & Warzak, W. J. (1983). Programming resource room generalization using Lucky Charms. *Child and Behavior Therapy*, 4, 61-67.

Ayllon, T., Layman, D., & Kandel, H. J. (1975). A behavioral-educational alternative to drug control of hyperactive children. *Journal of Applied Behavior Analysis*, 8, 137-146.

Ayllon, T., & Milan, M. (1979). *Correctional rehabilitation and management: A psychological approach*. New York: Wiley.

Ayllon, T. A. (1963). Intensive treatment of psychotic behavior by stimulus satiation and food reinforcement. *Behavior Research and Therapy*, 1, 53-61.

Ayllon, T. A., & Michael, J. (1959). The psychiatric nurse as a behavior engineer. *Journal of the Experimental Analysis of Behavior*, 2, 323-334.

Azrin, N. H. (1960). Effects of punishment intensity during variable-interval reinforcement. *Journal of the Experimental Analysis of Behavior*, 3, 128-142.

Azrin, N. H., & Foxx, R. M. (1971). A rapid method of toilet training the institutionalized retarded. *Journal of Applied Behavior Analysis*, 4, 89-99.

Azrin, N. H., Hake, D. G., Holz, W. C., & Hutchinson, R. R. (1965). Motivational aspects of escape from punishment. *Journal of the Experimental Analysis of Behavior*, 8, 31-44.

Azrin, N. H., & Holz, W. C. (1966). Punishment. In W. A. Honig (ed.), *Operant behavior: Areas of research and application* (pp. 380-447). New York: Appleton-Century-Crofts.

Azrin, N. H., Holz, W. C., & Hake, D. F. (1963). Fixed-ratio punishment. *Journal of the Experimental Analysis of Behavior*, 6, 141-148.

Azrin, N. H., Hutchinson, R. R., & Hake, D. J. (1966). Extinction-induced aggression. *Journal of the Experimental Analysis of Behavior*, 9, 191-204.

Azrin, N. H., Sneed, T. J., & Foxx, R. M. (1973). Drybed: A rapid method of eliminating bedwetting (enuresis) of the retarded. *Behavior Research and Therapy*, 11, 427-434.

Azrin, N. H., Vinas, V., & Ehle, C. T. (2007). Physical activity as reinforcement for classroom calmness of ADHD children: A preliminary study. *Child & Family Behavior Therapy*, 29(2), 1-8. https://doi.org/10.1300/J019v29n02_01.

Azrin, N. H., & Wesolowski, M. D. (1974). Theft reversal: An overcorrection procedure for eliminating stealing by retarded persons. *Journal of Applied Behavior Analysis*, 7, 577-581.

Azrin, N. H., & Wesolowski, M. D. (1975). The use of positive practice to eliminate persistent floor sprawling by profoundly retarded persons. *Behavior Therapy*, *6*, 627–631.

Bachmeyer, M. H., Kirkwood, C. A., Criscito, A. B., Mauzy, C. R., & Berth, D. P. (2019). A comparison of functional analysis methods of inappropriate mealtime behavior. *Journal of Applied Behavior Analysis*, *52*(3), 603–621. https://doi.org/10.1002/jaba.556.

Bachmeyer, M. H., Piazza, C. C., Fredrick, L. D., Reed, G. K., Rivas, K. D., & Kadey, H. J. (2009). Functional analysis and treatment of multiply controlled inappropriate mealtime behavior. *Journal of Applied Behavior Analysis*, *42*(3), 641–658. https://doi.org/10.1901/jaba.2009.42-641.

Badgett, N., & Falcomata, T. S. (2015). A comparison of methodologies of brief functional analysis. *Developmental Neurorehabilitation*, *18*(4), 224–233. https://doi.org/10.3109/17518423.2013.792298.

Baer, A. M., Rowbury, T., & Baer, D. M. (1973). The development of instructional control over classroom activities of deviant preschool children. *Journal of Applied Behavior Analysis*, *6*, 289–298.

Baer, D. M. (1971). Behavior modification: You shouldn't. In E. A. Ramp & B. L. Hopkins (eds.), *A new direction for education: Behavior analysis* (vol. 1). Lawrence: University of Kansas Support and Development Center for Follow Through.

Baer, D. M. (1999). *How to plan for generalization*. Austin, TX: Pro-Ed.

Baer, D. M., & Wolf, M. M. (1968). The reinforcement contingency in preschool and remedial education. In R. D. Hess & R. M. Bear (eds.), *Early education: Current theory, research, and action*. Chicago: Aldine.

Baer, D. M., & Wolf, M. M. (1970). The entry into natural communities of reinforcement. In R. Ulrich, T. Stachnik, & J. Mabry (eds.), *Control of human behavior* (vol. 2). Glenview, IL: Scott, Foresman.

Baer, D. M., Wolf, M. M., & Risley, T. R. (1968). Some current dimensions of applied behavior analysis. *Journal of Applied Behavior Analysis*, *1*, 91–97.

Baer, D. M., Wolf, M. M., & Risley, T. R. (1987). Some still-current dimensions of applied behavior analysis. *Journal of Applied Behavior Analysis*, *20*, 313–327.

Bailey, D. B., Wolery, M., & Sugai, G. M. (1988). *Effective teaching: Principles and procedures of applied behavior analysis with exceptional children*. Boston: Allyn & Bacon.

Bailey, J., & Burch, M. (2016). *Ethics for behavior analysts*. New York: Routledge.

Bailey, S., Pokrzywinski, J., & Bryant, L. (1983). Using water mist to reduce self-injurious and stereotypic behavior. *Applied Research in Mental Retardation*, *4*, 229–241.

Balka, K. E., Hausman, N. L., Schaller, E., & Kahng, S. (2016). Discriminated functional communication for attention: Evaluating fixed and varied durations of reinforcer availability. *Behavioral Interventions*, *31*(2), 210–218. https://doi.org/10.1002/bin.1440.

Balsam, P. D., & Bondy, A. S. (1983). The negative side effects of reward. *Journal of Applied Behavior Analysis*, *16*, 283–296.

Balson, P. M. (1973). Case study: Encopresis: A case with symptom substitution. *Behavior Therapy*, *4*, 134–136.

Bancroft, S. L., Weiss, J. S., Libby, M. E., & Ahearn, W. H. (2011). A comparison of procedural variations in teaching behavior chains: Manual guidance, trainer completion, and no completion of untrained steps. *Journal of Applied Behavior Analysis*, *44*(3), 559–569.

https://doi.org/10.1901/jaba.2011.44-559.

Banda, D. R., McAfee, J. K., & Hart, S. L. (2012). Decreasing self-injurious behavior and fading self-restraint in a student with autism and Tourette syndrome. *Behavioral Interventions*, 27(3), 164–174. https://doi.org/10.1002/bin.1344.

Banda, D. R., & Sokolosky, S. (2012). Effectiveness of noncontingent attention to decrease attention-maintained disruptive behaviors in the general education classroom. *Child & Family Behavior Therapy*, 34(2), 130–140. https://doi.org/10.1080/07317107.2012.684646.

Bandura, A. (1965). Influence of models' reinforcement contingencies on the acquisition of imitative responses. *Journal of Personality and Social Psychology*, 1, 589–595.

Bandura, A. (1969). *Principles of behavior modification*. New York: Holt, Rinehart & Winston.

Bandura, A. (1975). The ethics and social purposes of behavior modification. In C. M. Franks & G. T. Wilson (eds.), *Annual review of behavior therapy, theory & practice* (vol. 3, pp. 13–20). New York: Brunner/Mazel.

Bandura, A. (1977). *Social learning theory*. Upper Saddle River, NJ: Prentice-Hall.

Bannerman, D. J., Sheldon, J. B., Sherman, J. A., & Harchik, A. E. (1990). Balancing the right to habilitation with the right to personal liberties: The rights of people with developmental disabilities to eat too many doughnuts and take a nap. *Journal of Applied Behavior Analysis*, 23, 79–89.

Barber, M., Cartledge, G., Council, M., III, Konrad, M., Gardner, R., & Telesman, A. O. (2018). The effects of computer-assisted culturally relevant repeated readings on English learners' fluency and comprehension. *Learning Disabilities: A Contemporary Journal*, 16(2), 205–229.

Barbera, M. L., & Kubina, R. M., Jr. (2005). Using transfer procedures to teach tacts to a child with autism. *Analysis of Verbal Behavior*, 21, 155–161. https://doi.org/10.1007/BF03393017.

Barbetta, P. (1990). GOALS: A group-oriented adapted levels systems for children with behavior disorders. *Academic Therapy*, 25, 645–656.

Barczak, M. A. (2019). Simulated and community-based instruction: Teaching students with intellectual and developmental disabilities to make financial transactions. *TEACHING Exceptional Children*, 51(4), 313–321.

Barkley, R., Copeland, A., & Sivage, C. (1980). A self-control classroom for hyperactive children. *Journal of Autism and Developmental Disorders*, 10, 75–89.

Barlow, D., & Hayes, S. (1979). Alternating treatments design: One strategy for comparing the effects of two treatments in a single subject. *Journal of Applied Behavior Analysis*, 12, 199–210.

Barlow, D., & Hersen, M. (1984). *Single case experimental designs: Strategies for studying behavior change*. New York: Pergamon Press.

Barrett, C. A., Stevenson, N. A., & Burns, M. K. (2020). Relationship between disability category, time spent in general education and academic achievement. *Educational Studies*, 46(4), 497–512.

Barrish, H. H., Saunders, M., & Wolf, M. M. (1969). Good behavior game: Effects of individual contingencies for group consequences on disruptive behavior in a classroom. *Journal of Applied Behavior Analysis*, 2(2), 119–124. https://doi.org/10.1901/jaba.1969.2-119.

Barton, L., Brulle, A., & Repp, A. C. (1987). Effects of differential scheduling of time-out to reduce maladaptive responding. *Exceptional Children*, 53, 351–356.

Bateman, B., & Linden, M. A. (1998). *Better IEPs* (3rd ed.). Longmont, CO: Sopris West.

Baumeister, R. F., Vohs, K. D., & Tice, D. M. (2007). The strength model of self-control. *Current Directions in Psychological Science*, 16(6), 351–355. https://doi.org/10.1111/j.1467-8721.2007.00534.x.

Bayley, N. (2005). *Bayley Scales of Infant and Toddler Development* (3rd ed.). Upper Saddle River, NJ: Pearson.

Beaulieu, L., & Hanley, G. P. (2014). Effects of a classwide teacher-implemented program to promote preschooler compliance. *Journal of Applied Behavior Analysis*, 47(3), 594–599. https://doi.org/10.1002/jaba.138.

Beaver, B. N., Reeve, S. A., Reeve, K. F., & DeBar, R. M. (2017). Self-reinforcement compared to teacher-delivered reinforcement during activity schedules on the iPod touch. *Education and Training in Autism and Developmental Disabilities*, 52(4), 393–404.

Becker, J., Turner, S., & Sajwaj, T. (1978). Multiple behavioral effects of the use of lemon juice with a ruminating toddler-age child. *Behavior Modification*, 2, 267–278.

Becker, W. C., & Engelmann, S. E. (1978). Systems for basic instruction: Theory and applications. In A. Catania & T. Brigham (eds.), *Handbook of applied behavior analysis: Social and instructional processes* (pp. 57–92). Chicago: Science Research Associates.

Becker, W. C., Engelmann, S., & Thomas, D. R. (1975a). *Teaching 1: Classroom management*. Chicago: Science Research Associates.

Becker, W. C., Engelmann, S., & Thomas, D. R. (1975b). *Teaching 2: Cognitive learning and instruction*. Chicago: Science Research Associates.

Beckman, A., Mason, B. A., Wills, H. P., Garrison-Kane, L., & Huffman, J. (2019). Improving behavioral and academic outcomes for students with autism spectrum disorder: Testing an app-based self-monitoring intervention. *Education & Treatment of Children*, 42(2), 225–244. https://doi.org/10.1353/etc.2019.0011.

Becraft, J. L., Borrero, J. C., Mendres-Smith, A. E., & Castillo, M. I. (2017). Decreasing excessive bids for attention in a simulated early education classroom. *Journal of Behavioral Education*, 26(4), 371–393. https://doi.org/10.1007/s10864-017-9275-6.

Becraft, J. L., & Rolider, N. U. (2015). Reinforcer variation in a token economy. *Behavioral Interventions*, 30(2), 157–165. https://doi.org/10.1002/bin.1401.

Bedesem, P. L. (2012). Using cell phone technology for self-monitoring procedures in inclusive settings. *Journal of Special Education Technology*, 27(4), 33–46.

Beeks, A., & Graves, S., Jr. (2016). The effects of the mystery motivator intervention in an urban classroom. *School Psychology Forum*, 10(2), 142–156.

Bekker, M. J., Cumming, T. D., Osborne, N. K. P., Bruining, A. M., McClean, J. M., & Leland, L. S., Jr. (2010). Encouraging electricity savings in a university residential hall through a combination of feedback, visual prompts, and incentives. *Journal of Applied Behavior Analysis*, 43, 327–331.

Belisle, J., Stanley, C. R., Alholail, A. M., Galliford, M. E., & Dixon, M. R. (2019). Abstraction of tactile properties by individuals with autism and down syndrome using a picture-based communication system. *Journal of Applied Behavior Analysis*, 52(2), 467–475.

https://doi.org/10.1002/jaba.526.

Bellini, S., & Akullian, J. (2007). A meta-analysis of video modeling and video self-modeling interventions for children and adolescents with autism spectrum disorders. *Exceptional Children*, 73, 264–287.

Bennett, K., & Cavanaugh, R. A. (1998). Effects of immediate self-correction, delayed self-correction, and no correction on the acquisition and maintenance of multiplication facts by a fourth-grade student with learning disabilities. *Journal of Applied Behavior Analysis*, 31, 303–306.

Benoit, R. B., & Mayer, G. R. (1974). Extinction: Guidelines for its selection and use. *The Personnel and Guidance Journal*, 52, 290–295.

Berkeley, S., & Larsen, A. (2018). Fostering self-regulation of students with learning disabilities: Insights from 30 years of reading comprehension intervention research. *Learning Disabilities Research & Practice*, 33(2), 75–86. https://doi.org/10.1111/ldrp.12165.

Berry, H. K. (1969). Phenylketonuria: Diagnosis, treatment and long-term management. In G. Farrell (ed.), *Congenital mental retardation*. Austin: University of Texas Press.

Bettenhausen, S. (1998). Make proactive modifications to your classroom. *Intervention in School and Clinic*, 33, 182–183.

Betz, A., Higbee, T. S., & Reagon, K. A. (2008). Using joint activity schedules to promote peer engagement in preschoolers with autism. *Journal of Applied Behavior Analysis*, 41(2), 237–241. https://doi.org/10.1901/jaba.2008.41-237.

Betz, A. M., Fisher, W. W., Roane, H. S., Mintz, J. C., & Owen, T. M. (2013). A component analysis of schedule thinning during functional communication training. *Journal of Applied Behavior Analysis*, 46(1), 219–241. https://doi.org/10.1002/jaba.23.

Bicard, D. F., Horan, J., Plank, E., & Covington, T. (2009). May I take a message? Using general case programming to teach students with disabilities to take and give phone messages. *Preventing School Failure*, 54, 179–189.

Bijou, S. W., Peterson, R. F., & Ault, M. H. (1968). A method to integrate descriptive and experimental field studies at the level of data and empirical concepts. *Journal of Applied Behavior Analysis*, 1, 175–191.

Binder, C., & Watkins, C. L. (2013). Precision teaching and direct instruction: Measurably superior instructional technology in schools. *Performance Improvement Quarterly*, 26(2), 73–115. https://doi.org/10.1002/piq.21145.

Birnbrauer, J. S., Bijou, S. W., Wolf, M. M., & Kidder, J. D. (1965). Programmed instruction in the classroom. In L. P. Ullmann & L. Krasner (eds.), *Case studies in behavior modification*. New York: Holt, Rinehart & Winston.

Bishop, S. K., Moore, J. W., Dart, E. H., Radley, K., Brewer, R., Barker, L. K., ... & Toche, C. (2020). Further investigation of increasing vocalizations of children with autism with a speech-generating device. *Journal of Applied Behavior Analysis*, 53(1), 475–483.

Blair, B. J., Weiss, J. S., & Ahearn, W. H. (2018). A comparison of task analysis training procedures. *Education & Treatment of Children*, 41(3), 357–369. https://doi.org/10.1353/etc.2018.0019.

Bloom, B. S. (ed.). (1956). *Taxonomy of educational objectives handbook I: Cognitive domain*. New York: David McKay.

Bloom, S. E., Clark, D. R., Boyle, M. A., & Clay, C. J. (2018). Effects of delaying demands on noncompliance and escapemaintained problem behavior. *Behavioral Interventions*, *33*(4), 352–363. https://doi.org/10.1002/bin.1530.

Bloomfield, B. S., Fischer, A. J., Clark, R. R., & Dove, M. B. (2019). Treatment of food selectivity in a child with avoidant/restrictive food intake disorder through parent teleconsultation. *Behavior Analysis in Practice*, *12*(1), 33–43. https://doi.org/10.1007/s40617-018-0251-y.

Blume, F., Göllner, R., Moeller, K., Dresler, T., Ehlis, A.-C., & Gawrilow, C. (2019). Do students learn better when seated close to the teacher? A virtual classroom study considering individual levels of inattention and hyperactivity-impulsivity. *Learning and Instruction*, *61*, 138–147. https://doi.org/10.1016/j.learninstruc.2018.10.004.

Boden, L. J., Jolivette, K., & Alberto, P. A. (2018). The effects of check-in, check-up, check-out for students with moderate intellectual disability during on- and off-site vocational training. *Journal of Classroom Interaction*, *53*(1), 4–21.

Bohanon, H., Fenning, P., Hicks, K., Weber, S., Thier, K., Aikins, B., et al. (2012). A case example of the implementation of schoolwide positive behavior support in a high school setting using change point test analysis. *Preventing School Failure*, *56*(2), 91–103.

Bollman, J. R., & Davis. P. K. (2009). Teaching women with intellectual disabilities to identify and report inappropriate staff-to-resident interactions. *Journal of Applied Behavior Analysis*, *42*, 813–817.

Bonner, A. C., & Borrero, J. C. (2018). Differential reinforcement of low rate schedules reduce severe problem behavior. *Behavior Modification*, *42*(5), 747–764. https://doi.org/10.1177/0145445517731723.

Bornstein, P. H. (1985). Self-instructional training: A commentary and state-of-the-art. *Journal of Applied Behavior Analysis*, *18*, 69–72.

Bornstein, P. H., & Quevillon, R. P. (1976). The effects of a self-instructional package on overactive preschool boys. *Journal of Applied Behavior Analysis*, *9*, 179–188.

Borrero, C. S., Joseph Schlereth, G., Rubio, E. K., & Taylor, T. (2013). A comparison of two physical guidance procedures in the treatment of pediatric food refusal. *Behavioral Interventions*, *28*(4), 261–280.

Borrero, C. S. W., England, J. D., Sarcia, B., & Woods, J. N. (2016). A comparison of descriptive and functional analyses of inappropriate mealtime behavior. *Behavior Analysis in Practice*, *9*(4), 364–379. https://doi.org/10.1007/s40617-016-0149-5.

Boswell, M. A., Knight, V., & Spriggs, A. D. (2013). Self-monitoring of on-task behaviors using the MotivAider by a middle school student with a moderate intellectual disability. *Rural Special Education Quarterly*, *32*(2), 23–30.

Bouck, E. C., Park, J., Levy, K., Cwiakala, K., & Whorley, A. (2020). App-based manipulatives and explicit instruction to support division with remainders. *Exceptionality*, *28*(1), 45–59.

Bouck, E. C., Satsangi, R., & Bartlett, W. (2017). Supporting grocery shopping for students with intellectual disability: A preliminary study. *Disability and Rehabilitation: Assistive Technology*, *12*(6), 605–613. https://doi.org/10.1080/17483107.2016.1201152.

Bouck, E. C., Savage, M., Meyer, N. K., Taber-Doughty, T., & Hunley, M. (2014). High-tech or low-tech? Comparing self-monitoring systems to increase task independence for students with autism. *Focus on Autism and Other Developmental Disabilities*, 29(3), 156–167. https://doi.org/10.1177/1088357614528797.

Bowman-Perrott, L., Burke, M. D., de Marin, S., Zhang, N., & Davis, H. (2015). A meta-analysis of single-case research on behavior contracts: Effects on behavioral and academic outcomes among children and youth. *Behavior Modification*, 39(2), 247–269. https://doi.org/10.1177/0145445514551383.

Bowman-Perrott, L., Burke, M. D., Zaini, S., Zhang, N., & Vannest, K. (2016). Promoting positive behavior using the good behavior game: A meta-analysis of single-case research. *Journal of Positive Behavior Interventions*, 18(3), 180–190. https://doi.org/10.1177/1098300715592355.

Boyle, J. R. (2013). Strategic note-taking for inclusive middle school science classrooms. *Remedial and Special Education*, 34(2), 78–90. https://doi.org/10.1177/0741932511410862.

Bradley, R., Danielson, L., & Doolittle, J. (2007). Responsiveness to intervention: 1997 to 2007. *Teaching Exceptional Children*, 19, 8–12.

Bradshaw, C. A., & Reed, P. (2012). Relationship between contingency awareness and human performance on random ratio and random interval schedules. *Learning and Motivation*, 43(1–2), 55–65. https://doi.org/10.1016/j.lmot.2011.11.002.

Brand, D., Henley, A. J., DiGennaro Reed, F. D., Gray, E., & Crabbs, B. (2019). A review of published studies involving parametric manipulations of treatment integrity. *Journal of Behavioral Education*, 28(1), 1–26. https://doi.org/10.1007/s10864-018-09311-8.

Briesch, A. M., Daniels, B., & Beneville, M. (2019). Unpacking the term "self-management": Understanding intervention applications within the school-based literature. *Journal of Behavioral Education*, 28(1), 54–77. https://doi.org/10.1007/s10864-018-9303-1.

Brigance, A. (1999). *Brigance diagnostic inventory of basic skills* (Revised). Billerica, MA: Curriculum Associates.

Briggs, A., Alberto, P. A., Berlin, K., McKinley, C., Sharpton, W. R., & Ritts, C. (1990). Generalized use of a self-operated audio prompt system. *Education and Training in Mental Retardation*, 25, 381–389.

Briggs, A. M., Dozier, C. L., Lessor, A. N., Kamana, B. U., & Jess, R. L. (2019). Further investigation of differential reinforcement of alternative behavior without extinction for escape-maintained destructive behavior. *Journal of Applied Behavior Analysis*, 52(4), 956–973.

Briggs, A. M., Fisher, W. W., Greer, B. D., & Kimball, R. T. (2018). Prevalence of resurgence of destructive behavior when thinning reinforcement schedules during functional communication training. *Journal of Applied Behavior Analysis*, 51(3), 620–633. https://doi.org/10.1002/jaba.472.

Brock, M. E., Biggs, E. E., Carter, E. W., Cattey, G. N., & Raley, K. S. (2016). Implementation and generalization of peer support arrangements for students with severe disabilities in inclusive classrooms. *The Journal of Special Education*, 49(4), 221–232. https://doi.org/10.1177/0022466915594368.

Brock, M. E., Cannella-Malone, H. I., Seaman, R. L., Andzik, N. R., Schaefer, J. M., Page, E. J., et al. (2017). Findings across practitioner training studies in special education: A comprehensive review and meta-analysis. *Exceptional Children*, 84(1), 7–26.

Brock, M. E., & Carter, E. W. (2016). Efficacy of teachers training paraprofessionals to implement peer support arrangements. *Exceptional Children*, *82*(3), 354–371.

Brodhead, M. T., Abston, G. W., Mates, M., & Abel, E. A. (2017). Further refinement of video-based brief multiple-stimulus without replacement preference assessments. *Journal of Applied Behavior Analysis*, *50*(1), 170–175. https://doi.org/10.1002/jaba.358.

Brodhead, M. T., Courtney, W. T., & Thaxton, J. R. (2018). Using activity schedules to promote varied application use in children with autism. *Journal of Applied Behavior Analysis*, *51*(1), 80–86. https://doi.org/10.1002/jaba.435.

Brodhead, M. T., Kim, S. Y., Rispoli, M. J., Sipila, E. S., & Bak, M. Y. S. (2019). A pilot evaluation of a treatment package to teach social conversation via video-chat. *Journal of Autism and Developmental Disorders*, *49*(8), 3316–3327. https://doi.org/10.1007/s10803-019-04055-4.

Brooks, A., Todd, A., Tofflemoyer, S., & Horner, R. (2003). Use of functional assessment and a self-management system to increase academic engagement and work completion. *Journal of Positive Behavior Interventions*, *5*, 144–152.

Bross, L. A., Common, E. A., Oakes, W. P., Lane, K. L., Menzies, H. M., & Ennis, R. P. (2018). High-probability request sequence: An effective, efficient low-intensity strategy to support student success. *Beyond Behavior*, *27*(3), 140–145. https://doi.org/10.1177/1074295618798615.

Browder, D. M., & Shapiro, E. S. (1985). Applications of self-management to individuals with severe handicaps: A review. *Journal of the Association for Persons with Severe Handicaps*, *10*, 200–208.

Browning, E. R. (1983). A memory pacer for improving stimulus generalization. *Journal of Autism and Developmental Disorders*, *13*, 427–432.

Bruhn, A. L., Vogelgesang, K., Fernando, J., & Lugo, W. (2016). Using data to individualize a multicomponent, technology-based self-monitoring intervention. *Journal of Special Education Technology*, *31*(2), 64–76.

Bruhn, A. L., Wehby, J. H., & Hasselbring, T. S. (2020). Data-based decision making for social behavior: Setting a research agenda. *Journal of Positive Behavior Interventions*, *22*(2), 116–126.

Bruhn, A. L., Woods-Groves, S., Fernando, J., Choi, T., & Troughton, L. (2017). Evaluating technology-based self-monitoring as a tier 2 intervention across middle school settings. *Behavioral Disorders*, *42*(3), 119–131.

Bruinsma, Y., Minjarez, M. B., Schreibman, L., & Stahmer, A. C. (2020). *Naturalistic developmental behavioral interventions for autism spectrum disorder* (Y. Bruinsma, M. B. Minjarez, L. Schreibman, & A. C. Stahmer (eds.)). Paul H. Brookes Publishing Co.

Bruner, J. S. (1960). *The process of education*. Cambridge, MA: Harvard University Press.

Bruni, T. P., Drevon, D., Hixson, M., Wyse, R., Corcoran, S., & Fursa, S. (2017). The effect of functional behavior assessment on school-based interventions: A meta-analysis of single-case research. *Psychology in the Schools*, *54*(4), 351–369. https://doi.org/10.1002/pits.22007.

Bryant, L. E., & Budd, K. S. (1982). Self-instructional training to increase independent work performance in preschoolers. *Journal of Applied Behavior Analysis*, *15*, 259–271.

Buchard, J. D., & Harig, P. T. (1976). Behavior modification and juvenile delinquency. In H. Leitenberg (ed.), *Handbook of behavior modification and behavior therapy*. Upper Saddle River, NJ: Prentice Hall.

Bulla, A. J., & Frieder, J. E. (2018). Self-management as a class-wide intervention: An evaluation of the "Self & Match" system embedded within a dependent group contingency. *Psychology in the Schools*, 55(3), 305–322. https://doi.org/10.1002/pits.22109.

Bunch-Crump, K. R., & Lo, Y. (2017). An investigation of multitiered behavioral interventions on disruptive behavior and academic engagement of elementary students. *Journal of Positive Behavior Interventions*, 19(4), 216–227. https://doi.org/10.1177/1098300717696939.

Burchard, J. D., & Barrera, F. (1972). An analysis of time-out and response cost in a programmed environment. *Journal of Applied Behavior Analysis*, 5, 271–282.

Burckley, E., Tincani, M., & Fisher, A. G. (2015). An iPad™-based picture and video activity schedule increases community shopping skills of a young adult with autism spectrum disorder and intellectual disability. *Developmental Neurorehabilitation*, 18(2), 131–136. https://doi.org/10.3109/17518423.2014.945045.

Burgio, L. D., Whitman, T. L., & Johnson, M. R. (1980). A self-instructional package for increasing attending behavior in educable mentally retarded children. *Journal of Applied Behavior Analysis*, 13, 443–459.

Burke, J. D., & Romano-Verthelyi, A. M. (2018). Oppositional defiant disorder. In M. M. Martel (ed.), *Developmental pathways to disruptive, impulse-control, and conduct disorders* (pp. 21–52). Elsevier Academic Press. https://doi.org/10.1016/B978-0-12-811323-3.00002-X.

Burns, M. K., Ysseldyke, J., Nelson, P. M., & Kanive, R. (2015). Number of repetitions required to retain single-digit multiplication math facts for elementary students. *School Psychology Quarterly*, 30(3), 398–405. https://doi.org/10.1037/spq0000097.

Burt, J. L., & Pennington, R. C. (2017). A teacher's guide to using extinction in school settings. *Intervention in School and Clinic*, 53(2), 107–113.

Burt, J. L., & Whitney, T. (2018). From resource room to the real world: Facilitating generalization of intervention outcomes. *TEACHING Exceptional Children*, 50(6), 364–372.

Buzhardt, J., Greenwood, C. R., Walker, D., Jia, F., Schnitz, A. G., Higgins, S., et al. (2018). Web-based support for data-based decision making: Effect of intervention implementation on infant-toddler communication. *Journal of Early Intervention*, 40(3), 246–267.

Byra, K. L., White, S., Temple, M., & Cameron, M. J. (2018). An approach to cleanliness training to support bathroom hygiene among children with autism spectrum disorder. *Behavior Analysis in Practice*, 11(2), 139–143. https://doi.org/10.1007/s40617-017-0205-9.

Byrne, G. (1989). We have met the enemy and it is us! *Science*, 243, 32.

Call, N. A., Trosclair-Lasserre, N. M., Findley, A. J., Reavis, A. R., & Shillingsburg, M. A. (2012). Correspondence between single versus daily preference assessment outcomes and reinforcer efficacy under progressive-ratio schedules. *Journal of Applied Behavior Analysis*, 45(4), 763–777.

Call, N. A., Wacker, D. P., Ringdahl, J. E., & Boelter, E. W. (2005). Combined antecedent variables as motivating operations within functional analyses. *Journal of Applied Behavior Analysis*, 38, 385–389.

Call, N. A., Zangrillo, A. N., Delfs, C. H., & Findley, A. J. (2013). A comparison of brief functional analyses with and without consequences. *Behavioral Interventions*, 28(1), 22–39. https://doi.org/10.1002/bin.1353.

Callicott, K. J., & Park, H. (2003). Effects of self-talk on academic engagement and academic responding. *Behavioral Disorders*, *29*, 48–64.

Cameron, J. (2005). The detrimental effect of reward hypothesis: Persistence of a view in the face of disconfirming evidence. In W. L. Heward et al. (Eds.), Focus on behavior analysis in education: Achievements, challenges, and opportunities (pp. 304–315). Upper Saddle River: Prentice Hall.

Cameron, J., Banko, K. M., & Pierce, W. D. (2001). Pervasive negative effects of rewards on intrinsic motivation: The myth continues. *The Behavior Analyst*, *24*, 1–44.

Cameron, J., & Pierce, W. D. (1994). Reinforcement, reward, and intrinsic motivation: A meta-analysis. *Review of Educational Research*, *64*, 363–423.

Camp, E. M., Iwata, B. A., Hammond, J. L., & Bloom, S. E. (2009). Antecedent versus consequent events as predictors of problem behavior. *Journal of Applied Behavior Analysis*, *42*(2), 469–483. https://doi.org/10.1901/jaba.2009.42-469.

Campbell, A., & Anderson, C. M. (2011). Check-in/check-out: A systematic evaluation and component analysis. *Journal of Applied Behavior Analysis*, *44*(2), 315–326. https://doi.org/10.1901/jaba.2011.44-315.

Campbell, C. R., & Stremel-Campbell, K. (1982). Programming "loose training" as a strategy to facilitate language generalization. *Journal of Applied Behavior Analysis*, *15*, 295–305.

Cannella, M. H. I., Sabielny, L. M., & Tullis, C. A. (2015). Using eye gaze to identify reinforcers for individuals with severe multiple disabilities. *Journal of Applied Behavior Analysis*, *48*(3), 680–684. https://doi.org/10.1002/jaba.231.

Cannon, J., Easterbrooks, S., & Fredrick, L. (2010). Vocabulary acquisition through books in ASL. *Communication Disorders Quarterly*, *31*, 96–112.

Capriotti, M. R., Brandt, B. C., Rickftts, E. J., Espii, F. M., & Woods, D. W. (2012). Comparing the effects of differential reinforcement of other behavior and response-cost contingencies on tics in youth with Tourette syndrome. *Journal of Applied Behavior Analysis*, *45*(2), 251–263. https://doi.org/10.1901/jaba.2012.45-251.

Capshew, J. H. (1993, Fall). Engineering behavior: Project Pigeon, World War II, and the conditioning of B. F. Skinner. *Technology & Culture*, *34*(4), 835–857.

Carbone, V. J., Morgenstern, B., Zecchin-Tirri, G., & Kolberg, L. (2010). The role of the reflexive-conditioned motivating operation (CMO-R) during discrete trial instruction of children with autism. *Focus on Autism and Other Developmental Disabilities*, *25*(2), 110–124. https://doi.org/10.1177/1088357610364393.

Carbone, V. J., O'Brien, L., Sweeney-Kerwin, E. J., & Albert, K. M. (2013). Teaching eye contact to children with autism: A conceptual analysis and single case study. *Education & Treatment of Children*, *36*(2), 139–159. https://doi.org/10.1353/etc.2013.0013.

Carbone, V. J., Sweeney-Kerwin, E. J., Attanasio, V., & Kasper, T. (2010). Increasing the vocal responses of children with autism and developmental disabilities using manual sign mand training and prompt delay. *Journal of Applied Behavior Analysis*, *43*(4), 705–709. https://doi.org/10.1901/jaba.2010.43-705.

Cardoso-Martins, C., Gonçalves, D. T., & de Magalhães, C. G. (2013). What are the mechanisms behind exceptional word reading ability in hyperlexia?: Evidence from a 4-year-old hyperlexic boy's invented spellings. *Journal of Autism and Developmental Disorders*, *43*(12), 3001–

3003. https://doi.org/10.1007/s10803-013-1857-0.

Carey, R., & Bucher, B. (1983). Positive practice overcorrection: The effects of duration of positive practice on acquisition and response duration. *Journal of Applied Behavior Analysis*, *16*, 101–109.

Cariveau, T., & Kodak, T. (2017). Programming a randomized dependent group contingency and common stimuli to promote durable behavior change. *Journal of Applied Behavior Analysis*, *50*(1), 121–133. https://doi.org/10.1002/jaba.352.

Carlile, K. A., DeBar, R. M., Reeve, S. A., Reeve, K. F., & Meyer, L. S. (2018). Teaching help-seeking when lost to individuals with autism spectrum disorder. *Journal of Applied Behavior Analysis*, *51*(2), 191–206. https://doi.org/10.1002/jaba.447.

Carnett, A., Raulston, T., Lang, R., Tostanoski, A., Lee, A., Sigafoos, J., et al. (2014). Effects of a perseverative interest-based token economy on challenging and on-task behavior in a child with autism. *Journal of Behavioral Education*, *23*(3), 368–377. https://doi.org/10.1007/s10864-014-9195-7.

Carp, C. L., Peterson, S. P., Arkel, A. J., Petursdottir, A. I., & Ingvarsson, E. T. (2012). A further evaluation of picture prompts during auditory-visual conditional discrimination training. *Journal of Applied Behavior Analysis*, *45*(4), 737–751.

Carpenter, S., & McKee-Higgins, E. (1996). Behavior management in inclusive classrooms. *Remedial and Special Education*, *17*, 196–203.

Carr, E., & Durand, M. (1985). Reducing behavior problems through functional communication training. *Journal of Applied Behavior Analysis*, *18*, 111–126.

Carr, E., & Newsom, C. (1985). Demand-related tantrums: Conceptualization and treatment. *Behavior Modification*, *9*, 403–426.

Carr, E. G. (1996). The transfiguration of behavior analysis: Strategies for survival. *Journal of Behavioral Education*, *6*, 263–270.

Carr, E. G., Horner, R. H., Turnbull, A. P., Marquis, J. G., McLaughlin, D. M., McAtee, M. L., et al. (1999). *Positive behavior support as an approach for dealing with problem behavior in people with developmental disabilities: A research synthesis*. Washington, DC: AAMR.

Carr, E. G., Smith, C. E., Giacin, T. A., Whelan, B. M., & Pancari, J. (2003). Menstrual discomfort as a biological setting event for severe problem behavior: Assessment and intervention. *American Journal on Mental Retardation*, *108*, 117–133.

Carr, J. E., & Briggs, A. M. (2010). Strategies for making regular contact with the scholarly literature. *Behavior Analysis in Practice*, *3*(2), 13–18.

Carr, M. E. (2016). Self-management of challenging behaviours associated with autism spectrum disorder: A meta-analysis. *Australian Psychologist*, *51*(4), 316–333. https://doi.org/10.1111/ap.12227.

Carter, E. W., Asmus, J., Moss, C. K., Biggs, E. E., Bolt, D. M., Born, T. L., et al. (2016). Randomized evaluation of peer support arrangements to support the inclusion of high school students with severe disabilities. *Exceptional Children*, *82*(2), 209–233.

Carter, M., & Kemp, C. R. (1996). Strategies for task analysis in special education. *Educational Psychology*, *16*, 155–171.

Carter, S., & Wheeler, J. (2007). Functional analysis and reduction of inappropriate spitting. *Education and Training in Developmental Disabilities*, *42*, 59–64.

Carter, S. L., & Wheeler, J. J. (2019). *The social validity manual: Subjective evaluation of interventions*. (2nd ed.). London: Elsevier Academic Press.

Case, L. P., Harris, K. R., & Graham, S. (1992). Improving the mathematical problem-solving skills of students with learning disabilities. *Journal of Special Education*, *26*(1), 1–19.

Casey, S., & Merical, C. (2006). The use of functional communication training without additional treatment procedures in an inclusive school setting. *Behavioral Disorders*, *32*, 46–54.

Cashwell, T., Skinner, C., & Smith, E. (2001). Increasing second-grade students' reports of peers' prosocial behaviors via direct instruction, group reinforcement, and progress feedback: A replication and extension. *Education and Treatment of Children*, *24*, 161–175.

Castillo, M. I., Clark, D. R., Schaller, E. A., Donaldson, J. M., DeLeon, I. G., & Kahng, S. (2018). Descriptive assessment of problem behavior during transitions of children with intellectual and developmental disabilities. *Journal of Applied Behavior Analysis*, *51*(1), 99–117. https://doi.org/10.1002/jaba.430.

Cazzell, S., Skinner, C. H., Ciancio, D., Aspiranti, K., Watson, T., Taylor, K., et al. (2017). Evaluating a computer flash-card sight-word recognition intervention with self-determined response intervals in elementary students with intellectual disability. *School Psychology Quarterly*, *32*(3), 367–378. https://doi.org/10.1037/spq0000172.

Cengher, M., Budd, A., Farrell, N., & Fienup, D. M. (2018). A review of prompt-fading procedures: Implications for effective and efficient skill acquisition. *Journal of Developmental and Physical Disabilities*, *30*(2), 155–173. https://doi.org/10.1007/s10882-017-9575-8.

Chadwick, B. A., & Day, R. C. (1971). Systematic reinforcement: Academic performance of underachieving students. *Journal of Applied Behavior Analysis*, *4*, 311–319.

Chan, P. E. (2016). Controlling setting events in the classroom. *Preventing School Failure*, *60*(2), 87–93. https://doi.org/10.1080/1045988X.2015.1007441.

Chappell, N., Graff, R. B., Libby, M. E., & Ahearn, W. H. (2009). Further evaluation of the effects of motivating operations on preference assessment outcomes. *Research in Autism Spectrum Disorders*, *3*(3), 660–669. https://doi.org/10.1016/j.rasd.2009.01.002.

Charlop-Christy, M. H., Carpenter, M., Le, L., LeBlanc, L. A., & Kellet, K. (2002). Using the picture exchange communication system (PECS) with children with autism: Assessment of PECS acquisition, speech, social-communicative behavior, and problem behavior. *Journal of Applied Behavior Analysis*, *35*(3), 213–231. https://doi.org/10.1901/jaba.2002.35-213.

Chasnoff, I. J., Wells, A. M., Telford, E., Schmidt, C., & Messer, G. (2010). Neurodevelopmental functioning in children with FAS, pFAS, and ARND. *Journal of Developmental and Behavioral Pediatrics*, *31*, 192–201.

Cheney, T., & Stein, N. (1974). Fading procedures and oddity learning in kindergarten children. *Journal of Experimental Child Psychology*, *17*, 313–321.

Chess, S., & Thomas A. (1984). *Origins and evolution of behavior disorders*. Cambridge, MA: Harvard University Press.

Chevalier, T. M., Parrila, R., Ritchie, K. C., & Deacon, S. H. (2017). The role of metacognitive reading strategies, metacognitive study and learning strategies, and behavioral study and learning strategies in predicting academic success in students with and without a history of reading difficulties. *Journal of Learning Disabilities*, *50*(1), 34–48. https://doi.org/10.1177/0022219415588850.

Chezan, L. C., Drasgow, E., & Marshall, K. J. (2012). A report on using general-case programming to teach collateral academic skills to a student in a postsecondary setting. *Focus on Autism and Other Developmental Disabilities*, 27(1), 22–30. https://doi.org/10.1177/1088357611428334.

Chezan, L. C., Drasgow, E., Martin, C. A., & Halle, J. W. (2016). Negatively-reinforced mands: An examination of resurgence to existing mands in two children with autism and language delays. *Behavior Modification*, 40(6), 922–953. https://doi.org/10.1177/0145445516648664.

Chezan, L. C., Wolfe, K., & Drasgow, E. (2018). A meta-analysis of functional communication training effects on problem behavior and alternative communicative responses. *Focus on Autism and Other Developmental Disabilities*, 33(4), 195–205. https://doi.org/10.1177/1088357617741294.

Chiesa, M. (2003). Implications of determinism: Personal responsibility and the value of science. In K. A. Lattal & P. N. Chase (eds.), *Behavior theory and philosophy*. (pp. 243–258). New York: Kluwer Academic/Plenum Publishers. https://doi.org/10.1007/978-1-4757-4590-0_13.

Chok, J. T. (2019). Creating functional analysis graphs using Microsoft Excel ® 2016 for PCs. *Behavior Analysis in Practice*, 12(1), 265–292. https://doi.org/10.1007/s40617-018-0258-4.

Chok, J. T., Shlesinger, A., Studer, L., & Bird, F. L. (2012). Description of a practitioner training program on functional analysis and treatment development. *Behavior Analysis in Practice*, 5(2), 25–36.

Chung, E. Y. (2019). Robotic intervention program for enhancement of social engagement among children with autism spectrum disorder. *Journal of Developmental and Physical Disabilities*, 31(4), 419–434. https://doi.org/10.1007/s10882-018-9651-8.

Ciccone, F. J., Graff, R. B., & Ahearn, W. H. (2015). Increasing the efficiency of paired-stimulus preference assessments by identifying categories of preference. *Journal of Applied Behavior Analysis*, 48(1), 221–226. https://doi.org/10.1002/jaba.190.

Cicero, F., & Pfadt, A. (2002). Investigation of a reinforcement-based toilet training procedure for children with autism. *Research in Developmental Disabilities*, 23, 319–331.

Cihak, D. F., Alberto, P. A., Kessler, K. B., & Taber, T. A. (2004). An investigation of instructional scheduling arrangements for community-based instruction. *Research in Developmental Disabilities*, 25, 67–88.

Cihak, D., & Alaimo, D. (2003). *Using personal digital assistants (PDA) for collecting observational data in the classroom*. (Bureau for Students with Multiple and Severe Disabilities Monograph.) Atlanta: Georgia State University, Department of Educational Psychology and Special Education.

Cihak, D., Alberto, P., & Fredrick, L. (2007). Use of brief functional analysis and intervention evaluation in public settings. *Journal of Positive Behavior Interventions*, 9, 80–93.

Cihak, D., Alberto, P. A., Taber-Doughty, T., & Gama, R. I. (2006). A comparison of static picture prompting and video prompting simulation strategies using group instructional procedures. *Focus on Autism and Other Developmental Disabilities*, 21, 89–99.

Cihon, J. H., Ferguson, J. L., Milne, C. M., Leaf, J. B., McEachin, J., & Leaf, R. (2019). A preliminary evaluation of a token system with a flexible earning requirement. *Behavior Analysis in Practice*, 12(3), 548–556. https://doi.org/10.1007/s40617-018-00316-3.

Cihon, T. M., White, R., Zimmerman, V. L., Gesick, J., Stordahl, S., & Eshleman, J. (2017). The effects of precision teaching with textual or tact relations on intraverbal relations. *Behavioral Development Bulletin*, *22*(1), 129–146. https://doi.org/10.1037/bdb0000056.

Cipani, E. (1995). Be aware of negative reinforcement. *Teaching Exceptional Children*, *27*(4), 36–40.

Cirelli, C. A., Sidener, T. M., Reeve, K. F., & Reeve, S. A. (2016). Using activity schedules to increase on-task behavior in children at risk for attention-deficit/hyperactivity disorder. *Education & Treatment of Children*, *39*(3), 283–300. https://doi.org/10.1353/etc.2016.0013.

Clay, C. J., Clohisy, A. M., Ball, A. M., Haider, A. F., Schmitz, B. A., & Kahng, S. (2018). Further evaluation of presentation format of competing stimuli for treatment of automatically maintained challenging behavior. *Behavior Modification*, *42*(3), 382–397. https://doi.org/10.1177/0145445517740322.

Clayton, M., Helms, B., & Simpson, C. (2006). Active prompting to decrease cell phone use and increase seat belt use while driving. *Journal of Applied Behavior Analysis*, *39*, 341–349.

Clayton, M. C., & Helms, B. P. (2009). Increasing seat belt use on a college campus: An evaluation of two prompting procedures. *Journal of Applied Behavior Analysis*, *42*, 161–164.

Cocchiola, M. A., Jr., Martino, G. M., Dwyer, L. J., & Demezzo, K. (2012). Toilet training children with autism and developmental delays: An effective program for school settings. *Behavior Analysis in Practice*, *5*(2), 60–64.

Codding, R. S., Livanis, A., Pace, G. M., & Vaca, L. (2008). Using performance feedback to improve treatment integrity of classwide behavior plans: An investigation of observer reactivity. *Journal of Applied Behavior Analysis*, *41*(3), 417–422.

Coffey, A. L., Shawler, L. A., Jessel, J., Nye, M. L., Bain, T. A., & Dorsey, M. F. (2020). Interview-informed synthesized contingency analysis (IISCA): Novel interpretations and future directions. *Behavior Analysis in Practice*, *13*(1), 217–225. https://doi.org/10.1007/s40617-019-00348-3.

Cohen-Almeida, D., Graff, R., & Ahearn, W. (2000). A comparison of verbal and tangible stimulus preference assessments. *Journal of Applied Behavior Analysis*, *33*, 329–334.

Cole v. Greenfield-Central Community Schools, 667 F. Supp. 56 (S. D. Ind. 1986).

Cole, G., Montgomery, R., Wilson, K., & Milan, M. (2000). Parametric analysis of overcorrection duration effects. *Behavior Modification*, *24*, 359–378.

Coleman, C., & Holmes, P. (1998). The use of noncontingent escape to reduce disruptive behaviors in children with speech delays. *Journal of Applied Behavior Analysis*, *31*, 687–690.

Coleman, M. B., Hurley, K. J., & Cihak, D. F. (2012). Comparing teacher-directed and computer-assisted constant time delay for teaching functional sight words to students with moderate intellectual disability. *Education and Training in Autism and Developmental Disabilities*, *47*(3), 280–292.

Coleman, P., & Blampied, N. M. (1977). Effects of self-monitoring, token reinforcement and different back-up reinforcers on the classroom behaviour of retardates. *Exceptional Child*, *24*(2), 95–107. https://doi.org/10.1080/0156655770240207.

Coleman-Martin, M., Heller, K., Cihak, D., & Irvine, K. (2005). Using computer-assisted instruction and the nonverbal reading approach to teach word identification. *Focus on Autism and*

Other Developmental Disabilities, *20*, 80–90.

Collins, B. C., Terrell, M., & Test, D. W. (2017). Using a simultaneous prompting procedure to embed core content when teaching a potential employment skill. *Career Development and Transition for Exceptional Individuals*, *40*(1), 36–44. https://doi.org/10.1177/2165143416680347.

Collins, S., Higbee, T. S., & Salzberg, C. L. (2009). The effects of video modeling on staff implementation of a problem-solving intervention with adults with developmental disabilities. *Journal of Applied Behavior Analysis*, *42*, 849–854.

Common, E. A., & Lane, K. L. (2017). Social validity assessment. In J. K. Luiselli (ed.), *Applied behavior analysis advanced guidebook: A manual for professional practice*. (pp. 73–92). Elsevier Academic Press. https://doi.org/10.1016/B978-0-12-811122-2.00004-8.

Conine, D. E., Vollmer, T. R., & Bolívar, H. A. (2020). Response to name in children with autism: Treatment, generalization, and maintenance. *Journal of Applied Behavior Analysis*, *53*(2), 744–766. https://doi.org/10.1002/jaba.635.

Conley, O., & Wolery, M. (1980). Treatment by overcorrection of self-injurious eye gouging in preschool blind children. *Journal of Behavior Therapy and Experimental Psychiatry*, *11*, 121–125.

Connolly, A. (1998). *Key Math Diagnostic Arithmetic Test* (Revised). Circle Pines, MN: American Guidance Service.

Connolly, J. F. (2017). Seclusion of students with disabilities: An analysis of due process hearings. *Research and Practice for Persons with Severe Disabilities*, *42*(4), 243–258.

Contreras, B. P., & Betz, A. M. (2016). Using lag schedules to strengthen the intraverbal repertoires of children with autism. *Journal of Applied Behavior Analysis*, *49*(1), 3–16. https://doi.org/10.1002/jaba.271.

Contrucci-Kuhn, S. A., Kuhn D. E., Lerman, D. C., Vorndran, C. M., & Addison, L. (2006). Analysis of factors that affect responding in a two-response chain in children with developmental disabilities. *Journal of Applied Behavior Analysis*, *39*, 263–280.

Conyers, C., Miltenberger, R., Maki, A., Barenz, R., Jurgens, M., Sailer, A., et al. (2004). A comparison of response cost and differential reinforcement of other behavior to reduce disruptive behavior in a preschool classroom. *Journal of Applied Behavior Analysis*, *37*, 411–415.

Cook, S. C., Rao, K., & Collins, L. (2017). Self-monitoring interventions for students with EBD: Applying UDL to a research-based practice. *Beyond Behavior*, *26*(1), 19–27.

Coon, J. T., & Miguel, C. F. (2012). The role of increased exposure to transfer-of-stimulus-control procedures on the acquisition of intraverbal behavior. *Journal of Applied Behavior Analysis*, *45*(4), 657–666.

Cooper, J. (1981). *Measuring behavior* (2nd ed.). Columbus, OH: Merrill.

Cooper, J. O., Heron, T. E., & Heward, W. L. (2020). *Applied behavior analysis* (3rd ed.). New York: Pearson.

Copeland, S. R., & Hughes, C. (2000). Acquisition of a picture prompt strategy to increase independent performance. *Education and Training in Mental Retardation and Developmental Disabilities*, *35*, 294–305.

Coppage, S., & Meindl, J. N. (2017). Using video to bridge the gap between problem behavior and a delayed time-out procedure. *Behavior Analysis in Practice*, *10*(3), 285–289. https://doi.org/10.1007/s40617-017-0197-5.

Costenbader, V., & Reading-Brown, M. (1995). Isolation timeout used with students with emotional disturbance. *Exceptional Children*, *61*(4), 353–363.

Cote, C., Thompson, R., Hanley, G., & McKerchar, P. (2007). Teacher report and direct assessment of preferences for identifying reinforcers for young children. *Journal of Applied Behavior Analysis*, *40*, 157–166.

Cote, C., Thompson, R., & McKerchar, P. (2005). The effects of antecedent interventions and extinction on toddlers' compliance during transitions. *Journal of Applied Behavior Analysis*, *38*, 235–238.

Coughlin, J., McCoy, K. M., Kenzer, A., Mathur, S. R., & Zucker, S. H. (2012). Effects of a self-monitoring strategy on independent work behavior of students with mild intellectual disability. *Education and Training in Autism and Developmental Disabilities*, *47*(2), 154–164.

Council for Children with Behavioral Disorders. (2009). CCBD's position summary on the use of seclusion in school settings. *Behavioral Disorders*, *34*, 235–247.

Council for Exceptional Children. (2005). CEC code of ethics for educators of persons with exceptionalities. Retrieved May 1, 2007, from http://www.cec.sped.org/Content/NavigationMenu/ProfessionalDevelopment/ProfessionalStandards/CEC.

Council for Exceptional Children. (2010). CEC ethical principles for special education professionals. Retrieved from http://www.cec.sped.org/Content/NavigationMenu/ProfessionalDevelopment/ProfessionalStandards/EthicsPracticeStandards/default.htm.

Courtemanche, A. B., Piersma, D. E., & Valdovinos, M. G. (2019). Evaluating the relationship between the rate and temporal distribution of self-injurious behavior. *Behavior Analysis: Research and Practice*, *19*(1), 72–80. https://doi.org/10.1037/bar0000151.

Cowdery, G., Iwata, B., & Pace, G. (1990). Effects and side effects of DRO as treatment of self-injurious behavior. *Journal of Applied Behavior Analysis*, *23*, 497–506.

Cox, C. D., Cox, B. S., & Cox, D. J. (2005). Long-term benefits of prompts to use safety belts among drivers exiting senior communities. *Journal of Applied Behavior Analysis*, *38*, 533–536.

Coy, J. N., & Kostewicz, D. E. (2018). Noncontingent reinforcement: Enriching the classroom environment to reduce problem behaviors. *TEACHING Exceptional Children*, *50*(5), 301–309.

Craft, M. A., Alber, S. R., & Heward, W. L. (1998). Teaching elementary students with developmental disabilities to recruit teacher attention in a general education classroom: Effects on teacher praise and academic productivity. *Journal of Applied Behavior Analysis*, *31*, 399–415.

Craig, A. R., & Shahan, T. A. (2018). Multiple schedules, off-baseline reinforcement shifts, and resistance to extinction. *Journal of the Experimental Analysis of Behavior*, *109*(1), 148–163. https://doi.org/10.1002/jeab.300.

Craighead, W. E., Kazdin, A. E., & Mahoney, M. J. (1976). *Behavior modification: Principles, issues, and applications*. Boston: Houghton Mifflin.

Critchfield, T. S., Doepke, K. J., Epting, L. K., Becirevic, A., Reed, D. D., Fienup, D. M., et al. (2017). Normative emotional responses to behavior analysis Jargon or how not to use words to win friends and influence people. *Behavior Analysis in Practice*, *10*(2), 97–106. https://doi.org/10.1007/s40617-016-0161-9.

Crone, D. A., Hawken, L. S., & Horner, R. H. (2015). *Building positive behavior support systems in schools: Functional behavioral assessment* (2nd ed.). New York: Guilford Press.

Cronin, K. A., & Cuvo, A. J. (1979). Teaching mending skills to mentally retarded adolescents. *Journal of Applied Behavior Analysis*, *12*, 401–406.

Crossman, E. (1975). Communication. *Journal of Applied Behavior Analysis*, *8*, 348.

Cullen, J. M., Alber-Morgan, S. R., Simmons-Reed, E. A., & Izzo, M. V. (2017). Effects of self-directed video prompting using iPads on the vocational task completion of young adults with intellectual and developmental disabilities. *Journal of Vocational Rehabilitation*, *46*(3), 361–375. https://doi.org/10.3233/JVR-170873.

Cumming, T. M., & O'Neill, S. C. (2019). Using data-based individualization to intensify behavioral interventions. *Intervention in School and Clinic*, *54*(5), 280–285.

Cummings, C. (2000). *Winning strategies for classroom management*. Alexandria, VA: Association for Supervision and Curriculum Development.

Curiel, H., Curiel, E. S. L., Li, A., Deochand, N., & Poling, A. (2018). Examining a web-based procedure for assessing preference for videos. *Behavior Analysis in Practice*, *11*(4), 406–410. https://doi.org/10.1007/s40617-018-0210-7.

Curtis, K. S., Forck, K. L., Boyle, M. A., Fudge, B. M., Speake, H. N., & Pauls, B. P. (2020). Evaluation of a trial-based interview-informed synthesized contingency analysis. *Journal of Applied Behavior Analysis*, *53*(2), 635–648. https://doi.org/10.1002/jaba.618.

Dadson, S., & Horner, R. H. (1993). Manipulating setting events to decrease problem behaviors. *Teaching Exceptional Children*, *24*, 53–55.

Da Fonte, M. A., Boesch, M. C., Edwards-Bowyer, M. E., Restrepo, M. W., Bennett, B. P., & Diamond, G. P. (2016). A three-step reinforcer identification framework: A step-by-step process. *Education & Treatment of Children*, *39*(3), 389–409. https://doi.org/10.1353/etc.2016.0017.

Daly, E. J., III, Wells, N. J., Swanger-Gagne, M. S., Carr, J. E., Kunz, G. M., & Taylor, A. M. (2009). Evaluation of the multiple-stimulus without replacement preference assessment method using activities as stimuli. *Journal of Applied Behavior Analysis*, *42*, 563–574.

Daly, M., Jacob, S., King, D., & Cheramie, G. (1984). The accuracy of teacher predictions of student reward preferences. *Psychology in the Schools*, *21*, 520–524.

Datchuk, S. M., Kubina, R. M., & Mason, L. H. (2015). Effects of sentence instruction and frequency building to a performance criterion on elementary-aged students with behavioral concerns and EBD. *Exceptionality*, *23*(1), 34–53. https://doi.org/10.1080/09362835.2014.986604.

Davis, C. A., Brady, M. P., Williams, R. E., & Burta, M. (1992). The effects of self-operated auditory prompting tapes on the performance fluency of persons with severe mental retardation. *Education and Training in Mental Retardation*, *27*, 39–49.

Davis, T. N., Dacus, S., Strickland, E., Machalicek, W., & Coviello, L. (2013). Reduction of automatically maintained self-injurious behavior utilizing noncontingent matched stimuli. *Developmental Neurorehabilitation*, *16*(3), 166–171. https://doi.org/10.3109/17518423.2013.766819.

Davis, T. N., Weston, R., Hodges, A., Uptegrove, L., Williams, K., & Schieltz, K. M. (2018). Functional communication training and demand fading using concurrent schedules of reinforcement. *Journal of Behavioral Education*, 27(3), 343–357. https://doi.org/10.1007/s10864-017-9289-0.

Davis-Temple, J., Jung, S., & Sainato, D. M. (2014). Teaching young children with special needs and their peers to play board games: Effects of a least to most prompting procedure to increase independent performance. *Behavior Analysis in Practice*, 7(1), 21–30. https://doi.org/10.1007/s40617-014-0001-8.

DeCatanzaro, D., & Baldwin, G. (1978). Effective treatment of self-injurious behavior through a forced arm exercise. *Journal of Applied Behavior Analysis*, 11, 433–439.

Deci, E. L. (2016). Intrinsic motivation: The inherent tendency to be active. In R. J. Sternberg, S. T. Fiske, & D. J. Foss (eds.), *Scientists making a difference: One hundred eminent behavioral and brain scientists talk about their most important contributions.* (pp. 288–292). New York: Cambridge University Press.

Dehaven, E. D., Corley, M. J., Hofeling, D. V., & Garcia, E. (1982). Developing generative vocational behaviors in a business setting. *Analysis and Intervention in Developmental Disabilities*, 2, 345–356.

Deitz, S. M., & Repp, A. C. (1973). Decreasing classroom misbehavior through the use of DRL schedules of reinforcement. *Journal of Applied Behavior Analysis*, 6, 457–463.

DeLeon, I., & Iwata, B. (1996). Evaluation of a multiple-stimulus presentation format for assessing reinforcer preferences. *Journal of Applied Behavior Analysis*, 29, 519–533.

DeLeon, I., Fisher, W., Herman, K., & Crosland, K. (2000). Assessment of a response bias for aggression over functionally equivalent appropriate behavior. *Journal of Applied Behavior Analysis*, 33, 73–77.

Delprato, D. J. (2002). Countercontrol in behavior analysis. *The Behavior Analyst*, 25(2), 191–200. https://doi.org/10.1007/BF03392057.

Denny, M. (1980). Reducing self-stimulatory behavior of mentally retarded persons by alternative positive practice. *American Journal of Mental Deficiency*, 84, 610–615.

Deno, S., & Jenkins, J. (1967). *Evaluating preplanned curriculum objectives.* Philadelphia: Research for Better Schools.

Deno, S. L., Reschly, A. L., Lembke, E. S., Magnusson, D., Callender, S. A., Windram, H., et al. (2009). Developing a school-wide progress-monitoring system. *Psychology in the Schools*, 46(1), 44–55.

Deochand, N., Costello, M. S., & Fuqua, R. W. (2015). Phase-change lines, scale breaks, and trend lines using Excel 2013. *Journal of Applied Behavior Analysis*, 48(2), 478–493. https://doi.org/10.1002/jaba.198.

Deochand, N. (2017). Automating phase change lines and their labels using Microsoft Excel(R). *Behavior Analysis in Practice*, 10(3), 279–284. https://doi.org/10.1007/s40617-016-0169-1.

DeQuinzio, J. A., Townsend, D. B., & Poulson, C. L. (2008). The effects of forward chaining and contingent social interaction on the acquisition of complex sharing responses by children with autism. *Research in Autism Spectrum Disorders*, 2(2), 264–275. https://doi.org/10.1016/j.rasd.2007.06.006.

DeRosa, N. M., Roane, H. S., Bishop, J. R., & Silkowski, E. L. (2016). The combined effects of noncontingent reinforcement and punishment on the reduction of rumination. *Journal of Applied Behavior Analysis*, 49(3), 680–685. https://doi.org/10.1002/jaba.304.

DeRosa, N. M., Roane, H. S., Wilson, J. L., Novak, M. D., & Silkowski, E. L. (2015). Effects of arm-splint rigidity on self-injury and adaptive behavior. *Journal of Applied Behavior Analysis*, 48(4), 860–864. https://doi.org/10.1002/jaba.250.

Deshais, M. A., Fisher, A. B., & Kahng, S. (2018). A preliminary investigation of a randomized dependent group contingency for hallway transitions. *Education & Treatment of Children*, 41(1), 49–64. https://doi.org/10.1353/etc.2018.0002.

Dewey, J. (1939). *Experience and education*. New York: Macmillan. de Zubicaray, G., & Clair, A. (1998). An evaluation of differential reinforcement of other behavior, differential reinforcement of incompatible behavior, and restitution for the management of aggressive behaviors. *Behavioral Interventions*, 13(3), 157–168. https://doi.org/10.1002/(SICI)1099-078X(199808)13:33.0.CO;2-3.

Dickens v. Johnson Country Board of Education, 661 F. Supp. 155 (E.D. Tenn. 1987).

Dixon, M., Jackson, J., Small, St., Horner-King, M., Lik, N., Garcia, Y., et al. (2009). Creating single-subject design graphs in Microsoft Excel. *Journal of Applied Behavior Analysis*, 42, 277–293.

Dixon, M. R., Stanley, C., Belisle, J., Galliford, M. E., Alholail, A., & Schmick, A. M. (2017). Establishing derived equivalence relations of basic geography skills in children with autism. *Analysis of Verbal Behavior*, 33(2), 290–295. https://doi.org/10.1007/s40616-017-0084-8.

Doke, L., & Epstein, L. (1975). Oral overcorrection: Side effects and extended applications. *Journal of Experimental Child Psychology*, 20, 496–511.

Dollard, N., Christensen, L., Colucci, K., & Epanchin, B. (1996). Constructive classroom management. *Focus on Exceptional Children*, 29(2), 1–12.

Donaldson, J. M., Matter, A. L., & Wiskow, K. M. (2018). Feasibility of and teacher preference for student-led implementation of the good behavior game in early elementary classrooms. *Journal of Applied Behavior Analysis*, 51(1), 118–129. https://doi.org/10.1002/jaba.432.

Donaldson, J. M., & Vollmer, T. R. (2012). A procedure for thinning the schedule of time-out. *Journal of Applied Behavior Analysis*, 45(3), 625–630. https://doi.org/10.1901/jaba.2012.45-625.

Donaldson, J. M., Vollmer, T. R., Yakich, T. M., & Van Camp, C. (2013). Effects of a reduced time-out interval on compliance with the time-out instruction. *Journal of Applied Behavior Analysis*, 46(2), 369–378. https://doi.org/10.1002/jaba.40.

Dorsey, M. F., Iwata, B. A., Ong, P., & McSween, T. E. (1980). Treatment of self-injurious behavior using a water mist: Initial response suppression and generalization. *Journal of Applied Behavior Analysis*, 13, 343–353.

Dougherty, S., Fowler, S., & Paine, S. (1985). The use of peer monitors to reduce negative interaction during recess. *Journal of Applied Behavior Analysis*, 18, 141–153.

Douglas, K. H., Ayres, K. M., & Langone, J. (2015). Comparing self-management strategies delivered via an iPhone to promote grocery shopping and literacy. *Education and Training in Autism and Developmental Disabilities*, 50(4), 446–465.

Dowdy, A., & Jacobs, K. W. (2019). An empirical evaluation of the disequilibrium model to increase independent seatwork for an individual diagnosed with autism. *Behavior Analysis in Practice*, *12*(3), 617–621. https://doi.org/10.1007/s40617-018-00307-4.

Dowdy, A., & Tincani, M. (2020). Assessment and treatment of high-risk challenging behavior of adolescents with autism in an aquatic setting. *Journal of Applied Behavior Analysis*, *53*(1), 305–314. https://doi.org/10.1002/jaba.590.

Dozier, C. L., Iwata, B. A., Thomason-Sassi, J., Worsdell, A. S., & Wilson, D. M. (2012). A comparison of two pairing procedures to establish praise as a reinforcer. *Journal of Applied Behavior Analysis*, *45*(4), 721–735.

Dracobly, J. D., Dozier, C. L., Briggs, A. M., & Juanico, J. F. (2018). Reliability and validity of indirect assessment outcomes: Experts versus caregivers. *Learning and Motivation*, *62*, 77–90. https://doi.org/10.1016/j.lmot.2017.02.007.

Drevon, D. D., Hixson, M. D., Wyse, R. D., & Rigney, A. M. (2019). A meta-analytic review of the evidence for check-in check-out. *Psychology in the Schools*, *56*(3), 393–412. https://doi.org/10.1002/pits.22195.

Dube, W. V., Farber, R. S., Mueller, M. R., Grant, E., Lorin, L., & Deutsch, C. K. (2016). Stimulus overselectivity in autism, Down syndrome, and typical development. *American Journal on Intellectual and Developmental Disabilities*, *121*(3), 219–235. https://doi.org/10.1352/1944-7558-121.3.219.

Dubuque, E. M. (2015). Inserting phase change lines into Microsoft Excel ® graphs. *Behavior Analysis in Practice*, *8*(2), 207–211. https://doi.org/10.1007/s40617-015-0078-8.

Duchaine, E. L., Jolivette, K., Fredrick, L. D., & Alberto, P. A. (2018). Increase engagement and achievement with response cards: Science and mathematics inclusion classes. *Learning Disabilities: A Contemporary Journal*, *16*(2), 157–176.

Dudley, L. L., Axe, J. B., Allen, R. F., & Sweeney-Kerwin, E. J. (2019). Establishing praise as a conditioned reinforcer: Pairing with one versus multiple reinforcers. *Behavioral Interventions*, *34*(4), 534–552. https://doi.org/10.1002/bin.1690.

Duenas, A. D., Plavnick, J. B., & Maher, C. E. (2019). Embedding tact instruction during play for preschool children with autism spectrum disorder. *Education & Treatment of Children*, *42*(3), 361–384. https://doi.org/10.1353/etc.2019.0017.

Dufek, S., & Schreibman, L. (2014). Natural environment training. In J. Tarbox, D. R. Dixon, P. Sturmey, & J. L. Matson (eds.), *Handbook of early intervention for autism spectrum disorders: Research, policy, and practice*. (pp. 325–344). Springer Science + Business Media. https://doi.org/10.1007/978-1-4939-0401-3_13.

Dufour, M.-M., & Lanovaz, M. J. (2017). Comparing two methods to promote generalization of receptive identification in children with autism spectrum disorders. *Developmental Neurorehabilitation*, *20*(8), 463–474. https://doi.org/10.1080/17518423.2016.1211191.

Dufrene, B. A., Kazmerski, J. S., & Labrot, Z. (2017). The current status of indirect functional assessment instruments. *Psychology in the Schools*, *54*(4), 331–350. https://doi.org/10.1002/pits.22006.

Duker, P., & van Lent, C. (1991). Inducing variability in communicative gestures used by severely retarded individuals. *Journal of Applied Behavior Analysis*, *24*, 379–386.

Dunlap, G. (2006). The applied behavior analytic heritage of PBS: A dynamic model of action-oriented research. *Journal of Positive Behavior Interventions*, *8*, 58–60.

Dunlap, G., Carr, E. G., Horner, R. H., Koegel, R. L., Sailor, W., Clarke, S., et al. (2010). A descriptive, multiyear examination of positive behavior support. *Behavioral Disorders*, *35*(4), 259–279.

Dunlap, G., & Kern, L. (1996). Modifying instructional activities to promote desirable behavior: A conceptual and practical framework. *School Psychology Quarterly*, *11*, 297–312.

Dunlap, G., Koegel, R. L., Johnson, J., & O'Neill, R. E. (1987). Maintaining performance of autistic clients in community settings with delayed contingencies. *Journal of Applied Behavior Analysis*, *20*, 185–191.

Dunlap, G., Strain, P., & Fox, L. (2012). Positive behavior support and young people with autism: Strategies of prevention and intervention. In B. Kelly & D. F. Perkins (eds.), *Handbook of implementation science for psychology in education* (pp. 247–263). New York: Cambridge University Press. https://doi.org/10.1017/CBO9781139013949.019.

Dunlap, G., Strain, P. S., Lee, J. K., Joseph, J. D., Vatland, C., & Fox, L. (2017). *Prevent-teach-reinforce for families: A model of individualized positive behavior support for home and community*. Baltimore: Paul H Brookes Publishing.

Dunlap, K. (1928). A revision of the fundamental law of habit formation. *Science*, *67*, 360–362.

Dunlap, K. (1930). Repetition in breaking of habits. *The Scientific Monthly*, *30*, 66–70.

Dunlap, K. (1932). *Habits, their making and unmaking*. New York: Liveright.

Dupuis, D. L., Lerman, D. C., Tsami, L., & Shireman, M. L. (2015). Reduction of aggression evoked by sounds using noncontingent reinforcement and time-out. *Journal of Applied Behavior Analysis*, *48*(3), 669–674. https://doi.org/10.1002/jaba.220.

Durand, V. M. (1999). Functional communication training using assistive devices: Recruiting natural communities of reinforcement. *Journal of Applied Behavior Analysis*, *32*(3), 247–267. https://doi.org/10.1901/jaba.1999.32-247.

Durand, V. M., Berotti, D., & Weiner, J. (1993). Functional communication training: Factors affecting effectiveness, generalization, and maintenance. In J. Reichle & D. Wacker (eds.), *Communicative alternatives to challenging behavior: Integrating functional assessment and intervention strategies* (pp. 317–340). Baltimore: Paul Brookes.

Durand, V. M., & Crimmins, D. (1988). Identifying the variables maintaining self-injurious behavior. *Journal of Autism and Developmental Disorders*, *18*, 99–117.

Durand, V. M., & Crimmins, D. (1992). *The Motivation Assessment Scale (MAS)*. Topeka, KS: Monaco & Associates Inc.

Dutt, A. S., Berg, W. K., Wacker, D. P., Ringdahl, J. E., Yang, L.-Y., Vinquist, K. M., et al. (2014). The effects of skill training on preference for children with severe intellectual and physical disabilities. *Journal of Developmental and Physical Disabilities*, *26*(5), 585–601. https://doi.org/10.1007/s10882-014-9383-3.

Eber, L., Hyde, K., & Suter, J. C. (2011). Integrating wraparound into a schoolwide system of positive behavior supports. *Journal of Child and Family Studies*, *20*(6), 782–790. https://doi.org/10.1007/s10826-010-9424-1.

Ecott, C. L., & Critchfield, T. S. (2004). Noncontingent reinforcement, alternative reinforcement, and the matching law: A laboratory demonstration. *Journal of Applied Behavior Analysis*, *37*(3), 249–265. https://doi.org/10.1901/jaba.2004.37-249.

Edwards, C. K., Landa, R. K., Frampton, S. E., & Shillingsburg, M. A. (2018). Increasing functional leisure engagement for children with autism using backward chaining. *Behavior Modification*, *42*(1), 9–33. https://doi.org/10.1177/0145445517699929.

Edwards, N. M., & Lambros, K. M. (2018). Video self-modeling as a reading fluency intervention for dual language learners with disabilities. *Contemporary School Psychology*, *22*(4), 468–478. https://doi.org/10.1007/s40688-018-0207-9.

Embregts, P. J. C. M. (2000). Effectiveness of video feedback and self-management on appropriate social behavior of youth with mild mental retardation. *Research in Developmental Disabilities*, *21*, 409–423.

Engelmann, S., & Carnine, D. (1982). *Theory of instruction: Principles and applications*. New York: Irvington.

Engelmann, S., & Colvin, G. (1983). *Generalized compliance training: A direct-instruction program for managing severe behavior problems*. Austin, TX: Pro-Ed.

Engelmann, S., Meyers, L., Carnine, L., Becker, W., Eisele, J., & Johnson, G. (1988). *Corrective reading: Decoding strategies*. Chicago: Science Research Associates.

English, C. L., & Anderson, C. M. (2006). Evaluation of the treatment utility of the analog functional analysis and the structured descriptive assessment. *Journal of Positive Behavior Interventions*, *8*(4), 212–229. https://doi.org/10.1177/10983007060080040401.

Ennis, R. P. (2018). Group contingencies to increase appropriate behaviors in the classroom: Tips for success. *Beyond Behavior*, *27*(2), 82–89.

Ennis, R. P., & Jolivette, K. (2014). Using self-regulated strategy development for persuasive writing to increase the writing and self-efficacy skills of students with emotional and behavioral disorders in health class. *Behavioral Disorders*, *40*(1), 26–36.

Ennis, R. P., Lane, K. L., & Flemming, S. C. (2020). Empowering teachers with low-intensity strategies: Supporting students at-risk for ebd with instructional choice during reading. *Exceptionality*. https://doi.org/10.1080/09362835.2020.1729766.

Ennis, R. P., Lane, K. L., Oakes, W. P., & Flemming, S. C. (2020). Empowering teachers with low-intensity strategies to support instruction: Implementing across-activity choices during third-grade reading instruction. *Journal of Positive Behavior Interventions*, *22*(2), 78–92.

Epstein, L. H., Doke, L. A., Sajwaj, T. E., Sorrell, S., & Rimmer, B. (1974). Generality and side effects of overcorrection. *Journal of Applied Behavior Analysis*, *7*, 385–390.

Epstein, R. (1997). Skinner as self-manager. *Journal of Applied Behavior Analysis*, *30*, 545–568.

Erickson, J., Derby, K. M., McLaughlin, T. F., & Fuehrer, K. (2015). An evaluation of Read Naturally ® on increasing reading fluency for three primary students with learning disabilities. *Educational Research Quarterly*, *39*(1), 3–20.

Espin, C. A., Wayman, M. M., Deno, S. L., McMaster, K. L., & de Rooij, M. (2017). Data-based decision-making: Developing a method for capturing teachers' understanding of CBM graphs. *Learning Disabilities Research & Practice*, *32*(1), 8–21. https://doi.org/10.1111/ldrp.12123.

Ezzeddine, E. W., DeBar, R. M., Reeve, S. A., & Townsend, D. B. (2020). Using video modeling to teach play comments to dyads with ASD. *Journal of Applied Behavior Analysis*, *53*(2), 767–781. https://doi.org/10.1002/jaba.621.

Fabry, B., Mayhew, G., & Hanson, A. (1984). Incidental teaching of mentally retarded students within a token system. *American Journal of Mental Deficiency*, *89*, 29–36.

Fairbanks, S., Sugai, G., Guardino, D., & Lathrop, M. (2007). Response to intervention: Examining classroom behavior support in second grade. *Exceptional Children*, *73*, 288–310.

Falcomata, T. S., & Gainey, S. (2014). An evaluation of noncontingent reinforcement for the treatment of challenging behavior with multiple functions. *Journal of Developmental and Physical Disabilities*, *26*(3), 317–324. https://doi.org/10.1007/s10882-014-9366-4.

Falcomata, T. S., Muething, C. S., Roberts, G. J., Hamrick, J., & Shpall, C. (2016). Further evaluation of latency-based brief functional analysis methods: An evaluation of treatment utility. *Developmental Neurorehabilitation*, *19*(2), 88–94.

Falcomata, T., Roane, H., Hovanetz, A., Kettering, T., & Keeney, K. (2004). An evaluation of response cost in the treatment of inappropriate vocalizations maintained by automatic reinforcement. *Journal of Applied Behavior Analysis*, *37*, 83–87.

Falcomata, T. S., & Wacker, D. P. (2013). On the use of strategies for programming generalization during functional communication training: A review of the literature. *Journal of Developmental and Physical Disabilities*, *25*(1), 5–15. https://doi.org/10.1007/s10882-012-9311-3.

Falcomata, T. S., Wacker, D. P., Ringdahl, J. E., Vinquist, K., & Dutt, A. (2013). An evaluation of generalization of mands during functional communication training. *Journal of Applied Behavior Analysis*, *46*(2), 444–454. https://doi.org/10.1002/jaba.37.

Falkenberg, C. A., & Barbetta, P. M. (2013). The effects of a self-monitoring package on homework completion and accuracy of students with disabilities in an inclusive general education classroom. *Journal of Behavioral Education*, *22*(3), 190–210. https://doi.org/10.1007/s10864-013-9169-1.

Falligant, J. M., Carver, A., Zarcone, J., & Schmidt, J. D. (2020). Assessment and treatment of public disrobing using noncontingent reinforcement and competing stimuli. *Behavior Analysis: Research and Practice*. https://doi.org/10.1037/bar0000179.

Fallon, L. M., & Feinberg, A. B. (2017). Implementing a tier 2 behavioral intervention in a therapeutic alternative high school program. *Preventing School Failure*, *61*(3), 189–197.

Faloon, B. J., & Rehfeldt, R. A. (2008). The role of overt and covert self-rules in establishing a daily living skill in adults with mild developmental disabilities. *Journal of Applied Behavior Analysis*, *41*, 393–404.

Faraone, S. V., & Larsson, H. (2019). Genetics of attention deficit hyperactivity disorder. *Molecular Psychiatry*, *24*(4), 562–575. https://doi.org/10.1038/s41380-018-0070-0.

Farkas, M. S., Simonsen, B., Migdole, S., Donovan, M. E., Clemens, K., & Cicchese, V. (2012). Schoolwide positive behavior support in an alternative school setting: An evaluation of fidelity, outcomes, and social validity of tier 1 implementation. *Journal of Emotional and Behavioral Disorders*, *20*(4), 275–288. https://doi.org/10.1177/1063426610389615.

Farlow, L., & Snell, M. (1994). *Making the most of student performance data*. Washington, DC: American Association on Mental Retardation.

Favell, J. (1973). Reduction of stereotypes by reinforcement of toy play. *Mental Retardation*, *11*, 21–23.

Fee, A., Schieber, E., Noble, N., & Valdovinos, M. G. (2016). Agreement between questions about behavior function, the motivation assessment scale, functional assessment interview, and brief functional analysis of children's challenging behaviors. *Behavior Analysis: Research and*

Practice, 16(2), 94–102. https://doi.org/10.1037/bar0000040.

Fee, V., Matson, J., & Manikam, R. (1990). A control group outcome study of a nonexclusionary time-out package to improve social skills with preschoolers. *Exceptionality*, 1, 107–121.

Felixbrod, J. J., & O'Leary, K. D. (1974). Self-determination of academic standards by children: Toward freedom from external control. *Journal of Educational Psychology*, 66, 845–850.

Feng, H., Chou, W.-C., & Lee, G. T. (2017). Effects of tact prompts on acquisition and maintenance of divergent intraverbal responses by a child with autism. *Focus on Autism and Other Developmental Disabilities*, 32(2), 133–141. https://doi.org/10.1177/1088357615610540.

Ferguson, J. L., Milne, C. M., Cihon, J. H., Dotson, A., Leaf, J. B., McEachin, J., et al. (2020). An evaluation of estimation data collection to trial-by trial data collection during discrete trial teaching. *Behavioral Interventions*, 35(1), 178–191. https://doi.org/10.1002/bin.1705.

Ferman, D. M., Reeve, K. F., Vladescu, J. C., Albright, L. K., Jennings, A. M., & Domanski, C. (2020). Comparing stimulus equivalence-based instruction to a video lecture to increase religious literacy in middle-school children. *Behavior Analysis in Practice*, 13(2), 360–374. https://doi.org/10.1007/s40617-019-00355-4.

Ferron, J., Goldstein, H., Olszewski, A., & Rohrer, L. (2020). Indexing effects in single-case experimental designs by estimating the percent of goal obtained. *Evidence-Based Communication Assessment and Intervention*, 14(1–2), 6–27.

Ferster, C. B., Culbertson, S., & Boren, M. C. P. (1975). *Behavior principles* (2nd ed.). Upper Saddle River, NJ: Prentice Hall.

Ferster, C. B., & Skinner, B. F. (1957). *Schedules of reinforcement*. New York: Appleton-Century-Crofts.

Fetherston, A. M., & Sturmey, P. (2014). The effects of behavioral skills training on instructor and learner behavior across responses and skill sets. *Research in Developmental Disabilities*, 35(2), 541–562. https://doi.org/10.1016/j.ridd.2013.11.006.

Feuerborn, L. L., Tyre, A. D., & King, J. P. (2015). The staff perceptions of behavior and discipline survey: A tool to help achieve systemic change through schoolwide positive behavior support. *Journal of Positive Behavior Interventions*, 17(2), 116–126. https://doi.org/10.1177/1098300714556675.

Fewell, R. M., Romani, P. W., Wacker, D. P., Lindgren, S. D., Kopelman, T. G., & Waldron, D. B. (2016). Relations between consumption of functional and arbitrary reinforcers during functional communication training. *Journal of Developmental and Physical Disabilities*, 28(2), 237–253. https://doi.org/10.1007/s10882-015-9463-z.

Fienup, D. M., Shelvin, K. H., & Doepke, K. (2013). Increasing recall of information of children diagnosed with Asperger's Syndrome: Utilization of visual strategies. *Research in Autism Spectrum Disorders*, 7(12), 1647–1652. https://doi.org/10.1016/j.rasd.2013.09.015.

Filderman, M. J., Austin, C. R., & Toste, J. R. (2019). Data-based decision making for struggling readers in the secondary grades. *Intervention in School and Clinic*, 55(1), 3–12.

Finn, L., Ramasamy, R., Dukes, C., & Scott, J. (2015). Using Watch Minder to increase the on-task behavior of students with autism spectrum disorder. *Journal of Autism and Developmental Disorders*, 45(5), 1408–1418. https://doi.org/10.1007/s10803-014-2300-x.

Fisher, W., Piazza, C., Bowman, L., Hagopian, L., Owens, J., & Slevin, I. (1992). A comparison of two approaches for identifying reinforcers for persons with severe and profound disabilities. *Journal of Applied Behavior Analysis*, *25*, 491–498.

Fisher, W., Thompson, R., Piazza, C., Crosland, K., & Gotjen, D. (1997). On the relative reinforcing effects of choice and differential consequences. *Journal of Applied Behavior Analysis*, *30*, 423–438.

Fisher, W. W., Greer, B. D., Fuhrman, A. M., Saini, V., & Simmons, C. A. (2018). Minimizing resurgence of destructive behavior using behavioral momentum theory. *Journal of Applied Behavior Analysis*, *51*(4), 831–853. https://doi.org/10.1002/jaba.499.

Fisher, W. W., Greer, B. D., Querim, A. C., & DeRosa, N. (2014). Decreasing excessive functional communication responses while treating destructive behavior using response restriction. *Research in Developmental Disabilities*, *35*(11), 2614–2623. https://doi.org/10.1016/j.ridd.2014.06.024.

Fishley, K. M., Konrad, M., & Hessler, T. (2017). GO FASTER: Building morpheme fluency. *Intervention in School and Clinic*, *53*(2), 94–98.

Fiske, K., & Delmolino, L. (2012). Use of discontinuous methods of data collection in behavioral intervention: Guidelines for practitioners. *Behavior Analysis in Practice*, *5*(2), 77–81.

Fiske, K. E., Isenhower, R. W., Bamond, M. J., Delmolino, L., Sloman, K. N., & LaRue, R. H. (2015). Assessing the value of token reinforcement for individuals with Autism. *Journal of Applied Behavior Analysis*, *48*(2), 448–453. https://doi.org/10.1002/jaba.207.

Flanagan, T. F., & DeBar, R. M. (2018). Trial-based functional analyses with a student identified with an emotional and behavioral disorder. *Behavioral Disorders*, *43*(4), 423–435. https://doi.org/10.1177/0198742917719231.

Flanagan, T. F., DeBar, R. M., Sidener, T. M., Kisamore, A. N., Reeve, K. F., & Reeve, S. A. (2019). Teacher-implemented trial-based functional analyses with students with emotional/behavioral disorders. *Journal of Developmental and Physical Disabilities*. https://doi.org/10.1007/s10882-019-09700-5.

Floress, M. T., Zoder-Martell, K., & Schaub, R. (2017). Social skills plus relaxation training with a child with ASD in the schools. *Research in Developmental Disabilities*, *71*, 200–213. https://doi.org/10.1016/j.ridd.2017.10.012.

Flynn, S. D., & Lo, Y. (2016). Teacher implementation of trial-based functional analysis and differential reinforcement of alternative behavior for students with challenging behavior. *Journal of Behavioral Education*, *25*(1), 1–31. https://doi.org/10.1007/s10864-015-9231-2.

Fong, E. H., Catagnus, R. M., Brodhead, M. T., Quigley, S., & Field, S. (2016). Developing the cultural awareness skills of behavior analysts. *Behavior Analysis in Practice*, *9*(1), 84–94. https://doi.org/10.1007/s40617-016-0111-6.

Fong, E. H., Ficklin, S., & Lee, H. Y. (2017). Increasing cultural understanding and diversity in applied behavior analysis. *Behavior Analysis: Research and Practice*, *17*(2), 103–113. https://doi.org/10.1037/bar0000076.

Fonger, A. M., & Malott, R. W. (2019). Using shaping to teach eye contact to children with autism spectrum disorder. *Behavior Analysis in Practice*, *12*(1), 216–221. https://doi.org/10.1007/s40617-018-0245-9.

Fosnot, C. (1996). Constructivism: A psychological theory of learning. In C. Fosnot (ed.), *Constructivism: Theory, perspectives, and practice* (pp. 8–33). New York: Teachers College

Press.

Fosnot, C. T., & Perry, R. S. (2005). In C. T. Fosnot (ed.), *Constructivism: Theory, perspectives, and practice*, 3–38.

Fowler, S. A., & Baer, D. M. (1981). "Do I have to be good all day?": The timing of delayed reinforcement as a factor in generalization. *Journal of Applied Behavior Analysis*, *14*, 13–24.

Foxx, R., & Shapiro, S. (1978). The timeout ribbon: A nonexclusionary timeout procedure. *Journal of Applied Behavior Analysis*, *11*, 125–136.

Foxx, R. M., & Azrin, N. H. (1972). Restitution: A method of eliminating aggressive-disruptive behavior of retarded and brain-damaged patients. *Behavior Research and Therapy*, *10*, 15–27.

Foxx, R. M., & Azrin, N. H. (1973a). The elimination of autistic self-stimulatory behavior by overcorrection. *Journal of Applied Behavior Analysis*, *6*, 1–14.

Foxx, R. M., & Azrin, N. H. (1973b). *Toilet training the retarded: A rapid program for day and nighttime independent toileting*. Champaign, IL: Research Press.

Foxx, R. M., McMorrow, M. J., & Mennemeier, M. (1984). Teaching social/vocational skills to retarded adults with a modified table game: An analysis of generalization. *Journal of Applied Behavior Analysis*, *17*, 343–352.

Fradenburg, L., Harrison, R., & Baer, D. (1995). The effect of some environmental factors on inter-observer agreement. *Research in Developmental Disabilities*, *16*(6), 425–437.

Fragale, C., Rojeski, L., O'Reilly, M., & Gevarter, C. (2016). Evaluation of functional communication training as a satiation procedure to reduce challenging behavior in instructional environments for children with autism. *International Journal of Developmental Disabilities*, *62*(3), 139–146. https://doi.org/10.1080/20473869.2016.1183957.

France, K., & Hudson, S. (1990). Behavior management of infant sleep disturbance. *Journal of Applied Behavior Analysis*, *23*, 91–98.

Frankhauser, M. A., Tso, M. E., & Martella, R. C. (2001). A comparison of curriculum-specified reading checkout timings and daily 1-minute timings on student performance in reading mastery. *Journal of Direct Instruction*, *1*(2), 85–96.

Freeland, J. T., & Noell, G. H. (2002). Programming for maintenance: An investigation of delayed intermittent reinforcement and common stimuli to create indiscriminable contingencies. *Journal of Behavioral Education*, *11*(1), 5–18.

Freeman, J., Kern, L., Gambino, A. J., Lombardi, A., & Kowitt, J. (2019). Assessing the relationship between the positive behavior interventions and supports framework and student outcomes in high schools. *Journal of At-Risk Issues*, *22*(2), 1–11.

Freeman, J., Simonsen, B., McCoach, D. B., Sugai, G., Lombardi, A., & Horner, R. (2016). Relationship between school-wide positive behavior interventions and supports and academic, attendance, and behavior outcomes in high schools. *Journal of Positive Behavior Interventions*, *18*(1), 41–51. https://doi.org/10.1177/1098300715580992.

Freeman, R., Lohrmann, S., Irvin, L. K., Kincaid, D., Vossler, V., & Ferro, J. (2009). Systems change and the complementary roles of in-service and preservice training in schoolwide positive behavior support. In W. Sailor, G. Dunlop, G. Sugai, & R. Horner (eds.), *Handbook of positive behavior support*. (pp. 603–629). Springer Publishing Company. https://doi.org/10.1007/978-0-387-09632-2_25.

Friman, P., & Poling, A. (1995). Making life easier with effort: Basic findings and applied research on response effort. *Journal of Applied Behavior Analysis*, *28*, 583–590.

Fritz, J. N., Iwata, B. A., Rolider, N. U., Camp, E. M., & Neidert, P. L. (2012). Analysis of self-recording in self-management interventions for stereotypy. *Journal of Applied Behavior Analysis*, *45*(1), 55–68. https://doi.org/10.1901/jaba.2012.45-55.

Fritz, J. N., Jackson, L. M., Stiefler, N. A., Wimberly, B. S., & Richardson, A. R. (2017). Noncontingent reinforcement without extinction plus differential reinforcement of alternative behavior during treatment of problem behavior. *Journal of Applied Behavior Analysis*, *50*(3), 590–599. https://doi.org/10.1002/jaba.395.

Fryxell, D., & Kennedy, C. H. (1995). Placement along the continuum of services and its impact on students' social relationships. *Journal of the Association for Persons with Severe Handicaps*, *20*, 259–269.

Fuchs, D., Fuchs, L. S., & Vaughn, S. (2014). What is intensive instruction and why is it important? *TEACHING Exceptional Children*, *46*(4), 13–18.

Fuchs, L. S. (2017). Curriculum-based measurement as the emerging alternative: Three decades later. *Learning Disabilities Research & Practice*, *32*(1), 5–7. https://doi.org/10.1111/ldrp.12127.

Fuchs, L. S., Fuchs, D., Compton, D. L., Wehby, J., Schumacher, R. F., Gersten, R., et al. (2015). Inclusion versus specialized intervention for very-low-performing students: What does "access" mean in an era of academic challenge? *Exceptional Children*, *81*(2), 134–157.

Fuhrman, A. M., Greer, B. D., Zangrillo, A. N., & Fisher, W. W. (2018). Evaluating competing activities to enhance functional communication training during reinforcement schedule thinning. *Journal of Applied Behavior Analysis*, *51*(4), 931–942.

Fuller, T. C., & Dubuque, E. M. (2019). Integrating phase change lines and labels into graphs in Microsoft Excel. *Behavior Analysis in Practice*, *12*(1), 293–299. https://doi.org/10.1007/s40617-018-0248-6.

Gage, N. A., Sugai, G., Lewis, T. J., & Brzozowy, S. (2015). Academic achievement and school-wide positive behavior supports. *Journal of Disability Policy Studies*, *25*(4), 199–209. https://doi.org/10.1177/1044207313505647.

Gagnon, D. J., Mattingly, M. J., & Connelly, V. J. (2017). The restraint and seclusion of students with a disability: Examining trends in US school districts and their policy implications. *Journal of Disability Policy Studies*, *28*(2), 66–76. https://doi.org/10.1177/1044207317710697.

Gaisford, K. L., & Malott, R. L. (2010). The acquisition of generalized matching in children with developmental delays. *The Behavior Analyst Today*, *11*, 85–94.

Galiatsatos, G. T., & Graff, R. B. (2003). Combining descriptive and functional analyses to assess and treat screaming. *Behavioral Interventions*, *18*(2), 123–138. https://doi.org/10.1002/bin.133.

Garcia, A. E., Reeve, S. A., Brothers, K. J., & Reeve, K. F. (2014). Using audio script fading and multiple-exemplar training to increase vocal interactions in children with autism. *Journal of Applied Behavior Analysis*, *47*(2), 325–343. https://doi.org/10.1002/jaba.125.

Garcia, D., Dukes, C., Brady, M. P., Scott, J., & Wilson, C. L. (2016). Using modeling and rehearsal to teach fire safety to children with autism. *Journal of Applied Behavior Analysis*, *49*(3), 699–704. https://doi.org/10.1002/jaba.331.

García-Zambrano, S., Rehfeldt, R. A., Hertel, I. P., & Boehmert, R. (2019). Effects of deictic framing and defusion on the development of self-as-context in individuals with disabilities. *Journal of Contextual Behavioral Science*, 12, 55–58. https://doi.org/10.1016/j.jcbs.2019.01.007.

Gardner, A. W., Wacker, D. P., & Boelter, E. W. (2009). An evaluation of the interaction between quality of attention and negative reinforcement with children who display escape-maintained problem behavior. *Journal of Applied Behavior Analysis*, 42(2), 343–348. https://doi.org/10.1901/jaba.2009.42-343.

Gardner, S. J., & Wolfe, P. S. (2015). Teaching students with developmental disabilities daily living skills using point-of-view modeling plus video prompting with error correction. *Focus on Autism and Other Developmental Disabilities*, 30(4), 195–207. https://doi.org/10.1177/1088357614547810.

Gast, D., & Wolery, M. (1987). Severe maladaptive behaviors. In M. E. Snell (ed.), *Systematic instruction of people with severe handicaps* (3rd ed.). Columbus, OH: Merrill.

Gaylord-Ross, R. J., & Holvoet, J. (1985). *Strategies for educating students with severe handicaps*. Boston: Little, Brown.

Gehrman, C., Wilder, D. A., Forton, A. P., & Albert, K. (2017). Comparing resetting to non-resetting DRO procedures to reduce stereotypy in a child with autism. *Behavioral Interventions*, 32(3), 242–247. https://doi.org/10.1002/bin.1486.

Geiger, K. B., Carr, J. E., LeBlanc, L. A., Hanney, N. M., Polick, A. S., & Heinicke, M. R. (2012). Teaching receptive discriminations to children with autism: A comparison of traditional and embedded discrete trial training. *Behavior Analysis in Practice*, 5(2), 49–59.

Gerow, S., Davis, T., Radhakrishnan, S., Gregori, E., & Rivera, G. (2018). Functional communication training: The strength of evidence across disabilities. *Exceptional Children*, 85(1), 86–103.

Gerow, S., Radhakrishnan, S., Davis, T. N., Hodges, A., & Feind, A. (2020). A comparison of demand fading and a dense schedule of reinforcement during functional communication training. *Behavior Analysis in Practice*, 13(1), 90–103. https://doi.org/10.1007/s40617-019-00403-z.

Gesell, A., & Ilg, F. L. (1943). *Infant and child in the culture of today*. New York: Harper.

Ghaemmaghami, M., Hanley, G. P., Jessel, J., & Landa, R. (2018). Shaping complex functional communication responses. *Journal of Applied Behavior Analysis*, 51(3), 502–520. https://doi.org/10.1002/jaba.468.

Giangreco, M. F. (2020). "How can a student with severe disabilities be in a fifth-grade class when he can't do fifth-grade level work?" Misapplying the least restrictive environment. *Research and Practice for Persons with Severe Disabilities*, 45(1), 23–27.

Gibbs, A. R., Tullis, C. A., Thomas, R., & Elkins, B. (2018). The effects of noncontingent music and response interruption and redirection on vocal stereotypy. *Journal of Applied Behavior Analysis*, 51(4), 899–914. https://doi.org/10.1002/jaba.485.

Gil, V., Bennett, K. D., & Barbetta, P. M. (2019). Teaching young adults with intellectual disability grocery shopping skills in a community setting using least-to-most prompting. *Behavior Analysis in Practice*, 12(3), 649–653. https://doi.org/10.1007/s40617-019-00340-x.

Gilbert, G. (1975). Extinction procedures: Proceed with caution. *Mental Retardation*, 13, 25–29.

Gilberts, G., Agran, M., Hughes, C., & Wehmeyer, M. (2001). The effects of peer delivered self-monitoring strategies on the participation of students with severe disabilities in general education classrooms. *JASH*, *26*, 25–36.

Gilley, C., & Ringdahl, J. E. (2014). The effects of item preference and token reinforcement on sharing behavior exhibited by children with autism spectrum disorder. *Research in Autism Spectrum Disorders*, *8*(11), 1425–1433. https://doi.org/10.1016/j.rasd.2014.07.010.

Gillis, J. M., & Carr, J. E. (2014). Keeping current with the applied behavior-analytic literature in developmental disabilities: Noteworthy articles for the practicing behavior analyst. *Behavior Analysis in Practice*, *7*(1), 10–14. https://doi.org/10.1007/s40617-014-0002-7.

Giunta, F. T., Reeve, S. A., DeBar, R. M., Vladescu, J. C., & Reeve, K. F. (2016). Comparing continuous and discontinuous data collection during discrete trial teaching of tacting by children with autism. *Behavioral Interventions*, *31*(4), 311–331. https://doi.org/10.1002/bin.1446.

Glover, P., McLaughlin, T., Derby, K. M., & Gower, J. (2010). Using a direct instruction flashcard system with two students with learning disabilities. *Electronic Journal of Research in Educational Psychology*, *8*(2), 457–472.

Goh, A. E., & Bambara, L. M. (2013). Video self-modeling: A job skills intervention with individuals with intellectual disability in employment settings. *Education and Training in Autism and Developmental Disabilities*, *48*(1), 103–119.

Goldiamond, I. (1975). Toward a constructional approach to social problems: Ethical and constitutional issues raised by applied behavior analysis. In C. M. Franks & G. T. Wilson (eds.), *Annual review of behavior therapy, theory & practice* (vol. 3, pp. 21–63). New York: Brunner/Mazel.

Goldstein, K. (1939). *The organism*. New York: American Book.

Gomes, S. R., Reeve, S. A., Brothers, K. J., Reeve, K. F., & Sidener, T. M. (2020). Establishing a generalized repertoire of initiating bids for joint attention in children with autism. *Behavior Modification*, *44*(3), 394–428. https://doi.org/10.1177/0145445518822499.

Gongola, L. C., & Daddario, R. (2010). A practitioner's guide to implementing a differential reinforcement of other behaviors procedure. *TEACHING Exceptional Children*, *42*(6), 14–20.

Gonzalez, M. L., Taylor, T., Borrero, C. S. W., & Sangkavasi, E. (2013). An individualized levels system to increase independent mealtime behavior in children with food refusal. *Behavioral Interventions*, *28*(2), 143–157. https://doi.org/10.1002/bin.1358.

Goodnight, C. I., Whitley, K. G., & Brophy-Dick, A. A. (2019). Effects of response cards on fourth-grade students' participation and disruptive behavior during language arts lessons in an inclusive elementary classroom. *Journal of Behavioral Education*. https://doi.org/10.1007/s10864-019-09357-2.

Graber, A., & Graber, J. E. (2018). The unique challenge of articulating the behavior analysts' ethical obligations and the case of punishment. *Behavior Analysis in Practice*. https://doi.org/10.1007/s40617-018-00310-9.

Graham, S., & Harris, K. R. (2005). *Writing better: Effective strategies for teaching students with learning difficulties*. Baltimore: Brookes.

Graham, S., Hebert, M., & Harris, K. R. (2015). Formative assessment and writing: A meta-analysis. *The Elementary School Journal*, *115*(4), 523–547. https://doi.org/10.1086/681947.

Green, C., Middleton, S., & Reid, D. (2000). Embedded evaluation of preferences sampled from person-centered plans for people with profound multiple disabilities. *Journal of Applied*

Behavior Analysis, *33*, 639–642.

Green, C., Reid, D., White, L., Halford, R., Brittain, D., & Gardner, S. (1988). Identifying reinforcers for persons with profound handicaps: Staff opinion vs. systematic assessment of preferences. *Journal of Applied Behavior Analysis*, *21*, 31–43.

Greer, B. D., Neidert, P. L., & Dozier, C. L. (2016). A component analysis of toilet-training procedures recommended for young children. *Journal of Applied Behavior Analysis*, *49*(1), 69–84. https://doi.org/10.1002/jaba.275.

Greer, B. D., Neidert, P. L., Dozier, C. L., Payne, S. W., Zonneveld, K. L. M., & Harper, A. M. (2013). Functional analysis and treatment of problem behavior in early education classrooms. *Journal of Applied Behavior Analysis*, *46*(1), 289–295. https://doi.org/10.1002/jaba.10.

Grieco, J. C., Bahr, R. H., Schoenberg, M. R., Conover, L., Mackie, L. N., & Weeber, E. J. (2018). Quantitative measurement of communication ability in children with Angelman syndrome. *Journal of Applied Research in Intellectual Disabilities*, *31*(1), e49–e58. https://doi.org/10.1111/jar.12305.

Griffin, M. M., & Copeland, S. R. (2018). Effects of a self-management intervention to improve behaviors of a child with fetal alcohol spectrum disorder. *Education and Training in Autism and Developmental Disabilities*, *53*(4), 405–414.

Griffith, K. R., Price, J. N., & Penrod, B. (2020). The effects of a self-instruction package and group training on trial-based functional analysis administration. *Behavior Analysis in Practice*, *13*(1), 63–80. https://doi.org/10.1007/s40617-019-00388-9.

Grob, C. M., Lerman, D. C., Langlinais, C. A., & Villante, N. K. (2019). Assessing and teaching job-related social skills to adults with autism spectrum disorder. *Journal of Applied Behavior Analysis*, *52*(1), 150–172. https://doi.org/10.1002/jaba.503.

Gronlund, N. (1985). *Stating objectives for classroom instruction*. New York: Macmillan.

Grossi, T., & Heward, W. (1998). Using self-evaluation to improve the work productivity of trainees in community-based restaurant training program. *Education and Training in Mental Retardation and Developmental Disabilities*, *33*(3), 248–263.

Groves, E. A., & Austin, J. L. (2017). An evaluation of interdependent and independent group contingencies during the good behavior game. *Journal of Applied Behavior Analysis*, *50*(3), 552–566. https://doi.org/10.1002/jaba.393.

Groves, E. A., & Austin, J. L. (2019). Does the good behavior game evoke negative peer pressure? Analyses in primary and secondary classrooms. *Journal of Applied Behavior Analysis*, *52*(1), 3–16. https://doi.org/10.1002/jaba.513.

Grow, L. L., Kelley, M. E., Roane, H. S., & Shillingsburg, M. A. (2008). Utility of extinction-induced response variability for the selection of mands. *Journal of Applied Behavior Analysis*, *41*(1), 15–24. https://doi.org/10.1901/jaba.2008.41-15.

Guertin, E. L., Vause, T., Jaksic, H., Frijters, J. C., & Feldman, M. (2019). Treating obsessive compulsive behavior and enhancing peer engagement in a preschooler with intellectual disability. *Behavioral Interventions*, *34*(1), 19–29. https://doi.org/10.1002/bin.1646.

Gunby, K. V., Carr, J. E., & LeBlanc, L. A. (2010). Teaching abduction-prevention skills to children with autism. *Journal of Applied Behavior Analysis*, *43*, 107–112.

Guralnick, M. J., Neville, B., Hammond, M. A., & Connor, R. T. (2008). Continuity and change from full-inclusion early childhood programs through the early elementary period. *Journal of Early Intervention*, 30(3), 237–250. https://doi.org/10.1177/1053815108317962.

Gureasko-Moore, S., DuPaul, G. J., & White, G. P. (2006). The effects of self-management in general education classrooms on the organizational skills of adolescents with ADHD. *Behavior Modification*, 30, 159–183.

Gushanas, C. M., & Thompson, J. L. (2019). Effect of self-monitoring on personal hygiene among individuals with developmental disabilities attending postsecondary education. *Career Development and Transition for Exceptional Individuals*, 42(4), 203–213.

Guzman, G., Goldberg, T. S., & Swanson, H. L. (2018). A meta-analysis of self-monitoring on reading performance of K–12 students. *School Psychology Quarterly*, 33(1), 160–168. https://doi.org/10.1037/spq0000199.

Haas, L. B., Stickney, E. M., & Ysseldyke, J. E. (2016). Using growth norms to set instructional goals for struggling students. *Journal of Applied School Psychology*, 32(1), 82–99. https://doi.org/10.1080/15377903.2015.1121195.

Haberman, M. (1995). *Star teachers of children in poverty*. West Lafayette, IN: Kappa Delta Pi.

Hagopian, L. P., Rush, K. S., Richman, D. M., Kurtz, P. F., Contrucci, S. A., & Crosland, K. (2002). The development and application of individualized levels systems for the treatment of severe problem behavior. *Behavior Therapy*, 33(1), 65–86. https://doi.org/10.1016/S0005-7894(02)80006-5.

Hall, R. V., & Fox, R. G. (1977). Changing-criterion designs: An applied behavior analysis procedure. In B. C. Etzel, J. M. LeBlanc, & D. M. Baer (eds.), *New developments in behavioral research: Theory, method and application*. Hillsdale, NJ: Lawrence Erlbaum Associates, Inc., Publishers (in honor of Sidney W. Bijou).

Hammerschmidt Snidarich, S. M., McComas, J. J., & Simonson, G. R. (2019). Individualized goal setting during repeated reading: Improving growth with struggling readers using data based instructional decisions. *Preventing School Failure*, 63(4), 334–344.

Hanley, G., Iwata, B., & Roscoe, E. (2006). Some determinants of change in preference over time. *Journal of Applied Behavior Analysis*, 39, 189–202.

Hanley, G., Piazza, C., Fisher, W., & Eidolons, J. (1997). Stimulus control and resistance to extinction in attention-maintained SIB. *Research in Developmental Disabilities*, 18, 251–260.

Hanley, G., Piazza, C., Keeney, K., Blackeley-Smith, A., & Worsdell, A. (1998). Effects of wrist weights on self-injurious and adaptive behaviors. *Journal of Applied Behavior Analysis*, 31, 307–310.

Hanley, G. P. (2010). Toward effective and preferred programming: A case for the objective measurement of social validity with recipients of behavior-change programs. *Behavior Analysis in Practice*, 3(1), 13–21.

Hanley, G. P., Jin, C. S., Vanselow, N. R., & Hanratty, L. A. (2014). Producing meaningful improvements in problem behavior of children with autism via synthesized analyses and treatments. *Journal of Applied Behavior Analysis*, 47(1), 16–36. https://doi.org/10.1002/jaba.106.

Hansen, B. D., Sabey, C. V., Rich, M., Marr, D., Robins, N., & Barnett, S. (2019). Latency-based functional analysis in schools: Correspondence and differences across environments. *Behavioral Interventions*, 34(3), 366–376. https://doi.org/10.1002/bin.1674.

Hansen, B. D., & Wills, H. P. (2014). The effects of goal setting, contingent reward, and instruction on writing skills. *Journal of Applied Behavior Analysis*, 47(1), 171–175. https://doi.org/10.1002/jaba.92.

Haq, S. S., & Aranki, J. (2019). Comparison of traditional and embedded DTT on problem behavior and responding to instructional targets. *Behavior Analysis in Practice*, 12(2), 396–400. https://doi.org/10.1007/s40617-018-00324-3.

Haring, N. G., & Liberty, K. A. (1990). Matching strategies with performance in facilitating generalization. *Focus on Exceptional Children*, 22(8), 1–16.

Harjusola-Webb, S. M., & Robbins, S. H. (2012). The effects of teacher-implemented naturalistic intervention on the communication of preschoolers with autism. *Topics in Early Childhood Special Education*, 32(2), 99–110. https://doi.org/10.1177/0271121410397060.

Harmon, S., Street, M., Bateman, D., & Yell, M. L. (2020). Developing present levels of academic achievement and functional performance statements for IEPs. *TEACHING Exceptional Children*, 52(5), 320–332.

Harn, B., Basaraba, D., Chard, D., & Fritz, R. (2015). The impact of schoolwide prevention efforts: Lessons learned from implementing independent academic and behavior support systems. *Learning Disabilities: A Contemporary Journal*, 13(1), 3–20.

Harris, F. R., Johnston, M. K., Kelley, C. S., & Wolf, M. M. (1964). Effects of social reinforcement on repressed crawling of a nursery school child. *Journal of Educational Psychology*, 55, 34–41.

Harris, G. M., Little, S. G., & Akin-Little, A. (2017). Video self-modelling as an intervention for remediating dysgraphia in children with autism spectrum disorders. *Australian Journal of Learning Difficulties*, 22(2), 153–170.

Harris, J. (1996). Physical restraint procedures for managing challenging behaviours presented by mentally retarded adults and children. *Research in Developmental Disabilities*, 17(2), 99–134.

Hartmann, D. P., & Hall, R. V. (1976). The changing criterion design. *Journal of Applied Behavior Analysis*, 9, 527–532.

Hay, D., Murray, P., Cecire, S., & Nash, A. (1985). Social learning and social behavior in early life. *Child Development*, 56, 43–57.

Hay, L., Nelson, R., & Hay, W. (1977). Some methodological problems in the use of teachers as observers. *Journal of Applied Behavior Analysis*, 10, 345–348.

Hay, L., Nelson, R., & Hay, W. (1980). Methodological problems in the use of participant observers. *Journal of Applied Behavior Analysis*, 13, 501–504.

Hayes, S. C., Rosenfarb, I., Wulfert, E., Munt, E. D., Korn, Z., & Zettle, R. D. (1985). Self-reinforcement effects: An artifact of social standard setting? *Journal of Applied Behavior Analysis*, 18, 201–214.

Hayes v. Unified School District No. 377, 877 F.2d 809 (10th Cir. 1989).

Heal, N. A., & Hanley, G. P. (2011). Embedded prompting may function as embedded punishment: Detection of unexpected behavioral processes within a typical preschool teaching strategy. *Journal of Applied Behavior Analysis*, 44(1), 127–131. https://doi.org/10.1901/jaba.2011.44-127.

Healy, O., Lydon, S., Brady, T., Rispoli, M., Holloway, J., Neely, L., et al. (2019). The use of differential reinforcement of other behaviours to establish inhibitory stimulus control for the management of vocal stereotypy in children with autism. *Developmental Neurorehabilitation*, 22 (3), 192–202. https://doi.org/10.1080/17518423.2018.1523246.

Hedges, L. V., Pustejovsky, J. E., & Shadish, W. R. (2012). A standardized mean difference effect size for single case designs. *Research Synthesis Methods*, 3(3), 224–239. https://doi.org/10.1002/jrsm.1052.

Hedquist, C. B., & Roscoe, E. M. (2020). A comparison of differential reinforcement procedures for treating automatically reinforced behavior. *Journal of Applied Behavior Analysis*, 53(1), 284–295. https://doi.org/10.1002/jaba.561.

Heffernan, L., & Lyons, D. (2016). Differential reinforcement of other behaviour for the reduction of severe nail biting. *Behavior Analysis in Practice*, 9(3), 253–256. https://doi.org/10.1007/s40617-016-0106-3.

Heldt, J., & Schlinger, H. D., Jr. (2012). Increased variability in tacting under a Lag 3 schedule of reinforcement. *Analysis of Verbal Behavior*, 28, 131–136. https://doi.org/10.1007/BF03393114.

Herman, C., Healy, O., & Lydon, S. (2018). An interview-informed synthesized contingency analysis to inform the treatment of challenging behavior in a young child with autism. *Developmental Neurorehabilitation*, 21(3), 202–207. https://doi.org/10.1080/17518423.2018.1437839.

Herrnstein, B. J., & Loveland, D. H. (1964). Complex visual concept in the pigeon. *Science*, 146, 549–550.

Herscovitch, B., Roscoe, E. M., Libby, M. E., Bourret, J. C., & Ahearn, W. H. (2009). A procedure for identifying precursors to problem behavior. *Journal of Applied Behavior Analysis*, 42(3), 697–702. https://doi.org/10.1901/jaba.2009.42-697.

Heward, W. L. (2003). Ten faulty notions about teaching and learning that hinder the effectiveness of special education. *The Journal of Special Education*, 36, 186–205.

Heyvaert, M., Saenen, L., Maes, B., & Onghena, P. (2015). Systematic review of restraint interventions for challenging behaviour among persons with intellectual disabilities: Focus on experiences. *Journal of Applied Research in Intellectual Disabilities*, 28(2), 61–80. https://doi.org/10.1111/jar.12095.

Higa, W. R., Tharpe, R. G., & Calkins, R. P. (1978). Developmental verbal control of behavior: Implications for self-instructional training. *Journal of Experimental Child Psychology*, 26, 489–497.

Higbee, T., Carr, J., & Harrison, C. (1999). The effects of pictorial versus tangible stimuli in stimulus-preference assessments. *Research in Developmental Disabilities*, 20, 63–72.

Hill, W. F. (1963). *Learning: A survey of psychological interpretations*. San Francisco: Chandler.

Hill, W. F. (1970). *Psychology: Principles and problems*. Philadelphia: Lippincott.

Hine, J. F., Ardoin, S. P., & Foster, T. E. (2015). Decreasing transition times in elementary school classrooms: Using computer-assisted instruction to automate intervention components. *Journal of Applied Behavior Analysis*, 48(3), 495–510. https://doi.org/10.1002/jaba.233.

Hirst, E. S. J., Lockenour, F. M., & Allen, J. L. (2019). Decreasing toe walking with differential reinforcement of other behavior, verbal rules, and feedback. *Education & Treatment of Children*, 42(2), 185–199. https://doi.org/10.1353/etc.2019.0009.

Hodges, A. C., Wilder, D. A., & Ertel, H. (2018). The use of a multiple schedule to decrease toe walking in a child with autism. *Behavioral Interventions*, 33(4), 440–447. https://doi.org/

10.1002/bin.1528.

Hogan, A., Knez, N., & Kahng, S. (2015). Evaluating the use of behavioral skills training to improve school staffs' implementation of behavior intervention plans. *Journal of Behavioral Education*, *24*(2), 242–254. https://doi.org/10.1007/s10864-014-9213-9.

Holden, C. (1973). Psychosurgery: Legitimate therapy or laundered lobotomy? *Science*, *173*, 1104–1112.

Holifield, C., Goodman, J., Hazelkorn, M., & Heflin, L. J. (2010). Using self-monitoring to increase attending to task and academic accuracy in children with autism. *Focus on Autism and Other Developmental Disabilities*, *25*(4), 230–238. https://doi.org/10.1177/1088357610380137.

Holland, J. G., & Skinner, B. F. (1961). *The analysis of behavior*. New York: McGraw-Hill.

Holmes, G., Cautela, J., Simpson, M., Motes, P., & Gold, J. (1998). Factor structure of the school reinforcement survey schedule: School is more than grades. *Journal of Behavioral Education*, *8*, 131–140.

Holyfield, C. (2019). Preliminary investigation of the effects of a prelinguistic AAC intervention on social gaze behaviors from school-age children with multiple disabilities. *AAC: Augmentative and Alternative Communication*, *35*(4), 285–298. https://doi.org/10.1080/07434618.2019.1704866.

Homlitas, C., Rosales, R., & Candel, L. (2014). A further evaluation of behavioral skills training for implementation of the picture exchange communication system. *Journal of Applied Behavior Analysis*, *47*(1), 198–203. https://doi.org/10.1002/jaba.99.

Homme, L., Csanyi, A., Gonzales, M., & Rechs, J. (1970). *How to use contingency contracting in the classroom*. Champaign, IL: Research Press.

Honig v. Doe, 56 S. Ct. 27 1988.

Hood, S. A., Luczynski, K. C., & Mitteer, D. R. (2017). Toward meaningful outcomes in teaching conversation and greeting skills with individuals with autism spectrum disorder. *Journal of Applied Behavior Analysis*, *50*(3), 459–486. https://doi.org/10.1002/jaba.388.

Hood, S. A., Rodriguez, N. M., Luczynski, K. C., & Fisher, W. W. (2019). Evaluating the effects of physical reactions on aggression via concurrent-operant analyses. *Journal of Applied Behavior Analysis*, *52*(3), 642–651. https://doi.org/10.1002/jaba.555.

Horcones, C. L. (1992). Natural reinforcements: A way to improve education. *Journal of Applied Behavior Analysis*, *25*, 71–75.

Horner, R., & Day, H. (1991). The effects or response efficiency on functionally equivalent competing behaviors. *Journal of Applied Behavior Analysis*, *24*, 719–732.

Horner, R., Sprague, J., O'Brien, M., & Heathfield, L. (1990). The role of response efficiency in the reduction of problem behaviors through functional equivalence training: A case study. *Journal of the Association for Persons with Severe Handicaps*, *15*, 91–97.

Horner, R., Sugai, G., & Anderson, C. (2010). Examining the evidence base for school-wide positive behavior support. *Focus on Exceptional Children*, *42*, 1–14.

Horner, R. D., & Baer, D. M. (1978). Multiple-probe technique: A variation on the multiple baseline. *Journal of Applied Behavior Analysis*, *11*, 189–196.

Horner, R. H., & Budd, C. M. (1985). Acquisition of manual sign use: Collateral reduction of maladaptive behavior, and factors limiting generalization. *Education and Training of the Mentally Retarded*, *20*, 39–47.

Horner, R. H., Eberhard, J. M., & Sheehan, M. R. (1986). Teaching generalized table bussing: The importance of negative teaching examples. *Behavior Modification*, 10, 457–471.

Horner, R. H., Jones, D., & Williams, J. A. (1985). A functional approach to teaching generalized street crossing. *Journal of the Association for Persons with Severe Handicaps*, 13, 71–78.

Horner, R. H., Williams, J. A., & Steveley, J. D. (1987). Acquisition of generalized telephone use by students with moderate and severe mental retardation. *Research in Developmental Disabilities*, 8(2), 229–247.

Horrocks, E., & Higbee, T. (2008). An evaluation of a stimulus preference assessment of auditory stimuli for adolescents with developmental disabilities. *Research in Developmental Disabilities*, 29, 11–20.

Hudson, M. E. (2019). Using iPad-delivered instruction and self-monitoring to improve the early literacy skills of middle school nonreaders with developmental disabilities. *International Journal of Special Education*, 34(1), 182–196.

Hudson, M. E., Browder, D. M., & Jimenez, B. A. (2014). Effects of a peer-delivered system of least prompts intervention and adapted science read-alouds on listening comprehension for participants with moderate intellectual disability. *Education and Training in Autism and Developmental Disabilities*, 49(1), 60–77.

Hudson, T. M., Hinkson-Lee, K., & Collins, B. (2013). Teaching paragraph composition to students with emotional/behavioral disorders using the simultaneous prompting procedure. *Journal of Behavioral Education*, 22(2), 139–156. https://doi.org/10.1007/s10864-012-9167-8.

Hughes, C., Rung, L. L., Wehmeyer, M. L., Agran, M., Copeland, S. R., & Hwang, B. (2000). Self-prompted communication book use to increase social interaction among high school students. *Journal of the Association for Persons with Severe Handicaps*, 25, 153–166.

Hughes, E. M. (2019). Point of view video modeling to teach simplifying fractions to middle school students with mathematical learning disabilities. *Learning Disabilities: A Contemporary Journal*, 17(1), 41–58.

Hughes, M. A., Alberto, P., & Fredrick, L. (2006). Self-operated auditory prompting systems as a function-based intervention in public community settings. *Journal of Positive Behavior Interventions*, 8, 230–243.

Huguenin, N. (1993). Reducing chronic noncompliance in an individual with severe mental retardation to facilitate community integration. *Mental Retardation*, 31, 332–339.

Huguenin, N., & Mulick, J. (1981). Nonexclusionary timeout: Maintenance of appropriate behavior across settings. *Applied Research in Mental Retardation*, 2, 55–67.

Hundert, J., Rowe, S., & Harrison, E. (2014). The combined effects of social script training and peer buddies on generalized peer interaction of children with ASD in inclusive classrooms. *Focus on Autism and Other Developmental Disabilities*, 29(4), 206–215. https://doi.org/10.1177/1088357614522288.

Hunter, M. (1984). Knowing, teaching, and supervising. In P. Hosford (ed.), *Using what we know about teaching*. Alexandria, VA: Association for Supervision and Curriculum Development.

Hunter, W. C., Barton-Arwood, S., Jasper, A., Murley, R., & Clements, T. (2017). Utilizing the PPET mnemonic to guide classroom-level PBIS for students with or at risk for EBD across classroom settings. *Beyond Behavior*, 26(2), 81–88.

Hyatt, K. J., & Filler, J. W. (2016). Developing IEPs: The complete guide to educationally meaningful individualized educational programs for students with disabilities.

Iannaccone, J. A., Hagopian, L. P., Javed, N., Borrero, J. C., & Zarcone, J. R. (2020). Rules and statements of reinforcer loss in differential reinforcement of other behavior. *Behavior Analysis in Practice*, *13*(1), 81–89. https://doi.org/10.1007/s40617-019-00352-7.

Inglesfield, E., & Crisp, A. (1985). Teaching dressing skills to the severely mentally handicapped: A comparison of intensive and non-intensive strategies. *British Journal of Mental Subnormality*, *31*, 46–53.

Ingvarsson, E. T., & Le, D. D. (2011). Further evaluation of prompting tactics for establishing intraverbal responding in children with autism. *Analysis of Verbal Behavior*, *27*, 75–93. https://doi.org/10.1007/BF03393093.

Iovannone, R., Anderson, C., & Scott, T. (2017). Understanding setting events: What they are and how to identify them. *Beyond Behavior*, *26*(3), 105–112. https://doi.org/10.1177/1074295617729795.

Irvin, D. S., Thompson, T. J., Turner, W. D., & Williams, D. E. (1998). Utilizing increased response effort to reduce chronic hand mouthing. *Journal of Applied Behavior Analysis*, *31*, 375–385.

Ivy, J. W., Meindl, J. N., Overley, E., & Robson, K. M. (2017). Token economy: A systematic review of procedural descriptions. *Behavior Modification*, *41*(5), 708–737. https://doi.org/10.1177/0145445517699559.

Ivy, J. W., Neef, N. A., Meindl, J. N., & Miller, N. (2016). A preliminary examination of motivating operation and reinforcer class interaction. *Behavioral Interventions*, *31*(2), 180–194. https://doi.org/10.1002/bin.1436.

Ivy, J. W., Payne, J., & Neef, N. A. (2019). Increasing across-session variability of leisure activity selection for children with autism. *Behavior Analysis: Research and Practice*, *19*(3), 261–272. https://doi.org/10.1037/bar0000132.

Ivy, S. E., Hatton, D. D., & Wehby, J. H. (2018). Using graduated guidance to teach spoon use to children with severe multiple disabilities including visual impairment. *Research and Practice for Persons with Severe Disabilities*, *43*(4), 252–268.

Iwata, B., & Bailey, J. S. (1974). Reward versus cost token systems: An analysis of the effects on students and teacher. *Journal of Applied Behavior Analysis*, *7*, 567–576.

Iwata, B., & DeLeon, I. (1996). *The Functional Analysis Screening Tool*. Gainesville, FL: University of Florida, Florida Center on Self-Injury.

Iwata, B. A., Dorsey, M. F., Slifer, K. J., Bauman, K. E., & Richman, G. S. (1982). Toward a functional analysis of self-injury. *Analysis & Intervention in Developmental Disabilities*, *2*(1), 3–20. https://doi.org/10.1016/0270-4684(82)90003-9.

Iwata, B. A., Dorsey, M. F., Slifer, K. J., Bauman, K. E., & Richman, G. S. (1994). Toward a functional analysis of self-injury. *Journal of Applied Behavior Analysis*, *27*(2), 197–209. https://doi.org/10.1901/jaba.1994.27-197.

Iwata, B., Pace, G., Dorsey, M., Zarcone, J., Vollmer, T., Smith, R., et al. (1994). The functions of self-injurious behavior: An experimental epidemiological analysis. *Journal of Applied Behavior Analysis*, *27*, 215–240.

Iwata, B., Pace, G., Kalsher, M., Cowdery, G., & Cataldo, M. (1990). Experimental analysis and extinction of self-injurious escape behavior. *Journal of Applied Behavior Analysis*, 23, 11–27.

Jacob, S., Decker, D. M., & Lugg, E. T. (2016). *Ethics and law for school psychologists*. Hoboken, NJ: John Wiley & Sons.

Jenkins, J. R., Schiller, E., Blackorby, J., Thayer, S. K., & Tilly, W. D. (2013). Responsiveness to intervention in reading: Architecture and practices. *Learning Disability Quarterly*, 36(1), 36–46. https://doi.org/10.1177/0731948712464963.

Jeong, Y., & Copeland, S. R. (2020). Comparing functional behavior assessment-based interventions and non-functional behavior assessment-based interventions: A systematic review of outcomes and methodological quality of studies. *Journal of Behavioral Education*, 29(1), 1–41. https://doi.org/10.1007/s10864-019-09355-4.

Jerome, J., Frantino, E. P., & Sturmey, P. (2007). The effects of errorless learning and backward chaining on the acquisition of Internet skills in adults with developmental disabilities. *Journal of Applied Behavior Analysis*, 40, 185–189.

Jessel, J., Hausman, N. L., Schmidt, J. D., Darnell, L. C., & Kahng, S. (2014). The development of false-positive outcomes during functional analyses of problem behavior. *Behavioral Interventions*, 29(1), 50–61. https://doi.org/10.1002/bin.1375.

Jessel, J., & Ingvarsson, E. T. (2016). Recent advances in applied research on DRO procedures. *Journal of Applied Behavior Analysis*, 49(4), 991–995. https://doi.org/10.1002/jaba.323.

Jessel, J., Ingvarsson, E. T., Metras, R., Kirk, H., & Whipple, R. (2018). Achieving socially significant reductions in problem behavior following the interview-informed synthesized contingency analysis: A summary of 25 outpatient applications. *Journal of Applied Behavior Analysis*, 51(1), 130–157. https://doi.org/10.1002/jaba.436.

Jessel, J., Ingvarsson, E. T., Whipple, R., & Kirk, H. (2017). Increasing on-task behavior of an adolescent with autism using momentary differential reinforcement. *Behavioral Interventions*, 32(3), 248–254. https://doi.org/10.1002/bin.1480.

Jimenez, B. A., Lo, Y., & Saunders, A. F. (2014). The additive effects of scripted lessons plus guided notes on science quiz scores of students with intellectual disability and autism. *The Journal of Special Education*, 47(4), 231–244. https://doi.org/10.1177/0022466912437937.

Jones, J., Lerman, D. C., & Lechago, S. (2014). Assessing stimulus control and promoting generalization via video modeling when teaching social responses to children with autism. *Journal of Applied Behavior Analysis*, 47(1), 37–50. https://doi.org/10.1002/jaba.81.

Jones, M. C. (1924). A laboratory study of fear: The case of Peter. *The Pedagogical Seminary and Journal of Genetic Psychology*, 31, 308–315.

Joseph, L. M., & Eveleigh, E. L. (2011). A Review of the effects of self-monitoring on reading performance of students with disabilities. *Journal of Special Education*, 45, 143–153.

Journal of Applied Behavior Analysis. (1977). 10, Society for the Experimental Analysis of Behavior.

Journal of Applied Behavior Analysis. (2000). 33, Society for the Experimental Analysis of Behavior.

Journal of Applied Behavior Analysis. (2000). 33(3), 399.

Journal of Applied Behavior Analysis. (2004). 37, 469–480.

Journal of Applied Behavior Analysis. (2006). 39, Society for the Experimental Analysis of

Behavior.

Journal of Teacher Education. (1986). 37. Thousand Oaks, CA: Sage.

Jowett Hirst, E. S., Dozier, C. L., & Payne, S. W. (2016). Efficacy of and preference for reinforcement and response cost in token economies. *Journal of Applied Behavior Analysis*, 49 (2), 329–345. https://doi.org/10.1002/jaba.294.

Jung, S., & Sainato, D. M. (2015). Teaching games to young children with autism spectrum disorder using special interests and video modelling. *Journal of Intellectual and Developmental Disability*, 40(2), 198–212. https://doi.org/10.3109/13668250.2015.1027674.

Kahng, S. W., & Iwata, B. (1998). Computerized systems for collecting real-time observational data. *Journal of Applied Behavior Analysis*, 31(2), 253–261.

Kahng, S. W., Iwata, B., Fischer, S., Page, T., Treadwell, K., Williams, D., et al. (1998). Temporal distributions of problem behavior based on scatter plot analysis. *Journal of Applied Behavior Analysis*, 31, 593–604.

Kamps, D., Heitzman-Powell, L., Rosenberg, N., Mason, R., Schwartz, I., & Romine, R. S. (2016). Effects of reading mastery as a small group intervention for young children with ASD. *Journal of Developmental and Physical Disabilities*, 28(5), 703–722. https://doi.org/10.1007/s10882-016-9503-3.

Kamps, D., Wendland, M., & Culpepper, M. (2006). Active teacher participation in functional behavior assessment for students with emotional and behavioral disorders risks in general education classrooms. *Behavioral Disorders*, 31(2), 128–146. https://doi.org/10.1177/019874290603100203.

Karsten, A. M., Carr, J. E., & Lepper, T. L. (2011). Description of a practitioner model for identifying preferred stimuli with individuals with autism spectrum disorders. *Behavior Modification*, 35(4), 347–369. https://doi.org/10.1177/0145445511405184.

Kartal, M. S., & Ozkan, S. Y. (2015). Effects of class-wide self-monitoring on on-task behaviors of preschoolers with developmental disabilities. *Education and Training in Autism and Developmental Disabilities*, 50(4), 418–432.

Kauchak, D. P., & Eggen, P. D. (1998). *Learning and teaching*. Boston: Allyn & Bacon.

Kauffman, J. M., Travers, J. C., & Badar, J. (2020). Why some students with severe disabilities are not placed in general education. *Research and Practice for Persons with Severe Disabilities*, 45(1), 28–33.

Kaufman, A., & Kaufman, N. (2018). *Kaufman Assessment Battery for Children, second edition (KABC-II)*. Upper Saddle River, NJ: Pearson Education.

Kautz, M. E., DeBar, R. M., Vladescu, J. C., & Graff, R. B. (2018). A further evaluation of choice of task sequence. *The Journal of Special Education*, 52(1), 16–28. https://doi.org/10.1177/0022466917735655.

Kayser, J. E., Billingsley, F. F., & Neel, R. S. (1986). A comparison of in context and traditional instructional approaches: Total task single trial vs. backward chaining multiple trial. *Journal of the Association for Persons with Severe Handicaps*, 11, 28–38.

Kazbour, R. R., & Bailey, J. S. (2010). An analysis of a contingency program on designated drivers at a college bar. *Journal of Applied Behavior Analysis*, 43, 273–277.

Kazdin, A. E. (1976). Statistical analyses for single-case experimental designs. In M. Hersen & D. Barlow (eds.), *Single-case experimental designs: Strategies for studying behavior change* (pp.

265–316). New York: Pergamon Press.

Kazdin, A. E. (1977a). Artifact, bias, and complexity of assessment: The ABCs of reliability. *Journal of Applied Behavior Analysis*, *10*, 141–150.

Kazdin, A. E. (1977b). Assessing the clinical or applied importance of behavior change through social validation. *Behavior Modification*, *1*, 427–451.

Kazdin, A. E. (1977c). *The token economy: A review and evaluation*. New York: Plenum Press.

Kazdin, A. E. (1982). *Single-case research designs*. New York: Oxford University Press.

Kazdin, A. E. (2000). *Behavior modification in applied settings*. Belmont, CA: Wadsworth.

Kazdin, A. E. (2001). *Behavior modification in applied settings* (6th ed.). Belmont, CA: Wadsworth.

Kazdin, A. E. (2011). *Single-case research designs* (2nd ed.). New York: Oxford.

Kazdin, A. E., & Bootzin, R. R. (1972). The token economy: An evaluative review. *Journal of Applied Behavior Analysis*, *5*, 343–372.

Kazdin, A. E., & Polster, R. (1973). Intermittent token reinforcement and response maintenance in extinction. *Behavior Therapy*, *4*, 386–391.

Keeling, K., Myles, B., Gagnon, E., & Simpson, R. (2003). Using the power card strategy to teach sportsmanship skills to a child with autism. *Focus on Autism and Other Developmental Disabilities*, *18*, 105–111.

Kellems, R. O., & Edwards, S. (2016). Using video modeling and video prompting to teach core academic content to students with learning disabilities. *Preventing School Failure*, *60*(3), 207–214.

Kelley, K. R., Test, D. W., & Cooke, N. L. (2013). Effects of picture prompts delivered by a video iPod on pedestrian navigation. *Exceptional Children*, *79*(4), 459–474.

Kelley, M. E., Shillingsburg, M. A., & Bowen, C. N. (2016). Stability of daily preference across multiple individuals. *Journal of Applied Behavior Analysis*, *49*(2), 394–398. https://doi.org/10.1002/jaba.288.

Kennedy, C. (2005). *Single-case designs for educational research*. Boston: Allyn & Bacon.

Kennedy, C. H. (2002). The maintenance of behavior change as an indicator of social validity. *Behavior Modification*, *26*(5), 594–604. https://doi.org/10.1177/014544502236652.

Kern, L., Dunlap, G., Clarke, S., & Childs, K. (1994). Student-assisted functional assessment interview. *Diagnostique*, *19*, 29–39.

Kern, L., Koegel, R., & Dunlap, G. (1984). The influence of vigorous versus mild exercise on autistic stereotyped behaviors. *Journal of Autism and Developmental Disorders*, *14*, 57–67.

Kerth, D. M., Progar, P. R., & Morales, S. (2009). The effects of non-contingent self-restraint on self-injury. *Journal of Applied Research in Intellectual Disabilities*, *22*(2), 187–193. https://doi.org/10.1111/j.1468-3148.2008.00487.x.

Kettering, T. L., Fisher, W. W., Kelley, M. E., & LaRue, R. H. (2018). Sound attenuation and preferred music in the treatment of problem behavior maintained by escape from noise. *Journal of Applied Behavior Analysis*, *51*(3), 687–693. https://doi.org/10.1002/jaba.475.

Kettering, T. L., Neef, N. A., Kelley, M. E., & Heward, W. L. (2018). A comparison of procedures for unpairing conditioned reflexive motivating operations. *Journal of the Experimental Analysis of Behavior*, *109*(2), 422–432. https://doi.org/10.1002/jeab.321.

Kimball, J. W., Kinney, E. M., Taylor, B. A., & Stromer, R. (2003). Lights, camera, action:

Using engaging computer-cued activity schedules. *Teaching Exceptional Children*, *36*, 40–45.

Kincaid, M., & Weisberg, P. (1978). Alphabet letters as tokens: Training preschool children in letter recognition and labeling during a token exchange period. *Journal of Applied Behavior Analysis*, *11*, 199.

King, A., Gravina, N., & Sleiman, A. (2018). Observing the observer. *Journal of Organizational Behavior Management*, *38*(4), 306–323. https://doi.org/10.1080/01608061.2018.1514346.

King, B., Radley, K. C., Jenson, W. R., Clark, E., & O'Neill, R. E. (2014). Utilization of video modeling combined with self-monitoring to increase rates of on-task behavior. *Behavioral Interventions*, *29*(2), 125–144. https://doi.org/10.1002/bin.1379.

King-Sears, M. E. (1999). Teacher and researcher co-design self-management content for an inclusive setting: Research training, intervention, and generalization effects on student performance. *Education and Training in Mental Retardation and Developmental Disabilities*, *34*, 134–156.

King-Sears, M. E. (2008). Using teacher and researcher data to evaluate the effects of self-management in an inclusive classroom. *Preventing School Failure*, *52*(4), 25–36.

Kirby, K. C., & Bickel, W. K. (1988). Toward an explicit analysis of generalization: A stimulus control interpretation. *The Behavior Analyst*, *11*, 115–129.

Kirkpatrick, M., Akers, J., & Rivera, G. (2019). Use of behavioral skills training with teachers: A systematic review. *Journal of Behavioral Education*, *28*(3), 344–361. https://doi.org/10.1007/s10864-019-09322-z.

Kitchener, R. F. (1980). Ethical relativism and behavior therapy. *Journal of Consulting and Clinical Psychology*, *48*, 1–7.

Kleeberger, V., & Mirenda, P. (2010). Teaching generalized imitation skills to a preschooler with autism using video modeling. *Journal of Positive Behavior Interventions*, *12*(2), 116–127.

Knight, V. F., Kuntz, E. M., & Brown, M. (2018). Paraprofessional-delivered video prompting to teach academics to students with severe disabilities in inclusive settings. *Journal of Autism and Developmental Disorders*, *48*(6), 2203–2216. https://doi.org/10.1007/s10803-018-3476-2.

Kodak, T., Bergmann, S., LeBlanc, B., Harman, M. J., & Ayazi, M. (2018). Examination of the effects of auditory and textual stimuli on response accuracy and latency during a math task and tangram puzzle. *Analysis of Verbal Behavior*, *34*(1–2), 24–43. https://doi.org/10.1007/s40616-018-0098-x.

Kodak, T., Fisher, W. W., Paden, A., & Dickes, N. (2013). Evaluation of the utility of a discrete-trial functional analysis in early intervention classrooms. *Journal of Applied Behavior Analysis*, *46*(1), 301–306. https://doi.org/10.1002/jaba.2.

Koegel, L. K., Park, M. N., & Koegel, R. L. (2014). Using self-management to improve the reciprocal social conversation of children with autism spectrum disorder. *Journal of Autism and Developmental Disorders*, *44*(5), 1055–1063. https://doi.org/10.1007/s10803-013-1956-y.

Koegel, R. L., & Koegel, L. K. (1984). *Programming rapid generalization of speech gains through self-monitoring procedures*.

Koegel, R. L., & Rincover, A. (1974). Treatment of psychotic children in a classroom environment: I. Learning in a large group. *Journal of Applied Behavior Analysis*, *7*, 45–59.

Koehler-Platten, K., Grow, L. L., Schulze, K. A., & Bertone, T. (2013). Using a lag reinforcement schedule to increase phonemic variability in children with autism spectrum disorders. *Analysis of Verbal Behavior*, *29*, 71–83. https://doi.org/10.1007/BF03393125.

Kohlberg, L., Yaeger, J., & Hjertholm, E. (1968). Private speech: Four studies and a review of theories. *Child Development*, *39*, 691–736.

Kohler, F., Strain, P., Hoyson, M., Davis, L., Donina, W., & Rapp, N. (1995). Using a group-oriented contingency to increase social interactions between children with autism and their peers. *Behavior Modification*, *19*(1), 10–32.

Kohn, A. (1993). *Punished by rewards*. Boston: Houghton Mifflin.

Kohn, A. (2001). Five reasons to stop saying "Good Job." *Young Children*, *56*, 24–28.

Kohn, A. (2006). *Beyond discipline: From compliance to community*. Alexandria, VA: Association for Supervision and Curriculum Development.

Kohn, A. (2018). *Punished by rewards: The trouble with gold stars, incentive plans, A's, praise, and other bribes, 25th ed*. Houghton Mifflin Harcourt.

Kolbenschlag, C. M., & Wunderlich, K. L. (2019). The effects of self-monitoring on on-task behaviors in individuals with autism spectrum disorders. *Journal of Behavioral Education*. https://doi.org/10.1007/s10864-019-09352-7.

Konrad, M., Keesey, S., Ressa, V. A., Alexeeff, M., Chan, P. E., & Peters, M. T. (2014). Setting clear learning targets to guide instruction for all students. *Intervention in School and Clinic*, *50*(2), 76–85.

Konrad, M., Trela, K., & Test, D. (2006). Using IEP goals and objectives to teach paragraph writing to high school students with physical and cognitive disabilities. *Education and Training in Developmental Disabilities*, *41*, 111–124.

Kostewicz, D. E. (2010). A review of timeout ribbons. *The Behavior Analyst Today*, *11*(2), 95–104. https://doi.org/10.1037/h0100693.

Kostewicz, D. E., King, S. A., Datchuk, S. M., Brennan, K. M., & Casey, S. D. (2016). Data collection and measurement assessment in behavioral research: 1958–2013. *Behavior Analysis: Research and Practice*, *16*(1), 19–33. https://doi.org/10.1037/bar0000031.

Kostewicz, D. E., Kubina, R. M., Jr., & Brennan, K. M. (2020). Improving spelling for at-risk kindergartners through element skill frequency building. *Behavioral Interventions*, *35*(1), 131–144. https://doi.org/10.1002/bin.1701.

Kourassanis, J., Jones, E. A., & Fienup, D. M. (2015). Peer-video modeling: Teaching chained social game behaviors to children with ASD. *Journal of Developmental and Physical Disabilities*, *27*(1), 25–36. https://doi.org/10.1007/s10882-014-9399-8.

Kourea, L., Gibson, L., & Werunga, R. (2018). Culturally responsive reading instruction for students with learning disabilities. *Intervention in School and Clinic*, *53*(3), 153–162.

Kourea, L., Konrad, M., & Kazolia, T. (2019). Effects of a guided-notes intervention program on the quiz and note-taking Greek history performance of high school students with learning difficulties in Cyprus. *Education & Treatment of Children*, *42*(1), 47–71. https://doi.org/10.1353/etc.2019.0003.

Kowalewicz, E. A., & Coffee, G. (2014). Mystery Motivator: A Tier 1 classroom behavioral intervention. *School Psychology Quarterly*, *29*(2), 138–156. https://doi.org/10.1037/spq0000030.supp (Supplemental).

Kranak, M. P., Alber-Morgan, S. R., & Sawyer, M. R. (2017). A parametric analysis of specific praise rates on the on-task behavior of elementary students with autism. *Education and Training in Autism and Developmental Disabilities*, *52*(4), 453–464.

Krantz, P. J., & McClannahan, L. E. (1993). Teaching children with autism to initiate to peers: Effects of a script-fading procedure. *Journal of Applied Behavior Analysis*, *26*, 121–132.

Krantz, P. J., & McClannahan, L. E. (1998). Social interaction skills for children with autism: A script-fading procedure for beginning readers. *Journal of Applied Behavior Analysis*, *31*, 191–202.

Krasner, L. (1976). Behavioral modification: Ethical issues and future trends. In H. Leitenberg (ed.), *Handbook of behavior modification and behavior therapy* (pp. 627–649). Upper Saddle River, NJ: Prentice-Hall.

Kratochwill, T., Hitchcock, J., Horner, R., Levin, J., Odom, S., Rindskopf, D., et al. (2010). *Single-case designs technical documentation*. Retrieved from What Works Clearinghouse at http://ies.ed.gov/ncee/wwc/pdf/wwc_scd.pdf.

Kratochwill, T. R., Hitchcock, J. H., Horner, R. H., Levin, J. R., Odom, S. L., Rindskopf, D. M., et al. (2013). Single-case intervention research design standards. *Remedial and Special Education*, *34*(1), 26–38. https://doi.org/10.1177/0741932512452794.

Kressler, B., Chapman, L. A., Kunkel, A., & Hovey, K. A. (2020). Culturally responsive data-based decision making in high school settings. *Intervention in School and Clinic*, *55*(4), 214–220.

Krombach, T., & Miltenberger, R. (2020). The effects of stability ball seating on the behavior of children with autism during instructional activities. *Journal of Autism and Developmental Disorders*, *50*(2), 551–559. https://doi.org/10.1007/s10803-019-04283-8.

Kruger, A. M., Strong, W., Daly, E. J., III, O'Connor, M., Sommerhalder, M. S., Holtz, J., et al. (2016). Setting the stage for academic success through antecedent intervention. *Psychology in the Schools*, *53*(1), 24–38. https://doi.org/10.1002/pits.21886.

Kuhn, D., DeLeon, I., Fisher, W., & Wilke, A. (1999). Clarifying an ambiguous functional analysis with matched and mismatched extinction procedures. *Journal of Applied Behavior Analysis*, *32*, 99–102.

Kuhn, S., Lerman, D., Vorndran, C., & Addison, L. (2006). Analysis of factors that affect responding in a two-response chain in children with developmental disabilities. *Journal of Applied Behavior Analysis*, *39*, 263–280.

Kunnavatana, S. S., Bloom, S. E., Samaha, A. L., Slocum, T. A., & Clay, C. J. (2018). Manipulating parameters of reinforcement to reduce problem behavior without extinction. *Journal of Applied Behavior Analysis*, *51*(2), 283–302. https://doi.org/10.1002/jaba.443.

Lagomarcino, T. R., Hughes, C., & Rusch, F. R. (1989). Utilizing self-management to teach independence on the job. *Education and Training of the Mentally Retarded*, *24*(2), 139–148.

Lai, M.-C., Chiang, M.-S., Shih, C.-T., & Shih, C.-H. (2018). Applying a vibration reminder to ameliorate the hyperactive behavior of students with Attention Deficit Hyperactivity Disorder in class. *Journal of Developmental and Physical Disabilities*, *30*(6), 835–844. https://doi.org/10.1007/s10882-018-9623-z.

Lalli, J., Livezey, K., & Kates, K. (1996). Functional analysis and treatment of eye poking with response blocking. *Journal of Applied Behavior Analysis*, *29*, 129–132.

Lalli, J., Zanolli, K., & Wohn, T. (1994). Using extinction to promote response variability in toy play. *Journal of Applied Behavior Analysis*, 27, 735–736.

Lambert, J. M., Bloom, S. E., & Irvin, J. (2012). Trial-based functional analysis and functional communication training in an early childhood setting. *Journal of Applied Behavior Analysis*, 45(3), 579–584. https://doi.org/10.1901/jaba.2012.45-579.

Lambert, J. M., Lloyd, B. P., Staubitz, J. L., Weaver, E. S., & Jennings, C. M. (2014). Effect of an automated training presentation on pre-service behavior analysts' implementation of trial-based functional analysis. *Journal of Behavioral Education*, 23(3), 344–367. https://doi.org/10.1007/s10864-014-9197-5.

Lambert, J. M., Lopano, S. E., Noel, C. R., & Ritchie, M. N. (2017). Teacher-conducted, latency-based functional analysis as basis for individualized levels system in a classroom setting. *Behavior Analysis in Practice*, 10(4), 422–426. https://doi.org/10.1007/s40617-017-0200-1.

Lambert, J. M., Parikh, N., Stankiewicz, K. C., Houchins-Juarez, N. J., Morales, V. A., Sweeney, E. M., et al. (2019). Decreasing food stealing of child with Prader-Willi syndrome through function-based differential reinforcement. *Journal of Autism and Developmental Disorders*, 49(2), 721–728. https://doi.org/10.1007/s10803-018-3747-y.

Lambert, N., Nihira, K., & Leland, H. (1993). *AAMR Adaptive Behavior Scales: School edition* (2nd ed.). Austin, TX: Pro-Ed.

Lancioni, G., O'Reilly, M., & Emerson, E. (1996). A review of choice research with people with severe and profound developmental disabilities. *Research in Developmental Disabilities*, 17(5), 391–411.

Lancioni, G. E., & O'Reilly, M. F. (2001). Self-management of instruction cues for occupation: Review of studies with people with severe and profound developmental disabilities. *Research in Developmental Disabilities*, 22, 41–65.

Lancioni, G. E., Singh, N. N., O'Reilly, M. F., Sigafoos, J., Alberti, G., Perilli, V., et al. (2014). Microswitch-aided programs to support physical exercise or adequate ambulation in persons with multiple disabilities. *Research in Developmental Disabilities*, 35(9), 2190–2198. https://doi.org/10.1016/j.ridd.2014.05.015.

Lancioni, G. E., Singh, N. N., O'Reilly, M. F., Sigafoos, J., Buonocunto, F., D'Amico, F., et al. (2015). Extending the assessment of technology-aided programs to support leisure and communication in people with acquired brain injury and extensive multiple disabilities. *Perceptual and Motor Skills*, 121(2), 621–634. https://doi.org/10.2466/15.PMS.121c19x1.

Lancioni, G. E., Singh, N. N., O'Reilly, M. F., Sigafoos, J., Green, V., Oliva, D., et al. (2011). Microswitch and keyboard-emulator technology to facilitate the writing performance of persons with extensive motor disabilities. *Research in Developmental Disabilities*, 32(2), 576–582. https://doi.org/10.1016/j.ridd.2010.12.017.

Lancioni, G. E., Singh, N. N., O'Reilly, M. F., Sigafoos, J., Oliva, D., Smaldone, A., et al. (2010). Promoting ambulation responses among children with multiple disabilities through walkers and microswitches with contingent stimuli. *Research in Developmental Disabilities*, 31(3), 811–816. https://doi.org/10.1016/j.ridd.2010.02.006.

Lane, J. D., Gast, D. L., Ledford, J. R., & Shepley, C. (2017). Increasing social behaviors in young children with social-communication delays in a group arrangement in preschool. *Education & Treatment of Children*, 40(2), 115–144. https://doi.org/10.1353/etc.

2017.0007.

Lane, J. D., Ledford, J. R., Shepley, C., Mataras, T. K., Ayres, K. M., & Davis, A. B. (2016). A brief coaching intervention for teaching naturalistic strategies to parents. *Journal of Early Intervention*, 38(3), 135–150. https://doi.org/10.1177/1053815116663178.

Lane, K. L., Oakes, W. P., Menzies, H. M., Oyer, J., & Jenkins, A. (2013). Working within the context of three-tiered models of prevention: Using schoolwide data to identify high school students for targeted supports. *Journal of Applied School Psychology*, 29(2), 203–229. https://doi.org/10.1080/15377903.2013.778773.

Lang, R., Machalicek, W., Rispoli, M., O'Reilly, M., Sigafoos, J., Lancioni, G., et al. (2014). Play skills taught via behavioral intervention generalize, maintain, and persist in the absence of socially mediated reinforcement in children with autism. *Research in Autism Spectrum Disorders*, 8(7), 860–872. https://doi.org/10.1016/j.rasd.2014.04.007.

Lang, R., van der Werff, M., Verbeek, K., Didden, R., Davenport, K., Moore, M., et al. (2014). Comparison of high and low preferred topographies of contingent attention during discrete trial training. *Research in Autism Spectrum Disorders*, 8(10), 1279–1286. https://doi.org/10.1016/j.rasd.2014.06.012.

Langthorne, P., McGill, P., & Oliver, C. (2014). The motivating operation and negatively reinforced problem behavior: A systematic review. *Behavior Modification*, 38(1), 107–159. https://doi.org/10.1177/0145445513509649.

Lanovaz, M. J., Turgeon, S., Cardinal, P., & Wheatley, T. L. (2019). Using single-case designs in practical settings: Is within-subject replication always necessary? *Perspectives on Behavior Science*, 42(1), 153–162. https://doi.org/10.1007/s40614-018-0138-9.

Laprime, A. P., & Dittrich, G. A. (2014). An evaluation of a treatment package consisting of discrimination training and differential reinforcement with response cost and a social story on vocal stereotypy for a preschooler with autism in a preschool classroom. *Education & Treatment of Children*, 37(3), 407–430. https://doi.org/10.1353/etc.2014.0028.

Laraway, S., Snycerski, S., Olson, R., Becker, B., & Poling, A. (2014). The motivating operations concept: Current status and critical response. *The Psychological Record*, 64(3), 601–623. https://doi.org/10.1007/s40732-014-0080-5.

LaRue, R. H., Stewart, V., Piazza, C. C., Volkert, V. M., Patel, M. R., & Zeleny, J. (2011). Escape as reinforcement and escape extinction in the treatment of feeding problems. *Journal of Applied Behavior Analysis*, 44(4), 719–735. https://doi.org/10.1901/jaba.2011.44-719.

Lassman, K., Jolivette, K., & Wehby, J. (1999). Using collaborative behavioral contracting. *Teaching Exceptional Children*, 31, 12–18.

Lastrapes, R. E., Fritz, J. N., & Casper-Teague, L. (2018). Effects of the teacher versus students game on teacher praise and student behavior. *Journal of Behavioral Education*, 27(4), 419–434. https://doi.org/10.1007/s10864-018-9306-y.

Lattal, K., & Neef, N. (1996). Recent reinforcement-schedule research and applied behavior analysis. *Journal of Applied Behavior Analysis*, 29, 213–230.

Lavay, B., Sakai, J., Ortiz, C., & Roth, K. (2015). Tablet technology to monitor physical education IEP goals and benchmarks. *Journal of Physical Education, Recreation & Dance*, 86(6), 16–23.

Layng, T. V. J. (2019). Tutorial: Understanding concepts: Implications for behavior analysts and educators. *Perspectives on Behavior Science*, 42(2), 345–363. https://doi.org/10.1007/s40614-018-00188-6.

Leaf, J. A., Leaf, J. B., Milne, C., Townley-Cochran, D., Oppenheim-Leaf, M. L., Cihon, J. H., et al. (2016). The effects of the cool versus not cool procedure to teach social game play to individuals diagnosed with autism spectrum disorder. *Behavior Analysis in Practice*, 9(1), 34–49. https://doi.org/10.1007/s40617-016-0112-5.

Leaf, J. B., Cihon, J. H., Alcalay, A., Mitchell, E., Townley, C. D., Miller, K., et al. (2017). Instructive feedback embedded within group instruction for children diagnosed with autism spectrum disorder. *Journal of Applied Behavior Analysis*, 50(2), 304–316. https://doi.org/10.1002/jaba.375.

Leaf, J. B., Townley, C. D., Mitchell, E., Milne, C., Alcalay, A., Leaf, J., et al. (2016). Evaluation of multiple-alternative prompts during tact training. *Journal of Applied Behavior Analysis*, 49(2), 399–404. https://doi.org/10.1002/jaba.289.

Leatherby, J., Gast, D., Wolery, M., & Collins, B. (1992). Assessment of reinforcer preference in multi-handicapped students. *Journal of Developmental and Physical Disabilities*, 4(1), 15–36.

LeBlanc, L., & Matson, J. (1995). A social skills training program for preschoolers with developmental delays. *Behavior Modification*, 19(2), 234–246.

LeBlanc, L. A., Lund, C., Kooken, C., Lund, J. B., & Fisher, W. W. (2020). Procedures and accuracy of discontinuous measurement of problem behavior in common practice of applied behavior analysis. *Behavior Analysis in Practice*, 13(2), 411–420. https://doi.org/10.1007/s40617-019-00361-6.

LeBlanc, L. A., Sump, L. A., Leaf, J. B., & Cihon, J. (2020). The effects of standard and enhanced data sheets and brief video training on implementation of conditional discrimination training. *Behavior Analysis in Practice*, 13(1), 53–62. https://doi.org/10.1007/s40617-019-00338-5.

Ledford, J. R., Ayres, K. M., Lane, J. D., & Lam, M. F. (2015). Identifying issues and concerns with the use of interval-based systems in single case research using a pilot simulation study. *The Journal of Special Education*, 49(2), 104–117. https://doi.org/10.1177/0022466915568975.

Ledford, J. R., Barton, E. E., Rigor, M. N., Stankiewicz, K. C., Chazin, K. T., Harbin, E. R., et al. (2019). Functional analysis and treatment of pica on a preschool playground. *Behavior Analysis in Practice*, 12(1), 176–181. https://doi.org/10.1007/s40617-018-00283-9.

Ledford, J. R., & Gast, D. L. (eds.). (2009). *Single subject research methodology in behavioral sciences: Applications in special education and behavioral sciences*. New York: Routledge.

Lee, C. Y. Q., Anderson, A., & Moore, D. W. (2014). Using video modeling to toilet train a child with autism. *Journal of Developmental and Physical Disabilities*, 26(2), 123–134. https://doi.org/10.1007/s10882-013-9348-y.

Lee, D., & Belfiore, P. (1997). Enhancing classroom performance: A review of reinforcement schedules. *Journal of Behavioral Education*, 7(2), 205–217.

Lee, G. T., Chen, J., Xu, S., Feng, H., & Guo, Z. (2018). Effects of self-monitoring intervention on independent completion of a daily living skill for children with autism spectrum disorders in China. *Child & Family Behavior Therapy*, 40(2), 148–165. https://doi.org/10.1080/07317107.2018.1477352.

Lee, G. T., & Singer-Dudek, J. (2012). Effects of fluency versus accuracy training on endurance and retention of assembly tasks by four adolescents with developmental disabilities. *Journal of Behavioral Education*, 21(1), 1–17. https://doi.org/10.1007/s10864-011-9142-9.

Lee, R., & Sturmey, P. (2014). The effects of script-fading and a lag-1 schedule on varied social responding in children with autism. *Research in Autism Spectrum Disorders*, 8(4), 440–448. https://doi.org/10.1016/j.rasd.2014.01.003.

Legge, D. B., DeBar, R. M., & Alber-Morgan, S. R. (2010). The effects of self-monitoring with a MotivAider ® on the on-task behavior of fifth and sixth graders with autism and other disabilities. *Journal of Behavior Assessment and Intervention in Children*, 1(1), 43–52. https://doi.org/10.1037/h0100359.

LeGray, M. W., Dufrene, B. A., Sterling-Turner, H., Joe Olmi, D., & Bellone, K. (2010). A comparison of function-based differential reinforcement interventions for children engaging in disruptive classroom behavior. *Journal of Behavioral Education*, 19(3), 185–204. https://doi.org/10.1007/s10864-010-9109-2.

LeGray, M. W., Dufrene, B. A., Mercer, S., Olmi, D. J., & Sterling, H. (2013). Differential reinforcement of alternative behavior in center-based classrooms: Evaluation of pre-teaching the alternative behavior. *Journal of Behavioral Education*, 22(2), 85–102. https://doi.org/10.1007/s10864-013-9170-8.

LeJeune, L. M., Lambert, J. M., Lemons, C. J., Mottern, R. E., & Wisniewski, B. T. (2019). Teacher-conducted trial-based functional analysis and treatment of multiply controlled challenging behavior. *Behavior Analysis: Research and Practice*, 19(3), 241–246. https://doi.org/10.1037/bar0000128.

Leko, M. M. (2014). The value of qualitative methods in social validity research. *Remedial and Special Education*, 35(5), 275–286. https://doi.org/10.1177/0741932514524002.

Lennox, D., Miltenberger, R., & Donnelly, D. (1987). Response interruption and DRL for the reduction of rapid eating. *Journal of Applied Behavior Analysis*, 20, 279–284.

Lenz, M., Singh, N., & Hewett, A. (1991). Overcorrection as an academic remediation procedure. *Behavior Modification*, 15, 64–73.

Leon, Y., Hausman, N. L., Kahng, S. W., & Becraft, J. L. (2010). Further examination of discriminated functional communication. *Journal of Applied Behavior Analysis*, 43, 525–530.

Lerman, D., & Iwata, B. (1996). Developing a technology for the use of operant extinction in clinical settings: An examination of basic and applied research. *Journal of Applied Behavior Analysis*, 29, 345–382.

Lerman, D., Iwata, B., & Wallace, M. (1999). Side effects of extinction: Prevalence of bursting and aggression during the treatment of self-injurious behavior. *Journal of Applied Behavior Analysis*, 32, 1–8.

Lerman, D., Kelley, M., Van Camp, C., & Roane, H. (1999). Effects of reinforcement magnitude on spontaneous recovery. *Journal of Applied Behavior Analysis*, 32, 197–200.

Lerman, D. C., Iwata, B. A., Shore, B. A., & DeLeon, I. G. (1997). Effects of intermittent punishment on self-injurious behavior: An evaluation of schedule thinning. *Journal of Applied Behavior Analysis*, 30(2), 187–201. https://doi.org/10.1901/jaba.1997.30-187.

Lerman, D. C., Tetreault, A., Hovanetz, A., Bellaci, E., Miller, J., Karp, H., et al. (2010). Applying signal-detection theory to the study of observer accuracy and bias in behavioral assessment. *Journal of Applied Behavior Analysis*, *43*(2), 195–213. https://doi.org/10.1901/jaba.2010.43-195.

Levingston, H. B., Neef, N. A., & Cihon, T. M. (2009). The effects of teaching precurrent behaviors on children's solution of multiplication and division word problems. *Journal of Applied Behavior Analysis*, *42*, 361–367.

Lewis, T., Scott, T., & Sugai, G. (1994). The problem behavior questionnaire: A teacher-based instrument to develop functional hypotheses of problem behavior in general education classrooms. *Diagnostique*, *19*(2–3), 103–115.

Lewis, T. J., Jones, S. E. L., Horner, R. H., & Sugai, G. (2010). School-wide positive behavior support and students with emotional/behavioral disorders: Implications for prevention, identification and intervention. *Exceptionality*, *18*(2), 82–93. https://doi.org/10.1080/09362831003673168.

Li, Y.-F., Chen, H., Zhang, D., & Gilson, C. B. (2019). Effects of a self-monitoring strategy to increase classroom task completion for high school students with moderate intellectual disability. *Education and Training in Autism and Developmental Disabilities*, *54*(3), 263–273.

Libby, M. E., Weiss, J. S., Bancroft, S., & Ahearn, W. H. (2008). A comparison of most-to-least and least-to-most prompting on the acquisition of solitary play skills. *Behavior Analysis in Practice*, *1*(1), 37–43.

Liberman, R. P., Teigen, J., Patterson, R., & Baker, V. (1973). Reducing delusional speech in chronic, paranoid schizophrenics. *Journal of Applied Behavior Analysis*, *6*, 57–64.

Lieberman, R. G., Yoder, P. J., Reichow, B., & Wolery, M. (2010). Visual analysis of multiple baseline across participants graphs when change is delayed. *School Psychology Quarterly*, *25*(1), 28–44. https://doi.org/10.1037/a0018600.

Lim, L., Browder, D., & Sigafoos, J. (1998). The role of response effort and motion study in functionally equivalent task designs and alternatives. *Journal of Behavioral Education*, *8*, 81–102.

Lindström, E. R., Gesel, S. A., & Lemons, C. J. (2019). Data-based individualization in reading: Tips for successful implementation. *Intervention in School and Clinic*, *55*(2), 113–119.

Lindstrom, J. H. (2019). Dyslexia in the schools: Assessment and identification. *TEACHING Exceptional Children*, *51*(3), 189–200.

Lingo, A. S. (2014). Tutoring middle school students with disabilities by high school students: Effects on oral reading fluency. *Education & Treatment of Children*, *37*(1), 53–75. https://doi.org/10.1353/etc.2014.0005.

Litow, L., & Pumroy, D. K. (1975). A brief review of classroom group-oriented contingencies. *Journal of Applied Behavior Analysis*, *8*, 341–347.

Little, S. G., Akin-Little, A., & O'Neill, K. (2015). Group contingency interventions with children — 1980–2010: A meta-analysis. *Behavior Modification*, *39*(2), 322–341. https://doi.org/10.1177/0145445514554393.

Liu, Y., Moore, D. W., & Anderson, A. (2015). Improving social skills in a child with autism spectrum disorder through self-management training. *Behaviour Change*, *32*(4), 273–284. https://doi.org/10.1017/bec.2015.14.

Livi, J., & Ford, A. (1985). Skill transfer from a domestic training site to the actual homes of three moderately handicapped students. *Education and Training of the Mentally Retarded*, *20*, 69–

82.

Livingston, C. E., & Graff, R. B. (2018). Further evaluation of the use of preference categories to identify novel reinforcers: A systematic replication. *Behavioral Interventions*, *33*(2), 173–184.

Lloyd, B. P., Weaver, E. S., & Staubitz, J. L. (2016). A review of functional analysis methods conducted in public school classroom settings. *Journal of Behavioral Education*, *25*(3), 324–356. https://doi.org/10.1007/s10864-015-9243-y.

Lloyd, J., Bateman, D., Landrum, T., & Hallahan, D. (1989). Self-recording of attention versus productivity. *Journal of Applied Behavior Analysis*, *22*, 315–323.

Lo, Y., Algozzine, B., Algozzine, K., Horner, R., & Sugai, G. (2010). Schoolwide positive behavior support. In *Preventing problem behaviors: Schoolwide programs and classroom practices* (2nd ed., pp. 33–51). Thousand Oaks, CA: Corwin Press.

Looney, K., DeQuinzio, J. A., & Taylor, B. A. (2018). Using self-monitoring and differential reinforcement of low rates of behavior to decrease repetitive behaviors: A case study. *Behavioral Interventions*, *33*(3), 251–259. https://doi.org/10.1002/bin.1517.

Lopez, A. R., & Wiskow, K. M. (2020). Teaching children with autism to initiate social interactions using textual prompts delivered via Apple Watches®. *Behavior Analysis in Practice*, *13*(3), 641–647. https://doi.org/10.1007/s40617-019-00385-y.

Lorah, E. R., Karnes, A., & Speight, D. R. (2015). The acquisition of intraverbal responding using a speech generating device in school aged children with autism. *Journal of Developmental and Physical Disabilities*, *27*(4), 557–568. https://doi.org/10.1007/s10882-015-9436-2.

Losinski, M., Maag, J. W., Katsiyannis, A., & Ryan, J. B. (2015). The use of structural behavioral assessment to develop interventions for secondary students exhibiting challenging behaviors. *Education & Treatment of Children*, *38*(2), 149–174. https://doi.org/10.1353/etc.2015.0006.

Lovaas, O. I. (1987). Behavioral treatment and normal educational and intellectual functioning in young autistic children. *Journal of Consulting and Clinical Psychology*, *55*(1), 3–9. https://doi.org/10.1037/0022-006X.55.1.3.

Lovaas, O. I. (2003). *Teaching individuals with developmental delays: Basic intervention techniques*. Austin, TX: PRO-ED.

Lovaas, O. I., Schreibman, L., Koegel, R. L., & Rhen, R. (1971). Selective responding by autistic children to multiple sensory input. *Journal of Abnormal Psychology*, *77*, 211–222.

Lovaas, O. I., & Simmons, J. Q. (1969). Manipulation of self-destruction in three retarded children. *Journal of Applied Behavior Analysis*, *2*, 143–157.

Lovelace, T. S., Gibson, L., & Tabb, J. (2013). Response to intervention techniques and students with learning disabilities. In J. P. Bakken, F. E. Obiakor, & A. F. Rotatori (Eds.), *Learning Disabilities: Practice Concerns And Students With LD*. Bingley, UK: Emerald Group Publishing Limited.

Lovitt, T. C. (1973). Self-management projects with children with behavioral disabilities. *Journal of Learning Disabilities*, *6*, 138–154.

Luce, S. C., Delquadri, J., & Hall, R. V. (1980). Contingent exercise: A mild but powerful procedure for suppressing inappropriate verbal and aggressive behavior. *Journal of Applied Behavior Analysis*, *13*(4), 583–594. https://doi.org/10.1901/jaba.1980.13-583.

Luczynski, K. C., & Hanley, G. P. (2009). Do children prefer contingencies? An evaluation of the efficacy of and preference for contingent versus noncontingent social reinforcement during play. *Journal of Applied Behavior Analysis*, *42*(3), 511–525. https://doi.org/10.1901/jaba.2009.42-511.

Luczynski, K. C., & Hanley, G. P. (2013). Prevention of problem behavior by teaching functional communication and self-control skills to preschoolers. *Journal of Applied Behavior Analysis*, *46*(2), 355–368. https://doi.org/10.1002/jaba.44.

Lugo, A. M., King, M. L., Lamphere, J. C., & McArdle, P. E. (2017). Developing procedures to improve therapist-child rapport in early intervention. *Behavior Analysis in Practice*, *10*(4), 395–401. https://doi.org/10.1007/s40617-016-0165-5.

Luiselli, J. (1996). Multicomponent intervention for challenging behaviors of a child with pervasive developmental disorder in a public school setting. *Journal of Developmental and Physical Disabilities*, *8*(3), 211–219.

Luiselli, J., & Rice, D. (1983). Brief positive practice with a handicapped child: An assessment of suppressive and re-educative effects. *Education and Treatment of Children*, *6*, 241–250.

Luiselli, J. K., & Cameron, M. J. (1998). *Antecedent control: Innovative approaches to behavioral support*. Baltimore: Paul H. Brookes.

Luiselli, J. K., & Sobezenski, T. (2017). Escape-motivated bathroom visits: Effects of activity scheduling, cuing, and duration-fading in an adult with intellectual disability. *Clinical Case Studies*, *16*(5), 417–426. https://doi.org/10.1177/1534650117718630.

Luiselli, J. K., Sperry, J. M., & Draper, C. (2015). Social validity assessment of physical restraint intervention by care providers of adults with intellectual and developmental disabilities. *Behavior Analysis in Practice*, *8*(2), 170–175. https://doi.org/10.1007/s40617-015-0082-z.

Maas, A. P. H. M., Didden, R., Bouts, L., Smits, M. G., & Curfs, L. M. G. (2009). Scatter plot analysis of excessive daytime sleepiness and severe disruptive behavior in adults with Prader-Willi syndrome: A pilot study. *Research in Developmental Disabilities*, *30*(3), 529–537. https://doi.org/10.1016/j.ridd.2008.08.001.

Mabee, W. (1988). The effects of academic positive practice on cursive letter writing. *Education and Treatment of Children*, *11*, 143–148.

MacAulay, D. J. (1990). Classroom environment: A literature review. *Educational Psychology*, *10*, 239–253.

MacDonald, J. M., Ahearn, W. H., Parry-Cruwys, D., Bancroft, S., & Dube, W. V. (2013). Persistence during extinction: Examining the effects of continuous and intermittent reinforcement on problem behavior. *Journal of Applied Behavior Analysis*, *46*(1), 333–338. https://doi.org/10.1002/jaba.3.

MacDonald, R., Parry-Cruwys, D., Dupere, S., & Ahearn, W. (2014). Assessing progress and outcome of early intensive behavioral intervention for toddlers with autism. *Research in Developmental Disabilities*, *35*(12), 3632–3644. https://doi.org/10.1016/j.ridd.2014.08.036.

Mace, F. C., Pratt, J., Prager, K., & Pritchard, D. (2011). An evaluation of three methods of saying "No" to avoid an escalating response class hierarchy. *Journal of Applied Behavior Analysis*, *44*, 83–94.

MacNaul, H. L., & Neely, L. C. (2018). Systematic review of differential reinforcement of alternative behavior without extinction for individuals with autism. *Behavior Modification*, *42*

(3), 398–421. https://doi.org/10.1177/0145445517740321.

Maher, G. (1989). Punch out: A behavior management technique. *Teaching Exceptional Children*, *21*, 74.

Mahoney, M. J. (1974). *Cognition and behavior modification*. Cambridge, MA: Ballinger.

Maïano, C., Aimé, A., Salvas, M.-C., Morin, A. J. S., & Normand, C. L. (2016). Prevalence and correlates of bullying perpetration and victimization among school-aged youth with intellectual disabilities: A systematic review. *Research in Developmental Disabilities*, *49–50*, 181–195. https://doi.org/10.1016/j.ridd.2015.11.015.

Malik, S., Khan, Y. S., Sahl, R., Elzamzamy, K., & Nazeer, A. (2019). Genetics of autism spectrum disorder: An update. *Psychiatric Annals*, *49*(3), 109–114. https://doi.org/10.3928/00485713-20190212-01.

Manolov, R. (2018). Linear trend in single-case visual and quantitative analyses. *Behavior Modification*, *42*(5), 684–706. https://doi.org/10.1177/0145445517726301.

March, R., Horner, R., Lewis-Palmer, T., Brown, D., Crone, D., Todd, A., et al. (2000). *Functional Assessment Checklist: Teachers and Staff (FACTS)*. Eugene, OR: Educational and Community Supports.

Marchand-Martella, N., Martella, R., Bettis, D., & Blakely, M. (2004). Project PALS: A description of a high school-based tutorial program using corrective reading and peer-delivered instruction. *Reading and Writing Quarterly*, *20*(2), 179–201.

Marchetti, A. G., McCartney, J. R., Drain, S., Hooper, M., & Dix, J. (1983). Pedestrian skills training for mentally retarded adults: Comparison of training in two settings. *Mental Retardation*, *21*, 107–110.

Marholin, D., & Gray, D. (1976). Effects of group response-cost procedures on cash shortages in a small business. *Journal of Applied Behavior Analysis*, *9*, 25–30.

Markelz, A. M., & Taylor, J. C. (2016). Effects of teacher praise on attending behaviors and academic achievement of students with emotional and behavioral disabilities. *Journal of Special Education Apprenticeship*, *5*(1).

Marshall, H. (1965). The effect of punishment on children. A review of the literature and a suggested hypothesis. *Journal of Genetic Psychology*, *106*, 23–33.

Martens, B., Muir, K., & Meller, P. (1988). Rewards common to the classroom setting: A comparison of regular and self-contained room student ratings. *Behavior Disorders*, *13*, 169–174.

Martens, B. K., Baxter, E. L., McComas, J. J., Sallade, S. J., Kester, J. S., Caamano, M., et al. (2019). Agreement between structured descriptive assessments and functional analyses conducted over a telehealth system. *Behavior Analysis: Research and Practice*, *19*(4), 343–356. https://doi.org/10.1037/bar0000153.

Martens, B. K., Gertz, L. E., de Lacy Werder, C. S., & Rymanowski, J. L. (2010). Agreement between descriptive and experimental analyses of behavior under naturalistic test conditions. *Journal of Behavioral Education*, *19*(3), 205–221. https://doi.org/10.1007/s10864-010-9110-9.

Martin, R. (1975). *Legal challenges to behavior modification: Trends in schools, corrections, and mental health*. Champaign, IL: Research Press.

Mason, B. (1974). Brain surgery to control behavior. *Ebony*, *28*(4), 46.

Mason, L. H., Kubina, R. M., Jr., & Hoover, T. (2013). Effects of quick writing instruction for high school students with emotional disturbances. *Journal of Emotional and Behavioral Disorders*, 21(3), 163–175. https://doi.org/10.1177/1063426611410429.

Mason, L. L., Davis, D., & Andrews, A. (2015). Token reinforcement of verbal responses controlled by temporally removed verbal stimuli. *Analysis of Verbal Behavior*, 31(1), 145–152. https://doi.org/10.1007/s40616-015-0032-4.

Mason, L. L., Rivera, C. J., Spencer, T. D., O'Keeffe, B. V., Petersen, D. B., & Slocum, T. A. (2016). A preliminary investigation of visual goal markers to prompt fluent oral reading. *Psychology in the Schools*, 53(1), 58–72. https://doi.org/10.1002/pits.21888.

Mason, S., McGee, G., Farmer-Dougan, V., & Risley, T. (1989). A practical strategy for ongoing reinforcer assessment. *Journal of Applied Behavior Analysis*, 22, 171–179.

Mastropieri, M., Jenne, T., & Scruggs, T. (1988). A level system for managing problem behaviors in a high school resource program. *Behavioral Disorders*, 13, 202–208.

Mastropieri, M. A., & Scruggs, T. E. (1984). Generalization: Five effective strategies. *Academic Therapy*, 19, 427–431.

Mather, N., & Woodcock, R. (2001). *Woodcock Johnson III Tests of Achievement*. Hasca, IL: Riverside.

Matson, J., & Keyes, J. (1988). Contingent reinforcement and contingent restraint to treat severe aggression and self-injury in mentally retarded and autistic adults. *Journal of the Multihandicapped Person*, 1, 141–148.

Matson, J., & Stephens, R. (1977). Overcorrection of aggressive behavior in a chronic psychiatric patient. *Behavior Modification*, 1, 559–564.

Matson, J., & Vollmer, T. (1995). *User's guide: Questions about behavior function (QABF)*. Baton Rouge, LA: Scientific Publishers.

Matter, A. L., & Zarcone, J. R. (2017). A comparison of existing and novel communication responses used during functional communication training. *Behavioral Interventions*, 32(3), 217–224. https://doi.org/10.1002/bin.1481.

Maxfield, T. C., Miltenberger, R. G., & Novotny, M. A. (2019). Evaluating small-scale simulation for training firearm safety skills. *Journal of Applied Behavior Analysis*, 52(2), 491–498.

May, M. E., Sheng, Y., Chitiyo, M., Brandt, R. C., & Howe, A. P. (2014). Internal consistency and inter-rater reliability of the Questions About Behavioral Function (QABF) rating scale when used by teachers and paraprofessionals. *Education & Treatment of Children*, 37(2), 347–364. https://doi.org/10.1353/etc.2014.0013.

Mayhew, G., & Harris, F. (1979). Decreasing self-injurious behavior: Punishment with citric acid and reinforcement of alternative behaviors. *Behavior Modification*, 3, 322–336.

Mazaleski, J., Iwata, B., Rodgers, T., Vollmer, T., & Zarcone, J. (1994). Protective equipment as treatment for stereotypic hand mouthing: Sensory extinction or punishment effects? *Journal of Applied Behavior Analysis*, 27, 345–355.

Mazzocco, M. M. M., Quintero, A. I., Murphy, M. M., & McCloskey, M. (2016). Genetic syndromes as model pathways to mathematical learning difficulties: Fragile X, Turner, and 22q deletion syndromes. In D. B. Berch, D. C. Geary, & K. Mann Koepke (eds.), *Development of mathematical cognition: Neural substrates and genetic influences* (vol. 2, pp. 325–357).

Elsevier Academic Press. https://doi.org/10.1016/B978-0-12-801871-2.00012-5.

Mazzotti, V. L., Test, D. W., & Wood, C. L. (2013). Effects of multimedia goal-setting instruction on students' knowledge of the self-determined learning model of instruction and disruptive behavior. *Journal of Positive Behavior Interventions*, 15(2), 90–102. https://doi.org/10.1177/1098300712440452.

McAdam, D. B., Klatt, K. P., Koffarnus, M., Dicesare, A., Solberg, K., Welch, C., et al. (2005). The effects of establishing operations on preferences for tangible items. *Journal of Applied Behavior Analysis*, 38(1), 107–110. https://doi.org/10.1901/jaba.2005.112-03.

McConnell, J. V. (1970). Stimulus/response: Criminals can be brain-washed now. *Psychology Today*, 3, 14–18, 74.

McCord, B. E., Ringdahl, J. E., Meindl, J. N., & Wallace, L. A. (2019). Using data-driven processes to clarify behavioral function: A case example. *Behavior Analysis: Research and Practice*, 19(4), 357–372. https://doi.org/10.1037/bar0000156.

McDaniel, S. C., & Bruhn, A. L. (2016). Using a changing-criterion design to evaluate the effects of check-in/check-out with goal modification. *Journal of Positive Behavior Interventions*, 18(4), 197–208. https://doi.org/10.1177/1098300715588263.

McDaniel, S. C., Kim, S., & Guyotte, K. W. (2017). Perceptions of implementing positive behavior interventions and supports in high-need school contexts through the voice of local stakeholders. *Journal of At-Risk Issues*, 20(2), 35–44.

McDonald, M. E., Reeve, S. A., & Sparacio, E. J. (2014). Using a tactile prompt to increase instructor delivery of behavior-specific praise and token reinforcement and their collateral effects on stereotypic behavior in students with autism spectrum disorders. *Behavioral Development Bulletin*, 19(1), 40–43. https://doi.org/10.1037/h0100573.

McDonnell, A., & Sturmey, P. (2000). The social validation of three physical restraint procedures: A comparison of young people and professional groups. *Research in Developmental Disabilities*, 21, 85–92.

McDougall, D., Heine, R. C., Wiley, L. A., Sheehey, M. D., Sakanashi, K. K., Cook, B. G., et al. (2017). Meta-analysis of behavioral self-management techniques used by students with disabilities in inclusive settings. *Behavioral Interventions*, 32(4), 399–417. https://doi.org/10.1002/bin.1491.

McDougall, D., Morrison, C., & Awana, B. (2012). Students with disabilities use tactile cued self-monitoring to improve academic productivity during independent tasks. *Journal of Instructional Psychology*, 39(2), 119–130.

McIntosh, K., Borgmeier, C., Anderson, C., Horner, R., Rodriguez, B., & Tobin, T. (2008). Technical adequacy of the Functional Assessment Checklist: Teachers and Staff (FACTS) FBA interview measure. *Journal of Positive Behavior Intervention*, 10, 33–45.

McIntosh, K., Massar, M. M., Algozzine, R. F., George, H. P., Horner, R. H., Lewis, T. J., et al. (2017). Technical adequacy of the SWPBIS tiered fidelity inventory. *Journal of Positive Behavior Interventions*, 19(1), 3–13. https://doi.org/10.1177/1098300716637193.

McIntosh, K., Mercer, S. H., Hume, A. E., Frank, J. L., Turri, M. G., & Mathews, S. (2013). Factors related to sustained implementation of schoolwide positive behavior support. *Exceptional Children*, 79(3), 293–311.

McKay, J. A., Weiss, J. S., Dickson, C. A., & Ahearn, W. H. (2014). Comparison of prompting hierarchies on the acquisition of leisure and vocational skills. *Behavior Analysis in Practice*, 7 (2), 91–102. https://doi.org/10.1007/s40617-014-0022-3.

McKeegan, G., Estill, K., & Campbell, B. (1984). Use of nonseclusionary time-out for the elimination of stereotypic behavior. *Journal of Behavior Therapy and Experimental Psychiatry*, 15, 261–264.

Mckenzie, S. D., Smith, R. G., Simmons, J. N., & Soderlund, M. J. (2008). Using a stimulus correlated with reprimands to suppress automatically maintained eye poking. *Journal of Applied Behavior Analysis*, 41 (2), 255–259. https://doi.org/10.1901/jaba.2008.41-255.

McNamara, K., & Cividini, M. C. (2019). Further evaluation of treatments for vocal stereotypy: Response interruption and redirection and response cost. *Behavioral Interventions*, 34 (2), 181–197. https://doi.org/10.1002/bin.1657.

McNiff, M. T., Maag, J. W., & Peterson, R. L. (2019). Group video self-modeling to improve the classroom transition speeds for elementary students. *Journal of Positive Behavior Interventions*, 21 (2), 117–127. https://doi.org/10.1177/1098300718796788.

McSweeny, A. J. (1978). Effects of response cost on the behavior of a million persons: Charging for directory assistance in Cincinnati. *Journal of Applied Behavior Analysis*, 11, 47–51.

Mechling, L., Gast, D., & Cronin, B. (2006). The effects of presenting high-preference items, paired with choice, via computer-based video programming on task completion of students with autism. *Focus on Autism and Developmental Disabilities*, 21, 7–13.

Mechling, L. C., Ayres, K. M., Foster, A. L., & Bryant, K. J. (2015). Evaluation of generalized performance across materials when using video technology by students with autism spectrum disorder and moderate intellectual disability. *Focus on Autism and Other Developmental Disabilities*, 30 (4), 208–221. https://doi.org/10.1177/1088357614528795.

Meichenbaum, D. H. (1977). *Cognitive-behavior modification: An integrative approach*. New York: Plenum Press.

Meichenbaum, D. H., & Goodman, J. (1971). Training impulsive children to talk to themselves: A means of developing self-control. *Journal of Abnormal Psychology*, 77, 115–126.

Mellard, D. F., McKnight, M., & Woods, K. (2009). Response to intervention screening and progress-monitoring practices in 41 local schools. *Learning Disabilities Research & Practice*, 24 (4), 186–195. https://doi.org/10.1111/j.1540-5826.2009.00292.x.

Mesmer, E. M., Duhon, G. J., & Dodson, K. G. (2007). The effects of programming common stimuli for enhancing stimulus generalization of academic behavior. *Journal of Applied Behavior Analysis*, 40 (3), 553–557.

Michael, J. & Miguel, C. F. (2020). Motivating operations. In J. O. Cooper, T. E. Heron, & W. L. Heward (eds.), *Applied behavior analysis* (3rd ed., pp. 372–394). New York: Pearson.

Milata, E. M., Reeve, S. A., Reeve, K. F., & Dickson, C. A. (2020). A blueprint for general-case procedures illustrated by teaching adolescents with autism spectrum disorder to use a chip-debit card. *Behavioral Interventions*, 35 (3), 346–371. https://doi.org/10.1002/bin.1719.

Miles, N. I., & Wilder, D. A. (2009). The effects of behavioral skills training on caregiver implementation of guided compliance. *Journal of Applied Behavior Analysis*, 42, 405–410.

Miller, B., & Taber-Doughty, T. (2014). Self-monitoring checklists for inquiry problem-solving: Functional problem-solving methods for students with intellectual disability. *Education and Training in Autism and Developmental Disabilities*, 49 (4), 555–567.

Miller, J. R., Lerman, D. C., & Fritz, J. N. (2010). An experimental analysis of negative reinforcement contingencies for adult-delivered reprimands. *Journal of Applied Behavior Analysis*, 43(4), 769–773. https://doi.org/10.1901/jaba.2010.43-769.

Miltenberger, R., Rapp, J., & Long, E. (1999). A low-tech method for conducting real-time recording. *Journal of Applied Behavior Analysis*, 32(1), 119–120.

Miltenberger, R. G., Roberts, J. A., Ellingson, S., Galensky, T., Rapp, J. T., Long, E. S., et al. (1999). Training and generalization of sexual abuse prevention skills for women with retardation. *Journal of Applied Behavior Analysis*, 32, 385–388.

Mishel, W., & Patterson, C. J. (1976). Substantive and structural elements of effective plans for self-control. *Journal of Personality and Social Psychology*, 34, 942–950.

Mitchell, B. S., Hatton, H., & Lewis, T. J. (2018). An examination of the evidence-base of school-wide positive behavior interventions and supports through two quality appraisal processes. *Journal of Positive Behavior Interventions*, 20(4), 239–250. https://doi.org/10.1177/1098300718768217.

Mitchell, B. S., Lewis, T. J., & Stormont, M. (2020). A daily check-in/check-out intervention for students with internalizing concerns. *Journal of Behavioral Education*. https://doi.org/10.1007/s10864-020-09365-7.

Mitchell, R. J., Schuster, J. W., Collins, B. C., & Gassaway, L. J. (2000). Teaching vocational skills with a faded auditory prompting system. *Education and Training in Mental Retardation and Developmental Disabilities*, 35, 415–427.

Mitteer, D. R., Fisher, W. W., Briggs, A. M., Greer, B. D., & Hardee, A. M. (2019). Evaluation of an omnibus mand in the treatment of multiply controlled destructive behavior. *Behavioral Development*, 24(2), 74–88. https://doi.org/10.1037/bdb0000088.

Mitteer, D. R., Romani, P. W., Greer, B. D., & Fisher, W. W. (2015). Assessment and treatment of pica and destruction of holiday decorations. *Journal of Applied Behavior Analysis*, 48(4), 912–917. https://doi.org/10.1002/jaba.255.

Mohammadzaheri, F., Koegel, L. K., Rezaei, M., & Bakhshi, E. (2015). A randomized clinical trial comparison between Pivotal Response Treatment (PRT) and adult-driven applied behavior analysis (ABA) intervention on disruptive behaviors in public school children with autism. *Journal of Autism and Developmental Disorders*, 45(9), 2899–2907. https://doi.org/10.1007/s10803-015-2451-4.

Moher, C. A., Gould, D. D., Hegg, E., & Mahoney, A. M. (2008). Non-generalized and generalized conditioned reinforcers: Establishment and validation. *Behavioral Interventions*, 23(1), 13–38. https://doi.org/10.1002/bin.253.

Molgaard, K. (2001). *Count It* V 2.7 Manual. Retrieved August 18, 2002, from http://palmguy.surfhere.net.

Moore, D. W., Anderson, A., Glassenbury, M., Lang, R., & Didden, R. (2013). Increasing on-task behavior in students in a regular classroom: Effectiveness of a self-management procedure using a tactile prompt. *Journal of Behavioral Education*, 22(4), 302–311. https://doi.org/10.1007/s10864-013-9180-6.

Moore, J. W., Fisher, W. W., & Pennington, A. (2004). Systematic application and removal of protective equipment in the assessment of multiple topographies of self-injury. *Journal of Applied Behavior Analysis*, 37(1), 73.

Moore, T. C., Robinson, C. C., Coleman, M. B., Cihak, D. F., & Park, Y. (2016). Noncontingent reinforcement to improve classroom behavior of a student with developmental disability. *Behavior Modification*, 40(4), 640–657. https://doi.org/10.1177/0145445516629937.

Morales v. Turman, 1974, 383 F. Supp. 53 (E.D. TX.).

Morgan, A. C., Wilder, D. A., Podlesnik, C. A., & Kelley, M. E. (2017). Evaluation of an arm-splint belt to reduce self-injury. *Behavioral Interventions*, 32(3), 255–261. https://doi.org/10.1002/bin.1469.

Morgan, R. L., & Horrocks, E. L. (2011). Correspondence between video-based preference assessment and subsequent community job performance. *Education and Training in Autism and Developmental Disabilities*, 46(1), 52–61.

Morgenstern, B. D., Causin, K. G., & Weinlein, J. L. (2019). Teaching pronouns to individuals with autism. *Behavioral Interventions*, 34(4), 525–533. https://doi.org/10.1002/bin.1685.

Morris, R. (1976). *Behavior modification with children*. Cambridge, MA: Winthrop Publications.

Morse, T. E., & Schuster, J. W. (2004). Simultaneous prompting: A review of the literature. *Education and Training in Developmental Disabilities*, 39, 153–168.

Morton, W. L., Heward, W. L., & Alber, S. R. (1998). When to self-correct: A comparison of two procedures on spelling performance. *Journal of Behavioral Education*, 8, 321–335.

Mowrer, D., & Conley, D. (1987). Effect of peer administered consequences upon articulatory responses of speech defective children. *Journal of Communication Disorders*, 20, 319–326.

Moyer, J. R., & Dardig, J. C. (1978). Practical task analysis for educators. *Teaching Exceptional Children*, 11, 16–18.

Mueller, M. M., & Palkovic, C. M. (2007). Errorless learning: Review and practical application for teaching children with pervasive developmental disorders. *Psychology in the Schools*, 44(7), 691–700. https://doi.org/10.1002/pits.20258.

Muething, C. S., Call, N. A., Mevers, J. L., Zangrillo, A. N., Clark, S. B., & Reavis, A. R. (2017). Correspondence between the results of functional analyses and brief functional analyses. *Developmental Neurorehabilitation*, 20(8), 549–559. https://doi.org/10.1080/17518423.2017.1338776.

Muething, C. S., Falcomata, T. S., Ferguson, R., Swinnea, S., & Shpall, C. (2018). An evaluation of delay to reinforcement and mand variability during functional communication training. *Journal of Applied Behavior Analysis*, 51(2), 263–275. https://doi.org/10.1002/jaba.441.

Munk, D. D., & Repp, A. C. (1994). The relationship between instructional variables and problem behavior: A review. *Exceptional Children*, 60, 390–401.

Musti-Rao, S., Lo, Y., & Plati, E. (2015). Using an iPad ® app to improve sight word reading fluency for at-risk first graders. *Remedial and Special Education*, 36(3), 154–166. https://doi.org/10.1177/0741932514541485.

Neely, L., Davis, H., Davis, J., & Rispoli, M. (2015). Review of reliability and treatment integrity trends in autism-focused research. *Research in Autism Spectrum Disorders*, 9, 1–12. https://doi.org/10.1016/j.rasd.2014.09.011.

Neisworth, J., Hunt, F., Gallop, H., & Nadle, R. (1985). Reinforcer displacement: A preliminary study of the clinical application of CRF/EXT effect. *Behavior Modification*, 9, 103–115.

Nelson, M. A., Caldarella, P., Hansen, B. D., Graham, M. A., Williams, L., & Wills, H. P. (2018). Improving student behavior in art classrooms: An exploratory study of CW-FIT Tier 1. *Journal of Positive Behavior Interventions*, *20*(4), 227–238.

Nese, R. N. T., Horner, R. H., Dickey, C. R., Stiller, B., & Tomlanovich, A. (2014). Decreasing bullying behaviors in middle school: Expect Respect. *School Psychology Quarterly*, *29*(3), 272–286. https://doi.org/10.1037/spq0000070.

Neuringer, A. (2004). Reinforced variability in animals and people: Implications for adaptive action. *American Psychologist*, *59*(9), 891–906. https://doi.org/10.1037/0003-066X.59.9.891.

Nevin, J. A., & Grace, R. C. (2000). Behavioral momentum and the Law of Effect. *Behavioral and Brain Sciences*, *23*(1), 73–130. https://doi.org/10.1017/S0140525X00002405.

Newcomb, E. T., Wright, J. A., & Camblin, J. G. (2019). Assessment and treatment of aggressive behavior maintained by access to physical attention. *Behavior Analysis: Research and Practice*, *19*(3), 222–231. https://doi.org/10.1037/bar0000136.

Newman, B., Buffington, D. M., & Hemmes, N. S. (1996). External and self-reinforcement used to increase the appropriate conversation of autistic teenagers. *Education and Training in Mental Retardation and Developmental Disorders*, *31*, 304–309.

Newman, B., Reinecke, D. R., & Kurtz, A. L. (1996). Why be moral: Humanist and behavioral perspectives. *The Behavior Analyst*, *19*, 273–280.

Nichols, P. (1992). The curriculum of control: Twelve reasons for it, some arguments against it. *Beyond Behavior*, *3*, 5–11.

Noel, C. R., & Rubow, C. C. (2018). Using noncontingent reinforcement to reduce perseverative speech and increase engagement during social skills instruction. *Education & Treatment of Children*, *41*(2), 157–167. https://doi.org/10.1353/etc.2018.0006.

Nolan, J. D., & Filter, K. J. (2012). A function-based classroom behavior intervention using non-contingent reinforcement plus response cost. *Education & Treatment of Children*, *35*(3), 419–430. https://doi.org/10.1353/etc.2012.0017.

Nolan, J. D., Houlihan, D., Wanzek, M., & Jenson, W. R. (2014). The Good Behavior Game: A classroom-behavior intervention effective across cultures. *School Psychology International*, *35*(2), 191–205. https://doi.org/10.1177/0143034312471473.

Northup, J. (2000). Further evaluation of the accuracy of reinforcer surveys: A systematic replication. *Journal of Applied Behavior Analysis*, *33*, 335–338.

Northup, J., George, T., Jones, K., Broussard, C., & Vollmer, T. (1996). A comparison of reinforcer assessment methods: The utility of verbal and pictorial choice procedures. *Journal of Applied Behavior Analysis*, *29*, 201–212.

Nosik, M. R., & Carr, J. E. (2015). On the distinction between the motivating operation and setting event concepts. *The Behavior Analyst*, *38*(2), 219–223. https://doi.org/10.1007/s40614-015-0042-5.

Nuernberger, J. E., Vargo, K. K., & Ringdahl, J. E. (2013). An application of differential reinforcement of other behavior and self-monitoring to address repetitive behavior. *Journal of Developmental and Physical Disabilities*, *25*(1), 105–117. https://doi.org/10.1007/s10882-012-9309-x.

Oakes, W. P., Lane, K. L., & Hirsch, S. E. (2018). Functional assessment-based interventions: Focusing on the environment and considering function. *Preventing School Failure*, *62*(1), 25–

36.

Obiakor, F. E., Harris, M., Mutua, K., Rotatori, A., & Algozzine, B. (2012). Making inclusion work in general education classrooms. *Education & Treatment of Children*, 35(3), 477–490. https://doi.org/10.1353/etc.2012.0020.

O'Connor, M. A., & Daly, E. J., III. (2018). Selecting effective intervention strategies for escape-maintained academic-performance problems: Consider giving'em a break! *Journal of School Psychology*, 66, 41–53. https://doi.org/10.1016/j.jsp.2017.09.003.

Odom, S., & Strain, P. (1986). A comparison of peer-initiation and teacher-antecedent interventions for promoting reciprocal social interaction of autistic preschoolers. *Journal of Applied Behavior Analysis*, 19, 59–71.

O'Donnell J. (2001). The discriminative stimulus for punishment or SDp. *The Behavior Analyst*, 24, 261–262.

O'Handley, R. D., Radley, K. C., & Cavell, H. J. (2016). Utilization of superheroes social skills to reduce disruptive and aggressive behavior. *Preventing School Failure*, 60(2), 124–132.

O'Hara, M., & Hall, L. J. (2014). Increasing engagement of students with autism at recess through structured work systems. *Education and Training in Autism and Developmental Disabilities*, 49(4), 568–575.

Ok, M. W., Rao, K., Bryant, B. R., & McDougall, D. (2017). Universal design for learning in pre-K to grade 12 classrooms: A systematic review of research. *Exceptionality*, 25(2), 116–138. https://doi.org/10.1080/09362835.2016.1196450.

O'Leary, K. D. (1972). The assessment of psychopathology in children. In H. C. Quay & J. S. Werry (eds.), *Psychopathological disorders of childhood* (pp. 234–272). New York: Wiley.

O'Leary, K. D., Becker, W. C., Evans, M. B., & Saudargas, R. A. (1969). A token reinforcement program in a public school: A replication and systematic analysis. *Journal of Applied Behavior Analysis*, 2, 3–13.

O'Leary, K. D., Kaufman, K., Kass, R., & Drabman, R. (1970). The effects of loud and soft reprimands on the behavior of disruptive students. *Exceptional Children*, 37, 145–155.

Oliveira, C., Font-Roura, J., Dalmau, M., & Giné, C. (2018). Teaching a phonological awareness skill with the time-delay system in a mainstream setting: A single-subject research study. *Reading & Writing Quarterly: Overcoming Learning Difficulties*, 34(5), 396–408. https://doi.org/10.1080/10573569.2018.1463188.

Ollendick, T., & Matson, J. (1976). An initial investigation into the parameters of overcorrection. *Psychological Reports*, 39, 1139–1142.

O'Neill, R., Horner, R., Albin, R., Sprague, J., Storey, K., & Newton, J. S. (1997). *Functional assessment and program development for problem behavior* (2nd ed.). Pacific Grove, CA: Brooks/Cole Publishing Co.

O'Reilly, M. F., Lancioni, G. E., & Kierans, I. (2000). Teaching leisure social skills to adults with moderate mental retardation: An analysis of acquisition, generalization, and maintenance. *Education and Training in Mental Retardation and Developmental Disabilities*, 35(3), 250–258.

Oropeza, M. E., Fritz, J. N., Nissen, M. A., Terrell, A. S., & Phillips, L. A. (2018). Effects of therapist-worn protective equipment during functional analysis of aggression. *Journal of Applied Behavior Analysis*, 51(3), 681–686. https://doi.org/10.1002/jaba.457.

Ottenbacher, K. (1993). Interrater agreement of visual analysis in single-subject decisions: Quantitative review and analysis. *American Journal on Mental Retardation*, *98*, 135–142.

Ottenbacher, K. J. (2016). Republication of "when is a picture worth a thousand p values? A comparison of visual and quantitative methods to analyze single subject data." *The Journal of Special Education*, *50*(3), 133–140. https://doi.org/10.1177/0022466916668503.

Pace, G., Ivancic, M., Edwards, G., Iwata, B., & Page, T. (1985). Assessment of stimulus preference and reinforcer value with profoundly retarded individuals. *Journal of Applied Behavior Analysis*, *18*, 249–255.

Paclawskyj, T., Matson, J., Rush, K., Smalls, Y., & Vollmer, T. (2000). Questions about behavioral function (QABF): A behavioral checklist for functional assessment of aberrant behavior. *Research in Developmental Disabilities*, *21*, 223–229.

Panyan, M. C., & Hall, R. V. (1978). Effects of serial versus concurrent task sequencing on acquisition, maintenance, and generalization. *Journal of Applied Behavior Analysis*, *11*, 67–74.

Panyan, M. P. (1980). *How to use shaping*. Lawrence, KS: H&H Enterprises.

Park, E.-Y., & Blair, K.-S. C. (2019). Social validity assessment in behavior interventions for young children: A systematic review. *Topics in Early Childhood Special Education*, *39*(3), 156–169.

Park, G., Collins, B. C., & Lo, Y. (2020). Teaching a physical activity to students with mild to moderate intellectual disability using a peer-delivered simultaneous prompting procedure: A single-case experimental design study. *Journal of Behavioral Education*. https://doi.org/10.1007/s10864-020-09373-7.

Pastrana, S. J., Frewing, T. M., Grow, L. L., Nosik, M. R., Turner, M., & Carr, J. E. (2018). Frequently assigned readings in behavior analysis graduate training programs. *Behavior Analysis in Practice*, *11*(3), 267–273. https://doi.org/10.1007/s40617-016-0137-9.

Patterson, E. T., Panyan, M. C., Wyatt, S., & Morales, E. (1974, September). Forward vs. backward chaining in the teaching of vocational skills to the mentally retarded: An empirical analysis. Paper presented at the 82nd Annual Meeting of the American Psychological Association, New Orleans.

Patterson, G. R. (1965). An application of conditioning techniques to the control of a hyperactive child. In L. P. Ullmann & L. Krasner (eds.), *Case studies in behavior modification* (pp. 370–375). New York: Holt, Rinehart & Winston.

Pence, S. T., St. Peter, C. C., & Giles, A. F. (2014). Teacher acquisition of functional analysis methods using pyramidal training. *Journal of Behavioral Education*, *23*(1), 132–149. https://doi.org/10.1007/s10864-013-9182-4.

Pennington, R., Courtade, G., Jones Ault, M., & Delano, M. (2016). Five essential features of quality educational programs for students with moderate and severe intellectual disability: A guide for administrators. *Education and Training in Autism and Developmental Disabilities*, *51*(3), 294–306.

Pennington, R., & Koehler, M. (2017). Effects of modeling, story templates, and self-graphing in the use of story elements by students with moderate intellectual disability. *Education and Training in Autism and Developmental Disabilities*, *52*(3), 280–290.

Perle, J. G. (2016). Teacher-Provided Positive Attending to Improve Student Behavior.

TEACHING Exceptional Children, 48(5), 250–257.

Perrin, C. J., Perrin, S. H., Hill, E. A., & DiNovi, K. (2008). Brief functional analysis and treatment of elopement in preschoolers with autism. *Behavioral Interventions*, 23(2), 87–98. https://doi.org/10.1002/bin.256.

Peters, L. C., & Thompson, R. H. (2013). Some indirect effects of positive practice overcorrection. *Journal of Applied Behavior Analysis*, 46(3), 613–625. https://doi.org/10.1002/jaba.63.

Peters, R., & Davies, K. (1981). Effects of self-instructional training on cognitive impulsivity of mentally retarded adolescents. *American Journal of Mental Deficiency*, 85, 377–382.

Peterson, C., Lerman, D. C., & Nissen, M. A. (2016). Reinforcer choice as an antecedent versus consequence. *Journal of Applied Behavior Analysis*, 49(2), 286–293. https://doi.org/10.1002/jaba.284.

Peterson, S. M., Eldridge, R. R., Rios, D., & Schenk, Y. A. (2019). Ethical challenges encountered in delivering behavior analytic services through teleconsultation. *Behavior Analysis: Research and Practice*, 19(2), 190–201. https://doi.org/10.1037/bar0000111.

Peterson, S. P., Rodriguez, N. M., & Pawich, T. L. (2019). Effects of modeling rote versus varied responses on response variability and skill acquisition during discrete-trial instruction. *Journal of Applied Behavior Analysis*, 52(2), 370–385. https://doi.org/10.1002/jaba.528.

Petrill, S. A. (2014). Behavioral genetics, learning abilities, and disabilities. In H. L. Swanson, K. R. Harris, & S. Graham (eds.), *Handbook of learning disabilities (2nd ed)*. (pp. 293–306). New York: The Guilford Press.

Petrongolo, M., DuBard, M., & Luiselli, J. K. (2015). Effects of an idiosyncratic stimulus on functional analysis of vocal stereotypy in two settings. *Developmental Neurorehabilitation*, 18(3), 209–212. https://doi.org/10.3109/17518423.2013.869271.

Phillips, C. L., Iannaccone, J. A., Rooker, G. W., & Hagopian, L. P. (2017). Noncontingent reinforcement for the treatment of severe problem behavior: An analysis of 27 consecutive applications. *Journal of Applied Behavior Analysis*, 50(2), 357–376. https://doi.org/10.1002/jaba.376.

Phillips, E. L., Phillips, E. A., Fixsen, D. L., & Wolf, M. M. (1971). Achievement place: Modification of the behaviors of predelinquent boys within a token economy. *Journal of Applied Behavior Analysis*, 4, 45–59.

Phillips, N., Amos, T., Kuo, C., Hoare, J., Ipser, J., Thomas, K. G., & Stein, D. J. (2016). HIV-associated cognitive impairment in perinatally infected children: a meta-analysis. Pediatrics, 138(5).

Piaget, J., & Inhelder, B. (1969). *The psychology of the child*. New York: Basic Books.

Piazza, C. C., Hanley, G. P., & Fisher, W. W. (1996). Functional analysis and treatment of cigarette pica. *Journal of Applied Behavior Analysis*, 29, 437–450.

Pierce, K. I., & Schreibman, L. (1994). Teaching daily living skills to children with autism in unsupervised settings through pictorial self-management. *Journal of Applied Behavior Analysis*, 27, 471–481.

Pierce, W. D., & Cameron, J. (2002). A summary of the effects of reward contingencies on interest and performance. *The Behavior Analyst Today*, 3(2), 221–228. https://doi.org/10.1037/h0099969.

Pigott, H. E., Fantuzzo, J., & Clement, P. (1986). The effects of reciprocal peer tutoring and group contingencies on the academic performance of elementary school children. *Journal of Applied Behavior Analysis*, 19, 93–98.

Pinkelman, S. E., & Horner, R. H. (2017). Improving implementation of function-based interventions: Self-monitoring, data collection, and data review. *Journal of Positive Behavior Interventions*, 19(4), 228–238. https://doi.org/10.1177/1098300716683634.

Pinkston, E. M., Reese, N. M., LeBlanc, J. M., & Baer, D. M. (1973). Independent control of a preschool child's aggression and peer interaction by contingent teacher attention. *Journal of Applied Behavior Analysis*, 6, 115–124.

Podlesnik, C. A., Miranda, D. L., Jonas Chan, C. K., Bland, V. J., & Bai, J. Y. H. (2017). Generalization of the disruptive effects of alternative stimuli when combined with target stimuli in extinction. *Journal of the Experimental Analysis of Behavior*, 108(2), 255–268. https://doi.org/10.1002/jeab.272.

Polick, A. S., Carr, J. E., & Hanney, N. M. (2012). A comparison of general and descriptive praise in teaching intraverbal behavior to children with autism. *Journal of Applied Behavior Analysis*, 45(3), 593–599. https://doi.org/10.1901/jaba.2012.45-593.

Poling, A., & Byrne, T. (1996). Reactions to Reese: Lord, let us laud and lament. *The Behavior Analyst*, 19, 79–82.

Poling, A., Methot, L., & LeSage, M. (1994). *Fundamentals of behavior analytic research*. New York: Plenum Press.

Poling, A., & Normand, M. (1999). Noncontingent reinforcement: An inappropriate description of time-based schedules that reduce behavior. *Journal of Applied Behavior Analysis*, 32, 237–238.

Polloway, E., & Polloway, C. (1979). Auctions: Vitalizing the token economy. *Journal for Special Educators*, 15, 121–123.

Popham, M., Counts, J., Ryan, J. B., & Katsiyannis, A. (2018). A systematic review of self-regulation strategies to improve academic outcomes of students with EBD. *Journal of Research in Special Educational Needs*, 18(4), 239–253. https://doi.org/10.1111/1471-3802.12408.

Popovic, S. C., Starr, E. M., & Koegel, L. K. (2020). Teaching initiated question asking to children with autism spectrum disorder through a short-term parent-mediated program. *Journal of Autism and Developmental Disorders*, 50(10), 3728–3738. https://doi.org/10.1007/s10803-020-04426-2.

Porter, A., & Sy, J. R. (2020). Assessment and treatment of self-control with aversive events. *Journal of Applied Behavior Analysis*, 53(1), 508–521. https://doi.org/10.1002/jaba.604.

Powell, M. B., & Gadke, D. L. (2018). Improving oral reading fluency in middle-school students: A comparison of repeated reading and listening passage preview. *Psychology in the Schools*, 55(10), 1274–1286. https://doi.org/10.1002/pits.22184.

Powers, K. V., Roane, H. S., & Kelley, M. E. (2007). Treatment of self-restraint associated with the application of protective equipment. *Journal of Applied Behavior Analysis*, 40(3), 577–581. https://doi.org/10.1901/jaba.2007.40-577.

Preis, J. (2006). The effect of picture communication symbols on the verbal comprehension of commands by young children with autism. *Focus on Autism and Other Developmental Disabilities*, 21, 194–210.

Premack, D. (1959). Toward empirical behavior laws: I. Positive reinforcement. *Psychological*

Review, *66*, 219–233.

Prykanowski, D. A., Martinez, J. R., Reichow, B., Conroy, M. A., & Huang, K. (2018). Brief report: Measurement of young children's engagement and problem behavior in early childhood settings. *Behavioral Disorders*, *44*(1), 53–62. https://doi.org/10.1177/0198742918779793.

Pugach, M. C., & Warger, C. L. (1996). *Curriculum trends, special education, and reform: Refocusing the conversation*. New York: Teacher's College Press.

Purrazzella, K., & Mechling, L. C. (2013). Evaluation of manual spelling, observational and incidental learning using computer-based instruction with a tablet PC, large screen projection, and a forward chaining procedure. *Education and Training in Autism and Developmental Disabilities*, *48*(2), 218–235.

Quigley, J., Griffith, A. K., & Kates-McElrath, K. (2018). A comparison of modeling, prompting, and a multi-component intervention for teaching play skills to children with developmental disabilities. *Behavior Analysis in Practice*, *11*(4), 315–326. https://doi.org/10.1007/s40617-018-0225-0.

Rachman, S. (1963). Spontaneous remission and latent learning. *Behavior Research and Therapy*, *1*, 3–15.

Radley, K. C., Dart, E. H., Battaglia, A. A., & Blake Ford, W. (2019). A comparison of two procedures for assessing preference in a classroom setting. *Behavior Analysis in Practice*, *12*(1), 95–104. https://doi.org/10.1007/s40617-018-0244-x.

Radley, K. C., Moore, J. W., Dart, E. H., Ford, W. B., & Helbig, K. A. (2019). The effects of lag schedules of reinforcement on social skill accuracy and variability. *Focus on Autism and Other Developmental Disabilities*, *34*(2), 67–80.

Radstaake, M., Didden, R., Bolio, M., Lang, R., Lancioni, G. E., & Curfs, L. M. G. (2011). Functional assessment and behavioral treatment of skin picking in a teenage girl with Prader-Willi Syndrome. *Clinical Case Studies*, *10*(1), 67–78. https://doi.org/10.1177/1534650110395013.

Radstaake, M., Didden, R., Lang, R., O'Reilly, M., Sigafoos, J., Lancioni, G. E., et al. (2013). Functional analysis and functional communication training in the classroom for three children with Angelman syndrome. *Journal of Developmental and Physical Disabilities*, *25*(1), 49–63. https://doi.org/10.1007/s10882-012-9302-4.

Rafferty, L. A. (2012). Self-monitoring during whole group reading instruction: Effects among students with emotional and behavioral disabilities during summer school intervention sessions. *Emotional & Behavioural Difficulties*, *17*(2), 157–173. https://doi.org/10.1080/13632752.2012.672866.

Rahn, N. L., Coogle, C. G., & Ottley, J. R. (2019). Early childhood special education teachers' use of embedded learning opportunities within classroom routines and activities. *Infants & Young Children*, *32*(1), 3–19. https://doi.org/10.1097/IYC.0000000000000132.

Ramirez, H., Cengher, M., & Fienup, D. M. (2014). The effects of simultaneous prompting on the acquisition of calculating elapsed time in children with autism. *Journal of Developmental and Physical Disabilities*, *26*(6), 763–774. https://doi.org/10.1007/s10882-014-9394-0.

Ramsey, M. L., Jolivette, K., Kennedy, C., Fredrick, L. D., & Williams, C. D. (2017). Functionally-indicated choice-making interventions to address academic and social behaviors of adolescent students with emotional/behavioral disorders (E/BD) in a residential facility. *Journal of Classroom Interaction*, *52*(2), 45–66.

Randall, K. R., Lambert, J. M., Matthews, M. P., & Houchins-Juarez, N. J. (2018). Individualized levels system and systematic stimulus pairing to reduce multiply controlled aggression of a child with autism spectrum disorder. *Behavior Modification*, 42(3), 422–440. https://doi.org/10.1177/0145445517741473.

Rapp, J. T., Colby-Dirksen, A. M., Michalski, D. N., Carroll, R. A., & Lindenberg, A. M. (2008). Detecting changes in simulated events using partial-interval recording and momentary time sampling. *Behavioral Interventions*, 23(4), 237–269. https://doi.org/10.1002/bin.269.

Rapp, J. T., Vollmer, T. R., St. Peter, C., Dozier, C. L., & Cotnoir, N. M. (2004). Analysis of response allocation in individuals with multiple forms of stereotyped behavior. *Journal of Applied Behavior Analysis*, 37(4), 481–501. https://doi.org/10.1901/jaba.2004.37-481.

Rapport, M. D., Murphy, H. A., & Bailey, J. S. (1982). Ritalin vs response cost in the control of hyperactive children: A within-subject comparison. *Journal of Applied Behavior Analysis*, 15, 205–216.

Raschke, D. (1981). Designing reinforcement surveys: Let the student choose the reward. *Teaching Exceptional Children*, 14, 92–96.

Rathel, J. M., Drasgow, E., Brown, W. H., & Marshall, K. J. (2014). Increasing induction-level teachers' positive-to-negative communication ratio and use of behavior-specific praise through e-mailed performance feedback and its effect on students' task engagement. *Journal of Positive Behavior Interventions*, 16(4), 219–233. https://doi.org/10.1177/1098300713492856.

Reed, D. K., & Lynn, D. (2016). The effects of an inference-making strategy taught with and without goal setting. *Learning Disability Quarterly*, 39(3), 133–145. https://doi.org/10.1177/0731948715615557.

Reed, H., Thomas, E., Sprague, J., & Horner, R. (1997). The student guided functional assessment interview: An analysis of student and teacher agreement. *Journal of Behavioral Education*, 7(1), 33–45.

Reeves, L. M., Umbreit, J., Ferro, J. B., & Liaupsin, C. J. (2013). Function-based intervention to support the inclusion of students with autism. *Education and Training in Autism and Developmental Disabilities*, 48(3), 379–391.

Reid, D. H. (2017). Competency-based staff training. In J. K. Luiselli (ed.), *Applied behavior analysis advanced guidebook: A manual for professional practice*. (pp. 21–40). London: Elsevier Academic Press. https://doi.org/10.1016/B978-0-12-811122-2.00002-4.

Reid, D. H., Parsons, M. B., & Lattimore, L. P. (2010). Designing and evaluating assessment-based interventions to reduce stereotypy among adults with autism in a community job. *Behavior Analysis in Practice*, 3(2), 27–36.

Reitman, D., & Drabman, R. (1999). Multifaceted uses of a simple time-out record in the treatment of a noncompliant 8-year-old boy. *Education and Treatment of Children*, 22, 136–145.

Repp, A. (1983). *Teaching the mentally retarded*. Upper Saddle River, NJ: Prentice Hall.

Reynolds, G. S. (1961). Behavioral contrast. *Journal of the Experimental Analysis of Behavior*, 4, 57–71.

Rhymer, K. N., Skinner, C. H., Henington, C., D'Reaux, R. A., & Sims, S. (1998). Effects of explicit timing on mathematics problem completion rates in African-American third-grade elementary students. *Journal of Applied Behavior Analysis*, 31(4), 673–677. https://doi.

org/10.1901/jaba.1998.31-673.

Richards, C., Davies, L., & Oliver, C. (2017). Predictors of self-injurious behavior and self-restraint in autism spectrum disorder: Towards a hypothesis of impaired behavioral control. *Journal of Autism and Developmental Disorders*, 47(3), 701–713. https://doi.org/10.1007/s10803-016-3000-5.

Richman, D., Berg, W., Wacker, D., Stephens, T., Rankin, B., & Kilroy, J. (1997). Using pretreatment and posttreatment assessments to enhance and evaluate existing treatment packages. *Journal of Applied Behavior Analysis*, 30, 709–712.

Richman, D., Wacker, D., Asmus, J., Casey, S., & Andelman, M. (1999). Further analysis of problem behavior in response class hierarchies. *Journal of Applied Behavior Analysis*, 32, 269–283.

Richman, D., Wacker, D., & Winborn, L. (2000). Response efficiency during functional communication training: Effects of effort on response allocation. *Journal of Applied Behavior Analysis*, 34, 73–76.

Richman, G. S., Reiss, M. L., Bauman, K. E., & Bailey, J. S. (1984). Teaching menstrual care to mentally retarded women: Acquisition, generalization, and maintenance. *Journal of Applied Behavior Analysis*, 17, 441–451.

Riley-Tillman, T. C., Burns, M. K., & Kilgus, S. P. (2020). *Evaluating educational interventions: Single-case design for measuring response to intervention* (2nd ed.). The Guilford practical intervention in the schools series. New York: Guilford Press.

Rincover, A. (1981). *How to use sensory extinction*. Lawrence, KS: H&H Enterprises.

Rincover, A., & Devany, J. (1982). The application of sensory extinction procedures to self-injury. *Analysis and Intervention in Developmental Disabilities*, 2, 67–81.

Rincover, A., & Koegel, R. L. (1975). Setting generality and stimulus control in autistic children. *Journal of Applied Behavior Analysis*, 8, 235–246.

Rios, D., Schenk, Y. A., Eldridge, R. R., & Peterson, S. M. (2020). The effects of remote behavioral skills training on conducting functional analyses. *Journal of Behavioral Education*. https://doi.org/10.1007/s10864-020-09385-3.

Risley, T. R. (1975). Certify procedures not people. In W. S. Wood (ed.), *Issues in evaluating behavior modification* (pp. 159–181). Champaign, IL: Research Press.

Rispoli, M., Neely, L., Healy, O., & Gregori, E. (2016). Training public school special educators to implement two functional analysis models. *Journal of Behavioral Education*, 25(3), 249–274. https://doi.org/10.1007/s10864-016-9247-2.

Rispoli, M. J., Davis, H. S., Goodwyn, F. D., & Camargo, S. (2013). The use of trial-based functional analysis in public school classrooms for two students with developmental disabilities. *Journal of Positive Behavior Interventions*, 15(3), 180–189. https://doi.org/10.1177/1098300712457420.

Ritschl, C., Mongrella, J., & Presbie, R. (1972). Group time-out from rock and roll music and out-of-seat behavior of handicapped children while riding a school bus. *Psychological Reports*, 31, 967–973.

Ritter, W. A., Barnard-Brak, L., Richman, D. M., & Grubb, L. M. (2018). The influence of function, topography, and setting on noncontingent reinforcement effect sizes for reduction in problem behavior: A meta-analysis of single-case experimental design data. *Journal of*

Behavioral Education, 27(1), 1–22. https://doi.org/10.1007/s10864-017-9277-4.

Roane, H. S., & DeRosa, N. M. (2014). Reduction of emergent dropping behavior during treatment of elopement. *Journal of Applied Behavior Analysis*, 47(3), 633–638. https://doi.org/10.1002/jaba.136.

Roane, H. S., Vollmer, T. R., Ringdahl, J. E., & Marcus, B. A. (1998). Evaluation of a brief stimulus preference assessment. *Journal of Applied Behavior Analysis*, 31(4), 605–620. https://doi.org/10.1901/jaba.1998.31-605.

Roberts, G. J., Mize, M., Reutebuch, C. K., Falcomata, T., Capin, P., & Steelman, B. L. (2019). Effects of a self-management with peer training intervention on academic engagement for high school students with autism spectrum disorder. *Journal of Behavioral Education*, 28(4), 456–478.

Roberts, M. (1988). Enforcing chair timeouts with room time-outs. *Behavior Modification*, 12, 353–370.

Roberts, R. N., Nelson, R. O., & Olson, T. W. (1987). Self-instruction: An analysis of the differential effects of instruction and reinforcement. *Journal of Applied Behavior Analysis*, 20, 235–242.

Robison, M. A., Mann, T. B., & Ingvarsson, E. T. (2020). Life skills instruction for children with developmental disabilities. *Journal of Applied Behavior Analysis*, 53(1), 431–448. https://doi.org/10.1002/jaba.602.

Roche, L., Carnett, A., Sigafoos, J., Stevens, M., O'Reilly, M. F., Lancioni, G. E., et al. (2019). Using a textual prompt to teach multiword requesting to two children with autism spectrum disorder. *Behavior Modification*, 43(6), 819–840. https://doi.org/10.1177/0145445519850745.

Rodriguez, P. P., & Gutierrez, A. (2017). A comparison of two procedures to condition social stimuli to function as reinforcers for children with autism. *Behavioral Development Bulletin*, 22(1), 159–172. https://doi.org/10.1037/bdb0000059.

Rogers, C. R., & Skinner, B. F. (1956). Some issues concerning the control of human behavior: A symposium. *Science*, 124, 1057–1066.

Rollings, J., Baumeister, A., & Baumeister, A. (1977). The use of overcorrection procedures to eliminate the stereotyped behaviors of retarded individuals: An analysis of collateral behaviors and generalization of suppressive effects. *Behavior Modification*, 1, 29–46.

Romani, P. W., Alcorn, A. S., & Linares, J. (2018). Improving accuracy of data collection on a psychiatric unit for children diagnosed with intellectual and developmental disabilities. *Behavior Analysis in Practice*, 11(4), 307–314. https://doi.org/10.1007/s40617-018-00305-6.

Romani, P. W., Alcorn, A. S., Miller, J. R., & Clark, G. (2017). Preference assessment for dimensions of reinforcement to inform token economies targeting problem behavior. *Journal of Behavioral Education*, 26(3), 221–237. https://doi.org/10.1007/s10864-017-9270-y.

Romani, P. W., Donaldson, A. M., Ager, A. J., Peaslee, J. E., Garden, S. M., & Ariefdjohan, M. (2019). Assessment and treatment of aggression during public outings. *Education & Treatment of Children*, 42(3), 345–360. https://doi.org/10.1353/etc.2019.0016.

Roncati, A. L., Souza, A. C., & Miguel, C. F. (2019). Exposure to a specific prompt topography predicts its relative efficiency when teaching intraverbal behavior to children with autism spectrum disorder. *Journal of Applied Behavior Analysis*, 52(3), 739–745. https://doi.org/10.1002/

jaba. 568.

Rooker, G. W., Iwata, B. A., Harper, J. M., Fahmie, T. A., & Camp, E. M. (2011). False-positive tangible outcomes of functional analyses. *Journal of Applied Behavior Analysis*, *44*(4), 737–745. https://doi.org/10.1901/jaba.2011.44-737.

Rooker, G. W., & Roscoe, E. M. (2005). Functional analysis of self-injurious behavior and its relation to self-restraint. *Journal of Applied Behavior Analysis*, *38*(4), 537–542. https://doi.org/10.1901/jaba.2005.12-05.

Rosa, K. A. D., Fellman, D., DeBiase, C., DeQuinzio, J. A., & Taylor, B. A. (2015). The effects of using a conditioned stimulus to cue DRO schedules. *Behavioral Interventions*, *30*(3), 219–230. https://doi.org/10.1002/bin.1409.

Rosales, R., Worsdell, A., & Trahan, M. (2010). Comparison of methods for varying item presentation during noncontingent reinforcement. *Research in Autism Spectrum Disorders*, *4*(3), 367–376. https://doi.org/10.1016/j.rasd.2009.10.004.

Roscoe, E. M., Iwata, B. A., & Zhou, L. (2013). Assessment and treatment of chronic hand mouthing. *Journal of Applied Behavior Analysis*, *46*(1), 181–198. https://doi.org/10.1002/jaba.14.

Rosenbloom, R., Wills, H. P., Mason, R., Huffman, J. M., & Mason, B. A. (2019). The effects of a technology-based self-monitoring intervention on on-task, disruptive, and task-completion behaviors for adolescents with autism. *Journal of Autism and Developmental Disorders*, *49*(12), 5047–5062. https://doi.org/10.1007/s10803-019-04209-4.

Rothstein, L. F. (1990). *Special education law*. New York: Longman.

Rouse, C. A., Alber-Morgan, S. R., Cullen, J. M., & Sawyer, M. (2014). Using prompt fading to teach self-questioning to fifth graders with LD: Effects on reading comprehension. *Learning Disabilities Research & Practice*, *29*(3), 117–125. https://doi.org/10.1111/ldrp.12036.

Rouse, C. A., Everhart-Sherwood, J. M., & Alber-Morgan, S. R. (2014). Effects of self-monitoring and recruiting teacher attention on pre-vocational skills. *Education and Training in Autism and Developmental Disabilities*, *49*(2), 313–327.

Rowling, J. K. (1998). *Harry Potter and the chamber of secrets*. New York: Scholastic Press.

Rozenblat, E., Reeve, K. F., Townsend, D. B., Reeve, S. A., & DeBar, R. M. (2019). Teaching joint attention skills to adolescents and young adults with autism using multiple exemplars and script-fading procedures. *Behavioral Interventions*, *34*(4), 504–524. https://doi.org/10.1002/bin.1682.

Rubio, E. K., Pichardo, D., & Borrero, C. S. W. (2018). Using backward chaining and a physical guidance delay to teach self-feeding. *Behavioral Interventions*, *33*(1), 87–92. https://doi.org/10.1002/bin.1504.

Rubio, E. K., Volkert, V. M., Farling, H., & Sharp, W. G. (2020). Evaluation of a finger prompt variation in the treatment of pediatric feeding disorders. *Journal of Applied Behavior Analysis*, *53*(2), 956–972.

Rubow, C. C., Noel, C. R., & Wehby, J. H. (2019). Effects of noncontingent attention on the behavior of students with emotional/behavioral disorders and staff in alternative settings. *Education & Treatment of Children*, *42*(2), 201–223. https://doi.org/10.1353/etc.2019.0010.

Rubow, C. C., Vollmer, T. R., & Joslyn, P. R. (2018). Effects of the good behavior game on student and teacher behavior in an alternative school. *Journal of Applied Behavior Analysis*, *51*(2), 382–392. https://doi.org/10.1002/jaba.455.

Rusch, F., & Close, D. (1976). Overcorrection: A procedural evaluation. *AAESPH Review*, *1*, 32–45.

Rusch, F., Connis, R., & Sowers, J. (1978). The modification and maintenance of time spent attending to task using social reinforcement, token reinforcement and response cost in an applied restaurant setting. *Journal of Special Education Technology*, *2*, 18–26.

Russa, M. B., Matthews, A. L., & Owen-DeSchryver, J. S. (2015). Expanding supports to improve the lives of families of children with autism spectrum disorder. *Journal of Positive Behavior Interventions*, *17*(2), 95–104. https://doi.org/10.1177/1098300714532134.

Russell, D., Ingvarsson, E. T., Haggar, J. L., & Jessel, J. (2018). Using progressive ratio schedules to evaluate tokens as generalized conditioned reinforcers. *Journal of Applied Behavior Analysis*, *51*(1), 40–52. https://doi.org/10.1002/jaba.424.

Russo, S. R., Tincani, M., & Axelrod, S. (2014). Evaluating open-ended parent reports and direct preference assessments to identify reinforcers for young children with autism. *Child & Family Behavior Therapy*, *36*(2), 107–120. https://doi.org/10.1080/07317107.2014.910732.

Ryan, J. B., Peterson, R. L., & Rozalski, M. (2007). State policies concerning the use of seclusion timeout in schools. *Education & Treatment of Children*, *30*, 215–239.

Sabielny, L. M., & Cannella-Malone, H. I. (2014). Comparison of prompting strategies on the acquisition of daily living skills. *Education and Training in Autism and Developmental Disabilities*, *49*(1), 145–152.

Sainato, D. M., Jung, S., Salmon, M. D., & Axe, J. B. (2008). Classroom influences on young children's emerging social competence. In W. H. Brown, S. L. Odom, & S. R. McConnell (eds.), *Social competence of young children: Risk, disability, and intervention* (pp. 99–116). Baltimore: Paul H. Brookes Publishing.

Saini, V., Greer, B. D., & Fisher, W. W. (2015). Clarifying inconclusive functional analysis results: Assessment and treatment of automatically reinforced aggression. *Journal of Applied Behavior Analysis*, *48*(2), 315–330. https://doi.org/10.1002/jaba.203.

Salend, S., & Gordon, B. (1987). A group-oriented time-out ribbon procedure. *Behavioral Disorders*, *12*, 131–137.

Salend, S., & Kovalich, B. (1981). A group response cost system mediated by free tokens. *American Journal of Mental Deficiency*, *86*, 184–187.

Salend, S., & Maragulia, D. (1983). The time-out ribbon: A procedure for the least restrictive environment. *Journal for Special Educators*, *20*, 9–15.

Salend, S., & Meddaugh, D. (1985). Using a peer-mediated extinction procedure to decrease obscene language. *The Pointer*, *30*, 8–11.

Salvatore, J. E., & Dick, D. M. (2018). Genetic influences on conduct disorder. *Neuroscience and Biobehavioral Reviews*, *91*, 91–101. https://doi.org/10.1016/j.neubiorev.2016.06.034.

Sanford, A. K., & Horner, R. H. (2013). Effects of matching instruction difficulty to reading level for students with escape-maintained problem behavior. *Journal of Positive Behavior Interventions*, *15*(2), 79–89. https://doi.org/10.1177/1098300712449868.

Sani-Bozkurt, S., & Ozen, A. (2015). Effectiveness and efficiency of peer and adult models used in video modeling in teaching pretend play skills to children with autism spectrum disorder.

Education and Training in Autism and Developmental Disabilities, *50*(1), 71–83.

Satsangi, R., Hammer, R., & Hogan, C. D. (2019). Video modeling and explicit instruction: A comparison of strategies for teaching mathematics to students with learning disabilities. *Learning Disabilities Research & Practice*, *34*(1), 35–46. https://doi.org/10.1111/ldrp.12189.

Saunders, A. F., Browder, D. M., & Root, J. R. (2017). Teaching mathematics and science to students with intellectual disability. In M. L. Wehmeyer & K. A. Shogren (eds.), *Handbook of research-based practices for educating students with intellectual disability* (pp. 343–364). New York: Routledge/Taylor & Francis Group.

Saunders, A. F., Spooner, F., & Ley Davis, L. (2018). Using video prompting to teach mathematical problem solving of real-world video-simulation problems. *Remedial and Special Education*, *39*(1), 53–64.

Saunders, R., & Koplik, K. (1975). A multi-purpose data sheet for recording and graphing in the classroom. *AAESPH Review*, *1*, 1.

Sautter, R. A., LeBlanc, L. A., & Gillett, J. N. (2008). Using free operant preference assessments to select toys for free play between children with autism and siblings. *Research in Autism Spectrum Disorders*, *2*(1), 17–27. https://doi.org/10.1016/j.rasd.2007.02.001.

Sawyer, M. R., Andzik, N. R., Kranak, M. P., Willke, C. P., Curiel, E. S. L., Hensley, L. E., et al. (2017). Improving pre-service teachers' performance skills through behavioral skills training. *Behavior Analysis in Practice*, *10*(3), 296–300. https://doi.org/10.1007/s40617-017-0198-4.

Scalzo, R., Henry, K., Davis, T. N., Amos, K., Zoch, T., Turchan, S., et al. (2015). Evaluation of interventions to reduce multiply controlled vocal stereotypy. *Behavior Modification*, *39*(4), 496–509. https://doi.org/10.1177/0145445515573986.

Schanding, G. T., Jr., Tingstrom, D. H., & Sterling-Turner, H. E. (2009). Evaluation of stimulus preference assessment methods with general education students. *Psychology in the Schools*, *46*(2), 89–99. https://doi.org/10.1002/pits.20356.

Schardt, A. A., Miller, F. G., & Bedesem, P. L. (2019). The effects of Cellf-Monitoring on students' academic engagement: A technology-based self-monitoring intervention. *Journal of Positive Behavior Interventions*, *21*(1), 42–49. https://doi.org/10.1177/1098300718773462.

Scheithauer, M., O'Connor, J., & Toby, L. M. (2015). Assessment of self-restraint using a functional analysis of self-injury. *Journal of Applied Behavior Analysis*, *48*(4), 907–911. https://doi.org/10.1002/jaba.230.

Scheithauer, M. C., Lomas Mevers, J. E., Call, N. A., & Shrewsbury, A. N. (2017). Using a test for multiply-maintained self injury to develop function-based treatments. *Journal of Developmental and Physical Disabilities*, *29*(3), 443–460. https://doi.org/10.1007/s10882-017-9535-3.

Schieltz, K. M., Wacker, D. P., Suess, A. N., Graber, J. E., Lustig, N. H., & Detrick, J. (2019). Evaluating the effects of positive reinforcement, instructional strategies, and negative reinforcement on problem behavior and academic performance: An experimental analysis. *Journal of Developmental and Physical Disabilities*. https://doi.org/10.1007/s10882-019-09696-y.

Schiff, R., Nuri Ben-Shushan, Y., & Ben-Artzi, E. (2017). Metacognitive strategies: A foundation for early word spelling and reading in kindergartners with SLI. *Journal of Learning*

Disabilities, *50*(2), 143–157. https://doi.org/10.1177/0022219415589847.

Schilling, D., & Cuvo, A. (1983). The effects of a contingency-based lottery on the behavior of a special education class. *Education and Training of the Mentally Retarded*, *18*, 52–58.

Schlichenmeyer, K. J., Dube, W. V., & Vargas, I. M. (2015). Stimulus fading and response elaboration in differential reinforcement for alternative behavior. *Behavioral Interventions*, *30*(1), 51–64. https://doi.org/10.1002/bin.1402.

Schlinger, H. D., Jr. (2017). The importance of analysis in applied behavior analysis. *Behavior Analysis: Research and Practice*, *17*(4), 334–346. https://doi.org/10.1037/bar0000080.

Schloss, P., & Smith, M. (1987). Guidelines for ethical use of manual restraint in public school settings for behaviorally disordered students. *Behavioral Disorders*, *12*, 207–213.

Schnaitter, R. (1999). Some criticisms of behaviorism. In B. A. Thyer (ed.), *The philosophical legacy of behaviorism*. Dordrecht, The Netherlands: Kluwer Academic Publishers.

Schoen, S., & Nolen, J. (2004). Decreasing acting-out behavior and increasing learning. *Teaching Exceptional Children*, *37*, 26–29.

Schopler, E., Van Bourgondien, M., Wellman, G., & Love, S. (2010). *Childhood Autism Rating Scale* (2nd ed.). Upper Saddle River, NJ: Pearson.

Schrauben, K. S., & Dean, A. J. (2019). Cover-Copy-Compare for multiplication with students with emotional and behavioral disorders: A brief report. *Behavioral Disorders*, *45*(1), 22–28. https://doi.org/10.1177/0198742918808484.

Schreibman, L. (1975). Effects of within-stimulus and extra-stimulus prompting on discrimination learning in autistic children. *Journal of Applied Behavior Analysis*, *8*, 91–112.

Schroeder, G. L., & Baer, D. M. (1972). Effects of concurrent and serial training on generalized vocal imitation in retarded children. *Development Psychology*, *6*, 293–301.

Schroeder, S. R., & MacLean, W. (1987). If it isn't one thing, it's another: Experimental analysis of covariation in behavior management data of severely disturbed retarded persons. In S. Landesman & P. Vietze (eds.), *Living environments and mental retardation* (pp. 315–338). Washington, DC: AAMD Monograph.

Schroeder, S. R., Oldenquist, A., & Rohahn, J. (1990). A conceptual framework for judging the humaneness and effectiveness of behavioral treatment. In A. C. Repp & N. N. Singh (eds.), *Perspectives on the use of nonaversive and aversive interventions for persons with developmental disabilities*. New York: Sycamore.

Schultz, D. P. (1969). *A history of modern psychology*. New York: Academy Press.

Schumaker, J. B., Hovell, M. F., & Sherman, J. A. (1977). An analysis of daily report cards and parent-managed privileges in the improvement of adolescents' classroom performance. *Journal of Applied Behavior Analysis*, *10*, 449–464.

Schwarz, M. L., & Hawkins, R. P. (1970). Application of delayed reinforcement procedures to the behavior of an elementary school child. *Journal of Applied Behavior Analysis*, *3*, 85–96.

Sciuchetti, M. B. (2017). Addressing inequity in special education: An integrated framework for culturally responsive social emotional practice. *Psychology in the Schools*, *54*(10), 1245–1251. https://doi.org/10.1002/pits.22073.

Scott, T. M., & Alter, P. J. (2017). Examining the case for functional behavior assessment as an evidence-based practice for students with emotional and behavioral disorders in general education classrooms. *Preventing School Failure*, *61*(1), 80–93.

Scott, T. M., & Cooper, J. (2013). Tertiary-tier PBIS in alternative, residential, and correctional school settings: Considering intensity in the delivery of evidence-based practice. *Education & Treatment of Children*, *36*(3), 101–119. https://doi.org/10.1353/etc.2013.0029.

Scott, T. M., & Cooper, J. T. (2017). Functional behavior assessment and function-based intervention planning: Considering the simple logic of the process. *Beyond Behavior*, *26*(3), 101–104.

Scott-Goodwin, A. C., Puerto, M., & Moreno, I. (2016). Toxic effects of prenatal exposure to alcohol, tobacco and other drugs. *Reproductive Toxicology*, *61*, 120–130.

Seaman-Tullis, R. L., Cannella-Malone, H. I., & Brock, M. E. (2019). Training a paraprofessional to implement video prompting with error correction to teach a vocational skill. *Focus on Autism and Other Developmental Disabilities*, *34*(2), 107–117.

Seaver, J. L., & Bourret, J. C. (2014). An evaluation of response prompts for teaching behavior chains. *Journal of Applied Behavior Analysis*, *47*(4), 777–792. https://doi.org/10.1002/jaba.159.

Sedlak, R. A., Doyle, M., & Schloss, P. (1982). Video games: A training and generalization demonstration with severely retarded adolescents. *Education and Training for the Mentally Retarded*, *17*, 332–336.

Sellers, T. P., Kelley, K., Higbee, T. S., & Wolfe, K. (2016). Effects of simultaneous script training on use of varied mand frames by preschoolers with autism. *Analysis of Verbal Behavior*, *32*(1), 15–26. https://doi.org/10.1007/s40616-015-0049-8.

Seward, J., Schuster, J. W., Ault, M. J., Collins, B. C., & Hall, M. (2014). Comparing simultaneous prompting and constant time delay to teach leisure skills to students with moderate intellectual disability. *Education and Training in Autism and Developmental Disabilities*, *49*(3), 381–395.

Shabani, D. B., Katz, R. C., Wilder, D. A., Beauchamp, K., Taylor, C. R., & Fischer, K. J. (2002). Increasing social initiations in children with autism: Effects of a tactile prompt. *Journal of Applied Behavior Analysis*, *35*, 79–83.

Shafer, M. S., Inge, K. J., & Hill, J. (1986). Acquisition, generalization, and maintenance of automated banking skills. *Education and Training of the Mentally Retarded*, *21*, 265–272.

Sheehey, P. H., Wells, J. C., & Rowe, M. (2017). Effects of self-monitoring on math competency of an elementary student with cerebral palsy in an inclusive classroom. *Preventing School Failure*, *61*(3), 211–219.

Shepley, S. B., Spriggs, A. D., Samudre, M. D., & Sartini, E. C. (2019). Initiation and generalization of self-instructed video activity schedules for elementary students with intellectual disability. *The Journal of Special Education*, *53*(1), 51–62. https://doi.org/10.1177/0022466918800797.

Shillingsburg, M. A., Gayman, C. M., & Walton, W. (2016). Using textual prompts to teach mands for information using "who?" *Analysis of Verbal Behavior*, *32*(1), 1–14. https://doi.org/10.1007/s40616-016-0053-7.

Shogren, K. A., & Wehmeyer, M. L. (2017). Goal setting and attainment. In M. L. Wehmeyer, K. A. Shogren, T. D. Little, & S. J. Lopez (eds.), *Development of self-determination through the life-course* (pp. 237–250). Springer Science + Business Media. https://doi.org/10.1007/978-94-024-1042-6_18.

Shrestha, A., Anderson, A., & Moore, D. W. (2013). Using point-of-view video modeling and forward chaining to teach a functional self-help skill to a child with autism. *Journal of Behavioral Education*, *22*(2), 157–167. https://doi.org/10.1007/s10864-012-9165-x.

Shumate, E. D., & Wills, H. P. (2010). Classroom-based functional analysis and intervention for disruptive and off-task behaviors. *Education & Treatment of Children*, *33*(1), 23–48. https://doi.org/10.1353/etc.0.0088.

Sidman, M. (1960). *Tactics of scientific research: Evaluating experimental data in psychology*. Boston: Authors Cooperative.

Siegel, G. M., Lenske, J., & Broen, P. (1969). Suppression of normal speech disfluencies through response cost. *Journal of Applied Behavior Analysis*, *2*, 265–276.

Silbaugh, B. C., & Falcomata, T. S. (2017). Translational evaluation of a lag schedule and variability in food consumed by a boy with autism and food selectivity. *Developmental Neurorehabilitation*, *20*(5), 309–312. https://doi.org/10.3109/17518423.2016.1146364.

Silbaugh, B. C., & Falcomata, T. S. (2019). Effects of a lag schedule with progressive time delay on sign mand variability in a boy with autism. *Behavior Analysis in Practice*, *12*(1), 124–132. https://doi.org/10.1007/s40617-018-00273-x.

Singh, N. (1987). Overcorrection of oral reading errors. *Behavior Modification*, *11*, 165–181.

Singh, N., Dawson, M., & Manning, P. (1981). Effects of spaced responding DRL on the stereotyped behavior of profoundly retarded persons. *Journal of Applied Behavior Analysis*, *14*, 521–526.

Singh, N. N., Lancioni, G. E., Myers, R. E., Karazsia, B. T., Courtney, T. M., & Nugent, K. (2017). A mindfulness-based intervention for self-management of verbal and physical aggression by adolescents with Prader-Willi syndrome. *Developmental Neurorehabilitation*, *20*(5), 253–260. https://doi.org/10.3109/17518423.2016.1141436.

Skerbetz, M. D., & Kostewicz, D. E. (2015). Consequence choice and students with emotional and behavioral disabilities: Effects on academic engagement. *Exceptionality*, *23*(1), 14–33. https://doi.org/10.1080/09362835.2014.986603.

Skinner, B. F. (1953). *Science and human behavior*. New York: Macmillan.

Skinner, B. F. (1957). *Verbal behavior*. New York: Appleton-Century-Crofts.

Skinner, B. F. (1963). Operant behavior. *American Psychologist*, *18*, 503–515.

Skinner, B. F. (1968). *The technology of teaching*. New York: Appleton-Century-Crofts.

Skinner, B. F. (1969). Communication. *Journal of Applied Behavior Analysis*, *2*, 247.

Skinner, B. F. (1971). *Beyond freedom and dignity*. New York: Knopf.

Skinner, B. F., & Vaughan, M. E. (1983). *Enjoy old age: A program of self-management*. New York: Warner Books.

Slavin, R. E. (1991, February). Group rewards make groupwork work: A response to Kohn. *Educational Leadership*, 89–91.

Sleeper, J. D., LeBlanc, L. A., Mueller, J., Valentino, A. L., Fazzio, D., & Raetz, P. B. (2017). The effects of electronic data collection on the percentage of current clinician graphs and organizational return on investment. *Journal of Organizational Behavior Management*, *37*(1), 83–95. https://doi.org/10.1080/01608061.2016.1267065.

Slocum, S. K., Grauerholz, F. E., Peters, K. P., & Vollmer, T. R. (2018). A multicomponent approach to thinning reinforcer delivery during noncontingent reinforcement schedules. *Journal of Applied Behavior Analysis*, *51*(1), 61–69. https://doi.org/10.1002/jaba.427.

Slocum, S. K., Vollmer, T. R., & Donaldson, J. M. (2019). Effects of delayed time-out on problem behavior of preschool children. *Journal of Applied Behavior Analysis*, *52*(4), 994–1004. https://doi.org/10.1002/jaba.640.

Smith, D. (1979). The improvement of children's oral reading through the use of teacher modeling. *Journal of Learning Disabilities*, *12*, 172–175.

Smith, K. A., Shepley, S. B., Alexander, J. L., & Ayres, K. M. (2015). The independent use of self-instructions for the acquisition of untrained multi-step tasks for individuals with an intellectual disability: A review of the literature. *Research in Developmental Disabilities*, *40*, 19–30. https://doi.org/10.1016/j.ridd.2015.01.010.

Smith, K. A., Ayres, K. A., Alexander, J., Ledford, J. R., Shepley, C., & Shepley, S. B. (2016). Initiation and generalization of self-instructional skills in adolescents with autism and intellectual disability. *Journal of Autism and Developmental Disorders*, *46*(4), 1196–1209. https://doi.org/10.1007/s10803-015-2654-8.

Smith, L. M., LaGasse, L. L., Derauf, C., Grant, P., Rizwan, S., et al. (2006). The infant development, environment, and lifestyle study: Effects of prenatal methamphetamine exposure, polydrug exposure, and poverty on intrauterine growth. *Pediatrics*, *118*, 1149–1156.

Smith, R., Iwata, B., & Shore, B. (1995). Effects of subject versus experimenter-selected reinforcers on the behavior of individuals with profound developmental disabilities. *Journal of Applied Behavior Analysis*, *28*, 61–71.

Smith, R., Russo, L., & Le, D. (1999). Distinguishing between extinction and punishment effects of response blocking: A replication. *Journal of Applied Behavior Analysis*, *32*(3), 367–370.

Smith, S., & Farrell, D. (1993). Level system use in special education: Classroom intervention with prima facie appeal. *Behavioral Disorders*, *18*(4), 251–264.

Smith, S. C., & Higbee, T. S. (2020). Effects of behavioral skills training on teachers conducting the recess-to-classroom transition. *Journal of Behavioral Education*. https://doi.org/10.1007/s10864-020-09395-1.

Smith, T. (2001). Discrete trial training in the treatment of autism. *Focus on Autism and Other Developmental Disabilities*, *16*(2), 86–92. https://doi.org/10.1177/108835760101600204.

Snell, M., & Loyd, B. (1991). A study of effects of trend, variability, frequency, and form of data on teachers' judgments about progress and their decisions about program change. *Research in Developmental Disabilities*, *12*, 41–62.

Snodgrass, M. R., Chung, M. Y., Meadan, H., & Halle, J. W. (2018). Social validity in single-case research: A systematic literature review of prevalence and application. *Research in Developmental Disabilities*, *74*, 160–173. https://doi.org/10.1016/j.ridd.2018.01.007.

Sobsey, D. (1990). Modifying the behavior of behavior modifiers. In A. Repp & N. Singh (eds.), *Perspectives on the use of nonaversive and aversive interventions for persons with developmental disabilities* (pp. 421–433). Sycamore, IL: Sycamore Publishing.

Solomon, R. W., & Wahler, R. G. (1973). Peer reinforcement control of classroom problem behavior. *Journal of Applied Behavior Analysis*, *6*, 49–56.

Soukup, J. H., Wehmeyer, M. L., Bashinski, S. M., & Bovaird, J. A. (2007). Classroom variables and access to the general curriculum for students with disabilities. *Exceptional Children*, *74*(1), 101–120. https://doi.org/10.1177/001440290707400106.

Sparrow, S., Cicchetti, O., & Balla, D. (2007). *Vineland Adaptive Behavior Scales, second edition (Vineland-II)*. Upper Saddle River, NJ: Merrill/Pearson Education.

Spitz, D., & Spitz, W. (1990). Killer pop machines. *Journal of Forensic Science*, 35, 490–492.

Spooner, F. (1981). An operant analysis of the effects of backward chaining and total task presentation. *Dissertation Abstracts International*, 41, 3992A [University Microfilms No. 8105615].

Spooner, F., Kemp-Inman, A., Ahlgrim-Delzell, L., Wood, L., & Ley Davis, L. (2015). Generalization of literacy skills through portable technology for students with severe disabilities. *Research and Practice for Persons with Severe Disabilities*, 40(1), 52–70.

Spooner, F., & Spooner, D. (1983). Variability: An aid in the assessment of training procedures. *Journal of Precision Teaching*, 4(1), 5–13.

Spooner, F., & Spooner, D. (1984). A review of chaining techniques: Implications for future research and practice. *Education and Training of the Mentally Retarded*, 19, 114–124.

Sprague, J. R., & Horner, R. H. (1984). The effects of single instance, multiple instance, and general case training on generalized vending machine use by moderately and severely handicapped students. *Journal of Applied Behavior Analysis*, 17(2), 273–278. https://doi.org/10.1901/jaba.1984.17-273.

Sprague, J., Jolivette, K., Boden, L. J., & Wang, E. (2020). Implementing facility-wide positive behavior interventions and supports in secure juvenile correction settings: Results of an evaluation study. *Remedial and Special Education*, 41(2), 70–79.

Staats, A. W., & Staats, C. K. (1963). *Complex human behavior*. New York: Holt, Rinehart & Winston.

Stafford, A., Alberto, P., Fredrick, L., Heflin, J., & Heller, K. (2002). Preference variability and the instruction of choice making with students with severe intellectual disabilities. *Education and Training in Mental Retardation and Developmental Disabilities*, 37, 70–88.

Stahmer, A. C., & Carter, C. (2005). An empirical examination of toddler development in inclusive childcare. *Early Child Development and Care*, 175(4), 321–333. https://doi.org/10.1080/0300443042000266231.

Stainback, S., & Stainback, W. (1984). Broadening the research perspective in special education. *Exceptional Children*, 50, 400–408.

Stainback, W., Payne, J., Stainback, S., & Payne, R. (1973). *Establishing a token economy in the classroom*. Columbus, OH: Merrill.

Stainback, W., Stainback, S., & Strathe, M. (1983). Generalization of positive social behavior by severely handicapped students: A review and analysis of research. *Education and Training of the Mentally Retarded*, 18, 293–299.

Stainton, T., & Clare, I. C. H. (2012). Human rights and intellectual disabilities: An emergent theoretical paradigm? *Journal of Intellectual Disability Research*, 56(11), 1011–1013. https://doi.org/10.1111/jir.12001.

Steed, S. E., & Lutzker, J. R. (1997). Using picture prompts to teach an adult with developmental disabilities to independently complete vocational tasks. *Journal of Developmental and Physical Disabilities*, 9, 117–133.

Steege, M., & Northup, J. (1998). Functional analysis of problem behavior: A practical approach for school psychologists. *Proven Practice*, 1, 4–12.

Steege, M. W., Pratt, J. L., Wickerd, G., Guare, R., & Watson, T. S. (2019). *Conducting school-based functional behavioral assessments: A practitioner's guide* (3rd ed.). The Guilford Practical Intervention in the Schools Series. New York: Guilford Press.

Stephens, T. M. (1976). *Directive teaching of children with learning and behavioral handicaps*. Columbus, OH: Merrill.

Steuart, W. (1993). Effectiveness of arousal and arousal plus overcorrection to reduce nocturnal bruxism. *Journal of Behavior Therapy & Experimental Psychiatry*, 24, 181–185.

Stevens, K. B., & Schuster, J. W. (1987). Effects of a constant time delay procedure on the written spelling performance of a learning disabled student. *Learning Disability Quarterly*, 10, 9–16.

Stevenson, J., & Clayton, F. (1970). A response duration schedule: Effects of training, extinction, and deprivation. *Journal of the Experimental Analysis of Behavior*, 13, 359–367.

Stewart, C., & Singh, N. (1986). Overcorrection of spelling deficits in mentally retarded persons. *Behavior Modification*, 10, 355–365.

Stewart, S. C., & Evans, W. H. (1997). Setting the stage for success: Assessing the instructional environment. *Preventing School Failure*, 41(2), 53–56.

Stocco, C. S., Thompson, R. H., Hart, J. M., & Soriano, H. L. (2017). Improving the interview skills of college students using behavioral skills training. *Journal of Applied Behavior Analysis*, 50(3), 495–510. https://doi.org/10.1002/jaba.385.

Stocker, J. D., Jr., & Kubina, R. M., Jr. (2017). Impact of cover, copy, and compare on fluency outcomes for students with disabilities and math deficits: A review of the literature. *Preventing School Failure*, 61(1), 56–68.

Stoiber, K. C., & Gettinger, M. (2011). Functional assessment and positive support strategies for promoting resilience: Effects on teachers and high-risk children. *Psychology in the Schools*, 48(7), 686–706. https://doi.org/10.1002/pits.20587.

Stokes, J. V., Cameron, M. J., Dorsey, M. F., & Fleming, E. (2004). Task analysis, correspondence training, and general case instruction for teaching personal hygiene skills. *Behavioral Interventions*, 19(2), 121–135. https://doi.org/10.1002/bin.153.

Stokes, T. F., & Baer, D. M. (1976). Preschool peers as mutual generalization-facilitating agents. *Behavior Therapy*, 7(4), 549–556. https://doi.org/10.1016/S0005-7894(76)80177-3.

Stokes, T. F., & Baer, D. M. (1977). An implicit technology of generalization. *Journal of Applied Behavior Analysis*, 10, 349–367.

Stokes, T. F., Baer, D. M., & Jackson, R. L. (1974). Programming the generalization of a greeting response in four retarded children. *Journal of Applied Behavior Analysis*, 7, 599–610.

Stolz, S. B. (1977). Why no guidelines for behavior modification? *Journal of Applied Behavior Analysis*, 10, 541–547.

Stormont, M., & Reinke, W. M. (2013). Implementing Tier 2 social behavioral interventions: Current issues, challenges, and promising approaches. *Journal of Applied School Psychology*, 29(2), 121–125. https://doi.org/10.1080/15377903.2013.778769.

Stotz, K. E., Itoi, M., Konrad, M., & Alber-Morgan, S. R. (2008). Effects of self-graphing on written expression of fourth grade students with high-incidence disabilities. *Journal of Behavioral Education*, 17(2), 172–186. https://doi.org/10.1007/s10864-007-9055-9.

Strauss, A. A., & Lehtinen, L. E. (1947). *Psychopathology and education of the brain-injured child*. New York: Grune & Stratton.

Streifel, S., & Wetherby, B. (1973). Instruction-following behavior of a retarded child and its controlling stimuli. *Journal of Applied Behavior Analysis*, 6, 663–670.

Strickland-Cohen, M. K., Kennedy, P. C., Berg, T. A., Bateman, L. J., & Horner, R. H. (2016). Building school district capacity to conduct functional behavioral assessment. *Journal of Emotional and Behavioral Disorders*, 24(4), 235–246.

Stringer, E. T. (2014). *Action research* (4th ed.). Los Angeles, CA: Sage.

Stringfield, S. G., Luscre, D., & Gast, D. L. (2011). Effects of a Story Map on accelerated reader postreading test scores in students with high-functioning autism. *Focus on Autism and Other Developmental Disabilities*, 26(4), 218–229. https://doi.org/10.1177/1088357611423543.

Strohmeier, C., Mulé, C., & Luiselli, J. K. (2014). Social validity assessment of training methods to improve treatment integrity of special education service providers. *Behavior Analysis in Practice*, 7(1), 15–20. https://doi.org/10.1007/s40617-014-0004-5.

Strohmeier, C., Pace, G. M., & Luiselli, J. K. (2014). Brief (test-control) functional analysis and treatment evaluation of aggressive behavior evoked by divided attention. *Behavioral Interventions*, 29(4), 331–338. https://doi.org/10.1002/bin.1394.

Sugai, G., & Horner, R. H. (2020). Sustaining and scaling positive behavioral interventions and supports: Implementation drivers, outcomes, and considerations. *Exceptional Children*, 86(2), 120–136.

Sullivan, W. E., & Roane, H. S. (2018). Incorporating choice in differential reinforcement of other behavior arrangements. *Behavioral Development*, 23(2), 130–137. https://doi.org/10.1037/bdb0000079.

Sulzer-Azaroff, B., & Mayer, G. R. (1986). *Achieving educational excellence*. New York: Holt, Rinehart & Winston.

Sulzer-Azaroff, B., Thaw, J., & Thomas, C. (1975). Behavioral competencies for the evaluation of behavior modifiers. In W. S. Wood (ed.), *Issues in evaluating behavior modification* (pp. 47–98). Champaign, IL: Research Press.

Summers, J., Rincover, A., & Feldman, M. (1993). Comparison of extra- and within-stimulus prompting to teach prepositional discriminations to preschool children with developmental disabilities. *Journal of Behavioral Education*, 3(3), 287–298.

Sumner, J., Meuser, S., Hsu, L., & Morales, R. (1974). Overcorrection treatment of radical reduction of aggressive-disruptive behavior in institutionalized mental patients. *Psychological Reports*, 35, 655–662.

Sundberg, M. L. (2008). *VB-MAPP: Verbal behavior milestones assessment and placement program*. Concord, CA: AVB Press.

Sundberg, M. L., & Partington, J. W. (1999). The need for both discrete trial and natural environment language training for children with autism. In P. M. Ghezzi, W. L. Williams, & J. E. Carr (eds.), *Autism: Behavior analytic perspectives* (pp. 139–156). Reno, NV: Context Press.

Susa, C., & Schlinger, H. D., Jr. (2012). Using a lag schedule to increase variability of verbal responding in an individual with autism. *Analysis of Verbal Behavior*, 28, 125–130. https://doi.org/10.1007/BF03393113.

Sutherland, K., Wehby, J., & Copeland, S. (2000). Effect of varying rates of behavior-specific praise on the on-task behavior of students with EBD. *Journal of Emotional and Behavioral Disorders*, 8, 2–8.

Swain, R., Lane, J. D., & Gast, D. L. (2015). Comparison of constant time delay and simultaneous prompting procedures: Teaching functional sight words to students with intellectual disabilities and autism spectrum disorder. *Journal of Behavioral Education*, 24(2), 210–229. https://doi.org/10.1007/s10864-014-9209-5.

Swain-Bradway, J., Pinkney, C., & Flannery, K. B. (2015). Implementing schoolwide positive behavior interventions and supports in high schools: Contextual factors and stages of implementation. *TEACHING Exceptional Children*, 47(5), 245–255.

Swanson, L. (1981). Self-monitoring effects on concurrently reinforced reading behavior of a learning disabled child. *Child Study Journal*, 10(4), 225–232.

Sweeney, W. J., Salva, E., Cooper, J. O., & Talbert-Johnson, C. (1993). Using self-evaluation to improve difficult-to-read handwriting of secondary students. *Journal of Behavioral Education*, 3, 427–443.

Swerdan, M. G., & Rosales, R. (2017). Comparison of prompting techniques to teach children with autism to ask questions in the context of a conversation. *Focus on Autism and Other Developmental Disabilities*, 32(2), 93–101. https://doi.org/10.1177/1088357615610111.

Szalwinski, J., Thomason, S. J. L., Moore, E., & McConnell, K. (2019). Effects of decreasing intersession interval duration on graduated exposure treatment during simulated routine dental care. *Journal of Applied Behavior Analysis*, 52(4), 944–955. https://doi.org/10.1002/jaba.642.

Szmacinski, N. J., DeBar, R. M., Sidener, T. M., & Sidener, D. W. (2018). Fading an auditory model by volume to teach mands to children with autism spectrum disorder. *Journal of Developmental and Physical Disabilities*, 30(5), 653–668. https://doi.org/10.1007/s10882-018-9610-4.

Taber, K. S. (2019). Constructivism in education: Interpretations and criticisms from science education. In Information Resources Management Association (Ed.), *Early childhood development: Concepts, methodologies, tools, and applications* (pp. 312–342). Hershey, Pennsylvania: IGI Global.

Taber, T. A., Alberto, P. A., & Fredrick, L. D. (1998). Use of self-operated auditory prompts by workers with moderate mental retardation to transition independently through vocational tasks. *Research in Developmental Disabilities*, 19, 127–145.

Taber, T. A., Alberto, P. A., Seltzer, A., Hughes, M., & O'Neill, R. (2003). Obtaining assistance when lost in the community using cell phones. *Research and Practice for Persons with Severe Disabilities*, 28(3), 105–116. https://doi.org/10.2511/rpsd.28.3.105.

Tapp, J., Wehby, J., & Ellis, D. (1995). A multi-option observation system for experimental studies: MOOSES. *Behavior Research Methods, Instruments, & Computers*, 27, 25–31.

Tarbox, J., Wilke, A. E., Findel-Pyles, R. S., Bergstrom, R. M., & Granpeesheh, D. (2010). A comparison of electronic to traditional pen-and-paper data collection in discrete trial training for children with autism. *Research in Autism Spectrum Disorders*, 4(1), 65–75. https://doi.org/10.1016/j.rasd.2009.07.008.

Taylor, B. A., Hughes, C. A., Richard, E., Hoch, H., & Coello, A. R. (2004). Teaching teenagers with autism to seek assistance when lost. *Journal of Applied Behavior Analysis*, 37,

79-82.

Taylor, B. R., & Levin, L. (1998). Teaching a student with autism to make verbal initiations: Effects of a tactile prompt. *Journal of Applied Behavior Analysis*, 31, 651-654.

Tekin-Iftar, E., Olcay-Gul, S., & Collins, B. C. (2019). Descriptive analysis and meta analysis of studies investigating the effectiveness of simultaneous prompting procedure. *Exceptional Children*, 85(3), 309-328.

Tereshko, L., & Sottolano, D. (2017). The effects of an escape extinction procedure using protective equipment on self-injurious behavior. *Behavioral Interventions*, 32(2), 152-159. https://doi.org/10.1002/bin.1475.

Terrace, H. S. (1966). Stimulus control. In W. K. Honig (ed.), *Operant behavior: Areas of research and application*. New York: Appleton-Century-Crofts.

Test, D. W., & Spooner, F. (1996). *Community-based instructional support*. Washington, DC: American Association on Mental Retardation.

Therrien, M. C. S., & Light, J. C. (2018). Promoting peer interaction for preschool children with complex communication needs and autism spectrum disorder. *American Journal of Speech-Language Pathology*, 27(1), 207-221. https://doi.org/10.1044/2017_AJSLP-17-0104.

Thiemann-Bourque, K., Feldmiller, S., Hoffman, L., & Johner, S. (2018). Incorporating a peer-mediated approach into speech-generating device intervention: Effects on communication of preschoolers with autism spectrum disorder. *Journal of Speech, Language, and Hearing Research*, 61(8), 2045-2061. https://doi.org/10.1044/2018_JSLHR-L-17-0424.

Thomas, E. M., DeBar, R. M., Vladescu, J. C., & Townsend, D. B. (2020). A comparison of video modeling and video prompting by adolescents with ASD. *Behavior Analysis in Practice*, 13(1), 40-52. https://doi.org/10.1007/s40617-019-00402-0.

Thomas, J. D., Presland, I. E., Grant, M. D., & Glynn, T. L. (1978). Natural rates of teacher approval and disapproval in grade-7 classrooms. *Journal of Applied Behavior Analysis*, 11, 91-94.

Thomason-Sassi, J. L., Iwata, B. A., & Fritz, J. N. (2013). Therapist and setting influences on functional analysis outcomes. *Journal of Applied Behavior Analysis*, 46(1), 79-87. https://doi.org/10.1002/jaba.28.

Thompson, J. L., Plavnick, J. B., & Skibbe, L. E. (2019). Eye-tracking analysis of attention to an electronic storybook for minimally verbal children with autism spectrum disorder. *The Journal of Special Education*, 53(1), 41-50. https://doi.org/10.1177/0022466918796504.

Thompson, R. H., Fisher, W. W., & Contrucci, S. A. (1998). Evaluating the reinforcing effects of choice in comparison to reinforcement rate. *Research in Developmental Disabilities*, 19(2), 181-187. https://doi.org/10.1016/S0891-4222(97)00050-4.

Thompson, R. H., & Iwata, B. A. (2007). A comparison of outcomes from descriptive and functional analyses of problem behavior. *Journal of Applied Behavior Analysis*, 40(2), 333-338. https://doi.org/10.1901/jaba.2007.56-06.

Thomson, K. M., Czarnecki, D., Martin, T. L., Yu, C. T., & Martin, G. L. (2007). Predicting optimal preference assessment methods for individuals with developmental disabilities. *Education and Training in Developmental Disabilities*, 42(1), 107-114.

Thorndike, E. L. (1905). *The elements of psychology*. New York: Seiler.

Thorndike, E. L. (1931). *Human learning*. New York: Appleton-Century-Crofts.

Tiger, J. H., Fisher, W. W., Toussaint, K. A., & Kodak, T. (2009). Progressing from initially ambiguous functional analyses: Three case examples. *Research in Developmental Disabilities*, *30*(5), 910–926. https://doi.org/10.1016/j.ridd.2009.01.005.

Tiger, J. H., Hanley, G. P., & Bessette, K. K. (2006). Incorporating descriptive assessment results into the design of a functional analysis: A case example involving a preschooler's hand mouthing. *Education & Treatment of Children*, *29*(1), 107–124.

Tiger, J. H., Wierzba, B. C., Fisher, W. W., & Benitez, B. B. (2017). Developing and demonstrating inhibitory stimulus control over repetitive behavior. *Behavioral Interventions*, *32*(2), 160–174. https://doi.org/10.1002/bin.1472.

Tolman, E. C. (1932). *Purposive behavior in animals and men*. New York: Appleton-Century-Crofts.

Torelli, J. N., Lambert, J. M., Da Fonte, M. A., Denham, K. N., Jedrzynski, T. M., & Houchins-Juarez, N. J. (2016). Assessing acquisition of and preference for mand topographies during functional communication training. *Behavior Analysis in Practice*, *9*(2), 165–168. https://doi.org/10.1007/s40617-015-0083-y.

Touchette, P., MacDonald, R., & Langer, S. (1985). A scatter plot for identifying stimulus control of problem behavior. *Journal of Applied Behavior Analysis*, *18*, 343–351.

Toussaint, K. A., Kodak, T., & Vladescu, J. C. (2016). An evaluation of choice on instructional efficacy and individual preferences among children with autism. *Journal of Applied Behavior Analysis*, *49*(1), 170–175. https://doi.org/10.1002/jaba.263.

Toussaint, K. A., Scheithauer, M. C., Tiger, J. H., & Saunders, K. J. (2017). Teaching identity matching of braille characters to beginning braille readers. *Journal of Applied Behavior Analysis*, *50*(2), 278–289. https://doi.org/10.1002/jaba.382.

Toussaint, K. A., & Tiger, J. H. (2012). Reducing covert self-injurious behavior maintained by automatic reinforcement through a variable momentary DRO procedure. *Journal of Applied Behavior Analysis*, *45*(1), 179–184. https://doi.org/10.1901/jaba.2012.45-179.

Trant, L. (1977). Pictorial token card (communication). *Journal of Applied Behavior Analysis*, *10*, 548.

Trask-Tyler, S. A., Grossi, T. A., & Heward, W. L. (1994). Teaching young adults with developmental disabilities and visual impairments to use tape-recorded recipes: Acquisition, generalization, and maintenance of cooking skills. *Journal of Behavioral Education*, *4*, 283–311.

Traub, M. R., & Vollmer, T. R. (2019). Response latency as a measure of behavior in the assessment of elopement. *Journal of Applied Behavior Analysis*, *52*(2), 422–438. https://doi.org/10.1002/jaba.541.

Travers, J. C. (2017). Evaluating claims to avoid pseudoscientific and unproven practices in special education. *Intervention in School and Clinic*, *52*(4), 195–203.

Trevino-Maack, S. I., Kamps, D., & Wills, H. (2015). A group contingency plus self-management intervention targeting at-risk secondary students' class-work and active engagement. *Remedial and Special Education*, *36*(6), 347–360. https://doi.org/10.1177/0741932514561865.

Trussell, R. P., Chen, H. J., Lewis, T. J., & Luna, N. E. (2018). Reducing escape-maintained behavior through the application of classroom-wide practices and individually designed interventions. *Education & Treatment of Children*, 41(4), 507–531. https://doi.org/10.1353/etc.2018.0027.

Tsami, L., & Lerman, D. C. (2020). Transfer of treatment effects from combined to isolated conditions during functional communication training for multiply controlled problem behavior. *Journal of Applied Behavior Analysis*, 53(2), 649–664. https://doi.org/10.1002/jaba.629.

Tsiouri, I., & Greer, R. D. (2007). The role of different social reinforcement contingencies in inducing echoic tacts through motor imitation responding in children with severe language delays. *Journal of Early and Intensive Behavior Intervention*, 4(4), 629–647. https://doi.org/10.1037/h0100397.

Tullis, C. A., Frampton, S. E., Delfs, C. H., Greene, K., & Reed, S. (2019). The effects of instructive feedback and stimulus equivalence procedures on group instructional outcomes. *Journal of Behavioral Education*. https://doi.org/10.1007/s10864-019-09349-2.

Turnbull, H. R., Wilcox, B., Stowe, M., & Turnbull, A. (2001). IDEA requirements for use of PBS. *Journal of Positive Behavior Interventions*, 3, 11–18.

Turnbull, R. (2017). Education, ethical communities, and personal dignity. *Intellectual and Developmental Disabilities*, 55(2), 110–111. https://doi.org/10.1352/1934-9556-55.2.110.

Turner, J., Rafferty, L. A., Sullivan, R., & Blake, A. (2017). Action research of an error self-correction intervention: Examining the effects on the spelling accuracy behaviors of fifth-grade students identified as at-risk. *Preventing School Failure*, 61(2), 146–154.

Twyman, J., Johnson, H., Buie, J., & Nelson, C. M. (1994). The use of a warning procedure to signal a more intrusive timeout contingency. *Behavioral Disorders*, 19(4), 243–253.

Tzanakaki, P., Grindle, C. F., Dungait, S., Hulson-Jones, A., Saville, M., Hughes, J. C., et al. (2014). Use of a tactile prompt to increase social initiations in children with autism. *Research in Autism Spectrum Disorders*, 8(6), 726–736. https://doi.org/10.1016/j.rasd.2014.03.016.

Umbreit, J., Ferro, J., Liaupsin, C., & Lane, K. (2007). *Functional behavioral assessment and function-based intervention*. Upper Saddle River, NJ: Merrill/Pearson Education.

Valentino, A. L., LeBlanc, L. A., Veazey, S. E., Weaver, L. A., & Raetz, P. B. (2019). Using a prerequisite skills assessment to identify optimal modalities for mand training. *Behavior Analysis in Practice*, 12(1), 22–32. https://doi.org/10.1007/s40617-018-0256-6.

Van Camp, C., Lerman, D., Kelley, M., Contrucci, S., & Vorndran, C. (2000). Variable-time reinforcement schedules in the treatment of socially maintained problem behavior. *Journal of Applied Behavior Analysis*, 33, 545–557.

van den Berg, Y. H. M., & Stoltz, S. (2018). Enhancing social inclusion of children with externalizing problems through classroom seating arrangements: A randomized controlled trial. *Journal of Emotional and Behavioral Disorders*, 26(1), 31–41. https://doi.org/10.1177/1063426617740561.

van den Pol, R. A., Iwata, B. A., Ivancic, M. T., Page, T. J., Need, N. A., & Whitely, F. P. (1981). Teaching the handicapped to eat in public places: Acquisition, generalization and maintenance of restaurant skills. *Journal of Applied Behavior Analysis*, 14, 61–69.

van der Burg, J. J. W., Sohier, J., & Jongerius, P. H. (2018). Generalization and maintenance of a self-management program for drooling in children with neurodevelopmental disabilities: A second case series. *Developmental Neurorehabilitation*, 21(1), 13–22. https://doi.org/10.1080/17518423.2016.1232763.

van der Meer, L., Achmadi, D., Cooijmans, M., Didden, R., Lancioni, G. E., O'Reilly, M. F., et al. (2015). An iPad-based intervention for teaching picture and word matching to a student with ASD and severe communication impairment. *Journal of Developmental and Physical Disabilities*, 27(1), 67–78. https://doi.org/10.1007/s10882-014-9401-5.

Van Houten, R. (1993). The use of wrist weights to reduce self-injury maintained by sensory reinforcement. *Journal of Applied Behavior Analysis*, 26, 197–203.

Van Houten, R., Axelrod, S., Bailey, J. S., Favell, J. E., Foxx, R. M., Iwata, B. A., et al. (1988). The right to effective behavioral treatment. *The Behavior Analyst*, 11, 111–114.

Van Houten, R., Nau, P., Mackenzie-Keating, S., Sameoto, D., & Colavecchia, B. (1982). An analysis of some variables influencing the effectiveness of reprimands. *Journal of Applied Behavior Analsysis*, 15, 65–83.

Van Houten, R., & Retting, R. A. (2001). Increasing motorist compliance and caution at stop signs. *Journal of Applied Behavior Analysis*, 34, 185–193.

Van Laarhoven, T., Kraus, E., Karpman, K., Nizzi, R., & Valentino, J. (2010). A comparison of picture and video prompts to teach daily living skills to individuals with autism. *Focus on Autism and Other Developmental Disabilities*, 25(4), 195–208. https://doi.org/10.1177/1088357610380412.

Van Laarhoven, T., & Van Laarhoven-Myers, T. (2006). Comparison of three video-based instructional procedures for teaching daily living skills to persons with developmental disabilities. *Education and Training in Developmental Disabilities*, 41, 365–381.

Van Laarhoven, T., Winiarski, L., Blood, E., & Chan, J. M. (2012). Maintaining vocational skills of individuals with autism and developmental disabilities through video modeling. *Education and Training in Autism and Developmental Disabilities*, 47(4), 447–461.

Van Laarhoven, T., Zurita, L. M., Johnson, J. W., Grider, K. M., & Grider, K. L. (2009). A comparison of self, other, and subjective video models for teaching daily living skills to individuals with developmental disabilities. *Education and Training in Developmental Disabilities*, 44, 509–522.

Vanselow, N. R., & Bourret, J. C. (2012). Online interactive tutorials for creating graphs with Excel 2007 or 2010. *Behavior Analysis in Practice*, 5(1), 40–46.

Varsamis, P., & Agaliotis, I. (2011). Profiles of self-concept, goal orientation, and self-regulation in students with physical, intellectual, and multiple disabilities: Implications for instructional support. *Research in Developmental Disabilities*, 32(5), 1548–1555. https://doi.org/10.1016/j.ridd.2011.01.054.

Vedora, J., & Barry, T. (2016). The use of picture prompts and prompt delay to teach receptive labeling. *Journal of Applied Behavior Analysis*, 49(4), 960–964. https://doi.org/10.1002/jaba.336.

Vegas, K., Jenson, W., & Kircher, J. (2007). A single-subject meta-analysis of the effectiveness of time-out in reducing disruptive classroom behavior. *Behavioral Disorders*, 32, 109–121.

Verriden, A. L., & Roscoe, E. M. (2016). A comparison of preference-assessment methods. *Journal of Applied Behavior Analysis*, 49(2), 265–285. https://doi.org/10.1002/jaba.302.

Verriden, A. L., & Roscoe, E. M. (2019). An evaluation of a punisher assessment for decreasing automatically reinforced problem behavior. *Journal of Applied Behavior Analysis*, 52(1), 205–226. https://doi.org/10.1002/jaba.509.

Verschuur, R., Didden, R., van der Meer, L., Achmadi, D., Kagohara, D., Green, V. A., et al. (2011). Investigating the validity of a structured interview protocol for assessing the preferences of children with autism spectrum disorders. *Developmental Neurorehabilitation*, 14(6), 366–371. https://doi.org/10.3109/17518423.2011.606509.

Vieillevoye, S., & Nader-Grosbois, N. (2008). Self-regulation during pretend play in children with intellectual disability and in normally developing children. *Research in Developmental Disabilities*, 29(3), 256–272. https://doi.org/10.1016/j.ridd.2007.05.003.

Vollmer, T. (1999). Noncontingent reinforcement: Some additional comments. *Journal of Applied Behavior Analysis*, 32, 239–240.

Vollmer, T., Ringdahl, J., Roane, H., & Marcus, B. (1997). Negative side effects of noncontingent reinforcement. *Journal of Applied Behavior Analysis*, 30, 161–164.

Vollmer, T. R., Hagopian, L. P., Bailey, J. S., Dorsey, M. F., Hanley, G. P., Lennox, D., et al. (2011). The Association for Behavior Analysis International position statement on restraint and seclusion. *The Behavior Analyst*, 34(1), 103–110. https://doi.org/10.1007/BF03392238.

Vollmer, T. R., Sloman, K. N., & Pipkin, C. S. P. (2008). Practical implications of data reliability and treatment integrity monitoring. *Behavior Analysis in Practice*, 1(2), 4–11.

Voltz, D. L. (2003). Personalized contextual instruction. *Preventing School Failure*, 47, 138–143.

Vorndran, C. M., Pace, G. M., Luiselli, J. K., Flaherty, J., Christian, L., & Kleinmann, A. (2008). Functional analysis and treatment of chronic hair pulling in a child with Cri du Chat Syndrome: Effects on co-occurring thumb sucking. *Behavior Analysis in Practice*, 1(1), 10–15.

Voulgarakis, H., & Forte, S. (2015). Escape extinction and negative reinforcement in the treatment of pediatric feeding disorders: A single case analysis. *Behavior Analysis in Practice*, 8(2), 212–214. https://doi.org/10.1007/s40617-015-0086-8.

Wacker, D., Berg, W., Wiggins, B., Muldoon, M., & Cavanaugh, J. (1985). Evaluation of reinforcer preferences for profoundly handicapped students. *Journal of Applied Behavior Analysis*, 18, 173–178.

Wadsworth, J. P., Hansen, B. D., & Wills, S. B. (2015). Increasing compliance in students with intellectual disabilities using functional behavioral assessment and self-monitoring. *Remedial and Special Education*, 36(4), 195–207. https://doi.org/10.1177/0741932514554102.

Wahl, E., Hawkins, R. O., Haydon, T., Marsicano, R., & Morrison, J. Q. (2016). Comparing versions of the good behavior game: Can a positive spin enhance effectiveness? *Behavior Modification*, 40(4), 493–517. https://doi.org/10.1177/0145445516644220.

Walker, H. M., & Buckley, N. K. (1972). Programming generalization and maintenance of treatment effects across time and across settings. *Journal of Applied Behavior Analysis*, 5, 209–224.

Walker, H. M., Mattsen, R. H., & Buckley, N. K. (1971). The functional analysis of behavior within an experimental class setting. In W. C. Becker (ed.), *An empirical basis for change in education*. Chicago: Science Research Associates.

Walker, V. L., Chung, Y.-C., & Bonnet, L. K. (2018). Function-based intervention in inclusive school settings: A meta-analysis. *Journal of Positive Behavior Interventions*, 20(4), 203–216. https://doi.org/10.1177/1098300717718350.

Walker, V. L., Lyon, K. J., Loman, S. L., & Sennott, S. (2018). A systematic review of functional communication training (FCT) interventions involving augmentative and alternative communication in school settings. *AAC: Augmentative and Alternative Communication*, 34(2), 118–129. https://doi.org/10.1080/07434618.2018.1461240.

Wallace, A. M., Bechtel, D. R., Heatter, S., & Barry, L. M. (2016). A comparison of prompting strategies to teach intraverbals to an adolescent with Down syndrome. *Analysis of Verbal Behavior*, 32(2), 225–232. https://doi.org/10.1007/s40616-016-0058-2.

Wallace, I. (1977). Self-control techniques of famous novelists. (Introduction by J. J. Pear.) *Journal of Applied Behavior Analysis*, 10, 515–525.

Walls, R. T., Zane, T., & Ellis, W. D. (1981). Forward chaining, backward chaining, and whole task methods for training assembly tasks. *Behavior Modification*, 5, 61–74.

Ward, K. D., & Shukla Mehta, S. (2019). The use of a stimulus control transfer procedure to teach motivation-controlled mands to children with autism. *Focus on Autism and Other Developmental Disabilities*, 34(4), 215–225.

Ward, R. D., & Higbee, T. S. (2008). Noncontingent reinforcement as treatment for tub-standing in a toddler. *Education & Treatment of Children*, 31(2), 213–222. https://doi.org/10.1353/etc.0.0013.

Wasano, L. C., Borrero, J. C., & Kohn, C. S. (2009). Brief Report: A comparison of indirect versus experimental strategies for the assessment of pica. *Journal of Autism and Developmental Disorders*, 39(11), 1582–1586.

Wasik, B. A., & Hindman, A. H. (2018). Why wait? The importance of wait time in developing young students' language and vocabulary skills. *Reading Teacher*, 72(3), 369–378.

Wathen, S. N., & Podlesnik, C. A. (2018). Laboratory models of treatment relapse and mitigation techniques. *Behavior Analysis: Research and Practice*, 18(4), 362–387. https://doi.org/10.1037/bar0000119.

Watkins, N., & Rapp, J. T. (2014). Environmental enrichment and response cost: Immediate and subsequent effects on stereotypy. *Journal of Applied Behavior Analysis*, 47(1), 186–191. https://doi.org/10.1002/jaba.97.

Watras, J. (1986). Will teaching applied ethics improve schools of education? *Journal of Teacher Education*, 37, 13–16.

Watson, J. B. (1914). *Behavior: An introduction to comparative psychology*. New York: Holt, Rinehart & Winston.

Watson, J. B. (1919). *Psychology from the standpoint of a behaviorist*. Philadelphia: Lippincott.

Watson, J. B. (1925). *Behaviorism*. New York: Norton.

Watson, J. B., & Raynor, R. (1920). Conditioned emotional reactions. *Journal of Experimental Psychology*, 3, 1–4.

Watson, L. S. (1967). Application of operant conditioning techniques to institutionalized severely and profoundly retarded children. *Mental Retardation Abstracts*, 4, 1–18.

Waugh, R. E., Alberto, P. A., & Fredrick, L. D. (2010). Effects of error correction during assessment probes on the acquisition of sight words for students with moderate intellectual disabilities. *Research in Developmental Disabilities*, 32, 1, 47–57.

Waugh, R. E., Alberto, P. A., & Fredrick, L. D. (2011). Simultaneous prompting: An instructional strategy for skill acquisition. *Education and Training in Autism and*

Developmental Disabilities, 46(4), 528–543.

Wechsler, D. (2003). *The Wechsler Intelligence Scale for Children-IV*. San Antonio, TX: The Psychological Corporation.

Weeden, M., Wills, H. P., Kottwitz, E., & Kamps, D. (2016). The effects of a class-wide behavior intervention for students with emotional and behavioral disorders. *Behavioral Disorders, 42*(1), 285–293.

Wells, J. C., Sheehey, P. H., & Sheehey, M. (2017). Using self-monitoring of performance with self-graphing to increase academic productivity in math. *Beyond Behavior, 26*(2), 57–65.

Welsh, F., Najdowski, A. C., Strauss, D., Gallegos, L., & Fullen, J. A. (2019). Teaching a perspective-taking component skill to children with autism in the natural environment. *Journal of Applied Behavior Analysis, 52*(2), 439–450. https://doi.org/10.1002/jaba.523.

Werry, J. S. (1986). Organic factors in childhood psychopathology. In H. G. Quay & J. S. Werry (eds.), *Psychopathological disorders of childhood* (3rd ed.). New York: Wiley.

Weston, R., Hodges, A., & Davis, T. N. (2018). Differential reinforcement of other behaviors to treat challenging behaviors among children with autism: A systematic and quality review. *Behavior Modification, 42*(4), 584–609. https://doi.org/10.1177/0145445517743487.

Wheatley, R. K., West, R. P., Charlton, C. T., Sanders, R. B., Smith, T. G., & Taylor, M. J. (2009). Improving behavior through differential reinforcement: A praise note system for elementary school students. *Education & Treatment of Children, 32*(4), 551–571. https://doi.org/10.1353/etc.0.0071.

White, A., & Bailey, J. (1990). Reducing disruptive behaviors of elementary physical education students with sit and watch. *Journal of Applied Behavior Analysis, 23*, 353–359.

White, M. A. (1975). Natural rates of teacher approval and disapproval in the classroom. *Journal of Applied Behavior Analysis, 8*, 367–372.

White, M. W., Houchins, D. E., Viel-Ruma, K. A., & Dever, B. V. (2014). Effects of direct instruction plus procedural facilitation on the expository writing of adolescents with emotional and behavioral disabilities in residential schools. *Education & Treatment of Children, 37*(4), 567–588. https://doi.org/10.1353/etc.2014.0035.

White, O., & Liberty, K. (1976). Evaluation and measurement. In N. G. Haring & R. L. Schielfelbusch (eds.), *Teaching special children* (pp. 31–71). New York: McGraw-Hill.

White, O. R. (1977). Behaviorism in special education: An arena for debate. In R. D. Kneedler & S. G. Tarber (eds.), *Changing perspectives in special education*. Columbus, OH: Merrill.

Whiting, S. W., & Dixon, M. R. (2012). Creating an iPhone application for collecting continuous ABC data. *Journal of Applied Behavior Analysis, 45*(3), 643–656. https://doi.org/10.1901/jaba.2012.45-643.

Whittington, J. R., Simmons, P. M., Phillips, A. M., Gammill, S. K., Cen, R., Magann, E. F., et al. (2018). The use of electronic cigarettes in pregnancy: A review of the literature. *Obstetrical & gynecological survey, 73*(9), 544–549.

Wichnick, G. A. M., Vener, S. M., & Poulson, C. L. (2019). Script fading for children with autism: Generalization of social initiation skills from school to home. *Journal of Applied Behavior Analysis, 52*(2), 451–466. https://doi.org/10.1002/jaba.534.

Wicker, T. (1974, February 8). A bad idea persists. *The New York Times*, p. 31.

Wilder, D. A., & Neve, D. (2018). Assessment and treatment of rumination in a young man with autism. *Behavioral Interventions*, *33*(3), 297–305. https://doi.org/10.1002/bin.1633.

Wilder, D. A., Schadler, J., Higbee, T. S., Haymes, L. K., Bajagic, V., & Register, M. (2008). Identification of olfactory stimuli as reinforcers in individuals with autism: A preliminary investigation. *Behavioral Interventions*, *23*(2), 97–103. https://doi.org/10.1002/bin.257.

Wilkinson, G. (2006). *Wide Range Achievement Test 4*. Los Angeles, CA: Western Psychological Services.

Wills, H., Kamps, D., Fleming, K., & Hansen, B. (2016). Student and teacher outcomes of the class-wide function-related intervention team efficacy trial. *Exceptional Children*, *83*(1), 58–76.

Wills, H. P., & Mason, B. A. (2014). Implementation of a self-monitoring application to improve on-task behavior: A high-school pilot study. *Journal of Behavioral Education*, *23*(4), 421–434. https://doi.org/10.1007/s10864-014-9204-x.

Wilson, R., Majsterek, D., & Simmons, D. (1996). The effects of computer-assisted versus teacher-directed instruction on the multiplication performance of elementary students with learning disabilities. *Journal of Learning Disabilities*, *29*(4), 382–390.

Winborn-Kemmerer, L., Wacker, D., Harding, J., Boelter, E., Berg, W., & Lee, J. (2010). Analysis of mand selection across different stimulus conditions. *Education and Treatment of Children*, *33*, 49–64.

Winett, R. A., & Winkler, R. C. (1972). Current behavior modification in the classroom: Be still, be quiet, be docile. *Journal of Applied Behavior Analysis*, *5*, 499–504.

Winsler, A. (2009). Still talking to ourselves after all these years: A review of current research on private speech. In A. Winsler, C. Fernyhough, & I. Montero (eds.), *Private speech, executive functioning, and the development of verbal self-regulation* (pp. 3–41). Cambridge University Press. https://doi.org/10.1017/CBO9780511581533.003.

Wiskow, K. M., Donaldson, J. M., & Matter, A. L. (2017). An evaluation of generalization of compliance across response types. *Behavior Analysis: Research and Practice*, *17*(4), 402–420. https://doi.org/10.1037/bar0000087.

Wiskow, K. M., Matter, A. L., & Donaldson, J. M. (2018). An evaluation of lag schedules and prompting methods to increase variability of naming category items in children with autism spectrum disorder. *Analysis of Verbal Behavior*, *34*(1–2), 100–123. https://doi.org/10.1007/s40616-018-0102-5.

Witts, B. N., Brodhead, M. T., Adlington, L. C., & Barron, D. K. (2020). Behavior analysts accept gifts during practice: So now what? *Behavior Analysis: Research and Practice*, *20*(3), 196–202. https://doi.org/10.1037/bar0000117.

Wolery, M., & Gast, D. L. (1984). Effective and efficient procedures for the transfer of stimulus control. *Topics in Early Childhood Special Education*, *4*, 52–77.

Wolf, M. (1978). Social validity: The case for subjective measurement or how applied behavior analysis is finding its heart. *Journal of Applied Behavior Analysis*, *11*, 203–214.

Wolfe, K., Barton, E. E., & Meadan, H. (2019). Systematic protocols for the visual analysis of single-case research data. *Behavior Analysis in Practice*, *12*(2), 491–502. https://doi.org/10.1007/s40617-019-00336-7.

Wolfe, K., Kunnavatana, S. S., & Shoemaker, A. M. (2018). An investigation of a video-based preference assessment of social interactions. *Behavior Modification*, *42*(5), 729–746. https://

doi. org/10. 1177/0145445517731062.

Wong, H. K., & Wong, R. T. (2009). *The first days of school: How to be an effective teacher*. Mountain View, CA: Harry K. Wong Publications, Inc.

Wood, L., Browder, D. M., & Flynn, L. (2015). Teaching students with intellectual disability to use a self-questioning strategy to comprehend social studies text for an inclusive setting. *Research and Practice for Persons with Severe Disabilities*, 40(4), 275–293.

Woodbury, S. M., & Scherer, S. W. (2018). Progress in the genetics of autism spectrum disorder. *Developmental Medicine & Child Neurology*, 60(5), 445–451. https://doi. org/10. 1111/dmcn. 13717.

Woods, T. S. (1987). Programming common antecedents: A practical strategy for enhancing the generality of learning. *Behavioural Psychotherapy*, 15, 158–180.

Wright, C., & Vollmer, T. (2002). Evaluation of a treatment package to reduce rapid eating. *Journal of Applied Behavior Analysis*, 35, 89–93.

Wright, H. (1960). Observational study. In P. H. Mussen (ed.), *Handbook of research methods in child development*. New York: Wiley.

Wright-Gallo, G. L., Higbee, T. S., Reagon, K. A., & Davey, B. J. (2006). Classroom-based functional analysis and intervention for students with emotional/behavioral disorders. *Education & Treatment of Children*, 29(3), 421–436.

Wu, P.-F., Wheaton, J. E., & Cannella-Malone, H. I. (2016). Effects of video prompting and activity schedules on the acquisition of independent living skills of students who are deaf and have developmental disabilities. *Education and Training in Autism and Developmental Disabilities*, 51(4), 366–378.

Wunderlich, K. L., & Vollmer, T. R. (2017). Effects of serial and concurrent training on receptive identification tasks: A systematic replication. *Journal of Applied Behavior Analysis*, 50(3), 641–652. https://doi.org/10.1002/jaba.401.

Wunderlich, K. L., Vollmer, T. R., Donaldson, J. M., & Phillips, C. L. (2014). Effects of serial and concurrent training on acquisition and generalization. *Journal of Applied Behavior Analysis*, 47(4), 723–737. https://doi.org/10.1002/jaba.154.

Wyatt v. Stickney, 344 F. Supp. 373, 344 F. Supp. 387 (M. D. Ala. 1972) affirmed sub nom.

Xu, S., Wang, J., Lee, G. T., & Luke, N. (2017). Using self-monitoring with guided goal setting to increase academic engagement for a student with autism in an inclusive classroom in China. *The Journal of Special Education*, 51(2), 106–114. https://doi. org/10. 1177/00224669 16679980.

Yates, A. J. (1970). *Behavior therapy*. New York: Wiley.

Yorlets, C. B., Maguire, R. W., King, C. M., & Breault, M. (2018). Acquisition of complex conditional discriminations in a child with autism spectrum disorder. *The Psychological Record*, 68(2), 219–229. https://doi.org/10.1007/s40732-018-0283-2.

Young, M. E. (2018). A place for statistics in behavior analysis. *Behavior Analysis: Research and Practice*, 18(2), 193–202. https://doi.org/10.1037/bar0000099.

Zangrillo, A. N., Fisher, W. W., Greer, B. D., Owen, T. M., & DeSouza, A. A. (2016). Treatment of escape-maintained challenging behavior using chained schedules: An evaluation of the effects of thinning positive plus negative reinforcement during functional communication training. *International Journal of Developmental Disabilities*, 62(3), 147–156. https://doi.

org/10.1080/20473869.2016.1176308.

Zarcone, J., Iwata, B., Mazaleski, J., & Smith, R. (1994). Momentum and extinction effects on self-injurious escape behavior and noncompliance. *Journal of Applied Behavior Analysis*, 27, 649–658.

Zarcone, J., Rodgers, T., Iwata, B., Rourke, D., & Dorsey, M. (1991). Reliability analysis of the Motivational Assessment Scale: A failure to replicate. *Research in Developmental Disabilities*, 12, 349–360.

Zhou, L., Goff, G., & Iwata, B. (2000). Effects of increased response effort on self-injury and object manipulation as competing responses. *Journal of Applied Behavior Analysis*, 33, 29–40.

Zigmond, N., Kloo, A., & Volonino, V. (2009). What, where, and how? Special education in the climate of full inclusion. *Exceptionality*, 17(4), 189–204. https://doi.org/10.1080/09362830903231986.

Zirkel, P. A. (2017). An update of judicial rulings specific to FBAs or BIPs under the IDEA and corollary state laws. *The Journal of Special Education*, 51(1), 50–56. https://doi.org/10.1177/0022466917693386.

Zirpoli, T. J., & Melloy, K. J. (1993). *Behavior management: Applications for teachers and parents*. New York: Macmillan.